特殊教育优秀教学案例

主　编：雷江华　路荣喜　杨宁春

重庆大学出版社

图书在版编目（CIP）数据

特殊教育优秀教学案例 / 雷江华，路荣喜，杨宁春
主编.—重庆：重庆大学出版社，2023.4（2024.11重印）
（特殊教育教学案例集）
ISBN 978-7-5689-3436-7

Ⅰ.①特…　Ⅱ.①雷…②路…③杨…　Ⅲ.①特殊教
育—教案（教育）　Ⅳ.①G76

中国国家版本馆CIP数据核字（2023）第062240号

特殊教育优秀教学案例

主编：雷江华　路荣喜　杨宁春
策划编辑：陈　曦
责任编辑：陈　曦　版式设计：张　晗
责任校对：关德强　责任印制：张　策

*

重庆大学出版社出版发行
出版人：陈晓阳
社址：重庆市沙坪坝区大学城西路21号
邮编：401331
电话：（023）88617190　88617185（中小学）
传真：（023）88617186　88617166
网址：http://www.cqup.com.cn
邮箱：fxk@cqup.com.cn（营销中心）
重庆市正前方彩色印刷有限公司印刷

*

开本：787mm×1092mm　1/16　印张：31.75　字数：963千
2023年4月第1版　2024年11月第2次印刷
ISBN 978-7-5689-3436-7　定价：165.00元

前　言

　　教案是教师根据国家课程方案、课程标准，依据教材实施具体课堂教学的设计方案。其不但呈现了教师组织教学的思维过程，而且蕴含了教师的教学思想，更能彰显教师的教学智慧。看似简单的教案，其实承载了教师长年累月基于课程方案、课标、教材、课堂与学生等因素的多维立体思考，因此需要读者细品精读，深入领悟教学之道，进而内化于心，外化于行，并结合自己的教学风格与特点提升教学理念，优化教学模式，丰富教学反思，应用于"日复一日"的课堂教学。俗话说："台上一分钟，台下十年功。"教师在教室讲台上一分钟的精彩表现，往往是其在教案上深思熟虑、厚积薄发的再现。如果单从形式上来看教案教学流程体例，大家会觉得大同小异，其实流程上的"同"是很容易直观感知的，关键是能否体察感悟到理念上的"异"，并将其作为一种资源支持自身的深研优教促学，不断创新教学设计，用"指向学生深度学习的深度教学"之理念打造异彩纷呈的课堂。例如，教案在教、学、评的关系上，有的体现了先"教"后"学"，"学"后再"评"；而有的则体现了"教学即评估，评估即教学"的思路，将教、学、评有机融为"三位一体"的良性循环。

　　"良好的开端是成功的一半"，教师的课堂教学是从备课编写教案开始的，优秀的教案为课堂教学提供了行动的指南。本书是第五届特教教师和资源教师信息技术应用能力展示交
教学案例的汇编，包括视障教育组 7 例，听障教育组 23 例，培智教育组 45 例，
。这些特殊教育优秀案例经过专家评审推荐，来源于不同的地区与学校，分
学科，如视障教育组主要涉及有三年级的音乐、五年级的英语、四年级与七年级的数学、七年级的化学、七年级和八年级的语文等。重庆大学出版社的编辑团队读到这些优秀的教学案例，建议将其汇编出版，以飨读者。编者经过多方协调，征得案例撰写人的同意，协同出版社将这些案例编印成册，希望特殊教育工作者在参阅基础上进一步优化教学设计，着眼全体学生，贯彻"一个也不能少"的育人理念，编写出更高质量的教案，体现"一人一案"的教学思路，建构优质高效的课堂，让课堂焕发出生命的活力，让每名学生学有所获，学有所成。

　　该书在汇"例"成稿的过程中得到了中国教育学会特殊教育分会领导们的大力支持与重庆

大学出版社的友情协助，在此表示由衷的感谢！衷心感谢参与案例评审的专家们与提供案例的教师们！你们的全力支持才让该书得以面世。全书在统稿过程中难免有疏漏之处，敬请大家不吝赐教为感！

编者

2023 年 3 月

目录

资源教师组

附　录

视障教育组

七彩的生活——采山

姓　名	陈新	学　科	音乐
单　位	上海市盲童学校	年　级	三年级

一、学情分析	（一）教材分析 　　歌曲《采山》是一首欢快、活泼的儿童歌曲，2/4拍，五声徵调式。歌曲为一段体结构，分为三个乐句，第一乐句用重复的手法呈现歌曲的主旋律，"2~5"四度跳进使得歌曲具有浓郁的山歌风格。第二乐句加入了连续的十六分音符，表现了儿童光着脚丫采蘑菇、木耳、山菜的天真形象。第三乐句分别带有"转"与"合"的色彩，将第一、第二乐句的音乐素材进行了重复、变化，最后，"5~6"的九度大跳给人以强烈的收束感。歌曲的词曲结合紧密，歌词"踩""采""跑""带""飘"形象地描绘了儿童在雨中采山的灵巧身影，使得歌曲更加富有朝气。 （二）学情分析 　　三年级的学生基本已经养成了良好的课堂常规习惯，思维能力也有了一定的提高和发展。他们对音乐有了初步感性的体验，在循序渐进地感受音乐的基础上，加强对音乐的感知力与表现力。通过三年的训练，学生们已经养成了一定的音乐素养，具备了相应的音乐表现能力。A层：有五位学生音乐素养较好，听音、识谱、记谱、竖笛吹奏能力强，其中三位学生不但能独立完成学习任务，还能帮助能力较弱的同学，起到带领同学共同学习的作用，一位学生能力强但与同学之间的合作不够，营造机会培养其与同学之间的合作；其中一位全盲学生音乐素养较高，但由于视力缺失，使其与同伴互动较被动，鼓励其主动与同伴互动；B层：三位学生能听辨单音、摸读歌谱，但课堂中有些胆怯，缺乏自信，速度较慢。在课堂中要多加关注，鼓励其回应老师的提问，与同学能合作学习；C层：两位学生音乐学习能力相对弱一些，虽可以独立学习歌谱，但节奏把握不准，竖笛吹奏能力稍弱，在课堂中，将通过师生、生生间的互助，使其较准确地学习歌谱节奏，并吹奏。 （三）育人立意 　　生活靠劳动创造，人生也靠劳动创造。通过歌曲学唱，孩子们表达对劳动的热爱，树立劳动光荣的观念——自己的事自己做，他人的事帮着做——通过劳动播种希望、收获果实，也通过劳动磨炼意志、锻炼自己，树立身残志坚、残而有为的坚定信念。在歌唱学习与欣赏活动中，感受大自然的美好，体会歌曲欢快的情绪，了解劳动最光荣的道理，引导学生从小树立爱劳动、爱生活的美好情操。
二、教学目标	1. 歌唱歌曲《采山》，感受歌曲所表达的欢快、活泼的情绪，感受大自然的美好，体会歌曲传达的欢快情绪，了解劳动最光荣的道理，尝试与同伴合作表现歌曲。 　　2. 在富有童趣的唱唱、奏奏、听听、编编、演演等音乐实践活动中，歌唱歌曲《采山》，尝试用丰富多彩的形式表现歌曲；给予不同能力的学生合适的学习要求，既要面向全体，又要关注分层学习，使学生体验学习的成功。 　　3. 学习用亲切、自然、轻巧的声音演唱歌曲，注重学生音乐表现能力、创造力和交流与评价能力的培养。

续表

三、教学重难点	教学重点: 学习用亲切、自然、轻巧的声音演唱歌曲《采山》,尝试用丰富多彩的形式表现歌曲。 教学难点: 引导、激发学生的想象力和创造力,进行歌曲的二度自主创编。
四、教学方法	通过情境描绘、教师示范、学生模仿、自主创编以及手上手、手下手肢体律动等教学方法,帮助学生提升音乐表现能力、创造力和交流与评价的能力。
五、教学准备	根据学生的实际学习能力情况进行分层,给予不同能力的学生合适的学习要求,既要面向全体,又要关注分层学习,使学生体验学习的成功。并通过尝试自主合作学唱歌曲,体会互帮互助的学习氛围。
六、教具准备	钢琴、多媒体、小乐器

七、教学过程与简析

教学环节	教师活动	学生活动	技术应用
(一) 音乐乐园 激发兴趣	1. 情境创设——盲校小菜园采摘视频回放。 2. 复习旧课——关键设问: (1) 十六分节奏的要点? (2) 休止符在歌曲中起到了什么作用? 3. 回顾重难点。 练唱难点乐句,注意十六分节奏、后十六分节奏、前十六分节奏、八分休止符。	通过观看视频,激发学生的好奇心及学习兴趣。 解决节奏、音准的难点。	以歌曲《采山》作为背景音乐,用小朋友菜园采摘的视频画面引入,营造欢快、活泼的氛围和意境,有效激发学习兴趣,增强学生对音乐情绪的感悟与体验,为学习巩固《采山》做铺垫。 通过听一听、唱一唱的方式解决歌曲十六分节奏、前十六分节奏、十六分节奏、八分休止符的难点,感受八分休止符在歌曲中起到的作用,为歌曲的学习做好铺垫。
(二) 器乐乐园 巩固歌谱	1. 出示歌谱,吹奏旋律。 关键设问:歌曲的调号是? 2. 分层练习。 (1) 分组互助练习。 (2) 部分学生展示。 (3) 合作完成歌曲。	通过竖笛吹奏,感受歌曲二拍子的韵律,体会劳动的快乐、光荣、获得感,巩固本课重难点。 通过竖笛吹奏,感受歌曲二拍子的韵律,通过生生互助,体会学生之间的合作互帮的精神。	音乐中,器乐吹奏辅助帮助巩固学生对歌谱的掌握,启发学生充分体验歌曲二拍子的韵律,对歌曲也有了进一步的感知。 通过分层要求,让每一位学生能勇敢自信,并且通过生生互助的形式,以强带弱,也培养生生合作的意识,并养成互帮互助的良好学风。
(三) 感悟歌词、 自主创编	1. 体验歌词。 师生合作,歌词接龙,共读歌词,注意十六分节奏、后十六分节奏、前十六分节奏、八分休止符。		

续表

教学环节	教师活动	学生活动	技术应用
（三） 感悟歌词、 自主创编	2.指导学生有感情地演唱歌曲。 3.根据自己的采摘劳动实践，自主创编歌词。	通过歌词朗读、歌曲演唱，让学生体验歌曲中十六分节奏与休止符的对比效果，用歌声表现歌曲中描绘的儿童光着脚丫采山的天真形象，体会歌曲欢快的情绪。并根据自己的采摘劳动实践创编歌词。	接龙朗读歌词把握节奏，降低演唱难度，增强学生的学习信心。采用学生喜欢的演唱方式，在师生互动、生生互动中，对歌曲进行分析、处理。同时根据自己的采摘劳动实践创编歌词，升华劳动教育意义。
（四） 情境创设、 感悟劳动	1.启发创编。 关键设问：你们采摘时的动作、情境是什么样子的？请你用动作或你喜欢的形式表现出来。 2.自由创编。 3.展示创编动作，完整表演。	学生创编各种劳动时的动作，如浇水、翻土、采摘等。	这一环节以激发学生的表现力和创造力为主，让学生在学会歌曲、感受音乐旋律的基础上，尽情发挥想象，为歌曲创编基本的舞蹈动作表现歌曲。学生们在老师创设的情境教学中，化身成光荣的劳动者，边唱边舞，愉快地表演。
（五） 综合体验、 感受韵律	运用多种形式表现歌曲。	学生创编各种劳动时的动作，如浇水、翻土、采摘等。竖笛吹奏，根据学生的能力，分层要求。	这一环节以激发学生的表现力和创造力为主，让学生在学会歌曲、感受音乐旋律的基础上，尽情发挥想象，为歌曲创编基本的舞蹈动作或者以吹奏竖笛或以打击乐等表现歌曲。学生们在老师创设的情境教学中，化身成光荣的劳动者，边唱边舞，愉快地表演。
（六） 拓展升华、 体会寓意	本课最后的谈话环节，引导学生从小就要树立劳动光荣的观念，让学生了解生活靠劳动创造，人生也靠劳动创造。自己的事自己做，他人的事帮着做，通过劳动播种希望、收获果实，也通过劳动磨炼意志、锻炼自己。坚定身残志坚，残而有为的信念。		

教学环节	教师活动	学生活动	技术应用
（七） 教学 流程图			

导入 → 学唱歌曲《采山》并进行创编 → 合作综合表演

情境创设 体验情绪、情感 表现歌曲内涵

视频观看　营造意境　难点解决　节奏感知　歌曲情绪　内在情感　情境表演　感受体验

三角形的分类

姓　名	曹文	学　科	数学
单　位	石家庄市特殊教育学校	年　级	四年级

一、 教学内容 分析	"三角形的分类"是"空间与图形"领域内容的一部分。教师在学生认识了直角、钝角、锐角和三角形的基础上开展这部分的教学活动。学生学好这部分知识，为深入学习三角形的其他知识打下基础，也为进一步学习多边形的知识积累知识经验。本课注重"直观教学"。教师运用直观的三角形教具辅助教学，让视力障碍儿童运用触摸觉和残余视觉进行动手操作、观察、对比、思考，帮助其理解三角形的分类方法；同时，录制微课指导学生运用听觉自主学习等腰三角形和等边三角形的特点。
二、 学情分析	本课教学对象为6名视力障碍儿童，其中4名全盲学生和2名低视力学生。由于学生的个体差异较大，根据个别化教育原则，将进行分层分类教学。根据学生现有的知识水平、能力和潜力，倾向于分为A层、B层和C层。经过前期学习，A层学生能够准确辨认三角形，认出常见的角，且课堂参与积极性较高；B层学生在老师的监督下能够积极参与课堂教学活动，对三角形和常见的角有基本的认识；C层学生的学习能力较差，课堂参与积极性较低，较难维持学习活动，能够在老师的提示下认出三角形和常见的角。 　　四年级学生的思维方式以具体形象思维为主，因此教师要运用直观教学法，运用直观的触摸教具帮助学生掌握各种三角形的特征，通过动手操作学会三角形的分类方法。

学生状况				
低视	全盲	A	B	C
2	4	2	3	1

三、 教学目标	知识与技能： 　　A层学生：理解并掌握三角形的分类依据和方法；能够辨别锐角三角形、直角三角形、钝角三角形；能够辨别等腰三角形和等边三角形；能够通过动手操作和观察，根据边和角的特征对三角形进行分类。 　　B层学生：初步掌握三角形的分类依据和方法，能够辨别锐角三角形、直角三角形、钝角三角形；能够辨别等腰三角形和等边三角形；在老师指导下能够通过动手操作和观察，根据边和角的特征对三角形进行分类。 　　C层学生：了解三角形的分类依据和方法；能够辨别锐角三角形、直角三角形、钝角三角形；能够辨别等腰三角形和等边三角形；在老师的个别化教学指导和其他学生的帮助下，能够掌握基本的观察和动手操作能力，根据边和角的特征对三角形进行分类。 　　过程与方法： 　　通过动手操作、观察、分析、思考，经历认识三角形的分类的过程，理解并掌握各类三角形的特点。 　　情感态度与价值观： 　　感受数学与生活的密切联系，积极参与教学活动，对数学产生好奇心；在数学学习过程中，体验成功的快乐，建立自信心。

续表

四、教学重难点	教学重点：能根据边和角的特征对三角形进行分类。 解决措施：通过动手操作、观察、对比、多感官参与、小组探究活动，学会三角形的分类方法。 教学难点：理解并掌握各类三角形的特征。 解决措施：运用直观教学法，利用直观的触摸教具、微课等帮助学生掌握各类三角形的特征。
五、教学资源	1. 贯彻分层分类教学： 　　《盲校义务教育数学课程标准（2016 年版）》强调要关注学生的差异，在教学中设置不同层次的问题或运用不同的教学手段，制定分层教学目标，设置分层作业；根据两类学生获取信息通道的差异，在教具准备、教材呈现、教学方法等方面兼顾两类学生的不同需求。 2. 加强直观教学： 　　考虑到视力障碍儿童的缺陷补偿与潜能开发，充分调动学生的听觉、触觉等多重感觉，通过直观触摸教具、大字板书、录制微课等方式帮助学生理解所学内容，尽可能地使用助视器、色彩对比强烈的教具等，给低视力的学生开发残余视力的空间。 3. 启发式小组教学： 　　本课教学采取分组教学的形式，按照"同组异质，异组同质"的编组原则将 6 名学生分为两组。在教学中，老师扮演"助学"的角色，充分发挥学生的主体作用，通过小组讨论、展示、竞争、游戏等方式，创设情境，设计问题，引导学生自主探索、合作交流，能够有效地启发学生的思考。 4. 信息技术辅助教学： 　　在数学教学活动中，教师提前录制微课，让学生利用平板、电脑、手机等设备自主学习，帮助学生加深对教学内容的理解，提高课堂学习效率；学生充分利用手机读屏软件和在线学习平台，提交语音、文字作业，教师在线批改作业。 5. 学具教具： 　　多媒体课件、微课、三角形教具。

六、教学过程

教学环节	教学活动	设计意图
（一） 回顾旧知，游戏导入	1. 抢答游戏：教师展示若干角，学生抢答是什么类型的角，总结什么是锐角、直角、钝角。 2. 揭示课题"三角形的分类"。 （1）角与三角形的关系：角是由一个顶点引出两条射线所组成的图形，再加一条线段就形成了三角形。 （2）三角形的分类：通过学习角与三角形的关系，学习三角形的分类。	1. 通过游戏的形式复习学过的知识：从"角的分类"延伸到"三角形的分类"，帮助学生建立新旧知识联系。 2. 分层设置问题：引导 B 层、C 层学生判断简单的角的类型，引导 A 层学生总结角的分类方法，保证不同层次的学生积极参与课堂教学活动。
（二） 动手操作，感悟新知	1. 教师分发教具 （1）观察教具：老师给各小组分发自制三角形教具，带领学生触摸、观察三角形，并思考各类三角形的共同点和不同点。 （2）思考分类标准：按什么标准来分类（按边 / 角分类）？	1. 特点：教具颜色对比强烈，标注盲文、明眼文和序号，方便学生区分和分类，保证动手操作环节的效率和秩序。

续表

教学环节	教学活动	设计意图
（二）. 动手操作， 感悟新知	2. 小组合作探究。 （1）学生独立思考：利用手边的测量工具，探索怎样按角的特征对三角形进行分类。 （2）小组讨论交流：小组讨论交流思考结果。小组成员合作对三角形进行分类。讨论期间，教师对 B 层、C 层的学生进行个别化指导，培养 A 层学生独立思考的习惯，鼓励学生自主分配任务。 （3）小组展示，教师讲评：总结按角分类的方法，并对小组展示的分类结果进行积极评价。	2. 直观教学：运用直观的三角形教具辅助教学，小组讨论前给全体学生独立思考的时间，再指导学生运用触摸觉和残余视觉进行动手操作、观察、对比、思考，帮助学生掌握按角分类的方法。
（三） 微课学习， 揭示概念	1. 播放微课《特殊的三角形》：学生课前自主学习微课，理解并掌握等腰三角形和等边三角形的特点与关系。 2. 按照边的特点分类：（1）根据微课所学，小组合作从三角形教具中找出等腰三角形和等边三角形，并按照边的特点对三角形分类。（2）教师总结按边分类的方法，并对小组分类结果进行积极评价。 3. 生活中的三角形：请学生举出生活中等腰三角形和等边三角形的例子。	1. 提前录制导学微课：让学生先熟悉等腰三角形和等边三角形的特点。 2. 按照边长分类：帮助视力障碍儿童克服测量边长和角度的困难，提高学习效率。
（四） 知识运用， 巩固提高	教师带领学生做判断题练习，学生认为正确举左手，认为错误举右手，并说出错误原因。	游戏练习：让学生的身体动起来，集中注意力，并锻炼反应能力，巩固新知。
（五） 总结延伸， 布置作业	1. 学生回忆并独立思考 1 分钟，举手回答本课收获。B 层、C 层学生回忆思考，A 层学生总结归纳。 2. 教师引导学生总结今日所学，并肯定学生的努力与成果，树立学生的自信心，并设置必做题和选做题，给学生布置分层作业。	1. 引导学生总结所学知识：通过回顾、梳理、总结，帮助学生巩固所学知识。 2. 在线学习平台辅助教学：教师在平台发布作业和微课，学生也通过平台提交作业。

板书设计

三角形的分类

按角的特点分类：

锐角三角形　　　直角三角形　　　钝角三角形

按边的特点分类：
（两种特殊的三角形）

等边三角形　　　等腰三角形

续表

七、教学反思

    本课在教学环节中运用微课和在线学习平台等信息技术辅助教学。在教学活动中，教师提前录制、发布微课，让学生利用平板、电脑、手机等设备进行自主学习，帮助学生加深对教学内容的理解，提高课堂学习效率；学生充分利用手机读屏软件，运用平台提交语音、文字作业，老师在线批改作业。

    教师在教学中使用信息技术手段面临的一些问题：

    1.手机的使用：视力障碍儿童使用手机的熟练程度不一；需要妥善做好学生使用手机的管理和引导工作。

    2.微课的运用：比如本课的课程难点"测量三角形的边长和角度"，教师需要做好测量方法的指导，在录制微课的过程中应该更加注意直观的语言以及描述方式，尽量补偿学生的视力缺陷，开发他们的潜能。

What are they doing?

姓 名	胡平	学 科	英语
单 位	青岛市盲校	年 级	五年级

一、 指导思想与 理论基础	盲校义务教育课程标准明确要求，小学英语课堂要激发和培养学生学习英语的兴趣，使学生树立自信心，养成良好的学习习惯和形成有效的学习策略，发展自主学习的能力和合作精神；使学生掌握一定的英语基础知识和听、说、读、写技能，形成一定的综合语言运用能力。强调从学生的学习兴趣、生活经验和认知水平出发，倡导体验、实践、参与、合作与交流的学习方式和任务型的教学途径，发展学生的综合语言运用能力，使语言学习的过程成为学生形成积极的情感态度、主动思维和大胆实践、提高跨文化意识和形成自主学习能力的过程。在本节课的设计上，我以对话教学作为这堂课的主线，贯穿课堂始终。一切教学活动都围绕这一主线展开。在设计每一环节的活动时，都采用了适时适度的评价方式，激发了学生的学习兴趣。
二、 教材与 学情分析	本节课是一节现在进行时态的听说课。教学内容取自盲校义务教育实验教科书英语五年级下册第 6 单元 What are they doing? 是现在进行时态学习的起始课。五年级的英语学习包括一般现在时、现在进行时以及一般疑问句和特殊疑问句。在学习现在进行时态之前，教材编排了充分的内容帮助学生掌握一般现在时，为现在进行时态学习中 be 动词的运用、动词 ing 形式的学习做好了铺垫。 　　五年级的学生有了一定的英语基础，大部分学生课堂表现比较活跃。这个阶段的儿童注意力不稳定，容易为一些新奇刺激的事物所吸引，本单元的话题密切联系生活实际，学生们会很感兴趣，所以我结合实际创设多种情景，让学生感知、学习、体验，从而达到真实运用语言的目的。
三、 教学目标	1. 知识与能力目标： 　　（1）学生感知现在进行时态的基本构成 be + doing 结构，学习和运用现在进行时的基础句型。 　　（2）能够用现在进行时表述现在正发生的事情。 2. 过程与方法： 　　（1）通过多媒体及软件教学，培养学生主动获取知识、信息加工、分析问题和解决问题的能力。 　　（2）通过任务型教学等教学方法，训练学生的听力与口语，提高学生的听力能力和表达能力。 3. 情感目标： 　　引导学生用乐观的心态面对学习和生活，在小组任务中提高与同伴的合作沟通能力，激发学生自主学习、合作探究的热情和体验合作探究的乐趣与成功。
四、 教学重难点	教学重点： （1）学习和运用基础句型 He/She/It is doing....../They are doing...... （2）运用本课学习的现在进行时态进行交流。 教学难点：动词 +ing 结构的词尾变化。
五、 教学方法	情景教学法、任务型教学法、认知教学法、游戏教学法、交际教学法 全身反应法、自主学习法、合作探究学习法、归纳总结法

续表

教学环节	教学活动	学生活动	教师活动
六、教学准备	PPT、钟表教具、平板电脑（预装英语教学软件）		
七、教学内容与教学过程			
（一） Lead in （导入）	1. 热身：播放音乐视频，师生同唱一首问候歌谣。 【设计意图】利用 TPR 活动教学法，让学生在祥和的气氛中进入课堂，这样能很快吸引住学生，同时还渲染了学生学习英语的良好气氛，使学生和老师在欢快的问候中进入兴奋状态。 2. 打开英语教学软件，进行跟读练习，复习上个单元所学的所有格形式句型：Whose is it？对跟读得高分的同学加以表扬，对得分低的同学鼓励他重新朗读。 【设计意图】使学生处于一个平等尊重的氛围中，他们的思维得到了放松，敢说、敢参与，充分体现了教学面向全体、注重素质教育。	跟唱歌曲 软件跟读练习	播放歌曲视频 评价反馈
（二） Targets （目标）	PPT 出示今日学习目标。 【设计意图】让学生明白今天所要学习的内容，要达到的目标。		出示目标
（三） Presentation （展示）	1. 播放视频《Sherry and her students》，让学生观看 / 听、感知现在进行时的用法。 【设计意图】本节课的话题是使用现在进行时询问正在做什么，这个视频契合本课的核心话题，能充分调动学生的感官，激发学生的学习兴趣，使学生积极思考，快速进入本课新知识的学习。 2. 听读课文。播放 52 页课文录音，学生跟读并翻译课文。教师根据课文，呈现现在进行时的句型，让学生感知、归纳现在进行时态的基本结构 be+doing。 【设计意图】在这个环节的设计上，教师给出范例，让学生自己通过观察、思考、总结，完成对知识点的突破。让学生成为学习的主体，教师只起到一个引领的作用，以充分发挥学生学习的主体地位和主动性。 3. 寻找规律。教师展示三组动词原形及它们的 -ing 形式，学生通过对比，寻找动词变 -ing 形式的规律。 【设计意图】在此环节中，利用 PPT 展示动态图片激发学生的学习兴趣并利用相同水果代表同类动词 ing 形式的变法来引导同学归纳规则。这个环节的设计培养了学生独立思考、小组合作的能力，也增强了学生学习的成就感和自信心。	观看视频并感知 跟读课文并翻译 归纳总结进行时基本结构 小组合作交流，寻找词尾变化规律	播放视频 播放课文录音 呈现句型 出示典型词汇，对比。分组

续表

教学环节	教学活动	学生活动	教师活动
（四） Game （游戏）	课本第53页 Act and guess，三人小组活动，A 学生做动作，B 同学问问题，C 同学回答。 【设计意图】运用全身反应法，鼓励学生大胆表演，大胆开口，练习进行时的运用。	三位同学一组活动	进行分组
（五） Practice （练习巩固）	1. 课本练习。完成第53页 Listen, read and say 中的练习。 2. 游戏练习。第53页 Play a wheel game，使用钟表教具，拨到哪个时间，学生则用现在进行时进行描述。 3. 软件题目练习。学生打开学习软件，完成老师出的练习题目。 【设计意图】此环节是本节课重、难点的突破，在进行一系列的练习之后，让学生对本节课的知识熟记于心，也使本课的重难点转化成学生记忆中最深刻的知识点。运用软件，还可以通过抢答、积分、胜负等多种概念创造一个游戏化的混合式课堂。在学生完成了答题之后，老师会获得学生的正确率，易错项、排名等综合数据，易于反馈。	完成练习 小组游戏活动 使用学习软件练习	指导练习 分组 评价反馈
（六） Consolidation （总结提升）	提出问题，学生讨论、总结现在进行时的定义，动词的构成形式及现在进行时的句型。 【设计意图】让学生复习反馈今天所学到的知识，巩固记忆。	讨论	提出问题
（七） Homework （作业）	小作文：使用现在进行时写一下自己的一天。 例：At 12 o'clock, I'm having lunch. 【设计意图】作业是课堂学习的巩固与延伸，通过写作，提高学生综合运用语言的能力。		
（八） 板书设计	Unit 6 What are they doing? do—doing　　　　be + V-ing have—having　　　They are doing... put—putting　　　What are they doing?		
（九） 课后小结	本课的教学运用多媒体软件及教具，激发了学生的学习兴趣。巧设情境，贴近生活，感受真实，而且大大优化教学环境，使课堂变得生动活泼、色彩鲜明、声情并茂。它改变了以往单调的授课模式，为学生提供了丰富多彩的声、光、电及肢体动作等各种信息，补偿学生功能，使课堂变得绚丽多彩。真实的情景、动感的画面，所创设的视听一体的教学情景和融洽的学习氛围，促进了学生对知识的理解、记忆和运用，提高了课堂效率和教学质量。		

发挥联想与想象——听音乐写美文

姓　名	牛永红	学　科	语文
单　位	北京市盲人学校	年　级	七年级

一、教学设计的指导思想与理论依据	《盲校义务教育语文课程标准》指出要积极合理利用信息技术与网络优势，丰富写作形式，激发写作兴趣，增加学生创造性表达、展示交流与互相评改的机会。 　　情境教学理论强调教师在轻松愉快的情境或气氛中引导学生产生各种问题意识，展开自己的思维和想象，寻求答案，分辨正误，这一原则指导下的教学，思维的"过程"同"结果"一样重要，目的在于使学生把思考和发现体验为一种快乐，而不是一种强迫或负担。该理论同时强调学生在教学中的主体地位，要求教师鼓励学生"独立思考"和"自我评价"，培养学生的主动精神和创新精神。 　　建构主义学习理论的核心理念是以学生为中心，强调学生对知识的主动探索、主动发现和对所学知识的主动建构。该理论强调教师要成为学生建构知识的积极帮助者和引导者，应当激发学生的学习兴趣，引发和保持学生的学习动机。通过创设符合教学内容要求的情景和提示新旧知识之间联系的线索，帮助学生建构当前所学知识的意义。为使学生的意义建构更为有效，教师应尽可能组织协作学习，展开讨论和交流，并对协作学习过程进行引导，使之朝有利于意义建构的方向发展。 　　综上所述，本教学设计以《盲校义务教育语文课程标准》为依据，以情境教学和建构主义学习理论为指导，以信息技术融入学科教学为手段来设计教学环节和实现教学目标。
二、教学背景分析	1.教学内容分析： 　　本课选自人教社盲校义务教育实验教科书七年级上册第六单元，属于"发挥联想与想象"写作专题。本课的基本内容是指导学生运用联想和想象的方法将自己感受到的美景描绘出来，写出自己独特的感受。本课的学习是整个"发挥联想与想象"作文专题训练中的一个小练笔，目的是激发学生的写作兴趣，丰富写作形式，同时也为后续的写作和学习奠定基础。 2.学生情况分析： 　　教学对象为北京市盲人学校七年级学生，全班共8人，其中低视生2人，全盲生6人。根据学习能力全班学生分为A、B两层。由于视觉障碍的影响，在写景状物类文章的学习和写作中存在很大困难，他们对景物的观察主要依赖于听觉，通过联想和想象形成画面。学生通过前一阶段的学习，已经掌握了一些写景状物类文章的写法，为本课做了初步准备。本班学生设有专门的音乐鉴赏课，对于音乐有一定的鉴赏能力。本校学生从小学一年级就开始学习计算机，具备一定的电脑操作能力，能比较熟练地运用搜索引擎、留言板，具备一定的打字速度，每个人都有自己的微信号，群内能够主动协作，共同交流，能够通过教师所提供的网络环境，获取一定的信息。这些都为本节课的开展奠定了基础。
三、教学目标及重难点	1.教学目标 　　（1）知识与技能目标：了解听音乐作文的写作方法。 　　（2）过程与方法目标：通过训练能运用相应的写作方法把听音乐所联想、想象的画面形象地描绘出来。 　　（3）情感态度价值观目标：感受音乐和生活中的美，提升审美情趣。

续表

三、 教学目标 及重难点	2.分层分类要求 　　A层学生：能运用相应的写作方法把听音乐所联想、想象的画面形象地描绘出来。 　　B层学生：了解听音乐作文的写作方法，能围绕音乐主题写出一段文意通顺的文字。 　　低视生：可以利用屏幕放大器阅读相关资料，完成相关任务。 　　盲生：利用读屏软件阅读相关资料，完成相关任务。 3.教学重点及难点 　　教学重点：把听音乐所联想、想象的画面形象地描绘出来。 　　教学难点：克服视觉障碍，将抽象的音乐转换成具体形象的画面。
四、 教学方法	情境教学、自主探究与合作讨论
五、 资源准备	多媒体课件，网络教室，电脑要求安装微信电脑版，读屏软件和屏幕放大镜，每台电脑配备耳机
六、 教学流程	课前 → 课中 → 课后 创设情境 营造氛围　　示范引导 激发兴趣　　延伸拓展 巩固提高 方法指引 明确路径 因材施教 分层训练 同学互评 师生共改 自我完善 美文赏析

七、教学过程

教学阶段及 时间安排	教师活动	学生活动	设置意图
（一） 创设情境 营造氛围 （课前）	1.课前将相应资料通过微信群共享传输到学习机。 2.课前两分钟，播放舒缓的音乐。	听着美妙的音乐步入网络教室，阅读学习资料，感受身心放松和愉悦的氛围。	1.有关联想与想象的概念和方法以及写景状物作文写作方法的资料为学生的学习提供先行组织者，为下面的教学环节做好准备。 2.创设学习情境，营造轻松愉快的学习氛围。

续表

教学阶段及时间安排	教师活动	学生活动	设置意图
（二）示范引导激发兴趣	1. 点题，明确要求。 2. 播放班德瑞《清晨》，伴随音乐，大屏幕上显示相应的 Flash 画面。 3. 伴着悠扬的乐曲，配着屏幕上听《清晨》所联想和想象的画面，示范作文。	听音乐，观赏画面，听老师朗诵美文。	1. 借助优美的 Flash 动画，将抽象的音符变成了具体可感的音乐形象。 2. 示范作文加速学生从情境感知到理性认识的进程。 3. 激发学生想象和语言表达的兴趣。
（三）方法指引明确路径	1. 组织学生思考、讨论：听音乐作文的特点，怎样才能将抽象的音乐符号转化成具体的画面 2. 结合群共享里的资料，联系老师的范文，引导学生探讨怎样才能把由音乐所联想和想象的画面写得具体、生动。 3. 梳理总结： （1）听音乐的联想、想象不能漫无边际，必须围绕主题进行。 （2）要把抽象的音符还原为具体的形象，一定要将联想和想象建立在生活实践的基础上。 （3）为了把景物写得具体生动可以调动多种感官，灵活运用多种修辞，情景交融，写作具有层次和顺序等。	1. 思考讨论。 2. 依据网上提供的资料，联系老师的范文进行自主探究和讨论。	1. 通过自主思考和相互讨论引导学生归结出听音乐联想和想象的具体要求和听音乐作文的特点。 2. 通过阅读相应资料（先行组织者），联系范文，建立新旧知识之间的联系，在自主探究和讨论的过程中明确写作方法。
（四）因材施教分层训练	1. 任选一题，按要求作文。 （1）欣赏音乐《夏的旋律》，描绘"盛夏浓翠，蛙鼓蝉鸣"的情境，不少于150字。 （2）欣赏音乐《森林之翼》，描绘"密林深处，鸟噪林静"的情境，不少于200字。 （3）欣赏音乐《破晓》，描绘"拂晓之时，万物复苏"的情境，不少于200字。 2. 观察任意一个学生的作文情况，并针对学生实际，提供适时指导。	根据自己的实际情况，任选一题，戴好耳麦，边欣赏音乐边构思写作。	1. 训练题排列由易到难，学生自选，兼顾差异。 2. 考虑学生音乐修养不同，3 段乐曲均配有指示性文字，有助于理解音乐内涵。 3. 通过监控随时提供个别指导。

续表

教学阶段及 时间安排	教师活动	学生活动	设置意图
（五） 同学互评 师生共改	1. 学生上传发表自己的作文。 2. 学生阅读和评价其他同学的作文。 3. 教师反馈和点评。	1. 发表自己的作文。 2. 阅读和评价其他同学的作文。 3. 认真思考老师的反馈和点评。	1. 学生一起交流，分享各自的习作成果，激发写作与评改的热情。 2. 师生共同参与，教师示范批注修改，充分肯定成绩，相互借鉴，不断提高。
（六） 自我完善 美文赏析	1. 请参考同学和老师的点评，修改完善自己的作品，并上传。 2. 挑选一篇优秀学生作品赏析，并请作者谈谈写作感受。	1. 修改，完善作文，并上传。 2. 共同赏析优秀作品。 3. 学生谈写作感受。	1. 通过阅读同学的作品以及师生点评，对自己的作品有了客观的认识，运用课堂所学修改完善自己的作品。 2. 激发写作热情，实现满足自我、追求成功的心理需求。提供展示与借鉴的平台。
（七） 延伸训练 巩固提高 （课后）	学生发挥联想和想象，在景物描写中加入人物和故事，将自己的写作片段扩充为一篇不少于500字的作文，上传到语文微信群。	完成作业。	通过联想和想象，扩充片段，巩固课堂所学并拓展思维。
（八） 学习效果 评价设计	本课遵循过程性评价与结果性评价，生生评价与师生评价相结合原则，注重过程性评价，对学生学习过程中表现的兴趣、态度、参与程度、任务完成情况以及形成的作品进行综合评价。评价力求满足学生对成功的渴望，激发其学习的潜能。		

学生课堂表现评价表

评价指标	兴趣	态度	参与度	任务完成情况	作品质量
所占分值	15%	15%	15%	30%	25%
总评					

（九） 教学设计 的特点	1. 情境教学，激发兴趣： 　　兴趣是最好的老师，只有高涨的学习热情和强烈的求知欲望，才能以学为乐。视障学生对音乐普遍具有较高的热情，因此，本课题选择通过音乐来展开学生联想和想象的翅膀，提高写景状物类作文的写作水平。优美的音乐Flash营造了轻松的学习氛围，微信软件的运用极大刺激了学生的学习动机，使他们进入了"乐学"状态。 2. 缺陷补偿，潜能开发： 　　缺陷补偿，潜能开发是特殊教育的重要教育原则，视障学生在写景状物作文的写作过程中存在极大困难，因为他们看不到眼前景。但是，他们的听觉却相对敏锐，熟悉乐理，对音乐有一定的鉴赏能力。鉴于此，本课从音乐赏析切入，以其听力之所长代替视力之所短，锻炼学生的联想和想象力，提高写景状物类文章的写作水平。

（九） 教学设计 的特点	3. 自主探究，合作交流： 　　新课程理念倡导自主探究与交流合作的学习方式。要求学生做课堂的主人，积极主动地去获取知识而不是被动接受，要求学生在合作交流的过程中学会与他人合作。本课自始至终践行自主探究与交流合作的学习方式，教师作为引导者，而不是传授者，课堂上只是组织和引导学生，通过学生自己的思考和相互间的讨论总结出听音乐作文的特点，明确将联想和想象的画面写具体、生动的方法，使他们体会独立思考和与他人合作的重要性，感受获得成功的喜悦。 4. 因材施教，尊重差异： 　　因材施教是教育的金科玉律。针对低视生和盲生的不同特点，分别准备了屏幕放大器和读屏软件，以方便学生阅读、写作和交流。考虑到学生的音乐修养和写作水平不同，在听音乐作文环节，提供了3段难度不一的音乐，供学生自由选择。赋予学生自主选择权的同时，兼顾差异。 5. 多元评价，体验成功： 　　本课遵循过程性评价与结果性评价，生生评价与师生评价相结合原则，注重过程性评价，对学生学习过程中表现的兴趣、态度、参与程度、任务完成情况以及形成的作品进行综合评价。评价力求满足学生对成功的渴望，激发其学习的潜能。
（十） 教学反思	作文课是老师和学生都很头疼的课，传统作文讲授课基本都是老师列出写作要求，讲解写作方法，再出示一两篇范文，分析一番，然后让学生自己写。老师苦口婆心，学生仍茫然不知所措，作文水平提升不大。因此，本节课尝试以音乐为切入点，利用信息技术手段，调动学生写作的积极性，充分发挥学生主体和主动性，通过合作探讨，相互评价和借鉴，提高学生写景状物类文章的写作水平。整节课学生的积极性被调动起来，参与度大大提高，教学目标基本达到。但是由于内容比较多，时间相对紧凑，一些教学环节显得有点仓促，没能更深入地进行下去，有待以后进一步改进。

有序数对

姓　名	吴静	学　科	数学
单　位	南京市盲人学校	年　级	七年级

一、 教材分析	"有序数对"是第九章平面直角坐标系第一节的内容，本节课是在学生对确定的位置有初步的了解的基础上，进一步认识有序数对，学习用有序数对来表示物体的位置。有序数对是平面直角坐标系的基础知识，也直接关系到后面对函数图像的学习，所以本节课起着承上启下的作用。同时本节课的内容有利于增强学生的数学符号感，是"数"向"形"的正式过渡，因此需要使学生充分认识到数学是描述解决实际生活中事物、问题的重要工具，从而树立学好数学的信心，提高分析问题、解决问题的能力。
二、 学情分析	在小学阶段，学生对"用数对表示具体情境中物体的位置"有一定的了解，但是谈到"有序"感到陌生。七年级学生的抽象思维能力以及用数学符号语言表达能力还不够高，从一维到二维的过渡存在困难。 　　就这个班级学生而言，他们的特点是活泼好动，喜欢摸得到的东西，因此在这节课的教学中，我将在学生已有的数学基础知识上选择学生所熟悉的生活经验作为教学素材，以活动为主线，调动起学生的热情和兴趣。 　　此外，该班学生层次较多：丁×锐是转学生，盲文基础较差，目前课堂上仍以汉字进行学习；查×文上课接受知识很快，但是遗忘也快，动手能力也稍差些；程×阳、恽×梦学习上接受能力慢，需要课堂上给予个别指导。
三、 教学目标	1. 一般学生目标： 　　基础知识：通过丰富的实例认识有序数对，感受它在确定点的位置中的作用。 　　基本技能：使学生知道确定位置的各种方法，并能说出一对有序数对的实际含义。 　　基本数学思想：通过现实生活中的实例，初步感悟数形结合的数学思想。 　　基本活动经验：会用有序数对解决简单的实际问题，学生通过可以用数量表示图形位置，感受几何问题可以转化为代数问题，形成数形结合的意识。 　　情感态度：通过学习让学生感受数学知识来源于生活，作用于生活，使学生初步体验数学与人类的密切关系。通过参与活动，培养学生探究能力、搜集信息的能力、合作交流的能力。 2. 特殊学生目标： 　　学困生（丁×锐）：能够积极参与课堂，理解有序数对的意义，能够根据指令和提示写出用有序数对表示的位置，学会有序数对的盲文书写。 　　学困生（查×文、程×阳、恽×梦）：能够积极参与课堂，理解有序数对的意义，能够根据指令和提示写出用有序数对表示的位置。
四、 教学 重难点	重点：理解有序数对的含义，熟练地用有序数对表示位置，达到"数"与"形"的统一。 　　难点："有序数对"中"有序"的含义，并用它解决实际问题。
五、 教学方法	探索、分析、归纳、讲授 　　课件、庆典视频、盲汉讲义、贴纸
六、 教学过程	**（一）创设情境，唤起共鸣** 　　情境一：（视频播放）庆祝中华人民共和国成立70周年庆典中，节目《红旗颂》是由3290名联欢群众通过手持光影屏和表演道具进行组图、立体呈现的国旗等图案。 　　回到我们身边，2019年国庆前夕，我校举行了歌唱祖国的合唱活动。高中本科组的同学在演唱中也用花球摆出了一个图案。

| 六、教学过程 | 师：你知道这些图案是怎么组成的吗？——由低视生向盲生介绍看到的画面。（第 4 排中间有 6 人举着红色花球；第 3 排有 5 人举花球，其中边上 2 人举红色，中间 3 人举黄色。）
情境二：今年的 5 月 17 日，我们班部分学生受邀去观看龙江剧《双锁山》。每位受邀的同学都拿到了一张门票，你知道怎么根据票上的数字找到座位吗？
（二）分析问题，得出概念
情境一释疑：（和第一部分穿插着进行）
在天安门参加庆典的队伍中，每一个人都有一个确定的编号，按排号、列号站在一个确定的位置，无论队伍怎样移动，他在整个队伍中的位置是固定的。每个人按照图案设计的要求，随着指挥员的信号或者按约定的音乐节拍，他们举起不同颜色的道具，整个方阵显示的背景图案就能达到设计的要求了。
情境二释疑：
剧场对厅内的座位按"几排几号"编号，以便确定每一个座位在剧场中的位置。这样，拿着印有"排数"和"号数"（例如，19 排 33 号）的入场券，到剧场后就能准确地"对号入座"。
师：这种按"几排几号"编号的办法在日常生活中是常用的。
比如将我们班的教室座位画成如下的平面图，说一说自己的座位分别是图中的第几列第几排。（学生找到代表自己座位的方格，然后贴上贴纸。低视生画"√"表示。）

4　程×阳　章×溪　刘×鸣　横
3　恽×梦　查×文　王×润
2　赵×任　杭×祁　赵×豪　排
1　张×韦　汤×晨　丁×锐
　　1　　　2　　　3
纵　列　讲　桌

学生讲义中不出现名字，盲文讲义如下： |

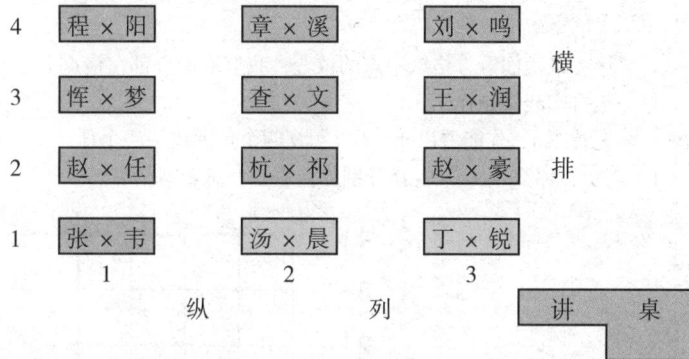

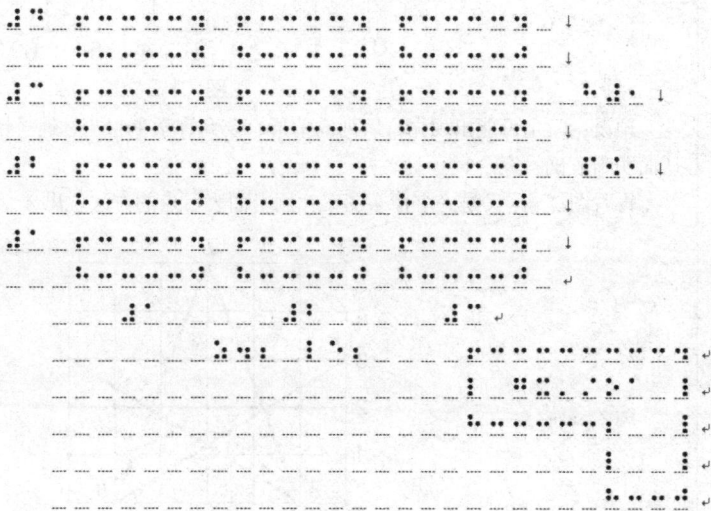

19

续表

六、教学过程	每个学生依次说出自己的座位是第几列第几排。 如章 × 溪介绍：我的座位是第 2 列第 4 排。 得出概念：上面的问题都是通过像"19 排 33 号""第 2 列第 4 排"这样含有两个数的表达方式来表示一个确定的位置，其中两个数各自表示不同的含义，例如"19 排 33 号"前边的表示"排数"，后边的表示"号数"；"第 2 列第 4 排"前边的数表示"列数"，后边的表示"排数"。我们把这种有顺序的两个数 a 与 b 组成的数对，叫作有序数对（ordered pair），记作（a，b）。（看教材中的"有序数对"的概念，电脑播放有序数对英文读音） 如："19 排 33 号"可以记作（19，33） "第 2 列第 4 排"可以记作（2，4） 师：（2，3）和（3，2）在同一个位置吗？ 再让学生举例说明（a，b）与（b，a）的不同含义。 强调：有序，是指（a，b）与（b，a）是两个不同的数对； 数对：是指必须由两个数才能确定。 辨析：以下有序数对书写格式正确的是（　　） A.3，5　　　　　　　B.（2，6）　　　　　　C.（4　5）　　　　　　D.{4，7} （三）联系生活，建立概念 接下来我们看方格纸中点的位置，我们取的点都在格点上（盲生的图为盲文方格纸＋3D 打印笔打印线条制作）。 先看图 1，你能看出 A、B、C、D 四个点围成了一个什么图形吗？如果点 B 用有序数对（5，1）表示，那么点 A、C、D 分别如何表示？试着写一写。 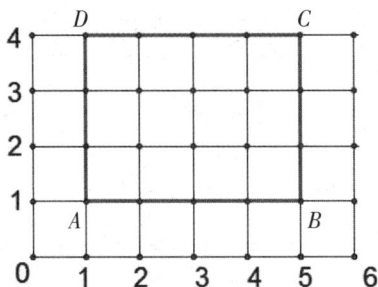 （图 1） 预设：学生可能出现先行后列的情形，要允许学生犯错，通过错误对概念进行二次辨析，从而明晰正确答案。 再看图 2，这又是一个什么图案？用上面表示点的方法说出 A、B、C、D、E 的表示方法。 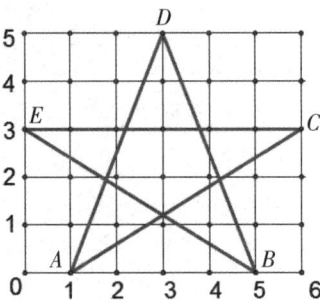 （图 2）

六、 教学过程	师：利用有序数对，可以准确地表示出一个位置。生活中利用有序数对表示位置的情况是很常见的。你能再举出一些例子吗？ （四）应用概念，加深理解 1.找一找：如图（盲文字字标调），以下5×5的方块中共有25个字，用（2，3）表示"英"那么按下列要求排列会组成一句什么话，把它大声读出来。 <table><tr><td>5</td><td>走</td><td>跟</td><td>个</td><td>万</td><td>女</td></tr><tr><td>4</td><td>中</td><td>我</td><td>的</td><td>一</td><td>学</td></tr><tr><td>3</td><td>爱</td><td>英</td><td>人</td><td>远</td><td>打</td></tr><tr><td>2</td><td>球</td><td>国</td><td>是</td><td>生</td><td>永</td></tr><tr><td>1</td><td>小</td><td>孩</td><td>门</td><td>习</td><td>党</td></tr><tr><td></td><td>1</td><td>2</td><td>3</td><td>4</td><td>5</td></tr></table> （1）（2,4）、（3,2）、（1,4）、（2,2）、（3,3）——我是中国人 （2）（5,2）、（4,3）、（2,5）、（5,1）、（1,5）——永远跟党走 2.在空白方格纸上设计图案，说说你设计的图案上的点可以用怎样的有序数对表示。 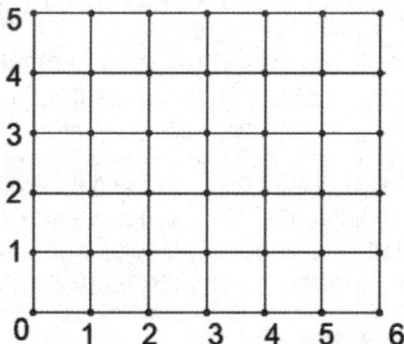 预设：平行四边形、梯形、三角形、字符 W 等。 （五）归纳小结，作业布置 先播放"洋葱来小结"，然后提问：通过本节课的学习，你有哪些收获？你还有什么疑问？还想继续研究什么？ 预设：有序数对中的数字可以是小数吗？有没有三个数表示的有序数对？ 课后作业如下： 必做：教材巩固运用9.1第1题。 选做：在"找一找"中写出一句五个字组成的话，再用有序数对表示出句子中的字。（我是中学生 / 我爱打门球 / 女孩爱学习） 课后阅读：阅读教材第95页（盲文99页）的"用经纬度表示地理位置"一文。

北冥有鱼

姓　名	王育茹	学　科	语文
单　位	广州市启明学校	年　级	八年级

一、 教材依据	人民教育出版社盲校义务教育实验教科书《语文（八年级下册）》第六单元第21课《庄子》二则之《北冥有鱼》。
二、 教学内容 分析	《北冥有鱼》选自《庄子》的《逍遥游》，以雄奇瑰丽的丰富想象，给我们呈现了一个硕大无比、神奇莫测、志存高远、善借长风的大鹏形象。借用寓言故事进行说理，阐述了世间万物的存在都是依附于一定的条件，它们的活动都是有所凭借的，并没有达到真正的逍遥的道理。
三、 教学对象 分析	八年级的学生具有一定的文言文积累及鉴赏基础，但总体上存在以下不足：诵读训练不够，文言文知识积累不足，鉴赏能力较弱。因此，在设计教学的时候，我让学生去朗读体会，去自主探究，去分析鉴赏，从而达到积累词语、理解内容、领悟寓意的目的。班上有3名学生的学习能力较差，在教学中要重点辅导，给予他们必要的帮助；此外，班上有2名低视生，在教学过程中，可以通过出示图片、视频等形式让他们得到更多的信息。 　　根据学生的能力可以分为三层： 　　A层：理解能力强，具有较好的文言文知识积累和分析鉴赏基础。 　　B层：基本能理解课文的内容和阐述的道理，但感悟和鉴赏的能力较弱。 　　C层：学习能力较差，基本无法理解课文的内容和阐述的道理。
四、 教学理念	1.倡导"自主、探究、合作"的学习方式，运用启发诱导式的教学方法，以学生的自主探究为主，辅以教师的点拨、引导，充分调动学生的学习能动性。 　　2.利用视频、音频等多媒体创设情境，激发学生的兴趣和情感。 　　3.进行知识的拓展延伸，使学生的知识从课内迁移到课外，开阔学生的视野。
五、 教学目标	1.情感与态度目标： 　　（1）了解庄子的作品和思想。 　　（2）学习庄子追求逍遥洒脱的人生态度，"无所待"的绝对自由的精神境界。 　　（A层学生：达到全部目标；B层学生：基本能学习庄子追求逍遥洒脱的人生态度；C层学生：只要求了解庄子的作品和思想） 　　2.知识与能力目标： 　　（1）了解庄子的作品及其思想主张。 　　（2）积累常用文言词语，整体把握课文大意。 　　（3）体味对话中的人物语气，理解课文中寓言阐述的道理。 　　（A层学生：达到全部目标；B层学生：积累常用文言词语，整体把握课文大意；C层学生：有感情地朗读、背诵课文） 　　3.过程与方法目标： 　　在诵读、鉴赏文言文的基础上，引导学生进行自主探究。 　　（A层学生：达到全部目标；B层学生：基本达到；C层学生：不做要求）
六、 教学 重难点	重点：了解庄子的作品及其思想主张；积累常用文言词语，整体把握课文大意；理解课文中寓言阐述的道理。 　　难点：理解庄子追求逍遥洒脱的人生态度，"无所待"的绝对自由的精神境界。

七、课时安排	安排一课时：导入新课→温故知新→品读赏析→拓展延伸→布置作业		
八、教学媒体的选择与使用	采用计算机多媒体教学平台进行课件演示，在教学过程中运用网页课件进行辅助教学，集文字、图像、视频、动画和声音等多种媒体于一体，动静结合、声像合一，加深学生对知识的理解、巩固和记忆，激发学生的求知欲。		
九、教学准备	教师：收集有关的文字、音频、视频资料制作多媒体网页课件。 学生：上网搜索庄子的资料，了解其思想及作品的特点。		

十、教学过程

教学环节	教师活动	学生活动	技术应用
（一）导入新课	课前播放背景音乐：钢琴曲《大鱼》 1. 播放电影《大鱼海棠》片段1。 2. 教师：有的鱼是永远都关不住的，因为它们属于天空。这是某部国产动漫电影的片头语，大家猜猜这条特别的鱼叫什么名字。是的，它就是庄子笔下的"鲲"，后化为"鹏"。今天我们继续学习庄子的《北冥有鱼》。	学生思考、回答问题。	课前播放背景音乐，舒缓学生的情绪。 由电影片段导入新课，可以营造轻松愉快的学习氛围，激发学生的学习兴趣。
（二）温故知新	1. 复习文学常识（齐答）： （网页课件：知人论世） （1）庄子其人：名周，战国时期哲学家，道家学派的代表人物。与老子并称"老庄"。 （2）《庄子》其书：又名《南华经》，是道家经典之一，是庄子及其后学所著，今存33篇。 2. 复习文言知识（开火车答）： （网页课件：同步练习） （1）重点词汇。 怒而飞：怒，奋起的样子，这里指用力鼓动翅膀。 是鸟也：是，这。 志怪者也：志，记载。 抟扶摇而上者九万里：抟，盘旋飞翔。扶摇：旋风。 去以六月息者也：去，离开。以，凭借。息，气息，这里指风。 （2）古今异义词。 海运（古义：海水运动 今义：海洋运输） 天池（古义：天然形成的水池 今义：湖泊名） 野马（古义：山野中的雾气 今义：野生的马）	1.全班学生齐答。 2.指定学生回答。	通过多媒体展示，温故而知新，巩固关于词的文学常识，积累常用的文言词语。

续表

教学环节	教师活动	学生活动	技术应用
（二） 温故知新	（3）一词多义。 ①其 其名为鲲（代词，它的） 不知其几千里也/其视下也（代词，它） 其正色邪？其远而无所至极邪？（表示选择） ②之 鹏之背，不知其几千里也/其翼若垂天之云（助词，的） 鹏之大/鹏之徙于南冥也/生物之以息相吹也/天之苍苍（助词，放在主谓之间，取消句子独立性，无义） ③以 去以六月息者也（介词，凭借） 生物之以息相吹也（介词，用） ④为 其名为鲲/其名为鹏（叫作） 化而为鸟（成为） （4）文言句式： ①去以六月息者也。（定语后置句——倒装句）（省略句） ②南冥者，天池也。（判断句） ③《齐谐》者，志怪者也。（判断句）		
（三） 赏析课文	1.教师：自由朗读课文，思考：课文讲了几层意思？（网页课件：课文大意） 2.在学生回答的基础上进行小结：讲了三层意思 第一层（前三句）：介绍鲲鹏的外形； 第二层（中间四句）：写大鹏的活动； 第三层（最后三句）：写大鹏俯瞰大地的景象。 3.引入：可见，这篇课文浓墨重彩地描绘了一幅由大鲲变为大鹏，大鹏扶摇直上九万里，从北海飞往南海的壮丽图景。那么，大鹏是一个怎样的形象呢？让我们一起朗读课文，感受大鹏的形象。（教师指导学习能力较差的学生进行朗读） 4.教师：鲲鹏是一个怎样的形象呢？请同学们进行小组讨论，找出相应的句子，并用四字词语进行概括。（教师到每个小组进行点拨、引导） （网页课件：赏析鲲鹏） 5.教师结合学生汇报的情况进行适时的指导： 硕大无比（鹏之背，不知其几千里……其翼若垂天之云）	1.学生自由朗读课文。 2.学生回答问题。 3.全班齐读课文，感受鲲鹏的形象。 4.学生进行分组讨论。 5.学生代表进行汇报。	1.由复习课文的内容，引入本节课的学习重点。 教师针对不同层次的学生进行个别辅导。 通过小组讨论、汇报的形式，辅以教师的点拨、引导，充分调动学生的学习能动性。

教学环节	教师活动	学生活动	技术应用
（三）赏析课文	神奇莫测（化而为鸟） 志存高远（生于昏蒙的北海，却毅然化而为鸟，飞往"启明之方"的南海，勇于追求自己的理想） 力大无穷（水击三千里） 善借长风（去以六月之息也） 6. 教师：庄子以雄奇瑰丽的丰富想象，给我们呈现了一个硕大无比、力大无穷、志存高远、善借长风的大鹏形象。让我们带着对课文内容的理解，再次有感情地朗读课文。	6. 全班有感情地朗读课文，感受大鹏的形象。	带着对大鹏形象的理解，再次朗读课文。
（四）拓展延伸	1. 大鹏形象对中国文化的影响。 （1）引入：可见，"大鹏"形象具有丰富的精神内涵，启示人们要胸怀远大的理想和抱负，勇于拼搏，敢于追求，对中国文化影响深远。那么，在我们的文学作品中，有哪些大鹏的形象呢？ （2）教师结合学生的回答进行归纳整理。 小说《西游记》：狮驼国的"大鹏金翅雕"。 诗句： 九万里风鹏正举，风休住，蓬舟吹取三山去。 ——李清照《渔家傲》抒发自己非凡的抱负 鲲鹏水击三千里，组练长驱十万夫。 ——苏轼《催试官考较戏作》 鲲鹏展翅，九万里，翻动扶摇羊角。 ——毛泽东《念奴娇》 大鹏一日同风起，扶摇直上九万——李白《上李邕》 （播放"懂啦"） 人名：岳飞，字鹏举，寓意"大鹏转世"。 成语：鲲鹏展翅、鹏程万里、扶摇直上。 电影：《大鱼海棠》。（播放电影片段2） 游戏：庄周的鲲。 处理器：华为的鲲鹏920。 （3）教师小结：可见，"大鹏"的文化形象已经深深渗透进了我们中华民族的文化血脉里。 2. 关于借用寓言故事说理。 （1）教师：在庄子的作品中，往往借用寓言故事说理，那么本文借鲲鹏的寓言说明什么道理？ （网页课件：寓言说理） （2）教师点拨：大鹏飞往南海借助的是六月的大风，飘浮着的极微小的尘埃，也是需要生物的气息才得以飘动。可见，世间万物，大至鹏鸟，小至尘埃，它们的存在都是依附于一定的条件，它们的活动都是有所凭借的，并没有达到真正的逍遥，都是没有绝对的自由。	1. 学生自由发言，分享自己收集到的资料。 2. 学生回答问题。	让学生自由分享自己搜集到的资料，既提高学生搜集、整理信息的能力和语言表达能力，又开阔了学生的视野，使学生的知识从课内迁移到课外。 引导学生理解文章借用寓言故事进行说理的方法，概括文章的主旨。

续表

教学环节	教师活动	学生活动	技术应用
（四） 拓展延伸	（3）教师：任何事物的存在都依附于一定的条件，那么人对事物的认识有没有局限呢？ 提示：在九万里高空的大鹏俯瞰人世，跟人仰望遥远的天空，所看到的都是同一种景象，都不能看到"正色"。可见鹏鸟和人们一样，受到距离的限制，并不能弄清天的本色，鹏鸟的认识也是有局限的，没有绝对的自由，从而进一步表现了文章的主旨。 （4）是否与《逍遥游》这篇文章的主旨矛盾呢？ 提示：本文中，作者借大鹏乘风翱翔，雾气、尘埃需气息吹拂，说明世间万物都是有所凭借的，没有绝对的自由。但这并不是矛盾，虽然人的活动没有绝对的自由，但是人可以追求精神的绝对自由，大鹏借助长风实现了自己从北海到南海的伟大理想，表达了作者对精神自由的追求。		在教学中渗透德育教育，引导学生要遵纪守法。
（五） 课堂总结	教师总结：这篇课文通过借用寓言故事说理的方法，塑造了一个一个硕大无比、力大无穷、志存高远、善借长风的大鹏形象。课文中鲲鹏凭借海运和旋风，飞达南海这一理想的境地。老师希望大家能凭借知识的力量、人格的魅力达到你人生的理想境界。愿同学们心存梦想，胸怀大志，去乘长风，破万浪，鲲鹏展翅，鹏程万里！		引导学生树立远大的理想，渗透德育教育。
（六） 布置作业	1. 有感情地朗读课文并背诵课文。 2. 完成课后同步练习		根据教学目标布置作业，让学生进行知识的巩固与提高。

水的净化

姓　名	张显	学　科	化学
单　位	北京市盲人学校	年　级	九年级

一、 指导思想 与理论 依据	《盲校义务教育化学课程标准》中指出，盲校化学教学应重视学生的潜能开发和缺陷补偿。教师要确立正确的学生观，善于发现和开发学生化学学习的潜能，使每个学生的化学素养得到充分、适合的发展。化学教学要根据学生的个体差异，合理利用辅具，灵活运用直观教学、个别化教学等策略，努力探索现代技术对学生化学学习的支持性作用，最大限度地补偿视觉缺陷，减少障碍。 　　盲校课程的设计应以视力障碍学生的发展为本，注重从视障学生的生活经验出发，关注学生的学习过程和方法，以及伴随这一过程产生的积极情感体验，促使其形成正确的价值观。注重在学科教学中补偿视力障碍学生的缺陷，照顾差异。
二、 教学背景 分析	1. 教学内容分析： 　　《自然界的水》这一单元从知识框架上看，以"水是由什么组成""水的净化""水污染与水资源的保护"三个课题围绕水从学科到人文，从生活到技术多方位、多视角地认识水、利用水，形成一个较完整、较独立的学习板块。教材从社会实际和学生的生活实际出发，力图为学生提供认识和探索周围事物的素材和线索，以及从身边事物中学习化学知识的意境，将化学的一些基本概念和基本技能穿插于紧密联系社会、联系生活的内容之中。 　　本课题从水的净化角度，按照除杂质的顺序分析自来水厂的净水过程，从而掌握净化水的几种方法，将物质分离的基本操作过滤法与生活中水的净化过程联系起来，并把生活中含可溶性杂质的水净化作为实例引入硬水与软水，再结合肥皂水鉴别的方法区分软硬水，通过生活中烧水时会出现水垢的现象，体会硬水软化的方法，从而让实验的基本操作不再单调、枯燥，让学生在实际应用中掌握操作技能，认识实验操作技能在生活和生产中的应用价值。学生在第一单元学习过实验的基本操作，而且重点掌握使用过滤方法分离物质，在后面学习粗盐提纯的教学过程中又将涉及过滤操作，因此有关水净化的知识在初中化学教材中具有承前启后、举足轻重的作用。 　　由于视力障碍学生难以和普通学生一样通过视觉全面、快速地获取信息，许多化学实验现象他们难以亲眼观察，仅是停留在书本和教师的描述中，缺乏直接真实的体验。针对视障学生特点，本节课选用红石泥水，通过污水净化趣味实验，使污水产生较明显的颜色变化，激发视力障碍学生的学习兴趣；通过分析生活中自来水厂净化水的过程让视力障碍学生感受到化学与生活密切相关；通过过滤操作的分组实验探究，激发视力障碍学生的学习潜能，培养学生进行实验操作时的安全意识与规范操作的科学品质及合作探究精神，其中过滤装置触摸图的使用，选用2D喷墨技术，能帮助视力障碍学生构建立体装置模型；通过硬水软水的研究，让视力障碍学生可以通过触觉等感、知觉来对视觉进行部分代偿，其中硬水软水鉴别的演示实验，选用大试管操作并配以黑色衬纸，让视力障碍学生能够较明显地观察实验现象。本节课的教学设计尽可能让学生从实验和生活中获得直接体验，从而实现缺陷补偿，关注每个学生，达到学有所获的目的。 2. 学生情况分析： 　　本教学设计作者任教的班级是初中三年级，该班有六名学生，其中包括两名低视生和四名全盲生。

续表

二、 教学背景 分析	从学生的视力情况来看，六名学生情况不同。两名低视生可以对化学实验过程中物质的颜色变化以及状态变化等实验现象进行观察，但对一些细微的过程变化还是需要教师提示或进行语言描述；四名全盲生无法观察到化学实验现象，只能通过实验过程中气味的产生与变化、温度的变化以及实验中产生的声音来构建实验情景，在理解实验过程上存在较大困难。 　　从学生已掌握的化学知识来看，初三学生在日常生活中已接触过不同种类的水，对水的了解积累了一定的感性认识，前面通过学习有关物质分离的基本操作，也为水过滤的方法打好了实验基础。 　　从学生的能力储备来看，该班学生思维活跃，经过前面阶段的学习已具备一定的实验能力和分析能力，能够对所学的化学知识进行简单分析，可以通过自己学过的解决问题的方法去探究生活中的问题，并加以验证。其中两名低视生和一名全盲生综合能力较强，能够主动探索化学知识，按照自己的学习方式分析归纳化学原理，并能应用所学知识解决复杂的化学问题。而另外三名全盲生综合能力较弱，主动思考化学问题的能力不够，能按照老师讲解的思路理解并掌握化学原理，能应用所学知识分析简单的化学问题。 3. 教学方法： 　　实验探究法、分析归纳法 4. 教学准备： 　　（1）实验仪器：烧杯、漏斗、试管、滤纸、铁架台、玻璃棒、洗液瓶、试管架 　　（2）实验试剂：活性炭、池塘水、自来水、蒸馏水、肥皂水、红石泥水 　　（3）辅助教具：过滤壶、水垢铝壶、过滤装置触摸图、多媒体视频动画 　　（4）实验组别：A组：张某某（组长）、任某某、张某某 　　　　　　　　　B组：侯某某（组长）、尚某某、苏某某
三、 教学目标	1. 知识与技能： 　　（1）了解沉淀、吸附、过滤、蒸馏等常用的净化水的方法。 　　（2）了解硬水、软水以及硬水软化的方法。 　　（3）掌握过滤操作的基本装置与操作方法。 2. 过程与方法： 　　（1）通过分析自来水厂的净化流程，让视力障碍学生了解净化水的方法。 　　（2）通过过滤操作的分组实验探究，提高视力障碍学生设计、观察与合作能力。 　　（3）通过鉴别硬水与软水的演示实验，让视力障碍学生了解硬水软化的必要性。 3. 情况态度与价值观： 　　（1）通过水的净化处理过程，体会化学在实际生活中的广泛应用。 　　（2）通过探究过滤操作方法，培养实验操作的安全意识与规范操作的科学品质。
四、 教学 重难点	水的净化原理；过滤的操作方法。
五、 教学 流程图	本节课的教学过程主要包括五个阶段，即：

续表

五、教学流程图	

01	新课引入	净化趣味实验，化学新知铺垫。
02	环节一	净水过程介绍，实例聚焦拓展。
03	环节二	污水过滤原理，实验探究体验。
04	环节三	硬水软水研究，理论指导实践。
05	环节四	净水方法总结，归纳概括提升。

六、教学过程

教学阶段	教师活动	学生活动	设计意图	资源辅助
（一）新课引入	净化趣味实验，化学新知铺垫。 过滤壶过滤红石泥水。 （今天老师给同学们准备了一个家庭日常生活中常用的过滤壶和一杯红石泥水，现在老师将这杯水倒入过滤壶中，请低视生观察现象并描述给全盲生。） （今天我们一起学习水的净化。）	低视生参与实验并观察实验现象，全盲生聆听实验描述。	通过趣味实验引入新课，激发学生学习兴趣。	实验用品
（二）环节一	净水过程介绍，实例聚焦拓展。 1. 展示一杯自来水。 （老师上课前刚刚接了一杯水，这就是咱们日常用的自来水，这杯水能喝吗？）（老师先喝一口，再让同学品尝一下。）（自来水可以直接饮用，但是不能长期饮用，通过本节课的学习我们最后解决这个问题。） （同学们知不知道我们平常使用的自来水是从哪儿来的呢？） 2. 描述图片，介绍陡河水库。 陡河水库是河北省兴建的第一座大型水库，是唐山市自来水的供给水库。 3. 播放视频，介绍密云水库。 欢迎同学们来北京做客，有机会可以去密云水库参观游览。如何将水库中的水净化成家里饮用的自来水呢？ 4. 自来水厂净水流程。 （1）播放视频，介绍净水流程。 取水 → 加絮凝剂 → 沉淀 → 过滤 → 吸附 → 消毒杀菌 → 自来水	低视生与全盲生尝自来水并思考。 低视生看图片与视频内容，全盲生聆听图片与视频描述。 低视生观看视频内容，全盲生聆听视频描述。低视生与全盲生思考并回答问题。	培养学生从生活中挖掘化学问题的探究欲望。 从生活实际出发，让学生树立生活中处处有化学的观念。 联系生活自来水净化过程，让学生了解除去水中大颗粒杂物的方法与明矾吸附悬浮颗粒的净水原理，体会并了解活性炭的吸附作用。	实验用品 图片资料 视频资料

续表

教学阶段	教师活动	学生活动	设计意图	资源辅助
（二）环节一	（2）讲解明矾的净水原理。 向水中加入絮凝剂明矾，利用明矾溶于水后生成的胶状物对较小颗粒的具有不溶性的杂质进行吸附，使杂质沉降达到净水目的。 （3）讲解活性炭的吸附作用。 利用活性炭除去可溶性杂质，如颜色异味及有毒物质，过滤壶过滤红石泥水就是这个原理。 5.展示一杯池塘水。 老师带了一杯池塘水，请全盲生用手触摸池塘水并描述给低视生这杯池塘水中都有什么。这杯水有不溶性的杂质、可溶性的杂质以及微生物和细菌。自然界的水是纯净水吗？ 自然界的水大多是混合物，其中包括井水、河水、湖水和海水等。现在我们看到的就是海水赤潮现象，由于我国经济的飞速发展，工业垃圾随便排放，造成海洋污染破坏我们生态系统的平衡，习近平总书记强调绿水青山就是金山银山，要像对待生命一样对待生态环境，坚持人与自然和谐共生。这就要求我们从自身做起，坚持节约资源保护环境。	低视生观察思考，全盲生摸池塘水并描述。	培养学生从生活中分析问题，提高环保节约的意识。	图片资料
（三）环节二	污水过滤原理，实验探究体验 "同学们，这杯池塘水我们如何将它变成一杯清澈透明的水呢？" 1.讲解并练习滤纸折叠法。 我们拿到的滤纸是圆形，首先将滤纸对折变成半圆形，然后再对折变成扇形，最后用食指和大拇指从三层面和一层面中间撑开变成倒圆锥形，大家可以看它的形状和漏斗形状类似。 2.介绍分组实验所用仪器。 实验托盘左上端有漏斗，右上端有大试管，左下端有空烧杯，右下端有池塘水，正中间有玻璃棒和抹布，另外还有铁架台。洗液瓶在分组实验操作时发放。	低视生与全盲生共同参与滤纸的折叠过程；低视生辅助全盲生设计过滤装置并合作完成过滤操作。	分组实验培养学生的实验探究与操作能力，以及合作探究与求实精神。	实验用品 盲图资料

续表

教学阶段	教师活动	学生活动	设计意图	资源辅助
（三） 环节二	3. 分组实验探究。 （1）设计过滤装置。 讲解过滤操作与玻璃棒作用。 （2）过滤操作实验。 每组发放洗液瓶润湿滤纸。 4. 归纳总结过滤操作方法。 为每位同学发放过滤装置触摸图并讲解过滤操作注意事项，提示需注意"一贴二低三靠"，让学生记笔记。	全盲生触摸立体图构建过滤装置模型；分析并归纳过滤操作的方法，低视生与全盲生记笔记	利用触摸图帮助全盲生通过触觉理解过滤的操作。	实验用品
（四） 环节三	硬水软水研究，理论指导实践。 （自来水厂净化的水是纯净水吗？水壶为什么会产生水垢？） 1. 展示一个水垢铝壶。 老师给大家带来一个烧水铝壶请同学们摸摸铝壶内部的感觉。 2. 水垢产生原因。 水壶内部有水垢，说明自来水厂净化后的自来水中含有可溶性物质，不是纯净水。原因是该水中含有较多可溶性钙、镁化合物，加热后有沉淀生成，即水垢。 3. 硬水、软水定义。 含较多可溶性钙、镁化合物的水是硬水；不含或含较少可溶性钙、镁化合物的水是软水。 （我们烧水的铝壶内部有厚厚的一层水垢，会导致烧开水费时间，且受热不均匀，会造成能源浪费，且有安全隐患。如果我们长期饮用没烧开的自来水是不是还会导致胃肠功能紊乱，得结石病？） 4. 硬水软水鉴别。 水有软硬之分，我们如何通过实验加以区分呢？ （1）实验方法：肥皂水。 （2）实验现象：硬水泡沫少。 （3）实验结论：硬水费肥皂。 5. 硬水软化方法。 （1）生活中：煮沸。 （2）实验室：蒸馏。	低视生与全盲生思考并回答问题；低视生与全盲生摸铝壶内部水垢。 低视生观察实验现象，全盲生聆听实验过程；低视生与全盲生分别用手感受软硬水的不同。	从生活实例角度出发，让学生感性认识硬水与软水。 让学生了解硬水与软水鉴别方法，知道硬水软化的两种方法。	图片资料

续表

教学阶段	教师活动	学生活动	设计意图	资源辅助
（五） 环节四	1.净水方法总结，归纳概括提升。 今天我们学习水的净化方法，了解自来水厂净水的流程，学会鉴别硬水与软水，知道硬水软化的方法。 2.播放广告，介绍净水器。 现在市场热销的净水器净化水是什么原理？性价比合适吗？ 市场卖的净水器其实主要就是利用活性炭和离子交换树脂对水中的杂质进行吸附过滤。 （活性炭价格：每吨2800元。） （离子交换树脂：每吨10元。）	低视生与全盲生归纳、概括、总结并记笔记；低视生与全盲生思考问题并回答。	比较几种净水的方法，帮助学生巩固新学知识内容，并了解与生活息息相关的净水器原理。	
（六） 课后反思	本节课选用红石泥水，通过污水净化趣味实验，使水产生较明显的颜色变化，激发视力障碍学生的学习兴趣。通过分析生活中自来水厂净化水的过程，让视力障碍学生感受到化学与生活密切相关；通过过滤操作的分组实验探究，激发视力障碍学生的学习潜能，培养学生实验操作的安全意识、规范操作的科学品质及合作探究精神，其中喷墨技术过滤装置触摸图的使用，可以帮助视力障碍学生将实际的过滤装置与2D装置图进行统一；通过硬水、软水的研究，让视力障碍学生可以通过触觉等感、知觉对视觉进行部分代偿，其中硬水、软水鉴别的演示实验，选用大试管操作并配以黑色衬纸，让视力障碍学生能够较明显地观察实验现象；最后播放净水器广告与学生一起分析净水原理和净水器的性价比，让学生了解水净化在生产生活中的用途，回归生活，突出生活中的化学。本节课的教学设计尽可能让学生从实验和生活中获得直接体验，从而实现缺陷补偿，关注每个学生，达到学有所获的目的。 　　鉴于视力障碍学生自身特点，如何帮助全盲生构建化学情景，从而理解水的净化原理，以及设计恰当的实验方案，让低视生和全盲生在合作中能更好地感受实验现象和过程，是盲校化学教学中需要不断探讨的问题。另外，设计开发恰当的触摸教具也能辅助全盲生构建化学情境，理解水的净化原理，从而实现缺陷补偿。 　　综上所述，本课的教学设计在贯彻《盲校义务教育化学课程标准》理念的基础上，体现了视力障碍教学的特点，力图在知识传授的同时注重视力障碍学生化学综合能力的培养，为视力障碍学生的生活及今后融入社会奠定基础。			

听障教育组

小兔和小鸟

姓　名	杨美琪	学　科	语文
单　位	青岛市中心聋校	年　级	一年级

一、教材分析	《小兔和小鸟》是一篇简短的童话，选自人教版聋校语文教材一年级下册第四单元第13课。本课是全套教材中第一篇分自然段叙述的小故事。讲的是小兔和小鸟这对好朋友出去玩时遇到一条小河，小兔跳了过去，小鸟飞了过去，两个好朋友又在一起玩的故事。课文层次清晰，叙事简洁明了，突出了小兔跳和小鸟飞的活动特点，表达了伙伴间友好相处的情感。 　　本课教学共安排4课时，本节课为第2课时教学内容。此前学生已借助拼音、手语熟读此篇课文，并在第11课中学习过"动词"和"谁会做什么"的句式，为本节课更好地理解小兔会跳，小鸟会飞奠定了基础。
二、学情分析	我所执教的班级共6名学生，2名男生，4名女生。其中学习能力和听觉、语言表达能力较好的A类学生有2人，学生能不打手语，依靠口语基本正常地与人交流沟通，知识面宽泛，思维活跃，对于新授内容理解较快；听觉及语言表达能力中等的学生2人，此2名学生需要手语辅助或提高音量与人沟通，听觉障碍导致学生知识面相对狭窄，在理解和分析问题时需要老师多做引导，反复强化方能理解；听觉和语言表达能力重度障碍的学生2人，此2名学生父母均为听障人士，学生听力障碍情况严重，直接导致理解能力、思维能力、语言表达能力较弱，在课上需要老师重点关注，要求其能准确掌握书本上的知识即可，不做过多的拓展延伸，课上需要老师及时进行纠正、指导，课后需要家长提供更多的辅导。
三、教学目标	知识与技能： 　　（1）梳理课文内容，理解课文意思。 　　（2）能用"和"说句子，了解小兔和小鸟不同的活动方式。 　　（3）流利、有感情地朗读和背诵课文。 过程与方法： 　　观察课文插图，图文结合理解句子的意思；指导学生有感情地朗读，通过师生演读、生生演读等多种形式培养学生的朗读能力，在朗读中感受伙伴间的友谊。 情感态度与价值观： 　　了解小兔和小鸟不同的活动方式，感受伙伴的友好情感。
四、教学重难点	教学重点：梳理课文内容，理解课文意思，通过演一演的方式感受伙伴间的友谊。 教学难点：能结合生活实际用"和"说句子，结合课文插图复述课文，进而背诵课文。
五、教学方法	讲授法、练习法、朗读指导法
六、教学准备	PPT、词语卡片、小兔和小鸟卡片、学案纸、小兔和小鸟的头饰

续表

	七、教学过程		
教学环节	教师活动	学生活动	技术应用
（一） 语技练习	1. 呼吸训练。 2. 唱音训练。 3. 舌操。	根据老师指令做课前常规练习。	
（二） 复习回顾，导入新授	1. 介绍老师带来的两个动物朋友（出示图片）小兔和小鸟。 （1）说一说，它们会什么？ 引导学生回答：小兔会跳；小鸟会飞。 （2）请同学将小兔、小鸟的名字和动作词卡对应着贴到黑板上。 （3）下面我们继续学习课文《小兔和小鸟》（呈现课题＋齐读）。 2. 生字复习：连一连，给生字宝宝找朋友。 3. 检查课文朗读：齐读课文、指名分段读课文。	学生练习用"谁会做什么"句式说句子。白板前张贴图片和词卡。 指导学生朗读整齐，声音洪亮。	借助白板中的幕布功能，分别出示小兔和小鸟，增加课堂神秘感，激发学生的学习兴趣。
（三） 结合插图，理解课文	1. 学习第一自然段。 （1）学生带着问题自读第一自然段，思考： ①谁和谁是好朋友？ ②"它们"是指谁？ ③谁和谁一起做什么？ 【设计意图】带着问题读课文，培养学生独立思考的能力。引导学生结合插图思考问题，培养学生观察能力。 （2）指导朗读。 ①小兔和小鸟一起出去玩，它们的心情怎么样？（开心） ②指导学生带着开心的表情和语气有感情地朗读第一自然段。 2. 学习第二自然段。 （1）指名读第二自然段。指图问： ①小兔和小鸟来到哪里？前面有什么？ ②小兔怎么过河？小鸟怎么过河？指名圈画出第二段的动词并演一演。（生生互评） ③有感情地朗读第二段。 3. 学习第三自然段。 （1）齐读第三自然段。指图问： "两个好朋友"是指谁和谁？ 引导学生回答两个好朋友是指小兔和小鸟。 （2）解释词语"又"，表示再一次。 （3）结合图片，引导学生想一想，在美丽的大森林中小兔、小鸟会玩些什么？ 【设计意图】学生根据老师创设的情境动脑筋，展开想象，进行适当的语言表达训练，为后面的表演做铺垫。	学生带着问题读课文。 学生根据课文内容进行有感情的朗读。 引导学生进行角色扮演，演一演小兔是如何跳过小河，小鸟是如何飞过小河的。 学生根据老师创设的情境动脑筋，展开想象，进行适当的语言表达训练。	借助白板中的圈画功能，指导学生到板前圈画出动词。 PPT中出示大森林图片，播放小动物们玩耍的配乐，创设故事情境，便于学生身临其境地进行畅想。

35

续表

教学环节	教师活动	学生活动	技术应用
（四） 复述课文， 深入理解	1.PPT 出示课文插图和填空式复述内容。 2.PPT 出示插图，学生站在白板前一边指图一边复述。 【设计意图】培养学生学会看图讲故事；通过几个小问题，帮助学生更好地理解本课内容。	一生一案个别教学：针对董、韩让他们直接看图复述；王、刘让他们填空复述即可。	借助电子白板和PPT出示课文插图。
（五） 角色扮演， 加深体验	1.同学们讲述故事都非常形象生动，那么同学们会不会演一演？（拿出提前准备好的头饰、播放小河流水声的音乐） 2.表演要求：动脑筋，发挥想象力，想象小兔和小鸟见面会说些什么，它们在一起会做些什么。注意小兔和小鸟的说话语气和心情。 【设计意图】通过表演让学生了解小兔和小鸟不同的活动方式；提前准备好小兔和小鸟的头饰，增强学生的情感体验。	一生一案个别教学：针对学习能力较强的董、韩、孙三位同学，鼓励他们在演读基础上表演出小兔和小鸟可能说的话，增强学生的情感体验；针对接受能力相对较弱的刘、王，只需他们戴着头饰生动演读出插图中小兔和小鸟的动作即可。	借助电子白板和PPT出示图片和配乐，创设故事情景，更容易激发学生的情感体验和学习兴趣。
（六） 结合实际， 言语训练	1.同学们有没有好朋友？你和好朋友一起做过哪些有趣的事情？ 2.PPT 出示： 我的好朋友是…… ……和……一起…… 德育渗透：根据学生讲述的内容，教育学生要像文中的小兔和小鸟一样，珍惜自己的好朋友，互相关爱，互相帮助。 【设计意图】联系实际，激发学生兴趣，更好地感受文中伙伴间的友好情感。	学生先进行口头表述；随后在学案纸上书写，指名一生板前书写。	借助电子白板的捕捉功能，将学生在学案纸上所写内容呈现在白板上，便于学生互相交流。
（七） 课堂小结， 总结归纳	通过学习，我们知道了小兔和小鸟是……。它们一起……。小兔会……，小鸟会……。它们在一起玩得很开心。 【设计意图】总结本课所学的同时锻炼学生的语言表达能力。	一生一案个别教学：针对理解能力和语言表达能力较好的董、孙、韩三位学生，让她们先用自己的语言总结课文；其余学生可指导其按照格式进行课文总结。	借助电子白板和PPT呈现课文小结格式和课文配图。

教学环节	教师活动	学生活动	技术应用
（八） 巩固练习， 能力提升	1. 有感情地齐读课文。 2. 回答问题： （1）谁是小鸟的好朋友？ （2）它们是怎么过河的？ 【设计意图】根据本课所学和教学重难点设置巩固性问题，检验学习效果，进一步巩固所学内容。	指导学生根据问题完整回答。	借助电子白板和PPT呈现问题。
（九） 个别化 作业	我一定完成：回家给爸爸妈妈讲一讲"小兔和小鸟"的故事；画一画、演一演。 我争取完成：想一想你和好朋友之间发生过哪些有趣的事，说一说，写一写。 【设计意图】落实"一生一案"教育理念，针对班里学生学情设计分层作业，满足不同学生的能力提升需求，同时个别化作业又能很好地培养学生的自信心。	学生在作业本上记录作业。	

有趣的图形拼组

姓　名	刘姣	学　科	数学
单　位	中山市特殊教育学校	年　级	一年级

一、教材分析	有趣的图形拼组是平面图形中最简单最基础的图形拼组，用两个同样的三角形或四个同样的三角形可以拼出长方形、正方形、平行四边形、三角形，在拼组活动中加深对所学平面图形的直观感受。本节课是在学生已经认识了长方形、正方形、平行四边形、三角形等平面图形的基础上进行教学的，进一步加深对三角形、长方形、正方形、平行四边形等平面图形特征的认识，为学习七巧板做准备。
二、学情分析	一（1）班有9名听力障碍学生，年龄、认知能力、学习能力、课堂适应能力均有差异，但整体都较弱，数学学习能力仍处于一年级学习水平。在此之前，学生已经学习了正方体、长方体、圆柱、球体等立体图形，认识并直观感受了长方形、正方形、平行四边形、三角形、圆形的特征，部分学生未完全掌握。因此教学中基于学生已有经验和现有学习水平，让学生在拼摆活动中加深感知平面图形的特征，让学生在观察中发现生活中的平面图形，巩固练习已知图形的特点，感受生活中的平面图形，并利用已知图形创造出更美更好的图形以培养学习兴趣，发展空间观念，为学习七巧板打好基础。根据班级学生的现有经验、学习能力将班级学生分成两组： 　　A组：本组学生包括粤姗、双韬、君熙、骐轩、宛儿，主要沟通途径是手语＋唇语。本组学生现有的数学思维能力、对数学语言的理解能力较好，能够在小组拼组活动中引导同组其他学生参与。 　　B组：本组学生包括守源、云希、嘉怡、慧雯，本组学生缺乏学前教育中的数学学习经验，认知能力比较差，注意力集中时间短、易转移，需要不断地提示，数学思维能力、对数学语言的理解能力都比较差，在小组拼摆活动中需要老师或者A组学生协助。
三、我的思考	长方形、正方形、平行四边形、三角形等平面图形都是学生熟悉的图形，也是学生生活经验中出现频率较高但可能被忽略的图形。在过去的学习中，学生已经直观认识了这些平面图形。而这一学段的学生以形象思维为主，空间观念、抽象能力尚未形成。 　　因此，这节课的重点是让学生在拼摆活动中，直观感受长方形等平面图形的特征，让学生在形象的拼摆活动中发展空间概念，提升抽象语言表达能力。教学中结合学情对教材内容进行整合，首先通过神奇的魔法袋游戏，让学生摸一摸、猜一猜、说一说所拿到的图形，调动学生多感官参与，激发学生的学习兴趣。接着以生活中同类图形拼组的实物图片引入本节课的主题：有趣的图形拼组。发展活动是两个三角形、四个三角形的图形拼组，是学生动手实践、自主探索、合作交流的一个过程，学生在拼一拼、说一说中加深对平面图形特征的认识。延伸活动是分组用不同的平面图形拼成生活中的物品，非常自然地把学生的注意引向日常生活，让学生感知平面图形就在身边的生活中，欣赏生活中的平面图形，"使学生感受到数学与生活的密切联系"。在教学中，努力做到： 　　1. 积极语言助力学生习惯养成。一年级听力障碍学生课堂教学要助力学生养成良好的习惯，运用口头表扬、竖大拇指等积极教学语言或行为，不断强化学生的良好课堂行为，助力学生习惯养成。 　　2. 给学生拼组操作的机会。让学生借助三角形教具进行拼摆活动，直观感受两个或四个三角形拼成的平面图形特征。 　　3. 给学生交流表达的机会。在每一次拼组活动后，让学生用语言模板进行交流，在汇报交流中规范数学语言，注重让学生通过动脑、动手、动口，掌握所学内容。

续表

四、教学目标	知识与技能：在三角形拼组活动中，使学生进一步加深对三角形、长方形、正方形、平行四边形等平面图形特征的认识。 问题解决与数学思考：在多种平面图形的拼组活动中，感知平面图形与生活的联系。 情感与态度：在小组活动中，培养学生合作意识和创新意识，感受所拼图形的数学美。
五、教学重难点	教学重点：在三角形拼组活动中，使学生进一步加深对三角形、长方形、正方形、平行四边形等平面图形特征的认识。 教学难点：在多种平面图形的拼组活动中，感知平面图形与生活的联系。
六、教学准备	教学资源：电子白板课件，魔法袋、平面图形教具，1号学具袋（两个相同的三角形，包括直角三角形、锐角三角形、钝角三角形），2号学具袋（四个相同的三角形），3号学具袋（各类平面图形若干）。 学生分组：班级学生分成三组开展拼组活动，每组学生拿一份（3袋）学具，第一组：双韬、骐轩、云希，第二组：君熙、宛儿、守源，第三组：粤姗、慧雯、嘉怡。 奖励机制：遵守秩序、积极参与的同学将会获得1个大拇指奖励。

七、教学过程

教学环节	教师活动	学生活动	技术应用
（一） 激发兴趣 引入新课	1.数学游戏：神奇的魔法袋。 （1）出示装有平面图形教具的魔法袋。游戏要求：闭上眼睛，摸一摸，猜一猜，说一说：你拿到的平面图形是什么？ （2）将学生贴好的图形整理成一排，在每个平面图形下面贴上文字提示，带领学生齐读，复习学过的平面图形。 2.找一找 （1）出示生活中的物品或场景，请学生找一找学过的平面图形。 （2）引出主题： 生活中我们遇到的物品大都是由一种或多种平面图形组成的，今天我们一起来学习有趣的图形拼组。引出题目：有趣的图形拼组，齐读题目。	引导学生闭上眼睛，伸手到魔法袋里摸一摸，猜一猜，说一说是什么。 请五位同学分别摸一摸、猜一猜、说一说，并将拿到的图形贴在黑板上。 引导学生找出生活情景中的平面图形。 齐读课题：有趣的图形拼组。	将数学知识融入游戏活动中，让学生在游戏活动中复习学过的数学图形，调动听力障碍学生多感官参与，激发学习兴趣。 运用多媒体技术，将生活中可能被学生忽视的数学平面图形重现。运用动画技术将生活情景与平面图形相结合，带领听力障碍学生回归生活情景，学习平面图形，感受到数学与现实生活的密切联系。
（二） 感知抽象 建立表征	1.两个三角形拼一拼。 （1）用两个相同的三角形拼出学过的平面图形，电子白板课件示范拼图，语言示范： 用（两）个相同的（三角形）可	引导学生从1号学具袋取出两个相同的三角形（给予视觉提示，课件出示图片提示和语言提示），请学生拼一拼。	运用多媒体课件直观示范两个相同三角形的拼组，加深听力障碍学生对平面图形特征的感知，

续表

教学环节	教师活动	学生活动	技术应用
（二） 感知抽象 建立表征	以拼出一个（大三角形）。 （2）学生分组拼组时，教师巡视，必要时给予指导。 （3）拼组活动结束后请每组派代表将自己的拼法在黑板上呈现，按照语言模板汇报并给予奖励。 汇报预案：如果有同学拼出不规则图形，可以给予表扬。 2. 四个平面图形拼一拼。 （1）用四个相同的三角形拼出学过的平面图形，电子白板课件示范拼图，语言示范： 用（四）个相同的（三角形）可以拼出一个（大三角形）。 （2）教师巡视，必要时给予指导，并为拼好的作品拍照。 （3）结束后，拍照作品通过授课助手呈现，请各组汇报。	学生分组进行拼组，可能拼出三角形、长方形、正方形、平行四边形。 汇报语言模板：用（　）个相同的（　）可以拼出一个（　）。 用两个相同的三角形可以拼出一个大三角形。 用两个相同的三角形可以拼出一个平行四边形。 用两个相同的三角形可以拼出一个长方形。 用两个相同的三角形可以拼出一个正方形。 引导学生从2号学具袋取出四个相同的三角形（课件出示图片提示和语言提示），请学生拼一拼。 学生分组拼，小组内可以讨论，尝试不同的拼法。 根据授课助手呈现的作品，分组派代表汇报，语言模板：用（　）个相同的（　）可以拼出一个（　）。 四个相同的正方形可以拼出一个长方形。 四个相同的长方形可以拼出一个大长方形。 四个相同的长方形可以拼出一个正方形。	为提取抽象数学语言奠定形象基础。听力障碍学生在观察、操作、讨论、交流中学习，借助授课助手记录每组学生的作品，加深对平面图形的认识，感知操作中图形的变化。 用多媒体课件为听力障碍学生提供视觉提示，用动画展示四个相同三角形的拼组，让学生感受：观察→探索→操作→交流。在操作中感知，在观察中比较，在交流中提升，突破重点。
（三） 巩固新知 拓展延伸	1. 课件出示由不同的平面图形拼成的物品，引导学生仔细观察，观察出示的物品中有哪些我们学过的平面图形，并尝试说一说。 2. 学生分组用不同类型、不同数量的平面图形拼出生活中的物品。教师巡视，给予指导。 3. 小组汇报。	引导学生说出图片中物品由哪些平面图形组成的。 引导学生从3号学具袋拿出平面图形，分组贴一贴，拼出生活中的物品。 小组汇报语言模板： 用（　）个（　），（　）个（　）拼出了（　）。	用多媒体呈现多种平面图形拼成的生活中的物品，感知平面图形与生活的联系。

教学环节	教师活动	学生活动	技术应用
（四） 课堂总结	本节课我们用两个三角形和四个三角形拼出了学过的平面图形，还用多种学过的平面图形拼出了生活中的物品，同学们！其实除了拼一拼，还有很多其他的方法，如折一折、剪一剪，并布置课后作业。	课件出示图片指引，请学生选一种方法，用折一折、剪一剪的方法做一个圆形。	
（五） 板书设计			
（六） 教学反思	新课改要求要有新的教学观并致力于改变学生的学习方式，变过去接受性、机械性学习为自主、合作、探究式的学习。这就要求教师必须转变思想观念，以人为本，关注学生的发展。根据一年级听力障碍学生好奇、好玩、好动的天性，在学生学习的过程中让学生通过观察、操作、交流等活动，让学生感到数学学科的趣味性、生活性。 　　纵观整节课，注重一年级听力障碍学生学习习惯的养成，注重视觉提示和动作提示呈现教学指令，注重听力障碍学生语言训练与数学学习的结合。本课以生为本，通过小组学习培养学生的合作能力，在小组学习过程中给予学生尝试操作的机会，给予学生交流汇报的机会，让学生各项能力得到提升。在课堂实际教学中，学习小组中能力强的学生过于主动，能力弱的学生过于被动，总会出现能力强学生占用能力弱学生练习机会，需要教师适时提醒。小组汇报时，其他小组的个别学生很容易注意力分散，需要教师不断提醒才能给予关注。在今后的教学中，应该注重将能力强弱不同的学生组成学习小组，小组内学生之间合作交流，互帮互助，共同进步，形成良好的班级学习氛围。		

第几

姓　名	李宁		学　科	数学
单　位	广州市启聪学校		年　级	一年级

<table>
<tr><td rowspan="20">一、
学生情况
分析</td><td colspan="5">　　本班共有 11 名学生，除一名听力正常外，其余均为听力障碍。大部分进行过学前言语康复训练。从开学一个月以来，学生的课堂常规正处于逐步养成阶段，数学语言处于启蒙阶段。
　　据医院诊断，×驰为听力正常，但发育迟缓（疑似孤独症），其余学生除听力障碍外，×博毅被诊断为多动症和轻度孤独症，×艾桢为唐氏综合征。据教师日常观察，×景升疑似脑瘫，×柏滔疑似发育迟缓。
　　1.学生听力及其他情况：</td></tr>
</table>

姓名	裸耳		助听听阈		备注
	L(dB)	R(dB)	L(dB)	R(dB)	如有多重障碍请注明
×艾桢	＞88	＞88	低频 50	中低频 46	唐氏综合征（课堂抽离）
×芷柔	＞116	＞120		40(CI)	课堂抽离
×肖琪	＞119	＞119		39(CI)	
×景升	83	80	46	46	疑似脑瘫
×梓锐	＞116	＞116	41(CI)	39(CI)	
×馨怡	90	＞120		40(CI)	
×锐壕	103	105		40(CI)	
×博毅	86	71	助听器耳膜坏了，尚未修复，未测听。		多动症＋轻度孤独症
×驰	听力正常				发育迟缓 疑似孤独症（课堂抽离）
×鹏娜	83	103	50	58	二年级分流来本班上课
×柏滔	＞101	118	＞50	39（CI）	疑似发育迟缓（二年级分流来本班上课）

　　班级配置了云塔，由于刚开学一个月，班级的无线调频系统尚未配置。

　　艾桢和芷柔认知能力差，跟不上班级正常教学进度，故抽离在开达小组进行生活语文的学习；×驰仍不适应班级授课形式，部分课程调整为个训课，进行课堂行为规范的训练和行为矫正。

　　2.学生已有相关知识与能力：

　　在学习本节课之前，学生已熟悉 5 以内各数，能准确熟练地用数字表示相应数量的事物。在实际生活中学生只在老师创设的环境中了解到了"第几"这个概念，对于"第几"是第一次正式学习，"几和第几"学生们也并没有认真区分过。本节课的重点就是让学生在初步理解第几的基础上初步了解"几和第几"的区别。

二、教学内容分析	本课时的教学的内容是部编版聋校义务教育实验教科书一年级上册第四单元内容。在前三个单元学生已经较熟悉掌握了 5 以内数的认识，理解其基数的含义及大小。本课时在学生已有的知识和经验基础上继续让学生通过观察发现、实践体验、比较分析等活动探索基数与序数之间的区别。教材的内容选择注意联系生活实际，以日常生活中的排队买票为出发点，激发学生的学习兴趣，为学生提供积极思考与合作交流的空间。 　　针对本班学生的特点，进行了教材和课时适当调整，本节课学习例 1 和做一做第 1 小题。做一做的第 2 小题和后面的练习放在第二课时学习。
三、教学目标	知识目标：初步区分基数和序数的含义，了解几个和第几的不同。 　　能力目标：培养学生的观察、比较、推理、判断的能力，以及提出问题、解决问题的能力。 　　情感目标：培养学生遵守公共秩序，文明守纪的良好品德。 　　规范语言目标：通过口语表达为主导，手语、手势语表达为辅的多感官、全方位的沟通方式，丰富学生的数学语言，学习句式"（谁）排第（几）"，"（谁）的（前/后）有（几）人"。
四、教学重难点	教学重点：了解几和第几，初步区分基数与序数。 　　教学难点：感知第几的相对性，明确数的方向决定次序。
五、教学思路与策略	自然数有两重含义，用来表示事物多少时，是基数；用来表示事物的次序时，是序数。本节课学习的是有关序数的含义。为了帮助学生理解序数的含义，初步区分基数和序数。从以下几个方面来进行设计。 　　1. 充分利用学生的视觉优势，创设良好的数学语言环境。 　　通过课件将课本中的主题图变成贴近儿童生活的"排队买票图"动画，吸引学生的注意力。在数学活动中利用词卡、句式等，积累学生的数学语言，发展数学思维，建立数学模型。提升学生归纳概括能力和文字表达能力，达到缺陷补偿。 　　2. 从学生的生活经验出发逐步展开学习内容，激发学生的学习兴趣与学习欲望。感知基数、序数的不同含义。 　　新课前，结合学生课前准备和一日常规等表现获得的奖励情况，进行比较，让学生感受同一个数字不同的意思。利用生活中的场景"排队买票""帮助小动物过桥"和学生自己排队等游戏，让学生逐步体验学到的知识，感受到数学与生活的关系，获得数学活动经验。激发学生学习的兴趣与学习欲望。 　　3. 针对一年级听障学生的认知发展水平和年龄特点，在课堂形式上采取课堂评比、模拟排队、开火车等多种形式进行。从图片感知——情景深入——火车游戏时火车头的改变，让知识点有梯度地逐步呈现。给孩子们创设轻松愉快的学习气氛，充分调动学生的情感因素，帮助孩子们真正爱上数学这门艺术。在学习的同时接受遵守公共秩序、文明守纪的教育。 　　在活动过程中老师通过手机录像，课堂回看，课后发给家长等形式，让家长也知道孩子在学校的课堂如何学习，回家可以参照玩游戏。将课堂延伸到家庭，学生看到自己和同学也非常兴奋。 　　4. 由于本班学生中，各种障碍的学生较多，在教学过程中将针对每个学生的特征有的放矢地教学。例如，博毅多动，在课前让他在教室里面跳圈、跳绳等，课堂中让他帮忙擦黑板、拉窗帘、关灯等活动让他能动静结合，认真上课。景升在行走和握笔时给予他一定的帮助。滔滔发育迟缓，课堂上需要多关注、多提醒。娜娜由于完全发不出音，之前在一年级时又没学过手语，请她回答问题时，让她用手语加口语完整地描述语言或者用词卡摆出正确的语句。在整个课堂中，多采取一静一动的混合模式进行。

续表

六、教学准备	课件、词卡、奖励磁贴、小动物玩偶等		
七、教学过程			
教学环节	教师活动	学生活动	技术应用
（一）课前常规训练，引入课题	1. 看看谁的课前准备最快做好了。渗透句子："（谁）（第几）"。 2. 数一数，比一比小朋友得的小红花数量。引导学生说句子。 3. 提问：2朵花和第2有什么不同？ 今天我们一起来学习"第几"。 （板课题）	做好课前准备，在生活情境中感受"几"和"第几"。 1. 观察同学们的红花数量，比一比，说句子"（谁）有（多少）朵花"。 "（谁）（第几）"。 2. 个别学生回答问题。	利用软件显示每个同学的头像以及得红花的数量。创设情境，引出课题。
（二）创设情境，感知新知	1. 情境导入。 （1）演示排队买票的课件。 星期天，明明要到公园玩，来到售票窗口，买票呢！请你说说图中都有哪些人，你知道他们是谁吗。在学生回答后，老师出示相应的词卡和句子。 （2）提问：一共有多少人排队？ 板书：一共有5人排队。 （3）请大家猜一猜谁最先买到票。你是怎么知道的？那她排第几？ 黄阿姨最先买到票，因为她离售票窗口最近。她排第一。 板书：（黄阿姨）排（第1）。 依次提问：明明排在第几？李阿姨排第几？陈阿姨排第几？叔叔排第几？ 板书：（明明）排（第2） （李阿姨）排（第3） （陈阿姨）排（第4） （叔叔）排（第5） 引导学生一边说，一边打指语。特别是"第几"的指语，一定要打出"第"。 （4）比较一下，这个叔叔排第5和一共有5人，这两个5的意思一样吗？ 5个，表示物体的数量。 第5：只是其中的一个，表示次序。	1. 在情境中初步感知"第几"。 （1）观察课件演示，给图中的各位人物取名字。 有黄阿姨（穿长裙的阿姨）、明明、李阿姨（穿短裙的阿姨）、陈阿姨（警察阿姨）和叔叔。他们在排队买票。 个别学生用词卡摆出句子，并打手语。 （2）数一数，排队的人数。 （3）通过观察和平时生活中积累的经验，知道在排队过程中，有先、后。排在最前面的是第一，后面的依次是第二、第三、第四、第五。对序数有了初步的认识。 说句子，打指语。 （黄阿姨）排（第1） （明明）排（第2） （李阿姨）排（第3） （陈阿姨）排（第4） （叔叔）排（第5） 感受"第几"和"几"在手语的表述上的不同。 （4）思考"5"和"第5"的不同含义。	通过课件，将课本中的静态的主题图变成动态的情境。在动画演示、放大镜凸显、音频配套中让学生感知在排队过程中，有先、后。 在课件的情景演示中，学生发现由于排队的位置变了，顺序也发生了变化。培养学生的观察、比较、推理、判断的能力。

44

教学环节	教师活动	学生活动	技术应用
（二） 创设情境， 感知新知	（5）小结："第几"和"几个"所表示的意思不一样，无论第几，数量都是1，它表示事物的次序；而几个则表示事物的数量多少。 板书：　几个：数量多少 第几：数量都是1，表示次序。 （6）排在明明前面的有几人？后面有几人？ 板书： 明明的前面有（1人）。 明明的后面有（3人）。 （7）你还能提出什么数学问题？ 2.结合情景引导学生进一步理解"第几"和"几个"的含义。 动画展示：黄阿姨买好票走了，后面的人依次上前。 （1）提问：明明现在排第几？李阿姨排第几？陈阿姨排第几？叔叔排第几？ （2）教师操作课件，引导学生做小老师，自己提问后，出示正确答案，强调观察的顺序和方向。 （3）引导小结：排队的位置变了，顺序也发生了变化。确定物体的排列顺序时，先确定数数的方向，然后从1开始点数，数到几，它的顺序就是"第几"。	（5）初步辨别序数和基数的不同。 （6）指一指、圈一圈、说一说。 上台来指一指，明明的前面是哪个位置？ 用圈一圈的方式标记出来，了解明明前面的人数是不包括明明的。 数一数，并说句子："（明明）的前面有（1）个人。" 学生看图，说一说明明后面有几个人。 上台用圈画的方法或者不同的方法来验证自己的答案。 （7）根据情境提不同的问题。 陈阿姨后面有几个人？叔叔前面有几个人？叔叔排第几…… 2.结合情景进一步学习"第几"和"几个"的含义。 （1）看一看，说一说。 看动画演示，发现排队的位置变了，顺序也相应地发生了改变。 （2）学生做小老师，上台提问其他同学。 一共有几人排队？叔叔前面有几人？明明后面还有几人？……	利用电子白板配套的笔让学生直接在课件上圈出来，软件中的放大镜、蒙层等多种手段让学生了解到明明的前面和后面各有几个人。提高学生的参与度并让学生掌握了圈数方法，为后面自己练习打下了基础。

45

续表

教学环节	教师活动	学生活动	技术应用
（三） 寓教于乐， 拓展应用	1.玩游戏"看谁做得对"。 请我们班的5名同学上来排一排，看看在排队里还蕴藏着怎样的数学知识。（老师利用手机录像整个游戏过程。） （1）请5个学生上台排成一列参与游戏。学生上台后，大家一起数一数一共有几个人？每个人分别排在第几？并用词卡夹在胸前（排第一的学生，带上写了"第1"的词卡，依次类推）。 （2）按要求做动作：请前3名同学挥挥手。请第3个同学蹲下。（老师出示"前3名"和"第3"的字卡，给予学生视觉提示） 提问：这里的第3个指几个人？前面3人一共有几个人？ （3）按要求做动作：请5个人蹲下。请排在第5的同学起立。（老师出示"5"和"第5"的字卡，给予学生视觉提示） 提问：5个是指几个人？第5个是指几个人？两个5有什么不同？ （4）请前2名同学回到座位，剩下3名同学，继续玩"看谁动作快"的游戏。由于人员的减少，每个人排队的位置有所改变，排队次序也相应地改变了。 （5）换其他同学做"小老师"发指令做动作。 （6）播放同学们游戏的视频。 2.玩游戏"帮小动物过桥"。 3.举一些日常生活中关于"第几"的例子。 （1）我们排队的时候需要知道排在第几个，我们看电影的时候需要知道坐在第几排，第几个。 生活中哪些地方还会遇见第几？ 指名汇报，师总结：第几在我们的生活中应用非常广泛，看运动会结束了，颁奖台上也有第几，请同学们仔细看，他们分别获得第几名？ （2）请学生独立完成课本做一做的第一题。	1.玩游戏"看谁做得对"。 （1）玩一玩，数一数，说一说。让学生亲身参与体验加深印象，将知识内化。进一步感受到"第几"和"几个"的不同。体验到由于排队的位置变了，顺序也发生了变化。 （2）游戏"看谁动作快"。学生一边游戏，一边感受次序的变化，同时提升了自己说句子的能力。 （3）观看视频回放，一起回顾游戏的过程。 2.玩游戏"帮小动物过桥"。同学将自己手中的小动物玩偶按照老师的指令给他们排队。（小狗排第1，小猫排第2……） 3.练习生活，提升练习。 （1）举例说生活中的有个"第几"的例子。 （2）独立做练习。	老师利用手机录像整个游戏过程后，利用传屏回放给孩子们看。学生看到自己的画面，非常感兴趣。再一次回顾了顺序的变化性。 在游戏时，课件中出示背景、游戏名称和配套的音乐以及学生说的句子。让学生在快乐的氛围中开心游戏、愉快学习。

教学环节	教师活动	学生活动	技术应用
（三） 寓教于乐， 拓展应用	结合学生完成作业的速度，老师说句子"（谁）第（几）个完成"。 4. 玩游戏"开火车"。 （1）老师和同学一起排队玩"开火车"的游戏。从火车头数起，说说(谁)排(第几)。 （2）将火车尾变成火车头，再依次说说自己和其他同学分别排第几。 （3）游戏后，提问：为什么刚在老师排第1，现在排第10了？	4. 玩游戏"开火车"。 学生在游戏中再一次体验到方向改变了，次序也会随之改变。	
（四） 总结全课， 整理思路	1. 请你说一说，这节课我们学习了什么知识。 2. 再次回顾课前同学们得到的奖励磁贴的评比，这个2和第2意思一样吗？ 3. 老师小结：确定物体的排列顺序时，先确定数数的方向，然后从1开始点数，数到几，它的顺序就是"第几"。排队的位置变了，顺序也发生了变化。 教师结语：排队中有这么多数学知识，生活中有更多的数学知识等待着小朋友们去探索，回家后，把今天学到的数学知识说给爸爸、妈妈听。	回顾小结。 解决问题。	利用电子课件蒙层、音频、拖动、超级分类等回顾本节课知识。
（五） 板书设计	第几 几个：表示物体的数量。　　第几：表示物体的次序。 🌼🌼 小明得了2朵红花。　（谁）排在（第几）。　　（谁）的（ ）面有（ ）人。 一共有（5）人。　　　黄阿姨排在第1。　　　　明明的前面有（1）人。 　　　　　　　　　　小明排在第2。　　　　　明明的后面有（3）人。 　　　　　　　　　　李阿姨排在第3。 　　　　　　　　　　陈阿姨排在第4。 　　　　　　　　　　叔叔排第5。		
（六） 教学后记	发展学生的数学语言也是低年级听障学生的重点。在本节数学课堂学习中，通过看、听、说、手语、口语书面语的全沟通模式，让学生掌握了句式"（谁）排第（几）""（谁）的（前/后）有（ ）人"等。用句式的框架将所学的知识进行内化。 　　学生由于几和第几在生活中的经验较少，本节课的内容对于一年级听障学生来说是一个难点知识。 　　为了突破教学难点，在教学中，我通过先让学生观察主题图课件，再说一说排队的人数和他们的排序，让学生初步感知了基数和序数的含义后，再让学生参与排队这一情境，增加实际的体验，感受到排队的顺序改变后，次序也随之发生变化，使学生全身心投入到数学活动中去。充分体验基数和序数的含义后，再让学生亲自动手，玩"帮小动物过桥""开火车"等的游戏，学生在具体的操作中不知不觉地感知体验了"几"的不变性和"第几"的相对性，使知识得以向纵深发展。整个过程活动性和探究性较强。		

雪地里的小画家

姓　名	黄辉贞	学　科	语文
单　位	抚州市临川区特殊教育学校	年　级	二年级

一、 教材分析	《雪地里的小画家》是人教版聋校语文义务教育实验教材二年级上册第六单元的一篇课文，本单元主要围绕"动物"这个主题进行学习。课文描写了一群"动物画家"在雪地里作画的场景，是一首富有童趣、又巧妙地蕴含了与动物有关的知识的童诗。课文巧借"画家"这一拟人化的视角，通过简短的儿歌告诉孩子们小动物脚印的不同形状，科普了青蛙冬眠这一知识，借此引导孩子们观察生活、勇于表达，激发他们对大自然的热爱和探索。
二、 学情分析	1.A层学生理解能力、思维能力、口语表达能力、学习习惯等方面发展较为均衡，表现优秀。 　　2.B层学生课堂参与能力、手语表达能力、学习习惯较好，但思维能力和理解能力差一些。 　　3.C层学生课堂感知能力差，课堂反馈较少，其他能力发展也缓慢。
三、 教学目标	知识与能力： 　　（1）A层学生能够借助插图、问题自主理解课文，能够通过文中重点词、句的理解，分析文中蕴含的情感，并正确地朗读课文，知道四种动物脚印的不同形状、特点及原因。 　　（2）B层学生能够正确观察插图，能够与A层学生交流讨论，能用手语流畅回答问题及表达自己的观点，知道四种动物脚印的不同形状。 　　（3）C层学生能用手语连贯地朗读课文，能通过A层B层学生的朗读感知课文主要内容。 过程与方法： 　　通过直观法、引导法、提问法、讨论法等方法调动学生的多种感官参与解决问题的过程，帮助学生理解课文内容，培养学生的观察能力、主动与他人交流合作探究的意识和激发学生在语言实践中探究的能力。 情感态度与价值观： 　　通过观看视频、朗读、游戏等形式情境再现，让孩子们感受大自然的美，感叹大自然神奇，激发他们对大自然的热爱和探索。
四、 教学重 难点	教学重点：观察四种动物脚印的不同，明白动物脚印不同的原因。 　　教学难点：借助动画，根据动物脚印特点仿说句子，提高语文知识实际运用能力是本课时的难点。 　　教学准备：图片、课件。

续表

五、教学过程

教学环节	教师活动	学生活动	技术应用
（一） 情境导入，复习生字	1. 出示带有拼音词语的小雪人，读词语，打指语。 2. 大转盘游戏，读词语，打手势。 师：同学们发言很积极，我们不仅认识了小雪人，而且还在一起玩了小游戏，下面，就让我们一起走进课文继续学习《雪地里的小画家》。（板书课题）	全体学生观看图片，读词语，打指语，打手势。	利用电子白板中的路径功能设计小雪人跑出的动画，将学生带入故事情境中，利用电子白板中的学科工具设计大转盘游戏，运用游戏的形式复习生字，吸引学生注意力，激发学生学习兴趣。
（二） 品读赏析，指导朗读	1. 观看视频，朗读课文。 师：小雪人可不是一个人来的，他还把词语宝宝带过来了，你们还认识它们吗？请同学们跟着视频朗读课文。（播放视频）（提示：边打手势，边发音朗读） 2. 教学"下雪啦，下雪啦！" 师：同学们的读书声都把课堂气氛给点燃了，为了鼓励大家，我们一起去赏雪吧。（出示下雪视频）（出示句子） （1）指导朗读句子。 师：当看到窗外下雪的时候，你们心情会怎么样？哪位同学带着高兴的表情来读这句话。 师：你做得真好，从你的手势中老师也感受到你愉快的心情，还有哪位想来读一读？ （2）接龙抽读句子。 师：同学们踊跃发言，请同学们接龙读好这句话。 （3）齐读句子。 师：看着你们的笑脸，老师也想加入你们，让我们齐读："下雪啦，下雪啦！" 3. 教学"雪地里来了一群小画家。" （1）理解"一群"。 A."一群"常用来形容聚集起来的人或者动物，数量通常在三个及以上。	播放课文动画视频学生跟读。 学生带着感情朗读句子，A层学生带着开心的表情流利地读出句子，B层学生带着开心的表情用手语流利地朗读句子，C层学生用手语连贯地朗读句子。 学生观察插图，说出"一群"，并根据数量区分一群。	借助多媒体化文为境，让语言文字所表达的内容动态化。强化学生视觉和听觉刺激，从而整体感知全文内容。 利用视频作背景动图，运用色差功能，移动放大镜认读词句。 通过图片帮助学生根据数量理解"一群"的意思。

续表

教学环节	教师活动	学生活动	技术应用
（二）品读赏析，指导朗读	B. 看图，用"一群"说话。 （2）雪地里来了哪些小画家？ A. 出示小鸡、小狗、小鸭、小马图片。 B. 用"雪地里来了（ ）、（ ）、（ ）和（ ）。"回答。 指名回答。 齐读句式。 4. 教学"不用颜料不用笔，几步就成一幅画。" （1）提问：他们用什么画画？指名回答。 师：大自然把大地变成了一张白纸，小动物们会用什么做画笔？课文哪句话告诉了我们。（出示句子） （2）理解"不用颜料不用笔，几步就成一幅画。"	学生看图，B层学生能说出"雪地里来了（ ）、（ ）、（ ）和（ ）。" 结合学生已有生活经验，借助插图，A层学生抓住关键词"几步"来知晓小动物们的作画工具——脚。	以蒙层擦除的方式引出小画家们，以此，激发学生的学习兴趣和求知欲，锻炼学生的书面表达能力。 通过出示动物作画动图和动物脚印，结合学生自身生活经验，帮助学生理解课文内容。
（三）聚焦重点，突破难点	1. 教学"小鸡画竹叶，小狗画梅花。小鸭画枫叶，小马画月牙。" 师：你看小画家们来了，这些小画家在雪地里画了什么？让我们到课文中找一找。请生回答。（出示句子） （1）齐读句子。 （2）指名画出小动物们画的图画。 （3）分组读句子。 （4）提问：为什么小鸡画竹叶？ A. 小组讨论：观察小鸡脚印与竹叶之间的关系。 B. 指名用"因为（ ）的脚印像（ ），所以（ ）画（ ）。"句式回答。 （5）合作交流。 出示小狗、小鸭、小马的图片。 师：为什么小狗画梅花，小鸭画枫叶，小马画月牙？ 小组合作交流，用"因为（ ）的脚印像（ ），所以（ ）画（ ）。"句式回答。 （6）练习说写句子"（ ）画（ ）"。 今天同学们跟老师认识了不同画作，我们再来看看课堂外其他小动物作了什么画。	观看小鸡、小狗、小鸭、小马的作画动图，学生在课本上圈出小动物们作画词语。 学生从事物的特点上观察小鸡脚印与竹叶图片，相互交流观察，代表上台进行多媒体操作，通过画一画、比一比、说一说。A层学生知道小鸡脚印与竹叶的形状相似的原因，用"因为（ ）的脚印像（ ），所以（ ）画（ ）。"句式说话。 小组合作交流，学生抓住事物特点进行观察，运用小鸡画竹叶的学习模式进行小组探究学习小狗、小鸭、小马的作画部分。	分别截取小鸡、小狗、小鸭、小马作画的四个动图，图文结合，知道四种动物脚印的不同形状。 利用超链接点出放大镜通用工具进行观察，突出鲜明的观察对象。画笔功能进行画一画、比一比、说一说调动学生的多种感官参与，培养学生的观察能力、主动与他人交流合作探究的意识。 通过路径功能制作小牛作画动图，借助AR相机将小花猫请到课堂，全方位观察小猫脚印，激发兴趣，锻炼口语表达能力。

教学环节	教师活动	学生活动	技术应用
（三） 聚焦重点， 突破难点	A. 出示小牛脚印图片，指名上台写句子。 B. 利用 AR 技术，出示小猫图片，指名说句子。 2. 教学"青蛙为什么没参加，他在洞里睡着了。" （1）提问：青蛙为什么没参加？指名回答。 （2）了解冬眠知识。	学生观看小牛动图，A 层学生说"小牛画月牙"。 学生观察小猫图片，ABC 层学生说"小猫画梅花"。 观察青蛙冬眠图片，了解冬眠知识。	移出图片蒙层，出现青蛙冬眠图片，增添神秘感，引发学生留心观察、热爱大自然。
（四） 巩固提升， 总结全文	1. 知识配对找脚印。 2. 老师小结。 师：同学们，在生活中，我们不仅要观察大自然，更要保护小动物，希望同学们也能用你们善于观察的小眼睛去发现大自然之美。	学生上台操作找脚印，并说出"小鸡画竹叶，小狗画梅花。小鸭画枫叶，小马画月牙。"	运用电子白板中的知识配对课堂活动，通过拖动左边小动物图片到对应的右边图画上，通过玩游戏、师生共同总结的形式，巩固本课教学重难点。
（五） 布置作业	最后，小雪人给大家布置了一个挑战任务，同学们可以自主选择以下任务： 1. 画一画小动物们的脚印。 2. 在爸爸妈妈的帮助下，仿编一首诗歌。	学生根据自己的实际情况自主选择作业。	用简洁明了的文字进行分层作业的布置，尊重学生个性差异，体现了层次性和梯度性。

比尾巴

姓 名	张小辉	学 科	语文
单 位	中山市特殊教育学校	年 级	二年级

一、 教材分析	本课为聋校义务教育人教版新教材语文二年级上册第二单元"想象"主题中《比尾巴》的学习内容，此篇课文也是听障孩子入学以来第一次接触到的想象类的文章，即把要描写的事物根据其外形联想到生活中常见的其他事物，课文的内容充分考虑到低年级孩子的兴趣和认知水平，把动物作为描写对象，并配以生动、形象的图画帮助理解，有助于降低学习难度，激发学生的想象。 本课是一首有趣的儿歌，共分为2个部分：第一、二节是第一部分，第三、四节是第二部分。每个部分都是先提出问题，用三问三答的形式共介绍了猴子、兔子、松鼠、公鸡、鸭子、孔雀6种动物的尾巴的特点。课文内容富有情趣，长短句交替，读起来朗朗上口，能激发学生朗读的欲望，还能引起学生观察动物尾巴特点的兴趣。课文配有儿歌中提到的6种动物的插图，突出了各种动物尾巴的不同特点，能有效帮助学生图文对照，理解儿歌内容。 本课文的教学共分为四课时进行，第一课时学习认读"尾、巴"等12个生字；第二课时理解课文内容，朗读课文；第三、四课时巩固课文内容，并进行语言训练，仿写句子等相关练习。本教学设计为第二课时，我把整个教学过程的整体情景创设为在森林王国观看比赛，把所有要学习的知识纳入为一条完整的线索，并将这条线索贯穿其中，形成一个完整而有趣的故事，如此一来，就如在讲故事，讲者和听者都娱乐其中。 总体描述：二（1）班共有10人，男生5人，女生5人，其中刚插班进来的新生有5人（没有上过学，零基础）。障碍类型：其中8人为听力障碍，1人多重障碍（听力障碍、智力障碍），1人智力障碍（能听到声音，不会说）。根据学生的认知水平、接受知识的能力及学习特点分为三层：A层（姗、轩、宛、韬），B层（熙、源、希），C层（程、瑶、怡）。
二、 学情分析	A层学生（4人）：3位同学植入了人工耳蜗，1位佩戴了助听器，听力补偿效果一般，只有1人听力受损程度为中度，其他为重度听力障碍。能用手语表达自己的学习意愿，看话能力较好，发音模糊。认知和语言理解能力较好，对汉语拼音、简单的生字词的学习有一定的基础，接受知识能力较强，形象思维活跃，求知欲强，能较快速完成各项学习任务。在学习这篇课文前，学生已经参观过动物园，会打指语，对小动物很感兴趣，这为本课的教学奠定了良好的基础。 B层学生（3人）：2人做了人工耳蜗，1人佩戴了助听器，听力补偿效果不理想，发音不清，主要靠手势语进行沟通。认知和语言理解能力较弱，认识的汉字不多，形象思维为主，课堂上的主要表现为1人较积极参与课堂学习，另外2人不够积极主动，注意力难以集中。通过前面的学习，能用手语认读出儿歌中的动物，但较难理解字面的意思，需在教师的指导下基本能完成学习任务。 C层学生（3人）：3人均为刚插班到本班的新生，其中2人是重度听力障碍，1人能听到声音却不能说话，不太懂手势语，几乎从零开始学起。3人均难以参与课堂学习，自控能力较差，较难掌握所学知识，对学习有畏惧的心理，因此，课堂上不能死板地进行教学，要设计灵活多样、新颖的活动，激发起学习欲望。

三、教学目标	知识技能	A层：能运用手语正确朗读课文，能带着表情配以手语读出儿歌中一问一答的语气，会写"尾、巴"两字，能背诵课文。 B层：能运用手语正确朗读课文，会写"尾、巴"两字。 C层：在老师的提示引导下能运用手语跟读课文，能正确描红"尾、巴"两字。
	过程方法	A层：通过情景创设、你问我答等方式理解课文内容，了解动物尾巴的特点。 B层：通过图片、情景的创设初步理解课文内容。 C层：通过图文配对游戏初步了解动物尾巴特点。
	情感态度	能感受到动物尾巴的可爱与神奇，对动物充满喜爱之情。
四、教学重难点		教学重点：能运用手语、表情等方式正确朗读、背诵儿歌。 教学难点：理解课文内容，知道动物尾巴的特点。
五、教学方法		情景创设法、问题驱动法、游戏法、个别指导法
六、教学准备		课件、图片、字卡、平板、强化物小红花

七、教学过程

教学环节	教师活动	学生活动	技术应用
（一） 激趣导入，揭示课题	1. 创设情境，引导观察 师：同学们，你们喜欢动物吗？森林王国的动物们要举行一场特别的比赛，让我们一起去瞧瞧小动物要比什么。请看课题。 2. 引导学生齐读课题：比尾巴 师：注意"巴"字的音节没有声调，它应该读轻声，再读课题。	学生观察图片。 全班学生齐读课题"比尾巴"。	通过多媒体课件演示，创设去动物王国观看比赛的有趣情景，营造轻松愉悦的课堂氛围，激发学生的学习兴趣，培养学生的想象能力。
（二） 闯关认读，巩固生字	1. 激趣：狮子大王邀请大家去观看比赛，观看前，它想考考大家上节课学的生字词，认读正确就可以去观看比赛。 2. 出示生字，检查学生认读情况。 第一关：生字关 wěi bā cháng duǎn wān 尾　巴　长　短　弯 xiàng sǎn tù zuì biǎn 像　伞　兔　最　扁	闯关活动 第一关：开火车认读。 第二关：赛读词语。 学生获悉初读要求。	运用电子白板制作精美的课件，以闯关游戏为抓手，检查学生认读生字词的情况，巩固已经学过的内容，为学习儿歌做好铺垫。

续表

教学环节	教师活动	学生活动	技术应用
（二） 闯关认读， 巩固生字	第二关：词语关（送小猴过河） 比赛 鸭子 公鸡 长短 最好 兔子 雨伞 尾巴 3. 师及时奖励强化物。 师：狮子大王对你们的表现很满意，获得车票后马上就去森林王国了，请大家带着问题去观看比赛。 出示问题：有哪些动物参加了比赛？它们参加了哪些项目的比赛？	在情境创设中学生前往森林王国观看比赛。	在课件里制作了坐车去森林王国观看比赛的动画，让学生带着具体的问题走进特定的情境，由浅入深，由易到难，以增强学生的自信心，促使学生积极思考。
（三） 精读课文， 学习问答句	1. 播放课文儿歌视频，引导学生整体感知课文内容。 提问：有哪些动物参加了比赛？ 根据学生的回答师贴出对应的动物图片。 师：你们喜欢这些小动物们吗？现在只要你又准确又响亮地叫出它们的名字。这些小动物们还会高兴地跑出来跟你们见面。 课件出示：猴子、兔子、松鼠、公鸡、鸭子、孔雀。 2. 指导学习问句。 屏幕上显示出六个疑问句： 谁的尾巴长？ 谁的尾巴短？ 谁的尾巴好像一把伞？ 谁的尾巴弯？ 谁的尾巴扁？ 谁的尾巴最好看？ 教师纠正学生的读音。 师：让我们一起来读一读这几个句子。请你们再仔细看，每一行的最后，都有一个什么符号？（问号）带有问号的句子我们把它叫问句。问句该怎样读？一起来试试读一读。 3. 创建课堂活动：动物们参加了哪些比赛项目？ 选两名同学上台同时进行游戏操作，游戏结束后进行点评。 比赛项目有："长""短""好像一把伞""弯""扁""最好看"。	学生带着问题观看儿歌视频。 学生回答出课文中出现的动物：猴子、兔子、松鼠、公鸡、鸭子、孔雀。 学生初读问句。 学生合作交流。 A层学生回答问题，B、C层学生在教师的引导下读问句。 两名学生上台进行游戏操作。 学生自由朗读全文。 学生学习答句。	发挥视频演示优势，播放儿歌视频动画，形象、直观地演示了知识的呈现过程，有助于提高学生的学习兴趣。 创建课堂活动，把信息技术与语文课程相结合，在玩中学，在操作中检测孩子们的学习所获，大大提高了他们的参与度。 播放松鼠从松树上跳下来的动画过程，引导学生观察松鼠的尾巴的形状与雨伞的形状。从而理解句子的意思。

教学环节	教师活动	学生活动	技术应用
（三） 精读课文，学习问答句	4. 出示全文。 师：到底是谁赢得了比赛呢？请同学们打开课文自由朗读。 教师巡视指导。 5. 趣读课文，学习答句。 （1）出示课件： 谁的尾巴长？ 猴子的尾巴长。 教师指导学生观察图片。范读，生跟读。 谁的尾巴短？ 兔子的尾巴短。 指名读句子。 谁的尾巴/好像/一把伞？ 松鼠的尾巴/好像/一把伞。 课件显示：谁的尾巴弯？ 　　　　　谁的尾巴扁？ 　　　　　谁的尾巴最好看？ 引导学生观察图片后说出答案。 （2）引导理解"最好看"的意思。 师：什么叫"最好看"？"最"是什么意思？（就是第一的意思） 播放孔雀开屏的视频。 6. 出示全文，多样化诵读。 谁的尾巴长？ 猴子的尾巴长。 谁的尾巴短？ 兔子的尾巴短。 谁的尾巴好像一把伞？ 松鼠的尾巴好像一把伞。 谁的尾巴弯？ 公鸡的尾巴弯。 谁的尾巴扁？ 鸭子的尾巴扁。 谁的尾巴最好看？ 孔雀的尾巴最好看。 （1）师领读，生跟读。 （2）男生读问句，女生读答句。 （3）随机抽读。	全班跟读句子。 学生观看松鼠从松树上跳下来的动画过程。 学生观察图片，根据问题回答出： 公鸡的尾巴弯。 鸭子的尾巴扁。 孔雀的尾巴最好看。 学生观看孔雀开屏的视频，理解"最好看"一词。 学生开展多样化朗读。 全体男生读问句。 全体女生读答句。 被教师随机叫到名字的学生读。 学生进行对话练习： 个别学生抽词卡，再说出带有该词卡的问句。 A层学生做小老师向同学提问，B层或C层学生回答，A层学生评价。	根据聋生以直观、形象为主的学习特点，配以直观生动的视频来理解课文词句，突破难点，提高了学习效率。 通过班级优化大师随机抽查等方式来训练朗读，培养学生的朗读能力，突出本课的教学重点。 让学生当小老师向同学提问，一方面巩固了儿歌内容，另一方面给聋生创造了语言实践的机会，培养学生与人交往的能力。

续表

教学环节	教师活动	学生活动	技术应用
（三） 精读课文， 学习问答句	7.引导对话训练：你问我答。 师随机拿出"长""短""一把伞""弯""扁""最好看"等词卡，让学生抽词卡，并让学生说出带有该词卡的问句。 预设：让个别学生上台做小老师，抽出词卡"长"，接着让学生说出带有"长"字的问句：谁的尾巴长？并请其他同学回答：猴子的尾巴长。		
（四） 游戏巩固， 课外延伸	1.创建课堂游戏：找尾巴。 师：比赛的结果我们都知道了，咱们一起来做个小游戏，想玩吗？游戏的名字叫给动物找尾巴。 2.引导学生给动物们颁奖。 师：比赛结果出来了，狮子大王邀请你们给动物们颁奖。 请六位学生上台给动物们贴上相应的奖牌。 3.引导学生编儿歌。 师：比尾巴大赛这么好玩有趣，还有许多小动物也很想参加，看又有哪些小动物报名了！ （出示动画：小猪、老鼠、燕子） 引导学生创编儿歌。 师：仔细观察，小猪的尾巴形状是怎样的？小老鼠的尾巴呢？小燕子的尾巴好像什么？ 出示：谁的尾巴（　　）？ 　　　谁的尾巴（　　）？ 　　　　谁的尾巴像（　　）？ 引导后课件出示： 　　　小猪的尾巴卷。 　　　老鼠的尾巴细。 　　　燕子的尾巴像把剪刀。 师及时表扬积极思考问题的学生。	学生在电脑屏幕上将尾巴图片移到相应的动物上。 随机抽选六位学生将"长""短""好像一把伞""扁""弯""最好看"奖牌一一读出来，并把奖牌贴到相应的动物模特上。 学生在教师的引导下，创编出儿歌： 谁的尾巴卷？ 小猪的尾巴卷。 谁的尾巴细？ 老鼠的尾巴细。 谁的尾巴像把剪刀？ 燕子的尾巴像把剪刀。 学生朗读创编的儿歌。	通过电子白板配以生动的音效创建课堂游戏，让学生进行找尾巴、给动物颁奖，力争让每个学生都有发挥和表现的机会，特别是让C层学生通过游戏活动，找到成就感，又加深学生对动物尾巴特点的理解，做到人人参与，人人有收获。 引导学生进行大胆创编，挖掘课外资源，拓展运用。结合课件出示的图片及动画，联系实际生活创编儿歌，这样的设计，借助文本又超越了文本，注重了聋生表达能力的培养。

教学环节	教师活动	学生活动	技术应用
（五） 指导书写， 总结升华	1. 指导书写。 （1）出示要写的生字，引导观察。 （2）指导观察笔画要点，教师范写。 （3）教师巡视，个别指导。 （4）展示并评讲学生的书写练习。 2. 总结升华。 （1）比一比谁的红花最多。 师：动物们比赛结束了，那我们也来比一比这节课谁的表现最好，谁的红花最多。 引导学生用"最"字说句子： 谁的红花最多？ ____的红花最多。 （2）教师小结：你们今天看了一场精彩的比尾巴大赛，知道了每个小动物的尾巴是不一样的，生活中还有许多乐趣，等待我们去发现。通过本节课的学习，你们是不是更喜欢小动物了呀？那以后大家一定要学会保护动物，和它们做好朋友！让我们带着喜欢之情再次诵读课文。	学生观察生字在田字格中的位置。 学生交流难写的笔画，注意的要点等。 学生描红，练习书写。 个别学习上黑板展示写字。 学生自我评价。 生生互评。 学生数一数黑板上的红花墙。 用"最"说句子： ____的红花最多。 学生诵读全文。	通过平板中的授课助手，将学生的书写拍照上传至屏幕，指导聋生进行自我评价和生生互评，教师点评，让聋生养成主动学习，自我反思的学习习惯。 重视在语文课堂教学中培养聋生的语言交往能力，引导他们在具体的交往情境中使用学到的词句，即学以致用，以提高语文综合应用能力。
（六） 板书设计			
（七） 教学反思	《聋校义务教育语文课程标准》指出，聋生是学习和发展的主体，语文教学必须根据学生身心发展和语文学习的特点，关注学生的个体差异和不同的学习需求，爱护学生的好奇心、求知欲，充分激发学生的主动意识和进取精神，善于通过合作学习解决问题，创造展示和交流的机会。在教学《比尾巴》一课中，尊重了学生独特的感受、体验和理解。让学生自己的独立思考取代统一的答案，让学生自己的感性体验代替整体划一的理解和指导，整个过程充分尊重了学生主体地位。主要体现在以下几个方面：		

续表

（七） 教学反思	1. 注重情景创设。低年级的聋生课堂常规较差，坐不住，怎样吸引听障学生的注意力是课堂教学的关键，孩子们喜欢动物，于是便创设了去森林王国观看比尾巴比赛这一情景。如一开始，我采用激趣导入："同学们，你们喜欢动物吗? 今天森林王国里可热闹了! 小动物们要开展一项特别的比赛，狮子大王邀请大家去观看比赛。"一下子把同学们的注意力吸引过来，同学们的眼睛"嗖"地一下全盯住老师，很想知道答案。在读课文的时候，我先给学生一个问题：到底有哪些动物来"比尾巴"呢? 让学生带着问题去读课文，从而解决问题。 2. 巧用信息技术创建课堂互动。课件中加入了色彩明亮的动物图片、生动有趣的儿歌视频等素材，配以"送小猴子过河""帮动物找尾巴"等交互活动，让学生在主动积极参与学习的同时达成教学目标，学生基本掌握了本课的知识点，而课堂上及时巩固所学的知识是非常有必要的，把信息技术与语文课程相结合，在玩中学，在操作中检测孩子们的学习所获，让学生多动脑，多动手，调动多种感官参与学习过程，从而实现真正意义上的自主实践。另外，用平板授课助手 APP 上传学生的课堂练习并及时讲评，提高了课堂的实效性。 3. 形式多样，强化朗读训练。在朗读中，我运用了齐读、男女分角色读、范读、你问我答等方式，强化了朗读训练，培养了朗读能力。根据本文的特点，带领学生一边朗诵，一边做动作，极力形成在游戏中学习的气氛。在课文朗诵环节，学生们热情高涨，一个个都全身投入地边读边舞，一节课下来，大部分学生都能把全文背诵下来，效果良好。 4. 拓展知识面，激发学生的创造能力。儿童诗歌的句式往往可以举一反三，迁移适用。《比尾巴》一课中句式"（谁）的尾巴（怎么样）? "出现了六次，但课本中的知识毕竟有限，为了丰富课本知识，激发学生的求知欲。在学完儿歌后我设计了拓展这一环节，利用课件出示了另外的几个小动物的图片（小猪、老鼠、燕子），生动活泼的画面再次激发了学生的欲望，他们能够抓住动物尾巴的特点，展开激烈的讨论，之后，按照课文中诗歌的样式编儿歌。例如，"谁的尾巴卷? ""小猪的尾巴卷。" 这种创编，是学生超越生活经验的创造思维，是发自内心的自由抒发，不仅培养了他们运用语言文字的能力，同时在运用积累词语和句子中感受到动物尾巴的可爱，从而对动物充满喜爱之情。 5. 不足之处：在时间上把握得不够好，有点着急，留给学生思考的时间比较有限；受手语的局限性，个别孩子对课文内容的把握还需要进一步引导。

传统节日

姓 名	张婷	学 科	语文
单 位	晋中市特殊教育学校	年 级	二年级

一、 学情分析	这个阶段的孩子虽然有一定的自主能力，但是自觉学习的主动性以及分析问题时注意力的稳定性还远远不够。就个体而言，本班共有 10 名学生，其中 5 名同学上课积极认真，有较为清晰的口语表达能力（A 类），3 名学生在老师的帮助下，基本可以进行完整的手语表达（B 类），另外剩下的 2 名同学听力丧失严重，缺陷补偿较晚，思维逻辑和表达较差（C 类）。 　　为了养成良好的学习习惯，我在每节课前都安排学习清单，旨在培养学生养成课前预习的好习惯。在设计教学活动时，也根据学生的情况，设计一些有利于调动学生积极性的活动。
二、 教材分析	《传统节日》是一首以我国传统佳节为题材的民谣。传统节日是中华民族悠久历史文化的重要组成部分，传递着爱国、感恩、敬老等优良传统。全文共有 8 句话，学习新偏旁。按时间顺序分别介绍了春节、元宵节、清明节、端午节、乞巧节、中秋节、重阳节这 7 个一年中重要的传统佳节及其相关习俗。第八句与第一句相呼应，表示新春佳节转眼又至。
三、 教学目标	知识与技能： 　　（1）能正确朗读课文。（C 类） 　　（2）初步了解这些节日和农历有关。（A、B 类） 　　（3）了解我国的传统节日及其风俗，能和他人交流自己最喜欢的传统节日。（A、B、C 类） 过程与方法： 　　（1）通过观察图画，能把图上描绘的事物同所学的内容联系起来，凭借图画理解词语意思。 　　（2）通过朗读与游戏活动，理解课文内容。 情感态度与价值观： 　　引导学生了解中国传统文化，懂得要传承优秀的中华传统文化，激发对中华传统文化的兴趣。
四、 教学 重难点	教学重点：掌握中国的传统节日及相关习俗。 教学难点：感受传统节日所带来的传统文化，了解我国悠久的文化历史。
五、 教学准备	学习单、多媒体课件、图片

六、教学过程

教学环节	教师活动	学生活动	技术应用
（一） 温故知新	1. 游戏——点亮灯笼。（A、B、C 类） （1）看指语，说词语。 （2）开火车读字词。通过大家一起努力，我们点亮了所有的灯笼，让我们共同欣赏大红灯笼高高挂的美景吧。	全体学生参与课前游戏 1. 看指语，说词语。 B 组学生说出： 春节　元宵 月饼　团圆	温故知新，通过对旧知的复习巩固，检查了学生对知识的掌握情况。

续表

教学环节	教师活动	学生活动	技术应用
（一） 温故知新	2. 出示端午节视频，"五月五，过端午，赛龙舟，敲锣鼓。"我国传统节日有很多，这些传统节日有什么习俗呢？让我们一起走进课文去探索吧！	2. 开火车读： 传统、赛龙舟、牛郎、热闹 3. 全体学生观看视频。	接着利用多媒体视频短片引出传统节日——端午节，形象直观激发学生学习兴趣。
（二） 感知"传统"	问题导学： 1. 自读要求：用"——"画出文中出现的传统节日的名称，并填空。 文中出现了（　）个传统节日名称，分别是（　　　）。 2. 合作交流：这几个传统节日中你最喜欢哪一个节日？为什么呢？ 3. 合作交流：你知道这些传统节日的具体时间吗？	1. 学生自学：根据问题要求自由朗读课文，完成自学部分。 2. 指名汇报问题。 明确：文中出现了（七）个传统节日名称，分别是（春节、元宵、清明、端午、七夕、中秋、重阳）。侧重于B、C类学生发言，锻炼其阅读归纳能力和口语表达能力。	问题导学帮助学生明确本节课的学习目标，需要解决的问题是哪些，做到心中有数，才能学有方向，学有动力，变被动接受为主动探索，并达到整体感知的目的。以学生为主体，给学生自我交流展示的平台，提高学生对知识的整理能力，培养学生积极自信勇于展示自我的能力。
	1. 展示交流：朗读指导。 2. 教师示范：对朗读的停顿、重音做指导。通过拍手示范朗读，让学生感受民谣的节奏与韵律。	个人表演读、同桌拍手读、师生对读、生生接力读。	
（三） 理解"传统"	看图：观察书上的图，看看图上画的是哪些传统节日的活动，人们在这些节日里做些什么。 1. 出示第一幅图，观察练习说话。 （1）小朋友，图上画的是什么节日的活动？他们正在干什么？ 教师示范：图片上画的是春节，小朋友们在贴春联。 （2）过春节了，人们还干什么？（拜年、吃饺子） 句式：春节可以＿＿＿，＿＿＿，还可以＿＿＿。 2. 出示第二幅图，观察练习说话。 （1）图上画的是什么节日？（元宵节） （2）人们在这个节日里在做什么？（看花灯） 还有什么主要的民俗活动？（吃元宵、放烟花、小孩子挑灯笼）	（侧重A、B类学生发言，鼓励其口语表达） 1. 引导C组学生说出：（春节 贴春联、放鞭炮） 2. 学生练习： 图片上画的是（　　），小朋友们在（　　）。 （1）引导A组学生说一说句式： 春节可以＿＿＿，＿＿＿，还可以＿＿＿。 （2）学生练习：图片上画的是（元宵节），人们在（吃元宵）。	观察图片，直观形象。引导学生说出传统节日。

教学环节	教师活动	学生活动	技术应用
	过渡：同学们说得真棒，这几个传统节日中你最喜欢哪一个节日？为什么呢？现在小组合作完成剩下的内容吧。		
（三）理解"传统"	合作分享，适时点拨： 小组代表当小老师，教师积极奖励。 1. 课件出示：清明节，雨纷纷，先人墓前去祭扫。 教师点拨：清明节的习俗，及"先人墓前去祭扫"所表示的含义。 2. 课件出示：过端午，赛龙舟，粽子艾香满堂飘。 （1）人们正在干什么？这是什么传统节日？ 请同学自由讲述端午节的来历，指导是为了纪念屈原。 （2）端午节这天，人们除了喜欢赛龙舟，还喜欢吃什么？ （端午要吃粽子、插艾草） 总结：端午的习俗有赛龙舟、吃咸鸭蛋、粽子、插艾草，喝雄黄酒... 3. 课件出示：七月七，来乞巧，牛郎织女会鹊桥。 拓展：牛郎星和织女星的知识。 4. 课件出示：过中秋，吃月饼，十五圆月当空照。 （1）中秋节的风俗：吃月饼、赏月。 （2）为什么中秋节的时候我们要回爷爷奶奶、外公外婆家？ （合家团圆） （3）拓展：中秋节的时候月亮为什么是圆的？ 5. 课件出示：重阳节，要敬老，踏秋赏菊去登高。 （1）为什么叫作"重阳"节？ （2）重阳节习俗有哪些？（踏秋、赏菊、登高） （3）"要敬老"这句话该怎么理解？ 公布比赛结果：我们今天小贴纸获得最多的小组，大家用掌声向他们表示祝贺。	1. 清明节： （1）引导学生明确图上画的是清明节。（清明节） （2）A组学生介绍清明节：二十四节气之一，民间习惯在这天扫墓。 2. 端午节： 学生代表B组学生：赛龙舟、端午节。 引导A组学生讲述端午节的来历，指导是为了纪念屈原。 3. 七夕节： （1）全体学生明确：这是七夕节。 （2）讲述七夕的来历以及七夕节为什么又叫乞巧节。 引导学生理解"会鹊桥"的意思。 小组代表上台展示。	在这个环节C类学生只需说出节日名称和做什么，A、B类学生探究其意义。老师参与每个小组的交流，点评学生交流情况。针对学生自学、合作学习中出现的问题进行点拨，把握重点，突破难点，帮助学生完成学习任务。

续表

教学环节	教师活动	学生活动	技术应用
（四） 回归主题 理解传统	通过上面的学习，我们了解到7个传统节日，它们是（　　）、（　　）、（　　）、（　　）、（　　）、（　　）、（　　）这些是我们中国人世世代代都过的节日，所以叫"传统节日"；贴窗花、（　　）、（　　）、扫墓、吃粽子、（　　）、登高、赏菊，这些节日里要做的事是祖祖辈辈传下来的，就是"传统习俗"。	个别提问，对本节课知识进行巩固。	这个板块引导学生理解"传统"的意思。教师灵活机动地提问，旨在帮助学生巩固所学知识，灵活运用知识，积累知识点。

荷叶圆圆

姓　名	陈梅梅		学　科	语文
单　位	黔西南州盲聋哑学校		年　级	二年级

<table>
<tr><td>一、
教材
分析</td><td colspan="4">　　《荷叶圆圆》是一篇轻快活泼的散文诗。课文运用比喻的手法将圆圆的、绿绿的荷叶比作小水珠的摇篮、小蜻蜓的停机坪、小青蛙的歌台、小鱼儿的凉伞。全文字里行间洋溢着童真、童趣，能让读者感受到夏天，感受大自然的美好。
　　本课文分三个课时完成，本节课选取的是第二课时：探究课文（第2—5自然段）。</td></tr>
<tr><td>二、
学情
分析</td><td colspan="4">1.已有知识经验：
　　在二年级上学期学生们已经学过有关描写季节景色的课文，对夏天的标志性动植物荷叶、青蛙有了初步的了解。二年级已经初步认识了一些客观事物，能简单地表达自己的意愿。但语言不够规范，描述不够具体。本班学生喜欢阅读，但大部分学生在朗读时表情不够丰富，需要逐步引导示范。
　　我将联系他们的生活实际，创设他们熟悉的情景，展开想象，帮助他们学习、积累、感悟语言。
2.个体差异：
　　二年级共有7名学生，2人佩戴助听器，孩子们的口语发音、识记能力、语言表达等方面存在较大差异。按照接受能力和理解能力来分，将分为（A、B、C）三组：
　　A组：贺、董、石有着较好的理解能力，能够独立思考并能理解课文大意，其中贺有一定的发音能力，应强化其口语发音的训练。
　　B组：黄、陆容易走神，上课反应较慢，能在老师耐心的讲解、提示下理解大意，回答问题。
　　C组：刘、王基础知识薄弱，在老师或同学的帮助下能参与教学，但手语表达有一定困难。</td></tr>
<tr><td>三、
教学
资源</td><td colspan="4">　　课件、词卡、任务表、相关图片、头饰若干</td></tr>
<tr><td rowspan="8">四、
教学
目标</td><td rowspan="4">（一）
班级目标</td><td>认知目标</td><td colspan="2">　　有感情地朗读课文，背诵课文；合作探究，小水珠、小蜻蜓、小青蛙、小鱼儿分别说了什么，做了些什么？体会荷叶给小动物们带来的快乐。</td></tr>
<tr><td>能力目标</td><td colspan="2">　　通过"观察、想象、合作"等方法帮助理解课文内容。</td></tr>
<tr><td>情感目标</td><td colspan="2">　　在阅读中感受夏天的美好，激发对大自然的热爱之情，从而树立保护大自然的意识。</td></tr>
<tr><td>补偿目标</td><td colspan="2">　　感受课文优美的语言，并积累语言。</td></tr>
<tr><td rowspan="4">（二）
分组目标</td><td>A组</td><td colspan="2">1.有感情地朗读课文，背课文；小组合作探究：小水珠、小蜻蜓、小青蛙和小鱼儿分别说了什么，做了什么？
2.感受夏天荷塘的美好并向往美好的大自然。</td></tr>
<tr><td>B组</td><td colspan="2">1.正确朗读课文，根据提示背诵课文；教师引导小组合作探究：小水珠、小蜻蜓、小青蛙和小鱼儿分别说了什么，做了什么？
2.感受小动物们快乐的心情，体会夏天荷塘的美好。</td></tr>
<tr><td>C组</td><td colspan="2">1.正确跟读课文；教师辅助小组合作探究：小水珠、小蜻蜓、小青蛙和小鱼儿分别说了什么，做了什么？
2.鼓励参与活动，激发学习兴趣。</td></tr>
</table>

续表

五、教学重难点	教学重点： A 组：在老师指导下小组合作探究。 B 组：在老师的协助小组合作探究。 C 组：在老师辅助下参与完成学习。 教学难点： A 组：有感情地朗读课文，背诵课文； B 组：正确朗读课文，根据提示背诵课文； C 组：正确跟读课文，通过课堂活动选词填空。
六、教学流程示意	 活动流程　　活动内容　　活动成果 谈话导入 → 通过画画，引出课题 → 回顾旧知，揭示课题。 探究课文（第2—5）自然段 → 观看视频，说一说 → 创设情境，培养表达的欲望。 → 自读课文，想一想 → 感知课文，引出角色。 → 合作探究，完成任务 → 培养学生自主探究、独立思考的能力。 展开想象 → 拓展课文，展开想象 → 促进课内外知识的贯通。 熟记课文 → 选词填空，看图复述 → 激发学生背诵兴趣，积累语言。 情感升华 → 视频欣赏，启发情感 → 感受夏天的美好，从而树立保护大自然的意识。

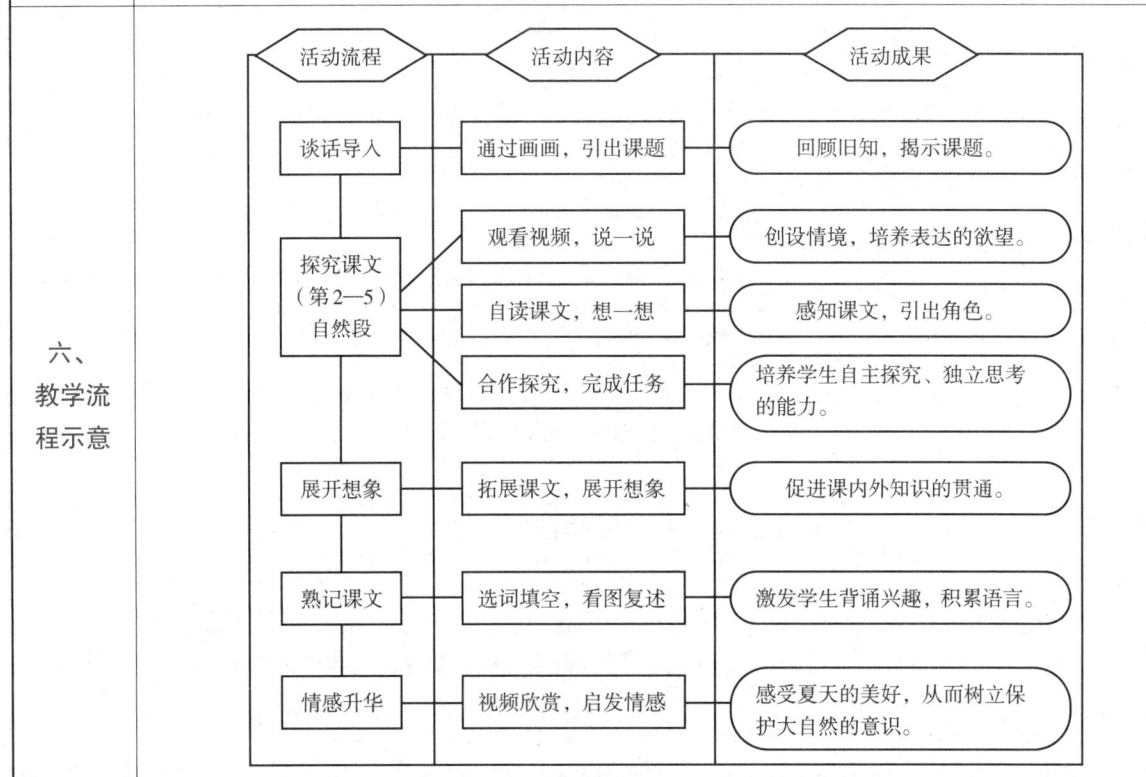

七、教学过程

教学环节	教师活动	学生活动	技术应用
（一）谈话导入	1.通过画荷叶，提问：这是什么？ 2.回顾：荷叶是什么样的？ 3.引出课题，带领学生板书课题《荷叶圆圆》，齐读课题。	A、B 组：回答问题。 C：跟着说。	在学生原有的认知上，通过画荷叶，来唤醒学生对荷叶的喜欢。
（二）合作探究	1.通过观看动画朗读，说一说：你看（听）到了什么？	引导语言弱的 B 组学生进行表达。 C 组认真聆听。	给学生创造表达的欲望。

教学环节	教师活动	学生活动	技术应用
（二） 合作探究	2. 齐读课文，思考：荷叶引来了哪些小伙伴？ （1）通过找一找、圈一圈的方式引出：小水珠、小蜻蜓、小青蛙、小鱼儿。 （2）说话训练：喜欢荷叶的小伙伴有____、____、____和____。 （3）词卡认读：小水珠、小蜻蜓、小青蛙、小鱼儿。 （4）自由选择自己喜欢的段落个别读。 3. 自读课文，合作探究：四个小伙伴分别说了什么？做了什么？ （1）小组合作探究任务一：（要求：用完整的句式回答"……说……"） 小水珠说了什么？ 小蜻蜓说了什么？ 小青蛙说了什么？ 小鱼儿说了什么？ ①借助图片理解"摇篮、停机坪、歌台、凉伞"。 ②词卡认读：摇篮、停机坪、歌台、凉伞。 ③课堂活动：找出亮晶晶的东西。 ④齐读、分组读……。 （2）小组合作探究任务二：（要求：用完整的句式回答"小水珠……荷叶上／下……。"） 小水珠做了什么？ 小蜻蜓做了什么？ 小青蛙做了什么？ 小鱼儿做了什么？ ①借助图片理解"躺、停、蹲、游"。 ②词卡认读：躺、停、蹲、游（配动作）。 ③课堂活动：找出透明的东西。 ④小组内自由分角色读，读出小伙伴们的快乐心情。 （3）指名读、齐读、配上动作读。	带着问题齐读课文，找出荷叶的小伙伴。 A组：圈画出四个小伙伴； B组：填空式说出四个小伙伴名称； C组：鼓励复述四个小伙伴名称。 分组完成任务表中的内容。 A组：小组成员自主合作完成任务表。 B组：协助小组成员完成任务表。 C组：教师辅助参与完成。 选择喜欢的角色读。（带头饰）	带着问题走进课文，激发学生的探究兴趣。通过找一找、圈一圈、说一说的方式，培养学生提高语言表达能力和不动笔墨不读书的好习惯。 训练学生把单一的字词，用句式的方式完整地表达出来。 根据学生的学习能力和认知能力，设计不同层次的学习任务，并将学生分成A、B、C三组。通过动手、动脑，小组合作探究，完成任务表。从而，培养学生自主探究、独立思考的能力。 利用图片＋动作，再通过课堂活动，帮助学生直观理解文中关键词"摇篮、停机坪……"。 重视学生的体验感。

续表

教学环节	教师活动	学生活动	技术应用
（三） 展开想象	预测、想象：还有哪些小动物也来到池塘里与荷叶为伴呢？它们又是怎么说的，怎么做的？ 练习说话："荷叶是我的____。""在荷叶上……" 1. 小组讨论交流。 2. 汇报。	A组：独立回答。 B组：在图片的提示下回答。 C组：看图尝试说。	这样的话题，有利于调动学生的生活积累，发展他们的想象力和创造力，从而促进课内外知识的贯通。
（四） 熟记课文	引导学生层层递进地背诵课文。 A组：自行背诵。 B组：借助图片背。 C组：通过课堂活动完成任务。	A组：自行看图复述。 B组：借助图和板书提示复述。 C组：选词填空。	根据小组成员的学习情况，设计了不同类型的课堂活动，激发背诵的兴趣，培养学生积累语言的习惯。
（五） 情感升华	播放荷塘美景，激发学生对大自然的热爱之情，从而树立保护大自然的意识。	欣赏视频，感受大自然的美好，从而树立保护大自然的意识。	通过视频，向学生传达夏天荷塘的美好并向往美好的大自然。其中穿插思想教育，树立保护大自然的观念。
（六） 板书设计			

我喜欢的小动物

姓　名	刘克璇	学　科	语文
单　位	天津市聋人学校	年　级	二年级

一、 教材（教学内容）分析	1. 教材分析 　　本节课位于聋校义务教育实验教科书《语文》二年级上册第六单元的"写话"部分。本课在教科书中提供了四幅小动物的图片，分别是长颈鹿、熊猫、河马和老虎。旨在引导听力障碍儿童从外形或生活习性等方面写自己喜欢的动物，通过观察，打开写话的思路，从而培养写话能力。 2. 设计思路 　　《我喜欢的小动物》是听力障碍儿童学习写话的起始阶段练习，对于低年级的听力障碍儿童来说，从看图学句的学习到看图写句的学习是他们在语文学习上的一次飞跃，这一飞跃提升了他们认识客观事物和运用语言表达思想意识的能力。特别是本课在设计安排上，引导听力障碍儿童不断理解、积累并运用学过的词语，进一步丰富他们对客观世界的认识。给听力障碍儿童提供写话的思路和仿照的例子，也锻炼了他们用手语表达的能力和写话的能力。让听力障碍儿童正确认识图上各种小动物的外形特点或生活习性，培养他们的观察能力和初步的写作表达能力是本节课的主要任务。
二、 学情分析	本班一共有 6 名同学。其中男生 5 名，女生 1 名。重度听力损伤学生 2 名，中度听力损伤学生 2 名，多重残疾学生 2 名。对于刚刚升入聋校小学二年级的听力障碍儿童来说，通过一年级的练习，他们在写作方面有了很大的提高，大多数学生都能看图学词。但孩子们年龄尚小，活泼、好动。他们有强烈的求知欲望，对不知道的事物充满好奇心，但又缺乏对身边生活的观察与思考。通过本课的学习力求帮助孩子唤醒对词语的记忆，引导听力障碍儿童进行看图学句，激发他们的表达兴趣，缓解表达上的困难，使他们乐于表达，善于表达。
三、 教学目标	1. 正确使用手语朗读句子。 　　2. 通过观察图画理解句子的意思，会仿照"我喜欢什么动物"的句式说句子、写句子。结合观察，能抓住小动物最突出的特点正确说出或写出小动物的样子。 　　3. 培养听力障碍儿童的观察能力、思维能力和语言表达能力。 　　在教学内容中，教师根据聋校新课程标准和教材，结合本班的听力障碍儿童在学习上的差异，对教材内容按其重要性及其难易程度划分为若干层次，即分为：所有学生都能达到的"基本层次 C 层"（即在本课学习中能够正确打手语朗读句子），多数学生经努力后可以达到的"中等层次 B 层"（在本课中可以用自己的话表达出自己喜欢的小动物和每种小动物的特点），少数学有余力的学生可以达到的"较高层次 A 层"（在本课中可以写下有关自己喜欢的小动物的几句话，把想说的话都能表达出来）。 　　对预期能达到教学目标 A 层的听力障碍儿童简称为 A 层学生，对预期能达到教学目标 B 层的听力障碍儿童简称为 B 层学生，对预期能达到教学目标 C 层的听力障碍儿童简称为 C 层学生。
四、 教学 重难点	教学重点：通过唤醒听力障碍儿童对学过的词语的记忆，打通词语积累与习作运用的通道，引导学生不断理解、积累并运用词语，并能按照例句说出描写小动物特点的句子。 　　教学难点：通过观察激发学生对小动物的兴趣，使学生初步掌握写话的顺序。把握自己所喜欢的动物的特点，并尝试写出自己对它的认识。

续表

五、教学资源	教师制作的多媒体课件、动物贴图、学生准备的小动物毛绒玩具、词语卡片等		
六、教学过程			
教学环节	教师活动	学生活动	技术应用
（一）课前预热	师：同学们，你们都喜欢小动物吗？ 师：你们喜欢哪种动物呢？为什么喜欢它呀？ 今天这节课，谁听得最认真，谁回答问题最积极，这些可爱的小动物就会和你交朋友。	生：喜欢。	【设计意图】 说话是现实生活的需要，对于低年级的听力障碍儿童来说，真实的情境更能激发他们的说话欲望，让孩子们在课前畅所欲言，带着问题与期待走进本课。
（二）创设情境，激趣导入	1. 播放长颈鹿、熊猫、河马、老虎等动物的视频。 2. 教师提问：画面都有哪些小动物？它们的名字你还记得吗？ （听力障碍儿童回答后，教师逐一在黑板上贴出这些动物的图片。） 3. 让C层学生从备选的词语卡片中选择相应的动物名称，并粘贴到动物图片的下面。 4. 选择一位"我是今天小老师"的B层学生带领大家打手语，复习黑板上粘贴的这些词语。 5. 教师相机揭示课题并板书"（　　）的小动物"。	学生相机回答老师提出的问题	播放长颈鹿、熊猫、河马、老虎等动物的视频。 【设计意图】 这一部分涉及的词语是以前学过的知识点，让学习基础较差的学生来回答问题，有助于调动其学习的积极性。让学生充当老师助理的角色，有助于孩子们增强学习的责任感，激发学习的兴趣，也强化了低年级听力障碍儿童的手语和口语的协调互换功能。
（三）游戏互动，学习新知	1. 案例引路，学习表达方式。 教师突出展示第一张照片"长颈鹿"，提问："你们喜欢长颈鹿吗？" 师：当我们喜欢某种动物或者某种事物时，我们可以用下面这个句式来表达自己的看法。 多媒体课件出示句式： 我喜欢＿＿＿＿＿＿＿＿＿。		多媒体课件出示句式： 我喜欢＿＿＿＿＿。 【设计意图】 听力障碍儿童由于受到听力障碍和自然手语的影响，很容易在口语表达上使用倒装句如"长颈鹿，我喜欢"，或主谓宾缺失的现象，如"长颈鹿，喜欢"或"喜欢长颈鹿"这样的病句。

教学环节	教师活动	学生活动	技术应用
（三） 游戏互动， 学习新知	师：请同学们摆出自己带来的动物毛绒玩具，各小组的同学互相打手语练习用"我喜欢……"这个句式造句吧。 教师相机补充板书"（我喜欢）的小动物"。 2. 讨论法教学。 （展示黑板上的四幅动物图片） 师：谁能说说这些小动物，它们都是什么样子的? （以第一幅长颈鹿图为例） 师：我们看到了，长颈鹿的脖子呀，很长。同学们的脖子很短。我们一起打手语，学习这种形容词"很长""很短"。 小游戏： 请每个同学在展示的这四种动物中选择一种动物，用"（　　）的脖子很长"这种句式练习口语表达。看谁说得又准又快。	各小组中的同学互相打手语练习造句。 学生分组开展交流、讨论。 请 C 层学生说出下面的句式：长颈鹿的脖子_____很长_____。 同学们和老师一起互动做游戏。	因此在写作前带领听力障碍儿童学习正确的语序，并强化其正确的口语和手语的表达方式，是帮助他们运用正确语序进行写作的基础。 PPT 展示鸵鸟、天鹅、羊驼的图片，让学生找出它们共同的特点——脖子很长。 【设计意图】 会观察是学会写话的首要条件，低年级听力障碍儿童的概括能力、比较能力、分析能力都还比较弱，观察时易被无关要素吸引，而抓不住要点，先引入分组讨论法让听力障碍儿童们互相锻炼沟通与交流的方式，从中取长补短。随后教师要借助"放大镜"将学生的目光聚焦在长颈鹿等动物最主要的特点——脖子长，教给学生具体的观察方法，同时运用迁移拓展教会他们拓展和归类的写作方法，从而突破了本课教学重点，也为听力障碍儿童的写话能力的发展开拓一片天地。

续表

教学环节	教师活动	学生活动	技术应用
（四） 课中操	师：现在到了我们的"课中操"时间了，请同学们和老师一起打手语，唱儿歌。	同学们和老师一起打手语，唱儿歌。	播放动画音乐视频《一起去动物园》。 【设计意图】 低年级听力障碍儿童在上课到 20 分钟左右的时候就已经不能完全控制自己的注意力了，可能会出现做小动作等情况。此时可以根据教学内容适当穿插一些放松的活动，既让孩子得到休息，同时又使所学内容得到巩固和升华，从而收到事半功倍的效果。
（五） 游戏引路，学习表达方法	师：同学们，我们再来做一个词语游戏吧。 1. 分给学生词语卡片，让学生联想动物。 （词语卡片上的内容：胖乎乎、嘴巴大、头上有一个"王"字、爱吃竹子、爱泡在水里、生活在森林里） 2.B 层、C 层学生将自己手中的词语卡片贴到黑板上所对应的动物图片旁边。 3.A 层学生试着把话说完整。教师相机纠正、指导。	学生做游戏。	【设计意图】 教学中的游戏法的运用激发了听力障碍儿童的学习积极性，增加了课堂学习的趣味性，分层教学、多层互动模式在某个层面上可以做到因材施教，突破了教学难点。有助于对不同学习水平的听力障碍儿童进行个性化教育，使本课的教学目标都能逐一得到落实。
（六） 迁移经验，写话实践	1. 写话提示与帮助，课件出示作文格图片。 师：同学们，我们在写话时一定不能忘记"开头空两格，句号和逗号这样的标点符号独立占格"的要求。 2. 写一写自己喜欢的小动物。 3. 听力障碍儿童写话，教师巡视指导。	A 层学生可以用几句话把自己喜欢的小动物写下来，且不限于老师提供的图例，还可以尝试加上自己的认识和感想。B 层学生选择黑板上的一个图例进行仿写，并尝试写下这种小动物的其他特点。C 层学生用教师结合板书提供的句式填空题进行补写练习。	课件出示作文格图片。 【设计意图】 通过作文格引路，让学生了解正确的写话格式，还学会了正确运用、书写句号和逗号。 【设计意图】 为学生提供展示作品的平台，让孩子们体验写作的喜悦，进一步激发了他们对写话的兴趣。

教学环节	教师活动	学生活动	技术应用
（六） 迁移经验， 写话实践	4."写话"展评，激励成长。	让几位听力障碍儿童自告奋勇给大家朗读自己的作品。谁的作品既通顺又有条理，谁就可以获得"写作小达人"的称号和小奖状。	
（七） 布置作业， 拓展延伸	师：今天回家把自己的写话作品讲给爸爸妈妈听，还可以和爸爸妈妈说说，你喜欢的水果或者你喜欢的植物是什么。		
（八） 教学反思	聋校小学低年级段的看图写话是作文最初步的训练，是培养听力障碍儿童的认识能力、形象思维能力、想象能力和表达能力的良好途径。但对于刚刚升入二年级的听力障碍儿童来说，他们仅有看图学词的基础。面对刚开始学习的写话，孩子们对先写什么、再写什么、最后写什么没有完整的概念。《聋校语文新课程标准》指出"对写话有兴趣，能写清楚自己想说的话"。因此，我在教学设计上降低难度，着重训练学生按每个小动物的特点进行观察，课堂上解决如何将图上最基本的东西写清楚的问题，从而突破了教学的重点。 　　这节课我安排了一个课时的教学时间。但让孩子自己开始写话，尤其是对 C 层学生来说，时间不是很充裕。教师应该尝试把大部分时间留给学生，让他们有更多时间动笔，只有这样才能培养学生的写作能力。另外，引导 A 层学生在写话时加上自己的感想和认识，在这个环节还做得不够到位。今后，我将不断地摸索，力求找到更多适合听力障碍儿童的写话方法，让每一个听力障碍儿童都能成为乐于表达和写话的人。		

四个太阳

姓　名	陈娟	学　科	语文
单　位	江苏省扬州市特殊教育学校	年　级	二年级

一、 教材 分析	"四个太阳"是聋校义务教育实验教科书小学语文二年级下册中的一篇极富儿童情趣的短文。课文分4个自然段,结构明了清晰,讲述了"我"画了四个不同颜色的太阳送给四季,表达了四个美好的心愿,情境之间也能让读者们感受到作者独具匠心的创造和极富童真的善良心灵。
二、 学情 分析	二年级听力障碍儿童活泼纯真,对事物充满好奇心,同时由于听力障碍,接收外界信息的方式主要依靠"看"和"做"。因此对此类短文故事,教师可利用丰富多彩的多媒体课件演示和课本剧情境表演来辅助,进而升华自己的教学。同时,低年龄段的学生对此类课文能"读"通(字、词、句),但是不一定能"读"懂(四个不同颜色的太阳见所未见),教师应积极创设学习情境,引导学生从反复读入手,透彻感知课文核心,进而培养学生用心思考、积极创造,勇于表达的能力。
三、 设计 思想	本节课以"回忆旧知、巩固基础"来导入课题,又以多媒体展示激趣,展开"四个太阳"的教学,接下来又以"充分诵读、突破重难点",来完成一至三自然段的学习。在此基础上,"以演巩固、内化升华",这样既扎实了学习的内容,又能充分地激起学生学习的兴趣,符合低年级听力障碍儿童的身心特点和认知规律。课文的最后,提出疑问,留给学生思考的空间,为下节课的学习做好准备。课堂教学以人为本,注重创新的培养,激发思维的碰撞,充分以课本为载体,在学生自主探索、合作交流的基础上,对学生进行知识和能力的培养,进行思想价值观的教育。
四、 教学 目标	1. 复习巩固"季节"等含有本课生字的10个词语。 2. 能正确、流利、有感情地朗读课文,理解课文。 3. 能说出并理解"我"分别给四季画了什么颜色的太阳,体会作者要表达的心愿。 4. 培养学生用心思考、积极创造、勇于表达的能力。
五、 教学 重难点	1. 能说出并理解"我"分别给四季画了什么颜色的太阳,体会作者要表达的心愿。 2. 培养学生用心思考、积极创造、勇于表达的能力。
六、 教学 辅助	多媒体课件、自学任务单、涂色笔

七、教学过程

教学环节	教师活动	学生活动	技术应用
(一) 复习 旧知, 巩固基础	1. 同学们,今天我们继续学习课文"四个太阳"。 2. 在学习课文之前,我们首先来复习一下上节课学习的生字词。 先请大家自由读一读;我们一起来读一读。 (设计意图:通过复习旧知开启本课的学习,既巩固了基础,又很快引起学生的注意力,引发他们的思考,为接下来的新课学习做好铺垫)	全体学生对照课件,自由朗读生字词;师生齐读。	利用多媒体软件制作PPT,图文结合,复习旧知,巩固基础,激发学生的学习兴趣。

教学环节	教师活动	学生活动	技术应用
（二）学习新知，突破重难点	1. 整体把握课文。 （1）请大家仔细观察，这里一共几幅画？分别画了什么呀？ （2）学生自由回答。 （3）教师总结：这里一共有四幅图，每幅图上都有一个太阳。第一幅图上画的是绿色的太阳，第二幅图上画的是金黄色的太阳，第三幅…… 现在谁能把它们一一请出来（鼓励学生上台来将四个不同颜色的太阳粘贴在黑板的相应位置） （设计意图：手脑并用，加深印象，激发兴趣，符合低年龄段的听力障碍儿童特点） （4）那么这四个太阳是谁画的？又是送给谁的呢？ （5）下面请大家认真读课文。一边阅读一边思考以上问题（课件出示问题）。 （6）学生读课文（教师一旁巡视指导，纠正不正确的手势和发音）。 2. 学习第一自然段。 （1）大家读得很好。下面让我们一起学习。 教师：同学们，夏天你有什么样的感受？感觉怎么样？ 教师：小画家看到这种情况，画了个太阳送给夏天，让我们一起到课文第一自然段看看吧。 （2）教师读：我画了个绿绿的太阳，挂在夏天的天空。大家请看，太阳变成了绿色，那么这个绿色的太阳是送给谁的呢？对，是送给夏天的。（板书显示——夏天）夏天拥有了绿色的太阳以后，风景变成了什么样子的呢？ （设计意图：充分体现课堂以学生为主体，解放听力障碍儿童活泼的天性，鼓励他们自由回答，在"天马行空"的表达之中拓展他们的思维）	全体学生观察课件出示的图片。 部分学生回答"这里一共几幅画，分别画了什么"？ 待教师总结了以后，分别有两组学生上台来将四个不同颜色的太阳粘贴在黑板的相应位置。 全体学生一边阅读课文一边思考以上问题（课件出示问题）。 教师引导，学生回答"夏天自己的感受"；课件出示课文的第一自然段以及配图。 学生齐读后，自由回答"夏天拥有了绿色的太阳以后，风景变成了什么样子？" 教师引导，学生再次阅读第一自然段，要求读出清凉、舒爽的感觉。 全体学生观看课件，大声朗读第二自然段，思考并齐声回答"金色的太阳是送给谁的？"	多媒体课件出示四个太阳的图片，色彩鲜艳，直观明了，让学生整体把握课文内容。 课件中可插入音频文件。 可用录音软件录学生的朗读。

续表

教学环节	教师活动	学生活动	技术应用
（二）学习新知，突破重难点	教师总结：高山、田野、街道、校园，到处一片清凉。 教师：如此清凉的夏天，谁能把自己的感受读出来？ 3.学习第二自然段。 （1）炎热的夏姑娘跟我们挥手告别了，秋姑娘悄悄地走来了。小画家画了个金色的太阳送给秋姑娘，秋姑娘更美了。请大家读一读课文的第二自然段。 通过阅读，我们知道了金色的太阳是送给谁的呢？对，是送给秋天的。 （板书显示——秋天） 秋天又是一番怎样的景色呢——果园里，果子熟了。知道有哪些果子熟了？ （2）师生讨论图（课件展示各色香甜的水果）。 （3）秋天真是个丰收的季节！这个时候，金黄的落叶可忙了，忙什么呢？ 教师：你读懂了什么？（金黄的落叶在邀请小伙伴） "邀请"？在生活中，你邀请谁或者被谁邀请过吗？ 比如：星期天，刘军请丁彬到家里玩，就是"邀请"的意思。 教师鼓励学生再举例。 好，我们一起读"邀请"这个词。 （4）秋天暖阳下，各色水果的香甜，你们感受到了吗？请大家再次读一读这一自然段。 （5）我画了个绿色的太阳送给夏天，使得到处一片清凉，我画了个金黄的太阳送给秋天，使得水果充满香甜。多么美好啊。请大家再次读一读第一、第二自然段，感受其中的意境。让我们一起来读一读。	教师引导，2～3名学生上台来，对照课件出示或自我想象，讲述秋天有哪些香甜的水果。 部分学生回答"（　）的苹果、（　）的橘子、（　）的梨、（　）的葡萄"。 全体学生对照课件出示内容，齐声朗读，部分学生回答"金黄的落叶在忙什么？" 师生理解"邀请"一词的含义，部分学生举例回答，分享自己在生活中邀请或被邀请的经历。 教师总结并引导学生对照课件出示的课文内容，饱含情感阅读课文的一、二自然段，感受意境。学生开火车读，分男、女生读。 教师过渡、引导学生对照课件出示内容，思考"接下来，我又画了什么颜色的太阳，分别送给谁了呢？又产生了什么美妙的场景呢？" 学生完成自学任务单。 全体学生朗读课文第三自然段，教师引导，学生回答"冬天的感受怎样""我又画了个什么样的太阳送给冬天"？	可播放冬天的影片。

教学环节	教师活动	学生活动	技术应用
（二）学习新知，突破重难点	（设计意图：通过多种方式的阅读，尤其是自读，让学生深刻体会在金色的太阳照射下，各色水果的香甜仿佛扑鼻而来，入情入境，自然内化。） 4.学习第三自然段。 （1）那么接下来，我又画了什么颜色的太阳，分别送给谁了呢？又产生了什么美妙的场景呢？ 请大家带着这些问题，完成下面的自学任务单。 学生在自学时，教师适时指导。 （设计意图：语文学习，不仅仅是字词句的掌握，更是语文学习方法和语文思维的掌握和积累。让学生结合第一、第二自然段的学习方法，完成任务单，既是对前文知识的巩固，更是对自己自学能力的锻炼。） （2）同学们，秋天结束了以后是什么季节啊？（冬天） 冬天给你什么样的感觉啊？（寒冷、大雪纷飞）那么，冬天我又画了一个怎样的太阳呢？产生了什么样的效果呢？ 让我们一起来读一读第三自然段。 （3）教师手指课件：在红红的太阳的照耀下，冰雪开始融化，花草展开了笑脸，而小朋友们的手和脸也变得无比暖和。整个画面给我们一个怎样的感觉啊？（温暖） 请大家带着这种温暖的感觉读一读这一自然段。 师生一起读。 （设计意图：师生之间零距离合作生动阅读，既让学生深刻感受到冬日里的温暖，更是感受到师生之间的温暖。）	全体学生带着温暖的感觉，再次读读这一段、师生齐读。	课件中带入动画设计，展现冰雪融化，花草展开笑颜、小朋友的手脸也变得暖和起来，暖暖地读起整篇课文。 多媒体课件出示课文内容，便于学生对照朗读。
（三）回顾整理，反思提升	1.结合板书，师生讨论总结。 2.学到这里总结一下，我画了个绿绿的太阳送给夏天，使得到处一片清凉；我画了个金色的太阳送给秋天，使得秋天的水果充满香甜；我画了个红红的太阳送给冬天，使得小朋友的手和脸无比温暖。	结合板书，师生讨论，学生复述本课内容。	

续表

教学环节	教师活动	学生活动	技术应用
（四）留下问题，课后预习	现在还差哪个季节啊？画了个什么颜色的太阳，带来了哪些美妙的场景呢？请大家带着这些问题，预习课文，下次课我们继续学习。	学生带着问题，预习课文的第四自然段，为下次课学习打下基础。	多媒体课件整体出示课文，利用不同颜色标出不同季节的特点，提示春天是"彩色"的。
（五）板书设计	四个太阳 →夏天→清凉、舒爽 →秋天→香甜的水果、金黄的落叶 →冬天→阳光温暖 →? →?		

牵牛花

姓　名	宋晓冉	学　科	听障语文
单　位	滨州市特殊教育学校	年　级	二年级
一、 教材分析			

一、 教材分析	《牵牛花》是人教版聋校义务教育实验教材第二单元第5课。课文共有四个自然段，第一段告诉我们牵牛花的颜色及数量；第二段告诉我们牵牛花的样子及对牵牛花拟人化的想象；第三段通过对小鸟、青蛙听"入迷"的描写，体现了牵牛花的美；第四段通过蜻蜓的悄悄话再次让我们感受到了牵牛花的美丽。课文描写得优美、生动，文中没有出现一个"美"字，却可以让我们处处体会到美。同时，文章富有童趣，不仅可以激发学生的学习兴趣，还能引出话题，拓展想象，培养学生想象力、口语表达能力以及鉴赏美的能力。
二、 学情分析	本班共有12名学生，其中佩戴人工耳蜗学生4名（听力较好者3名），佩戴助听器学生6名（听力较好者5名），无任何助听设备学生2名（无听力），因此课堂中，无听力学生偏重于手语的使用，其余学生以口语为主。 　　因学生个体差异较大，根据学生认知水平，我将12名学生分为两组，一组为A类，注重学习基础知识，逐步锻炼口语表达能力；一组为B类，注重培养口语表达能力。 　　本篇课文充满童趣，是学生们乐于接受的文学形式，所以学生对课文内容没有排斥，可以放手让学生在读中自主感悟，大胆表达，老师只在学生理解困难及口语表达思路不清晰时适当引导。
三、 教学目标	知识与技能目标：理解重点词语"奏乐、入迷、喜欢"。有感情地朗读课文。 　　过程与方法目标：通过重点词联系生活实际，并能说句子；培养学生口语表达能力；培养学生想象力。 　　情感与态度目标：培养学生感悟美、体会美的能力，形成健康向上的情感价值观。
四、 教学 重难点	教学重点： 　1.联系生活实际理解"奏乐、入迷、喜欢"等词语。 　2.能体会出牵牛花样子美、奏乐美。 　3.能用"喜欢"说句子，能说出自己喜欢的花。 教学难点： 　1.能体会出牵牛花样子美、奏乐美。 　2.能用"喜欢"说句子，能说出自己喜欢的花。
五、 教学方法	讲授教学法、欣赏教学法、图示教学法、阅读教学法、探究教学法、游戏教学法、情境教学法、情感教学法
六、 教学准备	PPT、音乐、动画、视频、图片

续表

七、教学过程			
教学环节	教师活动	学生活动	技术应用
（一） 导入	1. 视频导入： （1）课件出示教师用牵牛花照片制作的视频。 （2）引导学生观看视频，欣赏千姿百态的花，说一说视频的主角是谁。 2. 引出课题： 一朵朵牵牛花默默地装扮着我们的城市，使我们的城市变得更加美丽，这节课我们就走进牵牛花的世界，一起欣赏我家门口的牵牛花！	全体学生观看视频，全体学生说出视频中的主角是牵牛花。	利用视频编辑器，将牵牛花千姿百态的相片编辑成音乐视频，利用补偿缺陷的原则，激发学生学习的兴趣。
（二） 新授	1. 初步感知课文： 请学生自读课文，初步感知课文内容。 2. 观察图片，学习第一段： （1）观察课文中的图片，说一说从图片中你看到了什么。 （2）总结学生发现的内容，引导学生重点说一说牵牛花的颜色及数量。 （3）指导学生朗读课文内容，重读词语"开满、蓝色的牵牛花"。 3. 大胆想象，学习课文第二段： （1）根据图片观察牵牛花像什么？引导学生说出牵牛花的形状。 扩充牵牛花的别名喇叭花。 想象许许多多的牵牛花在做什么。 （2）播放牵牛花奏乐的音频动画及乐队"奏乐"的拓展视频，帮助学生理解词语"奏乐"意思。 引导学生大胆说一说牵牛花为什么会奏乐？ 想象牵牛花说了什么。 （3）引导学生说一说牵牛花奏乐时的心情。 （4）指导学生有感情地朗读课文第二段。 4. 动作演示，学习课文第三段： （1）引导学生边演示动作边朗读句子"小鸟合上翅膀"，"青蛙停止打鼓"。 （2）通过动作演示引导学生思考小鸟为什么合上翅膀？青蛙为什么停止打鼓？	全体学生大声朗读课文，了解课文内容。 A组同学：看到篱笆和牵牛花 B组同学：看到许多蓝色的牵牛花爬满篱笆。 全体同学齐读第一自然段。 观察图片，说出牵牛花的样子像喇叭。找到比喻句：一朵花就是一只小喇叭。 知道牵牛花又叫喇叭花。 观看"乐队奏乐"拓展视频，说出"奏乐"的意思。回答：许许多多的牵牛花在奏乐。 体会到了牵牛花奏乐时"欢乐、开心"的心情。 学生用欢快、开心的语气读第二段。 A组同学一边演示小鸟动作一边朗诵课文。 B组同学一边演示青蛙的动作一边朗诵课文。	借用PPT出示大字课文。 运用课文图片，培养学生观察能力、口语表达能力。 借助图片对比、PPT动画、音频、视频，帮助学生完成教学目标，培养学生自主发现探索的能力，培养学生想象力和口语表达能力。

教学环节	教师活动	学生活动	技术应用
（二） 新授	体会"入迷"时应该是什么样子。 （3）通过词语"入迷"，感悟牵牛花奏乐的美妙。 （4）指导学生朗读课文第三段，注意有感情地读，读出小动物们入迷的感觉。 5. 真情感悟，学习课文第四段： （1）出示蜻蜓飞来的音频动画，让学生自读课文，找出蜻蜓对牵牛花说了什么？它是怎么说的？并用"喜欢"造句，并体会小动物们为什么喜欢牵牛花的情感。 引导学生说出牵牛花"样子美、奏乐美"。 （2）发挥想象力，想象蜻蜓在对牵牛花说喜欢时的心情、表情。 （3）指导有感情地朗读课文，读出蜻蜓对牵牛花的喜爱之情。 （4）指导学生朗读课文第四段，注意有感情地读，读出蜻蜓对牵牛花的喜爱之情。 6. 情感投入，有感情地朗诵课文： 课文学完了，老师有种意犹未尽的感觉，现在咱们加上手语动作，有感情地朗读课文，我们要读出它的优美，和对牵牛花的喜爱之情。 7. 内容巩固： "你想对牵牛花说什么？"，鼓励学生大胆说。	学生大胆说出"入迷"时，我们会有什么神态，进一步体会词语"入迷"的意思，并造句。 学生大胆说出牵牛花奏乐时给人的美妙感觉，并有感情地朗读课文，尝试带着"入迷"的神态朗读课文。 画出蜻蜓对牵牛花说的话，找出词语"悄悄地"。 A组同学演示词语"悄悄地"说话。 学生体会出蜻蜓对牵牛花的喜爱之情。并带着这份喜爱有感情地朗读课文。 全体学生一边表演一边有感情地朗读课文。 学生们大胆说出自己的心里话。	利用PPT动画加音频，让学生演出课文句子，帮助理解课文内容，培养了学生体会美、感悟美的能力。 利用背景音乐烘托优美、欢快氛围，与学生情感朗读结合，再次体会花的美丽。 借助课本图片，回顾课文内容，让学生大胆说，培养学生口语表达能力、情感表达能力，这也是对课文所表现出的情感的再次升华。
（三） 分享拓展	1. 分享你喜欢的花。鼓励学生积极、大胆地表达。 2. 师生互相分享花朵合集。教导学生要爱惜花草，不要随便采摘，花是种给别人看的。	A组学生分享出自己喜欢的花，简单说出喜欢它的原因。 B组学生分享出自己喜欢的花，可以用以优美的词语描述出所喜欢的花的样子。	利用视频编辑器将各种各样的花剪辑成短视频，师生互相分享。

续表

教学环节	教师活动	学生活动	技术应用
（四） 作业	根据学生认知水平，将作业分为 A 类作业和 B 类作业。 A 类作业：完成课后练习题。 B 类作业：写出你心目中最美的花。		

角的初步认识

姓　名	张芳芳	学　科	数学
单　位	杭州文汇学校	年　级	二年级

一、 案例背景	聋校义务教育《数学课程标准》指出："聋校数学课程的实施要合理使用现代科学技术和网络化、数字化的信息平台，凸显信息技术、学习辅具与课程内容的结合，注重实效。要充分考虑信息技术对数学学习内容和方式的影响，开发并向听力障碍学生提供丰富的学习资源，把现代信息技术、学习辅具作为学生学习数学和解决问题的有力工具，有效改进教与学的方式，使学生乐意并有可能投入到现实的、探索性的数学活动中去。"本课强调情境教学策略以先进的教育理念为指导，以听力障碍学生为主体，关注学生的个体差异和不同的学习需求，保护学生的好奇心和求知欲，充分激发学生的主动意识和进取精神。

二、 案例描述	《角的初步认识》这一教学内容是学生在认识了长方形、正方形和三角形等一些基本图形的基础上，接触到的一个抽象的图形概念。角作为几何形体的主要组成部分，其特点和各部分名称以及角的画法是本节课的重点内容，而直观感知抽象出角的图形，角的大小与什么有关系则是本节课的难点内容。根据二年级学生好动、注意力容易分散的特点，运用多媒体组合课堂教学环境，创设生动、形象、有感染力的生活情境，激发听力障碍学生学习兴趣和探索数学的热情，并利用多媒体课件有效地突破了教学的难点内容，从而培养听力障碍学生的观察能力、想象能力和思维能力。 　　杭州文汇学校二（1）班学生共9人，男5人，女4人。听力辅助效果如下：

杭州文汇学校听力水平检测档案　　　　学期：2021学年第二学期

班级	姓名	性别	年龄	补偿或重建效果		助听听力（dB）		左耳补偿听力（dB）					右耳补偿听力（dB）				
				L	R	L	R	250	500	1K	2K	4K	250	500	1K	2K	4K
二（1）	张**	女	7	Ne	最适	Ne	33	Ne	Ne	Ne	Ne	Ne	15	25	30	30	45
二（1）	王**	男	7	最适	最适	28	42	20	20	25	25	40	20	25	30	35	45
二（1）	宋**	男	8	最适	较适	35	35	25	30	30	35	45	30	45	65	90	Ne
二（1）	袁**	男	8	最适	最适	18	24	15	15	15	20	25	15	20	25	25	25
二（1）	陈**	男	7	Ne	Ne	Ne	Ne	Ne	Ne	Ne	Ne	Ne	Ne	Ne	Ne	Ne	Ne
二（1）	胡**	女	7	Ne	Ne	Ne	Ne	Ne	Ne	Ne	Ne	Ne	Ne	Ne	Ne	Ne	Ne
二（1）	刘**	女	8	Ne	Ne	Ne	Ne	Ne	Ne	Ne	Ne	Ne	Ne	Ne	Ne	Ne	Ne
二（1）	董**	女	7	较适	Ne	64	Ne	50	55	60	65	75	Ne	Ne	Ne	Ne	Ne
二（1）	吴**	女	8	Ne	Ne	Ne	Ne	Ne	Ne	Ne	Ne	Ne	Ne	Ne	Ne	Ne	Ne

　　班中有2名学生智力发育迟缓，其中一位还很好动，需要妈妈陪读。全班学生课堂学习专注度不够，课堂行为习惯不稳定。二年级的听力障碍学生年龄小，注意力持续时间较短，在授课中，教师要不断地关注学生学习的情况，及时辅助，提高学生的注意力和课堂表现力。

　　根据以上学情，将本班学生划分为两个层次并进行分层教学。

续表

三、 教学目标	A 层： 　　1. 结合生活情境，能正确地指出物体表面或平面图形的角，知道角的各部分的名称，初步学会用尺画角。 　　2. 利用信息技术能正确判断角、会比较角的大小，从而发展学生的空间观念、想象能力和操作能力。 　　3. 体会数学与生活的紧密联系，增强数学学习的兴趣，在探索角的大小比较中发展数学思考的能力。 B 层： 　　1. 结合生活情境及操作活动，初步认识角，了解角的各部分的名称。 　　2. 能在老师的辅助下初步学会用尺画角。
四、 康复目标	1. 听觉康复：能听清老师的指令，并作出回答。 2. 语言及认知康复：表述角的各部分名称及如何比较角的大小。 A 层学生：知道一个角有一个顶点和两条边；角的大小与两边张开的大小有关。 B 层学生：能指认角、顶点与边。
五、 素养指向	在教学中，教师要给每个学生创造均等的学习、参与的机会，使每个学生都有展示自己的机会，让学生在制作角、画角等过程中大胆尝试，促进学生空间观念的发展，提高学生的核心素养。
六、 教学 重难点	教学重点：初步认识角，知道角的各部分名称。解决措施：从学生的生活经验和已有的知识出发，在实践中掌握知识。 　　教学难点：初步学会用尺画角，知道角的大小与什么有关。 　　解决措施：通过信息技术和学生讨论、做一做等实践活动来突破难点。

七、教学过程

教学环节	教师活动	学生活动	技术应用
（一） 小棒游戏 导入新课	1. 出示 4 根小棒。 能拼成一个我们学过的什么图形？ 2. 拿掉 1 根小棒。 还剩几根小棒？ 能拼成一个我们学过的什么图形？ 3. 再拿掉 1 根小棒。 还剩几根小棒？ 这是一个什么图形？ 小结并出示课题《角》。	学生操作，个别发言，集体反馈。	抓住了学生好奇的心理特点，利用小棒游戏激发学生的学习兴趣，为下面的探索学习创设了良好的开端。
（二） 观察实践 探究新知	活动 1：认识角。 （1）出示主题图。 找一找哪些物品上有角。（利用一体机直接在上面标出"角"）	仔细观察主题图，集体交流讨论。	学生通过"认识角—找角—制作角—画角"一系列的活动，经历了从现实生活中发现角、认识角的过程，初步建立了正确的"角"的表象，

教学环节	教师活动	学生活动	技术应用
（二）观察实践探究新知	（2）出示三角板。 提问：这块三角板上有角吗？摸一摸，你有什么感觉？ 你能给角的各部分取个名吗？ 板书并小结： 一个角有（ ）个顶点，（ ）条边。 活动2：找角。 你能从桌面上找到角吗？ 它的顶点和边在哪里？ 活动3：制作角。 （1）用准备好的学具制作一个角。 （2）小组交流并指一指顶点和边在哪里。 播放微课《小蓝和小红的故事》，体会角的大小如何比较。然后利用制作好的学具角，互相比一比，谁做的角大，谁做的角小？ 小结：角的大小与两边（ ）有关。 （3）把角的两边延长，角有没有变大？ 小结：角的大小与两边的长短无关。 活动4：画角。 （1）画角时先画什么？ 小结：先画一个顶点，再从这个顶点画2条不同方向的直直的线，就画成了一个角。 （2）请你画一个角。	A层学生尝试说：一个角有一个顶点，两条边。B层学生跟读。 指一指，说一说。 做一做，说一说。 小组交流，集体反馈。A层学生表述，角的大小与什么有关。 画一画，说一说。	使学生感受到了数学与现实生活的密切联系，培养了学生学习数学的兴趣和意识。
（三）巧设练习巩固提高	练习1：判断角。 （ ）（ ）（ ） （ ）（ ）（ ） 练习2：数一数。 （ ）个 （ ）个 （ ）个 （ ）个 练习3：剪一剪。 把一个正方形剪去一个角，还有几个角？	独立完成，集体反馈。	练习融趣味性、创造性于一体。学生在练习、创作的过程中丰富了对角的认识，更重要的是激发了学生大胆的想象，让学生在活动中体会并感受到几何图形的美。

续表

教学环节	教师活动	学生活动	技术应用
（四） 总结回顾 分享收获	今天我们认识了什么？ 今天，我们认识了（ ）。角有一个（ ）和两条（ ）。角的大小与两边（ ）有关。（齐读）	跟随老师总结。	既进行了语言训练，又厘清了知识结构。
（五） 教学反思	数学教学中，有一些问题看似简单，但听力障碍学生理解起来却有一定的难度，尤其对于一些比较抽象的图形概念，听力障碍学生理解起来就更困难。如果能运用一些简单的 CAI 课件进行教学，不仅能使教学内容清晰化，而且还能激发学生学习兴趣，优化课堂教学，提高教学效率。 　　1.有利于数学知识的感知：实践证明，在小学数学课堂运用多媒体辅助教学，利用图像、文字、动画等手段，调动听力障碍学生的注意力，激发他们去探究、去发现、去创造的欲望。 　　2.有利于教学目标的实现：合理地运用多媒体技术，为听力障碍学生创设生动、形象、直观的教学情境，有利于学生扫除文字障碍，形成空间观念，顺利实现教学目标。 　　3.有利于教学难点的突破：让听力障碍学生先观察生活中经常看到的角，然后抽象出角的几何图形，很自然地把实物中的角与角的图形联系起来，感受到了"角"是源于生活的认识。在课堂中开放学生的思维，利用多媒体课件有效分散了本节课的难点，比如本节课的研究角的大小与什么有关这个环节的设计，减少了教学的难度。		

棉鞋里的阳光

姓　名	李祥蓉	学　科	语文
单　位	成都市特殊教育学校	年　级	三年级

一、 教材分析	《棉鞋里的阳光》是聋校义务教育实验教科书三年级下册第三单元的第一篇课文。课文从儿童生活出发，讲述了一个充满温暖亲情的故事：小主人公小峰在妈妈的影响下，主动给奶奶晒棉鞋。课文通过人物动作、对话和心理活动的描写引导听力障碍学生掌握重点句式，提高听（看）、说（手语表达）、读（手语朗读）、写的能力，培养听力障碍学生关心他人、体贴他人的品质，传承中华传统"尊老"美德。 　　《棉鞋里的阳光》按照"起—承—转—合"推进故事，逻辑性强，是听力障碍学生学习写记叙文的好范例，其中第6自然段的省略号有利于教师拓展教材，培养听力障碍学生的想象能力。课文最后小峰的话既起到了点题的作用，也能帮助听力障碍学生理解课文标题，深化棉鞋中蕴含的尊老美德主题，利于引导听力障碍学生体会亲人间的温暖。
二、 学情分析	课文是基于口语语言习惯展开的，对听损程度严重不能通过听觉习得汉语的听力障碍学生和以手语为习惯用语的听力障碍学生而言，"干吗""合上眼睛"等词语（短语）需要教师在随文识字时加以引导理解。三年级的听力障碍学生仍处于口语、手语持续培养期，口语、手语转换成书面语是重点和难点，沟通交往习惯也需要持续培养。在情感体验上，更容易感知直接的情感表达，对人物语言、动作中潜在的情感需要在教师引导下感知、理解。经过前期培养，三年级听力障碍学生知道在学习时要将自己不懂的问题记录下来，学习能力较强的学生基本能根据课文内容提出问题，但问题较浅显，需要持续培养提问题、根据课文回答问题的能力。
三、 设计理念	以人为本。充分调动学生的积极性和主动性，将课堂还给学生，在交流、谈论中理解课文，体会情感，升华主题。 　　突出语文的人文性和工具性。将句式训练融入情感体验的各个环节，反复训练、适时训练，将手语、口语表达最终落实到书面语掌握上。 　　强调思维能力培养。从提出问题出发回归问题解决，形成教学闭环。在教学环节中，关注听力障碍学生聚合思维（概括课文内容）、发散思维（想象人物心理）、逻辑思维（厘清事情发展先后顺序）的培养。
四、 教学目标	教学总目标 1.知识技能目标： 　　（1）认识"照、晒"等9个生字，会写"照、晒"等8个生字。理解"舒服、暖和"等词语，习得对应的国家通用手语或者口语（口型）。 　　（2）能使用手语（口语）读课文，能正确断词、断句。 　　（3）理解课文的内容，知道课文主要讲了什么故事。 　　（4）能用"给"写句子。 2.过程方法目标： 　　（1）学习针对课题提出自己的问题，学习如何针对课文内容提问。 　　（2）通过阅读课文，回答自己提出的部分问题，学习通过反复阅读回答部分问题的方法。 　　（3）根据课文前后文展开想象，学习通过想象拓展文本、理解文本的方法。 　　（4）能在课堂中大胆回答问题，交流自己的想法，学习沟通交往的技巧。

续表

四、教学目标	3.情感态度价值观目标： （1）体会亲人之间的温暖。 （2）有关心长辈的愿望，学会关心家人、尊敬长辈。 课时安排：4课时 第1课时：学写生字，掌握手语、口语（口型）。 第2课时：随文识字，能使用手语（口语）读课文，能正确断词、断句。 第3课时：理解课文内容，体会文中表达的情感，学写句子。 第4课时：主题交流"你帮家人做过哪些事"，写事情经过，升华情感。 教学设计课时：第3课时	
	课时教学目标 1.知识技能目标： 　A层：理解课文内容，能用口语（手语）复述故事；能展开想象将故事中缺失的人物心理语言描述出来；能用"给"写出通顺、完整的句子，提高阅读理解、沟通交往、想象能力。 　B层：理解课文内容，能用口语（手语）讲故事大意；能在教师的引导下想象人物的心理活动；能用"给"写出较通顺的句子，培养阅读理解、沟通交往、想象能力。 　C层：理解课文内容，能在教师引导下想象人物心理活动，能在教师引导下用"给"写句子，培养阅读理解、沟通交往、想象能力。 2.过程方法目标： 　A层：能根据课文提出问题，并能解答自己、同学提出的部分问题；能在课堂中主动交流自己的想法，大胆发言，理解同学表达的意思并反馈。 　B层：能根据课文提出问题，能在课堂中表达自己的想法并表达，养成关注他人发言的习惯。 　C层：能在老师、同学的帮助下提出问题，养成关注他人发言的习惯。 3.情感态度价值观目标： 　A、B、C层：体会亲人之间的温暖；有关心长辈的愿望，学会关心家人、尊敬长辈。	

五、教学重难点	1.理解课文内容，体会文中表达的情感。 2.能用"给"写句子。 3.学会关心家人、尊敬长辈。
六、教学方法	讲授法、讨论法、表演法
七、教学准备	多媒体课件、学生用平板电脑、白纸

八、教学过程

教学环节	教师活动	学生活动	技术应用
（一） 创设情境， 导入新课	1.创设情境：课件出示课文插图。 2.导入：上节课我们学习了《棉鞋里的阳光》，这篇课文讲了一个什么故事呢？ 3.针对学生发言点评反馈。	学生通过讲手语故事，使用口语、手势汉语相结合的方式复述故事。	使用多媒体课件出示课文插图。

教学环节	教师活动	学生活动	技术应用
（二） 品读交流， 理解课文	1. 引导学生提问。 孩子们，老师给大家发了一张纸。请大家再读一读课文，把自己不明白的问题写在白纸上，然后和同组同学分享自己提出的问题。 教师对 C 层学生进行重点指导，引导帮助提出 1 ~ 2 个问题，并参与同组交流。引导 A、B 层学生尝试去问答自己提出的问题或者同学提出的问题。 2. 引导学生集体交流。 （1）有没有小朋友愿意把自己的问题分享出来呢？ 有意识选择不同层次学生的问题单进行展示。 （2）你愿意来说说自己提出的问题吗？哪些问题通过刚才的小组交流已经明白了？哪些问题自己还是不明白？ 分别选取 A、B、C 三个层次学生的问题投影到屏幕，引导学生互答解决简单问题，最终将问题集中在"阳光为什么在棉鞋里？"这个核心问题上。 3. 品读课文，体会情感。 （1）品读 1 ~ 5 自然段。 ①请小朋友们自己读 1 ~ 5 自然段，读完以后完成平板电脑上的填空题，提交给老师。看看哪个同学完成得最快。 教师将 32 页第 2 题第一部分"妈妈给_____晒_____。奶奶躺进被窝，说'_____'。"发送到学生平板电脑。 ②请小朋友们快速浏览 1 ~ 5 自然段，然后在书上用"_____"勾出妈妈说的话，用"_____"勾出小峰说的话。 ③谁能在大屏幕上来勾画呢？（教师将课文 1 ~ 5 段用课件展示，应用白板互动功能让学生勾画、集体评价）	学生自读，写自己的问题，再与同学交流。 集体交流：用平板电脑拍照分享自己提出的问题、通过交流弄明白的问题和尚待解决的问题。 完成填空题并使用平板电脑提交给老师。 自主阅读，按要求勾画。 个别学生在白板上进行勾画。 A、B 层学生在正确断句的情况下，能有感情地读。C 层学生能正确断词、流利地读。	学生使用平板电脑对自己提出的问题进行拍照、分享。教师使用大屏幕选择不同层次学生的问题进行展示。 教师使用平板电脑发送填空题，学生使用平板电脑填空发送。 应用电子白板出示教学课件，应用互动功能用于学生勾画句子。

续表

教学环节	教师活动	学生活动	技术应用
（二）品读交流，理解课文	④谁能来读一读小峰说的话？谁来读妈妈说的话？ ⑤妈妈为什么要给奶奶晒棉被呢？ ⑥在家里，你的爸爸、妈妈会给爷爷、奶奶、外公、外婆做什么呢？我们用"谁给谁做什么。"这个句式来说一说。 教师集中点评学生写的句子。 ⑦小峰的妈妈给奶奶晒棉被，我们的爸爸、妈妈会给爷爷、奶奶洗澡、做饭，这是为什么呢？ ⑧我们分角色读一读小峰妈妈、小峰、小峰妈妈的话，注意读出人物话语中的情感。 （2）品读6～8自然段。 ①出示课文主题图一：图片画的是课文哪个自然段呢？ ②请小朋友们结合图片细细读一读第6自然段。读完之后，请小朋友来演一演。 ③"采访"表演的同学：小峰，你看到奶奶睡着了，你在想什么呢？ 教师将学生说到的关键词，如"爱、尊敬、关心"等关键词板书在黑板上。 ④出示课文主题图二，图片画的是什么地方？有谁？他们在做什么？会说什么呢？ ⑤将32页第2题第二部分"小峰学_____的样子给奶奶_____。奶奶_____，发现棉鞋很_____。"发送到学生平板电脑。 ⑥我们分角色来读一读7、8自然段，一个同学读奶奶的话，第二个同学读小峰的话，第三个同学读旁白。看看哪一组的同学读得最有感情。 教师引导学生互评，并说明好、不好的理由，并提出改进意见。	C层学生能找到文中的原句。B层学生体会问句"你说暖和不暖和？"的意思。 学生联系生活，使用句式说句子，在白纸上写句子。 学生联系生活实际，体会生活中爸爸、妈妈对祖辈的爱、关心、尊敬，理解小峰妈妈对小峰奶奶的关爱，感受亲情的温暖。 学生准确找到6自然段。 学生自读表演。 表演、交流感受，体会小峰在妈妈身上感受到对奶奶的关爱、尊敬。 学生根据图片展开想象，根据图片体会奶奶的心情和对小峰的感情（肯定、爱）。 师生集体点评。 分角色朗读。	平板电脑上传学生写的句子，大屏幕展示学生写的句子。 课件出示课文片段。 课件出示课文插图。 课件出示课文插图。 平板电脑上传学生写的句子，大屏幕展示学生写的句子。 课件出示课文片段。

续表

教学环节	教师活动	学生活动	技术应用
（二） 品读交流， 理解课文	4.交流释疑，加深感悟。 （1）引导读关键句"奶奶，棉鞋里有好多阳光呢！" （2）在上课前我们提出一个一直没有解决的问题"阳光为什么会在棉鞋里呢？"	齐读关键句。 学生联系上下文，A层学生能够理解妈妈因为爱奶奶、关心奶奶、尊敬奶奶给奶奶晒棉被，阳光是温暖是爱是关心是尊敬。小峰学习妈妈给奶奶晒棉鞋，棉鞋里有小峰对奶奶的爱、关心、尊敬。B层学生理解小峰在妈妈的带领下关心、尊敬奶奶，所以给奶奶晒棉鞋。阳光和爱一样让人温暖。C层学生理解小峰在妈妈的带领下关心、尊敬奶奶，所以给奶奶晒棉鞋。	
（三） 联系实际， 升华情感	在家里，你给家人做了什么呢？	A层学生使用"谁给谁做什么"完整、准确表达；B层学生基本能使用句式完整表达；C层学生在教师的引导下使用句式完整表达。	

认识克

姓　名	孙婷	学　科	数学
单　位	云浮市特殊教育学校	年　级	三年级

一、 教学内容分析	认识克是聋校义务教育实验教科书三年级上第七单元的第一课时内容。学生虽然在生活中接触过与质量相关的问题，已经有了初步的物体轻重的观念，但是对质量单位的概念是初次学习，还缺乏认识。学生只有在充分掌握了"克"的相关知识点的基础上，才能更进一步地学习千克。 　　根据第一学段听力障碍学生思维具体形象的特点，在教学中，要注重指导听力障碍学生通过对实物和具体的教学对象的观察、演示、操作等活动，获得感性认识并取得具体的结论。质量单位是一个比较抽象的单位，为了让学生能够直观地感知克，在教学中，注重联系学生的生活实际，激活学生已有的生活经验，设计了各种有效的活动，让学生具体感知1克的物品实际有多重，帮助学生建立1克的观念。
二、 学情分析	本节课的教学对象是启聪三年级学生。该班有7名学生，学生总体学习程度较好，针对学生的基本情况，特从有利因素和不利因素两方面进行分析： 　　1.有利因素： 　　（1）本班学生活泼好动，对新知识的学习有浓厚的兴趣，因此，课堂气氛和课堂参与度会相对较高。 　　（2）需要的前置知识少。本节课是质量单位的第一个教学内容，所需要的前置知识和技能少。在教学中，对基础比较薄弱的学生加以关注，多参与课堂活动，学生基本都能够掌握本节课的教学内容。 　　2.不利因素： 　　（1）本班1名学生手语水平和表达理解能力较好，其余6名学生手语水平较弱，表达能力存在一定的沟通障碍，预计会给本节课的课堂组织、师生间信息传播，知识的理解和应用等方面带来挑战。 　　（2）三年级听力障碍学生接触社会较少，对日常生活中关于质量的问题缺乏自我认知和探索，学习能力参差不齐，缺少"克"这一抽象概念的生活经验，建立1克的质量观念有难度。
三、 教学目标	1.知识技能： 　　（1）在具体生活情境中，初步感受并认识质量单位克，建立1克的质量观念。 　　（2）了解天平的使用方法，能正确使用天平，完成本节课的活动。 　　2.数学思考： 　　以1克砝码为标准，探索生活中1克的物品都有哪些，发展学生的数感。 　　3.问题解决： 　　通过开展掂一掂、比一比、估一估、称一称、找一找等活动，引导学生在发现日常生活中1克的物品有哪些，同时，培养了学生动手、与他人合作交流和自主探究的能力。 　　4.情感态度： 　　提高学生课堂的参与度，在数学活动中获得的成功体验，感受数学的乐趣。
四、 教学重难点	1.感受并认识质量单位"克"，会用天平进行基本的物品测量。 　　2.建立1克的质量观念。

五、教学措施	根据教学内容的分析和学生思维发展的特点，本节课将采取以下教学措施。 1. 注重联系生活实际，激活学生已有的生活经验。在教学情景创设、教学素材的选择、教学活动的设计等环节尽可能联系听力障碍学生的现实生活，让学生自然地实现由生活到数学的转化。 2. 注重设计各种有效的活动，让学生通过比一比、掂一掂、称一称、找一找、估一估等活动，多准备一些1克左右的物品，具体感知1克实际有多重，突破本节课的教学难点。 3. 本节课几乎所有的教学内容，都以课件呈现，同时，增加了天平的认识和使用的教学。在教学天平的使用过程中，注重发挥听力障碍学生的视觉优势，通过让学生观看天平的使用视频，给学生做示范和演示，力求更加直观、形象地呈现天平的使用过程。
六、教学准备	电子白板课件，两个天平、砝码、黄豆、薯片、针，2分钱硬币、一角钱硬币，各种1克的物品若干

七、教学过程

教学环节	教师活动	学生活动	设计意图
（一）情境导入	1. 创设情境，出示学生去超市买东西的图片。 问：图上是谁？他在买什么？同学们喜欢去超市买什么？ 2. 初步体会质量单位的含义。 （1）课件出示对比图片（图片为价格相同，质量分别为100g和50g的两袋薯片）。将与图片相同的薯片分别发给两组学生，进行观察比较。 提出问题：你们会买哪个？为什么？薯片袋子上哪里写了轻重？ （2）总结：如果让我来选，我也会选择100g的薯片，因为价格相同，100g的薯片比50g的薯片重。 （3）引出课题。 教师：100g和50g都表示薯片有多少、有多重，"g"是一个单位，叫作"克"，我们以前没有学过，今天我们一起来学习这个表示物体有多重的质量单位：克。	学生会根据图片内容，回答问题。 学生通过观察图片和薯片实物，判断出哪个重哪个轻，并找出薯片袋子上的不同数字：100g和50g。	创设生活体验情境，激发学生的学习兴趣。 通过比较两袋薯片的轻重，体会质量单位的含义。 通过观察发现薯片袋子上的100g和50g，使抽象的质量单位具体化，初步建立了"g"与物体重量的联系。

续表

教学环节	教师活动	学生活动	设计意图
（二） 探索新知	1.认识质量单位"克"。 （1）学习"克"的手语和读音。 （2）"克"字母表示：g。 （3）出示以克为单位的物品图片，让学生说出物品有多重。 （4）净含量的含义：表示包装盒或包装袋内食品的重量。 2.感知1克，建立1克的质量观念。 活动一：在砝码盒中找出1克的砝码，将1克砝码发给学生，感知1克砝码的轻重。 活动二：比一比1个2分硬币和1个1克砝码哪个重？ （1）天平的初步认识。 ①通过学生比较轻重时的动作，引出"天平"，再通过引导学生想象，引出天平的模型像跷跷板，并讲解天平的基本原理。 ②比较轻的物品常用天平来称。天平有最大称量，称超过最大称量的物品有可能会损坏天平。 ③天平的使用方法。观看天平的分步使用视频。 （2）按照步骤指导学生使用天平，比较1个2分硬币和1个1克砝码的轻重。 （3）结论：1个2分硬币约重1克。 活动三：称一称1克黄豆有多少粒，并掂一掂。	学生能学会手语，但是读音可能不准确。 学生通过观察物品图片，说出物品有多重。 学生找到写有"1克"的砝码，并用手掂一掂1克砝码的重量。 在比较质量时，学生一手拿砝码，一手拿硬币来进行比较。 学生通过观看视频，基本可以掌握天平的使用方法，C层学生在教师的指导下可以掌握天平的使用方法。 学生小组合作，利用天平进行比较轻重。 学生小组合作，用天平称一称。	进一步理解"克"是表示物品有多重的单位。 直观感知1克有多重。 通过比一比的活动引出"天平"的教学，让学生更容易理解天平的作用。 跷跷板，是学生比较熟悉的，借用跷跷板来讲解天平的原理，更便于学生理解。 通过观看视频更便于学生掌握天平的使用方法。 通过掂一掂、称一称等活动让学生进一步感知1克有多重。同时提高学生动手、小组合作和自主探究的能力。
（三） 提升认知	1.你认为1克的物品重吗？ 2.得出结论：计量比较轻的物品，常用"克"（g）作单位。	学生思考总结。	进一步巩固认知结构。
（四） 巩固新知	1.电子白板互动课堂活动：选出比1克轻的物品，看哪一组同学选得又快又准确。（91页做一做） 学生答题后，拿出题目中的物品，让学生掂一掂或称一称。	学生分组作答，可以同组学生互相讨论。	利用电子白板的互动性，以两组比赛的形式进行作答，提高了学生的积极性。

教学环节	教师活动	学生活动	设计意图
（四）巩固新知	2.身边还有哪些质量约为1克的物品，请找一找、想一想、做一做，比一比看哪一组想到的物品多。（限时5分钟） 提示：可以利用现有的材料做出约1克重的物品。 学生汇报后，教师出示课件，身边11克重的物品有一个扣子、一粒花生米、三个曲别针等。	学生小组合作。	丰富练习形式，设计比赛的形式激发学生的兴趣，巩固并完善学生的认知结构，同时培养了学生们的小组合作能力，在活动中体验数学学习的快乐。
（五）小结	1.1克的物品有哪些？找学生说一说。 2.总结：计量比较轻的物品，常用"克"（g）作单位。	指明学生根据板书说出本节课的学习内容，表达不准确的，请其他同学补充更正。	进一步巩固本节课内容，培养学生的表达能力。
（六）布置作业	去超市找到10克、50克、100克、200克的物品，用手机拍照发到班级微信群。 克（g） （质量单位——有多重） 天平 1.比较两个物品的质量 2.测量物品的质量 称比较轻的物品 计量比较轻的物品，常用"克"（g）作单位。 约重1克的物品：一个2分硬币、一个扣子、一粒花生米、三个曲别针等。		
（七）教学流程图			

93

我爱我家——爱的表达

姓　名	付心知	学　科	道德与法治
单　位	泉州市特殊教育学校	年　级	三年级

一、教材分析	人教版新编聋校义务教育实验教科书《道德与法治》的最大特点是充分尊重了听力障碍儿童的视觉化学习需要，运用大量的插图把教材、学生与生活联系在了一起，插图不仅是知识和内容的载体，还起着解释和说明的作用，有着启发和拓展的功能。 　　就学生来讲，教材中的插图降低了学生学习的难度，提升了他们学习的兴趣； 　　就教师来讲，教材中的插图是重要的、便利的教学资源，为教师提供了切合教学内容的情境。 　　鉴于新教材的这一特点，本节课的教学设计也是以充分、有效、灵活地使用好插图和图式来辅助教学为基础的。
二、学情分析	1.学生年龄特点分析： 　　本班9名学生，年龄为9～11岁，全部以手语为第一语言，有1名学生有一定的口语能力，有2名学生学习能力偏弱，读不太懂教材中的语句，但在老师提供图片和手语讲解的支持下，可以跟得上全班的教学进程。 　　鉴于此，课堂教学中不做明确分层，而是利用"通用设计"增加课件中的图说、图解的分量，提供清晰的手语来帮助两名学生跟上全班进度，同时也提升其他学生的学习兴趣。 2.学生已有的知识经验分析： 　　在前面第4课、第5课学习"说说我的家"和"家人的爱"时，本班学生对"家""家庭成员""家人的爱"有了一些初步的认识，但层次较浅，基本上还是把父母家人的爱局限在物质层面，比如"妈妈给我做好吃的""爸爸给我买玩具"等。 　　所以需要在第6课学习"爱的表达"时，提升一下对"爱的理解"，爱不仅仅是得到，也包括付出，让孩子们在感受父母之爱的同时，学会爱父母，进而去爱世界；也只有更深入地理解了"爱"，在学习"爱的表达"时，才能语言和行动统一，从而达到在"明理"的基础上"导行"的目的。 3.学生学习能力和学习风格分析： 　　三年级的学生有了一定的读图能力，能自主阅读教材中的插图，并在老师的指导和提示下，结合文字来理解要学习的内容。 　　在思维方面，学生以具象思维为主，喜欢阅读插图，思维的发散性比较强，能根据教材中的插图联系自身的生活情景发言讨论，讲述自己或身边同学类似的故事。
三、教学目标	1.学生年龄特点分析： 　　本班9名学生，年龄为9～11岁，全部以手语为第一语言，有1名学生有一定的口语能力，有2名学生学习能力偏弱，读不太懂教材中的语句，但在老师提供图片和手语讲解的支持下，可以跟得上全班的教学进程。 　　鉴于此，课堂教学中不做明确分层，而是利用"通用设计"增加课件中的图说、图解的分量，提供清晰的手语来帮助两名学生跟上全班进度，同时也提升其他学生的学习兴趣。

三、教学目标	2.学生已有的知识经验分析： 　　在前面第4课、第5课学习"说说我的家"和"家人的爱"时，本班学生对"家""家庭成员""家人的爱"有了一些初步的认识，但层次较浅，基本上还是把父母家人的爱局限在物质层面，比如"妈妈给我做好吃的""爸爸给我买玩具"等。 　　所以需要在第6课学习"爱的表达"时，提升一下对"爱的理解"，爱不仅仅是得到，也包括付出，让孩子们在感受父母之爱的同时，学会爱父母，进而去爱世界；也只有更深入地理解了"爱"，在学习"爱的表达"时，才能语言和行动统一，从而达到在"明理"的基础上"导行"的目的。 3.学生学习能力和学习风格分析： 　　三年级的学生有了一定的读图能力，能自主阅读教材中的插图，并在老师的指导和提示下，结合文字来理解要学习的内容。 　　在思维方面，学生以具象思维为主，喜欢阅读插图，思维的发散性比较强，能根据教材中的插图联系自身的生活情景发言讨论，讲述自己或身边同学类似的故事。
四、教学重难点	教学重点：能用适当的语言和必要的行动去"表达爱"。 教学难点：理解"爱"是得到和付出的一个互动过程。引导学生从爱父母走向爱世界。
五、教学方法	生活化、游戏化、故事化、活动化。 通过"说一说、读一读、演一演、想一想、写一写、画一画"来具体展开。
六、教学准备	用于课堂教学的PPT课件 用于课堂活动的半成品"感恩卡" 用于课堂即时反馈评价的卡通章 用于特殊支持的手语词卡图片 用于师生手语歌的音频 用于课后作业的"爱的调查表" 用于拓展阅读的绘本
七、设计理念	教学事例生活化、教学内容情境化、教学过程活动化、教学呈现图式化、教学流程结构化

八、教学过程

教学环节	教师活动	学生活动	技术应用	设计意图
（一）导入	1.提供一组亲子互动有爱的卡通图片，激活学生相关的生活体验。 	利用教学一体机，播放PPT中的卡通图片。 1.小游戏。 尝试为图片分组，初步感知爱是双向的。 （1）"父母爱我"的图片有哪些？（　　） （2）"我爱父母"的图片有哪些？（　　）	利用教学一体机，播放PPT中的卡通图片。	用图片唤醒学生的生活经验，联通教材、学生与生活，激活学生参与课堂的意识和学习兴趣，帮助学生快速进入学习情境。

续表

教学环节	教师活动	学生活动	技术应用	设计意图
（一） 导入	2.出示学生在家里与父母互动有爱的照片。	2.联系生活，讲述一个自己和父母互动有爱的故事。	把家长提供的照片投屏到教学一体机上。	用熟悉的情境引导学生与教材对话，并讲述自己的故事和感受。
（二） 感知—— 阅读教材，指导方法	1.引导学生认真观察教材中的插图，结合文字，提高理解的准确度。 2.引导学生联系生活激发想象和联想，体悟图片背后的情感或道理。	分组表演，情境带入，创设对话，融入表情。	通过扫描再处理教材中的插图，把插图转化为学生活动的情境。	用足用好教材提供的便利资源，充分发挥学生的视觉学习优势，利用插图的说明和解释的功能，以插图为情境，帮助学生读懂教材；父母和孩子之间这种健康的双向互动的爱的关系，是学生生活中最基本也是最重要的关系，是此后形成良好社会关系的基石。
（三） 理解—— 联系自身，感悟内涵	1.由教材到生活，由图片到文字，出示有空白的图文卡片。 2.突破难点，理解爱的内涵。 （1）爱是双向的， 父母爱我——我爱父母。 （2）爱是广泛的， 父母爱我——我爱父母； 朋友爱我——我爱朋友； …… 世界爱我——我爱世界。 （3）爱是一种能力， 我爱朋友——朋友爱我； 我爱世界——世界爱我； ……	1.模仿例子，完成图文卡。 2.在理解的基础上，画出图片中的曲线和箭头。 3.在理解的基础上，以说一说的形式，填写内容。	在教学一体机上用软件中的工具画和填写。	留白设计，体现新的教学观，唤醒学生切身的生活体验，激发学生的发散思维能力，此外突出视觉化思维，通过文字、图片、线条、箭头和留白，引导学生从具象思维向抽象思维过渡，理解爱的内涵是在得到与付出之间的互动，初步了解爱是一种能力，爱父母是爱世界的起点。
（四） 突破—— 抽去支架，学会表达	1.出示引导学生表达的图表。 （1）用语言表达： 当妈妈给我买了好书时，我说：＿＿＿＿＿＿； 当父亲节到来时，我说：＿＿＿＿＿＿；	1.在图表的提示下，说出完整的句子。 2.在教师的引导下，完成表达方式的归纳。	利PPT的动画设计分组呈现，提升视觉感受力。	理解是个体道德发生的基础，在第三个环节中，让学生以直观的形式充分理解了爱的含义，然后这个环节再从图过渡到文字，让学生理解爱的表达的两种基本形式，让难点的突破水

教学环节	教师活动	学生活动	技术应用	设计意图
（四） 突破—— 抽去支架，学会表达	当妈妈过生日时，我说：＿＿＿＿＿＿＿＿。 （2）用行动表达： 妈妈下班了，看起来很累，我＿＿＿＿＿＿＿＿； 爸爸妈妈在打扫卫生，我＿＿＿＿＿＿＿＿。 2.引导学生一起归纳表达的方式。	语言表达：谢谢、辛苦了、我爱您…… 行动表达：拥抱、倒水、按摩、捶背、扫地、整理房间……		到渠成；省略号留给学生进一步思考的空间，有利于培养他们的发散思维能力，有助于他们把课堂上习得的德育知识与自身的生活联系起来。
（五） 深化—— 动之以情，晓之以理	1.播放小视频《乌鸦反哺》。 2.引导学生谈观后感。 3.写一写，画一画，制作感恩卡。 （1）教学"感恩卡"的手语。 （2）提供半成品的感恩卡，让学生根据自己的喜爱，在感恩卡上写一句话或画一幅简笔画，来表达对爸妈对家人的爱。 4.唱一唱，动心弦，播放《感恩的心》。 伴随着动人的画面，优美的旋律，师生一起打手语同唱《感恩的心》其中的一个片段： 感恩的心 感谢有你 伴我一生 让我有勇气做我自己 感恩的心 感谢命运 花开花落 我一样会珍惜	1.观看小视频《乌鸦反哺》。 2.谈感想。 3.完成感恩卡。 4.手语唱《感恩的心》。	利用剪辑软件，就网上的视频进行剪辑，突出与教材内容切合的部分，节约观看时间。	灵活运用教材中的插图，把图文转换成动画，既与教材内容密切相关，加深情感，明晓道理，又可作为学生的中场的休息，一举两得；创造性使用教材，根据实际需要，把教材活动课中"制作感恩卡"的内容嵌入到这里来；创造性使用其他学科资源，把孩子们展能节上的手语歌节目《感恩的心》截取与教材内容关联度大的片段，移用到《道德与法治》课堂中来，把德育与美育融合在一起。
（六） 课堂总结	1.回顾本节课的重点。 和学生一起边回顾，边画思维导图。 爱的理解——被家人爱/爱家人 爱的表达——语言表达/行动表达 爱的深化——明理/培情 2.引导学生把本节课的知识点融入本单元的知识结构体系中。	1.帮助老师给思维导图连线。 2.把本节课的思维导图放入单元思维导图中。（见附图）	利用思维导图，动态呈现内容。	知识模块化，思维有序化。既降低了记忆和理解的难度，又能让学生初步感知知识是有联系的，思维是有条理的，着手培养学生良好的学习、记忆和思维习惯。

续表

教学环节	教师活动	学生活动	技术应用	设计意图
（七） 作业设计，拓展延伸	1. 把画好写好的"感恩卡"送给父母。 2. 给父母一个大大的拥抱，一句感恩的"谢谢"。 3. 和家人一起完成"爱的调查表"。 4. 快乐阅读绘本推荐《小熊比尔和爸爸的故事》。	特殊支持。 用形状、图片、手语图片、表格等，为文字阅读能力偏弱的两位学生提供支持。 看着图片，说一说作业要求。	利用PPT中的动画功能突出提示性图片。	第1项、第2项作业是用简便易操作的形式连接课堂内外，明理导行，知行合一；第3项作业，以家庭为范围的小调查，其实是社会性和研究性学习的一个小小雏形，从最容易切入的家庭，最简单的表格形式，培养聋童的社会性和研究性学习能力。第4项作业绘本阅读是《道德与法治》与"语文"和"沟通与交往"两门学科的一个融合实验，旨在提升学生的综合素养。

附图：单元思维导图

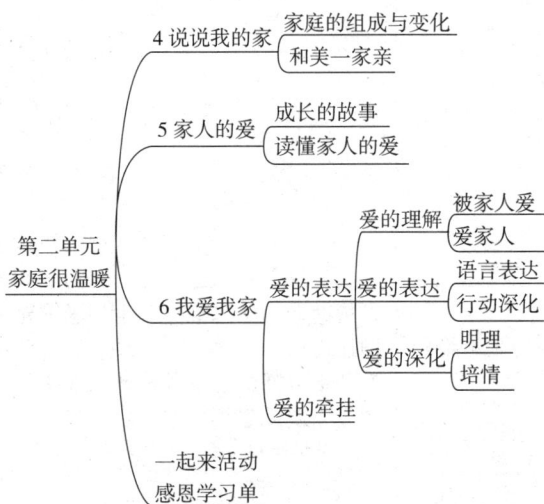

蜘蛛开店

姓　名	唐芳芳	学　科	语文
单　位	杭州文汇学校	年　级	四年级

一、 教材分析	《蜘蛛开店》是聋校部编教材四年级上册第六单元的第一课，本单元的语文要素"一边读一边预测，顺着故事情节去猜想"，打破了以往阅读课文的学习习惯，边读边猜想成为课堂教学的主线。落实这一语文要素意在发展学生联想和想象的思维能力，教会学生预测的阅读方法，学生不需要预习课文，跟着老师一起读，边读边猜想的过程中同时完成语文教学的听说读写任务。《蜘蛛开店》的体裁是童话，童话故事结构反复、语言结构反复的特点便于学生模仿；内容反差的张力诙谐有趣，深受儿童喜爱；语言简短，情节跌宕，留白处为学生的想象留下了广阔的想象空间。 　　本课有9个阅读生字，其中"罩、招、牌、顾、匆"需要集中教学，"卖、简、单、夫"学生在课外阅读中已有接触，田字格中的9个字，学生已经具备独立书写的能力。"招牌""顾客"的词义理解需要在教师的帮助下与学生的生活经验对接。课文三个部分内容教学计划需要两课时，由于学生初次学习预测，因此第一课时的教学要少而慢，在掌握学习方法后，放手让学生自主学习第二第三部分。二三部分要依据学生的掌握情况调整学时，因此本次执教的选择是第一课时，制订了字词学习目标扫除阅读障碍，仿写一个句子，为后面的仿写创作打下基础，把边读边猜想作为本课的教学重难点，带着学生学习预测阅读方法，提高学生的阅读能力。
二、 学情分析	本班共有8位学生，男6人，女2人，其中1名为新生，没有入学经历。 　　从听力角度分析：补偿后听力最适合4人，看话1人，适合3人。 　　从障碍类别分析：1名智力障碍学生，1名肌张力过高障碍学生，1名多动症学生，1名书写障碍学生。 　　8名学生个体差异较大，听力最适合的4名学生已经养成借助拼音朗读词句，借助学习单学习课文等自主学习的习惯和能力，分别设计为A、B层目标教学；有需要放慢速度以简单的手语教学的看话学生，有课堂参与能力不足，需要在教师的指导下完成学习任务的多重障碍的学生，以及零基础的新生，设计为C层目标教学。 　　1.听力辅助效果

姓名	助听辅具	补偿前双耳听力	补偿后听力补偿效果
王（男）	助听器（双耳）	中度	最适
章（男）	右侧人工耳蜗，左耳助听器	重度	最适
盛（男）	右侧人工耳蜗	重度	最适
谢（男）	右侧人工耳蜗，左侧助听器	重度	看话
蒋（男）	右侧人工耳蜗，左侧助听器	重度	适合
谈（男）	助听器（双耳）	中度	最适
陈（女）	助听器（双耳）	重度	适合
肖（女）	右侧人工耳蜗，左侧助听器	重度	适合

续表

二、学情分析	2.与本课学习相关的能力 课堂习惯方面：本班学生课堂行为习惯比较差，其中一位学生较多动，常常在课堂上画小人；新转来的同学已经13岁，但从没有上过学，学习基础为零，课堂常规还在建立中；3名学生注意力持续时间较短，常常做小动作，需要不断提醒；在授课中，教师要不断关注学生的学习情况，利用图片、视频、表演等多种手段来吸引学生的注意力。 朗读课文方面：6名学生具备一定的朗读能力，但在连贯度、准确度、语气语调上较为欠缺。2名特殊学生，由于生理等方面的原因，不识字，也不会朗读。本文中有部分语句所表达的蜘蛛的心情和想法，需要指导学生通过加重语气或加快语速或加上动作来体会蜘蛛织口罩的不容易。 识字写字方面：2名学生不会拼写，只能模仿。1名学生书写障碍，书写容易"丢三落四"。1名学生肌张力过高，书写十分困难。 语言理解方面：经过三年多的学习，学生已经积累了一定量的字词句，大部分学生能理解本课的内容。 语言表达方面：大部分学生能运用重点词和句式进行表达。但学生的思维较为局限，因此本课通过教师引导学生结合所学字词联系生活进行表达，激发学生的思维，丰富学生的语言。 综合考虑以上学情，将本班学生划为三个层次并进行分层教学： A层：王、肖 B层：谢、盛、陈、章 C层：谈、蒋
三、教学目标	A层： 1.认识"卖、罩、简、单、顾、招、牌、夫"8个生字，理解并积累"寂寞、招牌、简单、工夫、顾客"等词语的意思。 2.会用"什么事好难，谁用了多少时间，终于怎么样"句式说写句子。 3.一边读一边猜想，初步学习预测的方法，感受阅读的乐趣。 B层： 1.认识"卖、罩、简、单、顾、招、牌、夫"8个生字，理解并积累"寂寞、招牌、简单、工夫、顾客"等词语的意思。 2.借助学习支架，会用"什么事好难，谁用了多少时间，终于怎么样"句式说写句子。 3.跟着老师一边读一边尝试猜想，感受阅读的乐趣。 C层： 1.用个性化的方式指认"卖、罩、简、单、顾、招、牌、夫"8个生字和词语。 2.正确回答"什么事好难，谁用了多少时间，终于怎么样"句子。 3.感受阅读的乐趣。
四、康复目标	1.用正确的口型发音，较连贯地朗读词语和句子。 2.能用完整的语句表达猜想内容。
五、素养指向	充分挖掘文本的教学价值，立足言语智慧，注重学生语言表达能力的培养。通过言语活动的策划，让儿童通过言语行为（听、说、读、写、想）实现自己的言语意图（情感，思想），培养语文素养。 学生在语文学习过程中获得思维能力的发展和思维品质的提升。

六、教学重点	读通课文，读懂语句内容，大胆猜想。 解决策略：创设情境，运用多媒体将抽象的词句具象化。
七、教学难点	边读边猜想，依据情节合理猜想。 解决措施：提供问题支架，引发联想与想象。

八、教学过程

教学环节	教师活动	学生活动	技术应用
（一） 趣味导入，揭示课题	趣味导入，体验猜想。 （1）认识单元要素。 （2）教师画线，学生猜想。 ①交流：老师画的是什么？ ②出示图片（蜘蛛），请学生猜想。 （3）讲述第一自然段：有一只蜘蛛…… ①随文理解"寂寞"的意思。 ②指导学生朗读。 ③完整朗读第一自然段。 （4）揭示课题： ①板书课题。 ②根据课题预测：猜蜘蛛会开什么店呢？	朗读理解。 学生联想。 齐读课题。 跟着老师一起读。 猜测蜘蛛会开什么店。	了解新的阅读方法。 用魔术的形式活跃课堂气氛，调动学生思维，激发学生的学习兴趣。 引导学生大胆地猜，合理地猜。 听老师讲故事，创设情境进入故事学习。引发学生看着课件跟老师读的阅读意识。 联系学生生活实际理解词语"寂寞"，迁移经验，用移情的方式引导学生理解词意。 根据题目做猜测，有意识地让学生对所读的文本有所期待。
（二） 读中预测，感受乐趣	学习2~4自然段。 （1）学习第二自然段。 ①带着学生朗读：蜘蛛决定开店了，它会卖什么呢？ ②指导朗读，学习词语"卖、口罩"短语"卖口罩"。 ③交流：蜘蛛为什么要卖口罩？ ④完整地朗读第二自然段。 （2）学习第三自然段。 ①师带读：于是—— ②学习词语"招牌""顾客"。 ③招牌上写了什么？ ④招牌上还写了什么？ ⑤认读生活中的商店招牌。	跟着老师一起读。 用课文中的句子回答问题。 看课件，思考。	跟着老师一起读，学生会很放松地参与到朗读中，便于教师发现朗读的困难，从而有针对性地指导。 运用课件引导学生理解词语"招牌"，反向运用所学应用到生活中去。 提取学生的阅读经验进行猜想，激发学生好奇心，发展学生思维。

续表

教学环节	教师活动	学生活动	技术应用
（二） 读中预测， 感受乐趣	⑥指导朗读。 （3）猜想： ①猜想：蜘蛛的口罩店开张了，会有哪些小动物来呢？ ②出示图片：选一选，谁的口罩蜘蛛织起来简单？为什么？ ③完整朗读第三自然段。 过渡：第一位顾客是谁呢？ （4）学习课文第四自然段。 ①老师讲述：顾客来了——学生接：一只河马。 ②猜一猜：蜘蛛看到河马怎么想的？ ③河马的口罩织起来简单吗？ ④理解短语：一整天的工夫。 ⑤指导朗读。 ⑥完整朗读第四自然段。 ⑦句式练习：什么事，谁用了多少时间，终于怎么样？ ⑧反馈。 （5）完整朗读 1 ~ 4 自然段。	借助课文，回答问题。 看图片思考。 大声跟着老师接读。 联系生活经验理解句子的意思，用朗读表现出来。 在朗读中理解句式结构，借助图片仿说句子。 借助图片仿写。 跟着老师一起总结。	第三次跟着老师读，学生应能读在老师前面了，培养学生学习主动性。 联系生活经验，展开想象，充分理解蜘蛛一天的劳累，深度理解蜘蛛开店的不容易。 运用图片作支架，以贴近学生生活的熟悉的内容为学生准备仿写材料，用不同形式满足不同学生的需求，让学生能够有效地学习。
（三） 运用板书， 共同总结	猜想：河马拿到了口罩很开心，可是蜘蛛呢？他会想什么呢？ 下节课我们继续交流。	看着板书跟老师一起总结。	借助板书总结，构建完整的故事，培养概括能力。
（四） 结合学情， 分层作业	AB层： （1）抄写生字词语。 （2）课后用自己喜欢的方式和同学老师讲讲"蜘蛛卖口罩"的故事。 C层：画一画小蜘蛛和大河马。		充分考虑学生差异，尊重学生的学习特点，因材施教，分层布置作业。

我是什么

姓　名	朱苏娜	学　科	语文
单　位	无锡市特殊教育学校	年　级	四年级

一、 教材分析	《我是什么》是聋校义务教育实验教科书四年级上册第五单元的一篇课文。这个单元共4篇科普课文，《我是什么》是最后一篇，同样也是一篇科普童话。第五单元的语文学习要素是：提取基本信息，了解课文内容。所以在教学过程中，将抓住重点字词，理解课文内容作为重点。 　　这篇课文共安排了4个课时。第1课时，初读课文，随文识字，理解课文大意，知道"我"就是水；第2课时，品读课文第1～2自然段，了解水是如何变化的；第3课时，品读课文第3～4自然段，理解水的脾气；第4课时，完成相关的作业练习。
二、 学情分析	班级整体情况：本课的教学对象是无锡市特殊教育学校四年级（1）班的学生。班级共10名学生，其中9名学生为听力障碍儿童，1名学生为多重障碍儿童（听力障碍＋智力障碍）。经过三年多的语文学习，该班学生养成了较好的语文学习习惯，上课专注度高，乐于学习与思考。课后作业能独立、按时完成。 　　根据学生能力层次，本班学生共分为A、B、C三个组。A组：3人，学习动机强烈，语言基础好，具备较强学习能力。B组：4人，学习动机强烈，具备较好学习习惯，有语言基础，但在语言运用、理解方面存在一定困难。C组：3人，学习动机较强，无口语，字词句基本知识掌握较好。但句段理解与运用存在很大困难。 　　识字与写字方面：班级学生具备较强识字、写字能力，能在预习阶段完成对生字的书写。结构、笔顺正确率高，扩词能力强。阅读能力：需在教师指导下，读通读顺课文。A、B组学生口型基本正确，C组学生无口语，需手语辅助。理解能力：A组学生能借助生活经验，理解基础的词、句、段内容。B、C组学生在大意概括、中心思想提炼、句子深层含义三个方面需要老师运用多种教学方式进行点拨，引导。写话能力：A组学生能用较为通顺、完整的句子描述所见所闻，并能写出所感。作文段落清晰，思想明确。B组学生能用较为通顺的句子表达所见所闻，但段落划分不太明确，需要指导。C组学生能用简单的3～4句话描述所见所闻，基础句式掌握较好，暂未建立段落概念。语言交往能力：全班学生具备较强的语言交往意愿，善于用口语、书面语、手语等多种方式开展交流。主题多样，对话流畅。
三、 教学目标	A组目标： 　　（1）正确、流利朗读课文。发音、口型正确，手语清晰规范。 　　（2）能借助文字、图片和视频，结合生活经验，知道云、雨、冰雹、雪等自然现象都是水变化而成的。能提取"极小极小、落、打、飘"等关键字词，体会语言的精妙。能用"有时候……有时候"说句子。 　　（3）体会水的神奇，激发学生探究大自然的兴趣。 B组目标： 　　（1）正确、流利朗读课文。发音、口型尽量正确，手语清晰规范。 　　（2）能借助文字、图片和视频，结合生活经验，知道云、雨、冰雹、雪等自然现象都是水变化而成的。能在老师的辅助下，提取"极小极小、落、打、飘"等关键字词，体会语言的精妙。能看图，用"有时候……有时候"说简短的句子。 　　（3）体会水的神奇，激发学生探究大自然的兴趣。

续表

三、教学目标	C组目标： （1）正确、流利朗读课文。手语清晰规范。 （2）能借助文字、图片和视频，结合生活经验，初步了解云、雨、冰雹、雪等自然现象都是水变化而成的。能在老师的辅助下，提取"极小极小、落、打、飘"等关键字词，通过手语朗读，体会语言的精妙。能借助图片，仿说"有时候……有时候……"。 （3）体会水的神奇，激发学生探究大自然的兴趣。

四、教学过程

教学环节	教师活动	学生活动	技术应用
（一） 导入	1. 导入语：小朋友们，昨天我们读了一个大大的谜语，猜到了课文中的"我"就是——（水）。（板书） 2. 今天，我们继续走近它，看看它到底有什么魔力。 3. 首先，我们边做练习，边回忆课文内容。（出示互动小游戏）	齐读课题，看练习，回忆课文内容。	教师应用电子白板课堂互动小游戏，将本课容易读错、认错、写错的字词以"拔河比赛"的形式进行巩固。在充满趣味的双人对战中，学生注意力得到了有效转移，习得知识的同时，还将学习热情继续带入课堂。
（二） 品读课文	1. 学习第一自然段。 （1）神奇的水珠，不是说变就变的，它需要朋友们的帮忙。请你读一读第一自然段，找出第一位帮助水珠变身的朋友。 （2）教师巡视，指导B、C组学生。 （3）交流。 （4）教师：瞧，太阳出来了！（播放演示动画） 指导朗读：一……就……（速度快）。（重点指导C组学生手语表达） （5）书写指导：汽，是水变成的，所以是三点水。（出示田字格生字，教师示范写、强调三点水） （6）播放演示动画。 ①现在我变成了什么样的点儿？ ②对比朗读：我又变成了无数极小的点儿。我又变成了无数极小极小的点儿。 ③小结：用两个极小，突出了更小。像这样的短语，你还会说吗？ ④指导生朗读。	1. 学习第一自然段。 （1）学生读第一自然段，找出帮助水珠变身的朋友。 （2）交流：谁帮助水变身？（A、B组回答：太阳。C组仿说） （3）看动画，个别读：太阳一晒，我就变成汽。 （4）个别读、齐读。 （5）书空"汽"。 （6）观察动画，理解"我又变成无数极小极小的点儿，连成一片，在空中飘浮。" ①A、B组回答：极小极小。C组仿说。 ②对比朗读，说说发现了什么？极小和极小极小，哪个更小？	在本环节，教师通过"太阳"的快速动画演示，辅助学生理解"一……就……"这句话所描写的水滴变化过程的速度之快。又运用了电子白板中的"汉字"功能，将"汽"字的三点水突出显现，强调了汉字偏旁与字义的联系。 在本环节，要求学生理解"太阳一晒，我就变成汽。"这句话的含义。 教师通过GIF动画，再现了水滴变成水蒸气的自然过程。卡通的水滴形象，加上GIF动画的自然过渡，有助于学生从抽象文本走向更为具体直观的空间，文字的抽象思维转化为直观图像，加深了学生对文本的理解。

教学环节	教师活动	学生活动	技术应用
（二） 品读课文	⑤其实，不光它会飘浮，荷叶也会飘浮呢！请你选一选，说说为什么这么选。 出示题目： 漂浮　飘浮 荷叶（　）在水面上。白云（　）在空中。 解释：荷叶漂浮在水面，所以是三点水的漂浮。白云飘浮在空中，风一吹就飘来飘去，所以是风字旁的飘浮。 （7）导语：平时，我们都喜欢穿各种颜色的衣服，云也和我们一样。它们在不同的时候，会穿上不同的衣服，请读一读句子，自己认识一下它们。（出示第3句话） 看，云穿上了不同的衣服啦。（课件展示三种云的图片——白云、乌云、朝霞） 2.学习第二自然段。 （1）导语：在太阳的帮助下，水变成了云。看，谁来了？（课件按词序出示：播放风声、出示拟声词、出示"风"的图片） （2）请你看视频自由朗读第二自然段，一边读一边思考：云遇到冷风，变成了什么？ （3）提问：如果你是雨、冰雹、雪，你怎么从天空回到地面呢？从文中圈出它们的动作的词语。	③拓展，说一说： 极（　）极（　）的花朵； 很（　）很（　）的树叶； 特（　）特（　）的苹果。 ④再次朗读句子。 ⑤完成选择题（A、B组回答、C组读句子）。 重点解释词语：飘浮 漂浮 （7）生齐读句子，造句：有时候……有时候……（A、B组回答、C组读句子） 看课件，说词语。 2.学习第二自然段。 （1）看课件，说词句。 （2）朗读第二自然段，回答：云遇到冷风，变成了什么。 （3）讨论：怎么从天空回到地面。圈出动作的词语：落、打、飘（A、B组回答、C组仿说）。	"云"对学生来说并不陌生。因此，当课件将各种云朵再现时，串联起的是学生的认知经验，激发了学生的语言表达动机。在学生畅所欲言基础上，再拓展相应的词语、成语，辅助完成了本环节"看云识天气"的教学要求。 鉴于本班级学生中有一半学生拥有较好听力，故在本环节设计了三个子环节来导入"风"。第一个环节是播放风声，引导听力较好学生进行聆听训练；第二个环节是出示拟声词"呼呼呼"，引导学生从文字开展想象；第三个环节是出示一年级教材中《北风与小鱼》一文的插图。通过三种不同的辅助方式，实现对不同能力学生的分层教学。

续表

教学环节	教师活动	学生活动	技术应用
（二） 品读课文	①雨 出示句子：我在空中越升越高，体温越来越低，变成了无数小水滴。 小水滴聚在一起落下来。（播放"下雨"视频） ②冰雹 出示课文：有时候我变成小硬球打下来，人们就叫我"冰雹"。 你们见过冰雹吗？ 出示视频，生观察。书写指导：冰雹像石头那么硬。硬，右边是石字旁，像石头一样硬。（示范写） 指导朗读：打下来，速度快，力气大，破坏力强 ③雪 出示句子：到了冬天，我变成小花朵飘下来，人们又叫我"雪"。（出示"下雪"视频） （4）对比：落、打、飘 请你选一选，填一填。（出示互动课件） （5）讨论：这几个动词可以调换位置吗？为什么？	①雨 朗读句子：我在空中越升越高，体温越来越低，变成了无数小水滴。小水滴聚在一起落下来。 （看"下雨"视频） ②冰雹 朗读句子：有时候我变成小硬球打下来，人们就叫我"冰雹"。（学生先描述，再观看"冰雹"的视频） 生书空"硬"、读好句子。 ③雪 朗读句子：到了冬天，我变成小花朵飘下来，人们又叫我"雪"。（观看"下雪"视频） （4）看课件，完成填空。 （5）讨论动词（A组回答）	在本环节，要求学生通过文本，抓住"落、打、飘"等词语，感受"雨、冰雹、雪"不同的特点，体会文字的精妙。听障儿童的文本学习，需要多感官参与。因此，教师一方面引导学生回忆、想象下雨、下冰雹、下雪时的场景，另一方面，通过导入三种天气的图片与视频，再次打通文本与现实的链接。通过观察下雨图片，让学生想象"小水滴聚在一起落下来"的欢快；通过播放"冰雹"视频，再现冰雹落地的噼啪声与破坏力，辅助学生想象"冰雹打下来"的威力；在"下雪"视频中，学生则在初冬时节，雪花飘飘的美景里，想象"雪花飘下来"的轻盈与美妙。在恰当的视觉冲击下，学生在脑海中勾勒出了一幅幅生动的画面。 有趣的互动、形式多样的教学方法，是保持听力障碍儿童课堂专注力的有效方法。本环节使用了电子白板互动与蒙层功能，组织学生上黑板完成练习。学生练习时可以直接点红色生字，拖至相应句子中。如果无法完成，则由教师利用蒙层功能，示范完成。

教学环节	教师活动	学生活动	技术应用
（二） 品读课文	3.拓展： （1）讨论：第1～2自然段就是写了水的变化。你觉得水怎么样？ （2）你知道，水除了能变出课文中的这些样子，还能变成什么吗？ （3）出示图片：你看，水遇到不同的温度，还会继续变魔术呢。	3.拓展： （1）看板书，回答：我觉得水怎么样。（A组回答：神奇、有趣。B、C组复述） （2）自由回答：水还能变成…… （3）看课件回答：水还能变成……	由于听觉信息获取通道的受阻，让那些看似简单的知识，成为了听力障碍儿童知识体系的短板。教师需要把听力障碍儿童的短板，通过平时的课堂补齐。本环节是本节课的拓展部分。教师通过播放"雾、霜、冰"的图片与视频，不仅让听力障碍儿童理解了水的"神奇"，还为他们打开了一扇通往探究大自然奥秘的大门。
（三） 总结	神奇的水，是大自然赐予我们的珍贵礼物。生活中，你见过的水是怎样的？它又有着怎样的脾气？我们下节课接着来交流。	认真聆听。	
（四） 作业	1.熟读课文1～3自然段,尝试背诵。 2.留心观察生活中的水。	看作业要求。	

一个小村庄的故事

姓　名	王丽娟	学　科	语文
单　位	山西省阳泉市特殊教育学校	年　级	四年级

一、 教材分析	1.教材分析 　　《一个小村庄的故事》是聋校义务教育实验教材小学语文四年级。 　　下册第三单元中的一篇课文，文章以"锋利的斧头"为线索，向我们展示了一个小村庄从美丽走向毁灭的过程。课文于无声处痛斥了村民破坏森林的行为，意在启发我们要爱护大自然，保护环境，否则将会受到大自然的惩罚。课文语言浅显、朴实，但隐含的道理却非常深刻，读来耐人寻味。 2.设计理念 　　学生是学习和发展的主体，教师是教学活动的组织者和引导者。新课程倡导"自主、合作、探究"的学习方式，在充分自主阅读的基础上，开展有效的合作学习。根据中段听力障碍学生年龄特征，学生可以根据个人的喜好或画或读，或写或说，互帮互助，共同提高。让学生以自己创作的动作和语言，表达独特的感受和体验，从而真正体会到学习的快乐。 　　朗读是学生学习和探究的重要手段。通过各种形式的阅读，教师创设情境，辅以多媒体的配合，调动学生的多种感官，使文章的情趣与学生的感悟融为一体，使朗读变成一种享受，深化学生对美的感受，激发学生爱美的情感，同时在读中感悟、释疑，最终理解课文内容，树立保护环境、爱护树木的意识。
二、 学情分析	随着听力障碍学生年龄的增长，阅读能力和表达能力也逐渐增强。但由于学生的听力障碍，使他们有意注意时间短，概括分析的能力较差，在感知上缺乏完整性，抽象思维发展缓慢，为此，课堂教学中，我将尽可能地调动学生的多种感官，激发兴趣，将直观形象与发展语言有机结合起来，关注学生的亲身体验。 　　根据学生情况、新课标要求以及本组课文训练的主要意图，我将本课安排为四课时，第一课时：初读课文，学会本课生字新词；第二课时：朗读课文，理解课文内容，体会文章思想感情；第三、四课时为作业指导。下面我向大家展示的是第二课时的教学。
三、 教学目标	1.知识与技能： 　　（1）引导学生读懂课文内容，理解一个小村庄从美丽到毁灭的原因。 　　（2）通过朗读，交流、体会含义深刻的句子，悟出课文中蕴含的道理。 2.过程与方法： 　　（1）培养学生结合生活实际、联系上下文理解含义深刻句子的能力。 　　（2）培养学生的阅读能力、分析推理能力、想象能力。 3.情感态度与价值观： 　　（1）领悟爱护树木、保护环境、维护生态平衡的道理。 　　（2）教育学生树立从小热爱大自然、保护大自然的意识。
四、 教学 重难点	聋校语文课程标准指出，中段年级学生在阅读时，要初步把握文章的主要内容，体会作者表达的思想感情。所以我认为：读通、读懂课文，明白小村庄由美丽走向毁灭的原因是本节课的教学重点。难点是体会课文中蕴含的道理。

五、教学方法	为了达到教学目标，突出重点、突破难点，我将运用多媒体课件巧妙创设情境，采用"质疑导读法"和"合作探究法"组织教学，注重以读为本，采用多种朗读方式，通过多层次地朗读，更好地拓展学生的思维，更深层次地让学生理解一个小村庄从美丽走向毁灭的过程。
六、学习方法	新课标提出"学生是学习的主体，老师是教学的组织者和引导者"。教学中，教师搀、扶、放结合，引导学生合作探究，让学生能够在朗读课文的同时，发展其语言能力，全面提升语文素养。

七、教学过程

教学环节	教师活动	学生活动	设计理念
（一） 创设情境 揭示课题	同学们，你们喜欢看动画片吗？在正式上课之前，我们先看一段视频放松一下，好吗？大家喜欢动画片里的谁？为什么？不喜欢谁？为什么？ 同学们都知道私自砍伐树木是违法行为，非常棒！今天，我们要来读一个新故事，这个故事的内容也和伐木有关，究竟是什么故事？一起来看大屏幕。	观看视频。 谈观看感受。 齐读课题。	利用白板播放动画，直观生动地呈现画面。吸引学生注意力，激发学生探究兴趣。鼓励学生自由发言，提高表达能力。提高学生朗读水平。

（二）
品读示导
对比想象
	1. 图文对照，学习第一自然段。
	（1）我们先来看一幅图（课件出示小村庄）。
	孩子们，你们看到了什么呢？
	（树木、小河、蓝天、白云……）
	小村庄怎么样？
	（2）课文中是怎样描写的呢？
	同学们，课文中描写了小村庄的哪些景物呢？
	（板书：森林、河水、天空）
	空气、森林怎么样？河水呢？天空和空气又带给了我们怎样的感受呢？
	课件出示：
	    森林（郁郁葱葱）；
	    河水（清澈见底）；
	    天空（湛蓝深远）；
	    空气（清新甜润）。
		观看图片。
		
		自由回答。
		
		朗读课文。
		思考回答问题。
		
		学生自由回答：
		我仿佛听到林中小鸟快乐地唱歌。我仿佛看到小动物在林中嬉戏。我仿佛闻到了森林中清新的空气。
			图文对照，朗读课文，感受小村庄的美。
			
			为后续学习做铺垫。
			
			帮助学生想象，充分理解课文，为感受村庄的变化做铺垫。同时发展学生表达能力。

续表

教学环节	教师活动	学生活动	设计理念
（二）品读示导 对比想象	（3）展开想象： 在郁郁葱葱的森林里，你会想到什么？ 看到这样清澈见底的河水，大家又可以想到什么？ 来到这样一个美丽的小村庄，你的心情怎样？ 用轻松、愉快的语气读出来吧。 2. 了解小村庄的变化过程。 课文中写到这么美丽的小村庄是早先有过的，那小村庄现在变成什么样了？ 课文中是怎么写的呢？ （出示最后一段内容） 小村庄怎么样了？什么都没有了。 小村庄里原来有什么呀？这些东西都到哪里去了呢？我们走进课文中看一看吧！ （板书：什么都没有了？）	小鱼在水里快乐地嬉戏，似乎听到叮叮咚咚的流水声，仿佛看到孩子们快乐地戏水。 （轻松、愉快等） 男女生比赛朗读。 指名朗读最后一段。 结合第一段思考回答。	锻炼语感，理解课文。 前后对比，了解小村庄的变化，为了解小村庄的毁灭做铺垫。
（三）研读探究，突出重点	1. 研读第二自然段。 探究：这个美丽的小村庄之所以发生了这么翻天覆地的变化，其中有个非常重要的工具起了毁灭性作用，你们知道是什么吗？ （板书：锋利的斧头） 村民们用锋利的斧头来做什么呢？ （板书：盖房 造犁） 研读句子："谁家想盖房，谁家想，就拎起斧头到山上去，把树木一棵一棵砍下来。就这样，山坡上出现了裸露的土地。" （1）"谁"指什么人？ 谁家需要谁就去砍。 （2）做动作理解"拎"和"拿""带"的不同。（突出人们没有把砍树当成一回事，非常随意。） （3）村里人砍下的树木有多少？ 表示数目不确定，非常大，突出了人们没有将砍树当作一回事。 （4）村子里的人们用斧头砍下树木的结果是怎么样的？	朗读第二段。 在文中找答案。 回答问题。 村里所有的人家。 动作演示"拎""拿""带"，体会用词的好处。 一棵棵。 山坡上出现了裸露的土地。	研读理解。 深入品读。 深入品读，演示体会，深入挖掘小村庄毁灭原因。

教学环节	教师活动	学生活动	设计理念
（三）研读探究，突出重点	（5）怎样的土地是"裸露的土地"？ 过渡：人们在拥有了房子、犁之后他们停止砍树了吗？你是从哪里知道的？ 2.研读第三自然段。探究： （1）省略号的作用？ （2）一棵棵树木被砍走了，村民们用这些树木又做了什么？ （板书：房子 工具 家具 柴烟） 过渡：同学们，我们读着课文，想着村民们把一棵棵树木变成房子、变成家具、变成工具、变成柴火，大家的心情怎样？ 过渡：村民们以为这样的生活就是幸福的生活，什么都有了呀：房子、家具、工具，要什么有什么，想要什么还可以拎起斧头去砍呀。村民们就这样享受着生活。但是这样的幸福生活会一直继续下去吗？在课文的第四自然段中，我们又会看到小村庄怎样的变化呢？ 3.研读第四自然段。 探究： （1）不知过了多少年，多少代，村民们遇上了怎样的天气？ （2）雨下了多长时间，有没有停过？从什么地方看出来的？ （3）结果呢？小村庄怎样了？ 请大家想象一下：此时此刻，你仿佛还看到什么？听到什么？ 4.研读最后一段。 洪水过后，小村庄成了什么样子？ 总结：是啊，小村庄被咆哮的洪水卷走了，小村庄"什么都没有了，没有了郁郁葱葱的_____，没有了湛蓝深远的_____，没有了清新甜润的_____，房子_____，工具_____，家具_____，一切都没有了。"	没有树木，不长草等。 思考回答：树木变成了一栋栋房子，变成了各式各样的工具，变成应有尽有的家具，还有大量的树木随着屋顶冒出的柴烟显示在天空。 回答问题（沉重）。 用沉重的语气齐读第三段。 根据课文内容回答： 下大雨； 一连下了五天五夜； 不知被洪水卷向何处。 自由回答，相互补充。 文中找出相关句子。 齐读。	引导学生深入研读、探究，挖掘文本，主动思考，回答问题。 层层设问。 自主释疑。 理解体会小村庄的灾难。 体会灾难，引起共鸣。

续表

教学环节	教师活动	学生活动	设计理念
（三） 研读探究， 突出重点	大家想想：小村庄由从前的美丽走向了毁灭，这究竟是为什么呢？ 师总结：就是因为村民们的无知，因为他们没有环保的意识，乱砍滥伐，不注意保护树木，随意破坏大自然，结果受到了大自然的惩罚！导致了村庄的毁灭。	回答问题。 研读理解。	体会小村庄毁灭的原因，渗透情感目标。
（四） 细读回味， 突破难点	1. 此时此刻，大家的心情怎样？ 从刚开始的轻松愉快，变成了现在的遗憾、惋惜。让我们再一次深情地朗读课文，更深地去体会小村庄从美丽一步步走向毁灭的全过程吧！ 2. 思考：课文中几次提到了"斧头"？ 3. 文章以"锋利的斧头"为线索，向我们展示了小村庄从美丽一步步走向毁灭的全过程。读完了故事，此时此刻，你想对小村庄的人们说什么呢？ 小结升华：这就是一个小村庄的故事，一个叫人心酸的故事，一个令人心痛的故事，一个让人深思的故事。我们不但应该对小村庄里的村民说，还应该对我们身边的每一个人说：保护环境，就是保护我们自己；破坏环境，就是毁灭人类自己。如果我们破坏环境，不保护大自然，必将受到大自然的惩罚。	体会心情变化。 回答问题（三次）。 学生谈体会，谈想说的话，感受沉重。 体会文章道理。	发展学生语言表达能力。 感悟文章隐含的道理。
（五） 联系实际， 拓展延伸	1. 观看老师收集到的环境污染的图片。 2. 发起保护环境的倡议： 让我们心连心、手拉手，共同保护我们的地球吧！	观看图片，齐读倡议，受到思想教育。	情感升华，转化为行动，树立环保意识。
（六） 作业	亲手种下一棵小树，与老师分享你和小树一起成长的过程。	完成活动。	引导学生动手实践。

大数的认识——亿以上数的认识

姓　名	江婧	学　科	听障小学数学
单　位	山东省烟台市特殊教育学校	年　级	四年级

一、教材分析	本课是聋校义务教育实验教科书数学四年级下册第六单元"大数的认识——亿以上数的认识"，对整数的认识从亿以内的数扩展到千亿，数目大、数位多，读和写情况比较复杂，为此先由数的产生发展引入比亿大的数，通过对大数计数单位的整理引出数位顺序表、十进制计数法、亿以上数的读法。本课内容：亿以上数的认识例1。主要是按照数级，学会亿以上数的读法。根据本节教材内容和编排特点，为了更有效地突出重点，突破难点，按照学生的认知规律，遵循教师为主导，学生为主体的指导思想，学生以小组合作的形式开展实践操作，教师辅助直观演示法、设疑诱导法为辅。教学中，创设问题情景，通过让学生动手对比等方法诱导学生思考、操作，教师适时地演示，并运用多媒体化静为动，激发学生探求知识的欲望，逐步推导归纳得出结论，使学生始终处于主动探索问题的积极状态，从而培养听障学生思维能力。根据学法指导自主性和差异性原则，让学生在"观察—操作—概括—检验—应用"的学习过程中，自主参与知识产生、发展、形成的过程，使学生掌握数学知识。

二、学情分析	共5名学生（男生4名，女生1名），平均年龄12岁。总体上，该班学生助听效果较好，言语语言基础好，可以口语为主，手语为辅进行教学。具体情况如下表所示： | 层级	姓名	障碍类型及程度	认知能力现状
A组	董	听障；人工耳蜗术后7年；最适	认知能力高级阶段。能根据已编制的线索准确提取信息，并对信息进行相关整理和概括。
	刘	听障；助听器佩戴7年；适合	认知能力高级阶段。能根据已编制线索准确提取信息，对信息进行相关整理概括。
	高	听障；助听器佩戴7年；较适	认知能力高级阶段。能根据已编制线索准确提取信息，对信息进行相关整理概括。
B组	李	听障；助听器佩戴6年；适合	根据已编制线索提取信息不够准确，对信息整理概括需要示范或提示。
	何	听障；助听器佩戴6年；适合	根据已编制线索提取信息不够准确，对信息整理概括需要示范。	
---	---

三、教学目标	A组	知识与技能：理解、掌握亿以上数的读法，并能正确地读、写出亿以上的大数。 过程与方法：引导听障学生运用已有知识经验，通过推理、探究、归纳出亿以上数的读写法的方法。 情感、态度、价值观： 1.让学生在活动中体会数学与现实生活的联系，培养学生用数学的眼光观察生活和应用数学的意识，并通过联系实际解决数学问题。 2.结合现实素材，使学生感受亿以上数的意义，培养学生的数感。 3.培养学生自主探索、自我评价和合作的能力。

续表

三、 教学目标	B组	知识与技能：知道亿以上数的读法，并尽可能正确地读、写出亿以上的大数。 过程与方法：尽量掌握亿以上数的读法的方法。 情感、态度、价值观： 1. 让学生在活动中体会数学与现实生活的联系，培养学生用数学的眼光观察生活和应用数学的意识，尽量引导学生通过联系实际解决数学问题。 2. 结合现实素材，使学生感受亿以上数的意义，培养学生的数感。 3. 培养学生自主探索意识、自我评价和善于合作的能力。		
四、 教学 重难点		教学重点：亿以上数的读法。 教学难点：每级中间、末尾有0的数的读法。		
五、 教学方法		讲授法、示范法、谈话法		
六、 教学准备		学具：学案数位表、计数器、练习本、笔 教具：多媒体课件——教学媒体主要以视频为主		

七、教学过程

教学环节	教师活动	学生活动	技术应用
（一） 新知诱导	1. 师点名并说数字序号，让学生读一读。 2. 学生抢答填空。 设计意图： 1. 助听器课检。 2. 检查前面学习的"亿以内数的读法和写法"，为新课做铺垫。 3. 生活中的问题引发学生数学思考。	1. 读一读（亿以内数的认识）。 19612368　　94023657 80418200　　38312224 21813334 2. 说一说：含有两级的数的读法和写法。 读含有两级的数，方法是： （1）先读万级，再读个级； （2）万级的数，要按照个级的数的读法来读，再在后面加上一个"万"字； （3）每级末尾不管有几个0，都不读，其他数位上有一个0或连续几个0，都只读一个0。 3. 写一写：写含有两级的数，方法是： （1）先写万级，再写个级； （2）哪个数位上一个单位也没有，就在那个数位上写0。	将信息技术与学科整合课程是利用信息技术将图、文、声、像、动集成起来。播放PPT课件，课件片头Flash动画激发听障学生视觉注意和学习兴趣。

教学环节	教师活动	学生活动	技术应用
（二） 设疑激趣	师：同学们，这段视频是我国第七次人口普查的数据，数据上显示我国人口数量是141178万人。这个数字你会不会写？ 师：你知道怎么读吗？学习了今天的课程，我们就会读写这个数了。下面我们就共同学习"亿以上数的认识"并板书课题。	学生已经学习了整万数改写，接下来学生依次说出数字，学生：1411780000。 学生通过"看一看、想一想、说一说"认识到数学来源于生活，通过短视频引发学生思考"这个数怎么读？""这个数怎么写呢？"	用"绘声绘影"软件播放短视频，通过短视频迅速吸引学生视觉注意力，引发学生思考。
（三） 习得新知	师出示信息窗三情境图，同学们发现了哪些数学信息？ 请同学们仔细观察并思考：要想快速准确地读出这些大数，首先要进行哪一步？以此得出：分级。观察数位顺序表，思考：从右往左数，亿位排在第几位？读大数时应该先怎么做？7000000000这个数的最高位是哪一位？ 把数字7000000000，写在学案上（数位表）试着看看能不能读一读。 也可以用计数器帮助理解。	学生回答问题1：全球人口约7000000000人。 学生回答问题2：亿位从右往左数排在第9位。 学生回答问题3：先分级。（B组学生） 学生回答问题4：十亿位。（B组学生） 学生通过"写一写、拨一拨"动手操作增加数感，体会亿以上的数。	信息技术与学科整合课程是利用信息技术将图、文、声、像、动集成的优势，为学生提供资源，创设情境，为其自主学习、协作、探究学习提供了信息共享的平台。
（四） 合作探究	师提问：你是怎么写、怎么想的？ 师：刚才是整亿数的读法，同学们都做得非常好，如果是中间有0或者是末尾有0的亿以上的数，又应该怎样读呢？ 师将信息窗例1三个数填入数位表中，并让学生上台展示交流（A组学生）。 10040002000　　400305000000 5000006000 教师强调分级。	学生自主探索并上台展示交流，可以用数位表也可以用计数器（B组学生展示，A组同学当小老师纠正对错）。	信息技术与数学有机整合的主题教育教学激发了学生的学习兴趣，锻炼了学生动手操作计算机的能力。 多样性的外部刺激有利于学生知识的获取与记忆，培养学生搜集信息、自主地利用信息技术学习解决问题的习惯和能力。
（五） 明理归纳	师引导学生归纳亿以上数的读法： 1. 先（分级），再从（高位）读起。一级一级地往下读。先读亿级，再读万级，最后读个级。 2. 读完亿级或万级的数时，要按照个级的数的读法来读，再在后面加"亿"字或"万"字。 3. 每级末尾的0都不读，其他数位有一个0或连续几个0，都只读一个"零"。	学生通过"看一看、说一说"学会每级末尾的0都不读，其他数位有一个0或连续几个0，都只读一个"零"。集体学会亿以上数字的读法，并能操作教具。 说一说（单纯的数字，降低习得难度）	PPT课件播放，提供数位表、计数器等学具资源，让学生在自己现有的能力和操作经验基础上自由选择工具进行操作，探索读法，帮助学生培养数感、推理能力，建立数学模型。

续表

教学环节	教师活动	学生活动	技术应用
（六） 巩固新知	趣味连连看： 地球到太阳的平均距离是 149600000 千米。读作：一亿四千九百六十万。 太平洋总面积约是 155600000 平方千米。读作：一亿五千五百六十万。 地球陆地总面积是 149000000 平方千米。读作：一亿四千九百万。 太阳系中的土星到太阳的距离约是 1429400000 千米。读作：十四亿二千九百四十万。	学生上讲台完成连连看游戏。使他们更快、更便捷地获得知识，在互动式的教学活动中让学生成为学习主体。	运用教学软件寓教于乐，通过视频游戏完成学习任务。听障学生学习的特点是需要形象、直观地认识事物，提高语言能力，增强参与活动的自信心。
（七） 生活应用	你发现了哪些数学信息？写一写吧。 数说中国——全面建成小康社会： 全国就业人数 770000000 人。 全国基本养老保险参保人数 968000000 人。 全国移动宽带用户达 1310000000 人，已基本建成全球最大的移动宽带网。 全国发电量 7111800000000 千瓦时，成为全球非化石能源的积极引领者。 德育教育：让学生感受到祖国强大，人民幸福生活，鼓励学生努力学习，感恩知恩，成为有志青年。	数说中国——全面建成小康社会。引导学生进行探究性学习活动，探索发现相关的信息与知识。把当前的学习内容尽量与自己知道的事物相联系，并对其中的联系认真思考；通过交流、讨论，高效率、高质量地获得知识。形成自己的学习成果，在成果的展示中获得成就感。	播放短视频，主动搜集并分析相关信息，提出问题、解决问题。
（八） 课堂总结	师：谈谈本节课的收获。知道了_____或学会了_____。 教师提示： 1. 先（分级），再从（高位）读起。一级一级地往下读。先读亿级，再读万级，最后读个级。 2. 读完亿级或万级的数时，要按照个级的数的读法来读，再在后面加"亿"字或"万"字。 3. 每级末尾的 0 都不读，其他数位有一个 0 或连续几个 0，都只读一个"零"。	学生回顾亿以上数的读法。	课件简单易懂，容易操作，增强了学生和老师的互动。课件版面简洁大方，符合四年级听障学生认知特点，在操作中可以用点读笔操作，比较灵活机动。

教学环节	教师活动	学生活动	技术应用
（九）家庭延伸	1. 从我做起，杜绝浪费。 师：我国每年生产和丢弃的一次性筷子达四百五十亿双，需要砍伐二千五百万棵树。 提取数字信息并完成学案。 45000000000 读作_____ 25000000 读作_____ 2. 生活中你会怎么做？	学生与家长共同完成，这是数学知识的生活迁移，引导学生数学来源于生活，服务于生活，应用于生活。生活中的数学问题无处不在，引导学生用数学的眼光发现问题，用数数的思维思考问题，用数学知识解决问题。	视频播放的内容都是学生熟悉的场景，作为课后作业，拓展延伸。帮助学生树立数学来源于生活，应用于生活，用数学的眼光看身边的环境。树立环保意识。
（十）课后反思	读数跟生活息息相关，是实用性最强的数学内容。开始，复习亿以内的大数，唤起听障学生已有经验的同时，帮助学生架起知识与生活的桥梁，使其能找出知识间的内在联系和区别，为学生自主地探究新知做好准备。 　　而后，谈话导入："同学们，我们正在进行第七次人口普查，你们知道吗？2019 年统计中国的人口大约是 14 亿，那么，你们知道全球人口有多少吗？"当我板书"7000000000"这个数时，学生都在积极踊跃地举手发言，这么大的数让孩子们惊叹的同时也激起了求知欲。整堂课以学促学，以学生为主体教学模式，先扶后放让学生自主探究。 　　通过学生多学、多说、多想、多看书、多回顾整理知识。针对每个知识点，我都设计了 3 个基本环节，即：①利用已有知识，尝试探索；②交流方法；③练习活动。 　　在每个环节，我都大胆放手，让学生带着问题独立思考，并通过合作交流寻找方法，使学生参与到数学活动中。学生自学完读数，我就帮助他们梳理知识，然后他们又自学，再汇报，就这样学了汇报，汇报了再学，在分享和共鸣中，达到了综合目标，提升了数学核心素养。 　　秉承培养学生的核心素养之数感为教学宗旨，全课围绕亿以上数的读法和写法为重难点展开教学，基本实现了学生能够正确读亿以上的数和培养学生类推迁移能力等目标。		

长方形面积的计算

姓　名	李敏		学　科	数学
单　位	四川省屏山县特殊教育学校		年　级	四年级

一、 教学内容 分析	1. 课标要求 　　听力障碍儿童通过经历和探索一些图形的抽象、性质探讨等，掌握空间和几何直观的基础知识和基本学习技能。通过观察、猜想、实验、验证等活动，初步发展合情推理的能力，学会表达自己的思考结果。培养他们发现数学问题的能力，培养合作交流、应用方法去解决问题的习惯，加强实践操作能力，激发对数学的求知欲。 2. 教材分析 　　本课内容选自新编人教版聋校义务教育实验教科书《数学》四年级下册第一单元第二课。学生在学习"认识面积、面积的常用单位以及用面积单位度量"的基础上，学习计算长方形面积。 　　本课课文页面是问题操作场景图，共 3 幅图表"同学讨论""操作填表""测量计算"，清晰地表达了学习此课的思路。具体内容为：提出问题，引出本课内容"长方形面积的计算"；3 个同学动手操作，用不同方式得知长方形的面积，接着猜想联系长方形的面积计算方法，通过填写表格、观察计算解决问题，推理长方形面积与长、宽的关系，验证概括出公式"长方形的面积 = 长 × 宽"；最后再测量，应用公式计算图形面积。 　　练习部分有两类问题：一类是求给出的长方形图形的面积；二类是文字题，解决简单问题。
二、 学情分析	本班学生共 11 名，主要为听力障碍学生，其中部分学生伴有智力或语言的多重障碍。根据学生的先备学习和障碍情况，将本班学生分为 ABC 三层，以便在教学目标和课堂内容安排上进行分层教学。 　　A 层学生（小政、小峰、小春、小明）：有部分口语能力和听力；小峰、小春、小明能理解长句，小政能正确、熟练地计算；4 人均可以自行观察思考，跟着老师进行推理。 　　B 层学生（小永、小琴、小鑫、小富）：小永、小琴有残余听力，能理解简单短句，在老师的提示下进行思考和表达，能正确地计算；小鑫、小富基本没有口语能力和听力，语文能力弱，难以理解复杂句子，计算缓慢，但能完成合作，可以跟着老师操作观察，推理出部分信息。 　　C 层学生（小玉、小周、小志）：3 人是智力障碍学生，语言能力和认知能力弱，只能说简单短句，需要借助老师的提示完成表述；小玉、小志需要在协助下完成操作、推理，能进行计算；小周要在列式或竖式辅助下进行推理和计算。 　　先备技能 　　方法储备：已具备了观察操作、迁移的学习方法，有小组合作的活动经验。 　　知识储备：掌握了"长方形的周长与长、宽的关系""面积"的基本知识，能熟练进行两位数的乘法运算。
三、 教学目标	1. 知识目标： 　　A 层学生（小政、小峰、小春、小明）：探究、总结长方形面积的计算公式，会运用公式计算长方形的面积。 　　B 层学生（小永、小琴、小鑫、小富）：在合作或协助下理解长方形面积的计算公式，在引导下运用公式计算长方形的面积。 　　C 层学生（小玉、小周、小志）：通过"数一数"的方式或者在引导下记住长方形的面积公式，会用直接代入法计算长方形的面积。

三、教学目标	2. 过程与方法：通过观察、操作、合作探究等活动，让学生亲历长方形面积公式的推导和计算运用过程。 3. 问题解决：学会自己实践或与他人合作、交流，解决长方形面积的计算问题，体会知识形成的过程。 4. 情感目标：培养学生观察思考、合作交流、动手操作等学习习惯，激发数学学习兴趣。		

IEP 个别化教育总目标	1. 能根据示范摆放小正方形纸，测量出长方形纸的面积。 2. 通过观察能正确说出长方形的长度、宽度、面积。 3. 能通过提问或计算，归纳出长方形的长度、宽度和面积之间的计算关系。 4. 能正确说出长方形的面积公式"长方形的面积 = 长 × 宽"。 5. 在引导下会推理联系列式与长方形的面积公式之间的关系。 6. 会应用公式计算：已知长方形的长度和宽度，求它的面积。 7. 能按列式计算的正确格式，书写求长方形面积的问题解答。	学生	预设目标	评价（课后）
		小政	1，2，3，4，5，6，7	
		小峰	1，2，3，4，5，6，7	
		小春	1，2，3，4，5，6，7	
		小明	1，2，3，4，5，6，7	
		小永	1，2，3，4，5，6	
		小琴	1，2，3，4，5，6	
		小鑫	1，2，3，4，6	
		小富	1，2，3，4，6	
		小玉	1，2，3，4，6	
		小志	1，2，3，4，6	
		小周	1，2，3，4	

四、教学重难点	重点：长方形面积公式探索、推导过程及其公式的应用。 难点：长方形面积公式的推导过程。

五、教学资源	多媒体课件、长方形纸、小正方形纸、直尺

六、教学方法	教法：图示法、演示法、分层教学法 学法：合作实践、观察归纳、探究学习法

七、教学过程

教学环节	教师活动	学生活动	技术应用
（一）生活导入	1. 前测复习：什么是面积？有哪些常用的面积单位？ 看图说出下列长方形的面积。 	学生回忆回答。 学生观察回答出： （　）平方分米	利用 PPT 课件呈现，插入表格，用大小一致的小正方形合成一个长方形，用已知图形的面积帮助学生快速复习已学的面积知识。

续表

教学环节	教师活动	学生活动	技术应用
（一） 生活导入	2. 引出新课。 提出问题：数学教材封面也是一个长方形，它的面积有多大？ 引出新课：长方形的面积是看不出来的，必须通过实际测量和计算才能知道。怎样计算呢？一起来探索学习"长方形面积的计算"。 3. 板书课题：长方形面积的计算。 4. 手语、口语教读。 言语康复训练：难点发音训练。 首先，老师示范舌头向上翘碰到上颚，两边略卷起，发"ch"音。然后，对不能做到的学生，老师带上手套，用食指触摸学生的上颚，辅助其正确摆放舌头的位置。最后组合发卷舌音"chang"。 （设计意图：前测环节是为了复习本课的先备知识；加入康复训练，使用双语教学，是为了避免听力障碍儿童的口语能力退化，帮助其语言发展。）	（ ）平方分米 观察思考，尝试回答出数学教材的面积。 读课题"长方形面积的计算"。进行言语康复发音训练。	采用压舌板、手套以及音频，帮助学生进行发音训练。
（二） 动手操作， 探索推导	1. 摆一摆：探究长方形的面积与长、宽的关系。 （1）拿出课前准备好的长方形纸，找出它的长度和宽度，思考怎么测量它的面积。 猜想：长方形的周长与长、宽有关，那么它的面积是否也跟长和宽有关呢？有什么关系？ （2）小组合作操作，老师展示摆放情况。 沿着长度5分米、宽度3分米的长方形纸的长边摆放面积为1平方分米的小正方形纸。	学生观察回答每张长方形纸上标注的长度和宽度。在提示下知道可以用面积单位度量。 B层学生合作摆放小正方形纸，填写表单。（小正方形纸样、表单见附件） 观察得出：每排摆放5张小正方形纸，摆放3排，共计15张小正方形纸。	利用多媒体动画，展示学生的摆放方式和过程，还原学生的操作，情境再现，帮助听力障碍儿童直观理解。

教学环节	教师活动	学生活动	技术应用
（二） 动手操作， 探索推导	提问：长几分米？沿着长边一排摆几张？ 宽几分米？沿着宽边横着摆几排？ 一共摆了多少张小正方形纸？ PPT 呈现：5×3 =15（平方分米） 15 张小正方形的面积就是长方形纸的面积。 沿着长方形纸的宽边摆放小正方形纸。 提问：宽几分米？沿着宽边一排摆几张？ 长几分米？沿着长横着摆几列？ 一共摆了多少张小正方形纸？ PPT 呈现：3×5 =15（平方分米） 15 张小正方形纸的面积就是长方形的面积。 （设计意图：在操作中运用图片、具体事物能帮助听力障碍儿童去体会、理解抽象的数学概念和原理，加强他们动手探索的能力。B 层学生展示的是课本案例，选择该案例便于学生对案例进行回顾、学习，也能兼顾学生的差异化。） 2.推导、验证面积公式。 （1）引出公式。 通过两种摆放方式都得出了这张长方形纸的面积是 15 平方分米，这和长方形的长和宽有什么关系？引导学生观察长方形的长、宽和面积的关系。 板书：长方形的面积 ＝ 长 × 宽 　　　　　　 15 平方分米 = 5 分米 ×3 分米	算式：5×3=15（张） 观察得出：每排摆 3 张小正方形纸，摆放 5 列，共计 15 张小正方形纸。 算式：3×5=15（张） 在引导下，学生分别找出长方形纸的长是 5 分米，宽是 3 分米。 A 层、B 层学生：得出算式"15 平方分米 = 5 分米 ×3 分米"。	学生的算式"3×5=15（张）"和 PPT 呈现的"3×5 =15（平方分米）"结合起来，帮助学生理解 15 张小正方形纸的面积就是长方形纸的面积。 利用 PPT 将摆放小正方形纸的实际情况抽象表示为网格形式，帮助学生学会抽象推导长方形纸的面积。

续表

教学环节	教师活动	学生活动	技术应用
（二） 动手操作， 探索推导	小结：长方形的面积正好等于长度与宽度的乘积。即：长（5分米）×宽（3分米）＝长方形的面积（15平方分米）。 （2）举一反三，验证公式。 其他组的同学得出的长方形面积计算关系是一样的吗？一起来计算验证一下。 板书：长方形的面积＝长×宽 　　　⋮　　　⋮　　⋮ 　　15平方分米＝5分米×3分米 　　12平方分米＝4分米×3分米 　　6平方分米＝3分米×2分米 归纳公式：3个长方形的面积计算都是这样的算式，长方形的长度乘以它的宽度等于它的面积，即：长方形的面积＝长×宽。 （3）手语、口语教读公式。 老师带领学生一起读这个公式。 言语康复训练：观察学生的舌头向上和两边略卷起的情况；对不能发"ch"音的学生，老师的手指向上指，提示学生舌头位置；最后，组合发卷舌音"chang"。 （设计意图：通过计算不同的长方形的面积，和学生一起归纳长方形面积的公式，验证猜想，体现数学的科学性和客观性。）	C层学生：再观察得出它们之间的计算关系。 A层学生：(小政、小峰、小春、小明） 验证：在长方形纸上摆放了12张小正方形纸，得出它的面积是12平方分米。 C层学生：(小玉、小周、小志) 验证：在长方形纸上摆放了6张小正方形纸，得出它的面积是6平方分米。 学生(小鑫、小富、小周、小玉、小志）齐读公式，分组读、背诵公式。	利用动画和音频，演示口腔言语机转、发音的过程，帮助学生进行模仿发音训练。

教学环节	教师活动	学生活动	技术应用
（三） 公式运用， 解决问题	1. 试一试：运用公式计算长方形的面积。 （1）口答。（PPT 呈现） | 长	宽	面积 | |---|---|---| | 4 米 | 2 米 | | | 7 厘米 | 5 厘米 | | | 10 分米 | 6 分米 | | （2）算一算长 18 厘米、宽 12 厘米的作业本的封面面积。 老师评讲、板书： 18 厘米 × 12 厘米 = 216 平方厘米 18 × 12=216（平方厘米） 2. 备选方案：PPT 出示第 3 题。 学校的篮球场要铺塑胶，它是长 100 米、宽 45 米的长方形。篮球场的面积是多少平方米？ （设计意图：题型由易到难，从图形题到文字应用题，也将知识应用与生活联系。在此环节设置备选方案，是为了预设课堂节奏和教学容量，满足学生的学习需求。）	学生快速口答出结果。（8 平方米、35 平方厘米、160 平方分米） 先读题观察，再解答。 B 层、C 层学生：找出已知条件"作业本的封面长 18 厘米、宽 12 厘米"和问题，背出公式，演示计算。 学生计算，老师评讲。	利用 PPT 课件呈现练习题，一是节约课堂时间，二是预设课堂节奏和教学容量，满足学生的学习需求。
（四） 注意强调	通过计算、观察，发现学生在使用长方形面积计算公式时出现的一些问题，总结强调几个注意事项，提醒学生注意易错点。 小结：长方形的面积要用面积单位度量，通过公式进行计算。学生可以选择自己喜欢或适合自己的方法，计算长方形的面积，比如教室墙面的面积、地板瓷砖的面积等。 （设计意图：听力障碍儿童的遗忘速度快，容易忽略细节，在练习和应用长方形面积的公式后，总结注意事项和易错点，能帮助其巩固知识。）	根据 PPT 呈现内容，学生重点认识易错点。	利用 PPT 进行回顾，让学生从整体上认识易错点，并学会归纳总结。
（五） 布置作业	A 层学生完成教材的练习二的题目 1、2、6。 B 层、C 层学生完成教师设置的题单。		

续表

教学环节	教师活动	学生活动	技术应用
（六） 板书设计	18 厘米 （长方形图，标注 12 厘米） 18 厘米 × 12 厘米 =216 平方厘米 18 × 12=312（平方厘米）	长方形面积的计算 长方形的面积 = 长 × 宽 15 平方分米 = 5 分米 × 3 分米 12 平方分米 = 4 分米 × 3 分米 6 平方分米 = 3 分米 × 2 分米	
（七） 教学反思	数学教学的内容是枯燥的，但是数学课堂可以丰富多彩。数学源于生活，生活中蕴藏着数学。新教材重视学生动手操作的能力，让学生去探索发现，激发学生的学习兴趣，调动学生的积极性和主动性。在充分理解课标和教材后，教师以获取知识为基础，以提升能力为目标，贴合现代数学教育的价值取向，采取学生动手操作和小组合作探究的教学方式来设计本课教学。 1. 本课以学生动手为主要学习方式，让学生由被动学习变为主动探索，变负担学习为快乐学习。教师采用"提出问题——猜想——合作探究——引导验证——解决问题——运用知识"的流程，教学环节环环相扣，并在练习中总结易错点，为学生提供解决问题的在线学习平台，培养学生解决问题的能力。 2. 充分发挥学生的主体地位。学生是课堂的主角。使他们获得知识和学习能力是课堂教学的最大目的。以学生探究为主、教师引导为辅，充分激发学生的求知欲，变被动学习为主动学习，让教师省力，学生省时。 3. 分层设计。从学情分析、目标设置、探索推导公式到作业布置，对能力不同的学生进行分层教学，用适合的方式让学生在自身能力的基础上获得最大发展。 4. 分组合作探究。学生按能力层次、障碍情况分成两人一组。教师引导学生分析、归纳、总结，猜想、归纳长方形的长、宽和面积之间的关系，让学生亲历长方形面积计算公式的推导过程。通过这样的分组合作探究，使学生懂得在学习中要相互协作，培养学生的动手能力、分析问题的能力、归纳概括的能力以及解决问题的能力。 5. 学以致用，联系生活。在练习题中穿插图形题和生活类问题，让学生用公式去解决问题，将知识迁移到生活中，引发他们思考生活中的数学。这一点尤为重要。		

认识公顷

姓　名	孔巧英	学　科	数学
单　位	绍兴市聋哑学校	年　级	四年级

一、 教材分析	《认识公顷》是一个大面积的概念教学，是概念教学的"扩展"。公顷是一个较大的土地面积单位，是学生已经认识的平方米这一面积单位的扩展。让学生感受、体会1公顷的实际大小，在头脑中建立1公顷的表象单位是本课的重点也是难点。因此，在教学中，一方面要打通知识间的联系，让学生初步产生公顷是一个较大面积单位的印象，其次要通过多种活动让学生认识、体会到一公顷的实际大小，最后，还要让学生结合实际生活思考相关占地面积用什么单位比较合适，让学生在知识运用中对公顷这一面积单位加深印象。
二、 设计理念	数学来源于生活并运用于生活，所以本课中的学习素材更多地选自学生相对熟悉的生活经验；知识是一个系统，数学知识之间更是有严密的逻辑关系，因此教学中在各个环节注意打通新旧知识的联系，帮助学生更好更快地学习新知识；学生是学习的主人，本课中，组织了多种活动让学生体会"公顷"，把学习的主动权还给学生。总之，教学不仅仅是一种"告诉"，它更是一种探究，一种体验，一种激励与唤醒。
三、 教学目标	1.使学生知道常用的土地面积单位公顷，通过实际观察、推算、想象，体验1公顷的实际大小，建立1公顷的表象；知道1公顷=10000平方米，会进行简单的单位换算。 2.能应用面积公式和有关面积单位换算的知识解决一些简单的实际问题。 3.通过"化大为小，以小见大"的方法建立事物间的紧密联系，使学生在学习中感受数学与生活的联系。
四、 教学 重难点	重点：体验1公顷的实际大小，发现平方米和公顷之间的进率。 难点：正确建立1公顷的表象。
五、 教学准备	课前带学生去走一走操场、走一走校园，感知这些地方的大小。

六、教学过程

教学环节	教师活动	学生活动	技术应用	设计理念
（一） 打通知识 联系，初识 "公顷"	1.联系生活。 师：在以前的学习中，我们认识了哪些面积单位？我们生活中常见到的这些，分别接近多少面积，用哪个面积单位合适？	学生认真看课件出示的图片，并对照自己的手指甲、手掌等思考并回答问题。	多媒体课件出示指甲盖、大人手掌、小黑板、操场等图。	通过引入学生常见的生活素材，联系起新旧知识，引发学生的认知冲突，唤起了学习新的更大的面

续表

教学环节	教师活动	学生活动	技术应用	设计理念
（一） 打通知识联系，初识"公顷"	2. 揭示课题。 师：是的，指甲盖、大人手掌、小黑板、操场面积分别大约是1平方厘米、1平方分米、1平方米，这几个面积单位的进率都是100。这个体育馆的操场比较大，我们要用到新的面积单位——公顷，今天我们就一起来了解1公顷有多大，它和平方米之间的进率是多少。 教师板书课题。	学生对照出示的面积单位图形巩固1平方厘米、1平方分米、1平方米的表象。 学生跟读、朗读课题。	随着学生回答分别出示实际边长为1厘米、1分米、1米的正方形学具或图形。	积单位"公顷"的需要，从而自然引入到新课的学习，唤起了学生已有的生活经验（知识）和对学习新知识的兴趣。
（二） 开展多种活动，感知1公顷的大小	1. 引导猜想，激发学习兴趣。 师：1平方厘米、1平方分米、1平方米的面积单位，我们习惯用边长分别为1厘米、1分米、1米的正方形来表示，大家猜一猜，边长多少的正方形，面积是1公顷呢？ 2. 明确1公顷的大小，发现进率。 教师指出：边长是100米的正方形（土地），面积是1公顷。 学生计算后教师根据学生的回答板书：1公顷=10000平方米 师：反过来10000平方米等于多少公顷？从中说明了什么？ 3. 体会1公顷的大小，建立表象。 （1）看一看：我们同学去过城东体育馆开运动会，它的跑道是400米。400米跑道围起来的那部分的面积大约是1公顷。 （2）想一想：请你闭上眼睛回忆一下400米跑道围起来的那部分面积的样子。 （3）说一说：现在谁来说一说"1公顷"的面积给你什么感受？ （4）算一算：边长10米的正方形，面积是多少？几个这样的正方形，面积是1公顷？	学生自由猜想。 学生计算：1公顷等于多少平方米。 学生回答：1公顷。 学生回答：进率是一万。 学生认真听讲。 学生闭眼回忆。 学生自由发言。 学生口算、思考。	课件出示体育馆操场图。 课件展示：在操场图片上框出一个边长为100米的正方形，标注"1公顷"。 课件上标示出城东体育馆跑道围起部分。	联系旧知大胆猜想，是学习的重要方法，也是科学研究的重要途径。 通过课件，在学生熟悉的体育馆操场框出1公顷的土地，很直观，使学生有了初步的印象。 通过看一看、说一说、想一想、算一算、围一围、比一比等多种活动，调动学生的手、口、脑等多种感官的参与，让学生更深刻地体会到"公顷"的内涵，有助于学生较好地建立"公顷"的表象。

教学环节	教师活动	学生活动	技术应用	设计理念
（二）开展多种活动，感知 1 公顷的大小	（5）围一围：请小朋友到操场拉绳围出一个边长是 10 米的正方形，并想象 100 个这样正方形的大小就是 1 公顷。 （6）比一比：你觉得我们学校的占地面积比 1 公顷大还是小？老师告诉大家，我们学校的占地面积是 5420 平方米，所以，1 公顷大约有（　）个这样的学校那么大。 4. 联系生活解决问题，巩固表象。 （1）四年级（1）班教室长 9 米，宽 6 米，教室的面积是多少平方米？多少个我们这样的教室面积大约是 1 公顷呢？ （2）我们学校的操场长 50 米宽 20 米，面积是多少平方米？多少个这样的操场面积是 1 公顷呢？	学生到操场围成一个边长为 10 米的正方形，体验 100 平方米的大小，想象 100 个这样大的正方形大小。 学生联系所学知识大胆猜想并估算。 学生计算，困难的可笔算。	带学生到操场，提供卷尺和绳子，提示学生在四角站定，帮助学生在四边测量出 10 米的距离，并拉起绳索，围成一个正方形。 引导学生得出估算方法。	联系生活实际，让知识应用于生活，不仅能更好地巩固知识，也能激发对数学的兴趣。
（三）多形式练习，强化"公顷"的认识	1. 请学生口答，并说说是怎么想的。 70000 平方米＝（　）公顷 6 公顷＝（　）平方米 小结：把平方米作单位的数量改成公顷做单位的数量时，可以理解有几个一万。 2. 请学生独立完成，再交流校对。 7 公顷＝（　）平方米 10 公顷＝（　）平方米 60000 平方米＝（　）公顷 200000 平方米＝（　）公顷 3. 在括号里填上合适的面积单位。 （1）一间教室的占地面积约为 56（　）。 （2）足球场占地面积为 5000（　）。 （3）北京天坛公园占地面积为 273（　）。	学生口答。 学生独立完成后校对订正。 学生口答。	对有困难的学生提示公顷与平方米的进率。 课件出示相应图片和数据，便于学生估算。	练习既有口答（第 1、3 题可口答），也有提笔独立完成的学习任务；既有简单计算（第 1、2 题），又有对生活中实际问题的解决（第 3、4 题）。同时，训练学生用语言表达思维的过程，对巩固本课的知识重难点、提高学生数学思维和语言表达能力起到了一定的作用。

续表

教学环节	教师活动	学生活动	技术应用	设计理念
（三） 多形式练习,强化"公顷"的认识	4.先请学生列式计算，再组织交流。 一个游泳池长 50 米，宽 25 米。 （　　）个这样的游泳池面积约1 公顷。	学生在练习本中列式计算，再集体交流。		
（四） 课堂小结，回顾本课知识	师：这节课我们认识了公顷，你能用自己的话说一说 1 公顷的大小吗？你有哪些收获？	学生看板书回顾本课知识并尝试总结。	在黑板上用彩色粉笔突出本课知识要点。	及时的回顾总结有利于学生巩固知识，提高归纳总结的能力。

面积的认识

姓　名	宁艳丽	学　科	数学
单　位	山西省长治市特殊教育学校	年　级	四年级

一、 教材分析	《面积的认识》是人教版聋校义务教育实验教科书《数学》四年级下册"面积"的教学内容之一，是聋校学生学习数学的难点内容，也是学习其他图形面积的重要基础。新教材的编写特别重视学生的生活经验及学生动手操作和合作探究能力的培养，教材通过呈现学生熟悉的教室场景，将学生身边的事物作为学习素材，让学生从观察一些物体的表面入手，明确"面"的概念，建立有关面积的正确表象。然后设计有效的活动，调动学生多种感官参与教学，让学生通过观察思考、合作交流等方法比较两个面的大小，进而形成对"面"的大小的直观感受，以达到对面积概念的理解。
二、 学情分析	本节课的教育对象是四年级听力障碍学生，从学生本身特点看，直观感受力强，形象思维优于抽象思维，希望探索新事物，但由于年龄、性格、听力程度等方面存在显著的个体差异，所以在动手操作、合作探究方面会存在一些困难；从知识起点上看，"面积"这一概念是一个新的知识点，虽然已有周长概念的学习作为知识支撑，但两者容易混淆，对学生学习面积或许会有负迁移；从生活经验上看，学生身边中的"面"随处可见，再加上他们已对一些平面图形的特征有所了解，为学习面积的概念奠定了基础。
三、 设计理念	"面积"是学生从一维到二维空间飞跃的重要起始教学，具有很强的抽象性，学生理解起来相对困难。在进行设计时，我以新课程教学理念为依托，以新编教材的编排意图为导向，紧密结合学生生理特点、知识基础和生活经验，创造性使用教材，单独用一个课时对面积概念进行教学。教学中不仅关注学生知识与技能的掌握，更注重了解和激发学生对知识的探究欲望，为他们提供充分从事数学活动的机会，将静态的教学内容通过创造设计成动态过程，坚持动脑思考与动手操作并用，坚持学生与教师互动，使学生在自主探索和合作交流的过程中实现面积的知识建构，理解和掌握面积的概念。同时，为学生营造民主、和谐、快乐的课堂氛围，使学生获得合作成功、积极发现的情感体验，真正成为学习的主人。
四、 教学目标	知识与技能：结合生活实例，通过具体操作，使学生初步理解面积的概念，学会用不同的方法比较物体表面和平面图形的大小。 　　过程与方法：在观察、操作、辨析等活动中，经历面积概念的形成过程，体验比较策略的多样性，发展学生的思维能力。 　　情感态度与价值观：体会数学与生活的密切联系，锻炼数学思考能力，发展空间观念，激发进一步学习和探索的兴趣。
五、 教学 重难点	重点：通过看、摸、找、比、说等活动掌握面积的概念，初步学会比较物体表面和平面图形的大小。 　　难点：自主探究比较面积大小的方法，提高动手实践、合作交流的能力。

续表

六、 设计思路	在认真分析教材后，结合学生生理、心理及认知特点，我把本节课的设计思路安排如下： 　　1. 画、涂"五星红旗"——树立学习自信，渗透思想教育，激活学生思维，剥离"周长"与"面积"，初步感知面积的大小。 　　2. 实践体验——动脑动手，在观察、思考、操作中理解面积概念。 　　3. 比较面积大小——层层深入，在由易到难的游戏任务驱动下，深化意义理解，并提出有价值的新问题。
七、 教学方法	使学生通过看、摸、找、比、思、做等一系列数学活动完成对知识的认识、理解、归纳。
八、 教学具 准备	多媒体课件、实物五星红旗、长方形和正方形等图形纸片

九、教学过程

教学环节	教师活动	学生活动	技术应用
（一） 创境激趣， 初步感知 面积概念	1. 画"五星红旗"，组织教学，激发兴趣。（课件出示五星红旗） 师：同学们看，这是什么？对，五星红旗！2021年是中国共产党成立100周年，老师知道同学们都是画画高手，现在谁愿意画出五星红旗作为礼物，献给我们伟大的党？（要求学生在指定范围内画出两面大小不一的五星红旗） 2. 涂颜色，剥离"周长"与"面积"。 （1）要求学生用蓝色粉笔分别描出两面五星红旗的边，同时提出问题：在数学上，两位同学描出的每面五星红旗的蓝色部分的和叫什么？（周长） （2）要求学生按老师指令为两个图形的"面"涂上红色，看谁先涂完？（直观感知面有大、小之分） （3）讨论：为什么左边的同学先涂完？ （4）根据学生完成情况，提出问题："在数学上，两位同学涂的红色部分分别叫作什么？"（面积） 3. 提问：你所理解的面积是什么？	全体学生观看课件回答问题。（五星红旗） 两名学生上台按要求在指定范围内画出五星红旗，其余学生做出评价。 两名学生上台分别描出五星红旗的边，全体学生回答问题说出周长。 学生上台按要求完成涂色部分，其余学生以同桌为单位，通过简单交流答出"左边五星红旗的面大，右边五星红旗的面小"。 在老师引导下举手发言说出"面积小"。 结合自己已有的知识基础和生活经验自主举手发言，说出对面积的理解。	利用多媒体课件，呈现动态的五星红旗，既吸引了学生注意力，又激发了学生的思想情感，有利于组织教学。 画"五星红旗"，树立了学生自信，激发了学习兴趣；涂色游戏，剥离了周长与面积，分散了难点，并且直观感知了面有大小，明确了方向，初步感知了面积的概念。

教学环节	教师活动	学生活动	技术应用
（一） 创境激趣， 初步感知 面积概念	4.导入：同学们了解得可真多！刚才我们描出的蓝色部分是五星红旗的周长，两位同学涂的红色部分是五星红旗的面积。（结合图形边用手比画边描述，将周长与面积的具体部分重点表示出来）现在我们就一起去研究有关面积的知识。 （1）板书：面积的认识。 （2）读课题，教学"面积"手语。	在老师指导下学习"面积"手语，手势语与口语结合读出课题。	
（二） 实践体验， 进一步理解 面积概念	1.观察实物，明确物体表面的面积。 （1）摸一摸 说一说。 ①带领学生一起摸一摸手掌的面、数学书的封面、黑板的面，说一说有什么感觉？(预设：摸黑板面时注重引导学生自主体会出手掌的面和黑板的面最大的不同便是大小不同) ②揭示：黑板面的大小就是黑板的面积。（要求跟读，注意手语的指导） ③再次出示五星红旗： 引导说出：五星红旗面的大小就是（五星红旗面的面积）。左边五星红旗的面积大，右边五星红旗的面积小。（对学生回答进行评价并随引导内容做出板书） （2）找一找 比一比。 ①学生活动：你能在周围找到一些物体的面吗？把你找到的面介绍给大家。（注重面的介绍及对学生所做介绍进行针对性评价，如生：操场面的大小就是操场面的面积。师：你的眼界可真开阔，居然找到了这么大的面……） ②提问：说一说操场的面和黑板的面谁大谁小？ 点拨：操场的面比黑板的面大，也就是说操场面的面积比黑板面的面积大。	在教师引导下，全体学生一起触摸手掌的面、数学书的封面、黑板的面，说出"黑板的面最大，手掌的面最小"。 全班学生用手语跟读"黑板面的大小就是黑板面的面积"。 自主举手发言跟随手势语说出"五星红旗面的大小就是五星红旗面的面积。左边五星红旗的面积大，右边五星红旗的面积小"。 全体学生在自己的周围寻找物体的"面"，自主举手发言介绍自己发现的"面"。 回答问题说出"操场的面大，黑板的面小""操场的面比黑板的面大"。	数学来源于生活。抓住新知识的生长点，将身边事物作为教学资源，调动学生多种感官，通过找、摸、说、看、讨论交流等一系列教学活动，进一步理解面积的概念，同时也体会了身边的数学知识无处不在。 利用 PPT 将知识的形成过程呈现总结出来，帮助学生理清知识脉络，迁移应用，将知识

续表

教学环节	教师活动	学生活动	技术应用
（二）实践体验，进一步理解面积概念	追问：黑板面的面积和数学书封面的面积相比呢？你还能说出哪两个面积大小不一的面？（注重引导学生表述语言的完整性和准确性） 引导小结：像我们刚才摸到的、找到的各种物体的面我们把它们统称为"物体的表面"，并且它们的表面有大有小。那么这些物体表面的大小叫作它们的面积。（结合课件完成） 2. 合作交流，认识平面图形的面积。 师：如果我们将这些物体的面转化成图形，你还能找到它的面积吗？ （1）找一找 摸一摸。 出示学具三角形、圆形图片，同桌互相找一找、摸一摸不同图形面积的大小。 （2）请你来做"小老师"。 师摸出三角形的周长，要求学生做出判断。 （3）摸一摸 说一说。 要求：指名上台，向大家介绍自己图形的面积。 点拨：强调边用手比画边描述。 （4）引导自主总结：请你说一说什么是平面图形的面积？ 3. 引导归纳 得出结论。 （1）讨论交流：你认为什么是面积？ （2）归纳小结：物体的表面或围成平面图形的大小，就是它们的面积。 （3）师：你认为面积主要是研究物体表面或平面图形的什么？	回答问题后，自主举例，跟随手势语尝试用完整的语言表述两个面的大小的比较。 通过自主实践，结合老师引导理解概念：物体表面的大小叫作物体表面的面积。 全体学生拿出学具袋中的各种图形，以同桌为单位找、摸不同图形的面积。 认真观察老师的动作演示，说出"老师摸到的是三角形的周长，不是三角形的面积"。 上台示范演示，向同学和老师介绍自己图形的面积。 结合物体表面面积自主总结出"围成的平面图形的大小就是平面图形的面积"。 以小组为单位尝试总结面积概念，小组代表发言。 在老师引导下说出"大小"。	延伸到实际生活，又再一次回归到数学图形，运用知识的同时，也感受了图形的变化美。
（三）比较面积大小，进一步深化面积概念	智慧大闯关（PPT、多媒体视频方式呈现） 要求：比一比每组平面图形面积的大小。 1. 第一关：课件出示三角形和圆形。 （1）比一比它们谁大谁小？你是怎么知道的？（观察法）	 全体学生观察图片，猜测得出：三角形的面积比圆形的面积大。	用PPT呈现图片，学生观察后进行猜测。然后由静态到动态，由易到难，层层递进，通过自主实践，用实物图形进行验证，激发探究欲望，树立学习自信，让学生在解决问题中感受智慧、深化理解。

教学环节	教师活动	学生活动	技术应用
（三） 比较面积大小，进一步深化面积概念	（2）把你手中三角形和圆形的面积指给同学们看看。（任务相对简单，把回答的机会尽量留给学习能力薄弱的学生） （3）请用一句完整的话描述它们面积谁大谁小。（指导描述语言的准确性和完整性） 2. 第二关：课件出示两个长方形。 师：它们两个，谁大谁小？ （1）把你手中两个长方形的面积指给同桌看看。（指名完成） （2）引导通过自主操作运用重叠法比较两个图形的大小。 （3）要求同桌之间用一句完整的话描述它们面积谁大谁小。（指导描述语言的准确性和完整性） 评价奖励：同学们已经顺利闯过了第二关，表现棒极了，老师为你们点赞，现在我们一起放松一下。（播放"团结就是力量"动画视频，时长约一分钟） 观后小结：看来一件事情的成功离不开每一个人的努力，同学们说得好："团结就是力量"，现在我们就以小组为单位合作完成最后一关，加油！ 3. 第三关：出示两个不规则图形。 （1）小组讨论交流：用什么方法能够比较出它们面积的大小？（关注全体，注重组内人员的分配，尽量让每一个孩子都有表现的机会） 预设：由于形状不同，学生用已有的比较法难以比较它们的大小，此时可引导学生拓展思维，自主创新，寻求新方法。 （2）发放学具方格纸，要求利用手中的材料，寻求比较方法。（引导通过合作探究用数方格方法比较两个图形的大小）	全体学生动手实践，自己用图形验证猜想。 举手发言，手势语结合口语完整表述"三角形的面积比圆形的面积大""圆形的面积比三角形的面积小"。 全体学生观察图片，进行猜测。 以同桌为单位探究交流，进行实践验证并用完整性语言描述问题。 全体学生观看动画视频，随后自主举手发言谈观后感。 结合自我感悟，在老师引导下进一步体会合作的重要性。 全体学生观察图片，进行猜测。 以小组为单位探讨交流尝试寻找比较方法，组代表发言。	动画视频的播放，不仅体现了新课程理念下的"乐学"教育，还让学生体会了团队的重要性，为下一步的合作探究埋下了伏笔，激发了学生进一步学习的动力。 PPT图片、动手操作和多媒体演示交互使用，使学生在探索的过程中体验了解决问题方法的多样性，使学生形成了空间观念并提高了逻辑思维能力，深化了对知识的理解掌握。

续表

教学环节	教师活动	学生活动	技术应用
（三） 比较面积大小，进一步深化面积概念	（3）要求各小组汇报交流比较过程及结果。（注重提示学生发言时语言的连贯性） （4）课件演示重现比较过程。	以小组为单位，运用手中学具寻求比较方法。 各小组上台汇报交流讨论结果（一人表述，其他两人结合表述进行操作，合作完成）。 全体学生观看比较过程。	
（四） 回顾总结，提出新问题	说说这节课你都学到了哪些新知识？这些知识你是怎么获得的？（注重对学生发言后的针对性评价，以鼓励为主） 师小结：同学们的表现可真棒，在学习中不管遇到什么问题，都能通过自己的努力和思考找到解决的办法。老师有一个问题，想请同学们帮助解决（出示实物五星红旗），老师也想亲手做一面同样大小的小红旗，售货员说只需要买一张 20 平方厘米的红贴纸就可以了，同学们，这里的平方厘米是什么意思？ 20 平方厘米有多大？（问题以 PPT 形式呈现） 预设：个别学生如果能回答出面积单位，注重对学生的鼓励评价。 师：到底什么是面积单位呢？请同学们下课后自学课本第 5 页，相信你很快就能找到答案。	自由发言小结本节课学到的知识及学习方法。 观察老师手中的五星红旗，结合呈现的 PPT 图片对老师提出的问题进行思考并举手发言。	实物五星红旗和 PPT 呈现的新问题，既巩固了本节课的知识点，又将知识延伸到下节课，进一步激发了学生继续求知的欲望。

内能

姓　名	臧莉莉	学　科	物理
单　位	烟台市特殊教育学校	年　级	九年级

一、 教学内容 分析	本节课是聋校义务教育实验教科书九年级上册物理第十一章第二节的内容《内能》。本节是物理热学部分的一节知识，在热学中占有重要地位。本课的主要知识点是：内能的概念、影响内能大小的因素、改变物体内能的方法。这些知识点既是前面分子动理论的巩固与应用，也是继续学习热学的预备知识，同时这些知识在生产和生活中也有着广泛的应用。本节课的教学属于物理基本概念及探究实验和小组讨论得出基本规律的教学。由于内能的概念是建立在分子运动论的基础上的，分子动能和分子势能均很抽象，所以本课难点是内能概念的建立，以及改变内能的两种方式。为了突破难点，教师引导学生通过复习分子运动论的内容来引入新课，然后通过和物体机械能类比的方式引入内能的概念。通过常见的生活场景图片的提示、引导学生了解内能和温度的关系。通过想想做做提出疑问引发学生思考，再利用一些事例让学生知道改变物体内能的两种方法，进而明确了热量的概念。最后通过形象的实验使学生体验到做功可以使物体内能增加或减少，培养学生实验观察能力和分析实验得出结论的能力，让不同层次的学生都能得到发展和提高。
二、 学情分析	本班共十名听力障碍学生，每一位学生后天听力补偿的效果不同、智力及语言发展、学习能力也有差异，其中张、李、王、陈、赵等听力补偿较合适，智力也非常好，语言发展较好，他们几人不但能牢固掌握所学基础知识，且有较强的理解能力。史、孙、孟、冯等虽然听力和智力一般，接收新知识的能力也一般，但学习态度比较认真，学习积极性比较高，基础知识掌握得较好，学习能力还有待于提高。战某某听力补偿和智力状况稍好，语言表达能力较好，但是学习自觉性和积极性不高学习比较被动，需要加强辅导。本节课教师采用小组合作学习探究模式，将学生分为三个学习小组，每组学生之间既相互帮扶，合作讨论，又相互竞争，共同学习进步。
三、 教学目标	1. 知识与技能： 　　（1）通过演示实验和生活中实例，知道内能的概念，知道内能与温度的关系。 　　（2）能结合实例分析，知道热传递是改变内能的一种方式。 　　（3）知道做功可以使物体内能改变的一些实例，提高学生语言表达与概括能力。 　　2. 过程与方法： 　　（1）通过把内能和机械能作类比，加深对物理概念理解的过程，学会从物理现象中归纳简单的物理规律。 　　（2）通过观察、探究改变内能的实验，体验研究分析问题的过程与方法。 　　（3）通过小组合作探究，培养学生的合作与沟通能力。 　　3. 情感、态度价值观： 　　（1）激发学生的求知欲，保持科学探索的兴趣热情，乐于参与观察、实验，在认识和探索自然的过程中获得成就感。 　　（2）勇于探索自然现象和物理规律，能独立思考、敢于质疑、尊重事实、勇于创新。 　　（3）培养将科学知识和技术应用于日常生活、社会实践的意识和态度，树立正确的世界观，增强振兴中华、将科学服务于人类的使命感与责任感。

续表

四、教学重难点	重点：对内能的理解，改变内能的两种方法。 难点：内能概念的建立，内能与温度的关系。			
五、教学准备	多媒体课件、电子白板、弹簧、粗铜丝、酒精、打气筒、塑料桶、橡胶塞、热水、冷水、墨水、两个烧杯、胶头滴管、空气压缩引火仪、气体做功内能减少实验演示器等			
六、核心手语	热运动 　1. 同"热学"手势。 　2. 双手握拳屈肘，在胸前做扩胸运动。 　3. 双手握拳屈肘，前后交替转动几下。 内能 　1. 左手横立，掌心向内；右手食指直立，在掌心内从上向下移动。 　2. 一手直立，掌心向外，然后食指、中指、无名指、小指弯动一下。 扩散 　双手五指撮合，指尖朝前，手背向上，边向两侧做弧形移动边张开五指。 引力 　1. 一手食指弯曲，指尖朝上，由外向内一拉。 　2. 同"力学"手势。 势能 　1. 双手五指微曲张开，掌心相对，同时向前转动一下。 　2. 同"动能"手势。 内能 　1. 左手横立，掌心向内；右手食指直立，在掌心内从上向下移动。 　2. 一手直立，掌心向外，然后食指、中指、无名指、小指弯动一下。 分子 　1. 左手横伸；右手倒立于左手掌心上，并左右拨动两下。 　2. 一手打手指字母"Z"的指式。			

七、教学过程

教学环节	教师活动	学生活动	技术应用
（一） 复习引入环节	温故知新： 1. 助听设备课前检测： 2. 听辨能力、基本言语功能训练： 教师：同学们，我们先来做一个词语的听辨练习，同学们认真听，然后说一说你听到的词或写到学案上。	学生听辨并复述：动能、势能、机械能，分子热运动，分子引力和斥力。	PPT 课件展示；设问激发探究热情；复习知识同时为后面的学习构建知识平台。

教学环节	教师活动	学生活动	技术应用
（一） 复习引入 环节	3. 知识前测、语言、认知能力训练： 教师提问。 教师：前面我们学习了分子热运动的知识，我们一起来复习一下。首先我们来做一个小实验，将墨水滴入热水中，请同学们认真观察现象。你们看到了什么现象？扩散说明了什么？	学生听辨并回答。 学生观察实验并回答。	
（二） 讲授新知 环节	1. 内能概念的建立。 教师引导生观察动画，类比思考： 物体由于运动具有动能，例如运动的篮球具有动能，那么运动着的分子呢？同样，分子由于运动也具有动能，或者叫作分子动能。被拉伸或压缩的弹簧的各部分之间由于互相吸引或排斥而具有势能。分子之间也存在相互作用的引力和斥力，就像被弹簧连着的小球，当分子间距离增大时，就像弹簧被拉伸一样分子之间表现为引力，当分子间距离减小时，就像弹簧被压缩一样，分子之间表现为斥力，因此分子间也具有势能，但是这个势能我们不叫弹性势能，我们称之为分子势能。由此看来，分子虽然十分微小，也有动能和势能。物体的动能与势能之和我们称之为机械能，那么物体内部分子的动能与势能之和，叫作什么呢？我们给它一个名字就是——内能，我们一起来读一下内能的定义： 物体内部所有分子，其热运动的动能和分子势能的总和，叫作物体的内能。 教师展示内能的手势语。	学生猜测、思考、讨论，各抒己见。 学生齐读内能的定义。 学生学习内能手势语。	Flash 动画展示： 1. 分子热运动。 2. 分子间引力和斥力。 3. 被压缩、拉伸的弹簧各部分之间的力。 PPT 展示"内能"手势语图片。

续表

教学环节	教师活动	学生活动	技术应用
（二） 讲授新知 环节	教师：请同学们用一分钟的时间把内能的定义记下来。 内能的单位也是焦耳，它是不同于物体机械能的另外一种形式的能，它们之间可以相互转化。同学们可以对比来记忆内能。 2.合作探究环节。 设疑1：寒冷的冰山有没有内能? 冰山上冰冷的冰块，虽然温度很低，但其内部的分子仍在做无规则运动，所以它也有内能。一切物质内部的分子都在永不停息地做无规则运动，那么一切物质都具有内能。 分析：一切物体都是由分子组成的，而分子在永不停息地做无规则运动。 结论：一切物体都有内能。 设疑2：大家想一想：一杯冷水和一杯热水的内能大小相等吗?内能的大小与什么因素有关呢? 合作探究、小组展示： 教师把PPT课件切换到教学平台，出示习题和课堂资源。 　判断下列说法是否正确： （1）物体内部大部分分子的动能和势能的总和叫内能。（　　） （2）0℃的物体的内能为0。（　　） （3）同一个物体，温度越高，内能越大；温度越低，内能越小。（　　） （4）一个物体运动越快，分子动能越大。（　　） （5）静止的物体，它的分子没有动能。（　　） 设置抢答、随机答题模式，提高学生兴趣，师生互动，展示学生答题情况和正确率统计结果。 教师点评讲解。	学生讨论、回答。 学生合作探究，小组展示。 学生用平板电脑答题并提交答案。（切换抢答模式、随机答题模式）	PPT课件展示冰山图片并出示问题。 Flash动画展示：温度越高，分子的扩散过程越快，分子做无规则运动越剧烈。 把PPT课件换成教学平台，出示习题和课堂资源。设置抢答、随机答题模式，提高学生兴趣，师生互动，展示学生答题情况和正确率统计结果。

教学环节	教师活动	学生活动	技术应用
（二） 讲授新知 环节	3. 探究改变内能的方式。 温度越高，分子做无规则运动越剧烈，分子的动能就越大，因此分子的内能就越大，所以说物体的内能跟物体的温度有关，温度越高，内能越大。怎么来改变物体的内能呢？下面我们通过一个具体的例子来想一想改变物体内能的方法。 设疑：怎样改变一根铁丝的内能？ 教师：我这儿有一根铁丝，同学们能想出哪些办法使铁丝的温度升高呢？ 学生讨论回答后，教师总结。同学们刚才说了很多方法，有很多方法连老师都没有想到，希望大家以后都要养成勤于观察、善于思考的好习惯。大家说的这些方法，其实可以分为两类，我们一起了解各自特点：第一类是把铁丝和高温物体放在一起，使铁丝温度升高。而第二类则是对铁丝做功，从而使铁丝温度升高。我们把第一类改变内能的方法称为：热传递。 在热传递的过程中，传递的能量的多少叫作热量。请同学们在课本上画出热量的定义，一起来读一下。 教师：热量的单位和功的单位一样，同学们还记得功的单位是什么吗？ 学生回答后，教师总结，热量的单位和功的单位一样是焦耳，符号是 J。 在热传递的过程中，物体吸收热量，内能增加，放出热量，内能减少，我们通过一个具体的实例来分析一下。 （1）冬天，用热水袋取暖。教师引导学生分析第一个，其余两个让学生上台分析。 （2）夏天，可乐中加入冰块降温。 （3）发烧时，用冰贴（退热贴）贴在额头处降温。	学生思考，讨论探究方法；每个学生上台把自己提出的方法板书在黑板上。 学生齐读热传递定义。 学生回答功的单位。 学生看图分析实例。说出实例中内能传递的方向。	PPT 课件出示问题：怎样改变一根铁丝的内能？ 课件出示热传递的定义、热量的单位。 PPT 课件出示生活中热传递改变内能的实例图片 1、2、3。

续表

教学环节	教师活动	学生活动	技术应用
（二） 讲授新知 环节	下面大家看图示现象，分别是通过什么方式改变物体的内能？ 展示钻木取火、搓手、玩滑梯的图示。 师：从这三个生活中的例子，我们能得出什么结论？ 对物体做功，物体内能增加。	学生看图分析实例。得出结论：对物体做功，物体内能增加。	PPT 课件出示生活中做功的案例。
（三） 演示实验	1. 实验演示 1：空气压缩引火仪——对物体做功，物体内能增加。 一个带有活塞的厚玻璃管（空气压缩引火仪）中放入一小块棉花，用力快速按下活塞压缩空气，会看到什么现象？为什么？ 如果物体对外做功，内能会如何变化呢？下面我们再来看一个演示实验。 2. 实验演示 2：气体做功内能减少实验。 一个塑料桶，上面有一个小孔，用橡皮塞堵住，下面可以和橡胶管连通，橡胶管接上打气筒，往桶内滴入几滴酒精，塞上橡胶塞，用打气筒往桶内打气，认真观察实验现象，你看到了什么现象？ 教师引导学生分析实验现象：雾是怎么形成的呢？瓶内的酒精蒸气液化成的小液滴形成了雾。我们知道气体液化的条件是温度降低，这说明，瓶内的空气温度降低了，温度下降，说明瓶内气体的内能减少了。那么气体的内能为什么会减少呢？我们看到橡胶塞被推了出去，是谁把它推出去的呢？ 学生回答，教师总结：空气对橡胶塞做了功，而同时，空气的温度降低了，于是内能减少了，由此我们可以得出什么结论呢？ 3. 教师：很好，我们来总结一下，做功的过程中内能的改变。对物体做功，物体的内能增加；物体对外做功，本身的内能减少。	学生录像、观察实验，并讨论回答：按下活塞压缩空气，对空气做功，空气的内能增大，温度升高，达到棉花的燃点，导致棉花燃烧。 学生认真观察实验并回答看到的实验现象：看到橡胶塞喷了出来，桶内出现了雾。 把 PPT 课件换成教学平台，学生讨论、分析实验现象：白雾的成因。	变内能的实例图片 1、2、3。 PPT 课件出示实验器材、操作过程。

教学环节	教师活动	学生活动	技术应用
（三） 演示实验	请同学们联系生活，列举生活中做功改变内能的实例有哪些？ 做功改变内能是机械能和内能间的转化，而热传递改变内能是物体间内能的转移。	学生总结：物体对外做功，本身的内能会减少。 学生联系生活，举例。	教师实验时学生用平板电脑录像并投到屏幕中减速观看棉花燃烧瞬间。
（四） 随堂检测	学生用平板电脑答题并提交答案，教师点评讲解。设置抢答、随机随堂检测（巩固练习，内化提高，首尾呼应）教师把 PPT 课件换成教学平台，出示习题和课堂资源。 （1）冬天，人们来回搓手，手会感到暖和，这是利用_____方式增加了手的内能；用嘴对着双手"呵气"，手也会感到暖和，这是利用_____方式增加了手的内能。在热传递的过程中，传递的能量的多少叫作热量，物体吸收热量时，温度_____，内能_____；放出热量时温度_____，内能_____。 （2）下列现象属于用热传递的方法改变物体内能的是（　　　） A. 锯木材，锯子发热。 B. 太阳能热水器水箱中的水被晒热。 C. 行驶的汽车，轮胎会变热。 D. 划火柴，火柴燃烧。 （3）下列说法正确的是（　　　） A. 物体运动越快，它的动能越大，内能就越大。 B. 静止的物体没有动能，但有内能。 C. 物体内能增大，一定是有物体对它做了功。 D. 物体温度升高，一定是从外界吸收热量。	学生用平板电脑答题并提交答案，教师点评讲解。设置抢答、随机答题模式，提高学生兴趣。	把 PPT 课件换成教学平台，出示习题和课堂资源，展示学生答题情况和正确率统计结果。
（五） 课堂小结	小结： 说一说本节课我们有什么收获？	学生总结本节课知识点。	

续表

教学环节	教师活动	学生活动	技术应用
（六） 板书设计	一、内能 　物体所有分子热运动的动能和分子势能的总和。 二、内能改变的方式 　　A.放在太阳下晒； 　　B.在石头上摩擦； 　　C.放在热水中烫； 　　D.用力反复弯折； 　　E.放在手中捂； 　　F.用锤子敲； 　　G.放在火上烧 热传递　（热量）　　　做功		
（七） 布置作业	1.作业本：课本第九页，动手动脑学物理1～4题。 2.本节知识点整理到定义本。		
（八） 教学反思	内能是比较抽象的物理概念，在引入物体内能的时候，教师采用宏观物体的机械运动中具有的机械能为背景，提出"分子的运动也具有能量吗？"从而引出物体的分子的运动而具有的能量。物体的机械能包括动能和势能，物体的内能当然也就包括分子的动能和势能两个方面，动能跟分子的运动的激烈程度有关这点学生很容易从机械能中的动能进行迁移。 　　内能和温度之间的辩证关系，听力障碍学生理解起来存在相当大的难度，为了帮助学生理顺温度和内能之间的辩证关系，教师运用类比的方法，提出问题：同样多的两杯水，一杯冷水，一杯热水，它们的内能一样吗？分子的动能与温度的关系学生能很直观地理解，因为温度越高，分子的热运动就越激烈，学生的感觉就是分子的运动就越快，那么自然就是动能在增加。每一个分子的动能都增大，所有的对同一个物体，温度越高，物体的内能越大。 　　要充分利用内能，就必须设法改变内能，将内能转化为其他形式的能。做功和热传递是改变内能的两种方式，教师引导学生设法改变铁丝的温度，从而改变铁丝的内能。学生分组讨论和实际操作，想出了很多精彩的办法，这也让教师认识到，学生的潜力是无穷的，该放手时就要放手给学生。再引导学生把这些方法分为两类——做功和热传递，介绍二者的定义和特点，通过练习加深理解并巩固，达到了较好的学习效果。		

溶液的酸碱性

姓　名	赵静	学　科	化学
单　位	天津市聋人学校	年　级	九年级
一、 教材分析	本节课是聋校义务教育实验教科书九年级《化学》第十单元《酸 碱 盐》课题1——《溶液的酸碱性》中的内容。溶液的酸碱性是中学化学中的重要知识。本节课，从学生的生活实际出发，学习酸碱指示剂遇酸、碱后的颜色变化，进而根据颜色变化检测溶液的酸碱性。并进一步学习溶液酸碱度的表示法及溶液酸碱性在实际生活中的应用。本节课注重联系学生实际，并针对听力障碍学生的学习特点，采用讲授、动手实验、实操演示相结合的教学手段，帮助学生理解和掌握本课新知。		
二、 学情分析	本班共有 11 名听力障碍学生，都有不同程度的听力损伤，部分学生几乎无法听说。因此，在教学中，我主要采用分层教学法对学生进行个别化教育。主要分为三层：A 层学生，理解、认知能力较强，有一定听说能力，能按要求完成学习任务；B 层学生，理解力一般，但能在教师指导下完成学习任务；C 层学生，学习基础较薄弱，认知和理解能力较差，需要教师和同学更多的指导和帮助。		
三、 教学目标	1. 知识与技能： （1）掌握石蕊、酚酞（酸碱指示剂）遇酸、碱的颜色变化。 （2）会根据酸碱指示剂的颜色变化来检验溶液的酸碱性。 （3）会用 pH 试纸测定溶液的 pH，进而表示溶液的酸碱度。 （4）了解溶液的酸碱性在实际生活、生产中的应用。 2. 过程与方法： 通过探究酸碱指示剂变色的实验过程，学习提出假设、实验验证和分析解决问题的科学方法。 3. 情感、态度、价值观： （1）通过对波义耳酸碱指示剂史实的了解，培养学生崇尚科学的精神。 （2）通过实验验证，培养学生求实、创新的科学态度。 4. 个别化目标： A 层学生：能够实现教学总目标，很好地掌握本课教学知识。 B 层学生：理解实验原理，会用酸碱指示剂检测物质的酸碱性。 C 层学生：知道酸碱指示剂遇酸、碱会变色，能够通过生活经验及所学知识了解常见物质的酸碱性。 5. 通用手语学习目标： 石蕊、 酚酞 、酸碱指示剂等化学专有名词的手语统一规范使用。		
四、 教学 重难点	教学重点： 1. 学会使用石蕊、酚酞等常用酸碱指示剂检验溶液的酸碱性。 2. 掌握用 pH 表示溶液酸碱度的方法。 教学难点： 1. 酸碱指示剂遇酸、碱变色的实验探究，以及对实验结果的分析判断。 2. 正确理解 pH 与溶液的酸碱性的对应关系。		

续表

五、教学方法	讲授法、实验探究法、分组研讨法、观察法、操作演示法			
六、教学准备	多媒体课件、试管、滴瓶等化学实验仪器			
七、教学过程				
教学环节	教师活动	学生活动	设计意图	技术应用
（一）情景导入，激发兴趣	【导入】列举日常生活中常见物质的酸碱性，导入本课学习的第一项内容："酸碱指示剂"。通过观看波义耳发现酸碱指示剂的故事短片，提出问题：1.紫罗兰花遇酸和碱分别变为了什么颜色？2.经过实验研究，哪种物质的变色效果最好？通过以上两个问题的探究，引出石蕊、酚酞两种酸碱指示剂检验物质酸碱性的原理。	【思考回答】思考问题并回答。【观看视频】【问题探究】观看实验视频，并进一步探究问题，得出结论。	1.探究酸碱指示剂检测物质酸碱性的原理，引出本课的第一个教学重点。2.通过观看视频，培养学生严谨、务实的科学精神，体会科学探究过程的艰辛。	1.利用多媒体课件以图片形式展示生活中常见物质，引导学生说一说这些物质的酸碱性。2.通过多媒体软件播放波义耳发现酸碱指示剂的故事短片，激发学生学习兴趣，引出本课教学内容。
（二）实验探究，得出结论	【分析实验】带领学生分析石蕊、酚酞遇酸、遇碱变色探究的化学实验，并依据实验报告（见附件）进行具体实验操作。	【实验】【观察】【探究】根据实验报告，分组做实验，观察实验现象，小组讨论，得出实验结果。	1.学生亲自动手操作完成实验，进行知识探究，观察实验现象，得出实验结论，加深学习印象，更好地掌握新知。2.通过小组合作的方式探究酸碱指示剂变色的实验过程，学习提出假设、实验验证和分析解决问题的科学方法，培养学生求实、创新的科学态度。	通过多媒体课件讲解实验操作过程、注意事项，分析实验原理、现象、结论。帮助学生直观地进行实验探究，发挥听力障碍学生的视觉补偿优势和动手操作能力。
（三）巧妙设疑，逐层深入	【教师提问】我们已经学会如何检测溶液的酸碱性了，那么如何进一步了解溶液酸碱性的强弱程度呢？【探究】观看大屏幕，通过实物图，列举日常生活中常见物质的酸碱性。	【思考】在教师的启发引导下，通过观察研究实物图，掌握用pH表示溶液酸碱性的原理。	1.通过实物图探究与实操演示相结合的讲授方式，帮助学生更好地理解教学内容，落实教学重点。教师适时地启发学生观察、思考、探究、得	1.通过多媒体课件展示物质实物图，分析身边一些物质的酸碱度。

续表

教学环节	教师活动	学生活动	设计意图	技术应用
（三） 巧妙设疑，逐层深入	【启发】层层设疑，逐层推进，导出本课的第二个教学重点："溶液酸碱度的表示法——pH"。 反复分析实物图，分析 pH 与溶液酸碱性的对应关系： pH<7，溶液为酸性； pH=7，溶液为中性； pH>7，溶液为碱性。 【提问】再次启发学生思考：如何测定溶液的 pH，进而引出 pH 试纸的使用操作。 【实操演示】观看操作演示视频，掌握用 pH 试纸测定溶液 pH 的方法。 【启发】启发学生思考，物质的酸碱性在实际生活中的广泛应用。	【观察】通过观看操作视频，掌握用 pH 试纸检测溶液 pH 的方法。 【探究】了解物质的酸碱性在实际生活中的广泛应用，将课堂上的所学知识应用到实际生活中。	出结论，从而突破教学难点。 2. 了解物质的酸碱性在实际生活中的应用，认识化学与人类生活、生产的密切关系，体会学习化学的重要性。	2. 通过视频编辑软件，编辑演示视频，演示用 pH 试纸测定溶液 pH 的方法。让学生直观形象地理解操作原理，掌握操作方法，起到深入浅出的讲授效果。
（四） 趣味练习，巩固新知	【实践活动】根据聋生的学习特点及学生学习基础的差异性，分类设置游戏活动。让学生在轻松有趣的游戏活动中，巩固所学知识，提高学习兴趣。	【动手实践】学生根据游戏的类别及难易程度，分组完成游戏，分数高者获胜。	通过趣味游戏，巩固新知，激发学生的学习兴趣，培养团队合作精神。	运用多媒体教学软件中的课堂活动功能，制作寓教于乐的游戏活动，激发学生的学习兴趣，巩固本课新知。
（五） 布置作业	A 层学生：完成课后习题并负责组织、协调组内同学进行课外实践。 B 层学生：完成课后习题，并参与课外实践研究。 C 层学生：完成课后基础题，并在同学帮助下参与课外实践研究。			
（六） 课后反思	本节课主要注重培养学生的动手实验能力，学生通过实验操作能更直观地理解学习内容。教学中运用了探究法、观察法、演示法等教学方法，启发学生理解新知并掌握其实际应用。学生在学习过程中较好地完成了教师布置的学习任务，并小组合作完成了化学实验，提高了动手操作能力。通过分层教学，不同层次的学生们都达成了教学目标。学生在用所学化学知识解决生活中的问题方面还需要不断强化，课后还需通过练习反复强化巩固所学知识，加深理解。			

续表

教学环节	教师活动	学生活动	设计意图	技术应用
（七） 板书设计	**溶液的酸碱性** 一、酸碱指示剂 石蕊　遇酸——▶变红色 　　　遇碱——▶变蓝色 酚酞　遇酸——▶比变色 　　　遇碱——▶变红色		二、溶液酸碱度的表示法——pH pH: 0 ～ 14 0　　　　7　　　　14 酸性增强　中性　碱性增强	

附件：化学实验报告

化学实验报告

课题	10.1 溶液的酸碱性	实验名称	酸碱指示剂变色探究
小组成员			

实验过程	一、实验内容 探究酸碱指示剂石蕊溶液和酚酞溶液遇酸、碱的颜色变化 二、实验准备 1. 实验药品 待测溶液：白醋、柠檬汁、石灰水、氢氧化钠溶液 酸碱指示剂：石蕊溶液、酚酞溶液 2. 实验器材 试管、滴瓶 三、实验步骤 1. 将 8 支试管分成两组。 2. 向每组的 4 支试管中分别加入少量的白醋、柠檬汁、石灰水和氢氧化钠溶液。 3. 向其中一组试管中加入紫色石蕊溶液，向另一组试管中加入无色酚酞溶液。观察现象。 四、实验注意事项 1. 取液后，滴管不能平放或倒放，以防液体倒流，玷污试剂或腐蚀胶帽。 2. 滴液时，滴管垂直悬空于试管口正上方，不能放入容器内，以免污染滴管，损伤容器。 五、实验现象

待测溶液	加入紫色石蕊溶液后的颜色变化	加入无色酚酞溶液后的颜色变化
白醋		
柠檬汁		
石灰水		
氢氧化钠溶液		

六、实验结论

酸、碱能与指示剂反应，使指示剂显示不同的颜色。紫色石蕊溶液遇酸变_____，遇碱变_____；无色酚酞溶液遇酸_____，遇碱变_____。

培智教育组

我会吃饭

姓　名	李方方	学　科	生活语文
单　位	天津市武清区特殊教育学校	年　级	一年级

一、 教学内容 分析	1. 教学内容： 图文结合学习"吃饭""碗"等字词，用"桌子上有什么"进行仿说训练。 2. 教材分析： 　　《我会吃饭》是培智学校义务教育试验教科书一年级《生活语文》（下册）第二单元"个人生活"的第5课。本课以图文结合的形式展现了吃饭的场景和吃饭所用的餐具。本节课为第一课时，教学重点为认读"吃饭""碗""勺子""筷子"等字词，体会字词的含义；学会倾听与表达，结合情境仿说简单的句子"桌子上有什么"。在教学中，将教学内容与学生的生活认知相结合，尊重和运用学生已有的经验，培养低年级智力障碍学生的倾听、表达与交流能力，用生活化的教学方式，合理运用信息技术，分层落实教学目标，并根据学生的实际认知水平做出弹性安排。

二、 学情分析	本班有8名学生，其中男生6人，女生2人。学生的智力残疾等级多为中重度，其中包括孤独症学生2人，脑瘫学生3人，小儿唐氏综合征学生1人，智力障碍学生2人。虽然班内大多数学生来自农村，家长在教育方面没有很大的投入，语文知识和技能水平参差不齐，但是学生们能积极地参与到教学中。根据学生的实际认知水平，将学生分为三个层次：（以下所有姓名全为化名）

层次	学生姓名	基本情况
A 层学生	小杰、小铭	语言基础较好，能在提示下认读字词，较好地参与学习活动。
B 层学生	小荣、小然、小晨、小凡	能结合相应的图片跟读字词，能够互动完成教学任务。
C 层学生	小莹、小琪	无语言或有发音障碍，在教师的辅助下能跟读或仿说，但效果不是很明显。

三、 教学目标	1. 知识与技能： 　　A 层学生：准确认读字词"吃饭""碗""勺子""筷子"，会用"桌子上有什么"仿说简单的句子； 　　B 层学生：在图文结合的情况下认读字词"吃饭""碗""勺子""筷子"，在教师的辅助下仿说句子"桌子上有什么"； 　　C 层学生：在教师的辅助下指认图片，跟读字词"吃饭""碗""勺子""筷子"，能跟说句子。 2. 过程与方法： 　　整合教材内容与学生已有的生活体验，通过熟悉的"吃饭"情境吸引学生的注意力，运用直观的图片、生动有趣的魔术、多种方式的跟读、认读训练等，循序渐进地引导学生在互动参与中获得语言能力，分层设计练习内容，在"看、摸、读、猜、摆"等活动中关注不同层次的学生的学习体验，从而发展低年级智力障碍学生的倾听能力和简单的表达能力。

续表

三、教学目标	教法学法：直观演示、游戏互动、读词感知、练习巩固、个别辅导。 3.情感态度与价值观： 在规范一年级学生的课堂常规的同时，培养学生正确使用餐具、爱护餐具的好习惯。 4.康复目标： 规范、矫正学生发音；通过触摸、观看等游戏活动训练学生的多感官协调发展。 5.个别化教育目标：

四、教学重难点	认读"吃饭""碗""勺子""筷子"等字词，体会字词的含义； 学会倾听与表达，能较好地仿说句子。
五、教学资源	准备多媒体课件、字词卡片、餐具实物与图片、个别化教育任务卡

六、教学过程

教学环节	教师活动	学生活动	设计意图
（一） 常规训练，激趣导入	1.利用"常规口诀"和"点名字"规范学生的上课习惯。 2.利用学生熟悉的家长微信群中呈现的学生在家吃饭的视频资料，导入新课《我会吃饭》。	能按教师指令安静地坐在座位上，认真倾听自己的名字后回答"到"。 安静地观看视频，看懂并说出视频内容"小琪在吃饭"，进而明确学习内容。	规范低年级学生的课堂常规，将注意力吸引到课堂上来。 运用贴近学生生活的语境激发兴趣，以生活认知唤起学习语文的主动性。
（二） 循序渐进，习得字词	1.结合图片学习字词"吃饭"。 （1）揭示课题后，引领学生多种形式跟读、"开火车读"，认读词语"吃饭"。 （2）课件演示。充分利用学生的不同的吃饭场景，体会"吃饭"一词的含义。	能认真倾听，并按要求跟读、认读字词。 观察不同的"吃饭"情境，充分理解"吃饭"一词的含义。	运用多媒体将学生的实际生活的体验迁移到课堂，拉近语文与生活的距离，有利于激发学生参与学习的主动性。

续表

教学环节	教师活动	学生活动	设计意图
（二） 循序渐进， 习得字词	2. 以"桌子上有碗、勺子、筷子"的语境为依托认读字词"碗""勺子""筷子"。 （1）学习生字"碗"。 ①出示碗的实物，通过触觉、视觉的外在感知认识碗，并指导学生读生字。 ②通过质疑、谈话等方式知道"用碗盛饭、用碗盛汤"，在潜移默化中体会字词的意思。 ③运用课件辅助学生了解"碗"字的由来。 ④出示图文结合的卡片，运用齐读、个别读、点兵点将读等多种形式朗读"碗"字。 （2）学习词语"勺子"。 ①通过提问的方式引出"勺子"。 ②出示实物勺子，要求学生摸一摸，并指导学生读词语。 ③课件演示"勺"字的演变过程，帮助学生识记。通过质疑，联系学生的生活经验，体会词语"勺子"的含义。 ④出示图文结合的卡片，运用齐读、个别读、我点你读等多种形式朗读字词"勺子"。 （3）学习词语"筷子"。 ①运用生活化的图片，请同学们互相帮助想办法回答"用什么吃面条？"在引出词语"筷子"的同时，也体会到字词含义。 ②教师出示实物筷子，请学生仔细观察后说一说"筷子"的用途。 ③出示图文结合的卡片，运用齐读、个别读、抽签读等多种形式朗读词语"筷子"。 （4）小结本课所学新词，对学生的表现予以评价与鼓励。	通过多感官认识碗，并正确跟读"碗"字。 在教师的引导下观看视频，加深对"碗"字的了解。 能按要求正确、清晰、洪亮地读字词（A层学生读词卡，B、C层学生图文结合辅助读）。 联系生活体验，感知字词的含义。 通过直观辨识、摸一摸，感知勺子的特点，并跟读词语"勺子"。让学生联系生活说一说"用勺子做什么"，加深对词义的体会。 能按要求正确、清晰、洪亮地读字词（A层学生读词卡，B层、C层学生图文结合辅助朗读）。 观察图片，通过帮助同学想办法，运用生活经验解决问题，同时也体会到筷子的含义。 摸一摸，看一看，在教师的启发下认识到筷子是长长的，要两根一起用。 能按要求正确、清晰、洪亮地读字词（A层学生读词卡，B层、C层学生图文结合辅助读）。 齐读，巩固所学字词"吃饭""碗""勺子""筷子"。	教学字词"碗""勺子""筷子"的过程中，紧紧抓住低年级学生的兴趣点，在充分运用多媒体的前提下，还将家长微信群、实物、图片、头饰等带到课堂，有效融入生活中的语文资源，使学生在听、看、摸、读等互动体验中循序渐进地习得字词，获得基本的语言能力。

教学环节	教师活动	学生活动	设计意图
（三） 律动放松， 巩固字词	教师播放律动儿歌《吃饭歌》。	按照教师的指令随音乐做律动操，学会倾听，说出儿歌里出现了哪些餐具。	用律动儿歌帮助学生放松，同时对学生进行倾听训练。
（四） 情景体验， 运用字词	创设"兰兰一家去郊游"的情景，让学生在情境中巩固字词，指导学生练习运用"桌子上有什么"仿说句子。 1. 我会听：兰兰一家去郊游，要带好野餐用的餐具，引导学生听词语，找出相应的餐具的图片（或字词卡片）。	认真听兰兰爸爸读餐具字词，找出相应的餐具图片。（A层学生能指认词卡，B层学生能指认图片，C层学生在教师的辅助下指认图片。）	三个巩固练习的设计，遵循着学生由直观到抽象、由易到难的认知发展规律，在缓解学生的注意力疲劳，放松紧张情绪的同时，通过倾听、配对、认读等活动，关注不同层次学生的认知需求，有效反馈对新知的掌握情况，促进教学目标的达成。在"摆餐具"的实景体验中运用字词进行表达，不仅可以发展学生完整、具体表达的能力，还有助于保持学生学习语文的乐趣。
	2. 我会读：找好餐具后，要将餐具放到盒子里，指导学生读词语，然后练习图词配对。	通过认读字词，并进行图词配对，进一步检验学生对字词的掌握情况（A层学生能正确读词语并进行配对，B层学生在图片辅助下读词语并进行配对，C层学生在教师的辅助下跟读字词）。	
	3. 我会说：利用兰兰一家午餐时需要摆餐具的情境，请同学们帮助兰兰摆餐具，引导学生练习运用"桌子上有什么"仿说句子。	认真听，明确情景体验的要求，根据学生层次的不同分别进行仿说练习： ①桌子上有碗（勺子、筷子）。 ②桌子上有碗、勺子、筷子。 ③桌子上有……	
（五） 小结评价， 布置作业	1. 评价、小结学习情况。 2. 布置作业，结束本课。	1. 梳理本节课所学知识。 2. 作业：和家长一起读一读"吃饭""碗"等四个字词，并练习用"桌子上有什么"说完整的话。	教学之初，将生活认知引入语文课堂；教学结束，再一次将语文课堂回归到生活，遵循了课程标准中源于生活、用于生活的理念，促进智力障碍学生的语文素养的初步形成。

续表

教学环节	教师活动	学生活动	设计意图
（六） 板书设计			

男生女生不一样

姓　名	林婷婷	学　科	生活语文
单　位	广州市黄埔区启智学校	年　级	一年级

一、 教材分析	本课为一年级上册第二单元个人生活中的第五课"男生女生"。本篇课文能帮助学生了解男生女生的基本特征，并初步了解自己的性别，学习区分男和女。对男生、女生有初步的感知和概念，初步建立性别意识。课文还展示了男厕、女厕标志和对应的男生、女生图片，引导学生学习字词"男""女""男生""女生"。
二、 学情分析	本班共有 12 名学生，10 名男生，2 名女生，包括 4 名发育迟缓学生（曾、张、魏、郑），4 名唐氏综合征学生（杨、卢、刘、朱），4 名孤独症学生（童、邢、陈、何）。学生能力水平及性格特点差异较大，共同点为对音乐、视频、零食强化物等感兴趣，不同点主要表现在粗大动作、精细动作、沟通、认知、生活自理和情绪行为 6 大方面。根据学生的认知、语言等能力分成以下几组： 　　A 太阳组（曾、张、卢、杨）：认知和理解能力较好，能辨认熟悉的人和事物，听从指令（包括一步指令）。能用单字、简单词进行沟通，理解能力和表达能力较好。认识"人"等简单独体字，能够握笔。 　　B 月亮组（魏、何、朱、童）：认识熟悉的人，认识自己的名字。可模仿简单口语（叠词和简单音节）。可以握笔随意涂鸦。童配合度低。 　　C 星星组（陈、刘、郑、邢）：有叫名反应，能安坐 5～8 分钟。无口语，沟通表达不流畅，借助肢体动作、手势等非口语表达需求。刘、邢有情绪行为问题，当无法满足或逃避任务时会以头敲地，需做预防。
三、 与 IEP 相关的个体目标	1.关注汉字，有对汉字、识字的兴趣：认识汉字"男""女"——曾、杨、张、卢。 　　2.能听懂简单的句子：听懂指令，能找出相应图片——曾、杨、张、魏、郑、卢、刘、朱、童、邢、陈、何。 　　3.能仿说生活中的简单词语：（1）能够仿说"男生""女生"——曾、杨、张、魏、卢、朱、童、陈。（2）仿说句子我是男生/女生——曾、杨、张、卢。
四、 教学目标	A 太阳组： 　　1.能够理解男/女，男生/女生字词含义。 　　2.用句子表达自己的性别。 　　3.和异性同学建立友好相处的态度。 B 月亮组： 　　1.能够区辨明显外在特征，知道自己是男生/女生。 　　2.能跟读男女生字词，并将生字词和男生、女生照片配对。 　　3.初步对自己和他人的性别建立概念。 C 星星组： 　　1.听到指令男生、女生，能够指出相应照片。 　　2.能在图片中找到熟悉的人。 　　3.对语文课堂感兴趣，建立愉悦体验感。

续表

五、教学重难点	重点： 　　1. 认读字词"男""女""男生""女生"。 　　2. 区分照片中的男生、女生。 　　3. 知道自己的性别。 难点： 　　1. 理解词语"男""女""男生""女生"。 　　2. 仿说句子："我是男生。""我是女生。"
六、教学方法和手段	讲授法，直观演示法、练习法、任务驱动法
七、教学准备	教师与学生照片、视频、平板电脑、PPT（演示课件）、点读笔

八、教学过程

教学环节	教师活动	学生活动	技术应用
（一） 趣味导课	1. 情景导入：（播放动画）小悦和小明在逛商场时想上厕所，在厕所门口不知道如何选择？请求同学们帮助。 主教老师：小悦和小明应该上哪个厕所呢？怎么知道小明是男生还是女生、小悦是女生还是男生？我们一起来学学习：男生女生不一样。 （板书：男生女生不一样） 2. 课堂流程预告： （1）看一看 想一想 （2）听一听 读一读 （3）说一说 连一连 （4）写一写 做一做	全体学生观看动画视频，思考男生女生对应的洗手间标志。 学生跟读课堂流程，清晰了解本课环节。（A、B组指读，C组指认流程卡）	利用动画软件结合课本图片制作情景动画，进行动画演示导入课题。创设故事情境，提出问题，激发学生的学习兴趣，引导学生思考男女性别不同。
（二） 整体感知	看一看 想一想 1. 观察男、女两幅图片，他们在生理上有什么不同的地方？外貌上有什么不一样的地方？引导学生观察并理解男、女生理特征的不同点。 2. 观察身边老师、同学的外貌和衣着不一样的照片，引导学生观察并表达自己的外貌和穿着打扮，知道多数男生留短头发，喜欢穿裤子；多数女生喜欢长头发，喜欢穿裙子。	全体学生仔细观察课件展示的图片，找出不同之处。（A、B组从生理特征理解"男""女"含义，指出对应图片。C组指出自己对应性别的图片）	利用PPT（演示文稿）的动画效果，结合学生熟悉的人、自己照片以及课文图片进行展示。

续表

教学环节	教师活动	学生活动	技术应用
（二） 整体感知	3. 展示课文男生、女生的两张图片，引导学生观察和讨论，表达自己喜欢的活动，了解多数男生喜欢汽车、运动；多数女生喜欢玩偶等不同兴趣偏好。 4. 总结：很多男生是短发，喜欢运动，男生穿裤子更帅。很多女生喜欢留长发，喜欢玩偶，女生穿裙子更漂亮，男生女生不一样。 （助教以眼神、语言或肢体动作方式辅助 C 组完成） （板书：粘贴男生、女生字卡并写外在特征字词）	全体学生分辨男、女鲜明的外在性别特征，在外貌特征、衣着特点和兴趣偏好三个小活动中学生自由表达自己的外在特征和兴趣偏好。（A、B 组使用口语独立表达，C 组指认或使用点读笔） 学生跟读字卡"男""女"，诵读《男生女生不一样》顺口溜。	对不同之处做特效，吸引学生注意，让学生观察照片，从生理特征认识男生女生，理解男女字词含义。 引导学生思考男生女生的外在区别。学生在本课中知道和掌握自己的性别即可。
（三） 重点攻破	听一听 读一读 1. 展示不同性别教师和学生的照片，主教提问男生/女生是哪张？学生听到指令，指出相应照片。主教示范读"男""女"两个字词，引导学生以轮流读开小火车进行认读、指读和指认。 2. 分组游戏：主教老师出示"男生女生"分类游戏，并指导学生完成配对任务。助教老师以语言或肢体辅助 C 组。	各组学生通过认读、指读、指认等方式认识字词。 学生完成电子白板中分类课堂活动小游戏。 在游戏时分为 A、B、C 三个组进行配对任务，认识"男生""女生"的概念含义。 A 组：独立完成男生、女生的照片与汉字配对，并指读"男""女""男生""女生"。 B 组：提示配对照片和"男""女"汉字，跟读"男""女""男生""女生"。 C 组：使用平板/点读笔点读照片"男""女""男生""女生"。	利用电子白板软件中的课堂活动，依据学生不同能力程度，进行分组设计，既富有趣味同时也集中了学生注意力。不同组别学生可以以平板为载体使用不同的游戏课件进行练习，进一步巩固学生的能力，实现差异个别化教学。 利用点读笔、电子白板自带语音等辅具和方式帮助无口语学生表达。

续表

教学环节	教师活动	学生活动	技术应用
（四） 巩固练习	说一说 连一连 1.动画过渡，仿说句子： 播放小悦小明动画视频过渡，重新唤醒学生注意力。 主教老师：经过学习，小悦小明已经知道自己的性别，同学们清楚自己的性别了吗? 老师展示课文图片，引导学生表达"这是男生""这是女生"句式，引导学生分辨场景下的男生女生。 2.正确握笔，连点成画： 老师分发连线画纸，引导学生将点连成线。	1.学生说出自己的性别，说句式"我是男生/女生。"A组使用口语独立表达，B组仿说跟读，C组使用点读笔点读。 2.学生握笔能够连接男生或女生图画上的相应外在特征的虚线，连成一幅画。A组：正确用笔点成画；B组：提示下用笔连点成画；C组：有意识点涂画面的点。	当学生接近注意力分散时间，利用"来画动画"软件制作动画人物与教师的互动视频，适当唤起学生注意力，提高学生的专注力和参与度。 利用电子白板的蒙层功能设计仿说句子，给予学生适当的视觉提示和辅助。
（五） 总结评价	动一动 做一做 1.闯关游戏，获得红花。 （1）展示同学视频，引导学生分辨该同学性别，认读"男""女""男生""女生"字词。 （2）听视频中同学的表述，分辨男生或女生，引导学生连线正确的洗手间标志。 主助教师巡回指导学生。 2.总结本节课内容，进行课堂表现评星。布置课后个人练习作业。	学生用平板接收相对应的课件完成操作游戏，最终完成后获得小红花。 下课后学生自行完成课后练习。	利用电子白板课堂活动、动画效果等功能设计游戏互动，检验学生本堂课的学习，并且利用代币进行奖励强化。
（六） 板书设计	男生女生不一样 女生　女　　　　男生　男 长头发　　　　　　短头发 穿裙子　　　　　　穿裤子		
（七） 学习效果 评价设计	评价方式：通过上课观察和课后作业检测。 | 项目	学生自评	教师评价
---	---	---
跟读"男""女""男生""女生"		
区分照片中的男生、女生		
能辨认自己的性别					

附件：作业单

作业（太阳组）

1. 找一找 贴一贴

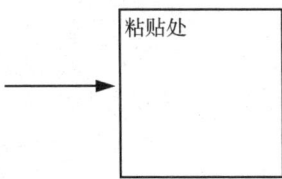

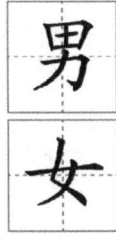

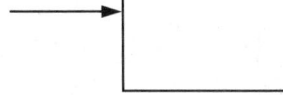

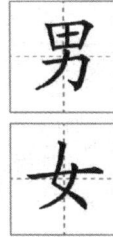

粘贴处 → | 粘贴处 |

男
女

男
女

2. 说一说 贴一贴

学生自己照片

粘贴处

男生

女生

我是_____。

作业（月亮组）

3. 想一想 连一连

男

4. 说一说 读一读

学生自己照片

男生／女生

我是_____。

作业（星星组）

5. 找一找 模仿圈 点一点

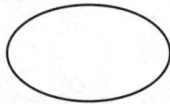

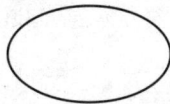

男生 🔊

女生 🔊

男生女生

姓　名	杨国芹	学　科	生活语文
单　位	天津市北辰区特殊教育学校	年　级	一年级
一、 学情分析	本班有8名学生，6名男生，2名女生。其中，中重度智力障碍学生3人，中重度孤独症5人。大部分学生能够遵守课堂纪律。1名学生的纪律性较差，有随意走动的行为。根据学生的认知能力和学习语言文字的能力，可将学生分为三组。 　　A组：3名学生；认知能力较好，语言表达较好，互动性较强，口齿清晰，认读以文字为主。 　　B组：3名学生；认知能力较好，互动性较弱；1名学生口齿较清晰，但配合度不高，2名学生口齿不清晰；以图文认读为主。 　　C组：2名学生；1名学生是中重度孤独症，1名学生是中重度智力障碍，均无语言能力，认知能力差，配合度低，注意力分散；2名学生均以实物认读为主，配合渗透图片。		
二、 教学目标	（一）本课总目标 　　1.能在图片中区分男女。 　　2.认读字词"男""女""男生""女生"。 　　3.能结合主题图的内容理解"男""女""男生""女生"的含义。 　　4.能将图片与字词"男""女""男生""女生"进行图文配对。 　　5.能用句式"我是男生""我是女生"来表述自己的性别。 　　6.观察厕所标志，知道男生上男厕所，女生上女厕所。 （二）本课时目标 　　1.知识与能力目标： A组： 　　（1）能说出男生、女生的外在区别； 　　（2）能在图片中区分男女； 　　（3）能将图片与字词"男""女""男生""女生"进行图文配对； 　　（4）认读字词"男""女""男生""女生"； 　　（5）能在具体环境中（如厕所）识别男女符号标志，知道男生上男厕所、女生上女厕所。 B组： 　　（1）能在辅助下区分男女； 　　（2）能在辅助下将图片与字词"男""女""男生""女生"进行图文配对； 　　（3）能跟读字词"男""女""男生""女生"； 　　（4）能在具体环境中（如厕所）识别男女符号标志，知道男生上男厕所，女生上女厕所。 C组： 　　（1）能在辅助下指认图片中的男性、女性； 　　（2）能在辅助下跟读汉字"男""女"； 　　（3）能在辅助下识别厕所标志，知道男生上男厕所、女生上女厕所。 　　2.过程与方法：通过区分男女，对性别有初步的感知，能在愉快的课堂活动中认识男女性别差异。 　　3.情感态度与价值观：男、女同学之间要和睦相处，团结友爱。		

三、教学重难点	教学重点： 1.能够认读字词"男""女""男生""女生"。 2.能进行"男""女""男生""女生"的字词与图片配对。 教学难点：能够认读字词"男""女""男生""女生"。 教学方法：情境导入法、分层指导法、游戏教学法。		
四、教学资源	电子白板、投影仪、作业纸		
五、教学过程			
教学环节	教师活动	学生活动	技术应用
（一） 导入： 暖身活动	1.出示今天的两位"客人"。（两张小学一年级学生的照片，一张是男生照片，另一张是女生照片。） 师：今天老师请来了两位"客人"，他们是谁呀？原来呀，一位"客人"是男生，另一位是女生。你们愿意到前面来，跟着他们一起活动一下吗？ 要求：男生站一圈，女生站一圈，拉着手跟随音乐活动起来。 师：刚才我们站成了两个圈，一个圈是男生，一个圈是女生。这节课我们来学习《男生 女生》。 2.板书："男生 女生"。 老师示范朗读课题后，指导学生读课题。	三组学生和老师互动，与客人打招呼。 A组：主动参与活动。 B组：在老师的语言提示下参与活动。 C组：在老师的动作辅助下参与活动。 A组、B组、C组学生齐读课题。	将视频《洋娃娃和小熊跳舞》插入电子白板中，利用白板的交互功能，点击播放。视频中欢快的歌曲可以激发学生的学习兴趣。
（二） 新授： 主活动	1.观察这两位"小客人"，从外形、穿戴、玩具等方面进行对比，发现男生和女生的特征。 师：让我们分别看一看男生和女生有什么不一样？男生、女生的头发有什么不同？身高呢？衣服呢？玩具呢？ 2.小结：男生和女生不一样。男生多数留短发，经常穿裤子，常玩皮球和小汽车；女生会留长发，有时候穿裙子，常玩洋娃娃。	A组：观察课件，参与讨论。 B组：在老师的语言提示下观察课件，参与讨论。 C组：在老师动作提示下观察课件。	利用电子白板的蒙层功能和交互功能分别出示男生、女生的发型、衣着和玩具，调动学生参与课堂的积极性，激发学习兴趣。

续表

教学环节	教师活动	学生活动	技术应用
（二） 新授： 主活动	3. 配对、分类活动。 师：我们都知道了男生和女生的不同。下面我们来做个小游戏，游戏的名字叫"我能行"。 要求：老师给 A 组学生播放课件，给 B 组和 C 组学生发放操作板，并告诉学生游戏规则。	A 组：学生通过观察课件上的照片（班级学生的家庭成员照片）与图片（男生、女生的卡通形象图），能将这些照片和图片按照男性、女性分类排列。 B 组：在老师的语言提示下能将操作板的 8 张照片（班级学生的照片）按照两位小客人的性别进行分类。 C 组：在老师的语言和动作提示下能将操作板的 2 张照片（学生本人的照片）按照两位小客人的性别进行配对。	利用电子白板的"分组竞争"小游戏，将班级学生的家庭成员照片和卡通人物图片插入白板，组织 A 组学生进行活动。
	4. 学习词语。 出示男厕所图片，并板书"男"。 老师示范读词语，指导学生齐读。个别学生朗读，老师纠正发音。 出示女厕所图片，并板书"女"。 老师指名个别学生读，指出"女"的发音要点，纠正发音。 出示"男生""女生"图片，并"开小火车"认读词语。 师：我们已经认识了"男""女"这两个字。你们来看看这是谁呢？ 要求：老师提问学生："这是谁？"当学生回答后，老师分别出示"男生""女生"词语卡，并贴到黑板上。 老师指着词语卡，采用范读词语、齐读、个别读、轮换读等形式指导学生学习字音。 课中休息：欣赏歌曲《男生女生不一样》。 5. 图文配对活动"我们再来做一个游戏，游戏的名字叫作'找朋友'。我们来帮助这些图片找到它们对应的文字好朋友。" 要求：老师为三个小组学生分发操作板、词语卡以及图片，并说明游戏规则。	三组学生跟着老师一起读。 A 组：看词语卡，读生词。 B 组：参照图文卡读词语。 C 组：在老师辅助下指认男性、女性的照片。 A 组：完成图文配对。 B 组：在老师的语言提示下完成图文配对。 C 组：在老师的语言和动作提示下指认图片内容。	利用电子白板的交互功能，点击播放歌曲《男生女生不一样》。 利用电子白板设计游戏"点亮手电筒"，让学生观察、辨识灯光下的我校厕所标志，接下来运用交互功能出示各种厕所标志的图片，激发学生的学习兴趣。

教学环节	教师活动	学生活动	技术应用
（三） 巩固： 练习活动	1.游戏"帮'小客人'找厕所"。 师：这两位"客人"不知道我们学校的厕所在哪里，请帮他们找一找。哪个是男厕所？哪个是女厕所？男生应该去哪个厕所？女生呢？ 要求：出示课件"我校的厕所标志"。 师：除了我们学校的厕所，你还认识哪些男、女厕所标志？ 要求：出示不同场所的男、女厕所图片。 2.游戏"我问你答"。 师：学习了这节课后，我们都认识了"男生""女生"，现在老师来考考你们。 要求：老师将词语卡发给 A 组，将图文卡发给 B 组，将图片发给 C 组；然后，老师分别喊"男生"或"女生"，请手持对应卡片、图片的学生站起来，并朗读该词语。	A 组：看着课件上的 2 个厕所标志，指出男、女厕所。 B 组：在老师的语言提示下指出课件中的男、女厕所。 C 组：在老师辅助下指出男、女厕所标志。 A 组：听到词语后，站起来朗读词语。 B 组：在老师的语言辅助下，听到词语后站起来，并朗读该词语。 C 组：在老师的动作辅助下站起来，并指认图片。	
（四） 总结： 整理活动	1.总结。 师：这节课，我们认识了"男""女""男生""女生"，也知道了男生和女生的不同。今后，我们班的男生和女生一定要和睦相处，团结友爱。 2.作业：连点描画，指认图片。	A 组：独立描画作业纸上的内容。 B 组：在家长辅助下描画作业纸上的黑点。 C 组：在家长辅助下指认图片中的男性、女性。	
（五） 板书设计	男生　女生 男　　　　女　　　　男生　　　　女生		

常见的餐具——认识图形（二）

姓　名	黄梓茹	学　科	生活数学
单　位	广东省佛山市禅城区启智学校	年　级	一年级

一、 设计理念	本节课坚持"以生为本"的原则，既面向全体学生，又立足于学生的个别化发展需求，采用多样化的教学形式和多元化的评价方式来进行集体教学和分层教学，让每一位学生都能参与到教学活动中，让学生得到最大限度的发展。 　　依据陶行知的生活教育理论，本节课的教学内容从生活中来到生活中去，借助学生真实熟悉的生活情境来进行系统科学的教学，注重学生学习知识的生活性和实用性。 　　布鲁纳提出要重视学科的知识结构，数学是一科结构性很强的学科，因此，在课堂上我采取循序渐进、多循环、螺旋式上升的方式来展开教学。
二、 目标来源	培智学校义务教育生活数学课程标准（2016 年版）——第三部分 课程内容——第一学段（1～3 年级）——三、图形与几何——（一）图形的认识——2. 能通过实物和模型，初步认识长方形、正方形、三角形、圆等简单的平面图形。
三、 教学内容 分析	本课选自人教版生活数学一年级下册第二单元个人生活中的第 5 课《常见的餐具——认识图形（二）》，主要内容是通过生活中常见的餐具来认识圆形，感知圆形。结合真实生活情景，从学生生活常见的餐具入手，要求学生认识生活中物体某一面的圆形形状，并能说出名称，能根据圆形的名称指出相应的圆形图形。 　　本课共分为 2 个课时。第 1 课时：认识生活中圆形的物体，初步感知圆形物体的形状，建立圆形的概念，识记圆形的名称。第 2 课时：了解圆形在生活中的应用，发展空间观念，建立清晰的圆形概念。
四、 学情分析	本班共 12 名学生，9 名男生，3 名女生；从障碍类型来看，5 名学生为孤独症谱系障碍，6名为智力障碍，1 名为唐氏综合征。学生整体认知水平较低，感知觉范围狭窄，速度较慢，有意注意时间短，言语表达能力一般。班级学生整体的障碍程度偏重，个体间认知理解水平差异大。根据学生的认识水平和学习掌握等情况分为 A、B、C 三层。 　　A 层学生（3 名：邓、高、钟）： 　　A 组学生整体认知水平较高，教学任务基本能自主完成；有基本的生活常识，认识常见的餐具；有基本的图形概念。 　　邓某某语言表达声音响亮但发音不清，课堂参与度高。高某某的语言表达声音响亮吐字清晰，课堂参与度高但注意时间短。钟某某孤独症，语言表达吐字较清晰但音量较低，需提醒课堂常规。 　　B 层学生（6 名：朱某某、杨某某、富某某、何某某、劳某某、乐某某）： 　　B 组学生认知水平稍好，需要在教师的示范和提示下完成教学任务，知道的生活常识较少，图形概念模糊。 　　朱某某课堂参与度高，课堂常规较好。杨某某孤独症，语言表达流畅，但多重复性语言，能在提示下参与课堂。富某某能主动参与到课堂中，但注意力容易分散。何某某孤独症，能维持课堂常规，但课堂参与性不高，说话音量低。劳某某孤独症，课堂常规较好，无意义语言较多，能在提示下参与课堂活动。乐某某孤独症，喜欢发出声音和趴桌子，能在提示下参与课堂。 　　C 层学生（3 名：梁某某、谭某某、陆某某）：

四、 学情分析	C组学生认知理解能力一般，需要在教师的辅助下完成较为基础的教学任务，缺乏图形概念。 梁某某唐氏综合征，课堂常规较好，需老师提醒参与课堂。谭某某能主动积极参与到课堂中，听觉能力较好。陆某某孤独症，课堂参与度较低，需提醒课堂常规，无语言能力。 在学习本课内容之前，本班学生已经建立了初步的数感（4）和数前概念（多少、大小、上下、前后、高矮、长短），认识了生活中的几何体（球）。
五、 教学目标	1. 课时目标： （1）知识与技能：①认识生活中圆形的物体，初步感知圆形物体的形状：看到具体的实物时，能说出实物的名称并说出它的形状是圆形的。②认识平面图形圆，建立圆形的概念：能说出圆形的线条是弯弯的，形状是圆圆的。③识记圆形名称：看到生活中圆形的物品和平面圆形，能准确指出并说出这是圆形。 （2）过程与方法：帮助学生运用多感官来感知物体的形状，逐步学会用此种方法来感知生活中的物体。 （3）情感、态度与价值观：使学生通过结合多感官的学习，提高观察和自主感知的能力。 2. 分层目标： A层学生：能独立地完成课时目标1、2、3，能准确说出圆形的特征，能在不同图形中指出圆形并说出圆形的名称。 B层学生：在教师的示范和语言、视觉、手势提示下能完成课时目标1、2、3，在教师引导下能说出圆形的特征，能在提示中指出圆形并说出圆形的名称。 C层学生：在教师引导和辅助下能完成课时目标1、2、3，有语言的学生能跟着老师说出圆形的特征，能指着单一的圆形并能读出圆形的名称。
六、 教学 重难点	重点：看到生活中常见的圆形物体，能说出这个物体是圆形的。 难点：建立圆形的概念：线条弯弯的，形状圆圆的。
七、 教学方法	结构化教学法、演示讲解法、直观教学法、练习法
八、 教学准备	1. 与本课教学内容相关的课件。 2. 情境导入视频：本班学生与家长去超市选购餐具的视频。 3. 不同大小、颜色、图案的圆形餐具实物和图片。 4. 一年级生活数学下册课本。 5. 代币物：大拇指贴纸。

续表

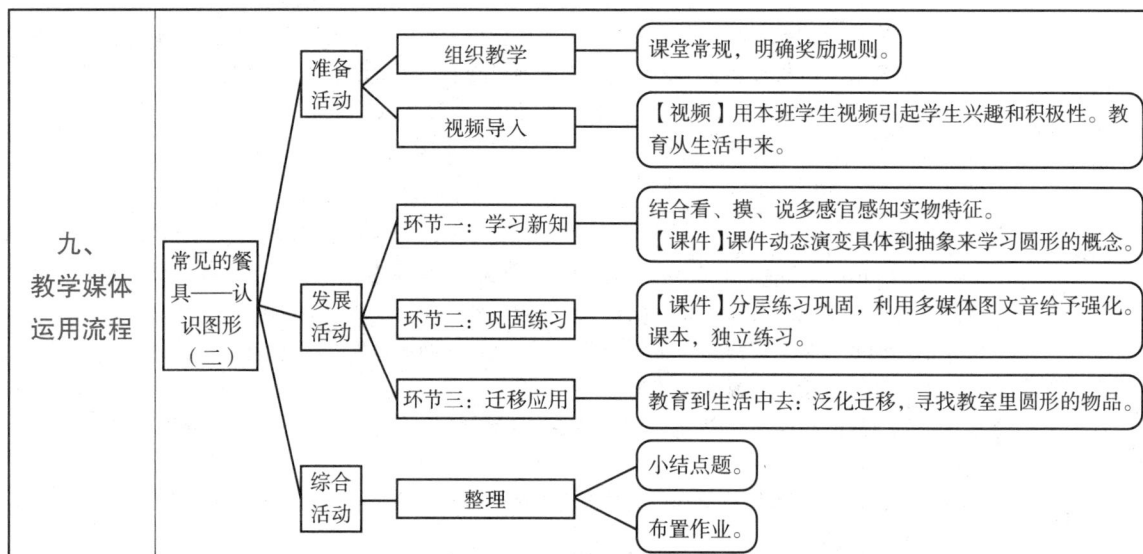

| 九、教学媒体运用流程 | 常见的餐具——认识图形（二） |

十、教学过程

教学活动	教师活动	学生活动	备注
（一） 准备活动	组织教学 1. 课堂礼仪：师生问好。 2. 点名。 3. 讲明奖励机制。 视频导入 1. 播放本班学生和家长在超市餐具摆放区买东西的视频录像（1分钟左右），视频定格在货架大小不同、图案不一的圆形餐具上。 2. 问：同学们看完视频，猜一猜小高（本班同学）和妈妈去超市买了什么东西回来呢？（请同学回答并评价、奖励大拇指） 3. 老师总结：小高和妈妈去买了我们平时装菜用的餐具：盘子。 4. 引出本课课题：《常见的餐具——认识图形（二）》。	遵守课堂礼仪，讲文明懂礼貌。 观看视频，思考买了什么物品。 举手或被点名回答问题。 集体跟读课题2次。	培养学生良好常规习惯和规则意识。 教育从生活中来，借助学生自身（或熟悉的人）真实的生活情境来导入学习，不仅能引起学生浓厚的学习兴趣，而且更利于学生理解和学习新知。 让学生清楚学习内容。
（二） 发展活动	环节一：学习新知 1. 出示2个大小差异较大、图案不同的圆形盘子实物。		

续表

教学活动	教师活动	学生活动	备注
（二） 发展活动	2. 抛出问题：这里有多少个盘子？盘子的大小一样吗？盘子的颜色一样吗？（引导学生观察并回答，进行评价奖励大拇指） 3. 老师总结回答并引出：但是它们的形状都是一样的。问：有谁能说一说这些盘子是什么形状的吗？ 4. 先让学生结合自己已有的生活经验，尝试说出这些盘子是圆圆的。 5. 分层引导学生对圆盘子实物进行看一看、摸一摸、说一说，结合多感官来初步认知圆形的基本特征。（看上去是圆圆的，摸上去的边是弯弯的。）（突破难点） 6. 利用多媒体动画演示沿着 2 个大小不一的圆盘子边沿抽象出大小不一的圆形。（圆盘子图片与圆盘子实物一致）（突破难点） 7. 多媒体课件展示各种盘子的样式。 8. 老师总结：这样的图形都是圆形。 讲明圆形特征：线条弯弯的，形状圆圆的。板书并朗读。 环节二：巩固练习 1. 多媒体课件依次展示 3 个颜色不同，大小不一的圆形。（请同学回答并评价、奖励大拇指） 2. 多媒体课件展示 4 个生活中常见的圆形物品。（请同学回答并评价、奖励大拇指） 3. 多媒体课件展示生活中常见圆形物品和其他形状的物品。（请同学回答并评价、奖励大拇指）	学生点数盘子的个数，比较盘子的大小，观察盘子的颜色差异并回答问题。 亲自体验，直观感知圆形物体特点。 A 层学生自己做和说，B 层学生引导他自己做和说，C 层学生跟着老师做和说。 观看抽象演变过程。 跟读 2 次：圆形，线条弯弯的，形状圆圆的。 C 层学生在老师带领下指认和跟读圆形，并点数圆形的个数 3。（复习数字 3） B 层学生在老师提问和引导下：说出物品的名称和形状，并点数圆形物品个数 4。（复习数字 4） A 层学生尝试自己独立指出或圈出圆形的物品，说出物品名称并点数圆形物品个数。	综合已学的点数和比较来感知圆形的本质特点。 充分利用学生已有经验。结合多感官来进行感知学习。 根据"最近发展区"理论，分层教学可使每个学生得到最大限度的发展。 具体到抽象，立体到平面。 动态演示更具直观性和吸引力，利于学生理解学习。 图片与实物一致更有助于学生泛化迁移。 根据学生个体差异进行分层教学，使每个学生更好地理解学习教学内容。

续表

教学活动	教师活动	学生活动	备注
（二） 发展活动	4.独立练习：完成课本第36页做一做第2题，教师巡视指导，根据学生能力情况给予不同指导。 环节三：迁移应用 带领学生在教室里转一转，找一找，指一指，说一说，教室里有什么是圆形的。（闹钟、风扇、黑板上圆形磁铁……）	寻找教室里圆形的物品，指出并说出物品名称和形状。	练习内容循序渐进，环环相扣，小循环，多反馈。结合已学的区分、辨认、点数，来学习不同形态的圆形，巩固圆形概念的学习。突破难点。 由抽象到具体，从餐具泛化到其他常见的圆形物品。突破重点。 利用多媒体，当学生正确点出圆形物品时，放大并发出声音，给予强化。 运用教材，巩固练习。通过练习进行课堂评估。把抽象知识泛化到生活中去，知识生活化，符合特殊儿童的学习需求。
（三） 综合活动	整理 1.总结本课学习的内容，朗读课题和圆形的特征：线条弯弯的，形状圆圆的。 2.学生拿大拇指兑换奖品。 布置作业	回顾本课知识点。齐读课题和圆形特征。	小结点题，帮助学生们总结本节课的学习内容。
（四） 学生座位 设计	根据学生认知能力，课堂参与度，课堂常规遵守程度来进行混搭排座，充分利用良好的同伴关系来让学生相互监督，相互促进。		
（五） 课后作业	1.沿着边连一连，说一说，你画出来的是什么图形？剪一剪，涂上你喜欢的颜色。（分层打印发给学生。） （A层）　　　（B层）　　　（C层） 找一找，说一说家里有什么物品是圆形的？		通过连出或描出圆形，剪出圆形，涂圆形，感知圆形特点。突破难点。 家校合作，结合生活，突破重难点。

认识 4

姓　名	冯秋燕	学　科	数学
单　位	上海市松江区辅读学校	年　级	一年级

<table>
<tr><td rowspan="10">一、
教学背景</td><td colspan="3">

（一）学情分析

　　一年级有学生 7 人，其中孤独症 3 人（轩轩、天宇、芸芸），智力障碍 1 人（素素），多重障碍 3 人（琦琦、青青、若瑜），按照日常数学学习能力将学生分为 A、B、C 三组。

　　A 组 2 人（轩轩、天宇）均为孤独症，认知能力较好，上课较愿意配合参与教学活动，对于学过的数字有较好的掌握，认识数形，能完成点数与数量对应，具有一定的数感。B 组 2 人（素素、琦琦），注意力不足，上课比较散漫，需要老师反复提醒下才能参与教学活动，2 人在数形、点数与数量对应上均具有不同程度的困难。C 组 3 人（芸芸、青青、若瑜）无语言，缺乏注意力，在学习上有明显的困难，需在手把手教学下参与部分教学活动，其中若瑜请假不常来校，芸芸时常哭闹，不理解指令，影响课堂教学。

　　《认识 4》属于【数与运算】板块中数的认识部分，《培智学校义务教育生活数学课程标准》对低年级此部分的要求是：在现实情境中，理解 10 以内数的含义，能数、认、读、写，强调手口一致地点数 10 以内的物体。在学习本课前，学生已经学习过数字 1～3，各组所具有的学习基础如下：

</td></tr>
</table>

组别	本课学习基础
A 组（2 人） 天宇、轩轩	会正确辨认 1～3 的数形；会跟唱 1～3 的数字儿歌；会做 1～3 的手势；能手口一致地点数 3 以内的物体；能在提示下知道数量对应。
B 组（2 人）素素、琦琦	素素能在提示下指出 1～3 的数形，能在辅助下做 1～3 的手势，虽在点数活动上不积极，但能在提示下做到数量对应。 　　琦琦在数形认识上存在困难，能在辅助下做 1～3 的手势，能跟读并能伸手跟着点数 1～3，但对数量对应没有概念。
C 组（3 人）青青、芸芸、若瑜	青青能追视图片，因手指僵硬无法配合点指；3 人均需要在手把手教学下参与点指与点数的教学活动。

（二）教材分析

　　"认识 4"是人教版《生活数学》第 2 册第二单元第 4 课的内容。本课是在学生已经认识 1～3 的基础上进行的教学，本课既是学习的延伸，又为以后认识 5 打下基础。

　　本课的主题是常见的果蔬，包括"做一做""写一写""练一练"三部分，通过呈现生活中常见的果蔬让学生在观察、思考与操作中认识数字 4。根据教学要求和本班学生的数学学习基础，认识 4 计划分为 3 课时。第 1 课时学习认识数字 4，能手口一致地点数数量是 4 的水果，并学习用数字 4 表示数量是 4 的水果，建立数量概念；第 2 课时学习按数取物与描写 4；第 3 课时为综合练习。本课时为第 1 课时，学习数字 4 与手口一致地点数数量是 4 的水果并用数字 4 来表示。

续表

二、教学目标	A组：1.认识数字4；能手口一致地点数数量是4的水果，知道4个水果用数字4来表示。 2.通过认一认、数一数、分一分等活动理解4的含义。 3.在情境中培养学习数字的兴趣，逐步建立数感。 B组：1.能在提示下指认数字4；能在帮助下手口一致地点数数量是4的水果与用数字4来表示。 2.能在教师口头提示或辅助下通过认一认、数一数、分一分等活动理解4的含义。 3.在情境中体会数数的乐趣，逐步培养学习数学的兴趣。 C组：能在教师或助教的手把手辅助下点指数字4和做4的手势。		
三、教学重难点	教学重点：能手口一致地点数数量是4的水果，知道4个水果用数字4来表示。 教学难点：理解4的含义。		
四、教学资源选择	人物贴、水果模型、水果磁性贴、数字卡片、操作板、奖励贴等		

五、教学过程

教学环节	教师活动	学生活动	设计意图
（一）情境导入	引导语：小朋友们，今天贝贝要邀请她的好朋友到家里做客，我们一起来帮贝贝招待好朋友吧！ 1.数一数来了几个好朋友。 （1）课件出示3个小朋友。 （2）通过数一数来做客的小朋友复习3：数到3就是3，用数字3来表示。 2.引入数字4揭题。 （1）师：算上贝贝自己，现在家里有几个小朋友？ （2）师：从1开始数，数到4。3后面是4，有4个小朋友。我们今天就来认识这个新的数字4。 （3）齐读课题：认识4。	听引导语。 1.数一数来了几个好朋友。 （1）观察课件。 数一数、说一说，知道数到3就是3，用数字3来表示。 A组：独立跟数。 B组：跟着老师同学数。 C组：在助教辅助下跟数。 2.听指令观察课件。 （1）思考有几个小朋友。 （2）跟着数数，发现新的数字4。 A组：独立跟数。 B组：跟着老师同学数。 C组：在助教辅助下手指伸出来跟着数。 （3）跟读课题。	创设贝贝要邀请好朋友到家里做客的情境，调动学生学习的兴趣。同时在情境中复习旧知，为学习数字4铺垫。
（二）探索新知	1.认识数字4。 （1）认读数字4。 集体读、个别读。	1.认识数字4。 （1）认读数字4。 A组：独立读。 B组：在带领下读与点指。 C组：听读与点指数字4。	调动学生多感官感知数字4，并通过手势和数字儿歌帮助学生记忆数字4。

教学环节	教师活动	学生活动	设计意图
（二）探索新知	（2）认识数字 4 的外形。 ①播放数字 4 的儿歌。 ②引导学生跟读数字 4 的儿歌： 4 像红旗 444。 集体读、个别读。 （3）学做 4 的手势。 ①师示范做，学生跟做。 ②就着 4 的手势数一数手指。 ③边做手势边说数字 4 的儿歌。 （4）小结：4 排在 3 的后面，比 3 大 1。 2. 数出数量是 4 的水果。 （1）数一数苹果。 ①师示范数，强调从 1 开始，1/2/3/4，数到 4 就是 4，4 个苹果用 4 表示。 ②齐数。 ③请 A 组学生上台演示数。 （2）数一数生梨。 ①请 A 组学生演示数。 ②齐数。 ③个别数。 （3）数一数香蕉。 ①齐数。 ②请 B 组演示数。	（2）认识数字 4 的外形。 ①观看视频，说一说数字 4 像什么。 ②读数字 4 的儿歌。 A 组：独立读。 B 组：在带领下跟读与点指。 C 组：听读与点指。 （3）学做 4 的手势。 ①观看师示范并模仿做。 A 组：独立模仿做。 BC 组：在辅助下做。 ②一起跟着数数。 ③边做手势边说数字 4 的儿歌。 A 组：独立做与说。 B 组：在辅助下做与跟说。 C 组：在辅助下做与听说。 （4）听教师小结 2. 数出数量是 4 的水果。 （1）数一数苹果。 ①观看示范。 ②一起数一数。 ③A 组上台演示数与从 4 个数字中找出数字 4 来表示，BC 组跟着数一数。 （2）数一数生梨。 ①A 组上台演示数与从 4 个数字中找出数字 4 来表示，BC 组跟着数一数。 ②一起数一数。 ③个别数。 （3）数一数香蕉。 ①一起数一数。 ②B 组在提示下演示数并用数字 4 的字卡表示 4 根香蕉。 A 组：观看与纠正。 C 组：在助教辅助下手指伸出跟着点数。	通过点数的方式，引导学生感知数字 4 与水果数量的对应关系。

续表

教学环节	教师活动	学生活动	设计意图
（二） 探索新知	（4）小结：在数数的时候要记住从1开始，数到4就是4，用数字4来表示。	（4）AB组：互动跟说。 C组：在助教辅助下做4的手势。	
（三） 巩固练习	1. 数字4的闯关游戏。 （1）讲述要求与示范。 （2）学生分层游戏。 ①帮数字4找家（B组）。 ②点击数字4（A组2人）。 （3）小结：4像红旗444。 2. 分水果。 （1）教师示范分香蕉。 1人1根香蕉，分完数一数分了4个就贴数字4表示。 （2）学生分层操作。 ①说操作要求，发放操作板与学具盒。 ②指导纠正。 ③集体评价反馈。	1. 数字4的闯关游戏。 （1）听要求与看示范。 （2）完成分层游戏。 ①B组：在辅助下给数字4找家。 AC组：安静观看。 ②A组2人竞争点击数字4。 BC组：安静观看。 （3）AB组：跟说小结。 C组：在助教辅助下点指数字4与红旗图片。 2. 分水果。 （1）听、看教师示范分香蕉。 （2）完成分层操作练习。 A组：分2种水果（苹果与生梨）。 ①天宇：从学具盒中的5个苹果与5个梨中各拿出4个分一分，分完数一数，并在数字卡中找出数字4贴好。 ②轩轩：将学具盒中的4个苹果与4个梨拿出分一分，分完数一数，并在1~4的数卡中找出数字4贴好。 B组：分苹果。 　将学具盒中的4个苹果拿出分一分，分完数一数，并在1和4的2个数字卡中找出数字4贴好。 C组：在助教与教师的手把手教学下看一看、指一指数字4、红旗等图片与做手势等。	通过多样练习巩固所学。先是分层练习巩固对数字4的认识。 再通过教师示范分水果后，引导学生动手分一分，在实际操作中巩固点数与数量对应。引导学生运用所学知识解决日常生活中的问题。

教学环节	教师活动	学生活动	设计意图
（三） 巩固练习	（3）小结：分水果时每个小朋友都要分到，分了 4 个就用数字 4 来表示。	（3）AB 组：互动小结。	
（四） 总结	1. 今天我们学习了数字 4，知道了 4 的数字儿歌：4 像红旗 444。 2. 我们还知道了数数时要从 1 开始数，数到 4 就是 4，用数字 4 来表示。 3. 评价学生课堂表现，奖励数字贴。	AB 组听讲与互动。 C 组安静听。	
（五） 课后作业	1. 回家给爸爸妈妈说一说数字 4 的儿歌：4 像红旗 444。 2. 在家里找一找数字 4，下节课过来和小朋友们分享！	A 组：独立给爸爸妈妈说一说数字 4 的儿歌；并自己在家里找一找数字 4。 B 组：和爸爸妈妈一起念数字 4 的儿歌，并在爸爸妈妈的帮助下找一找数字 4。 C 组：听数字 4 的儿歌，并在家人帮助下指一指数字 4。	

（六）
课后即时
评价表

组别	学生姓名	评估内容与标准					
		认读数字 4		会手口一致地点数数量是 4 的水果		会用 4 来表示数量是 4 的水果	
		独立认读	在帮助下认读	独立点数	在帮助下点数	独立完成	在帮助下完成
A 组	天宇						
	轩轩						
B 组	素素						
	琦琦						
C 组	青青						
	芸芸						
	若瑜						

在能达到目标的表格里打"√"。

认识数字5

姓　名	叶叶秀	学　科	生活数学
单　位	广州市天河区启慧学校	年　级	一年级

一、 教材分析	数与运算是《培智学校义务教育课程标准》（2016版）生活数学课程内容中重要的一部分，其中"数的认识"低年段的目标是"在现实情境中，理解10以内数的含义，能数、认、写、强调手口一致地点数10以内的物体"。在培智课标配套教材中认识数字5是一年级下册的内容，根据培智课标和教材内容与要求和学生学习能力，认识数字5分三课时，第一课时：在生活情境中感知数量5，手口一致地点数5的数量，认读数字5，能用数字5能表示5个；第二课时：认识生活中不同样子的数字5，书写或描写"5"；第三课时是5的序数。本节课是第一课时。

<table>
<tr><td rowspan="9">二、
学情分析</td><td colspan="3">一年1班，共10人，男生7人，女生3人。智力障碍4人（黄、邓、何、张），唐氏综合征2人（于、陈），孤独症3人（晞、凡、洪），脑瘫1人（帆）；其中中度智力障碍3人，重度智力障碍3人，极重度智力障碍4人。
注：于、轩请长假。</td></tr>
<tr><td>学生</td><td>学生情况</td><td>其他</td></tr>
<tr><td>羽</td><td>能唱数1～100，认识数字1～5，会点数4以内数，会书写数字1～4，能初步分类；能用简单句表达。</td><td>上课注意力容易分散，需要老师多提醒</td></tr>
<tr><td>松</td><td>能唱数1～100，认识数字1～5，会点数4以内数，会书写数字1～4，能初步分类；能用简单句表达。</td><td>无</td></tr>
<tr><td>帆</td><td>能唱数1～10，认识数字1～4，会点数4以内数，会图片配对，无口语，会指认。</td><td>无口语，需要口语沟通板支持</td></tr>
<tr><td>邓</td><td>能唱数1～10，认识数字1～4，会点数4以内数，会图片配对，能用简单句表达。</td><td>表达意愿较低，需要多鼓励</td></tr>
<tr><td>凡</td><td>能跟着唱数1～100，认识数字1～4，会点数3以内数，偶尔不稳定；会图片配对。</td><td>课堂上容易分神或吐口水等，需要助教在旁边辅助。</td></tr>
<tr><td>航</td><td>处于具体思维发展阶段，有初步的配对能力，尚未发展数概念，能听懂简单的指令。</td><td>图片类数学板支持，辅助学习</td></tr>
<tr><td>洪</td><td>处于具体思维发展阶段，有初步的配对能力，尚未发展数概念，能听懂简单的指令。</td><td>图片类数学板支持，辅助学习</td></tr>
<tr><td>颖</td><td>处于动作感知发展阶段，尚未发展数概念。能听懂日常生活中一般指令，如在动作提示下能将物品放入指定位置；无口语。</td><td>实物类数学板支持，辅助学习</td></tr>
</table>

三、 单元目标	本校采用主题教学的模式。主题教学具有功能性强、综合性强等特点，有助于帮助学生知识技能的迁移泛化。以生活适应为核心设计符合学生认知特点和学习需求的主题，生活适应、生活语文、生活数学、劳动技能等围绕主题展开教学。本单元主题是"运动会"，基于学生生活数学 IEP 目标和学习进度，单元目标设计如下，在主题教学中设计与主题相符的情境，帮助学生迁移学习。 1. 认识数字 4 ~ 5。 2. 5 以内数点数。 3. 5 以内数与量的对应。

四、 教学目标	目标 1. 能手口一致地点数 5 个物品，并能认读 / 比画 5； 目标 2. 能用数字 5 表示物体的数量； 目标 3. 能根据数字 5 取出相应数量的物品

	羽	松	帆	凡	邓	航	洪	颖
目标 1	☆	☆	☆	☆	☆	动作支持	动作支持	语言提示
目标 2	☆	☆	视觉提示	视觉提示	口语提示	辅具支持	辅具支持	语言提示
目标 3	☆	☆	视觉提示	视觉提示	视觉提示	辅具支持	辅具支持	辅具支持

☆：独立完成

培智学校学生个别差异大，个别化教育是培智教育的核心，尊重每一个学生不同的学习起点、学习能力，有不同的学习目标和要求，允许学生按照不同的学习速度前进。目前培智学校以班集体授课的形式为主，在集体教学中，按照每个学生不同需求，设计适合学生学习的目标，培养学生独立自主的能力，通过"支持"让每一个学生都尽可能地自主完成学习目标。

五、 教学 重难点	1. 手口一致点数 5 个物品。 2. 用数字 5 表示物体的数量。

六、 教学方法	采用多感官教学法，学生通过动手操作学习点数； 采用鹰架式教学法，提供适宜的支持，学生学习点数和按数取物。

七、 教学准备	水果若干，与运动会相关的图片若干，个人工作单，个人数学支持板

八、教学过程

教学环节	教师活动	学生活动与支持策略	设计意图与多媒体应用
（一） 准备活动	复习导入： 下周五是运动会；入场式需要一些道具，老师准备了帽子、手花，请同学们来数一数，连一连（3个手花，4个帽子）。	两名学生上台数数、连线通过学生熟悉的运动会情境导入新课。	用多媒体呈现帽子、手花图片，和对应数字交叉摆放。 并设计检验功能，学生可以自主连线并检验结果。

续表

教学环节	教师活动	学生活动与支持策略	设计意图与多媒体应用
（二） 发展活动	1. 新知学习。 （1）实物 - 实物图片 - 数字 5。 ①复习 4： 运动会有很多项目，好玩，还有很多好吃的。×× 妈妈还给我们准备橙子，数一数有几个？（4 个） ②引入 5，数实物： 呀，这里还有一个。 现在数一数一共几个橙子？ 一共有 5 个橙子。 ③图片表示： 有几个橙子，记好了。这是什么？橙子的图片，有几个橙子？5 个橙子。 ④数字表示： 5 个橙子，用数字几表示，板书 5。 认一认 5，这是 5，个别读。 这里 5 表示 5 个橙子。 （2）引出课题：今天好好来认识 5，读课题。 （3）实物 - 实物图片 - 圆片 - 数字 5。 看看还有什么？ ①数实物。 有几个香蕉，谁来数一数。 ②摆实物图片。 ③我们还可以用圆片表示香蕉，5 根香蕉要贴几个圆片？ ④用数字表示。 ⑤引导小结：5 表示 5 根香蕉。 （4）"5" 还可以表示什么？ "5" 还可以表示 5 根小棒，1，2，3，4，5；还可以表示 5 根手指，1，2，3，4，5。	与运动会主题结合，创设情境，激发学生兴趣。 学生逐一来手口一致点数。 学生贴图片。 每个同学认一认读一读。 齐读课题。 学生点数实物。 一学生上台摆实物图片，数字 5；其他同学自己操作，摆实物图片，然后数一数。 一学生：上台贴圆片表示，其他同学观摩，然后点数。 点数，找到数字 5。 一名同学试做，其他同学观摩。	视觉提示，探究学习活动，一一点数，初步感知数与量。 实物 – 图片 – 数字，从具体到抽象数字的学习过程，感知数字 5 与数量 5 的对应。这是第一个闭合的回合。 香蕉实物 – 图片 – 圆片 – 数字，从具体到抽象数字的学习过程，感知数字 5 与数量 5 的对应关系，这是第二个闭合的回合。智力障碍学生的教学需要小步子多循环。 初步迁移，数字 5 不仅可以表示 5 个橙子、5根香蕉，还可以表示 5 根小棒，可以表示 5 根手指。

教学环节	教师活动	学生活动与支持策略	设计意图与多媒体应用
（二） 发展活动	2. 巩固练习。 （1）集体练习。 ①数一数，选数字。 还有什么吃的，PPT 展示益力多，数一数，可以用数字几表示，选择一个数字。 用数字 5 表示，5 表示 5 瓶益力多。 ②读一读，贴一贴，数一数。 呈现数字 5，贴 5 个物品。 （2）个别练习操作。 运动会除了准备好吃的，还要准备一些道具，请同学们来数数看，完成个人任务。 多媒体呈现个别化作业单。	一学生在多媒体上操作，其他学生观摩。 一学生在多媒体上操作，其他学生观摩。 提供个别化的作业单，巩固课堂学习内容。 羽、松：点数，然后三个数字选一个正确的数字。 5 个篮球图片，数字 3、4、5。 按数取物：无提示。 题目 5 个足球。 邓、凡、帆：点数，两个数字里面选择正确的数字。 5 个篮球图片，数字 4、5。 有小圆点提示。刚好 5 个小圆点，不需要试误。 题目：5 个足球，题目下方 5 个小圆点。 航、洪、颖： 贴 5 个一样的图片，有提示，不需要试误。 题目数字 5。	示范讲解，为个人作业单做准备。图片展示 5 瓶饮料，数字展示 4 和 5。 数字可移动，做对了有掌声，及时鼓励学生。 展示方框、数字 5、小蛋糕图片，小蛋糕图片可移动，数 5 个到方框里。做对了有掌声，及时鼓励学生。 提供个别化的作业单，帮助学生巩固知识 邓、凡、帆：按数取物提供原点提示，航、洪、颖提供图片提示，鼓励学生自主操作完成。
	3. 迁移应用。 （1）迁移应用。 下节课训练，要准备道具，请同学们帮忙整理。 （每个学生一个篮子，给图片选择，学生选择图片，取相应的物品放到篮子里，如取 5 顶帽子，5 个毽子等）。 （2）点评学生完成的任务。	羽、松：5。 5 个帽子，5 个手花。 邓、帆、凡：5 个图片。 航、洪、颖：数学等支持下。	创设与主题生活适切的情境，学生将学习的技能迁移到生活中。 每个学生一个篮子，提供充分的图片和材料，给学生自主选择的机会。
（三） 综合活动	1. 回顾整理： 本节课认识了数字宝宝 5，数字王国里又多了一位朋友，5。5 可以表示 5 个橙子、5 根香蕉、5 根小棒、5 个手指。 2. 布置作业： 找一找生活中的数字 5。为下一节课做准备。	看着板书，与老师一起回顾学习内容，加深印象。 了解作业，知识技能向课外和家庭延伸。	呈现生活中的数字 5，给学生足够的视觉学习机会。

续表

教学环节	教师活动	学生活动与支持策略	设计意图与多媒体应用
（四） 教学反思	1. 教学亮点： 个别化教育支持充分，目标达成率高。本班学生个别差异大，在目标设定方面，根据学生的学习起点设计不同的目标和要求；在教学活动中，提供了充分的支持策略，在新知学习阶段，给学生呈现视觉学习的材料，增进学习的成效。在巩固练习环节，每个学生有不同的作业单，尽可能地让每一个学生独立完成操作练习。迁移应用环节，给学生不同的提示，其中航、洪、颖提供5个格子的托盘，学生找到相同的物品放到格子里就完成任务。 教学活动每个小环节闭合设计，螺旋递进。培智教育强调"小步子、多循环"，知识技能的内化呈现螺旋递进的特点。教学活动中每一个小环节都是闭合的环节，每个环节螺旋递进，便于学生掌握知识。其中新知学习中的两个闭合的小环节如下图所示。 注重迁移应用。培智课标指出生活数学课程具有实用性的性质，学习的内容是学生能掌握的、必需的、和生活密切相关的；数的认识中强调通过点数物体的个数，说出总数，按数取物。教学设计新知学习之后初步迁移，通过作业单操作巩固练习，再创设真实的与、生活密切相关的情境：让学生准备运动会训练的道具，让学生将知识（认读5）、技能（点数5，按数取物）迁移应用到生活中。不仅在这一节课上，课后，一日生活中还会设计相应的活动，给学生创造更多锻炼的机会。 2. 需要提高之处： 在教学过程中，语言应更简练，给学生简单而明确的指令。为避免在教学中失误，应提前熟练教学内容。		

认识 5

姓 名	乔彧豪		学 科	生活数学
单 位	上海市浦东新区致立学校		年 级	一年级

| 一、
教材分析 | 　　教材内容选自人教版的全国教材《生活数学》一年级下册。节课选自第三单元家庭生活,该单元围绕学生的家庭生活,包括《我的家人》《快乐的周末》《我的家真干净》三个主题,本单元内容贴近学生的家庭生活,以家庭情景来引导学生比较家庭中的事物,学习数学知识,提高适应生活的能力。
　　《我的家真干净》是结合学生的生活实际使学生在生活中感受到数学思维的存在,围绕家庭收纳借助家庭物品帮助学生认识常见的量的概念来认识数字 5 的一堂课。本课在认识 1~4 的基础上,学习认识 5,计数是形成数概念的基础,也是计算的基础,所以认识 5 是本单元的重点。学生在生活中发现 5,从而开始学习数字 5 的基础知识,包括 5 的数、认、读、写,能够手口一致地点数数量为 5 的物品,理解数字 5 的含义。继续培养巩固数量与数字相对应的思维模式,为后面数字的学习做铺垫,强化数数方法,又可以为后面学习 10 以内的加减法打下基础。 |

| 二、
学情分析 | 　　本班为一年级,共有 8 名学生(3 男 5 女),他们均属于中重度智力障碍学生。其中孤独症学生 2 名,多动症 2 名,脑瘫 1 名,发育迟缓 3 名。通过教育观察对学生进行课前评估,将学生分为 ABC 三层,具体情况如下表所示: |

姓名	能按顺序唱数 4 以内的数	能正确点数 4 以内的物品	能用数字表示 4 以内物品的数量	会写数字 1~4	能按数字取出 4 以内数量的物品	知道 4 以内数字的顺序
小飞 A1	√	√	√	4 不会写	√	√
小菡 A2	√	√	√	√	√	√
小灵 A3	√	√	√	√	√	√
小雅 B1	√	√	√	√	√	不熟练,偶尔需提示
小宇 B2	√	√	√	除 1 以外,其他数字都只能描写不会书写	仅能正确取出 2 以内数量的物品	仅能正确排列 2 以内数字的顺序
小梦 B3	√	√	需要语言提示	3 和 4 不会写	√	√
小晨 C1	无语言	无法完成	无法完成	无法完成	无法完成	无法完成
小彦 C2	无语言	无法完成	无法完成	无法完成	无法完成	无法完成

　　A 层:小飞、小菡、小灵。说话口齿较为清晰,接受能力强,记性好。有一定的数感和数学基础。注意力较集中,可以唱读数字 1~4,能够点数,知道 4 以内的顺序,能够数字表示 4 以内的物品,能书写数字和复述语句。

续表

二、学情分析	B层：小雅、小宇、小梦。有语言能力，愿意表达自己的想法，接受能力一般，可以复述5个字左右的短句，注意力分散，能够进行1～4的数字读数，能用数字表示4以内的物品，在提示下能正确排列1～4的顺序，点数和书写能力较弱。 C层：小晨、小彦。这两位学生的语言能力薄弱，课堂反应较少，能与老师进行简单的互动，对数字的理解还不足，能够复述1到2个字，在辅助下可以跟读1～4。
三、教学目标	总目标 1. 初步认识数字5，理解5的含义。 2. 能够正确点数数量是5的物体。 3. 感受数字5就在我们的身边。 分层目标 A组：能正确地读5、认5，能够正确点数数量是5的物体。 B组：基本正确地读5、认5，能够正确点数数量是5的物体。 C组：跟读数字5、发出5的读音。尝试从1～5中选出数字5。
四、教学重难点	重点：理解5代表数量的含义。 难点：能够把数量5和数字5相联系，并能用数字表示数量。
五、教学技术与学习资源应用	1. 运用多媒体课件创设给乐乐整理房间的情景，提前准备好乐乐房间的物品实物，课上让学生将物品进行分类整理，提高学生的动手能力和激发学生的兴趣，提高学生学习的积极性。 2. 相信并鼓励学生，把教学的舞台留给学生。动手操作是提高生活数学学习效率的有效策略之一。在复习巩固所学知识的时候，让学生自己摆一摆、点一点、贴一贴，巩固点数的方法。 3. 运用媒体、教学具进行分层教学，在实际教学过程中，由于学生的学习能力存在差异，要为学生设计不同难度的活动练习。
六、作业与评价	布置作业让学生回家与家长共同完成，巩固学习内容，同时教师分享一些简单的游戏形式给家长，培养学习的兴趣，巩固形成数量与数字相对应的思维模式。 课堂即时评价，基于学生的课堂表现，对学生即时地做出鼓励和表扬，并且采取积分制的鼓励方式，激发学生的学习动力。

七、教学过程

教学环节	教师活动	学生活动	设计意图
（一）导入	数字歌复习1～4。 请出今天的小伙伴乐乐，乐乐带我们一起来参观他的家。 1. 教师播放视频《我的家真干净》，提问：画面里有什么？有几个？ 2. 引导学生说出看到了什么。 3. 教师总结：乐乐家的杯子、花、鱼的数量都是5，那我们今天来学习数字宝宝5。 4. 引出课题：认识5。	A组：能够找出画面中有什么，能够复述出有5个。 B组：能够在提示下找出画面中有什么。 C组：试着说一说5。	运用书本上的人物，创设有趣的情境激发学生学习的乐趣。

教学环节	教师活动	学生活动	设计意图
（二）新授	1. 认识 5。 出示乐乐房间图。 （1）观察 "5"，说一说 "5" 像什么？ （利用 5 的模型让学生观察） 引导学生说一说："5" 像衣钩，555。 （2）找一找房间里的 "5" 乐乐的房间好乱呀，数字宝宝 "5" 和他的好朋友们（1、2、3、4）在玩捉迷藏，小朋友们，你们也来找一找吧！ 2. 点数 5。 （1）点数收纳箱。 请你们看看这是什么？（收纳箱） 请同学们拿出你们的手指跟着老师一起数一数。（"共" 有 5 个收纳箱） （2）摆一摆、数一数。 ①老师这边有 5 根小棒，请你在每个收纳箱前面摆一根，数一数有几根小棒？ ②谁再来用 5 个小圆片在收纳箱前面摆一摆？并数一数。 小结：刚刚同学们和老师一起数了收纳箱、小棒、小圆片，他们的数量都是 "5"，都可以用数字 "5" 来表示。 （3）分类收纳体验 5 的集合。 我们有 5 个收纳箱，现在我们要利用这 5 个收纳箱帮助乐乐整理他的玩具了。 收纳要求： ①按照收纳箱上的图片将一类物品放在收纳箱中。 ②请点数收纳箱里的物品并把相应的数字贴在收纳箱上。 乐乐：谢谢同学们帮我整理，把我的房间整理得真干净，盒子上的数字可以帮助我、提醒我里面有几个这样的玩具，不怕玩具丢了。	A 组：仔细观察，找出图片中的 5。 B 组：在视觉刺激的提示下，找出图片中的 5。 C 组：能够在活动中看到 5，加深印象。 A 组：点数收纳箱。 B 组：在帮助下完成点数。 C 组：复述 5（一共有 5 个收纳箱）。 A 组：将小棒一根根摆在收纳箱前。 B 组：在帮助下，将小圆片摆在收纳箱前。 C 组：参与游戏，试读。 A 组：进行物品分类整理，并将一类物品放在收纳箱中。 B 组：将数字贴在收纳箱上。 C 组：复述 5（这个收纳箱里有 5 块积木）。	整体知课。 点数训练，用情境来刺激学生去帮助乐乐整理房间。 在游戏中，将数字形象化，帮助学生形成数概念的基础。 结合单元要求，围绕生活，让同学们学会整理归类。

续表

教学环节	教师活动	学生活动	设计意图
（二）新授	3. 找一找。 乐乐：喔，我玩好玩具了，让我们一起来检查一下整理得怎么样吧？ （1）2号箱子少了一个球，我们来找一找。 请同学们找一找球并把它放入盒子中。 （2）5号箱子少了一块积木，我们来找一找。 总结：4块积木添上一块积木，变成5块积木。	A组：完成任务（2）。 B组：在老师的帮助下，示范完成任务（1）。 C组：尝试点数。	
（三）巩固	1. 找出数字5 课堂游戏，找出数字5。 出示乐乐家的图片，请同学们找一找数字5。 2. 扩展活动 请同学们找出5块积木，并照样子，摆一摆。 3. 完成任务单	分层完成任务单。	巩固本节课的目标，配上有趣的游戏，多感官刺激学生理解和学习本课的内容。
（四）总结评价	总结本课内容，并评价学生：		

学生课堂表现评价表

A层	能够正确读数字5	能数数量是5以内的物体的个数	能够用数字5表达数量为5的物品
B层	能够正确读数字5	在老师的帮助下能数数量是5以内的物体的个数	在老师的帮助下能取出数量为5的物品
C层	能够发出5的读音	能从数字1~5中选出数字5	数学来源于生活，能够在生活中找到"5"

能独立完成为3星；偶尔提示能够完成为2星；在大量协助下能完成为1星。

数字 1～5 的字形与读音配对

姓　名	林昌		学　科	生活数学
单　位	中山市特殊教育学校		年　级	一年级

<table>
<tr><td rowspan="6">一、
学情分析</td><td colspan="2">教学设计理念：面向全体、关注差异、以学定教、有效教学。
　　教学设计背景：教学班级为培智学校一年级某班，学生人数12人，学科为生活数学，课题为"数字1～5的字形与读音配对"，教学地点为课室，教学组织形式选用协同分组教学，一名主教教师，一名协同教师。
　　特殊教育宏观上讲究评估为先，微观上讲究学情为先，不了解真实学情，将无法提供有效教学。本设计从一般特征、相关经验、阶段侧重、学习需求四个方面进行学情分析如下：</td></tr>
<tr><td>一般特征</td><td>本班12名学生，8男4女，平均年龄7岁。障碍类型主要是智力障碍（佐、云、烽、亮、榕、晴、彤）和孤独症（帆、轩、星、成、宏），障碍程度主要为中重度。
　　以认知经验为基础可将学生分为高中低三组，A组学生（帆、佐）的认知、沟通及动作操作能力较好，课堂参与度较高，能和老师有较好的互动；B组学生（云、烽、亮、榕、晴、轩、星）有一定的认知和语言表达能力，发音均存在模糊不清的情况，能配合老师进行课堂互动；C组学生（成、宏、彤）在认知、沟通理解方面能力弱，能尝试发音，能回应老师的一些简单指令，课堂参与需要利用强化物刺激和教师肢体协助。</td></tr>
<tr><td>相关经验</td><td>本班学生前期学习了数字1～10的唱数、点数，在生活学习中经常接触到数字的认识，本课的学习相关经验如下：
　　A组学生（帆、佐）已掌握得数为10的加法，本节课之前的小组教学时间初步教授过他们借助数学小棒计算20以内的进位加法。
　　B组学生（云、烽、亮、榕、晴、轩、星）近期课程初步学习了数字字形，但尚未完全掌握，不能准确进行数字1～5的字形与读音配对。
　　C组学生（成、宏、彤）尚未建立数的基本概念，近期学习经验主要是实物卡片配对练习。</td></tr>
<tr><td>阶段侧重</td><td>本阶段年度教学侧重于继续培养学生遵守学习常规、增加注意时长的能力以及提升口语表达清晰度。</td></tr>
<tr><td>学习需求</td><td>本班学生学习风格整体较被动且注意时长较短，教学中需要提供游戏、结构化的操作活动和强化物；本班孤独症学生较多，需要提供视觉支持；多数学生口语发音不清晰，需要适时嵌入发音练习。</td></tr>
</table>

续表

二、 教材分析	1. 教材的位置： 　　本课根据学生 IEP 评估结果，结合学生数字认识的相关经验，选取 2016 版国家培智新课标《生活数学》第一学段"数与运算"条目下"5 以内数的认识"中的"数字 1～5 的字形与读音配对"为主要学习内容，整合人教版生活数学一年级上下册中关于 1～5 数字认识的相关内容组织教材。 　　2. 教材的内容： 　　"5 以内数的认识"包括唱数、点数、认数、写数、按数取量等内容。本课内容在学生学习了 1～5 的唱数、点数和认数之后，在读数和写数之前，承上启下，为学生准确认读 5 以内的数字搭好台阶。 　　3. 课时分配与作用： 　　本课共分 5 课时，第 1 课时初识数字 1～5 的字形，第 2、3 课时字形与读音配对，第 4 课时巩固练习，第 5 课时生活实践运用。本节课为第 2 课时，主要作用是帮助学生建立数字字形与读音对应的能力。

三、 教学目标 分析	结合前面对学情和教材的分析，针对性的学习目标和教学方法如下：

分组	主要学习目标	教学方法
A 组： 帆、佐	知识与技能：能借助数学小棒计算 20 以内的进位加法（重点）。	重点解决策略：练习法。 难点突破策略：例题示范、个别指导。
	过程与方法：通过例题提示、自主探究和教师指导正确操作数学小棒（难点）。	
	情感态度价值观：在教师较少言语提示下，保持 15 分钟注意时长。	
B 组： 云、烽、亮、榕、晴、轩、星	知识与技能：能将数字 1～5 的数字字形与读音配对（重点、难点）。	重难点解决策略：直接教学法、饱和练习法。
	过程与方法：通过观察、探究、结构化工作完成学习内容。	
	情感态度价值观：在教师强化驱动下，积极参加学习活动，遵守学习常规，保持 10 分钟注意时长。	
C 组： 成、宏、彤	知识与技能：能观察教师手中食品或数字卡片，在托盘中找到相同的另一张完成配对活动（重难点）。	重难点解决策略：ABA、言语动作协助。
	过程与方法：在教师肢体和言语提示下，通过观察参与有意义的学习活动。	
	情感态度价值观：在强化物刺激下能参加学习活动，遵守学习常规，阶段性保持 1～2 分钟注意时长。	

　　本节课综合运用的教学方法，表现为以下三个维度：

　　1. 激发动机的策略。学习动机是学习质量的基础，为激发学生主观能动性，本节课将运用强化策略、游戏教学法。

	教学活动过程	意图与策略	协同教师
三、 教学目标 分析	2. 教学的策略：①直接教学法，即说明 - 示范 - 协助 - 自动，通过协助等级的逐层降低促进学生习得；②饱和练习法。 3. 呼应差异的策略。个别化是特殊教育的核心，差异教学是实现有效教学的重要途径。本节课将运用协同分组教学、个别指导。		
四、 教学资源	协同教师 1 名、教学课件 1 份、数字配对学具 10 份、20 以内进位加法练习 2 份、数学小棒一套、计算器（能发声）10 个、常见食物卡片 3 套、强化物小馒头一罐		
	五、教学环节与活动		
	教学活动过程	意图与策略	协同教师
（一） 准备活动	1. 课堂管理、师生问好；教师出示强化物约定：完成课堂学习任务的同学可以获得奖励。 2. 复习导入。 协同分组：A 组练习开始 协同教师指导。 复习上节课初识 1～5 数字字形内容，教师带领学生回顾数字形状。	利用强化物激发学习动机。	约定强化物后，按课前安排，协同教师为 A 组学生帆、佐提供 15 以内加法练习题和例题示范，指导 A 组学生开始练习后回归"一个教、一个巡视"的协同模式。
（二） 发展活动	1. 找朋友：教师分发操作托盘，学生完成个人工作，将相同字形数字配对粘好。 2. 游戏活动：送数字宝宝回家。 （1）送数字宝宝回家：层次一。 数字宝宝要回到自己的家，谁来帮帮它们？ 直接教学（四段教学法）： 说明任务：数字宝宝迷路了，我们要送它们回到自己的家。 教师示范：请看老师，送 2 回到 2 的家，送 3 回到 3 的家。 学生尝试、教师协助：BC 组学生尝试，教师提供协助。 促进自动：学生在观察、模仿、练习中逐渐习得。 强调边操作边读数发音。	通过结构化的个人工作，巩固与检核数字 1～5 字形的识记情况，同时促进学生个人工作时注意时长的保持。 教师巡回个别指导。 游戏教学。 提供有颜色提示的学习任务，为学生逐渐掌握搭台阶。 四段教学法：说明 - 示范 - 协助 - 自动。 教师根据学生当前学习表现给予不同层级的协助： 完全肢体协助 - 少量动作提示 - 语言提示 - 无提示。 撤销颜色提示，进一步促进学生对数字 1～5 字形的认识。	协同教师嵌入对发音不清晰学生的数字发音练习。 协同教师执行嵌入教学时，巡视 A 组帆、佐练习情况。

续表

	教学活动过程	意图与策略	协同教师
（二）发展活动	（2）送数字宝宝回家：层次二。 操作模式同上。 3. 游戏活动：数字连连看。 （1）数字连连看：层次一。 直接教学：说明-示范-协助-自动。 说明任务：我们来玩连连看游戏，把相同的数字连起来。 教师示范：分别点击相同数字，出现消除效果。 学生尝试、教师协助：B组学生尝试，教师根据学生掌握情况分别提供不同层级提示。 促进自动：学生在观察、模仿、练习中完成数字配对。 对B组程度稍弱的学生：要求能按任意顺序将相同字形数字配对。尝试按指定顺序配对。 对B组程度稍强的学生：要求按教师指定顺序将数字配对。如：先找5，再找3…… （2）数字连连看：层次二。 操作模式同上。	游戏教学。 提供有颜色提示的学习任务。 结合教师发出的数字指令，促进字形与读音结合。 撤销颜色提示，继续促进学生对数字1~5字形和读音的认识。	本阶段开始，BC组分组教学，C组在小组教学区由协同教师进行常见食品卡片配对教学以及数字1~5卡片配对教学。
（三）综合活动	1. 检核活动：教师分发计算器给学生，发出数字指令，学生在发声计算器上找到对应数字，正确者奖励。 说明任务：请在计算器上找到老师说出的数字，并按出。 教师示范：教师依次示范说出并按下数字1~5。 学生尝试、教师协助：学生按要求操作，教师检查指导。 促进自动：学生在观察、模仿、练习中初步习得。 2. 整理环境：师生整理学习材料和教室环境。 3. 总结点评。	进一步提供变换样式的饱和刺激，促进学生强化数字1~5的字形与读音配对。 同时检核本节课学习效果，为后阶段教学决定服务。	A/C组学生结束分组教学。 协同教师检查反馈A/C组学生学习情况。

教学活动过程		意图与策略	协同教师

	本节课教学评价设计如下表：

		教学评价 / 教学决定										
	学习目标	帆	佐	云	烽	亮	榕	晴	轩	星	成	宏	彤
（四） 教学评价	借助数学小棒计算 20 以内的进位加法												
	在教师少言语提示下，保持 15 分钟注意时长												
	能将数字 1～5 的数字字形与读音配对												
	遵守学习常规，阶段性保持 10 分钟注意时长												
	能将食品或数字卡进行配对活动												
	在强化物刺激下保持 1～2 分钟注意时长												
	能跟读数字发音，提高数字 1～5 发音准确度												
	目标完成：3 良好独立完成；2 较少提示完成；1 大量协助完成；0 完成不了 教学决定：P-通过 C-继续 E-充实 S-简化 D-放弃												

（五） 教学反思	本课设计以面向全体、关注差异、以学定教、有效教学为理念进行，在较为充分了解学情需求的基础上进行针对性的教材分析、目标分析和方法选择，预估课堂教学进行会较为顺利和有效。本设计还需要注意以下问题： 　　1. 流程只是载体，学生才是目的。教学过程中面对课堂生成的学生真实需要，还需及时和协同老师配合进行适时调整。 　　2. 本课内容的掌握，需要家庭教育的配合（如家长带孩子乘坐电梯、购物等场景中嵌入数字认识教学），还需要其他学科教学的渗透（在教学中强调数字认识），以促进学生从"获取阶段"向"精熟阶段"和"运用阶段"进步。

我爱我家

姓　名	齐圣杰		学　科	生活数学
单　位	天津市河西区启智学校		年　级	一年级

一、教学内容分析	本课选自新编人教版特殊教育教材一年级上册第三单元"家庭生活：认识3"。结合家庭生活主题，将"家"作为本节课的主线，通过去乐乐家做客，认识数字3，进而点数数量是3的物品；而后组织学生用双手装饰自己的家，寻找数量是3的物品；最后了解地球是我们共同的家，共同拯救数量是3的野生动物。从"小家"升华到"大家"，贴近学生的生活，激发学生心中的爱，增强责任感。			

<table>
<tr><td rowspan="3">二、学情分析</td><td>分层</td><td>学生数量</td><td>学生现状及具体情况</td><td>分层目标</td></tr>
<tr><td>一层</td><td>2名</td><td>一名学生有癫痫，发育迟缓。另一名学生有猫叫综合征。两名学生均有学习能力和较好的认知能力；动手能力较强；能够点数，认识数字，但是对数量的理解欠佳；具备简单的语言表达能力，但是受情绪影响缺乏表达意愿。</td><td>1.认识数字3，手口一致点数3。
2.尝试应用数字，提高精细动作，在家中布置数量是3的装饰。
3.发展粗大运动，拯救3只小动物，知道地球是我家。</td></tr>
<tr><td>二层</td><td>2名</td><td>一名学生有孤独症，一名是先天愚型，学习能力认知能力较弱。有孤独症的学生语言重复，有先天愚型的学生无语言。两名学生对数字的认识能力和理解能力欠佳，手部精细动作能力较弱，情绪不稳定。</td><td>1.认识3，在教师帮助下点数3。
2.感知数字3的应用。
3.知道我爱我家，保护地球。</td></tr>
</table>

三、教学目标	1.集体教学目标： （1）认读数字3，点数数量是3的物品，初步理解3的含义。 （2）通过实践、游戏、动手操作、探究等方法体验数字3的数学意义，形成数感。 （3）启发学生思考，形成初步的抽象思维能力，培养学习数学的兴趣，体会数学学习过程中的美和乐趣。 2.分层目标： 一层： （1）认识数字3，手口一致点数3。 （2）尝试应用数字，提高精细动作，在家中布置数量是3的装饰。 （3）发展粗大运动，拯救3只小动物。知道地球是我家。 二层： （1）认识3，在教师帮助下点数3。 （2）感知数字3的应用。 （3）知道我爱我家，保护地球。

续表

四、教学重难点	教学重点 　　1. 认识数字3，能够点数3。 　　2. 装饰自己的家，寻找家中数量是3的物品。 教学难点 　　1. 能够点数数量是3的图片或者实物。 　　2. 我爱我的家，知道保护地球的重要性。		
五、教学资源	1. PPT课件、平板电脑、音乐、视频 2. 布置乐乐的家：水杯、苹果、鱼缸（教具）、照片展台 3. 学生各自的"家"的照片、装饰贴纸 4. 山洞、小桥、水洼等课堂活动需要的布景教具		

六、教学过程

教程设计	信息技术使用	意图
（一）暖场	教师创设情境：今天我们去乐乐家，你们开心吗？请和齐老师一起出发吧。		为孤独症儿童呈现画面感，进行视觉补偿。
（二）激趣导入	师：今天天气很不错，我们在路上看到了： 1个太阳，2朵白云； 1棵大树，2只小鸟； 小房子上有我们学过的数字1和2。	利用电子白板教学，通过小汽车、太阳、云朵、大树、小房子等场景还原，并配上相对应的声音和动作，将学生带入情景，激发学生多感官发展。	复习旧知识，用数字1和2描述景色，为学习新的数字3做铺垫。
（三）探索新知	1. 情境提问：乐乐家住在哪个房子里？ （1）视频中的乐乐说，我的家住在3号房子，3的样子像耳朵。（视频中先不呈现数字3，仅出现耳朵的样子。） （2）启发同学们摸一摸自己的小耳朵，并相互看一看。 （3）请同学拿着耳朵图片，到白板前找一找，哪个数字像耳朵。 教师总结：呈现小蜗牛爬行的轨迹，引导同学们发现3的轮廓像耳蜗的轮廓，所以说"3像耳朵听声音"。	利用电子白板教学，创建学生和乐乐对话的交互式教学模式，引起学生的学习兴趣。 通过多媒体轨迹的展示，将数字3和耳朵的轮廓形象地展示在学生面前。	激趣引入。通过耳朵图片和数字的比对，鼓励学生自主探索。 调动特殊儿童视觉，听觉等多感官，感知数字3。

续表

教程设计		信息技术使用	意图
	（4）带领同学们来听一听《数字歌》选段"3、3、3，3像耳朵，听听听，听听听"。 教师带领学生反复认读数字3，学习3的手势。 2. 请同学在白板上点出乐乐的家"3号房子"。 师：到乐乐家门前，先敲门。 敲门方法：小手握拳手指弯曲，"咚咚咚"轻叩3下。 主人公乐乐开门，教师带领学生和乐乐打招呼，做有礼貌的好孩子。	"咚咚咚"的敲门声将学生带入真实场景，增强人机互动性。乐乐开门讲话，学生与乐乐打招呼对话等。通过场景设计将人教版教材中的人物活灵活现地展现在学生面前。	德育渗透，结合做客的礼仪，使同学们养成有礼貌的好习惯。 奖励认真观察的同学，帮助学生建立学习信心。
（三） 探索新知	3. 视频观看《乐乐的家》，说一说乐乐家里有什么。 乐乐家的物品：水杯、苹果、鱼缸、全家福。 师：如何用数字描述乐乐家的物品？我们一起数一数。伸出小手指，从左向右，点一个，数一个。 （1）点数水杯。 从实物引入，逐渐过渡到图片。 从1数到3即表示一共有3个水杯，水杯的总数可以用数字3表示。 通过黑白背景的视觉提示，提示学生进行完整表述。 （2）点数苹果，邀请能力较强的同学当小老师。 （3）点数金鱼，辅导能力较弱的同学继续学习。 	结合教材内容，编排了视频内容并进行配音，引出本节课要点数的水杯、苹果、鱼缸、全家福等物品。 教师将实物和图片相结合，帮助学生进行点数学习。给二层的学生提供视觉提示模板。	建立点数规范，从具体到抽象，实物点数和图片点数相结合，通过视觉提示引导学生进行完整表达。 把学生分为两个层次，分别给予帮助，反复多次进行点数和表达的练习，实现不同程度的目标。

续表

	教程设计	信息技术使用	意图
（三） 探索新知	（4）点数乐乐家的全家福中的人数，鼓励能力中等的同学独立完成。 进一步引导同学们描述"我看到了3个水杯、3个苹果、3条鱼、3个人"。		
（四） 巩固练习	1.我爱我家。 师：当同学们参观完乐乐的家，多数同学也联想到了自己的家，老师带来了许多装饰，请同学们用自己的小手来装扮自己的家。例如，墙上贴了3幅画，沙发上放了3个抱枕，桌上的全家福中有3口人，墙上挂了3盏灯，沙发上摆了3个娃娃。 师：老师还带来了一组特殊的全家福，数一数图片中有几位白衣天使。1，2，3，一共有3位白衣天使。他们是抗疫医护的一家。正因为有了他们的无私奉献，才让我们千千万万的家庭能够团聚、平安。 2.拯救野生动物。 当人类幸福团聚的时候，还有一些野生动物流离失所，希望同学们能帮助它们，为它们送上打开牢笼的钥匙。 师：我们要走过1座小桥，钻过2个山洞，跳过3个水洼。请同学们依次完成活动，为他们送上打开牢笼的钥匙。希望大家要和动物，和大自然和谐相处。	在本节课之前，提前收集了班级学生的家的照片，并且准备饰品贴纸，让学生布置自己的家，并点数数量是3的物品。 通过平板投屏的方式在大屏幕呈现学生完成的作品。同学们介绍和展示自己的家，培养学生对自己家的热爱。 通过多媒体技术创建人机互动情景，小桥、山洞、水洼是实物教具，而笼子里的野生动物是多媒体展示的画面。学生通过闯关来拯救数量是3的野生动物。	结合生活数学，贯穿"家"的主题。通过布置自己的家，巩固点数能力。同时实现特殊儿童的康复训练目标：精细动作发展，提高语言表达能力。 帮助学生认识自己的家，激发学生对家、对生活的热爱之情。 结合抗击疫情的背景，帮助学生知道医护家庭的辛苦和奉献。 地球是我们共同的家，将"家"的主线升华，从小家到大家，保护野生动物，增强责任感。
（五） 作业	找一找生活中的数字3。		

我的家真干净——认识5

姓　名	梁舒婷	学　科	生活数学
单　位	广东省佛山市禅城区启智学校	年　级	一年级

一、 设计理念	1. 本节课根据皮亚杰的"建构主义"学习理论，强调在学生熟悉的家庭情境中提供丰富的学习资源，使学生通过探究、主动学习，在同化与顺应的过程中建构获得新的经验和知识。 2. 根据加德纳的多元智能理论和学生的思维特点，在教学过程中，因材施教，帮助学生习得新知识，同时发掘学生的潜能，发展个性，增强学生的自信。
二、 目标来源	《培智学校义务教育生活数学课程标准》（2016年版）第一学段（1～3年级）《数与运算》，在现实情境中，理解10以内数的含义，能数、认、读、写，强调手口一致地点数10以内的物体。
三、 教材分析	《认识5》选自人教版《生活数学》一年级下册第三单元家庭生活中的第九课《我的家真干净》。本节课的教学内容是通过乐乐家客厅和乐乐收拾玩具的情境，让学生认识5，在生活中发现5，从而开始学习数字5的基础知识，包括5的数、认、读、写，能手口一致地点数数量是5的物品，理解数字5的含义。同时通过收拾玩具来复习5以内的数字，能够用这些数字表示相对数量的物品。本课时的教学内容是认读数字5和手口一致地点数数量是5的物品并说出总数。
四、 学情分析	本班共13人，其中男生9人，女生4人；孤独症：叶、梁、千、铭、锐、然，共6人；智力迟缓：霄、冯、轩、剑、晴、楷，共6人；脑瘫：宇。
	叶、梁、千、宇：能基本掌握上下、前后等数前概念，能正确认识和书写数字0～10，能理解二步指令并执行，叶和宇能说复杂句，梁和千能说简单句，梁和千注意力较易分散。宇积极参与课堂；叶希望在课堂上看到自己相关的图片或者参与竞赛活动，否则易对课堂失去兴趣。 轩：能认读数字1～5但不能达到百分百正确，能点数物品，能使用词组表达，能理解简单问题并回答，能理解一步指令并执行。积极参与课堂，模仿能力较好，专注力和服从性高。 霄、冯：能认识数字1～5，能点数物品，但点数过程会混乱，能使用词组表达，能理解简单问题并回答，能理解一步指令并执行。霄注意力较易分散，上课可能会有摇桌子的行为。冯手眼协调能力较差，注意力稳定性差。 楷：对数字0～5不能熟练认读，但能数出指定数量的物品，能听懂老师的简单指令，手指不能灵活抓握笔，能使用简单句，仿说能力良好，情绪稳定。 剑：能认读数字1～5，能点数物品，但点读过程会混乱，能使用词汇表达但主动性差，注意力稳定性较差，看到感兴趣的物品易兴奋。
	晴、锐、然、铭：对数字1～4的指认准确率未达到百分百，点数意识较好，但不能说对，注意力稳定性较差，对课堂的关注度和参与度较低。铭能听懂多步指令并执行，模仿能力强，无语言。晴能使用词汇表达但主动性差，手部动作基本不断，可能会有离座的行为。然和锐能使用单字表达，主动性差，能即刻模仿词组或简单句，听懂一步指令执行。然情绪不稳定，发脾气可能表现为掐人、咬人、咬自己的手。

五、 学习目标	1. 教学总目标： （1）能识记 5 的字形，认读数字 5； （2）能手口一致地点数数量是 5 的物品，并说出总数； （3）能将数量为 5 的物品与数字 5 对应； （4）能根据数字 5 拿出 5 个物品； （5）能书写或描红数字 5。 2. 课时目标： （1）能认读数字 5； （2）能手口一致地点数数量是 5 的物品，并说出总数。 3. 个人目标： 叶、宇、梁、千：独立 1～2（默数） 轩：1～2 楷、冯、霄、剑：1～2（语言提示） 晴、锐、铭、然：1～2（肢体＋语言辅助）
六、 教学 重难点	教学重点：识记 5 的字形，认读数字 5。 教学难点：能手口一致地点数数量是 5 的物品，并说出总数。
七、 教学方法	演示讲解法、直观教学法、游戏操作法、练习法
八、 教学准备	电子课件，积木、雪花片等数量是 5 的玩具，强化物（大拇指）

续表

九、 教学媒体 运用流程	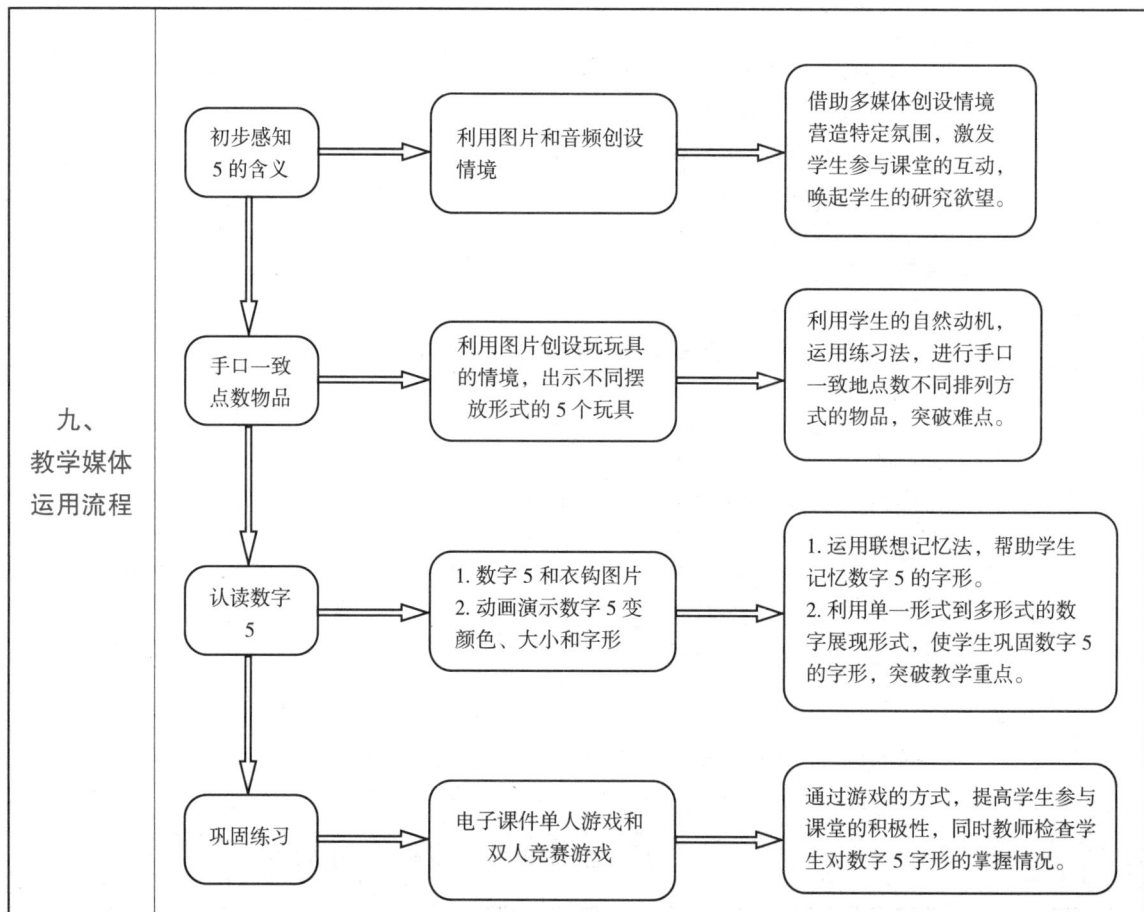	

十、教学过程

教学活动	教师活动	学生活动	备注
（一） 准备活动	1. 师生问好。 2. 点名。 3. 调整上课姿势。	听到"起立"的指令能站好并大声说出"老师好"。点名时举手并大声答"到"。双脚并拢、腰板挺直，双手放桌面。	通过结构化的课堂常规，让学生调整状态，集中注意力，快速进入课堂。
（二） 发展活动	环节一：情境创设，初步感知数字5的含义 1. 创设乐乐邀请班级的学生去他家玩玩具的情境。 2. 出示乐乐家客厅的图片，问：茶杯、花朵和小鱼分别有多少？	环节一 全班一起点数数量是5的茶杯、花朵和小鱼的数量。	环节一 借助多媒体创设情境营造特定氛围，激发学生参与课堂的动力，唤起学生的探究欲望。

教学活动	教师活动	学生活动	备注
（二） 发展活动	3. 板书：认识 5。 环节二：点数数量是 5 的物品，并说出总数 1. 乐乐的玩具。 （1）出示乐乐房间图片，问：有几个盒子，几只小熊，几个皮球，几辆小汽车，几架小飞机和几块积木？ （2）示范手口一致地点数盒子后，引导学生：一个一个地数，数到几就是几个。 （3）再次手口一致地点数盒子、积木的数量和指出汽车上的数字 5，正式给出 5 的概念：数字 5 表示 5 个。 2. 挑一挑。 课件出示六种玩具后，请学生挑一挑自己想玩的玩具，点击该玩具后超链接到 5 个玩具的课件，要求进行手口一致地点数不同排列方式的玩具并说出总数的练习。 3. 玩一玩。 （1）说明规则：音乐响起时可以在座位上自由玩玩具，音乐停下就收玩具。 （2）播放音乐，巡视学生情况，指导 C 层学生进行点数。 4. 收拾玩具。 （1）播放收玩具的示范视频：放一个数一个，数到几个就放了几个玩具。 （2）通过语言提示，引导学生收玩具时手口一致地点数。 环节三：认读数字 5 1. 5 像衣钩墙上挂。 （1）出示数字 5，让学生展开想象说一说数字 5 像什么。 （2）出示衣钩的图片，将数字 5 与之重合，引出数字儿歌：5 像衣钩墙上挂。 （3）板书并带读：5 像衣钩墙上挂。	齐读板书 2 遍。 环节二 全班认真观察图片，点数 /默数后说出物品数量。 出手指，跟着老师一起点数。 学生各自挑选后，点数不同摆放形式的玩具。 A 层学生默数； B、C 层手口一致点数。 认真听，理解规则。 AB 层学生自由玩玩具，C层在辅助下练习手口一致点数。 观看视频，关注手口一致地点数的要求。 A 层默数；B、C 层点数。 环节三 展开想象，A、B 层说自己的想法。 齐读儿歌。	环节二 通过情境的任务激发学生的内在动机，令学生自然又主动地将学习任务完成，自然、有效地将认知活动和情感活动结合起来。 利用学生的自然动机，运用练习法，更有效地巩固手口一致地点数的知识技能，突破难点。 给学生一个限定的时间玩玩具，强化学生手口一致点数的行为，同时也加强学生的课堂常规和指令听从训练。 环节三 利用衣钩的图片与数字5 进行比较，引出儿歌：5 像衣钩墙上挂，运用联想记忆法，降低学生识记数字 5 的字形的难度。

续表

教学活动	教师活动	学生活动	备注
	2.认读不同的数字5。 课件动画分别将同一个数字5变换成不同颜色、大小和字体的数字5，请学生认读。 （1）变不同颜色的数字5。 （2）变不同大小的数字5。 （3）变不同字体的数字5。 （4）磨砂纸剪成的数字5。	认真观察，识记数字5的字形，并认读数字5。 齐读儿歌。 认读数字。	不管数字的颜色、大小和字体怎么变化，数字5都像衣钩，从而帮助学生巩固记忆数字5的字形并得到泛化。
（二）发展活动	环节四：巩固练习 通过板书，回顾本节课的知识点：认读不同的数字5，手口一致地点数数量是5的物品并说出总数。 1.游戏竞赛，巩固新知。 （1）数字猜猜猜。 创设信封里面藏了数字5和他的好朋友们，请学生开火车进行随机认读1～5。 （2）双人竞赛：火眼金睛——摘取数字5。 ①课件和黑板出示同样的树木，上面挂满了不同颜色、大小、字体的数字5和其他数字，请两个学生比赛摘取数字5。 ②点评竞赛结果，及时分析对错，胜者收获掌声和大拇指。 2.书面练习。 点数物品数量并圈出数字。 （1）师示范一个一个地数，数到几就圈出数字几。 （2）分发分层练习，提示或辅助B学生完成。	环节四 积极参与游戏，检查自己是否识记数字5的字形。 独立/辅助下完成点数物品数量并圈出数字5的练习。	环节四 通过游戏的方式，提高学生参与课堂的积极性，同时教师检查学生对数字5字形的掌握情况。
	环节五：拓展延伸 请学生思考：我们在生活中什么时候会用到数字？出示生活中用到数字的情境图片，让学生想象一下，假如没有了数字，这个世界会变成什么样？	环节五 学生发挥想象，表达想法。	环节五 让学生体会到数学的生活性、实用性，知道数的认知对于学校及生活都有很大作用。

续表

教学活动	教师活动	学生活动	备注
（三） 综合活动	（1）点评学生本节课的学习效果和表现。 （2）布置课后作业。	学生端正坐姿，认真听讲。	及时点评学生的课堂表现，有利于学生进行自我反思和学习好榜样。
（四） 板书设计	 5　　　　5　　　　5 5 像衣钩挂上墙		

认识图形

姓　名	马妮娜	学　科	生活数学
单　位	河东区启智学校	年　级	一年级

一、指导思想与理论依据	图形在生活中随处可见。在生活的各个方面，只要留心观察就能发现图形的存在。关于图形的认识，培智学校义务教育课程标准（2016 年版）对 1 ～ 3 年级学段进行了以下说明。 　　知识技能：经历从实际物品中抽象出简单的几何图体和平面图形的过程，了解简单几何体和常见的平面图形，初步形成识图能力。 　　数学思考：通过从物体中抽象出几何图形，初步形成空间观念。 　　课程内容：通过实物和模型，初步认识长方形、正方形、三角形、圆等简单的平面图形。
二、教学内容分析	图形在生活中以不同的形态出现。即使是看似简单的图形，也包含了不同的概念和意义。本课的教学内容为培智教科书《语文》（人教版）一年级下学期"个人生活"单元的"常见餐具"。依据生活化、适应性原则、个别化原则，教师将对教材内容进行适当的调整和拓展，并与新课程标准结合，设计适合本班学生的教学活动。因为一年级学生尚未建立图形的基本概念，所以课程设计以图形的命名及基本概念为主，搭配分类和配对能力的学习，让学生能够认识生活中简单且基本的图形"圆形"，进而能够在生活中发现不同形式的圆形，例如圆形的时钟、手表、蛋糕等，最终能够将圆形运用到生活中，如绘画、做粘贴画等。本节课的内容主要是圆形的学习，使学生感知圆形的特征和命名，建立圆形与生活的联系。

三、学情分析	学生学习能力与数学基础			
	学生	障碍类型	学习能力		数学基础
	A	孤独症	指令听从	能听懂常用的指令，基本能完成教师所要求的指令内容。	1. 点数数字 1 ～ 10。 2. 按要求指出图形大小。 3. 能够把 10 以内实物数量与数字配对。 4. 初步建立了数字 1 ～ 10 的概念。 5. 能够区分长与短。
			言语理解	听觉理解能力尚可，听懂中长句，能理解一般用语，但不易理解抽象词汇。	
			注意	注意力较好，上课专注力能保持 15 ～ 20 分钟。	
			口语表达	能够进行口语表达，以短句为主，容易出现语法颠倒，但不影响他人理解。	
	B	孤独症	指令听从	能听懂常用指令，但得教师重复多次才能够执行指令内容，基本能完成所要求的指令内容。	1. 口头重复教师说的 3 个以内的数字。 2. 按指示拿出 5 个以内的物品。 3. 能够进行 4 个以内的实物与数字配对。 4. 能够区分长与短。
			言语理解	较好地理解动作用语，如"举手""做好""拿出书本"等，不理解抽象词汇。	
			注意	注意力一般，上课专注力能保持 10 分钟左右。	
			口语表达	有口语模仿能力，无主动言语。	

学生	障碍类型	学习能力		数学基础
C	孤独症	指令听从	能较好理解指令，遵从指令。	1. 唱数 1～10。 2. 说出多与少。 3. 按指令拿出 5 个以内的物品。 4. 能够区分长与短。 5. 能够进行 5 个以内的实物与数字配对。
		言语理解	能较好地理解一般用语，能够理解部分抽象词汇。	
		注意	注意力尚可，但在课中容易片刻地趴桌子。	
		口语表达	能够口语表达，但构音不清晰，以词语为主。	
D	智力落后	指令听从	能理解一般的课堂纪律指令。其他指令需配合图片提示，基本能遵从。	1. 能够指认数字 1～10，但有时容易出错。 2. 按指令拿出 5 个以内的物品，但有时容易出错。 3. 能数出 2～5 块积木。 4. 能够区分长与短。
		言语理解	经过提示，能够理解一般用语。	
		注意	注意力较差，独自做学习任务时容易分心，容易离开座位。	
		口语表达	无口语表达能力，但能肢体示意一般需求。	
E	孤独症	指令听从	不易遵从，需要肢体示意和图片辅助。	1. 能配合指认数字 1～10，容易出错，但经过 3 次以内的提示能够指认正确。 2. 能够进行数目 2 个以内的实物与数字配对。
		言语理解	能理解一般的课堂纪律要求，需要教师反复提示和训练才理解学习内容。	
		注意	课堂专注力差，受情绪的影响有时会出现哭闹行为，影响学习。	
		口语表达	无口语能力。	

三、学情分析

　　课前经过了解，五名学生均认识圆形的认知卡片（学生 D、E 需要提示），但不理解圆形的特征；用实物问学生图形，只有学生 A、C 能回答，且仅限于非常具体、明确的圆形实物，如时钟、镜子。学生观察和发现圆形物品的能力整体上还比较弱。

续表

		单元目标	具体目标	学生A	学生B	学生C	学生D	学生E
四、教学目标	知识与技能	认识圆形的名称	能依照教师说出的名称说出／指出不同形态的圆形。					
	过程与方法	认识圆形的基本概念	能依照圆形特征找到圆形的实物。					
			能依照圆形的特征进行实物配对。					
	情感态度价值观	遵守课堂常规	坐在座位上，专心听课。					
			按照上课的规则，做出相应的动作。					
			游戏中学会轮替和等待。					
	康复目标	注意与动作模仿	能够利用肢体动作比画出圆形。					

注：1分表示不能完成；2分表示在肢体和言语辅助下完成；3分表示在肢体或言语辅助下完成；4分表示独立完成。

五、教学重难点	1. 教学重点： 理解圆形的特征。 2. 教学难点： 从具体物体中抽象出圆形。 3. 教学方法： 个别化教学法：根据学生的特点，通过设计不同的学习方式、评价方式促进学生知识的掌握。 多感官教学法：通过声音和动作辅助圆形的学习，通过实物结合图文，让学生通过"视-听-触"的方式感知学习内容。

六、教学过程

教学环节	教师活动	学生活动	技术应用
（一）课堂常规	1. 点名： 利用歌谣进行唱跳，并搭配铃鼓的使用进行点名。 师：12345，*** 在哪里？ 2. 代币制与强化。 （1）师：眼睛看老师，双手放腿上，身体坐直。	学生：*** 在这里。 无言语的学生与老师击掌示意。 被点名的学生做出回应，能将注意力转移到课堂和教师上，能依照课堂常规	采用音频资源，用铃鼓配合音乐节奏，最大限度唤起学生的学习状态，避免单调的言语无法让学生快速进入上课状态。

续表

教学环节	教师活动	学生活动	技术应用
（一） 课堂常规	（2）师：能做到以上三点，可以获得小花朵一枚。课后可以根据自己积累的小花朵进行奖励兑换。	和教师要求，做出相应动作。	
（二） 导入：发现 圆形	（1）教师播放儿歌《一起来跳舞‑形状变变变》的视频。 （2）教师拿出形状模型，请学生找出视频中出现过的形状。询问学生这些图形是不是一样的，引出学习内容"圆形"。	全体学生观看视频。根据教师的提示，注意观察视频中出现的形状，主动说出或者在提示下说出、指出视频中出现的形状，在老师的强调下，意识到这节课的学习内容是"圆形"。	采用儿歌视频资源，与教材中的图形相对应，在愉快的氛围中，让学生主动发现学习内容，既发挥学生的学习主动性，又激发了学生学习的兴趣。
（三） 新授知识	1.感受圆形。 （1）观察圆形的外观。 师：同学们，看一下视频，小兔的妈妈正在厨房做清洁，你们发现兔妈妈手里的盘子了吗？是圆形的吗？ 教师出示实物盘子，让学生观察圆形的盘子，并进行描述。 （2）圆形涂鸦。 让学生动手进行圆形涂鸦，感知圆形的特点。 播放中国传统故事"神笔马良"的节选小视频。 师：同学们，看，这是什么？ 生：小鼓。 师：今天，我们当一回神笔马良，涂完后，看小鼓能不能被变出来？ 学生涂鸦完后，教师出示实物小鼓，让学生沿着小鼓边上摸一摸，敲一敲。 2.介绍图形的名称。 教师结合图文并茂的课件形容圆形的外观，并告诉学生圆形的名称，利用口诀和动作辅助概念的介绍。 师：圆形，圆圆的像盘子，摸一摸，很光滑，无棱角。	全体学生能通过直接经验的学习形式"看一看""摸一摸""涂一涂""玩一玩"，由浅入深地感知"圆"。 学生认真听故事，带着好奇心去涂鸦小鼓，好奇小鼓能不能被变出来。 学生通过触摸，感受圆形的特征，并说出"圆形，圆圆的像盘子/扣子/钟表/车轮，摸一摸，很光滑，无棱角。 学生认真听老师的生动的描述、仿说"圆像车轮"，并模仿老师的动作。	利用电子白板制作课件。课件中利用视频资源，先用动画内容"小兔家的厨房"吸引学生认真观察，再自然地把学生的注意过渡到现实中的圆形实物，符合学生的认知特点。通过多感官的学习方式，学生能更好感知圆形的直观特征。 视频资源激发学生涂鸦动机，而涂鸦又加深了对圆形的概念的理解。"视""听""动"统合的学习形式体现了多感官学习的策略，符合孤独症儿童的学习特点。 课件展示出滚动的车轮动图和盘子、扣子、钟表、自行车等实物模型，让学生摸一摸。

续表

教学环节	教师活动	学生活动	技术应用
（三）新授知识	师：圆形，圆圆的像车轮，摸一摸，很光滑，无棱角。 口诀：圆滚滚，是圆形。 动作：用双手弯曲，一起比画出圆圈。		
（四）强化练习	教师出示神秘宝箱，箱中物品有不同的形状，让学生轮流上台依次从箱中抽取物品并进行分类，如果抽出的是圆形物品，则把物品图片贴在黑板的相应区域。	学生轮流上台依次完成任务，教师进行辅助。	
（五）拓展延伸	找一找兔妈妈厨房里圆形的物品。 师：同学们，兔妈妈厨房里有哪些物品是圆形的？一起来找一找。	学生能说出圆形物品；无言语功能的同学指出圆形物品；不能完成该项任务的同学，在老师的提示下注意到圆形物品。	展示课件中的厨房圆形物品图片，学生找出一处后，教师使用放大镜功能，物品图片被放大、凸显，使学生注意到该物品的形状特征。 课件中兔妈妈的厨房圆形物品比较突出，目的是方便学生寻找，从而获得学习数学的成功经验，同时也为下一节课"从教室中寻找圆形"打好基础。
（六）课堂小结	师：通过今天的学习，你们对圆的特点了解了吗？对于圆形，你们家里面有圆形的物品吗？今天回家和爸爸妈妈一起在厨房找一找，看一看自己家厨房里哪些物品是圆形的。	全体学生认真听老师布置作业，领取作业单。	

教学环节	单元目标		具体目标	学生A	学生B	学生C	学生D	学生E
（七）学生评价方式	知识与技能	认识圆形的名称	能依照教师说出的名称说出圆形，在不同形状中能摸出、指出圆形	4	4	4	3	3
	过程与方法	认识圆形的基本概念	能依照圆形特征找到圆形的实物	4	3	3	2	2
			能依照圆形的特征进行实物配对	3	3	3	2	2
	情感态度价值观	遵守课堂常规	坐在座位上，专心听课	4	4	4	3	3
			按照上课的规则，做出相应的动作	4	4	4	3	3
			游戏中学会轮替和等待	3	2	3	2	2
	康复目标	注意与动作模仿	能够利用肢体动作比画出圆形	4	3	4	3	3

教学环节	教师活动	学生活动	技术应用
（七） 学生评价 方式	注：1分表示不能完成；2分表示肢体和言语辅助下完成；3分表示肢体或言语辅助下完成；4分表示独立完成。 言语、动作模仿康复目标评价表 （见下表）		

言语、动作模仿康复目标评价表

学生	目标行为	结果
A	1. 用言语回答 2. 做出相应的肢体动作	44
B	1. 用言语进行仿说 2. 在肢体协助下做出相应动作	44
C	1. 发出与词语相似的音 2. 言语提示下做出相应动作	33
D E	1. 在教师言语和肢体协助下做出相应动作 2. 根据教师的言语描述，学生用手指指一指对应的图形	43

注：1分表示不能完成；2分表示肢体和言语辅助下完成；3分表示肢体或言语辅助下完成；4分表示独立完成。

教学环节	
（八） 教学反思	本节课让学生对数学学习产生了愉快的体验。学生通过观看视频《形状变变变》，观察视频中的圆形，被充分调动起了观察学习的积极性。在"神秘宝箱"游戏中，学生将摸出的圆形放到对应的位置，难度适中，学生均能在教师的协助下较好地完成，建立了数学学习的成就感。本节课还充分利用了孤独症儿童的视觉学习优势，通过口诀和动作，便于学生理解抽象的圆形。整节课中，课件的视频、图片、文字结合实物，使学生去摸、看、听，多感官体验图形的学习，从评价中也发现这种形式达到了较好的学习效果。 　　本节课对学生个别化评价比较全面，使教师能发现每位学生在知识掌握方面的细节和不足，为下节课备课提供了内容设计的依据，但也有不足之处，如学生轮替和等待的行为不足，希望今后在这方面也运用代币制的方法来建立学生的行为；再如内容设计过多，时间比较紧凑，没有预设好学生从一项活动过渡到另一项活动所需的时间。

常见的果蔬——认识4

姓　名	王小珍		学　科	生活数学
单　位	瑞安市特殊教育学校		年　级	一年级

| 一、概况分析 | 学情分析： |

姓名	年龄	障碍类型程度	常态能力习惯	目标起点能力分析（根据学科或领域指标描述）	特殊需要分析	相关支持分析	激励评价方式	备注
潘**	8	孤独症	被动	认识1~3，能够点数3以内的物品。	语言提醒遵守课堂规则	独立	语言激励、代币奖励	任务卡支持
郑**	7	中重度	不自信	不能完全认识1~3，能够点数3以内的物品，但是经常手口不一致。	语言激励参与课堂活动	独立	语言激励、代币奖励	
陈**	8	唐氏	被动	认识1~3，能在老师的帮助下点数1~3。	语言激励参与课堂活动	肢体协助	强化物	
李**	9	中重度	容易走动	不能完全认识1~3，能够点数3以内的物品。	语言提醒遵守课堂规则	语言提示	强化物	
宋**	9	唐氏	不配合	不完全认识1~3，能够点数3以内的物品。	坐姿不当时及时制止	肢体协助	强化物	
叶**	9	中重度	被动	不认识数字，能唱数1~3，但是不能理解1~3的含义。	语言激励参与课堂	肢体协助	语言激励、代币奖励	
章**	8	孤独症	注意力短	认识数字1~2，会描写数字1~2，但不理解数字的含义。	语言提醒遵守课堂规则	教具或辅具	语言激励、代币奖励	任务卡支持
李**	7	孤独症	注意力短	不认识数字，不会唱数。	语言激励参与课堂	教师肢体协助下参与	语言激励、代币奖励	任务卡支持
金**	8	唐氏	注意力短	不认识数字，不会唱数。	语言激励参与课堂	教师肢体协助下参与	强化物	

一、概况分析	备注：班级实行代币制。		
	设计理念	让每一只鸟都歌唱，愿每一朵花都开放，让每个孩子都学有所得，学以致用。	
	教材分析	本课选自人教版的生活数学一（下）第二单元《个人生活》中的《认识4》的第一课时。本课是学生在认识1～3的基础上，通过按物点数的方法，点数果蔬的数量，最后说出总数，从而理解4的含义，并能在现实情境中手口一致点数4以内的物品。本课通过给小朋友做客来认识4，为今后更好地学习认识5奠定了基础。 一年级学生对果蔬很感兴趣的，而本课题材比较贴近学生生活，能够充分调动学生的学习积极性，通过学生感兴趣的小朋友来家做客入手，让每个学生参与体验，让数学知识从生活中来也可以用到生活中去。	
	教学联系（学科、领域等联系）	领域 社会技能： 7-1-2-1 唱数数字 7-1-3-1 认读少数特征数字 劳动技能： 1-2-1-1-1 能点数与用餐人数一样数量的碗筷 学科 生活语文： 1-1-9-1 能在生活情境中，主动与人对话 1-1-9-1-1 能在生活情境中，主动和人打招呼，如：你好 1-1-9-2 能在生活情境中，回应他人对话 唱游与律动： 1-2-4-1-3 哼唱《瓜果蔬菜好营养》这首简单的儿歌旋律 生活适应： 1-1-3-3-6 能有与他人交往的意愿	

第一课时	第二课时	第三课时
目标： 1.通过点数物体的个数，并能说出总数、按数取物，掌握计数原则。 2.经历从日常生活中抽象出数的过程，理解数字4的意义。 3.能运用4以内的数描述现实生活中的简单现象，初步形成数感。 重点： 1.通过情景教学，初步了解4的含义。 2.认读数字4，点数数量是4的物品，建立数与量之间的关系。 难点： 建立数与量之间的关系。	目标： 1.整理蔬果，点数每种蔬果的数量，找出相应的数字卡片或点子图进行配对。 2.动手操作，按数拨出相应的珠子。 3.识记4的数形，正确地描、写数字4，并进一步理解4的含义，解决生活中遇到的数学问题。 重点： 识记4的数形，正确描、写数字4，进一步理解数字4的含义。 难点： 整理蔬果，点数每种蔬果的数量，找出相应的数字卡片或点子图进行配对。	目标： 1.创设情境，帮妈妈整理冰箱，帮助学生沟通数学与生活的联系。 2.将准备好的水果分一分，摆一摆，数一数，按要求摆放，借助实物点数数量是4的物品。 3.数出4根小棒，摆出不同的图案。 重点： 按物点数，借助实物点数数量是4的物品。 难点： 帮妈妈整理冰箱，帮助学生沟通数学与生活的联系。

续表

<table>
<tr><td rowspan="2">二、
课时目标
梳理</td><td colspan="11">
1. 知识与技能：
（1）通过点数物体的个数，并能说出总数、按数取物，掌握计数原则。
（2）经历从日常生活中抽象出数的过程，理解5以内数的意义。
2. 数学思考：
运用5以内的数描述现实生活中的简单现象，初步形成数感。
3. 问题解决：
（1）在教师的指导下，通过观察、比较、操作等方法发现简单问题，并尝试解决。
（2）经历与他人合作交流解决问题的过程。
4. 情感态度：
在他人引导下，感受参与数学学习活动的乐趣。
</td></tr>
</table>

	学生（备注预设达成指标、支持程度）								
	潘	郑	陈	李	宋	叶	章	李	金
1. 能独立认读各种形态的4，在1~4的数字中找到4。	A	A							
	0	0							
2. 能跟读4，在4个数字中找到4。			B	B	B				
			1	1	1				
3. 能尝试正确发音跟读4，指一指4。						C	C	C	C
						3	3	3	3
4. 能按顺序手口一致点数数量是4的物品，并说出数量是4。	A	A							
	1	1							
5. 能点数数量是4的物品，并仿说数量是4。			B	B	B				
			1	1	1				
6. 能在辅助下拿一拿4个物品。						C	C	C	C
						3	3	3	3
7. 能在生活情境中应用4，取4个规定物品。	A	A							
	1	1							
8. 能在生活情境中模仿取4个物体。			B	B	B				
			1	1	1				
9. 能在生活情境中完成取物的指令。						C	C	C	C
						3	3	3	3
10. 能够有两种以上的共同注意，包括眼睛注视和手指指示。	A	A	A	A	A	A	A	A	A
	1	1	2	2	2	3	3	3	3

	学生（备注预设达成指标、支持程度）								
	潘	郑	陈	李	宋	叶	章	李	金
二、课时目标梳理	11. 能给其他同学的操作成果做出评价，并帮助其改正。	A	A		A					
	1	1		1					
	12. 能积极参与到课堂活动中，学会选择并乐于展示。	A	A	A	A	A	A	A	A	A
	1	1	2	2	2	3	3	3	3

标准：A完成 80% ~ 100%，B完成 60% ~ 80%，C完成 40% ~ 60%，D完成 20% ~ 40%，E完成 0 ~ 20%

支持程度：0 完全独立，1 间歇支持，2 有限支持，3 广泛支持，4 全面支持

三、活动设计

对应目标	教师活动	学生活动	资源和支持	评量	设计意图
课前准备	1. 检查教具、学具。 2. 安排课桌，按 U 形坐好。 3. 点到。	学生问好，举手答到	姓名贴	口语问答	集中学生的注意力，让学生意识到即将上课了。
能按顺序手口一致点数	（一）复习导入，激发兴趣 （课件展示情景图） 导语：同学们到别人家做过客吗？今天贝贝来到了课堂，和她打声招呼，她也想请你们去她家里做客，你们愿意去吗？ 1. 复习数字 1 ~ 3。 师：去做客前，我们要和贝贝一起去超市买果蔬，这是购物清单，瞧，今天我们要买的果蔬有西瓜、黄瓜、苹果，我们先来看看西瓜要买几个？ （1）今天我们要买西瓜，买几个？（1个）数到 1 就是 1。 （2）我们来买一买黄瓜，数到 2 就是 2 根黄瓜。 （3）我们来买一买苹果，买几个呢？ 师：数到 3 就是 3。 抽学生数一数。 （及时言语奖励）	学生向贝贝打招呼问好，进入情境。 抽 C 组的孩子数一数要买几个西瓜。 抽 B 组的学生数一数买了几根黄瓜，并让孩子说一说数到 2 就是 2。 抽 B 组的学生数一数买了几个苹果，并说一说，数到 3 就是 3。	潘、李、章视觉提示 C 组同学偶尔言语支持 B 组学生 PPT 图片支持 A 组学生眼神关注	口语评量 实作评量 实作评量	创设生活情境导入，培养学生社会交往能力，更好地融入数学课堂中。

续表

对应目标	教师活动	学生活动	资源和支持	评量	设计意图
能按顺序手口一致点数数量是4的物品，知道3的后面是4，并能说出数字4。	（二）创设情境，引出新授 1. 超市购物。 师：老师发现3个苹果不够吃，又去买了一个，那现在有几个苹果呢？ （PPT又出示1个苹果） 师：对了，比3多1个是4，所以3的后面是4。我们一起来数一遍。数到4就是4。 （强调一个一个地数，数到几就是几） 2. 表演。 师：同学们，刚刚我们买了4个苹果，有没有同学愿意上来买一买？ 3. 出示课题《认识4》。 师：同学们，今天我们就来《认识4》，请读2遍课题。	AB组学生能独立点数，了解3的后面是4，能说出数到4就是4。 C组学生在教师辅助下点数。 A组学生独立数。 B组学生点数。 C组学生在辅助下点数。 AB组学生认读，C组学生跟读。	PPT支持 图片支持 教具支持 教具支持	实作评量 口语评量 实作评量 实作评量	由原来的3个苹果引到4个苹果，让学生初步感知比3多一个是4个，能够帮助学生更好地理解数字4。 巩固加深数字4的认识，帮助学生更好地理解4。
识记4的数形，具体化4的含义，加深理解数字4	4. 识记4的数形。 师：今天，我们认识了新朋友4，那你们觉得4看起来像什么？ （学生畅所欲言，教师适当引导） 师：老师觉得4和红旗很像，我们一起来看看吧！（观看视频） 齐读：4像🚩，4，4，4 5. 用手指表示4。 师：同学们声音很响亮，老师要表扬你们，一人一颗五角星。现在老师要考考你们啦，你知道4用手指怎么表示吗？	AB组学生独立观看视频，C组学生在教师的提醒下观看视频。 AB组学生独立指读，C组学生在教师的辅助下跟读（学生齐读、开火车读）。 A组学生独立掰数手指。 B组学生在提示下掰数手指。 C组学生辅助下掰数手指。	4像红旗的视频 数字卡片支持 肢体动作支持	观察评量 口语评量 实作评量	从数字4的认识过渡到数字形态的认识，更加具体地帮助学生记住数字4，为之后的学习奠定基础。将数字4更加具体形象化，同时为以后的数字和加减法学习打基础。
能独立认读各种形态、颜色的4，在1～4的数字中找到4。	6. 数字宝宝点点乐。 师：同学们，老师给数字4穿上了花衣裳，你们还认识吗？谁愿意上来点击找出数字4？	AB组独立指认数字4。 C组在教师的指令下指一指PPT上的数字"4"。	A、B组在1～4中找出数字4。 B组指认数字4。	实作评量 指认评量	将分层教育无痕地渗透于教育教学中，让每个孩子都不落下。

对应目标	教师活动	学生活动	资源和支持	评量	设计意图
在实际生活中应用 4	7. 寻找生活中的数字 4。 师：同学们，其实数字 4 在我们的日常生活中也很常见，我们一起来看看吧。 （引导学生在 PPT 的生活场景中寻找数字 4，并圈出来）	A 组学生当小老师判断对错。 B 组学生独立指认数字 4。 C 组学生在辅助下完成。	PPT 支持	指认评量	引导学生联系生活实际、交流家庭住址等信息，在生活中找出 4。
在分类操作中感知 4	8. 学具板操作（分层）。 （数与量的配对） 师：同学们学得很认真，但老师这里有一些果蔬很调皮，它们趁我们不注意的时候跑了出来，你能帮忙送回家吗？ （师示范，学生操作）	A 组学生独立完成。 B 组学生在偶尔语言提示下完成。 C 组学生在辅助下完成。	手势支持	实作评量	通过按物点数等操作活动，借助教具点数数量是 4 的果蔬。
能在生活情境中应用 4，取 4 个规定物品。	（三）联系生活，体验乐趣 1. 按数取物。 师：今天去贝贝家做客，我们还要去买许多果蔬，你们愿意来帮帮忙吗？ （两两合作） （1）分发任务卡（填有物体的图片及数量）。 （2）请学生按照任务卡指示购买对应数量的物品。 （3）将物品放到桌子上互相评价。 2. 模拟做客（播放音乐）。 分享品尝果蔬。 师：同学们，现在我们去贝贝家做客吧。 （孩子们围成一桌，分享品尝果蔬）	学生尝试按数取物：A 组学生独立完成，B 组学生在偶尔语言提示下完成，C 组学生在辅助下完成按数取物。 A、B 组学生摆果蔬，C 组学生观看。	实物支持 卡片支持 实物支持	实作评量	数学从生活中来回到生活中去，让学生初步感受数学的实用性。
	（四）总结 师：同学们，这节课我们不仅去贝贝家做客，而且还学习了数字 4，你们开心吗？	AB 组学生独立说，C 组学生辅助下说一说。		口语评量	打造幸福课堂一直是我们的终极目标，在快乐中学习很重要！
	（五）家庭作业 1. 布置回家作业。 2. 教师组织下课，与学生道别。	学生认真倾听。学生与教师道别。	PPT 支持	实作评量	布置回家作业，巩固所学知识。

美味的食物

姓　名	金涵	学　科	生活适应
单　位	深圳市罗湖区星园学校	年　级	一年级

一、指导思想与理论依据	1.课标要求： 培智学校义务教育生活适应课程标准强调教学的生活性、实践性与开放性。课程始终立足于学生当前及未来生活需求，把培养和提高学生适应生活的能力作为出发点和归宿，而在低年级段则侧重于培养学生最基本的生活自理能力，关注学生的个人生活。本课选自人教版培智学校义务教育实验教材生活适应课程一年级上册第二单元，该单元聚焦的正是学生的个人生活，教学内容包括洗手、洗脸、上厕所、认识常见的主食和常见的衣物等。基于以上分析，并结合课程标准中明确提出的"低年级段学生要认识常见的食物"这一内容与本班学生的实际特点，选择一年级上册第二单元第9课《常见的主食》进行教学设计。 2.教学设计理念： 兴趣是最好的老师。基于培智学校学生对各项刺激反应较慢、注意力集中时间较短以及缺乏丰富的想象力等特点，教师在本课中利用学生喜欢的动画人物创设具有趣味性、生活性的情境并贯穿课程始终，以激发学生的学习与探究兴趣；选择贴近学生生活的教学内容、材料与形式，立足学生自身的生活经验并结合音频、视频、动画等现代化教学手段调动学生的多感官参与，从而使学生更好地感知和认识事物，促进自身能力的发展。
二、教学背景分析	1.教学内容分析： 该课的主要教学内容是教授学生认识常见的主食，包括米饭、面条、包子、馒头；帮助学生建立主食的概念并认识制作主食的原材料——大米和面粉，并能够知道它们分别能制作成哪些主食。 在此之前，学生没有在生活适应课程中学习过《常见的主食》这一内容。在此之后，学生会学习常见的水果、蔬菜、餐具、餐桌上的肉蛋奶，建立良好的用餐习惯等课程，可以说《常见的主食》会为其接下来学习认识其他的食物和培养良好的饮食习惯打下基础，也能培养其爱惜食物的良好品质。 本课总共拟设四个学时，而本次教学设计为第1个学时。主要是通过创设情境，引导学生认识三种常见的食物（米饭、粥、肠粉）并通过多种游戏活动巩固对这三种食物的认识。在此基础上帮助学生建立主食的概念，之后进行拓展延伸——认识大米，通过"大米变变变"活动知道大米是制作米饭、粥以及肠粉的原材料，最后通过视频了解大米的种植过程，潜移默化地培养学生爱惜粮食的习惯。所留作业则是回归学生的家庭生活，让学生回家后说一说今天家里吃的什么主食，并和家人一起蒸米饭、熬粥（有条件的还能做一做肠粉），切实感受大米变成所学食物的过程。在生活中继续突破本课难点，帮助学生再次理解和体验大米作为原材料是怎样变成餐桌上的食物的，为下节课的学习做好铺垫。 本节课之后的三个课时学生还会认识其他主食，包括面条、粉丝、包子、馒头等，通过学习更多的主食种类继续建立学生对"主食"这一上位概念的理解。此外，还会学习面粉可以制作成哪些主食等内容，继续培养学生爱惜粮食的优秀品质。

二、 教学背景 分析	2.学情现状分析： 　　本班共有 9 名学生，其中 7 名孤独症学生，1 名智力障碍学生，1 名多重障碍学生。学生能力不同，个体间差异较大，因此在教学时依据学生能力将其分为 A、B、C 三层，层次不同，教学目标不同。 　　A 层：学生 3 名，该层学生认知能力较好，语言表达能力也较好，上课能积极与教师互动，回答教师提出的问题。对于本课，他们基本能说出常见的主食名字，但并不知道主食的概念；对哪些主食是大米制成的也没有清晰的认识。 　　B 层：4 名，该层学生认知能力稍差，几乎没有主动的语言表达，但在教师提问下能用语言或者用手指认来回答相关问题，偶尔有情绪行为问题，需要辅助教师加以关注；对于本课，不能准确说出相应的主食名字，不认识大米。 　　C 层：2 名，该层学生认知能力较差，几乎难以参与课堂，无语言（偶尔能用手指一指来回答老师的提问），较常出现情绪问题行为，需要辅助老师多加关注。 　　3.重点难点预设： 　　重点： A 层：（1）初步建立主食的概念，知道这三种食物是主食。 　　　　（2）认识大米并知道大米是制作这些主食（米饭、粥、肠粉）的原材料。 B 层：（1）认识三种主食，能在老师要求下说出相应主食的名称或者指认相应的图片。 　　　　（2）认识大米并初步了解米饭、粥等是由大米制作而成的。 C 层：在两种主食中能指认相应的主食。 　　难点： 　　A 层：初步建立主食的概念；知道这三种食物是由大米制作而成。 　　B 层：认识并区辨三种常见的主食。 　　C 层：指认常见的主食。
三、 学习目标 设定	1.知识与技能： 　　A 层 　　（1）能命名米饭、粥、肠粉。 　　（2）知道这些食物都是主食，初步建立主食的概念。 　　（3）认识大米，知道米饭、粥、肠粉均是由大米制作而成。 　　B 层 　　（1）依据老师的要求，指出米饭、粥等主食相应的图片（有能力的还需要仿说该主食名字）。 　　（2）能够通过活动对米饭、粥等由大米制作而成的食物有一定了解。 　　C 层 　　（1）能够在老师的指令下指出相应的主食图片。 　　（2）能够更长时间安坐于座位，积极参与课堂，体验课堂活动。 　　2.过程与方法： 　　通过看一看、尝一尝、摸一摸等多感官活动认识常见的三种主食；通过情境体验活动认识大米，了解米饭、粥的制作过程，并知道大米是米饭、粥等主食的原材料。 　　3.情感态度价值观： 　　（1）培养不挑食的良好饮食习惯。 　　（2）培养爱惜粮食的优秀品质。

续表

四、教学策略设计	媒体资源：电子白板、主食实物和图片、大米、箱子等。 方式方法：情境教学法、直观演示法、游戏法、分层教学法、练习法等
五、教学结构流程	情境创设，激趣导入　→　汤姆猫英雄小队请大家吃美味的食物，安吉拉说要想吃食物先说名字 新知教授 　　认一认：依据特征，认识三种主食 　　尝一尝：认识一种品尝一种 　　选一选：帮大家选出各自想吃的食物 　　记一记：这三种食物有一个共同的名字——主食　→　A层拔高 巩固练习 　　说一说：他们在吃什么主食（根据老师和同学吃主食的图片或指）　→　拓展：主食的作用 　　汤姆猫的难题——辩一辩：哪些是主食 拓展延伸　→　汤姆猫的奖励——神奇的魔术：大米变变变 情感升华　→　视频观看，了解大米的由来 总结回顾，布置作业

	【主要内容】					

课前检测	评估内容		独立完成	需要协助	无法完成
认知方面	1. 对生活中常见的主食有初步的认知	1.1 认识米饭			
		1.2 认识粥			
		1.3 认识肠粉			
	2. 了解主食的原材料	2.1 认识大米			
		2.2 知道这些食物由大米制作而来			
先备能力	1. 具备一定的注意力				
	2. 能对指令有一定反应				
情意方面	1. 懂得爱惜粮食	1.1 能知道粮食来之不易			
		1.2 能不浪费食物			

六、
评价方案
设计

【评价方式】
  利用图片与实物让学生进行指认或命名。
【主要内容】
  认一认：能够命名主食的名字或指出对应的主食。
  尝一尝：通过尝一尝继续加强对相应主食的认识。
  说一说：老师和同学在吃什么？
  记一记：这些食物共同的名字——主食。
  找一找：你吃过的食物中的主食在哪里，是什么主食？
  辨一辨：哪些是主食，哪些不是主食？
【评价方式】
  （1）利用多媒体课件，趣味检测学习内容。
  （2）利用学生生活中实际的照片，检测学生能否将所学与实际生活联系。
  （3）利用课堂分层作业单，检测学生对本节课所学知识的掌握情况。
【主要内容】
  （1）晚饭时告诉爸爸妈妈今天家里吃的主食是什么。
  （2）完成评价表格。
【评价方式】
  利用语言提问并结合日常生活中的观察完成评价表格，检验学生对本课的掌握情况。

续表

<table>
<tr><td rowspan="8">六、
评价方案
设计</td><td colspan="4"><table><tr><td>评价内容</td><td>教师评价</td><td>家长评价</td><td>备注</td></tr><tr><td>认识米饭</td><td></td><td></td><td></td></tr><tr><td>认识粥</td><td></td><td></td><td></td></tr><tr><td>认识肠粉</td><td></td><td></td><td></td></tr><tr><td>认识大米</td><td></td><td></td><td></td></tr><tr><td>知道这些食物由大米制作而来</td><td></td><td></td><td></td></tr><tr><td>能知道食物来之不易</td><td></td><td></td><td></td></tr></table></td></tr>
</table>

评价内容	教师评价	家长评价	备注
认识米饭			
认识粥			
认识肠粉			
认识大米			
知道这些食物由大米制作而来			
能知道食物来之不易			

评分标准：4分表示独立完成；3分表示语言提示下完成；2分表示动作提示下完成；1分表示辅助下完成；0分表示不能完成。

七、教学设计过程

教学阶段	教师活动	学生活动	设计意图	协同教师及个别需求应对策略
（一） 课前常规活动	播放轻音乐，表扬安静坐好的学生；师生问好；课程预告。	聆听轻音乐，保持安坐；起立问好。	调整学生情绪，回归上课状态。	协同教师辅助学生安坐于座位；提示后排未起立的学生起立。
（二） 情境创设，激趣导入	汤姆猫英雄小队的朋友们邀请我们去它们家做客，它们准备了很多美味的食物，但是安吉拉要求同学们说出各种食物的名字才能吃到这些食物（动画语音输出）。	聆听教师讲解，了解活动规则。	利用学生们都喜爱的汤姆猫小队创设情境，激发学生兴趣。	协同教师引导学生看向黑板，如果学生难以看向黑板，则让学生看提前打印出的食物卡片。
	教师展示餐桌照片，利用动画演示，请同学们就座（将学生照片移动至餐椅）；"人齐之后，开始上菜"（动画演示：三种食物移动到餐桌）。	看看出现在餐桌上的食物，知道的同学说一说食物的名字。		
（三） 新知教授	认一认：借助实物和图片，依次讲解这三种主食的特点和名字。	跟随教师的引导，认识每一种主食。	通过抓住每种主食最显著的特征引导学生认识、分辨这三种常见的主食。	主课教师引导A层学生一边观察一边说主食的名字和特征；一位协同教师辅助B层学生一边指一边说主食名字；另一位协同教师辅助C层学生认识实物，并仿说其名字。

教学阶段	教师活动	学生活动	设计意图	协同教师及个别需求应对策略
	尝一尝：说一说最想尝的一种主食，然后向学生分发该种主食。	说出一种自己最想尝的食物名字，尝一尝。	通过尝一尝，从味觉方面加强学生对该种主食的认识。	一位协同教师提前分发餐盘和勺子；主课教师引导A层学生说一说尝起来是什么味道；B、C层学生由协同教师帮忙；当他们尝的时候带领他们说一说尝的是什么食物。
（三）新知教授	选一选：汤姆猫他们累了一天都饿了，我们一起选出他们想吃的美食。	点击音频，根据安吉拉、汤姆猫和金杰猫以及汉克狗的要求，点击相应的图片选出他们想吃的食物。	通过互动式、趣味性的游戏活动对刚刚所学的知识进行检验，了解学生是否真正认识不同的主食（不管正确或是错误点击都会有及时的反馈）。	主课教师带领A、B层学生一人回答一个问题（选择时A层难度更大，需要区辨三种食物；B层两种）；C层学生听到音频要求以后由协同教师带领指认相应的食物图片。
	概念引入——主食：刚刚认识的这三种食物都叫作主食。	说一说，这些食物都叫作主食。	让A层学生和部分B层学生初步建立对主食的概念。	协同教师向C层学生强调这些食物都叫作主食。
（四）巩固练习	找 找：我们的一日三餐都有这些主食，教师出示学生吃过的一些主食照片，请学生说一说他们都在吃什么（B层）；吃什么主食（A层）。	说出或指出图片里大家吃的是什么食物（A层是什么主食）。	学会分辨主食，巩固A层学生对主食的认识；巩固其他层次学生对所学食物的认识。	A层说；B层说或者指；C层由协同教师带着指认相应的图片。

续表

教学阶段	教师活动	学生活动	设计意图	协同教师及个别需求应对策略
（四） 巩固练习	主食的作用：依据图片和视频简要讲解主食能帮助我们长高、长大、身体棒！ 	观看图片和视频，了解主食对我们的重要作用。	初步了解主食的作用，为后续的学习打下基础。	协同教师引导学生观看屏幕。
	汤姆猫的难题：主食吃完了要去买主食，但食物太多了，他们难以正确选出主食，请学生找出哪些才是主食。	依次请两名学生来进行游戏活动：选出主食。	巩固 A 层学生对主食的认识，看其能否分辨所学的主食与其他食物。	B、C 层学生由协同教师带领，借由图片区辨主食与其他食物。
（五） 拓展延伸	魔术活动——神奇的大米：为了奖励大家顺利找出主食，汤姆猫要告诉大家这些美味食物的制作秘籍——大米。教师引导学生从看、闻、摸等方式认识大米后，利用大米进行魔术：大米放进盒子里，倒数 5 个数，米饭、粥、肠粉从盒子里"变"出来。 	通过多感官认识大米，观看老师的"魔术活动"，初步了解神奇的大米能"变"成米饭、粥和肠粉。	初步了解这些食物是由大米制作的，为下一节课《神奇的大米》的学习打下基础。	协同教师借助大米的实物和一张思维导图，带领 C 层学生认识大米并向其转述大米能做成今天所学的这三种食物。
（六） 情感升华	总结大米的重要作用，播放视频，让学生了解大米的由来。之后再次总结大米是农民伯伯辛苦种出来的，所以我们不能浪费食物。	观看视频，了解大米的收获过程。	让学生了解大米的来之不易，培养学生爱惜粮食的好品质。	协同教师引导学生观看黑板上的视频。

教学阶段	教师活动	学生活动	设计意图	协同教师及个别需求应对策略
（七）练习巩固	作业单发放——A、B、C三组的作业单。	完成作业单。	不同的作业单，强化不同层次学生对今日所学知识的认识，也让老师了解学生的掌握情况，好在下一阶段及时查漏补缺。	A层找主食；B层找出老师要求的对应食物；C层继续指认与区辨；协同教师协助分发笔和作业单，并辅助C层学生完成作业单。
（八）总结回顾	教师利用板书带领学生总结今天所学内容：认识了三种食物——米饭、粥、肠粉，它们都是主食，都是由大米做成的！主食营养丰富，大家要多吃主食；大米来之不易，大家要爱惜粮食。	根据教师引导，回顾今日所学的内容。	总结所学，再次加深学生印象。	
（九）布置作业	1.吃饭前说一说家里今天吃的是什么主食。2.在家长的带领下体验大米是如何变成米饭、粥、肠粉的。	在父母的帮助下完成作业。	将所学知识联系生活，在生活中应用所学；对本课的难点再次进行突破——知道这些主食是用大米制作而成的。	将家庭作业发放至家长群。

我会穿短裤

姓　名	张琳	学　科	生活适应
单　位	东莞启智学校	年　级	一年级

一、 教材分析	1. 教学内容来源： 　　本节课教学内容来源于培智学校义务教育实验教科书生活适应一年级下册第9课《学穿衣服》里面的第三部分内容《我会穿短裤》，在之前的教学中，学生们认识了我的衣服，并学习了怎样穿套头衫，为学习穿短裤奠定了基础。 　　2. 教学内容价值： 　　注重生活实践，提高特殊学生生活自理能力。培智学校义务教育生活适应课程标准中指出，要关注学生生活实际，培养学生生活适应能力，帮助学生融入社会。本节课的教学内容着眼于解决班上大部分学生还不会自己独立穿短裤的生活难点，具有很强的生活实用性，为他们更好地融入主流社会奠定基础。 　　分解步骤易于掌握，提升特殊学生自信心。本节课将穿短裤分解为3个步骤，运用小步子教学法，通过对每一步骤的反复强化练习，让学生更容易掌握整个穿短裤过程，从而提升学生的自信心，让学生获得学习上的成就感。
二、 学情分析	本班为培智一年级2班，全班共有11人，其中唐氏综合征7人，孤独症3人，脑瘫1人，多名学生有多重障碍，根据智力障碍程度划分，可以分为A、B、C共3个层次。 　　A层学生5人，为轻度智力障碍，学习能力强，动手操作能力强，有一定的生活自理能力，能说出衣物是什么名称。 　　B层学生4人，为中度智力障碍，学习能力稍弱，能说出部分衣物的名称，需要老师的适量帮助。 　　C层学生口语能力差，为重度智力障碍，无法说出衣物的名称，肢体协调能力差，无法自己完成穿衣服，需要老师一对一辅助。 　　经过上节课的学习，A层学生和大部分B层学生已经学会了穿套头衫。为今天学习穿短裤奠定了基础。
三、 教学方法	1. 情境法：通过视频创设生活情境，让学生直面生活中难题：如何穿短裤。从而引入课题。在课堂中创设游戏的情境，让学生在有趣的闯关情境中巩固知识。 　　2. 观察法：通过观察模仿老师的操作，来学习穿短裤。 　　3. 微课演示法：老师在课前录制了一个穿短裤的微课，通过老师的亲身示范，让同学们在微课中学习穿短裤的整个过程。 　　4. 操作练习法：在课堂中操作练习穿短裤的步骤，让学生在做中学，学中做。 　　5. 小步子教学法：将穿短裤过程分解为三个步骤，对每一步进行反复的练习操作，进而掌握整个穿短裤过程。 　　6. 个别化教学法：根据学生的个体差异，运用个别化教学法，在课堂中对学生进行个别辅导，帮助他们掌握教学内容。

续表

		A 层	B 层	C 层
四、教学目标	知识技能	1. 学会穿短裤的每个步骤。 2. 能辨别短裤的里外、前后。 3. 能自己独立穿短裤。并穿整齐。	1. 能按照老师的提示完成穿短裤的步骤。 2. 能意识到短裤有正反面之分，在老师的提示下能辨别。	1. 遵守纪律，听从老师指令。 2. 能认识短裤。 3. 在老师的一对一辅助下，完成部分穿短裤的动作。
	过程方法	通过观察、体验、操作来学习如何穿短裤。		
	情感、态度、价值观	通过学习穿短裤的过程，培养学生勇于探索、实践的意识、培养独立自主、自立自强的美好品质。		

五、教学重难点	重点： 　　掌握穿短裤的三个步骤。 难点： 　　1. 学会辨别短裤的里外、前后。 　　2. 学会把短裤穿整齐。
六、教具准备	多媒体课件、短裤若干条、图片、视频、奖励物
七、教学思路	 看 → 学 → 做 教师演示、初步感知　　分步学习、分步操作　　课堂实践、课后实践
八、教学理念	1. 生活化：根据生活适应课标理念，要坚持生活化原则，选取的教学内容是切合学生实际的，在课堂中模拟生活化的情境、生活化的练习，让学生解决生活中遇到的难题，让学生能学以致用，为他们更好地生活服务。 　　2. 个别化：在本节课的教学中，根据学生的身心差异和学习能力差异，坚持对学生进行个别化教育，针对不同程度的学生个体，设置了不同的教学目标、教学内容、教学手段，并在练习穿短裤的过程中，注重对学生的个别辅导，让每个学生在课堂中得到最适合他们的教育。 　　3. 融合教育：融合教育的根本目标，就是通过教育，让特殊孩子能够最大限度地融入社会生活。本节课积极践行融合教育理念，通过设计课后实践的作业，将课堂延伸到生活，引导家校合作，引领特殊孩子提高自理能力和生活适应能力，为他们最终走入社会奠定基础。

续表

九、教学流程图	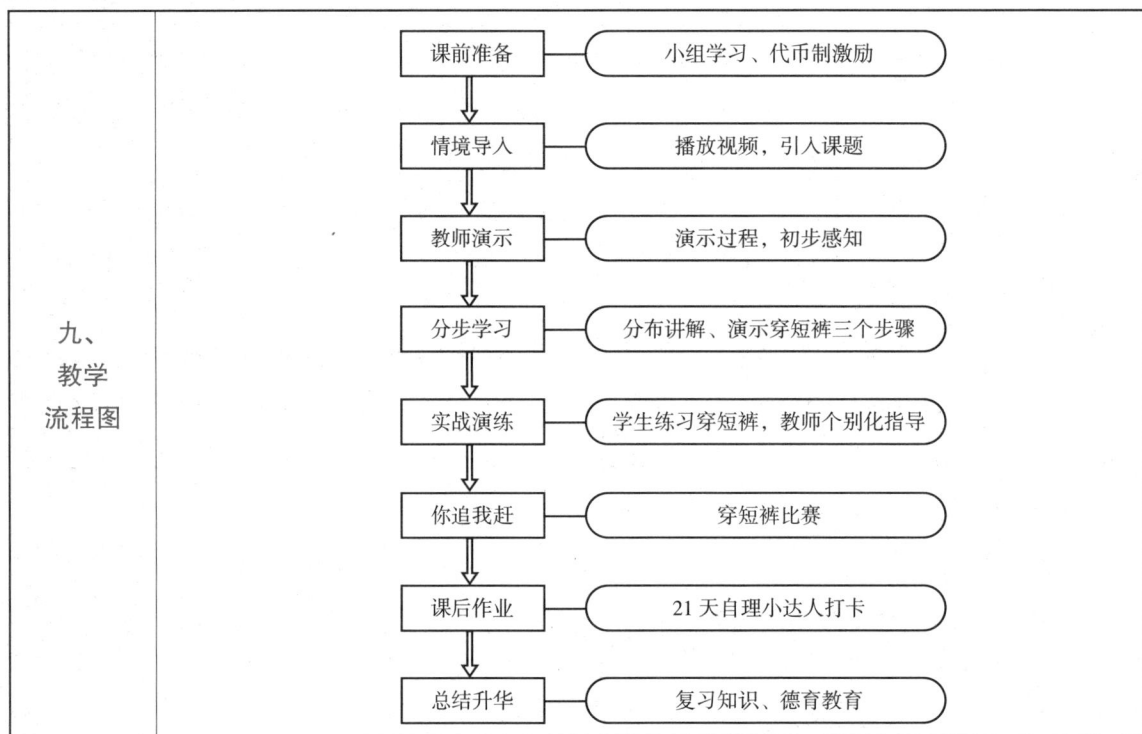

十、教学过程

教学环节	教学内容	教师活动	学生活动	设计意图
（一） 课前准备	1. 分组学习。 2. 代币奖励。	1. 将学生分成太阳组、星星组、月亮组，安排小组长，小组合作学习。 2. 用代币制调动学生学习兴趣，获得三朵小红花可以换一次砸金蛋的机会，砸中的礼品在课后兑换。	1. 知道自己在哪个小组，小组长要帮助同学。 2. 了解奖励实施方法，明白要用良好的课堂表现赢得奖励。	小组合作，培养学生的合作意识和团队意识，通过奖励物提高学生学习积极性。
（二） 情境导入	播放视频	1. 播放视频《自己穿裤子》。 2. 教师提问： 视频中是谁？他们在做什么？小朋友是怎样穿短裤的？ 3. 引入课题： 我会穿短裤。 4. 板书课题，齐读课题。	1. 观看视频，思考老师的提问。 2. 了解本节课课题：我会穿短裤。 3. 读课题： 我会穿短裤。	创设生活化的教学场景，增强学生的学习兴趣。
（三） 教师演示	张老师演示穿短裤	1. 教师演示穿短裤。 2. 提问：张老师是怎样穿短裤的？ 3. 引导学生说出看到的穿短裤过程。	1. 观看老师的演示。 2. 思考问题：张老师是怎样穿短裤的？	通过教师演示，让学生对穿短裤的整个过程有初步的认识。

续表

教学环节	教学内容	教师活动	学生活动	设计意图
（三） 教师演示		（1）辨里外、辨前后 （2）两只脚、钻山洞 （3）往上拉、穿整齐 4. 将穿短裤步骤贴在黑板上。	3. 说一说张老师的穿短裤的过程。	
（四） 分步学习	第1步：辨里外、辨前后	1. 教师拿出多款短裤，引导学生观察，短裤里面和外面、前面和后面有什么不同？ 2. 教师引导学生说出分辨短裤里外的方法：例如有口袋、有清晰的图案的那一面是短裤外面，反之则是短裤的里面。 3. 引导学生说出分辨短裤前后的方法：一般来说拉链、口袋或图案所在的那一面就是前面，反之则是后面。 4. 教师拿出若干条短裤，让学生指出每一条短裤的里外、前后。 5. 并引导学生不要穿反短裤，穿短裤前要留意短裤的正反面、前后面。 6. 如果自己无法分清里外、前后，可以向家长、老师或同学寻求帮助。	1. 观察并思考：短裤的里外、前后有什么不同？ 2. 学习辨别短裤里外、前后的方法。 3. 辨别老师展示出来的短裤的里外面、前后面。 4. 学习怎样穿对短裤的朝向，养成检视自己有没有穿反短裤的习惯。	小步子教学法，让学生更容易掌握。 通过老师演示、学生练习、个别化指导突破辨别短裤里外、前后的难点。
	第2步：两只脚、钻山洞	1. PPT中呈现小朋友把脚伸进短裤的过程的照片和视频。 2. 教师引导学生观察并说出：两只脚、钻山洞。注意：不要两只脚同时钻进一个山洞里，一只脚只钻一个山洞。 3. 教师演示。 4. 请同学上台演示，老师指导、点评。	1. 观察PPT中的图片和视频。 2. 在老师的引导下说出：两只脚、钻山洞。 3. 学会怎样钻山洞。避免两只脚钻进同一个山洞。 4. 观看学习老师的演示。 5. 学生上台演示怎样钻山洞。	

续表

教学环节	教学内容	教师活动	学生活动	设计意图
（四）分步学习	第3步：往上拉、穿整齐	1.PPT中展示小朋友往上拉短裤，并穿整齐的视频、照片。 2.教师引导学生观察并说出：往上拉、穿整齐。 3.注意：往上拉到肚脐的位置即可，并检查短裤有没有穿整齐，如果歪了要整理一下直到整齐。 4.教师演示。 5.请同学上台演示，老师指导、点评。	1.观察PPT中的图片和视频。 2.在老师的引导下说出：往上拉、穿整齐。 3.学会把短裤往上拉到肚脐的位置，并学会把短裤整理整齐。 4.观看学习老师的演示。 5.学生上台演示。	
（五）放松	播放音乐：儿歌《穿裤子》，全班齐唱，边唱边做动作。			缓解学习疲劳
（六）实战演练	穿短裤练习	1.教师给每个学生发一条短裤，让学生练习穿短裤。 2.教师进行个别化指导、辅助。	1.学生练习穿短裤。 2.在老师的指导下纠正不正确的动作，并反复练习正确的动作。	让学生在学中做，做中学。
（七）你追我赶	穿短裤比赛 小组间进行穿短裤比赛，看看哪个小组穿得又快又好！	1.将学生分成三组，小组间进行穿短裤比赛，看哪一组的小朋友穿得又好又快。（播放欢快的比赛音乐） 2.教师检查每组穿短裤比赛的成果。 3.为表现好的小组和学生颁发"穿短裤最佳小组""穿短裤小能手"。	1.进行穿短裤比赛。 2.检查自己、组员及其他同学穿得对不对。 3.领取奖状。	通过比赛激发学生的学习兴趣、缓解学习疲劳。
（八）总结升华	同学们，本节课我们学习了穿短裤，你们知道怎样穿短裤吗？希望同学们能每天自己穿衣服、穿裤子，做一个自己的事情自己做的好孩子！做生活上的自理小达人！	1.教师对本节课内容进行小结。 2.对学生进行思想品德教育，鼓励学生学会自己的事情自己做，成为自理小达人！	1.复习所学知识。 2.形成自己的事情自己做的意识，争做生活中的自理小达人。	总结，进行德育教育。

教学环节	教学内容	教师活动	学生活动	设计意图
（九） 课后作业	布置课后作业。	1. 在家里给爸爸妈妈演示怎样穿短裤。 2. 进行21天"自理小达人"打卡计划。	牢记课后作业，积极参与"自理小达人"打卡计划。	家校合力、协同育人。
（十） 教学反思	1. 教学效果： 　　本节课课堂教学气氛活跃，学生学习兴趣浓厚，A层次学生能独立完成穿短裤，B层学生在老师适当的口头提示下能完成穿短裤，C层学生在老师的动作辅助下也能完成穿短裤。较好地达成了既定的教学目标。教师教学基本功扎实，课件精美、生动，教学环节设计巧妙，环环相扣。本节课取得了较好的教学效果。 　　2. 优点与创新： 　　（1）巧妙运用代币制。通过奖励小红花兑换砸金蛋的方式，极大地调动了学生的学习兴趣和积极性，课堂气氛活跃。 　　（2）重视创设生活化情境。在课堂中老师通过图片和视频展示穿短裤步骤，用学生生活中常穿的短裤让学生练习，并布置生活化的实践作业，让学生能将教学内容应用于生活中，助力他们融入主流社会。 　　（3）重视信息技术与学科的融合。老师积极应用多媒体课件，制作了精美的课件时刻吸引学生的眼球，通过课件呈现穿短裤的视频和图片，让学生更加生动直观地学习。 　　（4）以学生为中心。课堂中老师注重引导学生自主探究，亲身实践操作。教学中以学生为主，教师为辅。 　　（5）重视学生实操能力和自理能力的培养。本节课老师重视学生动手操作，让每个学生都积极参与课堂操作练习，并在课后重视学生的亲身体验、实践，提高他们的自理能力。 　　（6）善于运用小步子教学法。本节课老师将穿短裤步骤进行分解，按照3个步骤进行分步练习，利于学生掌握。 　　（7）重视个别化教学。本节课老师注重对学生进行个别化教育，在课堂中重视对B、C层次学生的个别辅导，让他们积极参与课堂。 　　（8）重视家校合作。在课后老师布置了21天的"自理小达人"打卡练习，督促学生在家里每天练习穿衣服穿短裤，重视学生在家里的生活实践，真正做到家校合力、协同育人。 　　3. 不足之处： 　　教学语言不够精练，对学生的个别化指导还不够细致，对C层次学生的教学方法还要多钻研，争取让C层次学生也能积极参与课堂。			

我爱吃蔬菜

姓　名	尹博爽	学　科	培智生活适应
单　位	广州市花都区智能学校	年　级	一年级

一、 学情分析	本班共有学生9人，针对9人的学科综合能力分为以下三组： A组：子钰、宇恒、铖铖 B组：梓轩、世恒、志东、慧淋 C组：希希、航航 　　A组学生有两名孤独症，一名唐氏综合征。他们认知能力较好，能够进行简单的一问一答对话；经过提示，能够指认生活中常见的蔬菜，但无法准确地说出蔬菜名称。精细动作发展较好，能够进行剥、撕等动作，但熟练度有待提高。注意力较分散，两名孤独症学生无法长时间安坐，需要老师及时提醒，且逆向思维有待提高。 　　B组学生认识一些常见的蔬菜，但需要辅助才能正确指认蔬菜。其中两人只能发出"啊"的单音，一人能说出简单的词语，另一位同学有语言，但有时只是重复他人的话，不理解其中含义。他们精细动作的能力弱于A组学生，多数手指无力，精细动作能力亟须发展。注意力相对来说较集中，大部分能够安坐认真听课。 　　C组学生为两名孤独症学生，他们能够指认蔬菜，并且处于尝试发音阶段，无法根据蔬菜名称辨别蔬菜。大多时间无法长时间安坐，有拍桌子、推桌子等问题行为。且注意力分散，其中一位同学有情绪行为，可能出现打人现象，需要助教老师提醒下参与课堂学习。
二、 特殊情况 预案	子钰、志东上课期间时常有趴桌子的现象，需要主教老师适当地提醒；慧淋有拔头发、离座喝水等现象，需要主教老师共同合作提醒慧淋手放桌面上，在座位坐好；希希和航航上课期间时常有摇动椅子、拍打桌面、发出"呜呜呜、啊啊啊啊"声音的现象，需要主助教共同合作提醒两位同学静坐，手放桌面上。若航航出现打人等情绪行为时，主助教明确指令要求其把手放好，通过让其用跺脚等非攻击人行为发泄情绪，并给予及时强化期待行为，如若长期大范围地干扰课堂纪律，则由坐班老师带离教室安抚情绪后返回课堂。 　　其他特殊情况发生根据实时情况而灵活应变。原则：安全第一、常规（纪律）首要、理解（共情）学生、鼓励为主、气氛愉快、主次分明。
三、 教材分析	本课选自国家培智学校义务教育实验教材《生活适应》（一年级下册）中第二单元"个人生活"第二课《常见的蔬菜》。基于《培智学校义务教育生活适应课程标准》第一学段目标，分别确立知识技能、过程方法、情感态度方面的目标。另外，根据教师参考性教育课程所配套的教材以及学生所学习过的内容，结合生活实际需求，制定此单元的教学目标：认识常见的蔬菜及其吃法，通过多感官的教学，全方位地认识生活中常见的蔬菜，并且养成爱吃蔬菜的好习惯。 　　因近两个月年级的主题为"快乐生日会"，本周的内容为第二个分化活动——"我爱吃蔬菜"，分化小活动是"蔬菜大餐活动"。所以本课认识常见的4种蔬菜，学习最简单的吃法，学生通过视觉、听觉、触觉、嗅觉、味觉，全方位地了解蔬菜的形状、颜色、表皮、味道，加深对蔬菜的认识。通过自己动手去剥玉米粒、撕生菜等参与制作蔬菜沙拉，加深同学们对蔬菜的喜爱，同时达到爱吃蔬菜的目的。

四、 课程目标	1. 能认识生活中常见的蔬菜。 2. 知道常见蔬菜的吃法。 3. 通过观察、品尝，加深对常见蔬菜及其吃法的认识。 4. 通过对常见蔬菜相关内容的学习，初步养成每天吃蔬菜的好习惯。
五、 设计理念	1. 符合学生的认知规律和心理特征。 2. 详细分析学生知动能力，充分考虑学生学习的特点，充分运用"知－动"理念开展教学活动。 3. 重视分组教学，创造条件开展个别化教学。 4. 重视多感官教学，激发学生兴趣，调动学生积极性，启发学生思考。 5. 内容注重组次性、实用性、多样性。 6. 注重启发式和因材施教。 7. 注重师生合作、生生合作，鼓励学生自主学习。
六、 IEP 目标	1. 能认识生活中常见的蔬菜、水果 7 种及以上（子钰、宇恒、铖铖）。 2. 说出家里常见水果和蔬菜的名称（慧淋、世恒、志东、梓轩）。 3. 能在多种食物中挑选出自己喜欢的蔬菜（航航、希希）。
七、 目标	知识与技能： 能够认识玉米、西红柿、生菜、黄瓜四种蔬菜。 A 组：能在不完整的状态下（如片状、粒状）辨认出以上四种蔬菜； B 组：能在多种蔬菜中找出以上四种蔬菜； C 组：能够指认四种蔬菜，并将蔬菜与图片相匹配。 过程与方法： 1. 通过视觉、触觉、味觉、听觉等方面的综合学习，全方位地认识以上 4 种常见蔬菜； 2. 通过剥、撕等处理蔬菜的方法提高学生精细动作的能力。 情感态度与价值观： 能感受到生活适应学科与生活的密切联系，动手参与蔬菜沙拉的准备活动，激发学习兴趣。
八、 教学 重难点	1. 认识西红柿、玉米、生菜等 4 种生活中常见的蔬菜。 2. 根据蔬菜的局部（一片、一粒）辨认蔬菜名称。
九、 教学资源	蔬菜箱、完整的蔬菜、蔬菜模型、蔬菜粒 / 片若干、蔬菜视觉大卡片、小蔬菜卡片、作业单、铁盘子若干、一次性塑料杯若干、一次性手套、强化物彩虹糖、奖励小黑板一个、奖励磁贴若干

十、教学过程

教学环节	教师活动	学生活动	技术应用
（一） 导入	1. 上课仪式，师生问好。 2. 安全教育。 预防新冠肺炎病毒的有效方法： （1）正确佩戴口罩 （2）勤洗手，保持手部卫生	全体学生起立问好。 A、B 组学生做出戴口罩和洗手的动作，C 组在辅助下做出洗手的动作。	

续表

教学环节	教师活动	学生活动	技术应用
（一）导入	3. 视频导入。 提问同学们本周的教学内容是什么？引出主题——好吃的蔬菜，并张贴主题。 老师：上课之前老师先播放个视频。今天就来看一看蔬菜沙拉都需要哪些蔬菜！ 4. 预告活动流程。 ①认一认、②学一学、③练一练、④尝一尝 5. 奖励制度预告。 集满5个印花就可以得到不同口味的彩虹糖（学生自己选择味道）。 要求：A、B组同学回答问题、参与活动； C组同学遵守课堂纪律，参与课堂，指认图片及实物；所有同学完成各自的任务。	全体学生观看视频，A组学生说出"蔬菜沙拉"。 A、B组学生跟读活动流程。	视频导入，说明了蔬菜的好处。同时视觉提示同学们蔬菜沙拉的做法以及原材料，激发同学们的学习兴趣以及对沙拉的喜爱之情。 初步使用代币制度，用学生们最喜欢的彩虹糖作为强化物，尽量保持学生的学习兴趣，促进学生适应性行为的养成。
（二）认一认	老师：刚刚咕力在做蔬菜沙拉的时候，老师也将需要的蔬菜准备好了，同学们看看制作蔬菜沙拉都需要哪些蔬菜。 老师依次出示4种蔬菜的视觉提示大图片，让同学们认一认，说一说。	A、B组学生在提示下说出部分蔬菜名称，全体学生指认图片。	利用视觉提示大图片，对所要学习的蔬菜有初步的认知，且大图片符合低年级学生的学习特点。
（三）学一学	1. PPT出示西红柿的图片，同时拿出实物并引导学生说出西红柿特征： （1）圆圆的 （2）红色的 拿出切好的西红柿给同学们尝一尝，酸酸甜甜的，张贴切片西红柿的图片到黑板上。 2. PPT出示玉米的图片，同时拿出实物并引导学生说出玉米特征： （1）长长的 （2）黄色的 出示剥好的玉米粒，且张贴玉米粒图片到黑板上，一粒一粒的。 3. PPT出示生菜的图片，同时拿出实物并引导学生说出生菜特征：	引导下，A组学生说出各种蔬菜的2种及以上蔬菜特征； B组学生说出蔬菜名称； 辅助下，C组的学生回答老师的问题、品尝西红柿、黄瓜片。	图片学习 实物学习 教师引导 同伴示范 通过看一看，摸一摸、尝一尝等方法，综合运用多感官教学策略，而且将蔬菜沙拉中的形态让学生对所学习的蔬菜有全面的了解。 出示4种蔬菜在蔬菜沙拉中的形态，且张贴到黑板上，有利于学生通过部分学习蔬菜的整体。

教学环节	教师活动	学生活动	技术应用
（三）学一学	（1）一片一片，可撕成小片，张贴生菜片的图片到黑板上 （2）绿色的 （3）皱的 4.PPT出示黄瓜的图片，同时拿出实物并引导学生说出黄瓜特征： （1）长长的 （2）绿色的 出示黄瓜片品尝，且张贴黄瓜片的图片到黑板上，脆脆的。		
（四）练一练	A组： 1.根据作业单上玉米粒、西红柿片、生菜叶及黄瓜片的图片在多种蔬菜模型中找出四种蔬菜，可获得印花。 2.将玉米粒从玉米段上剥下来统一放在大碗里，可获得双倍印花。 B组： 1.根据作业单4种蔬菜的提示，在多种蔬菜图片中，找出玉米、生菜、西红柿、黄瓜的图片装进袋子里便可获得印花。 2.将生菜撕成小块放进盘子里，可获得双倍印花。 C组： 1.在助教老师的辅助下，指认四种蔬菜的图片便可获得印花。 2.将大蔬菜图片与小蔬菜图片相匹配便有同上的奖励。 活动完成后，老师将所有学生准备好的蔬菜放到大碗里，放入沙拉，辅助C层学生进行搅拌完成蔬菜沙拉。	全体同学完成作业单内容。 A组学生完成剥玉米粒任务； B组学生完成撕生菜任务； C组学生完成最后拌沙拉的任务。	图片提示 教师引导 语言提示 教具分组 分组教学 1.通过活动使枯燥的练习变得有趣。 2.通过分组教学，注重个别化，提高学生学习、练习效率。 3.利用代币制度提高学生的积极性。
（五）整理总结	1.点评学生的表现，奖励印花。 2.总结并回顾。 3.布置课后作业。 4.同学们尝一尝蔬菜沙拉。 5.兑换奖励（可课后进行）。	全体同学品尝蔬菜沙拉。 学生一起点数5个印花进行奖励。	通过总结加深对4种蔬菜的学习，最后品尝蔬菜沙拉，让整节课的教学活动赋予了功能性。

续表

教学环节	教师活动	学生活动	技术应用
（六） 教学反思	本节课学生比较配合，教学目标基本达成。整节课教学思路清晰，教学流畅。学生常规较好，课上积极回答问题。希希情绪问题突发，主教尝试安抚，助教长时间辅助仍扰乱课堂，最终由坐班老师带离课室。 　　在课堂练习中，课堂纪律稍差，因 A、B 两组学生人数较多，今后可尝试主教老师辅助 A、C 两组，助教老师辅助 B 组学生完成任务。		

好吃的水果

姓　名	杜丽平		学　科	生活语文
单　位	北京市健翔学校		年　级	二年级

一、 指导思想	培智学校义务教育课程标准中生活语文课程标准指出：生活语文课程是培智学校义务教育阶段的一般性课程，是一门学习语言文字运用的综合性、实践性课程。生活语文课程应使培智学校学生初步学会运用祖国语言文字进行沟通交流，具有基本的适应生活的听、说、读、写能力，提高文化素养，初步形成正确的世界观、人生观和价值观。工具性、人文性、生活性相统一是生活语文课程的基本特点。课程的基本理念包括培养学生适应生活的语文素养，构建以生活为核心的开放而适性的语文课程，倡导感知、体验、参与的学习方式，注重潜能开发与功能改善相结合。 　　生活语文课程应注重学生的潜能开发与功能改善有机结合，要特别关注学生的个体差异，高度重视不同程度、不同障碍类型学生学习语言文字的特点和学习需求，科学评估学生的特殊需要，根据个体的语言发展特点，通过多种方式开发潜能，将发展的可能性变为发展的现实性。既要注重引导学生学习适应生活、适应社会所需要的语文知识和语文技能，又要重视学生的功能改善，充分利用支持策略和辅助技术满足其特殊的学习需求，为学生健康发展、融入社会打下基础。
二、 理论依据	辅助沟通技术是利用现代的计算机和电子技术，通过图片和符号与语音进行转换等方式，将沟通障碍者的信息传递给他人，实现与人交流的功能。辅助沟通技术的理念就是在自然情境中融入沟通的思维和方法，增加他们学习语言的动机，并提高其沟通的效率和准确度。辅助沟通交流系统(AAC)是一种扩大或代替口语表达的沟通方式，可以协助沟通障碍者利用多重管道的沟通策略，获得与他人互动的沟通技能，主要由沟通符号、沟通辅具、沟通技能和沟通策略构成。辅助沟通交流系统AAC是一个研究、临床和教育实践的领域，涵盖研究尝试和在必要时补偿因暂时性或永久性损伤导致言语、语言表达和理解的沟通模式，辅助沟通交流系统AAC的介入是一种协助和发展障碍者重新获得能力的介入策略和技术支持，辅助沟通交流系统AAC的最终目的是能够让个体有效和有效率地参与活动和互动。
三、 教学内容 分析	本课教学内容选自培智学校义务教育生活语文二年级上册第二单元个人生活第四课《好吃的水果》第三课时我会说这一部分，课文部分呈现一张同学们坐在桌前一起分享水果的场景图，图片中4名同学开心地坐在一起边聊天边吃水果。在场景图下方是本课要学习的词语"苹果""香蕉""西瓜"及课文，最下方是要求学生认读的生字"西"。练习部分提供了听、读、说、写4个训练。"我会听"要求学生听指令找出"苹果""香蕉""西瓜"的图片。"我会读"要求学生认读生字"西""大"，跟读词语及句子。根据学生的认知特点，教师还可以借助水果实物、图片等直观形象地帮助学生理解和记忆水果名称，并在听到这些词语后能作出适当的回应。"我会说"要求学生结合场景说出——有什么、什么、什么的简单句，例如：水果店里有苹果、香蕉、西瓜。"我会写"要求学生复习书写"大"字。

续表

四、 学生情况 分析	1.学习小组共有学生4人，学生年龄在9岁左右，其中孤独症1人、发育迟缓3人，一人为多重障碍偏瘫。4人均无有效口语表达。周×为孤独症学生，有语言能力，但是不能够进行仿说，只能够进行单字的自言自语，无有效语言交流，具有一定的认知能力，能够准确地指认图片。胡×为智力发育迟缓学生，具有明确的主观意识，能够清晰地说出"啊""不""妈"单音，会用手势表达"要""不要"，与他人沟通动机较强。范×为智力发育迟缓学生，能进行个别单字的仿说，口腔轮替有障碍，所以不能进行两字及以上的仿说，能够发出"我""玩"等单字的音，自我主观意识较强，课堂集体关注度以及课堂纪律遵守较弱。王×为多重障碍偏瘫学生，可以自主发出单音，但是不能跟随老师仿说两个字及以上的词语，对于仿说要求比较抗拒，只愿意发尾音，课堂集体关注度以及课堂纪律遵守较弱。根据学生的能力和需求，在生活语文我会说教学环节中，用辅助沟通系统代替口语表达沟通模式，有效提高学生的参与动机，完成课堂目标。 2.学生已有能力分析 《C-PIRK沟通评定量表》家长反馈和日常观察。 表格： 学生姓名|听者行为|说者行为|社会互动 周×|完成9个目标|处于适应恰当的语言行为|正确回应别人阶段 胡×|完成9个目标|处于适应恰当的语言行为|展示自己阶段 范×|完成9个目标|处于提要求阶段。|展示自己阶段 王×|完成9个目标|处于适应恰当的语言行为|正确回应别人阶段

学生姓名	听者行为	说者行为	社会互动
周×	完成9个目标	处于适应恰当的语言行为	正确回应别人阶段
胡×	完成9个目标	处于适应恰当的语言行为	展示自己阶段
范×	完成9个目标	处于提要求阶段。	展示自己阶段
王×	完成9个目标	处于适应恰当的语言行为	正确回应别人阶段

五、 教学目标	知识与技能：能够在教学中，通过点读笔表达出"哪里有什么、什么、什么"的简单句。 过程与方法：在交互式问答中使用点读笔表达出"哪里有什么、什么、什么"的简单句，参与任务换取代币获得奖励。 情感态度价值观：能在活动中自主表达。
六、 教学 重难点	教学重点：掌握简单句句构。 教学难点：在交互式问答中使用点读笔表达"哪里有什么、什么、什么"的简单句，与老师互动。
七、 教法学法	回合教学法、交互式问答法、操作法
八、 教学资源	实物、课件、点读笔、沟通板、句构条
九、 教学流程	常规训练（问好）—词语命名—句构学习—句式表达—常规训练（再见）

十、教学过程					
教学阶段	学生特殊需求	教师活动	学生活动	支持策略	设计意图
（一） 常规训练 问好	指令明确，从个体到集体，从师生到生生	1.教师走到学生面前发出指令"你好"，进行师生个体问好环节。 2.教师正在学生中间发出指令同学们好，师生集体问好环节。 3.教师发出指令"请到前面与同学问好"，学生由座位走到其他同学面前，利用点读笔和沟通板，与同学正确互动同学你好。	1.学生在听到老师个体问好后，利用点读笔和沟通板，与老师正确互动老师你好。 2.学生在听到老师集体问好后，利用点读笔和沟通板，与老师正确互动老师你好。 3.学生在听到同学个体问好后，利用点读笔和沟通板，与同学正确互动同学你好。	点读笔 沟通板 肢体辅助	互动能力训练
（二） 词语命名	从实物到图片	1.出示单一实物苹果、香蕉、西瓜，提问学生这是什么？引导学生利用点读笔和沟通板用词语进行表达。 2.大屏幕出示单一图片苹果、香蕉、西瓜，提问学生这是什么？引导学生利用点读笔和沟通板用词语进行表达。 备注：从个别提问到集体提问，提高学生的小组学习能力。	学生在听到老师指令，利用点读笔和沟通板，与老师正确互动进行词语命名。当学生不能完成时，通过课件中沟通板正确答案的局部闪现点读的视觉提示，有效降低难度。	点读笔 沟通板 实物 课件图片 肢体辅助	词语命名能力训练
	从单一到多个	1.同时出示实物苹果、香蕉、西瓜，提问学生这些分别是什么？引导学生利用点读笔和沟通板用词语进行表达。 2.大屏幕出示图片苹果、香蕉、西瓜，提问学生这些分别是什么？引导学生利用点读笔和沟通板用词语进行表达。 备注：从单一到多个水果同时出现，有效提高难度，为下一阶段句式的学习有效铺垫。在实物命名教学过程中教师可根据学生掌握情况逐一拿出实物，给予学生有效视觉提示。	学生在听到老师指令，利用点读笔和沟通板，与老师正确互动进行词语命名。当学生不能完成时，通过课件中沟通板正确答案的局部顺序闪现点读的视觉提示，有效降低难度。	点读笔 沟通板 实物 图片 肢体辅助	词语命名能力训练

续表

教学阶段	学生特殊需求	教师活动	学生活动	支持策略	设计意图
（三） 句构学习	不同词性使用不同颜色的背景色	1. 教师出示句构条，带领学生进行句构学习。 教师指桌子上，学生点读桌子上。 教师指有，学生点读有。 教师指苹果，学生点读苹果。 教师指香蕉，学生点读香蕉。 教师指西瓜，学生点读西瓜。 2. 老师出示句构条读句子：桌子上有苹果。学生完成句子点读。 3. 老师读句子：桌子上有苹果。学生完成句子点读。 备注：从个别点读模仿到集体点读模仿，提高学生的小组学习能力。	学生在听到老师指令，利用点读笔和沟通板，模仿点读，形成句构。当学生不能完成时，通过课件中沟通板正确答案的局部闪现点读的视觉提示，有效降低难度。	点读笔 沟通板 句构条 肢体辅助	句构组织能力训练
（四） 句式表达	撕取图片组成句构，通过点读完成表达	1. 出示教具，提问学生桌子上有什么？教师示范将桌子上的三种水果图片逐一撕下，组成句构，然后通过点读完成用句式示范点读。 2. 出示学具，提问学生桌子上有什么？引导学生将桌子上的三种水果图片逐一撕下，组成句构，然后通过点读完成用句式回答问题。桌子上有苹果、香蕉、西瓜。	操作后用语言回答问题，有效降低句式的难度，也提高学生的参与能力。	点读笔 沟通板 句构条	简单句子表达能力
	看图独立点读表达	1. 出示图片，教师提问桌子上有什么？学生通过点读笔和沟通板用句式回答问题。 2. 出示图片，教师提问水果店里有什么？学生通过点读笔和沟通板用句式回答问题。	根据学生掌握情况，通过课件中沟通板正确答案的局部顺序闪现点读的视觉提示，有效降低难度。	点读笔 沟通板 句构条	简单句子表达能力
（五） 常规训练 再见	指令明确，从个体到集体，从师生到生生	1. 教师走到学生面前发出指令"再见"，进行师生个体再见环节。 2. 教师正在学生中间发出指令同学们再见，师生集体再见环节。	1. 学生在听到老师个体再见后，利用点读笔和沟通板，与老师正确互动老师再见。 2. 学生在听到老师集体再见后，利用点读笔和沟通板，与老师正确互动老师再见。	点读笔 沟通板 肢体辅助	互动能力训练

续表

教学阶段	学生特殊需求	教师活动	学生活动	支持策略	设计意图
（五）常规训练再见		3.教师发出指令"请到前面与同学再见"，学生由座位走到其他同学面前，利用点读笔和沟通板，与同学正确互动同学再见。	3.学生在听到同学个体再见后，利用点读笔和沟通板，与同学正确互动同学再见。		

	教学目标	评价标准说明	学习效果得分			
			周	胡	范	王
（六）学习效果及行为指标	（一）自主互动能力	0分：对外界无反应、不具备完成活动能力、异常情绪、行为不可管控、拒绝参加活动；1分：动作辅助下完成；2分：语言辅助下完成；3分：独立完成但反应时间长；4分：独立完成。	4	4	4	3
	（二）词语表达能力	0分：对外界无反应、不具备完成活动能力、异常情绪、行为不可管控、拒绝参加活动；1分：动作辅助下完成；2分：视觉提示下语言辅助完成；3分：语言辅助下完成；4分：独立完成。	4	4	4	3
	（三）简单句子表达能力	0分：对外界无反应、不具备完成活动能力、异常情绪、行为不可管控、拒绝参加活动；1分：动作辅助下完成；2分：句构条视觉提示下语言辅助完成；3分：语言辅助下完成；4分：独立完成。	4	4	4	2
（七）教学特色及反思		1.AAC辅助沟通系统有效运用于低年级生活语文课堂，使无有效语言的重度障碍儿童在课堂中可以进行自主的简单句式表达，个别学生在点读笔读出语音后能尝试跟随仿说，使沟通更为有效。 2.教师利用实物、课件、教具学具有效调动学生积极性，教学活动过程中关注全体并注重个体提示，活动设计有阶梯，从实物到图片，词语表达从单个到三个，句子问答从单一训练到交互式问答中的泛化，让学生在主动操作中通过自己的点读获得成功的体验。 3.教师语言富有感染力，能利用声调有效引发学生注意力，指令语言清晰明确，便于低年级学生理解，教学过程中学生注意力较集中，师生互动活跃，训练内容有针对性。				

不挑食

姓　名	吴文军		学　科	生活语文
单　位	湖州市特殊教育实验学校		年　级	二年级

	姓名	障碍类型程度	常态能力习惯	目标起点分析（根据学科或领域指标描述）	特殊教育需要分析	相关支持分析
一、学情分析	施××	智力三级	语言理解能力较好	能认读词语"米饭""面条"，对食物有一定的概念。	态度被动，需要教师协助	口头/姿势提示
	严××	智力三级	阅读能力较好、书写能力较好	能认读词语"米饭""面条"。对食物有一定的概念，上课非常积极。	/	/
	付××	智力三级	语言理解能力较好、书写能力一般	能认读词语"米饭""面条"。对食物有一定的概念，上课非常积极。	/	/
	朱××	智力三级	口语表达能力较好、书写能力较好	能认读词语"米饭""面条"，对食物有一定的概念。	缺乏记忆策略	口头/姿势提示
	李××	智力二级	语言理解能力较好	能认读图文卡"米饭""面条"，对食物有一定的概念。	参与活动需要提醒	口头/姿势提示
	邱××	智力三级	口语表达能力较好	能认读图文卡"米饭""面条"。对食物有一定的概念，上课非常积极。	缺乏记忆策略	口头/姿势提示
	姚××	智力三级	阅读能力较好	能认读图文卡"米饭""面条"。对食物有一定的概念，上课较积极。	态度被动，需要教师协助	口头/姿势提示
	王××	孤独症三级	语言理解与表达能力弱	能跟读图文卡"米饭""面条"，但注意力集中。	消极遵守规范	广泛辅助(图文卡支持)
	黄××	智力二级	语言表达能力弱	能跟读图文卡"米饭""面条"，但注意力集中。	缺乏沟通能力	广泛辅助(图文卡支持)

二、教材分析	1. 教材分析： 　　本篇课文《不挑食》是选自培智学校义务教育实验教材生活语文二年级上个人生活单元中的一篇课文，本单元围绕个人生活编排了《好吃的水果》《不挑食》《我有一双手》3篇课文和《语文小天地二》，旨在通过学习，使学生懂得各种食物的营养，学会食物均衡搭配，吃饭不挑食。课文场景呈现的是乐乐吃饭的画面，桌上有米饭、鸡蛋等食物。本文分为三课时完成，第一课时学习词语"米饭""面条"。根据学生学情，结合新版培智学校义务教育课程标准制订个别化目标，并在教学过程中一一落实。 　　2. 课时安排： 　　课文共分三课时完成，本课为第一课时。 　　3. 教学联系： 　　　　　　　唱游与律动：学习儿歌《吃饭不挑食》 生活数学：进行5以内加法的计算学习　⟷　生活语文：教学词语米饭和面条，认读生字"米"　⟷　生活适应：学习洗碗、洗菜 　　　　　　　绘画与手工：画碗盘、涂色
三、教学重难点	A组：施、严、付 　　重点：1. 认读词语"米饭""面条"。 　　　　　2. 结合场景说句子"我爱吃＿＿＿＿和＿＿＿＿。" 　　难点：1. 说出常见的主食。 　　　　　2. 结合图片说出完整的句子。 B组：朱、李、姚、邱 　　重点：描写生字"米" 　　难点：能用："我爱吃＿＿＿＿。"说一句话。 C组：王、黄 　　重点：跟读图文卡"米饭""面条" 　　难点：在教师提示下，补充句子"我爱吃＿＿＿＿。"
四、教学资源	PPT、词卡、图文卡、视频、课本、铅笔、学具卡、米饭食物

续表

	长期目标	短期目标	课时目标
五、目标统整及教学支持	能听懂常用的词语，并作出适当回应。	能聆听老师念两个词语，拿出对应图卡（如：“米饭”“面条”）。	1. 能听懂词语“米饭”，并拿出图文卡。 2. 能听懂词语“面条”，并拿出图文卡。 3. 能听懂词语“米饭”“面条”，并拿出图片。
	能模仿运用生活中的常用语言。	能说出生活中常用句子“我爱吃________”。	1. 能补充并说出句子“我爱吃________”。 2. 能补充并说出句子“我爱吃和________”。
	能用铅笔描写 / 抄写生活中常用汉字。	能抄写第三册生字（“米”“生”“巾”等）。	1. 能抄写生字“米”。 2. 能描写生字“米”。
	能从图片中找出熟悉的人、物、生活场景。	能从图片中找出活动种类（如：吃饭等）。 能从图片中找出生活场景（如：餐厅等）。	1. 能看图说出这是哪里？ 2. 能看图说出同学们在干什么？

六、教学过程

教学环节	教师活动	学生活动	意图
（一） 视频导入，激发兴趣	1. 出示视频。 展示学生餐厅吃饭场景，问这是哪里？学生在干什么？ 2. 揭题：不挑食。 3. 出示视频。 学生特写，问他碗里的是什么？引出词语：米饭。	AB 回答：这是餐厅，同学们在吃饭。 ABC：齐读课题。 C 生助教辅助。	与本月“个人生活”统整主题相结合，从学生认识的生活场景出发，引出教学内容。
（二） 字词教学，整体感知	1. 教学词语“米饭” （1）出示米饭食物，说说这是什么？这是谁？付 × × 在吃什么？ 是的，他在吃米饭，你们看，吴老师带来了什么？ × ×，这是什么？C 组说米饭（黄 × × 米饭和零食中选）。 （2）出示米饭图文卡认读。	AB 回答：米饭。 C 找图片：米饭。 AB 回答：这是米饭。 C 回答：米饭。	出示学生熟悉场景，激发学生的兴趣和积极性。 出示图片—图文卡—词卡的方式，从易到难，让学生掌握词语“米饭”

教学环节	教师活动	学生活动	意图
（二）字词教学，整体感知	多种方式认读（认读、齐读、赛读、开火车读）。 （PPT出示一张桌子，有米饭、面条图片及词语） （3）出示句子跟读。 （4）生字教学"米"。 变魔术，引出生字教学。 ①范读、各种形式读。 ②在学具篮中找出"大""西""天""巾""米"。 ③学写生字"米"（分析结构、笔画、笔顺、书空，课文中描写两遍）。 ④教师范写。学生上去写，助教辅导，学生、教师一起点评。 ⑤巩固词语：生活场景中找生字"米"，超市、袋子、广告牌找生字。	ABC跟读句子：米饭和面条。 AB组认读生字：米。 C组跟读。 A组5个生字中找1个，B组3找1。 A组写生字。 B组描写。	通过变魔术方式导入，引出生字"米"，激发学生兴趣。 书写训练，加强巩固。 利用信息技术辅助，结合生活场景，寻找生字。
	2. 课间休息。 听歌曲《吃饭不挑食》律动。	ABC生律动。	结合唱游与律动课程，提高学生注意力。
	3. 教学词语"面条"。 （1）PPT出示图片，说说这是什么？ （2）出示面条图文卡。范读、多种方式认读，把这个词语放入句子中读一读。 （3）出示句子跟读"米饭""面条"。	AB组说短句：这是＿＿＿。 C组说词语：面条。 AB组认读词组：米饭和面条。	出示图片—图文卡—词卡，从易到难，让学生掌握词语"面条"。
	4. 拓展延伸。 （1）PPT出示各种食物，说说爱吃什么？ 我们平时吃的主食除了米饭和面条还有：馄饨、包子、粽子、粥等那么多主食，你们爱吃什么？ （2）句式教学：我爱吃＿＿＿我爱吃＿＿＿和＿＿＿。（你选择一种或两种食物来说说看）像课文一样，什么和什么？	A组说完整的句子：我爱吃＿＿＿和＿＿＿。 B组说完整句子：我爱吃＿＿＿。	学生生活常识较为丰富，对AB组学生进行拓展，会说句式"我爱吃＿＿＿""我爱吃＿＿＿和＿＿＿。"

续表

教学环节	教师活动	学生活动	意图
（三） 巩固提升， 加深理解	找词语 　　小朋友这节课表现非常棒，所以老师带你们去餐厅吃大餐，想不想去？睁大眼睛看大屏幕，PPT 显示照片：学校餐厅大门，单击大门打开，出现餐桌，桌子上贴有各种食物图片以及词语，学生找相应的词语。	ABC 组复习词语。	设计动画，出示学校餐桌图片，激发学生兴趣，加深词语巩固。
（四） 知识回顾， 课堂小结	这节课，我们认识了两个词语宝宝，它的名字分别叫什么？小朋友们表现得真不错，平时吃东西的时候我们不能挑食，要样样都吃，这样才能身体棒棒！	AB 组读词语：米饭、面条。	情感教育：粮食来之不易，吃饭不能挑食，养成好习惯。
（五） 家校合作， 生活作业	施、严、付：书写生字"米"。 朱、李、姚、邱：描写生字"米"。 王、黄：认读图文卡"米饭""面条"。		
（六） 课堂评价 反馈	一起来看看这节课小朋友的表现（数一数奖励贴）。	ABC 生齐数。	结合生活数学课程，学生点数，渗透数学学科知识。

个别化教学目标		学生								
		施	严	付	朱	李	姚	邱	王	黄
能聆听老师念两个词语，拿出对应图卡	1. 能听懂词语"米饭"，并拿出图文卡。									
	2. 能听懂词语"面条"，并拿出图文卡。									
	3. 能听懂词语"米饭""面条"，并拿出图片。									
能说出生活中常用句子	1. 能补充说句子"我爱吃_____"									
	2. 能补充说句子"我爱吃_____和_____。"									
能抄写第三册生字	1. 能抄写生字"米"									
	2. 能描写生字"米"									

（七）目标达成度

续表

教学环节	教师活动		学生活动				意图		

	个别化教学目标		学生								
			施	严	付	朱	李	姚	邱	王	黄
（七） 目标达成度	能从图片中找出活动种类	能看图说出同学们在干什么？									
	能从图片中找出生活场景	能看图说出这是哪里？									

备注：1分，完全不具备该能力；2分，发展出一点能力；3分，发展出基本能力；4分，发展出大部分能力；5分，具备完全能力

毛巾

姓　名	侯利红	学　科	生活语文
单　位	长沙县特殊教育学校	年　级	二年级

| 一、教材分析 | 　　本课的场景图呈现了浴室里贝贝洗完澡，用毛巾擦头发的生活画面。场景下方呈现了词语"毛巾"，课文"我用毛巾擦头发。我用毛巾擦身体。小小毛巾作用大"和生字"头、毛"。本课以图文结合的方式，让学生了解毛巾的作用，培养学生养成良好的卫生习惯。
　　练习部分提供了听、说、读、写4个训练。"我会听"要求学生听词语找出"毛巾"的图片。"我会读"要求学生认读生字"头、毛、巾"，跟读词语及句子。"我会说"要求学生结合场景说句子"我用毛巾擦头发"或拓展说其他内容。"我会写"要求学生描写"头"字。
　　本课分为5个课时进行教学。 | | |

二、学情分析	在学习本课以前学生已经学习了生字"我""巾""小""大"，本课的前三个课时已经学习了词语"毛巾""擦头发""擦身体"，初读了课文。根据前几节课的学习情况以及平时学生生活语文课堂表现，教师对学生进行学情分析如下：班级整体生活语文课上学习积极性高，但班级学生个体差异比较大（孤独症学生4人，无口语及口语不清晰学生7人，严重听力障碍孩子兼智力障碍学生1人，智力障碍、语言障碍兼情绪障碍学生4人，轻度智力障碍学生2人），班级孤独症学生及注意力不集中学生比较多，课堂上学生注意力难以集中，需要老师在课堂组织中采用有效的办法激发他们的学习兴趣，引导他们积极参与课堂活动。 　　综合以上情况在教学中教师将学生分为A、B、C三个层次进行教学指导。		
	A层	2名学生（利君、茂莲）为轻度智力障碍学生，认知能力较好，有一定的表达能力，与老师有较强的互动，日常能用口语进行简单的对话，语言比较清晰，能认识汉字100个左右；利君课堂上注意力不太集中。	
	B层	本层有4名学生（思涵、晨逸、鑫、峻熙）。 　　思涵和晨逸孤独症学生，认知能力一般，但语言理解和沟通能力不好；思涵口语不清晰、能识字100个左右并能书写已学的简单汉字；晨逸口语清晰、识字50个左右，能书写已学的简单汉字。 　　鑫系中度智力障碍兼情绪障碍学生，口语不清晰，但语文课堂上表现积极，在引导下一般能认真参与活动。 　　峻熙系重度听力障碍兼轻度智力障碍学生，不能用口语表达，上课注意力不集中，学习过的词语能认识并会书写已学过简单的汉字。	
	C层	本层有5名学生（如深、梓成、文琢、子豪、珍妮）。 　　如深是唐氏综合征学生，认知能力差，少口语且口语不清晰； 　　梓成和子豪是重度孤独症学生，不会参与活动，无口语，认知能力差，梓成有情绪障碍； 　　文琢系孤独症学生，认知能力差，有口语但不清晰，有情绪障碍； 　　珍妮是重度智力障碍学生，认知能力差，有口语，注意力不集中，多动、有时不太理解指令。	

三、教学目标	（一）本课班级总目标	1.知识与技能	（1）能认真倾听，听词语找出"毛巾"的图片。 （2）能认读生字"头""毛""巾"。 （3）能跟读并理解词语"毛巾""擦头发""擦身体"。 （4）能完成"毛巾"的图文配对。 （5）能结合场景说句子"我用毛巾擦头发"或拓展说其他内容。 （6）能描写或书写生字"毛""头"。
		2.过程与方法	（1）通过观察图片、实物、动作演示、观看视频理解词语含义并运用词语说句子。 （2）通过直观教学、情景演示、动作表演、互动游戏、写字练习等方法掌握生字、词语、句子。 （3）通过演示动画正确掌握"头"和"毛"字的笔顺，学习书写生字"头"和"毛"。
		3.情感态度与价值观	在生活中逐渐养成良好的卫生习惯。
	（二）本课时目标	1.知识与技能	A层 （1）能朗读并理解句子："我用毛巾擦头发。我用毛巾擦身体。小小毛巾作用大。" （2）能结合场景说句子"我用毛巾＿＿＿"拓展说其他内容。 （3）在生活中养成良好的卫生习惯。
			B层 （1）有口语的学生能跟读句子："我用毛巾擦头发。我用毛巾擦身体。小小毛巾作用大。"没有口语的学生（峻熙）能借助沟通辅具啾啾朗读句子并能用动作表演句子内容。 （2）能结合场景在支持下说句子或做动作表达"我用毛巾＿＿＿。" （3）在生活中养成良好的卫生习惯。
			C层 （1）有口语的学生能在支持下跟读和演示句子"我用毛巾擦头发，我用毛巾擦身体。"无口语的学生能在支持下演示句子"我用毛巾擦头发，我用毛巾擦身体。"（如深）在支持下使用沟通辅具啾啾读句子。 （2）能结合场景在支持下跟说句子或做动作表达"我用毛巾＿＿＿。" （3）在支持下养成讲卫生的好习惯。
		2.过程与方法	通过观察视频和图片、动作演示、跟读、游戏等方法学习朗读并理解句子。
		3.情感态度与价值观	通过学习在生活中懂得养成讲卫生的好习惯。

续表

	教师活动	学生活动	教学支持与设计意图
四、 教学重难点	朗读句子并理解"我用毛巾擦头发。我用毛巾擦身体。" 能正确地理解句子、读句子并用"我用毛巾_____"说句子。		
五、 教学资源	教材、课前家长老师共同收集学生生活中的视频和照片、电子白板、多媒体课件、视频、沟通板、板书用图文词卡、学生操作用的词卡和图文卡片、贴有学生姓名的毛巾（每人一条）、教具篮、磁性田字格、大骰子道具、学生姓名卡片、磁性奖励贴。		
六、 教学方法	讲授法、直观教学法、个别指导法、演示法、练习法、游戏法		
七、教学过程			
	教师活动	学生活动	教学支持与设计意图
（一） 课前点名 组织教学	1. 师生问好。 2. 点名。	学生回应并上台在自己的名字后贴上奖励贴。	点名让学生集中注意力准备上课。 通过学生在自己的名字后贴奖励贴，训练学生认识自己的名字。
（二） 复习导入 巩固词语	1. 昨天生活语文课上我们认识了新朋友，大家还记得是什么吗？ 　毛巾 2. 毛巾可以用来做什么？ 　擦头发　擦身体 3. 今天我们继续学习第5课：毛巾 　板书课题并朗读。	A层学生上台书写"毛巾"，其余学生认真看。 学生朗读词语。 朗读词语并做动作演示。	带图词卡 巩固上节课学习内容，为学习句子做好准备。
（三） 视频与说演结合 学习句子	1. 学习句子："我用毛巾擦头发。" （1）仔细观看视频，交流：谁用什么做什么？说了什么？ （2）出示图片，教师引导学生用句子表达。 　教师板书：我用毛巾_____。 　教师粘贴词语"擦头发" （3）指导朗读句子。 全体学生跟读句子。 边做动作边读句子。 开火车读句子。 （4）看图贴词成句，并读句子。 A层： 　(我)　(用毛巾)　(擦头发) 　_____ B层：我用毛巾__(擦头发)_____	跟读课题。 学生认真观看视频，A层学生说句子。 学生跟读句子并做动作。 学生在老师的引导下进行词语排队桌面操作。	通过视频直观教学理解句子。 理解句子意思。 通过练习让学生进一步熟悉句子中词语的顺序。

	教师活动	学生活动	教学支持与设计意图
（三） 视频与说演 结合 学习句子	C 层：<u>我</u> <u>用毛巾</u> <u>擦头发</u>。 （5）出示学生擦头发的照片练习说句子"我用毛巾擦头发。" 2. 学习句子"我用毛巾擦身体。" （1）观察图片，交流：怎样用一句话把图片意思说出来。 教师板书：我用毛巾_____。 一名学生上台贴"擦身体" （2）观看视频：贝贝是这样说的吗？ （3）指导朗读句子。 ①边做动作边读句子。 ②齐读句子。 ③出示学生擦身体的照片练习说句子"我用毛巾擦身体。" 3. 游戏：掷骰子说句子。 一名学生掷骰子，掷完后朗读骰子朝上一面的句子或表演动作（无口语学生）。 4. 学习句子"小小毛巾作用大。" （1）毛巾可以用来擦头发，擦身体，那你会用一句什么话表扬它呢？ （2）板书句子。 （3）齐读句子。 （4）毛巾还可以做什么？ 出示学生用毛巾擦脸、擦脖子、擦脚的图片，引导说"我用毛巾擦脸""我用毛巾擦脖子""我用毛巾擦脚"（提醒学生擦脚的毛巾和擦脸、擦头发的毛巾要分开用）。	学生看自己的照片说句子。 AB 层学生说句子。 观看视频交流。 学生边做动作边朗读。 学生参与游戏。 A 层学生说句子。 BC 层学生跟说句子。 学生自己说。	课前准备学生用毛巾擦头发的照片。通过练习进一步学会用语言表达动作并理解句子。 出示图片。 出示视频。 练习跟读和朗读。 课前准备学生用毛巾擦身体的照片。通过练习进一步学会用语言表达动作。 用游戏提高学生参与的兴趣，在活动中进一步练习说句子。 通过引导初步理解"小小毛巾作用大。" 在学生遇到困难时老师用图片或动作进行提示。并进行德育渗透。 进一步拓展学生说句子的能力。
（四） 拓展延伸 总结课堂	1. 看视频说句子。 出示班级一名学生生活中用毛巾擦脸、用毛巾擦头发、用毛巾擦身体、用毛巾擦脚的视频，引导学生说句子。 2. 评价学生表现，给学生发放奖品教育学生养成良好的卫生习惯，用自己的毛巾，并把贴有学生名字的毛巾作为奖品发给他们。	AB 层学生参与说句，C 层学生跟说。	家校结合，分层完成作业。

续表

教师活动	学生活动	教学支持与设计意图
（五）布置作业巩固新知 A 层：用"我用毛巾＿＿＿＿＿＿。"拓展说句子。 B 层：边做动作边说句子：我用毛巾擦头发。我用毛巾擦身体。小小毛巾作用大。 C 层：在支持下边做动作边跟说句子：我用毛巾擦头发。我用毛巾擦身体。小小毛巾作用大。		

（六）板书设计

毛巾

学生姓名	图卡	我用毛巾<u>擦头发</u>。
	图卡	我用毛巾<u>擦身体</u>。
		小小毛巾作用大。

（七）教学评价

	利君	茂莲	思涵	峻熙	鑫	晨逸	文琢	梓成	珍妮	子豪	如深
1	☆	☆	☆	☆	☆	☆	△	△	请假		☆
2	☆	☆	☆	☆	☆	☆	△	△			△
3	☆	☆	☆	☆	☆	☆	△	△			△

独立达到目标：☆；在支持下达到目标：△；在支持下没有达到目标：○

（八）教学反思

本节课的教学条理清晰，学生参与积极，整堂课有如下特点：

1.教学中体现了个别化的分层教学。班级学生差异很大，在课堂上如何让每个学生参与教学活动，学有所获，在教学中教师分层设立目标，针对个别差异创设活动。例如：课堂的导入环节设立 A 层学生尝试默写已学的简单词语，BC 层学生朗读词语，无口语学生用动作表达词语意思。在朗读指导过程中 A 层学生学习朗读或诵读课文，BC 层学生要求跟读课文。在桌面操作的环节，操作板的设计也体现了层次要求的不同。课后作业按层次要求完成作业。

2.教学中充分运用直观教学、体验、参与的学习方式，提高教学有效性。教学中针对智力障碍孩子的特点在进行句子教学时充分运用视频、图片、演示的方法让学生结合语言理解句子，学会表达；在教学中一边让学生说句子一边用动作演示句子意思；在巩固和训练的过程中采用学生喜爱的游戏方式让学生在游戏中快乐地掌握知识。

3.教学内容与生活紧密联系。本课的内容和学生的生活紧密相关，教学中充分利用生活中学生的生活照片作为语言训练的材料，学生既乐于参与表达，又联系到生活让学生将知识运用于生活，并不失时机给孩子们提供德育渗透，教育他们养成讲卫生的好习惯。

教师活动	学生活动	教学支持与设计意图
（八） 教学反思	4.根据学生需要运用辅具进行教学。班级中有多名学生是无口语或少口语学生，一名听力障碍学生，在教学中给部分孩子提供沟通辅具让他们用语言表达，对部分无口语学生引导他们用肢体语言进行表达，尽可能地为每一位学生提供表达的机会和途径。 　5.课堂中做到关注每一位学生。整堂课九个孩子都参与了教学活动，从课堂开始的点名活动，到开火车朗读句子，再到出示孩子生活照片练习说句子，到参与游戏，领取奖品等每个孩子都受到关注得到训练。 　当然这节课也存在着一些不足之处： 　1.教学内容安排得有些满，教师认为朗读练习安排还不够。 　2.在讲解"我"的用法时有设计，但对于智力障碍孩子来说比较难懂，还需多举一反三。 　3.教学时间的安排还需要进一步调整，组织课堂和点名环节时间可适当压缩。 　4.教学方法上还需推敲，设计一些更有趣味性的活动。 　5.天气炎热孤独症情绪障碍的孩子状态不是很好。		

我的一家

姓 名	黄笑一	学 科	生活语文
单 位	上海市宝山区培智学校	年 级	二年级

<table>
<tr>
<td rowspan="1">一、
教材分析</td>
<td colspan="7">
　　本篇课文选自《培智学校义务教育实验教科书生活语文二年级下册》第三单元第7课。课文呈现了3张图片，重点展示了乐乐爸爸和妈妈的职业。课文以图文结合的形式引导学生了解家庭成员的职业名称，拓展学生的生活经验。
　　本课分为三课时。本节课为第一课时，要求学生掌握生字"工"，能听、读词语"工人""医生"，结合体验认识这两种职业；第二课时，学习课文三个句子，初步感知我的一家有哪些人，进一步认识家人的职业，要求学生正确认读生字"是""人"，能正确朗读课文，能结合场景尝试说句子"爸爸是工人。妈妈是医生。"第三课时，复习生字"工"，能流利地朗读课文，能结合场景独立说句子"爸爸是工人。妈妈是医生。我是小学生"，或根据自己的家庭情况说出家人的职业。
</td>
</tr>
</table>

二、学情分析

　　本班共有 15 名学生，根据学生认知和语言能力，将他们分为三组：

分组	姓名	类别	语文学习能力			
			听	说	读	写
A组	刘	智力障碍	注意力较集中，能认真听讲，积极参与。	表达能力和欲望强，能大致表述内心想法。	发音清晰，能跟读长句。	能独立书写。
	唐		注意力不集中，需要加以提醒，能听懂老师的提问。	表达能力和积极性较弱，能够仿说。	发音清晰，能跟读短句，跟读长句存在困难。	能够笔描或独立手描。
	顾		注意力不集中，需要加以提醒，能听懂老师的提问。	表达能力和欲望强，但无意义的语言较多。	说话口齿清晰，能跟读词语和短句。	能够笔描或独立手描。
	沙	孤独症	易受环境影响，但在提醒下能认真听讲。	缺乏主动表达的积极性。	发音清晰，能跟读长句。	能独立书写。
	倪	唐氏	注意力较集中，能听懂老师的提问。	表达欲望较低，但能简单表述内心想法。	发音清晰，能跟读短句，跟读长句存在困难。	能独立书写。
	汪		注意力不集中，需要加以提醒，能听懂老师的提问。	表达能力和欲望强，能简单表述内心想法。	存在轻微构音障碍，能跟读短句，但不能读长句。	能独立书写。

分组	姓名	类别	语文学习能力			
			听	说	读	写
B组	贺	孤独症	注意力不集中，需要时常提醒，能听懂简单提问。	表达能力尚可。	存在轻微构音障碍，能完整跟读词语与长、短句。	能够笔描或独立手描。
	严 薛		注意力不集中，需要时常提醒，能听懂简单提问。	表达能力较强，但表达意愿较弱。	口齿清晰，能完整跟读词语与长、短句。	能够笔描或独立手描。
	俊	智力障碍	注意力较集中，能听懂简单提问。	有表达意愿，需要加以提示才能够完整表达。	存在轻微构音障碍，能跟读词语，不能完整跟读长、短句。	能独立书写。
	黄		注意力较集中，能听懂简单提问。	有表达意愿，需要加以提示才能够完整表达。	存在轻微构音障碍，能跟读词语，不能完整跟读长、短句。	能够在手把手辅助下手描。
C组	炫 旭	孤独症	注意力不集中，不能听懂简单提问。	基本无语言表达，表达意愿较弱。	无语言。	能够在手把手辅助下手描。
	袁 曹	脑瘫 智力障碍	注意力较集中，需要老师重复才能听懂极简单的提问。	有表达意愿，能借助肢体尝试表达。		

<table>

　　A组6名学生，认知能力较强，在班级集体教学中能主动关注教师，理解常用的语言，能用简单的语言进行表达和描述。

　　B组5名学生，认知能力较一般，能够跟读词语、短句，互动性强，有较强的表达欲望，但语言表达不清晰。

　　C组4名学生，2名学生能通过肢体尝试进行沟通；另2名学生能听懂简单指令，4人在教学中均需要助教进行辅助。

三、教学目标	A组： 1.掌握生字"工"，能读准音、数笔画、说笔顺。 2.借助图片、视频初步认识"工人""医生"这两种职业，能从3张图片中找出"工人""医生"的图片。 3.正确认读词语"工人""医生"，能将图片与词语卡片一一配对。 4.结合体验，进一步认识"工人""医生"这两种常见的职业，提高生活经验。 B组： 1.能跟读生字"工"，跟着老师数笔画、说笔顺。 2.借助图片、视频初步认识"工人""医生"这两种职业，能从2张照片中找出"工人""医生"的照片。

二、学情分析

续表

三、教学目标	3. 正确跟读词语"工人""医生"，能将图片与词语卡片一一配对。 4. 结合体验，进一步认识"工人""医生"这两种常见的职业，提高生活经验。 C组： 1. 在IPAD上指认生字"工"，能通过手把手辅助在凹槽板中描写"工"的笔顺。 2. 在教师辅助下，从2张照片中找出"工人""医生"的照片。 3. 在教师要求跟读词语"工人""医生"时，有口部或手部反应。 4. 能在辅助下认真听讲，乐于体验课堂活动。 教学重点： A组：掌握生字"工"，认读并理解词语"工人""医生"。 B组：掌握生字"工"，跟读并理解词语"工人""医生"，描写生字"工"。 C组：在教师辅助下，指出"工人""医生"的照片。 教学难点： A组：认读词语"工人""医生"。 B组：跟读词语"工人""医生"。 C组：要求跟读时，有口部或手部反应。
四、教学准备	教材、多媒体课件、教学具（照片、词语卡片、平板电脑等）

五、教学过程

教学环节	教师活动	学生活动预设	设计意图
（一） 创设情境， 兴趣导入	1. 揭示课题：我的一家。 2. 播放视频，教师带领学生认识新朋友——乐乐。 3. 播放视频，教师带领学生了解工地和医院。 师：乐乐今天要带我们去两个地方，边看边想是哪两个地方？	齐读课题。 学生和视频中的乐乐打招呼。 学生看视频后自由交流。	通过创设交新朋友的情境激发低年级学生的学习兴趣。 通过视频演示，启发学生思维，让学生自己学会观察，并尝试简单的语言表达。
（二） 掌握生字， 学习新词	1. 学习词语"工人"。 （1）教师提问：那么，你们在工地上看到了谁呢？ （2）出示工地上工人的图片。 （3）出示"工人"的词语卡片。 ①教师范读。 ②齐读词语。 （4）学习生字：工。 ①读准音。 师：先来读准音。声母是"g"，后鼻韵母是"ong"，注意发音时鼻子会产生震动。	A组学生能独立说出"工人"。 学生听老师范读。 学生齐读词语。	借助图片，初步认识工人的形象，了解常见的职业名称。

教学环节	教师活动	学生活动预设	设计意图
（二）掌握生字，学习新词	A.小老师领读。 B.齐读。 师：小手标声调，一起齐读两遍。 C.开小火车拼读。 ②数笔画。 A.跟电脑老师一起数笔画。 师：小手准备，1、2、3。"工"一共有3笔。 B.分组数笔画。 ③说笔顺。 A看视频，说笔顺。 师：1笔横，2笔竖，3笔横。注意1笔横短，3笔横长，中间的竖不出头。 B一起书空笔顺。 师：小手变笔，我们趁热打铁一起书空一下吧！ C个别书空笔顺。 （5）开火车认读词语"工人"。 师：小小火车开起来，从右边开始往左开！ （6）借助图片，认识工人的形象，了解他们的工作内容。 2.学习词语"医生"。 （1）教师提问：我们认识了在工地上辛勤工作的工人，乐乐又带我们来到医院，你在医院看到了谁呢？ （2）出示医院里医生的图片。 （3）出示"医生"的词语卡片。 ①教师范读。 ②齐读词语。 ③男生朗读词语。 ④女生朗读词语。 （4）借助图片，认识医生的形象，了解他们的工作内容。	A组领读。 学生标声调齐读。 A组独立拼读，B组跟读，C组点指IPAD、认真听。 学生一起跟着电脑数笔画。 A组独立数笔画，B组在提示下数笔画，C组尝试用手表示数字。 学生跟着电脑说笔顺。 学生一起书空笔顺。 A组独立书空，B组在提示下书空，C组在手把手辅助下书空。 开火车朗读词语。 学生借助图片认识工人形象。 A组学生能独立说出"医生"。 学生听老师范读。 学生齐读词语。 男生朗读词语。 女生朗读词语。 学生借助图片认识医生形象。	通过读准音、数笔画、说笔顺、会组词把生字学扎实。 借助图片进一步认识工人的形象，了解工人工作十分辛苦，激发学生对这一职业产生尊敬的情感。 借助图片，初步认识医生的形象，了解常见的职业名称。 借助图片进一步认识医生的形象，了解医生救治病人，激发学生对这一职业产生尊敬的情感。

续表

教学环节	教师活动	学生活动预设	设计意图
（三）游戏巩固，增强体验	1.练一练，游戏巩固。 （1）听录音，找到正确的图片。 师：通过今天的学习，乐乐带我们认识了两种职业——工人、医生，接下来要考考小朋友们了。请小朋友们仔细听小喇叭里播放的是哪种职业，找到正确的图片。 （2）正确配对图片和词语卡片。 2.职业体验，教师分发道具，引导学生扮演"工人""医生"。	A组在3张图片中找到正确图片，B组在2张图片中找到正确图片，C组在IPAD上找到正确图片。 A组独立图文配对，B、C组在提示和辅助下把图、文配对。 学生扮演"工人""医生"。	游戏巩固，加深情感教育。 情感升华，提升学生对职业的认同感与职业扮演中的情感体验。
（四）总结课堂，回顾板书	1.总结课堂。 2.写生字：工。	回顾板书。	帮助学生总结课堂，提升主旨。
（五）回家作业	A组： 1.正确认读词语"工人""医生"。 2.在田字格里正确描写并书写生字"工"。 B组： 1.正确跟读词语"工人""医生"。 2.在田字格里正确描写生字"工"。 C组： 1.听家长朗读词语"工人""医生"，尝试指认出书上的图片。 2.在家长手把手辅助下描写生字"工"或手描。		

我家真干净

姓　名	张丽	学　科	生活语文
单　位	佛山市禅城区启智学校	年　级	二年级

<table>
<tr><td rowspan="2">一、
设计理念</td><td colspan="3">　　本节课根据杜威的"做中学"理论，倡导新课标中构建以生活为核心的开放而有适应性的语文课程，以及倡导感知、体验、参与的学习方式。强调学生的"经历"和"体验"，丰富其内心体验和心灵世界，通过实景体验的方式，在教学中开放地吸纳直接经验和意料之外的体验，从而构建开放性、创造性的师生互动的课堂。</td></tr>
<tr><td colspan="3">　　在本节课的课程设计时，"将学生培养成为适应社会生活的公民"的目标，在语言文字教育训练的同时，还对学生进行情感教育，让学生承担家务，学做好孩子，为他们融入社会生活奠定基础。</td></tr>
</table>

二、目标来源

目标来源 → 《培智学校义务教育课程标准》（2016年版）

- 第一课时 → 倾听与说话：能听懂常用的词语，并作出回应
- 第二课时 → 阅读：知道图片上的文字和画面是对应的，文字是用来表示画面意义的
- 第三课时 → 倾听与说话：能模仿运用生活中常用的语言的
- 第四课时 → 识字与写字：能够用铅笔描写或抄写生活中常用的汉字的
- 第五课时 → 阅读：能阅读情节简单的图画故事书，了解大意。具有初步的阅读兴趣。能阅读简单的绘本或儿童文学作品，累计阅读绘本或图书18本以上。

三、教学内容分析

　　课文场景图呈现了李天天一家三口分担家务劳动的画面，图片中李天天和爸爸一起扫地，妈妈擦柜子。图片下方是本课要学习的2个词语、2个句子和1个生字。本课通过图文结合的方式，主要培养学生爱生活、爱劳动的意识。练习部分提供了听、读、说、写4个训练。

　　根据课文的整体结构和内容，本篇课文共有5课时。

　　第一课时是"我会听"，要求学生听词语。

　　第二课时是"我会读"，要求学生理解和认读生字，理解和跟读词语和句子。

　　第三课时是"我会说"，要求学生结合场景说出完整句子句式。

　　第四课时是"我会写"，要求学生学习书写笔画竖钩。

　　第五课时是"我会用"，要求学生课外阅读绘本、拓展延伸句式。

　　本节课选自上海辅读学校第五册第二单元第5课《在家里》这篇课文作为绘本故事，在前面学习了听、读、说、写之后编排的，从学生已有的知识和经验出发，适时地提出新的生活场景，学习绘本《在家里》，重点理解和跟读词语，突破会说句式的难点，启发学生说的能力，为进一步学习知识打下良好的基础。

续表

四、 学情分析	本班有 11 名学生，年龄 7～9 岁，10 名男生，1 名女生，其中孤独症有 5 人；唐氏综合征 1 人，智力迟缓 5 人；学生障碍程度以中重度为主；经过学习，大部分学生能够遵守课堂纪律，知道听从教师的指令，能够在一定的支持下有效参与学习；但班级学生整体认知水平明显呈两极分化，大部分学生对老师的集体指令没有反应，注意力不集中，学习特质以体验和视觉学习为主。 　　烽烽：认知理解能力较好，语言表达清晰，能主动表达需求，但经常出现重复性语言，习惯复读他人言语。上课时能回答问题，课堂参与度较高，认字较多，书写能力较强，能理解老师的大部分指令，并按照指令独立完成任务。 　　健健：认知理解能力较好，语言表达清晰，能听懂老师指令作出相应反应，有较好的书写能力，但课堂小动作较多，容易分神，集体指令反应较差，不会主动回答老师的提问。 　　辉辉：认知理解能力较好，能主动表达需求，但发言不够清晰，能听懂老师的指令，学习积极性强，能跟读课文，可以简单书写笔画和描写生字。 　　雯雯：认知理解能力一般，语言表达不太清晰，需要老师不断纠正其发音，能听懂老师的指令，学习积极性强，可以跟读生字词，会描写简单的生字词，需要较多的语言和视觉提示。 　　州州：认知理解能力一般，语言表达不太清晰且音量小，需要老师不断纠正其发音，能听懂老师的指令，但集体指令差，可以独立认读生字词，会描写生字词。 　　煜煜：认知理解能力一般，注意力容易分散，需要老师不断提醒，在老师引导下能积极完成指令，能跟读生字词和短句，可以描写，需要较多的语言和视觉提示。 　　鹏鹏：认知理解能力一般，能听懂老师的指令，语言表达不清晰，需要不断纠正发音，常规意识差，经常需要引导和提醒，注意力容易分散，可以跟读简单生字词、短句，可以描写，需要较多的语言和视觉提示。 　　瑜瑜：认知理解能力较弱，能听懂简单指令，语言表达清晰，能听懂老师指令并作出相应反应，但课堂小动作较多，容易分神，集体指令反应较差，可以跟读生字词和简单短句。 　　鸣鸣：认知理解能力较弱，注意力短暂容易分散，不会发音不清晰，能听懂老师指令并作出相应反应，但课堂小动作较多，需要老师辅助，能在图片提示下指认生字词，握笔能力不足，不会独立描写。 　　城城：认知理解能力弱，注意力短暂，规则意识较差，课堂上会自言自语，离开座位，需要不断提醒，对老师指令不太理解，需要老师提供肢体辅助、口语提示等不同的支持策略。 　　丞丞：认知理解能力弱，常规意识较差，对老师指令不太理解，反应慢，语言表达不清晰，咬字较差，需要老师提供肢体辅助、口语提示等不同的支持策略。
五、 学习目标	1.能认读词语"看电视""看书""倒水"，把文字和图片配对。 2.能结合场景把句式"爸爸＿＿＿＿＿，妈妈＿＿＿＿＿，我＿＿＿＿＿。"说完整。
六、 教学 重难点	重点：能认读词语"看电视""看书""倒水"，把文字和图片配对。 难点：能结合场景把句式"爸爸＿＿＿＿＿，妈妈＿＿＿＿＿，我＿＿＿＿＿。"说完整。
七、 教学方法	演示讲解法、直观教学法、游戏操作法、练习法

八、 教学媒体运用流程	教学媒体运用流程	准备活动	复习旧知花式朗读 → 复习课文和课文 ← 【图文】通过教学软件，出示图片和课文，吸引注意。
		发展活动	绘本新授会说句式 → 认读理解"看电视""看书""倒水"，会说句式"妈妈____，爸爸____，我____。" ← 【视频】播放绘本视频，吸引注意力，感知课文。 ← 【图文】出示卡通画、现实照片和简笔画不同类型图片并进行泛化，立即词语。 ← 【游戏】AB组的学生通过游戏，配对和检测。
		综合活动	情景体验巩固练习 → 巩固句式"妈妈____，爸爸____，我____。" ← 【图文】出示句式卡片和行为词语，选择表演内容。视觉提示并巩固句式。 课外延伸素质教育 → 培养生活中要多做家务，做好孩子 ← 【视频】播放被表扬的视频（学校、家庭、社会），巩固句式，培养情感。

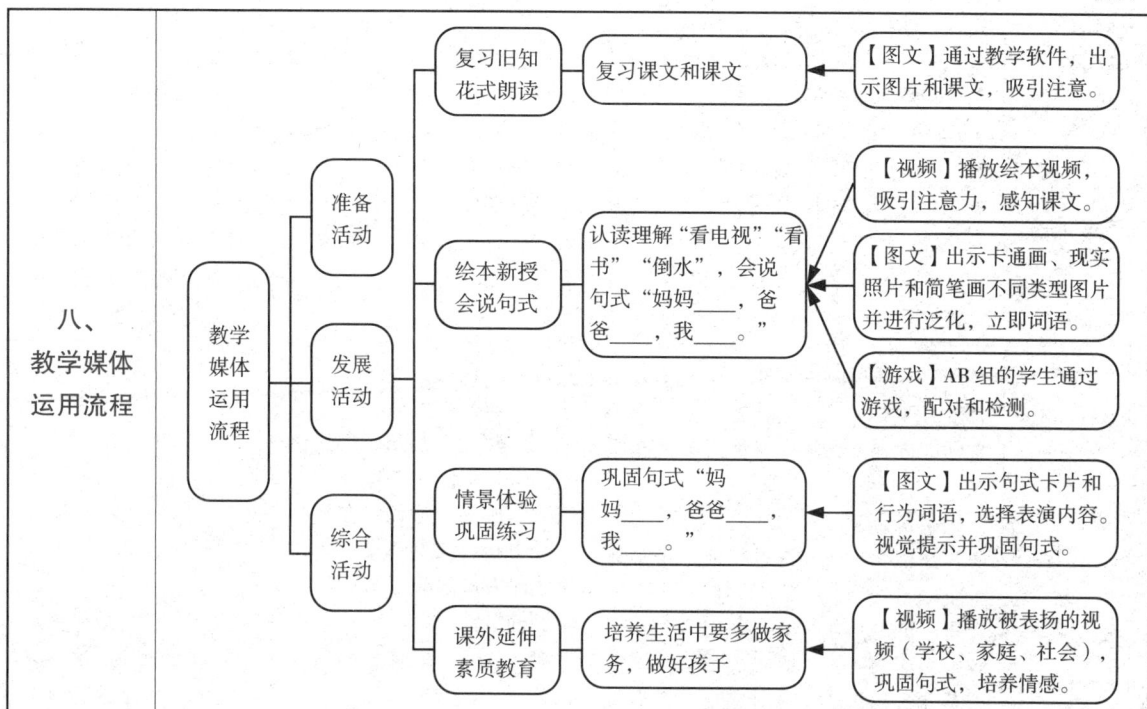

九、 教学准备	1.电子课件 2.绘本（第一页至第五页） 3.个别化练习 A组：看书、倒水—看书、看电视—看电视、倒水 B组：倒水、看书、看电视 C组：看电视、看书、倒水 4.板书图片和字卡 5.情景体验句式

十、教学过程

教学活动	教师活动	学生活动	备注
（一） 准备活动	1.师生问好。 要求： （1）教师说出"上课，起立"，请学生站在自己的位子前，双手放在身体两侧，双腿并拢站好，并大声说出"老师您好！" （2）坐姿要求：手放桌面，腰挺直，双脚并拢。	烽烽、健健、辉辉、雯雯、煜煜、周州、鹏鹏：听到老师发出"上课，起立"的指令时能按要求站好，向老师问好。	1.课堂常规是维持课堂质量的重要因素，所以要常抓不懈，让学生能与老师建立良好的服从与互动关系。

续表

教学活动	教师活动	学生活动	备注
（一） 准备活动	2. 告知本节课的学习任务。 （1）读一读绘本，会说句式。 （2）演一演故事，合作朗诵。 （3）看一看案例，思考总结。	按照要求坐好。 鸣鸣、丞丞、城城：在教师提醒下起立并坐好。 个别辅导： 瑜瑜：语言和肢体辅助其起立并问好。	2. 坚持个别化教育原则的前提下，在相同辅助的情况下，提高课堂效率。 3. 教与学提倡目标导向。让学生明确目标，在完成任务中学习。
（二） 发展活动	环节一：复习旧知、花式朗读 1. 复习课文。 教师朗读课文，学生齐读、小组读课文。 《我家真干净》 妈妈擦柜子，我和爸爸扫地。我家真干净！ 2. 复习句式。 教师朗读句式："妈妈擦柜子，爸爸擦茶几，我扫地。"学生跟读、小组读句子。 环节二：绘本新手、会说句式 之前学习了课文，我们知道了课文中爸爸、妈妈和我一起做了家务，学会了句式"妈妈_____，爸爸_____，我_____。" 本节课老师带来了一个有趣的绘本故事，让我们一起看看绘本里爸爸、妈妈和我都做了什么？ 1. 注意倾听、感知绘本。 课件视频播放绘本故事，学生注意每一个字的读音。 《在家里》 晚上，爸爸在看电视，妈妈在看书。 我给他们倒杯水，他们夸我是好孩子。 2. 绘本解析、理解课文。 （1）阅读题目。 教师指导学生共同阅读绘本题目，读一读题目《在家里》，知道故事发生在家里。	1. 烽烽、健健、辉辉：看文字独立课文和句式。 雯雯、煜煜、州州、鹏鹏：看图文，跟读课文和句式。 鸣鸣、丞丞、瑜瑜：在教师引导下持续参与教学活动，跟读时有口部或手部反应。 个别辅导： 城城：语言和肢体辅助提醒发音。 2. 烽烽、健健、辉辉：跟读绘本故事。 雯雯、煜煜、州州、鹏鹏：看图片，跟读绘本故事。 鸣鸣、丞丞、瑜瑜：在教师引导下持续参与教学活动，跟读时有口部或手部反应。 个别辅导： 城城：语言和肢体辅助提醒发音。 3. 烽烽、健健、辉辉：看词语，独立认读词语，并能将图片和词语配对。 雯雯、煜煜、州州、鹏鹏：教师指导下能看图片跟读词语，听词语找出相应的图片。 鸣鸣、丞丞、瑜瑜：注意倾听，在教师协助下听词语能指出相应的图片。	1. 教师通过播放绘本故事，利用信息技术吸引学生的注意力，增强学生的学习兴趣，让学生了解课文大致内容和字音对应。

教学活动	教师活动	学生活动	备注
（二）发展活动	（2）了解时间。 观察绘本插图窗户外黑色的天空和月亮星星，知道故事发生在晚上。 （3）辨认人物。 观察人物形象，通过穿着和发型分析配对人物身份信息：爸爸、妈妈、我。 （4）图文配对。 ①通过绘本插图中的物品和人物的动作理解重点词语：看电视、看书、倒水。 ②通过卡通画、现实照片和简笔画不同类型图片理解词语：看电视、看书、倒水。 ③教师指导学生齐读、分组读、个别读等方式认读词语。 ④教师展示图片和文字的练习，学生在进行图文配对。 （5）说出句式。 ①视频播放绘本，学生跟读绘本故事。 ②通过观察图文，教师指导学生把句式"爸爸_____，妈妈_____，我_____。"补充完整，并齐读、小组读、点名读句式。 环节三：情景体验，巩固练习 1. 分组合作，选取词卡。 学生分小组选取行为词卡，认读词语。 2. 演绎动作，说出句式。 学生扮演爸爸、妈妈和我，演绎并说出句式内容。 环节四：课外延伸，素质教育 1. 问题提炼，思想升华。 （1）课文中的"我"给爸妈妈倒了杯水，爸爸妈妈表情怎么样？有什么反应？ （2）你们心中的好孩子是什么样的？ 2. 迁移泛化，素质教育。 （1）播放学生表现优秀被表扬的视频（学校、家庭、社会），边看边巩固句式"谁在干什么"，总结生活中同学们好的表现，要热爱劳动，多承担家务，努力做好孩子。	个别辅导： 城城：语言和肢体辅助提醒发音。 4. 烽烽、健健、辉辉：能将图片和词语配对。 雯雯、煜煜、州州、鹏鹏：辅助下将词语和图片连线。 鸣鸣、丞丞、瑜瑜：在教师协助下听词语能指出相应的图片。 个别辅导： 煜煜：语言和肢体辅助将词语和图片连线。 5. 烽烽、健健、辉辉：看图片说完整句。 雯雯、煜煜、州州、鹏鹏：教师指导下能把对应的图片贴对位置。 鸣鸣、丞丞、瑜瑜：在教师引导下，结合场景说句式时有口部和手部反应。 个别辅导： 雯雯：辅助下清晰跟读句子。 6. 烽烽、健健、辉辉：根据场景说出完整句子，演绎句子内容。 雯雯、煜煜、州州、鹏鹏：教师指导下演绎词语内容。 鸣鸣、丞丞、瑜瑜：在教师引导下，积极参与课堂活动。 个别辅导： 烽烽：引导其帮助B组学生演绎句式内容。 7. 烽烽、健健、辉辉：独立回答提问，通过观察视频指导要主动承担一些家务，形成在生活中做好孩子的情感价值观。 雯雯、煜煜、州州、鹏鹏：在老师辅助下观看视频，配合家人分担简单的家务劳动，知道要在生活中做好孩子的情感价值观。 鸣鸣、丞丞、瑜瑜：知道要承担家务。 个别辅导： 辉辉：老师重点指导班级行为问题学生辉辉，让其指导在家要做好孩子。	2. 教师通过丰富多彩的绘本吸引学生注意力的同时，帮助学生理解课文重点词语和掌握句式，培养学生读和说的能力。 3. 通过出示卡通画、现实照片和简笔画不同类型图片进行泛化，让学生感知和理解词语。 4. 展示图片和文字的练习，当堂检测学习的效果，补缺补差。 5. 通过读绘本内容，把握整体文章内容，理解课文结构，结合绘本图片，突破说出句式的难点。 6. 新课程标准中倡导构建以生活为核心的开放而有适应性的语文课程，以及倡导感知、体验、参与的学习方式。教师让学生异质分组，合作扮演课文中角色，通过这种实景体验的方式，进一步理解课文内容和熟练有感情朗读课文，对本节课的学习加以巩固提升。 7. 教师在本节课的课程设计时，"将学生培养成为适应社会生活的公民"的目标，在对学生进行语言文字教育训练的同时，还对学生进行思想、情感教育，培养其素质，让学生承担家务，学做好孩子，为他们融入社会生活奠定基础。

续表

教学活动	教师活动	学生活动	备注
（三） 综合活动	1. 回顾本节课任务达成情况，总结本节课重点句式，鼓励学生在生活中做好孩子。 2. 布置作业。	A组：独立说出，形成在生活中做好孩子的情感价值观。 C组：在老师辅助下跟读句式，知道要在生活中做好孩子的情感价值观。 C组：跟读时有手势反应，知道要承担家务。	总结本节课的所学，让学生总观本节课所学并再次巩固所学。
（四） 评估方式	1. 个别化练习。 A组：看书、倒水—看书、看电视—看电视、倒水 B组：倒水、看书、看电视 C组：看电视、看书、倒水 2. 课堂活动。 3. 课后作业。		
（五） 教学反思	本节课是《我家真干净》的第五课时，紧扣新课标的教学目标，以绘本阅读为导入，对课文内容进行课外延伸。 　　课堂开始，播放色彩鲜艳的绘本故事，创设了家庭情境，贴近了学生生活，学生学习积极性高涨。然后老师通过绘本引导学生通过彩色图片把抽象的生字与具体的形象结合起来，激发了学生学习的兴趣，丰富了学生的课堂体验，更有助于学生理解和认读重点词语和句式。 　　情景体验环节借助实物和情景表演，让学生任选行为进行表演并说出完整句式，既尊重了学生，又体现了新课程标准中倡导构建以生活为核心的开放而有适应性的语文课程，以及倡导感知、体验、参与的学习方式。把学到的句式运用到不同的场景中，"学以致用"体现了语文学科工具性的特征。 　　课堂后面，以教材为载体，适时地进行人文教育。通过分析家人的表情和动作以及学校、家庭和社会中同学们承担家务和关心别人的行为，鼓励学生热爱家庭，热爱劳动，尊敬长辈的思想，注重了对学生情感和价值观的正确引导。 　　没有一节完美的课，我认为本课教学还应该努力做到以下几点： 　　1. 多种方式调动学生参与课堂。 　　在教学时要以激励性评价为主，鼓励学生多参与。根据学生不同的能力程度，注重个别化教育的原则，设计不同的课堂参与方式，对于A组学生，要发挥他们的优势和能力，给他们设计更加有难度和创造性的课堂任务，比如鼓励学生当小老师，增强他们的表现欲望，提高他们的能力。对于B组和C组学生要尽可能多地给予他们辅助，帮助其参与并发展。 　　2. 尊重学生的主体地位。 　　语文课程标准明确指出：学生是学习的主人。教师的一切活动必须是从学生的需要出发，一切活动必须是为学生学习服务。因为智力障碍孩子普遍能力较差，他们的课堂的参与度低，创造性差，所以在情景体验环节，老师要把握好辅助的尺度，以及从学生的实际出发，设计适合他们的教学任务，避免为了完成课堂环节而忽视学生的主体地位。 　　3. 注重学生学习习惯的养成。 　　"种下习惯，收获性格。种下性格，收获命运。"好的习惯都是从小开始养成的。低年级学生还没有形成一定的学习习惯，因而需要老师时刻关注，提醒。课堂上，教师要有意识地培养学生认真倾听别人发言，爱动脑，积极发言等习惯的培养。		

毛巾

姓　名	王芳	学　科	生活语文
单　位	内蒙古自治区呼伦贝尔市特殊教育中心	年　级	二年级

一、 学情分析	本班共 6 名学生，平均年龄 11 岁。根据学生的 IEP 评估结果，将本班学生分为三类。 　A 类学生有：安、杜、郝，这 3 名学生均为不同程度的智力障碍，她们能够进行日常的口语交流，能用简单的语言表达个人基本需求，能正确认读词汇，跟读句子和课文。在教师的引导下能够结合场景说句子或拓展简单句，在课堂教学中接受能力较强，语言表达能力较好。 　B 类学生彭，该生为多重障碍伴有双耳轻度听力损失，弱视，中度智力障碍，该生存在构音障碍，部分音位发音不清。课堂教学中在教师的引导下能够认读词语、跟读句子并能理解课文简单图意。 　C 类学生：韩、闫，这 2 名学生均为智力障碍，自主学习能力较弱，课堂注意力集中时间较短，能自主说单字或简单词汇，能在模仿下说短句。
二、 教材分析	《毛巾》是培智学校义务教育实验教材二年级下册第二单元第五课，本课以图文结合的方式，通过课文让学生学习词语"毛巾"，了解毛巾的基本用途，培养学生养成良好的卫生习惯。
三、 知识技能	1. 学习词语"毛巾"。 　A 类：正确认读词语"毛巾"。 　B 类：将词语"毛巾"与图片配对。 　C 类：听词语，在教师辅助下从 3 张图片中找出"毛巾"的图片。 　2. 通过学习课文知道毛巾的基本用途，练习说句子。 　A 类：知道毛巾的基本用途，能够根据"我用毛巾＿＿＿＿"的提示，结合场景正确完整地说句子并进行适当拓展。 　B、C 类：根据"我用毛巾＿＿＿＿"的提示，在教师的引导下说词语、跟说句子及课文。
四、 过程方法	通过学生自主探究、观察等，多种形式体验毛巾在生活中的用途，与实际生活相结合理解课文内容。
五、 情感态度	通过学习初步养成讲卫生的好习惯。
六、 康复补偿	1. 在教学过程中矫正学生的发音提升学生发音的清晰度。 　2. 提高学生的语言表达能力。
七、 教学重 难点	教学重点：认读、理解词语"毛巾"；通过学习课文，知道毛巾的基本用途。 　教学难点：根据"我用毛巾＿＿＿＿"的提示，结合场景说句子。
八、 课程资源	毛巾实物、教学课件等
九、 教学方法	演示法、讲授法、练习法等

续表

十、教学过程			
教学环节	教师活动	学生活动	技术应用
（一）导入	课堂常规教学： 1.语言提示： 观察你的手和脚,老师喜欢 ×× 的样子,组织上课师生问好。 2.代币奖励。 (1)遵守课堂纪律。 (2)不打扰其他同学。 (3)认真听讲,积极回答问题就能得到小红花。	1.向老师问好。 2.遵守课堂纪律。 3.不打扰其他同学。 4.认真听讲,积极回答问题。	利用教学软件播放代币图片。
（二）新授	1.播放儿歌,引导学生发现：在儿歌中同学们发现了哪种生活用品? 2.教师出示毛巾实物请学生摸一摸,感受"毛巾"的质地,同时将不同颜色、形状、图案的实物毛巾展示给学生,请学生看一看。 3.引出新授词语"毛巾",教师板书：毛巾。 4.教师领读、齐读、请学生个别读词语。 5.教师引导 B 类学生发"j"音。 6.教师播放学生用毛巾擦头发、擦身体的视频,提问：视频中的同学用毛巾做什么?引导学生用"我用毛巾_____"的句式表达完整句。 7.引出课文中第一个句子和第二个句子（我用毛巾擦头发；我用毛巾擦身体）。 教师板书：我用毛巾擦头发、我用毛巾擦身体。（齐读、领读、个别读句子）请学生找出句子中的词语"毛巾"。 8.教师提问：在课文中我们了解到毛巾可以用来擦头发、擦身体,那么在日常生活中同学们还能用毛巾做什么呢?（请学生回答或教师引导）引出课文最后一个句子"小小毛巾作用大。" 9.教师板书：小小毛巾作用大。（齐读、领读、个别读句子。） 10.请学生找出句子中的词语"毛巾"。 11.组织学生齐读、个别读课文。	学生回答（毛巾）。 学生摸一摸,感受"毛巾"的质地,观察不同颜色、形状、图案的实物毛巾。 认读词语：毛巾。 B 类学生发"j"音。 学生观看视频,学习"我用毛巾_____"句式表达完整句。 学生回答"我用毛巾擦头发""我用毛巾擦身体"。 全体学生齐读句子"我用毛巾擦头发；我用毛巾擦身体"。 学生找出句子中的词语"毛巾"。 请学生齐读课文中第一个句子和第二个句子。 引导学生用"我用毛巾__"的句式跟说句子。 学生回答："小小毛巾作用大。" A、B、C 类学生齐读课文。 学生找出句子中的词语"毛巾"。 学生齐读、个别读课文。	利用教学软件播放儿歌。 利用教学软件播放学生用毛巾擦胳膊、擦耳朵、擦手、擦脸的照片及视频。

教学环节	教师活动	学生活动	技术应用
（三）练习	1.请学生指出图片中的"毛巾"。 2.请学生将词语"毛巾"和图片连在一起。 3.在四个词语中找出词语"毛巾"。 4.结合场景拓展说句子。	学生指出图片中的"毛巾"。 学生将词语"毛巾"和图片连在一起。 学生在四个词语中找出词语"毛巾"。 学生结合场景拓展说句子。	利用教学软件展示图片。
（四）总结	今天我们学习了词语"毛巾"及课文，通过课文的学习我们了解到毛巾在日常生活中有很多的用途，它可以帮助我们清洁身体，所以老师希望同学们在日常生活中一定要养成讲卫生的好习惯（安全教育：疫情还没有完全结束，老师希望同学们都要做一个讲卫生的好孩子）。		
（五）作业	A类学生完成： 1.正确认读词语"毛巾"。 2.根据"我用毛巾＿＿＿＿"的提示，完整地说句子。 B类学生完成： 1.根据"我用毛巾＿＿＿＿"的提示，在引导下说词语、句子。 2. 练习声母是"j"的词汇，如毛巾、鸡蛋、小鸡等。 C类学生完成： 1.指认图片中的"毛巾"。 2.跟读词语、句子。	记录作业内容。	利用教学软件展示图片。
	代币奖励： 组织学生观察评比栏中同学们获得小红花的情况，数一数每位同学都得到了几朵小红花。 教师奖励每位学生一个毛巾小熊。 （请学生观察老师的浴帽和同学们的小熊是用什么叠成的？你们喜不喜欢？想不想学习是怎样叠成的？）	学生观察评比栏中同学们获得小红花的情况，数一数每位同学都得到了几朵小红花。 学生回答教师提出的问题。	

不挑食

姓　名	任媛	学　科	生活语文
单　位	深圳市南山区龙苑学校	年　级	二年级

一、 教学设计 依据	1. 基于课标教材 　　本节课所选用的教材为培智学校义务教育实验教科书生活语文，二年级上册，第二单元个人生活，《不挑食》一文。本节课为《不挑食》课题的第 3 课时，学生已经基本掌握了课文内容，70% 的学生能够背诵并理解课文，本课重点为学习生字"米"，通过区辨生字、生字认读、生字组词、书写生字等环节，帮助学生掌握生字"米"。 　　2. 基于循证实践 　　为契合发展性障碍学生的学习风格与特点，在教学过程中选用基于循证实践证明有效的教学策略，对学生提供相应的教学支持与调整。本节课中主要使用的策略包括多重范例、同伴示范以及辅助及其退出。 　　3. 基于前测评估 　　结合本节课的教学目标，对每位学生的相关先备技能进行了精准化的前测评估，主要包括以下几个维度： 　　（1）是否能够正确区辨生字"米"； 　　（2）是否能够正确认读生字"米"； 　　（3）是否能够给"米"字组词； 　　（4）是否能够独立书写生字"米"。

二、 学情分析 与教学 目标	本节课的教学主体是二年级（3）班的学生，该班共有 7 名学生，包括智力发育迟缓、孤独症和多重障碍类型，学生在认知、行为和言语语言等方面均存在一定的障碍，且个体差异显著。 　　结合本节课的课程目标，学生的发展程度大致可分为三个层次： 　　绿色区域代表已经达成目标，黄色区域代表本节课目标，红色区域代表近期课后家庭教学目标，白色区域代表未来教学目标。

项目	要求	A 层	B 层	C 层
认识	在低干扰情况下，正确识别出印刷体"米"。			√
	在低干扰情况下，正确识别出手写体"米"。		√	
	在高干扰情况下，正确识别出印刷体"米"。		√	
	在高干扰情况下，正确识别出手写体"米"。	√		
朗读	在仿说辅助下，正确发出"米"的读音。			√
	在无干扰情况下，正确认读"米"。		√	
	在有干扰情况下，正确认读"米"。			

项目	要求	A 层	B 层	C 层
组词	按照教师读的顺序，指读关于"米"的词语。			√
	跟读关于"米"的词语。		√	
	在无干扰的备选字中，正确为"米"组词。	√		
	在有干扰的备选字中，正确为"米"组词。			
	独立为"米"组词。			
书写	能够在肢体辅助下，用手指描红"米"。			
	能够用手指描红"米"。		√	√
	能够用笔来书写，描红"米"。			
	能够在视觉提示下，书写"米"。	√		
	能够独立书写"米"。			

综合而言，本节课各层学生的教学目标概况如下。

A 层：在高干扰情况下，正确识别出手写体"米"；在无干扰的备选字中，正确为"米"组词；并能够在视觉提示下，书写"米"。

B 层：在高干扰情况下，正确识别出印刷体"米"；在无干扰情况下，正确认读"米"；跟读关于"米"的词语；能够用手指描红"米"。

C 层：在低干扰情况下，正确识别出印刷体"米"；在仿说辅助下，正确发出"米"的读音；按照教师读的顺序，指读关于"米"的词语；能够用手指描红"米"。

同时，本节课在过程与方法维度的目标是，学生能够主动参与到分组练习当中，并根据规则，轮流完成教学活动，并逐步熟悉"发布规则—分组学习—检验反馈"的学习过程；情感态度与价值观目标是，学生能够在学习认字的过程中，感受到汉字的功用与意义，形成对中国文字的初步的欣赏之情。

基于信息化教育教学时代背景，课堂教学将充分体现互联思维，包括个别化学习、精准学习和深度学习，注重以学生为中心，以精准的评估和定位为导向，在集体教学中进行个别化的调整与支持。为此，本节课将主要使用以下教学策略：

1. 支架式教学：

强调教师为学生搭建概念框架，分步骤完成对目标的学习，使学习者的能力沿着支架从这一水平提升到更高的水平。本节课堂中，教师将分别授课教师的引导、助理教师的辅助、同伴的支持等作为不同形式和程度的支架，创建积极的师生互动环境，引导学生逐步理解并掌握知识技能。

2. 多重范例：

根据既往教学经历发现，学生在生字的学习上需要大量的练习，不同人书写的、不同颜色的、不同呈现方式的字，可能对学生都是不同的，因此，在教学中将尽量为学生呈现不一样的范例，帮助学生切实地掌握"米"字。

左侧栏目：
二、学情分析与教学目标

三、教学理念与策略

续表

三、 教学理念 与策略	3.同伴示范： 在分组教学中，每个小组中学生的能力水平亦有较大差异，因此在小组内部，将使用同伴示范的方式，请程度较好的学生先进行任务的学习，之后引导其他同伴完成任务。		
四、 教学资源	1.辅助技术支持：个别化课件（针对不同学生设计分层课件）、平板电脑（4台）。 2.行为管理支持：代币、视觉提示材料等。 3.其他资源：大米、小米、黑米、毛毡毯、可擦水笔、识字传送带等。		
五、 教学组织 形式	本节课将以集体教学、小组学习和个别化辅导相结合的模式开展教学，具体如图所示。 		

六、教学过程

本节课将采用集体教学、小组学习和个别化辅导相结合的模式开展教学，教学流程主要包括以下环节：

分环节		具体内容	调整与支持
（一） 复习导入， 诵读课文	1.齐读课文	教师分发课本，领读后，请全班同学诵读课文内容。根据学生能力水平不同，学生读课文的方式包括了指读、跟读和默读。	班级中有2名学生无语言，难以诵读课文，辅课教师主要辅助学生跟随齐读的节奏，用手指指示课文相应的内容。
	2.分组朗读	教师根据学生口语表达能力分组，请每组同学分别朗读课文。	
	【环节一设计意图】本环节将通过齐读、分组读等方式，复习之前学习的课文《不挑食》，既巩固学生先前所学的知识，又引入本节课的主题"米"。		

	分环节	具体内容	调整与支持
（二） 魔法游戏， 识"米"	1. 魔法游戏	（1）教师首先将装有大米、小米和黑米的三个盒子呈现给学生，然后将带有胶水的米字字卡放入米盒内，为学生呈现沾满米的"米"字。 （2）请学生摸一摸、闻一闻，感知米的质感和"米"字的轮廓。 （3）讲解"米"字的含义，并将"米"和《不挑食》的课文联系起来。 （4）为学生分组，包括大米组、小米组和黑米组。	A层学生将"米"字与大米、小米等物品联系起来； B、C层学生则有初步感知即可。
	2. 视频学习	教师播放关于生字"米"的视频。	
	\【环节二设计意图】本环节将设置　游戏，让学生初步感知"米"，同时将通过"米"字和生活中的大米、小米、黑米等实物联系起来，让学生理解"米"字的含义。		
（三） 区辨认读， 吃"米"	1. 发布任务	（1）教师发布分组任务，讲解每个小组的学习内容和规则。 （2）为每个小组分发平板电脑	（1）在每个层次的小组中，每位学生的学习任务均不同，辅助教师需要提前明确每个学生的学习任务，并根据学生表现情况及时地调整。 （2）每位学生均有2遍以上的练习机会。 （3）辅助教师管理平板电脑的使用。 （4）在本环节的检验过程中，记录学生的学习情况，若未掌握该目标，则作为居家练习的重点内容。
	2. 分组学习	教师为不同小组的学生提前制作个别化的练习课件，并发送至每个小组的平板电脑中，由辅助教师带领学生学习。 A层（大米组）： 从一句话中正确地选择"米"字，并放到正确的位置上。其中，字的呈现依程度不同，难度有所区别，包括了常见字体、非常见字体等。 B层（小米组）： 从字形相近的单字中，正确地选择"米"字，并放在正确的位置上。 C层（黑米组）： 从字形差异较大的单字中，正确地选择"米"字，并放在正确的位置上。	
	3. 检验评价	教师使用自制教具"识字传送带"，每组请1位学生参与游戏，检验学习效果。	
	附：A、B、C层学生区辨认读课件示例（详见附录）		
	\【环节三设计意图】本环节通过喂卡通人物小胖吃"米"字的游戏，设置不同的游戏难度，让学生正确地识别"米"字。		

续表

	分环节	具体内容	调整与支持
（四）词语学习，组"米"	1. 发布任务	（1）教师发布分组任务，讲解每个小组的学习内容和规则。 （2）为每个小组分发平板电脑。	（1）在每个层次的小组中，每位学生的学习任务均不同，辅助教师需要提前明确每个学生的学习任务，并根据学生表现情况及时调整。 （2）每位学生均有2遍以上的练习机会。 （3）辅助教师管理平板电脑的使用。 （4）在本环节的检验过程中，记录学生的学习情况，若学生未完成该目标，则作为居家练习的重点内容。
	2. 分组学习	教师为不同小组的学生提前制作个别化的练习课件，并发送至每个小组的平板电脑中，由辅助教师带领学生学习。 A层（大米组）： 给出若干备选汉字，请学生在已有的汉字中组成关于"米"的词语。 B层（小米组）： 固定"米"字，请学生在备选汉字中，选择相应汉字，组成关于"米"的词语，备选字中没有干扰项。 C层（黑米组）： 教师提前提供相应的词语和图片，学生进行跟读练习。	
	3. 总结反馈	（1）回收平板电脑 （2）教师请A组同学展示组成的词语，并请B、C组学生跟读词语。	
	附：A、B、C层学生词语练习课件示例（详见附录）		
	【环节四设计意图】本环节通过不同形式地给"米"字组词，帮助不同能力水平的学习关于"米"的词语。		
（五）书写练习，写"米"	1. 发布任务	（1）教师带领学生书空"米"，学习笔顺。 （2）教师发布分组任务，讲解每个小组的学习内容和规则。 （3）为每个小组分发书写材料	（1）在每个层次的小组中，每位学生的学习任务均不同，辅助教师需要提前明确每个学生的学习任务，并根据学生表现情况及时调整。 （2）每位学生均有2遍以上的练习机会。 （3）B、C层的学生均需要肢体辅助以完成书写练习。
	2. 分组学习	A层（大米组）： 呈现米的字卡作为视觉提示，请学生在毛毡垫上书写"米"字。 B层（小米组）： 使用粗彩笔，描红"米"字。 C层（黑米组）： 用手在立体的"米"字（魔法游戏中做出的米字模型）上，按照笔画触摸"米"字的结构轮廓。	
	3. 总结反馈	请A组同学上台独立书写"米"字，B、C层同学跟读笔顺、书空。	
	【环节五设计意图】本环节通过不同形式书写，帮助学生基本了解"米"字的写法，但班级学生中，只有A层学生具有书写能力，B、C层均无法独立书写任何汉字，多以肢体辅助为主。		

分环节	具体内容	调整与支持
（六） 总结	教师结合板书，对识字"米"的内容进行各环节的总结，同时对照前文中的学情分析与教学目标表，对学生的表现进行个别化评价。	
（七） 教学反思	教师可结合学情分析、教学目标、教学过程等，从以下几方面进行反思： 1.学情分析是否准确。　□是　□否 2.分层目标是否清晰、准确、科学。　□是　□否 3.识字的教学环节是否完整。　□是　□否 4.教学方法是否适切。　□是　□否 5.学生是否达成教学目标。　□是　□否 6.课堂管理是否有效。　□是　□否 其他：	
（八） 其他注意 事项	本节课综合运用了集体教学、小组学习和个别化辅助的模式开展教学，且在教学过程中使用了平板电脑进行练习和投屏。而班级学生年龄较小，平板电脑使用的规范性仍然需要进一步提高，因此在教学管理方面需要做好预设准备工作，主要包括以下几个方面。 1.前期准备——预告与培训： 对于学生，在日常教学中，嵌入平板电脑的使用，使学生对常见的功能和基本规范有初步了解，例如开关机、音量调节、返回主屏幕、打开教学课件及课件相应按键的使用等。 对于辅助教师，上课前主讲教师需对3名辅教进行培训，演练授课环节，明确辅教职责，例如收发平板电脑的时间，学生分组练习的规则等。 2.过程管理——明确规则： 在授课过程中，主讲教师在分发平板电脑之前，明确使用规则，"平板电脑由辅助教师管理，大家轮流进行练习，完成任务的小组举手"。 3.课后反馈——强化激励： 在本节课后的延续部分，教师对学生课堂的表现进行及时反馈，强化良好行为，例如轮流练习、交由辅助教师管理平板电脑等。	

附录：区辨认读与词语学习环节的学生分组练习任务

课堂区辨认读分组练习任务展示

A 组（大米组）：每种练习活动进行 2～4 次，直至独立完成。

练习1：环节三识"米"找"米"

练习2：环节三识"米"找"米"

今天，妈妈给我做了炒米饭，还煮了小米粥，真好吃！

练习3：环节三识"米"找"米"

我爱吃大米，香香的米饭真好吃！

练习4：环节三识"米"找"米"

今天，妈妈给我做了炒米饭，还煮了小米粥，真好吃！

B 组（小米组）：每种练习活动进行 2～4 次，直至独立完成。

练习1：环节三识"米"找"米"

练习2：环节三识"米"找"米"

练习3：环节三识"米"找"米"

练习4：环节三识"米"找"米"

C 组（黑米组）：每种练习活动进行 2～4 次，直至独立完成。

续表

练习1：环节三 识"米"找"米"

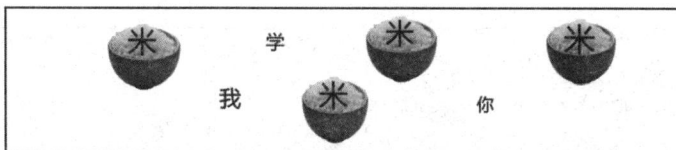

练习2：环节三 识"米"找"米"

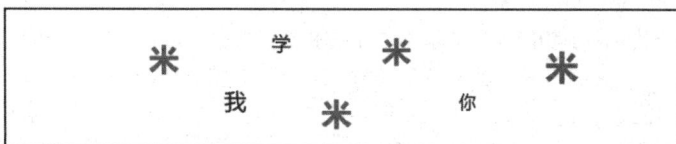

练习3：环节三 识"米"找"米"

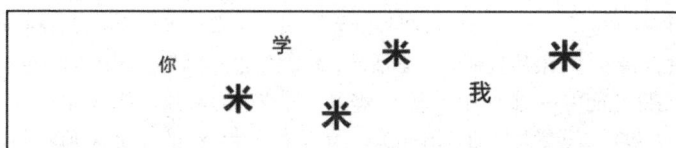

课堂词语学习分组练习任务展示

A组（大米组）：每种练习活动进行2～4次，直至独立完成。

练习1：环节四 给"米"组词

我 饭 小 黑　（　）米　（　）米

练习2：环节四 给"米"组词

我 大 小 玉　（　）米　（　）米

练习3：环节四 给"米"组词

玉 大　（　）米　（　）米

B组（小米组）：每种练习活动进行2～4次，直至独立完成。

练习1：环节四 给"米"组词

玉 大　（　）米　（　）米

练习2：环节四 给"米"组词

饭 小　（　）米　米（　）

练习3：环节四 给"米"组词

黑 汤　（　）米　米（　）

C组（黑米组）：每种练习活动进行2～4次，直至独立完成。

练习1：环节四 给"米"组词

大 饭 玉　（　）米　米（　）（　）米

练习2：环节四 给"米"组词

小 汤 黑　（　）米　米（　）（　）米

认识钟面

姓　名	李艳彬	学　科	生活数学
单　位	广州市康纳学校（广州儿童孤独症康复研究中心）	年　级	二年级

<table>
<tr><td rowspan="10">一、
学生能力
现况</td><td colspan="4">1. 学生总体情况分析：
　　本班共 8 名中功能孤独症学生，年龄 8 岁；根据本班学生的综合能力水平分为三层：A：刘×荣、黄×宸　B：董×烨、王×然、汤×皓、周×凡　C：彭×惟、陆×皓。
　　认知能力水平：A 组学生认知能力水平较高；B 组学生认知能力水平一般，但均能认读 20 以内的数字，了解日常生活中常规活动；C 组学生能力水平弱，陆×皓目前无法认读 10 以上数字；彭×惟日常活动的辨认能力弱，需要口语提示。
　　自我控制能力：本班学生自我控制能力弱，课堂干扰行为频发，传统的说教模式无法让学生安静、保持专注、跟从教师的教学活动，需要依据学生特点采用视频加图片教学形式进行教学。
　　参与课堂能力：刘×荣、董×烨参与课堂能力较强；黄×宸、王×然、周×凡参与课堂能力较弱，需要大量的口语提示；汤×皓、彭×惟、陆×皓参与课堂能力很弱，不仅需要大量的口语提示，还需要部分身体提示和示范提示。
　　课堂中可能出现的问题：汤×皓情绪控制弱，常出现情绪问题导致无法上课；黄×宸、周×凡、王×然自我刺激行为很多，课堂中常出现不适当的刺激行为，无法接收关于课堂活动的信息，彭×惟常常出现站起立、离开座位行为。针对以上可能出现的问题，教学中需要创建结构性的教学环境，提供可支持的视觉策略，保证教学目标的达成。
　　2. 与本课时学习有关的起点能力：</td></tr>
<tr><td>学生</td><td>常见的量</td><td>数的认识</td><td>数的运算</td></tr>
<tr><td>刘×荣

黄×宸</td><td>能认识时钟；能辨别物件的长短；能认读生活中的常规活动；根据视觉提示能描述活动内容；能认识数字和指针两种时钟的整点时间。</td><td>在现实情景中，理解 100 以内数的含义，能数、认、读、写百以内的数。</td><td>能进行 100 以内的加法计算；能进行 1 小时等于 60 分钟的换算。</td></tr>
<tr><td>董×烨

王×然

周×凡</td><td>认识常见的时钟；能简单说出日常活动卡片上的内容；能够辨别物件的长短；能对 12 以内的数字排序；视觉提示下能指认时针和分针；能认读数字时钟的整点时间。</td><td>在现实情景中，能数、认、读、写 50 以内的数。</td><td>能进行 10 以内的加法计算。</td></tr>
<tr><td>汤×皓

彭×惟</td><td>能从两种物件中指出时钟；能按照要求指出日常常规活动的图卡；能读出数字时钟的整点时间。</td><td>在现实情景中，能数、认、读 20 以内的数字；书写需要部分身体辅助。</td><td>在视觉提示下能够计算 10 以内的加法；</td></tr>
<tr><td>陆×皓</td><td>能辨认时钟；能辨认常规活动图卡。</td><td>10 以内数字辨识成功率为 50%，10 以上数字无法辨识。</td><td>目前无法进行 10 以内加法</td></tr>
</table>

		（通过〇 / 不通过 ×）							
		刘	黄	董	王	周	汤	彭	陆
二、教学目标	认知目标	1. 辨认阿拉伯数字 1～24。							
		2. 能认读数字时钟的整点时间。							
		3. 能认读数字时钟的半点时间。							
		4. 能认读指针时钟的整点时间。							
		5. 能认读指针时钟的半点时间。							
		6. 视觉提示下能够将日常活动和相对应时间进行配对如：早上 7 点起床，8 点去学校上学。							
		7. 能将数字时间配对。							
		8. 能写出钟面上的整点时间和半点时间。							
	情感目标	让学生珍惜时间，养成良好的生活习惯。							

三、教材分析	本册教材来源是 2012 年人教版教科书，结合学生实际情况，对教材课程内容进行了改编，从而选定了本次"认识整点和半点"的教学内容。其中，认识钟表需要从认识时钟的数字组成规律、区分时针分针、学会认识整点和半点这些学习目标，让学生建立时间观念，培养珍惜时间和养成良好作息习惯的意识。时间概念对学生来说有一定的难度，因此教材中和教学中也有结合与学生生活密切相关的实际生活情境，让学生认识体验时间，用形式多样的练习，激发学生的学习兴趣。此节课通过简单明了的讲解，利用视觉策略给学生充分练习的机会，通过操作型的教学既可以增加学生专注学习能力，又保证教学目标的达成。
四、教学重难点	重点： 1. 认读数字时钟的整点时间（董 × 烨、王 × 然、周 × 凡、汤 × 皓、彭 × 惟）。 2. 认读指针时钟的整点和半点时间（刘 × 荣、黄 × 宸）。 3. 能正确写出整点数字时间。 难点： 1. 读出整点和半点时间。 2. 能写出钟表上的时间。
五、教学方法	教法——结构化教学、示范教学法 学法——模仿学习、重复练习、实操练习

续表

六、教学准备	1. 教师安排： 主教——讲解、示范、评价 辅教——辅助 B 组和处理问题 辅教——辅助 C 组和处理问题 2. 教具准备： 教学视频(吸引专注力、引入教学内容)、数字时间练习题、时钟时间练习题、小明一日流程。 3. 教学准备： 行为规则提示卡（提供视觉支持，减少干扰行为）、代币（增加适应性行为）。 4. 座位安排： 5. 教学安排： 本节课利用孤独症学生的特点，采用讲解加实操练习的模式进行教学。

座位安排图：

黑板

规则提示卡 代币 — 主教 讲解和示范

刘×荣、黄×宸 A — 董×烨、周×凡 B

陶辅助 教学 — 陆×皓、彭×惟 C — 汤×皓、王×然 B — 唐辅助 教学

教具摆放区域

七、教学活动过程

学习内容（学生）（学习内容、环境、历程及评量的个别化）								资源分配	评量方式
活动流程	荣	宸	烨	凡	皓	然	惟	陆	
（一）导入活动	动静结合、翻看课卡、提示规则。 设计意图：集中学生注意力，了解上课规则。									辨认及表达
	师："同学们，知道我们上什么课吗？" 师："看课程卡"	生："生活数学" 生：自行翻看课程图卡（A、B组）。 生：在口语提示下说出图卡内容（C组）。							课程卡	
	师：出示代币，告知学生上课规则及奖励措施	生：说上课规则，加深理解。 生：指出代币制上自己的相片。							规则图卡	

学习内容（学生）（学习内容、环境、历程及评量的个别化）								资源分配	评量方式
活动流程	荣 宸 烨	凡 皓	然	惟 陆					

	活动流程	荣 宸 烨	凡 皓 然 惟 陆	资源分配	评量方式
（二）课前预导	闹铃声响起，游戏导入。 设计意图：提升学生专注力，激发学习兴趣。				
	师：出示纸盒，里面装有正在响铃的时钟；师："里面是什么呢？" 师："今天我们开始学习时间。"	生：认真听，认真看。 生：钟表（A组学生自行回答；B、C组学生口语提示）。		钟表教具	语言表达
	师："钟表上有很多数字，我们先看看都有哪些数字。"	生：自行说出钟表上的数字。	生：辨认钟表的数字，加深对10以上数字的认识。		
（三）探究新知	新课内容以"小明的一天"为引线，利用孤独症学生视觉学习特点，学习一天的流程：起床—晨练—吃早餐—上学—放学—吃晚饭—做作业—洗漱—睡觉。A组学生在掌握数字时间的基础上掌握指针钟表的时间，B组和C组学生学习掌握数字整点时间，最后让学生把习得的时间与小明一天的流程相结合，建立学生的时间概念。 设计意图：孤独症学生学习动机薄弱，多媒体加结构性教学模式开展教学，有效激发学生学习兴趣，预防他们"干扰行为"的出现，更好地达成教学目标。				
	流程一：看一看 师："同学们，接下来我们看'小明的一天'视频。" 师："小明一天都做了什么？"	生：安静，坐好，观看视频。 生：自行说出小明一天中所做的事情：起床—晨练—吃早餐—上学—放学—吃晚饭—做作业—洗漱—睡觉。	生：在口语和视觉提示下能够说出小明所做的事情：起床—晨练—吃早餐—上学—放学—吃晚饭—做作业—洗漱—睡觉。	教学视频	安坐
	师："小明的一天"中都是根据时间来做事的，同学们你们知道怎么认识时间吗？今天我们学习"时间"。	生：安静，留心听	生：安静、留心听（辅助教师进行适当辅助）。	教学视频	安坐
	行为管理：观看完视频，教师第一次穿插行为管控的教学，出示代币制表，对学生在观看过程中的行为表现逐一进行点评，促进学生在课上养成良好的学习习惯。			代币表	指认、表达
	流程二：学一学 师：出示数字时间卡和小明起床卡，带读七点钟。	生：独自跟读"七点钟"。	生：在口语提示下能读出"七点钟"。	时间卡	
	师：出示数字时间卡和小明上学卡，带读八点钟。	生：独自跟读"八点钟"。	生：在口语提示下能读出"八点钟"。	时间卡	指认、跟读
	师：出示数字时间卡和小明上课卡，带读九点钟。	生：独自跟读"九点钟"。	生：在口语提示下能读出"九点钟"。	时间卡	

续表

学习内容（学生）（学习内容、环境、历程及评量的个别化）								资源分配	评量方式
活动流程	荣	宸	烨	凡	皓	然	惟	陆		
（三）探究新知	师：出示数字时间卡和小明午饭、放学、做作业、晚饭、洗漱、睡觉卡，带读整点时间。	生：自行跟读教师出示的时间卡；B组学生在学习过程中根据情况给予适当辅助。						时间卡	指认、跟读
	师：出示半点数字卡6：30，带读"六点三十分。"	生：跟读"六点三十分钟"。	生：安静、留心听					时间卡	指认、跟读
	师：出示半点数字卡7：30、8：30、10：30、12：30等。	生：跟读"七点三十分、八点三十分、十点三十分、十二点三十分"。	生：安静、留心听						
	行为管理：此环节教师第二次穿插行为管控的教学，出示代币制表，对学生的行为表现进行点评，促进学生在课上养成良好的学习习惯。							代币表	指认、表达
	流程三：说一说 师：将上一环节的教具卡重新依次出示"7：00"。 师："请大家一起来说一说几点钟？"	生："七点钟。"	生：在口语提示下能够说出："七点钟。"					时间卡	表达、描述
	师：出示"7：00、8：00、9：00、10：00、11：00、12：00、15：00"。 师："请同学们说一说，几点钟？"	生："七点钟、八点钟、九点钟、十点钟、十一点钟、十二点钟、十五点钟。"	生：在口语提示下能够命名"七点钟、八点钟、九点钟、十点钟、十一点钟、十二点钟、十五点钟"。					时间卡	表达、描述
	师：出示半点时间卡"6：30、7：30、8：30、9：30、10：30""请大家说一说几点钟？"	生："六点半、七点半、八点半、九点半、十点半。"	生：安静、留心听。						
	行为管理：此环节教师第三次穿插行为管控的教学，出示代币制表，对学生的行为表现进行点评，促进学生在课上养成良好的学习习惯。							代币表	指认、表达
	流程四：练一练 师：发放练习题一，书写整点时间。	生：能独立完成整点时间的书写。	生：在视觉提示下，能够仿写整点时间。 生：手势辅助汤×皓书写整点时间。					练习题	书写
	师：发放练习题二，书写整点时间和半点数字时间。	生：能参照例题，书写出半点数字时间。	生：能自行书写数字整点时间。						

学习内容（学生）（学习内容、环境、历程及评量的个别化）									资源分配	评量方式
活动流程		荣	宸	烨	凡	皓	然	惟	陆	

<table>
<tr><td rowspan="16">（三）探究新知</td><td>师：发放练习题三，书写数字时间和时钟时间。</td><td colspan="2">生：能够参照例题书写时钟时间（整点和半点时间）。</td><td colspan="2">生：能独立书写整点数字时间。
生：能参照例题，书写时钟整点时间（董×烨）。</td><td rowspan="2">练习题</td><td rowspan="2">书写</td></tr>
<tr><td>师：发放小明的一天的活动和时间配对学习卡；师：把小明日常活动和时间放在一起。</td><td colspan="4">生：第一遍在示范辅助下能够配对活动和时间卡。
生：第二遍能够在口语提示下将活动和时间卡配对。</td></tr>
<tr><td colspan="5">　　行为管理：此环节教师第四次穿插行为管控的教学，出示代币制表，对学生的行为表现进行点评，促进学生在课上养成良好的学习习惯。</td><td>代币表</td><td>指认、表达</td></tr>
<tr><td colspan="7">　　此环节巩固练习环节，针对不同能力学生采用"分辨指认、命名表达、参照书写、独立完成"不同模式进行个别化的练习，巩固学习目标。
　　设计意图：孤独症学生泛化能力弱，通过泛化练习，加深对学习目标的理解和掌握。</td></tr>
<tr><td>流程五：巩固练习
师：出示时间卡。
师：请周、王、汤、彭、陆五名学生分辨指认整点时间；师：请刘、黄、董命名数字和时钟整点和半点时间。</td><td colspan="4">生：周、王、汤、彭、陆五名学生辨认并指出老师指定的整点时间。
生：刘、黄、董三名学生能够命名整点和半点数字和时钟时间。</td><td>时间卡</td><td>表达</td></tr>
<tr><td>师：发放听写学习卡，让学生书写时间。</td><td colspan="4">生：周、王、汤、彭、陆五名学生能够听并书写出数字整点时间。
生：刘、黄、董三名学生能够听写出整点和半点数字时间。</td><td>练习卡</td><td>书写</td></tr>
<tr><td colspan="5">　　行为管理：此环节教师第五次使用代币，查看学生学生的代币数量，根据学生的适应性行为，学生得到代币奖励。</td><td>代币表</td><td>指认、表达</td></tr>
</table>

<table>
<tr><td rowspan="3">（四）课堂小结</td><td>师："本节课，我们学习了小明的一天，小明都是根据时间有规律地做事，他真的很棒"；师："我们学习时间后，也要会看时钟，根据时间做事。"</td><td colspan="4">生：安静、留心听</td><td>板书、代币表</td><td>安静</td></tr>
<tr><td>师：出示代币表
师："我们看一下自己的表现吧。"
师：依次数出每位学生得到代币的数量；师：根据学生得到代币的数量不同，得到不同的奖励。</td><td colspan="4">生：指认自己的相片，数出自己得到的代币的数量。
生：根据自己的代币数量，拿取对应量的强化物。</td><td></td><td></td></tr>
<tr><td colspan="7">　　行为管控技巧：
　　规则视觉提示、代币制</td></tr>
</table>

续表

	学习内容（学生）（学习内容、环境、历程及评量的个别化）								资源分配	评量方式
	活动流程	荣	宸	烨	凡	皓	然	惟 陆		
（五）作业	1. 刘×荣、黄×宸完成数字时间、时钟时间的整点和半点时间的书写，配对日常活动和对应的时间。 2. 董×烨能够完成数字时间的整点和半点时间的书写，配对日常活动和对应时间。 3. 周×凡、王×然完成数字时间的整点时间的书写，配对日常活动和对应时间。 4. 汤×皓、彭×惟、陆×皓参照例题书写数字时间的整点时间，连线日程活动和对应时间。									
（六）教学反思	1. 本节课依据孤独症学生学习特点，采用动静结合的教学方式，积极尝试用简单的认知、理解、表达、巩固泛化的教学程序进行教学，发现问题，解决问题，提升了学生对时间概念的认识和理解。 2. 本节课使用行为管控的方法贯穿于整个教学过程中，根据学生能力，使用差异化的代币制度，建立学生的安坐、专注、服从的基础学习能力。 3. 本节课突出个别化教学原则，针对不同能力的学生设置不同的教学目标，并在学习环节、练习环节、作业环节突出个别化教育。 4. 教学流程注重学和练相结合，通过结构性的练习活动，让学生掌握教学目标。 5. 抽象的时间概念与日常活动相结合，让学生认识、理解到日常活动与时间的关系，学习按照时间做事情的常规。									

2 减几

姓　名	李枫	学　科	生活数学
单　位	白山市逸夫特殊教育学校	年　级	二年级

一、 教学基本 信息	本班共 8 人，其中 3 名学生有较好的语言表达能力，课堂表现积极活跃；2 名学生语言表达能力有障碍，有表达的意愿，在教师的帮助下能进行简单表述；1 名唐氏综合征的学生，给予刺激后可以做出简单的表述；2 名学生认知和表达都有困难，有一定的模仿能力，能仿说但遗忘较快。 　　根据他们在听、说、算、写方面能力层次的不同，将他们分为 A、B、C 三个组别。 　　A 组：三名学生，会用 2 的分解计算 2 减几的减法，他们对数有一定的理解，能够自己进行数数练习，具有一定的数学理解能力和较好的算写及表达能力，可以说出简单的句子。 　　B 组：三名学生，口语表达不清晰，思维较迟缓，但课堂情绪较稳定。他们对数的理解较模糊，但在教师的指导下，能认识数并摆、数小棒计算，能跟读简单算式，能配合老师完成简单的课堂任务。 　　C 组：二名学生，他们没有数的概念。其中一名学生对图片、音频、视频比较感兴趣，注意力特别容易分散；另一名学生存在言语障碍，仅仅能发出一些的简单音节，很难与教师进行目光对视，不能配合教师完成简单的指令任务，但能在强化物的鼓励下参与学习。
二、 指导思想 与理论 依据	以新的课程标准为指导，创造性地使用教材，本课选自《2 减几》。由于智障儿童记忆力差、分析综合能力低，须注意内容之间的前后联系，以及学科整合教学，使他们所学的知识技能能通过经常的练习得到巩固。对智力障碍儿童而言，在课程内容的选择上也需要特别注意基础性，由于智力障碍儿童的知识迁移能力差，因此内容的选择要贴近学生的生活实际，并与现实生活密切相关，使他们学过之后，能够"乐学""想学"也"能学"，从而提高学习的质量。
三、 教学背景 分析	教学内容：本课是单元主题教学《个人生活》——《2 减几》。 　　教学方式：分层教学法、演示法、游戏法、实践法。 　　教学资源：多媒体课件、计算棒、强化物。
四、 教学目标	1. 知识与技能技能培养 　　（1）在活动过程中，让学生初步了解减法的含义，能用自己的想法来解决 2 减几。 　　（2）对学生进行智力补偿，培养学生观察能力、口语表达能力和应用数学的能力。 　　（3）培养学生的合作意识，养成教育，激发学生的探索欲望，并在教学过程中让学生体会生活。培养学生积极动脑、勇于探索、敢于尝试的精神。 　　分层目标： 　　A 组学生（轻度智力障碍）：能正确计算 2 减几的减法算式，进一步理解减法算式的含义。 　　B 组学生（中度智力障碍）：能看图或利用实物写出 2 减几的减法算式。 　　C 组学生（重度智力障碍）：能够在强化物的鼓励下配合教师参与学习。 　　2. 过程与方法 　　（1）通过图片、动画等形式来计算 2 减几，培养了学生的观察力、计算能力。 　　（2）通过创设故事情境，学生自己动手操作，让学生初步理解减法的含义，能正确计算 2 减几。

续表

教学阶段	教师活动	学生活动	设计意图
四、教学目标	3.情感态度价值观 让学生体会数学来源于生活,引导学生热爱生活、热爱数学,初步学会从实际情景中提出问题,并能运用所学的减法解决简单的实际问题。		
五、教学重难点	教学重点:正确计算2减几,学生通过故事或教师点拨理解减法的含义。 教学难点:让学生体会数学来源于生活,引导学生热爱生活、热爱数学,初步学会从实际情景中提出问题,并能运用所学的减法解决简单的实际问题。		

六、教学设计过程

教学阶段	教师活动	学生活动	设计意图
（一）课前准备	多媒体课件、计算棒、强化物		以丰富多彩的方式呈现,激发孩子的求知欲。
（二）导入	联系生活,设疑导入。 带学生一起玩数字接龙的游戏。	学生复习10以内的数字。	激发学生的学习兴趣。
（三）新课	1.探究新知,解决问题。 （1）故事导入理解减法含义。 教师出示课件《三只小猪盖房子的故事》,引入课题,并渗透减法的含义。 教师在讲授故事的过程中让学生观察小猪一共盖了几栋房子,大灰狼来了,推倒了几栋? （2）老师现在要带我们去一个美丽神奇的地方,你们想去吗? 这是什么地方?图上的小朋友在干什么呢?（她们在果园里摘好多红彤彤的大苹果!） 同学们,你们想不想也去帮忙啊? ①我们一起数一数树上有几个红红的大苹果? 出示数字2。 ②演示出现了一个虚线框,C组数一数:框中有几个苹果?(1个) 找出1数字卡片。 演示线框里的苹果从树上掉下来。问:这个苹果怎么了?被摘走了几个苹果?(1个) ③现在大家想一想,一共有2个苹果,摘走了1个,求还剩几个,用什么方法计算?	学生通过观察能说出小猪一共盖了几栋房子,大灰狼来了,推倒了几栋? 要求:A组学生能够用一句完整的语言说出图意; B组学生根据图意在老师的指导下能够说出一句比较完整的话。 B组学生找出1和2的数字卡片并认读。	利用故事情景来吸引学生的注意力,让学生融入实际生活中,解决生活中的数学问题,体现数学生活化。 培养学生的应用实践能力。 学生通过观察,直观地知道结果,并初步了解减法的含义。减法就是去掉的意思。

教学阶段	教师活动	学生活动	设计意图
（三）新课	减法：是从一个数里去掉一部分，求还剩多少。减号"－"。 教师板书，学生认读，减号读作减，并找出"－"卡片。 ④下面我们就一起来根据这幅图列出一道减法算式。 教师：一共有 2 个苹果，被减数是 2，在被减数的位置上写"2"，减去摘走的 1 个，在减数的位置上写 1，最后写上一个等号，即"2－1＝" ⑤现在我们就一起来计算 2－1＝?你是用什么方法计算的呢？ 学生举手回答。教师小结并板书：2－1＝1， 2 的分成 (2 可以分成 1 和 1，所以 2 减 1 等于 1)。 ⑥说一说 2－1＝1 这道减法算式的含义：一共有 2 个苹果，摘走了 1 个，还剩 1 个。 2. 巩固练习。 （1）摘果实：课件出示，香蕉树上的香蕉有算式，请学生正确计算后摘下果实。 （2）老鼠偷东西：课件出示，老鼠拿着一个有破洞的袋子偷东西，让学生计算 2 减几的计算方法（可利用数的组成计算或直接记忆口算）。 3. 延伸拓展。 利用《三只小猪盖房子》的故事，让学生进行角色扮演： （1）如果你是小猪，你该怎么办? （2）如果你是大灰狼，你该怎么办? （3）如果你在家里遇到了陌生人敲门，你该怎么办? （4）最后小猪与大灰狼的结局是什么样的? 学生自己发表见解，教师给予正确引导。	学生齐读、学生领读、学生个别读（减号"－"）。 学生学习减号，并尝试书写减号。 加深难度，书写一个减法算式。对 C 组学生，要求能够读出减法算式。 发扬团结协作精神，A 组学生辅助 B 组学生；C 组学生按老师指令读出减法算式。 用表演的形式让学生知道做任何事情都要认真，勤劳肯干、乐于助人，从而达到学科整合的目的。	教师板书减号，帮助学生理解减法所表示的意义。 教师带学生认识减号，会写减法算式，并带领学生读一读。 通过巩固练习进一步加深学生对减法含义的理解以及对减法算式 2 减几的掌握。 在游戏中巩固本节课学生所学习的知识，同时培养学生的口语表达能力。

续表

教学阶段	教师活动	学生活动	设计意图
（三） 新课	4. 奖励评价。 黑板上的名字。 教师指某一个学生的名字，学生站起来，并说句子"我叫×××，我得了几朵小红花。"说一说谁获得的小红花最多?	练习学生数数，加强对数的理解。	
（四） 小结作业	通过本节课我们学习了2减几，希望同学们在以后的生活中能用数学方法解决一些生活实际问题。 作业：书写2-1=1		
（五） 教学设计 特点	1. 遵循新课标以人为本的指导思想，充分发挥学生的主体性。在教学中以学生的实际水平为依据，针对不同学生的实际情况，布置不同的教、学任务。 2. 依据生活数学新课程标准，本节课在教学设计上充分尊重培智学生的认知特点，既能面向全体学生，又能遵循分层教学、个别化教学、分类指导的教学原则，体现了因材施教的特点。 3. 注重智力障碍学生素养的整体提高，本节课由枯燥的书本学习转向生活实践学习。让学生从生活中学数学，在生活中使用数学，从而达到学科整合的目的。		

我的三餐——得数是 5 的加法（二）

姓　名	秦婉	学　科	生活数学
单　位	深圳市罗湖区星园学校	年　级	二年级
一、 教学基本 信息			

一、 教学基本 信息	本班共 10 名学生，7 名男生，3 名女生，年龄 7 ~ 9 岁。 智力障碍 1 人（中度智力障碍），孤独症 7 人（其中 2 人无语言），多重障碍 2 人（1 人智力障碍伴随肢体障碍，1 人智力障碍伴随言语障碍）。
二、 指导思想 与理论 依据	1.培智学校义务教育课程标准： 　　课标中指出，生活数学课程是培智学校义务教育阶段的一般性课程，具有基础性、普及性、发展性、实用性和可接受性。生活数学课程的学习能帮助学生掌握必备的数学基础知识和基本技能，培养学生初步的思维能力，促进学生在情感、态度与价值观等方面的发展，为学生适应生活、适应社会奠定重要的基础。 　　在教学内容选择上，课标提出，数学内容选择着重培养包括数感和符号意识等内容。数感主要是指关于数与数量、数量关系、运算结果估计等方面的感悟。建立数感，有助于学生理解现实生活中数的意义，理解或表述具体情境中的数量关系。符号意识主要是指能够理解符号所表示的意义，并且运用符号表示数、数量关系和变化规律；了解使用符号可以进行运算，得到的结论具有一般性。建立符号意识有助于学生了解符号的使用是数学表达和进行数学思考的重要形式。 　　在生活数学总目标的知识技能部分提出："经历数的抽象、运算等过程，掌握数的基本概念和基本运算。"本课将首先利用实物进行计数，再将实物抽象为数字并列式计算，在由实物过渡到抽象算式的过程中，帮助学生建立符号意识，引导学生理解算式各部分的含义，将现实生活中数的实际意义，运用数学的抽象形式进行表达，从而解决生活中的实际问题。 　　2.最近发展区理论： 　　维果茨基的最近发展区理论认为，学生的发展水平有两种，一种是学生的现有水平，指独立活动时所能达到的解决问题的水平；另一种是学生可能的发展水平，也就是通过教学所获得的潜力。两者之间的差异就是最近发展区。依据学生现有水平，分层选择符合学生最近发展区的目标，设计教学活动，以满足学生学习需要和提高学生生活技能。在教学过程中，将运用各种有效资源为学术提供支持。在学习得数是 5 的加法过程中首先利用实物摆放进行动手操作和计数，由具体直观的物品逐步过渡为数字和算式；其次，在学习得数是 5 的加法过程中，将基于已掌握的点数和 5 的合成内容，引导学生自主完成计算过程，总结计算方法；对于学习该部分内容仍存在困难的学生，设计符合学生能力的操作形式及符合学生学习水平的个性化任务，帮助学生运用多种方式参与集体课程，同时实现个别化发展。 　　3.皮亚杰认知发展阶段论： 　　认知发展理论是著名发展心理学家让·皮亚杰所提出的，被公认为 20 世纪发展心理学上最权威的理论，所谓认知发展是指个体自出生后在适应环境的活动中，对事物的认知及面对问题情境时的思维方式与能力表现，随年龄增长而改变的历程。皮亚杰把认知发展视为认知结构的发展过程，以认知结构为依据区分心理发展阶段。他把认知发展分为四个阶段：感知运动阶段、前运算阶段、具体运算阶段和形式运算阶段。二年级培智学生心智发展主要在感知运动阶段和前运算阶段。

续表

二、 指导思想 与理论 依据	感知运动阶段：这个阶段的儿童的主要认知结构是感知运动图式，儿童借助这种图式可以协调感知输入和动作反应，从而依靠动作去适应环境。通过这一阶段，儿童从一个仅仅具有反射行为的个体逐渐发展成为对其日常生活环境有初步了解的问题解决者。 前运算阶段：儿童将感知动作内化为表象，建立了符号功能，可凭借心理符号（主要是表象）进行思维，从而使思维有了质的飞跃。 因此，在进行数与运算的学习过程中，学生需要借助实物、学具等具体可操作的物品，感受数与量的对应。通过实物操作，感知、理解合成和加的具体含义，将抽象的数形式化，将加的过程动作化，以帮助学生更好地具象化理解抽象概念。
三、 教学背景 分析	1.教学内容： 课标中，生活数学数的运算部分要求"经历从日常生活中抽象出数的过程，理解10以内数的意义；体会'加'和'减'的意义，能计算10以内的加法和减法。" 以下为本课教学内容的教学内容安排：本课教学内容为得数是5的加法，此部分教学内容共3课时，本课为第二课时，包括1+4=5和4+1=5的计算及列式应用。 2.学生情况： 本班学生的整体认知水平较高，在前期的学习中，学生初步认识了加法，可根据图片进行加法列式，学习了5的合成。AB层学生具备5以内点数、按数取物的能力，同时已经掌握5的合成。 根据学生能力分层如下： A组：林、高、付 这三名学生学习能力较强，理解速度快，在前期的学习中，已经能够根据图片进行加法列式，能依据合成或点数计算出算式结果，能够借助图片和实物操作理解加法的意义。但是在解决问题的过程中，还需要适当提醒，帮助提取数学信息，完成列式计算过程。其中，付某某在将题意转换为图片和列式的过程存在一定的困难，需要提示数学信息，辅助理解问题含义。高某某在进行轮流任务和等待回答问题时，需要适当提前预告轮流信息，提示安静举手等待，及时表扬良好行为。 B组：胡、何、苏、吴 这四名学生具备点数、按数取物的能力，已经掌握5的合成。在前期的学习过程中，能够在提示下完成加和合成的实物操作过程，能够运用学具，借助点数的方式完成计算。在根据图片列式计算的过程中，还需要教师进行语言提示，辅助提取数学信息，帮助理解图意，逐步完成列式计算。其中胡某某和何某某存在一定的情绪行为问题，需要在课上及时提醒，在表现出较好的行为时即时给予笑脸强化，以保持安静和正确坐姿。吴某某语言能力较弱，需要较多结构化提示，使用视觉提示辅助完成任务。 C组：周、涵、彬 这三名同学具有一定的认知能力，无语言，可指认数字，可根据指令选出对应数量的物品卡片，但将数字与物品进行配对时正确率偏低。其中周某某和某某彬在强化物下具有较强的任务完成动机，可较为配合。某某涵需要在享受强化物下完成任务，且需要即时给予强化物，在任务过程中回合时间需要缩短。 教学方式：本课采用集体教学、分组教学、分层教学和个别教学相结合的教学组织形式 教学手段：多媒体、各种教学具 相关资源：课件、教具（磁贴圆片）、学具（小圆片、配对卡片）、分层作业单

| | 3.教学设计的来源与 IEP 目标的关系： | | | | | | | | | | |

生活数学学科目标	分层目标	林	高	付	胡	何	苏	吴	周	涵	彬
体会"加"和"减"的意义，能计算 10 以内的加法和减法（本节课课程目标：体会"加"的意义，能计算 1+4=5，4+1=5）。	能认读 1+4=5，4+1=5 的算式。	√	√	√	√	√	√	√			
	能正确计算 1+4=5，4+1=5。	√	√	√	√	√	√	√			
	理解得数是 5 的加法的意义。	√	√	√	√	√	√	√			
	能根据图片完成 1+4=5，4+1=5 的列式计算。	√	√	√	√	√	√	√			
在教师的引导下，运用一些数学知识，尝试解决日常生活中和简单计算有关的问题。	能运用得数是 5 的加法解决生活中的实际问题。	√	√	√	辅助	辅助	辅助	辅助			
经历从日常生活中抽象出数的过程，理解 10 以内数的意义。	能将数字卡与相应数量物品卡片正确配对（正确率 80% 以上）。								√	√	√

三、教学背景分析

四、教学目标

总目标：

能认读 1+4=5，4+1=5 的算式；能正确计算 1+4=5，4+1=5；理解得数是 5 的加法的意义；能运能根据图片完成 1+4=5，4+1=5 的列式计算；能运用得数是 5 的加法解决生活中的实际问题；能将数字卡与相应数量物品卡片正确配对。

分层目标：

A 组：能认读 1+4=5，4+1=5 的算式；能正确计算 1+4=5，4+1=5；理解得数是 5 的加法的意义；能根据图片完成 1+4=5，4+1=5 的列式计算；能运用得数是 5 的加法解决生活中的实际问题。

B 组：能认读 1+4=5，4+1=5 的算式；能借助学具（小圆片）正确计算 1+4=5，4+1=5；能借助实物操作理解得数是 5 的加法的意义；能根据图片完成 1+4=5，4+1=5 的列式计算；在提示下能运用得数是 5 的加法解决生活中的实际问题。

C 组：能将数字卡与相应数量物品卡片正确配对。

续表

五、教学重难点	重点： A组：能正确计算 1+4=5，4+1=5；理解得数是 5 的加法的意义。 B组：能借助物学具（小圆片）正确计算 1+4=5，4+1=5；能借助实物操作理解得数是 5 的加法的意义。 C组：能将数字卡与相应数量物品卡片正确配对。 难点： A组：能根据图片完成 1+4=5，4+1=5 的列式计算；能运用得数是 5 的加法解决生活中的实际问题。 B组：能根据图片完成 1+4=5，4+1=5 的列式计算。 C组：理解数字与数量的对应关系。

六、教学流程图	准备、复习 —— 常规准备活动 / 复习旧知：5 的合成 导入 —— 观察图片，提取信息 / 创设情境，提出问题 新授 —— 解决问题，探索新知 / 自主探究，巩固学习 / 完成回顾，学习小结 练习 —— 分层练习，个别辅导 / 订正练习，加强巩固 总结 —— 回顾所学，布置作业	A：在辅助完成数学信息提取后，尝试独立完成教具演示列式计算。 B：在辅助完成信息数学信息提取后，在语言提示下完成教具演示，根据教具或学具，在视觉提示或者使用教具点数下完成列式计算。 C：将数字卡片与相应数量物品卡片进行配对。在课程中，在协同教师的辅助下根据数学信息选择对应的数字卡片。 A：独立完成计算任务、看图列式计算，在辅助提取数学信息后完成应用题列式计算。 B：在学具辅助或图片辅助下完成计算任务，在提示下完成看图列式计算。 C：将数字卡片与相对应数量物品卡片进行配对。

七、教学设计过程

教学阶段	教师活动	学生活动	设计意图	个别需求及特殊应对策略
（一） 准备复习	1. 整理上课。 2. 问好。 3. 组织学生说日期和天气。 4. 回顾 5 的合成。 "请同学们和我一起对一对，我们来找一找，几和几能组成 5"。	问好。 学生到班级天气预报栏，看日历集体说日期。 请一名学生介绍天气。 学生回顾 5 的合成。	常规训练：说日期、介绍天气。	协同教师带领 C 组同学一起读/指认日期，根据天气符号介绍天气。

续表

教学阶段	教师活动	学生活动	设计意图	个别需求及特殊应对策略
（二） 导入	创设情境： 1. 出示天天和妈妈一起吃早饭的图片，引导学生观察，启发学生发现其中的数学信息。 "你在图上看到了什么？你能发现什么数学信息？" 2. 出示第二张图片，引导学生观察两幅图片，强调箭头表示先后顺序。 提问："现在有多少个包子？"	学生回答。	创设情境，激发兴趣，引出课题。	运用笑脸奖励鼓励学生积极回答。
（三） 新授	1. 解决问题，探索新知。 天天和妈妈一起吃早饭，天天的早饭是香喷喷的包子，原来盘子里有几个包子？又增加了几个？哪位同学可以说一说？ 想要知道现在有多少个包子，我们可以一步一步来解决，先来数一数，原来盘子里有几个包子？ 对了，原来盘子里有 4 个包子，可以用数字几表示？ 要贴几个小圆片表示？ 同学们一起来看第二幅图，增加了几个包子？ 对了，增加了 1 个包子，可以用 1 个小圆片来表示。 教师在黑板上相应位置贴 1 个小圆片。 教师引导 B 层学生根据小圆片说一说："原来有 4 个包子，又增加了 1 个包子。" 说的过程中，在 4 个小圆片和 1 个小圆片之间画竖线。 总结："回到我们的问题，要求现在有几个包子，就要把原来的包子数量和增加的包子数量合起来。" 板书将 4 个小圆片和 1 个小圆片圈起来。	A 层学生尝试用完整的语言表述：原来盘子里有 4 个包子，现在又增加了 1 个包子。 B 层学生在辅助下提取数学信息。 学生回答：有 4 个。 学生回答并在黑板上操作：可以用数字 4 表示，贴 4 个小圆片。 学生回答：增加了 1 个。	在动手操作过程中理解问题的含义和"加"的实际意义。从具体生活问题中，抽象出数学元素。 基于已经学习过的加法经验，尝试总结归纳方法，并运用方法。	C 组学生在协同教师的指导下，将数字卡与相应数量的卡片正确配对。独立准确完成时给予强化物，错误时使用错误矫正回合，同时使用适当的提示辅助。 B 组：用笑脸的方式获得奖励，以保持安静和正确坐姿。

续表

教学阶段	教师活动	学生活动	设计意图	个别需求及特殊应对策略
（三） 新授	计算两部分合起来，我们可以用什么方法？ 同学们回答得真棒，我们要计算两部分合成一部分的数量，可以用加法来计算。现在，我们一起来列式算一算。 4个小圆片可以用数字几表示？ 板书4在4个小圆片下方。 1个小圆片可以用数字几表示？ 板书1在1个小圆片下方。 加法要在两个数字中间用什么符号连起来？ 对，用加号来连接。 答案要写在等号的后面。 请同学们回忆一下，4和1合起来是几？ 可在课件上出示合成图提示。 对了，4和1合起来是5。 4+1=5 板书答案。 同学们，我们一起用手势说一说算式的含义。 边打手势边讲解：原来有4个包子，又增加了1个包子，合在一起有5个包子。 所以，同学们，你们说一说，现在盘子里有多少个包子？ 对了，有5个包子。我们运用加法解决了问题。 我们一起读一读今天新学习的加法算式：4+1=5。 2.自主探究，巩固学习。 课件出示想一想部分的图片。 数一数，盘子左右两边分别放了几个包子？	学生回答：加法。 学生回答：4。 学生回答：1。 学生回答：加号。 学生跟随老师打手势说一说算式的含义。 学生回答：现在盘子里有5个包子。 学生齐读、个别读。	基于已经学习过的加法和5的合成的经验，尝试解答4+1=？的计算问题。 运用手势，更加直观理解合成、加的含义。 通过手势动作，进一步体会算式的含义。 回归问题，总结解答。	B组部分学生提示读算式。 C层学生听数字用手势表示。（协同教师示范或肢体辅助） 提示A层学生用完整语言表述。

教学阶段	教师活动	学生活动	设计意图	个别需求及特殊应对策略
（三）新授	盘子一边有 1 个包子，另一边有 4 个包子，用小圆片怎么表示？ 一共有多少个包子？ 求一共，就是要把两边合起来，可以用什么方法来解决？ 谁能帮助天天用加法解决这个问题？ 辅助学生列式计算 1+4=5。 盘子里一共有几个包子？ 对，盘子里一共有 5 个包子。 谁能说一说你是怎么计算 1+4 的？ 出示 1 和 4 的合成图提示学生。 提醒学生放一起数一数有几个。 同学们，谁可以用手势表示算式的含义？ 辅助提醒学生用手势表示题意：边打手势边讲解，一边有 1 个包子，另一边有 4 个包子，合在一起有 5 个包子。 3. 完整回顾，学习小结。 把两部分合成为一部分，可以用加法计算，在算一算的时候，可以用合一合的方法，也可以用放在一起数一数的方法。 今天我们学习了两个新的加法算式，一起读一读。 带领学生读算式。	B 层学生点数回答。 A 层学生用学具小圆片摆一摆表示。 B 层学生在辅助下根据题意摆放小圆片。 A 层学生尝试列式计算。 B 层学生在辅助下说出算式和得数。 学生回答： （1）1 和 4 合起来是 5； （2）数一数：请 B 组学生说一说 1 和 4 合成 5；合在一起数一数。 请 A 层学生尝试独立表示、讲解含义。 B 层学生在辅助下完成手势表示，提示仿说讲解含义。 学生齐读、个别读。	运用手势表示算式含义，进一步理解"加"的意义。 总结学习内容。	辅助 B 组学生，提示题意，摆放小圆片。
（四）练习	1. 下发分层练习题，学生进行列式计算和口算填空，教师进行个别指导。 2. 学生完成后进行集体订正。	学生练习。 学生回答练习题答案。	巩固提升。	C 组学生完成个人任务单；完成后让学生休息 1 分钟作为奖励，或玩具奖励以稳定情绪。

续表

教学阶段	教师活动	学生活动	设计意图	个别需求及特殊应对策略
（五） 教学小结	1. 引导学生回顾本节课所学算式。 2. 总体点评学生表现，兑换奖励。 3. 布置课后作业。 生活中有许许多多的地方可以运用加法知识解决问题，请同学们认真观察生活，想一想在哪些地方可以用到加法，看一看能不能用今天新学习的算式来解决，并和爸爸妈妈讲一讲。	读算式。 兑换奖励。 认真听作业。	总结、点评，回顾本节课知识。	

生活数学学科目标	分层目标	林	高	付	胡	何	苏	吴	周	涵	彬
体会"加"和"减"的意义，能计算 10 以内的加法和减法（本节课课程目标：体会"加"的意义，能计算 1+4=5，4+1=5）。	能认读 1+4=5，4+1=5 的算式。										
	能正确计算 1+4=5，4+1=5。										
	理解得数是 5 的加法的意义。										
	能根据图片完成 1+4=5，4+1=5 的列式计算。										
在教师的引导下，运用一些数学知识，尝试解决日常生活中和简单计算有关的问题。	能运用得数是 5 的加法解决生活中的实际问题。										
经历从日常生活中抽象出数的过程，理解 10 以内数的意义。	能将数字卡与相应数量物品卡片正确配对（正确率 80% 以上）。										

评分标准：4分独立完成；3分语言提示下完成；2分动作提示下完成；1分辅助下完成；0分不能完成。

教学阶段	教师活动	学生活动	设计意图	个别需求及特殊应对策略
（七）教学设计的特点	1. 根据学生情况，分层设立课堂活动及目标 课上利用图片、教具实物等，基于学生已有经验，创设情境进行教学，利用教具作为辅助，帮助学生理解加法的意义和增加的过程。根据学生不同情况，在同一课堂活动中安排不同的任务，达成不同目标。 2. 增设互动回答，了解学生掌握情况 课上每一知识环节设定学生互动回答，及时了解学生掌握情况，以便及时解决学生关键性、里程碑式问题，调整下一环节教学策略。 3. 多种方式激发学习兴趣 通过实操活动，调动学生学习积极性。利用实物摆放、教具摆放和手指表示感受加法意义，在做中学，更加直观理解加法的概念。			

会使用公共厕所

姓 名	王丽婷	学 科	生活适应
单 位	天津市南开区育智学校	年 级	二年级

一、 教材分析	本节课选自培智学校义务教育实验教科书《生活适应》二年级下册第10课《会使用公共厕所》。公共厕所是生活中常见及常用的公共设施，能够正确使用公共厕所是学生适应社区生活的必备技能之一。本课共分为四个课时，第一课时学习认识公共厕所的标识及指示，学会找到公共厕所；第二课时学习认识男女厕所的标识，学会区分男女厕所；第三课时学习认识公共厕所内的设施，了解其功能和使用方法；第四课时巩固复习所学的标识和设施，学会独立使用公共厕所。
二、 学情分析	本班学生是培智学校二年级学生，共8人，其中3名智力障碍学生，5名孤独症学生。3名学生的思维能力和口语表达能力较好，能配合老师完成互动；3名学生的思维能力和口语表达能力弱一些，在老师的引导下能做出一些回答和互动；2名学生只能完成简单的指令和任务。依据学生能力差异，将其分为A组、B组、C组。
三、 教学目标	知识与技能：A组学生能认识男女厕所的标识，学会区分男女厕所；B组学生能认识男女厕所的标识，在指导下学会区分男女厕所；C组学生能了解男女厕所的基本区别，在指导下学会区分男女厕所。 过程与方法：通过观察图片、观看视频和课件动画、做互动游戏等形式，使学生知道如何正确选择男女厕所。 情感态度与价值观：知道外出时大小便要去公共厕所，男女生要分开上厕所，去公共厕所前要告诉家长，不随意走开。
四、 教学 重难点	重点：掌握男女厕所标识的基本特点，知道如何区分男女厕所。 难点：判断不同的人物去公共厕所时应该选择的男女厕所方向。

五、教学过程
本节课将结合多媒体课件，采取讲授法、谈话法、情境教学法、直观演示法、对比法、游戏法等教法，采取观察法、练习法、迁移法等学法吸引学生的注意力，充分利用电子白板的交互功能激发学生学习的积极性和主动性，让学生直观地认识男女厕所标识，分辨男女厕所，掌握重点，突破难点。

教学环节	教师活动	学生活动	技术应用
（一） 复习 旧知	1.教师提问："外出如果想要大小便应该去哪里？"并引导学生回答。	1.学生思考问题，回答："在公共场所想要大小便要去找公共厕所，不能随意大小便。"	本环节利用多媒体交互的功能，设计分类选择的游戏，通过点触互动巩固复习公共厕所的标

教学环节	教师活动	学生活动	技术应用
（一） 复习 旧知	2. 教师出示不同的公共设施标识的图片，请学生找出公共厕所的标识。学生通过多媒体课件将公共厕所的标识全部找到，以此来复习上节课所学习的内容。	2. 全体学生观察公共设施的标识，找出公共厕所的标识，点到名的学生上前选择，将公共厕所的标识放入相应的类别框内，把其他公共设施标识放入另一个类别框内，操作正确即可放入，错误即提示错误要重新选择，所有学生一起判断是否正确。	识，以游戏激发学生学习的兴趣，同时巩固上节课学习过的内容。
（二） 情境 导入	1. 教师出示动画人物"企鹅弟弟小福"的图片，创设在音乐厅碰到小福弟弟的场景，请学生猜猜小福弟弟遇到什么困难了。 2. 播放视频，视频内容是小福弟弟在音乐厅想去厕所，但面对男女厕所时不知道应该去哪一边；引出本节课学习的重点内容——在使用公共厕所时如何区分男女厕所。	全体学生观看视频，感受小福弟弟面临的情境，知道自己外出去厕所时可能会遇到同样的问题。	本环节通过动画视频进行情境导入，引导学生切实体会到外出上厕所会遇到的问题，引发学生进行思考。
（三） 学习 新知	1. 出示课本中公共厕所的图片，请学生观察公共厕所是不是分为男厕所和女厕所，并观察男女厕所是通过什么来区分的。 2. 放大男女厕所的标识进行对比，请学生观察男女厕所标识的区别：一般以有无裙子来区分男女厕所的标识；穿裙子的形象代表女生，所以指示的是女厕所；不穿裙子的形象代表男生，所以指示的是男厕所。有的男女厕所标识还会加以颜色上的区分，用蓝色、绿色等冷色系代表男生，指示男厕所，用红色、粉色等暖色系代表女生，指示女厕所。 3. 出示课本中或生活中的男女厕所标识，请学生轮流说一说如何判断是男厕所还是女厕所。教师通过课件动画——讲解、分析标识的形象和颜色来验证答案。	1.A组、B组学生说出"通过标识区分男女厕所。" 2. 全体学生观察标识，听老师讲解男女厕所标识的特点。 3.A组学生能够说出两种标识在形象上的区别和颜色区别，指出哪个是男厕所、哪个是女厕所。	通过课件的聚焦功能，让学生更好地对比观察男女厕所标识的区别。 通过课件动画清晰地展示男女厕所标识形象的轮廓，学生能够更直观地看到男女厕所标识的区别，便于学生理解掌握男女厕所标识形象的区别。

续表

教学环节	教师活动	学生活动	技术应用
（三）学习新知	4.通过课件的交互功能，请学生轮流来进行分类，把刚刚分析过的男女厕所标识分别放入男厕所标识的类别框内和女厕所标识的类别框内。操作正确即可放入，错误即提示错误要重新选择。	4.A组学生能够独立完成分类游戏，并说出根据什么判断的； B组学生能够在教师指导下完成分类游戏，并知道是如何判断的； C组学生能够在教师指导说明下完成分类游戏。	通过课件的交互功能设计游戏互动，通过点触分类检查学生所掌握的情况，提高学生的课堂参与度。
（四）巩固练习	1.展示课文插图，请学生思考天天和兰兰应该进哪一边的厕所。 教师通过课件放大插图中男女厕所的标识，并讲解分析如何区分男女厕所，带领学生判断男女厕所，再通过课件动画生动形象地展示天天和兰兰进入男女厕所的画面，验证学生的判断来进行巩固。 2.通过课件导入小福弟弟遇到困难的场景，请学生用刚刚学过的知识帮助小福弟弟解决难题，判断他应该去哪边的厕所。 3.模拟实景巩固练习。 （1）教师出示商场公共厕所的图片，创设老师逛商场想去厕所的情境，请学生帮助老师选择正确的厕所方向，教师放大图片上的标识，引导学生观察区分男女厕所，老师作为女生要想找到女厕所就要找到穿裙子形象的标识，请同学们帮老师找一找。 （2）结合商场、公园等真实场景，请学生说一说自己作为男生/女生去公共厕所时应该怎样选择，为什么？	1.A组、B组学生能说出天天是男生，应该进左边的男厕所；兰兰是女生，应该进右边的女厕所。C组学生能在指导下分别指出天天和兰兰应该进的厕所。 2.A组、B组学生能说出作为男生，小福弟弟应该去左边的男厕所；C组学生能在指导下指出左边的男厕所。 3.模拟实景巩固练习。 （1）全体学生指出老师作为女生应该去左边的女厕所。 （2）A组、B组学生能说出自己作为男生/女生去公共厕所时应该怎样选择，为什么；C组学生能在引导下指出自己作为男生/女生去公共厕所时应该选择哪一边。	通过动画制作，模拟天天、兰兰分别走进男厕所的动画，让学生更直观地看到天天作为男生走进的是男厕所，兰兰作为女生走进的是女厕所，增加趣味性和真实性，激发学生的学习兴趣，同时巩固所学知识。 通过现实场景的图片、视频课件，模拟实景，结合生活场景把所学习的知识应用于真实生活场景中，提高学生的适应能力。

教学环节	教师活动	学生活动	技术应用
（五） 课堂 小结	教师强调外出去厕所要使用公共厕所，不能随意大小便；男生要去男厕所，女生要去女厕所。区分男女厕所的重点：有穿裙子的形象的标识指示的是女厕所，标识颜色可能是红色或粉色；有不穿裙子的形象的标识指示的是男厕所，标识颜色可能是蓝色或绿色。	全体学生观察标识，听老师总结本课重点。	通过课件直观地对比展示标识，概括总结本节课所讲的重点内容，便于学生扎实掌握本节课的知识点。
（六） 课后 延伸	请学生下次和爸爸妈妈逛商场或公园的时候，尝试找一找公共厕所，并告诉爸爸妈妈如何分辨男女厕所。教师提醒学生：外出去厕所前一定要告诉爸爸妈妈，千万不要一个人随意走开。	全体学生和爸爸妈妈一起完成课后延伸的小任务。	

常见的饮品

姓　名	刘程荣	学　科	生活适应
单　位	成都市锦江区特殊教育中心	年　级	二年级

一、学情分析			
（一） 本班概况	本班有 7 名学生，4 名孤独症，3 名智力障碍。			
（二） 个体情况	课堂常规	课堂参与	聚焦本课的学科能力
小曹 （孤独症）	课堂常规良好，能够按照老师的指令调整自己的状态。	情绪状态良好，能积极参与课堂且互动较好，注意力易分散，易受干扰、刺激。	感知觉：视觉、味觉正常，嗅觉刺激需求大，喜欢闻各种有气味的东西。 动作：基本物件操作能力较好，手眼协调能力较好。 认知：对常见的饮品有一定的认知，能够说出常见饮品的名称，能够认识白色，能够区分酸甜苦辣并说出来，能够分辨常见的气味，但不一定能够准确描述出来。
涵涵 （智力障碍）	课堂常规良好，能够按照老师的指令调整自己的状态。	情绪状态良好，能积极参与课堂且互动很好，喜欢被表扬。	感知觉：视觉、嗅觉和味觉正常，无特殊行为表现。 动作：基本物件操作能力较好，手眼协调能力较好。 认知：对常见的饮品有一定的认知，能够说出常见饮品的名称，能够认识白色和橙色，能够区分酸甜苦辣并说出来，能够分辨常见的气味，并说出其名称。
轩轩 （孤独症）	课堂常规意识有待提升，有推拉桌子的行为，喜欢随意唱歌，且容易情绪化。	注意力持续时间较短，对于感兴趣的内容才能够积极参与课堂，情绪状态欠佳。	感知觉：视觉、嗅觉和味觉正常，听觉失调，在嘈杂环境下容易发脾气，喜欢捂着耳朵大声唱歌。 动作：基本物件操作能力较好，手眼协调能力较好。 认知：对水和牛奶有一定的认知，能够说出其名称，能够认识白色和橙色，能够区分酸甜苦辣并说出来，能够分辨常见的气味。

（二）个体情况	课堂常规	课堂参与	聚焦本课的学科能力
杨杨（智力障碍）	课堂常规需教师提醒，并且容易受到自我状态影响。	情绪状态良好，能积极参与课堂，注意力易分散，易受干扰、刺激，自我意识较强。	感知觉：视觉、嗅觉和味觉正常，无特殊行为表现。 动作：基本物件操作能力欠佳，精细动作欠佳，手眼协调能力较好。 认知：对常见的饮品有一定的认知，能够认识水和牛奶，能够认识白色，能够区分酸甜苦辣，不能够根据气味区分物品。
土豆（智力障碍）	课堂常规意识有待提升，有玩弄桌椅和离开座位的现象。	学习动机不高，参与课堂积极性较弱，有意注意少，无意注意占绝大部分时间。	感知觉：嗅觉和味觉正常，无特殊行为表现，视力弱，视觉范围狭窄。 动作：基本物件操作能力欠佳，手眼协调能力欠佳。 认知：对常见的饮品有一定的认知，能够认识水和牛奶，不能准确说出颜色，能够区分酸甜苦辣，不能够根据气味区分物品。
乐乐（孤独症）	课堂常规需教师提醒，并且容易受到自我状态影响。	情绪状态良好，课堂参与度时好时坏，注意力易分散，易受干扰、刺激，自我意识较强。	感知觉：视觉、嗅觉和味觉正常，无特殊行为表现。 动作：基本物件操作能力较好，手眼协调能力较好。 认知：对常见的饮品有一定的认知，能够认识水和牛奶，能够认识白色，能够区分酸甜苦辣，不能够根据气味区分物品。
锐锐（孤独症）	课堂常规需教师提示才能安坐，其他常规建立中，课堂状态容易受到自我状态影响。	课堂参与感较低，能在极少感兴趣的教具上关注课堂，情绪状态大部分时间稳定，但是喜欢自己玩弄不相关的物品。	感知觉：嗅觉、味觉和视觉正常，无特殊行为表现。 动作：基本物件操作能力较好，手眼协调能力较好。 认知：对常见的饮品有一定的认知，能够认识水和牛奶，不能准确地认识颜色，能够区分酸甜苦辣，但无法说出味道，不能够根据气味区分物品。

续表

二、教学内容解析	本课内容《常见的饮品》来源于人民教育出版社二年级下册第二单元个人生活。本单元分为常见的饮品、我的三餐、整理自己的餐具和身体不舒服4课。本单元围绕"饮食习惯"和"疾病预防"两个领域展开，教材内容与学生生活息息相关，通过本单元的学习希望学生能够进一步提升基本的个人生活能力，养成良好的饮食习惯，会初步表达自己的身体感受。 　　教材中包含了认识生活中不同包装下的常见饮品、安全饮用饮品、常见饮品的原料三大板块。课题分为3个课时，本课是第1课时，在本课中教师以教材为基础，将教学内容生活化，以为超市选购饮品的情景视频作为引入，以不同的饮品具有不同的特征作为切入点，重点带领学生认识常见的三种饮品：水、橙汁和牛奶，带领学生通过眼看、鼻闻、嘴尝等方式，调动多感官了解水、橙汁和牛奶的颜色、气味和味道，认识这三种常见饮品的主要特征，认识三种饮品的不同包装形式。

三、教学目标

1. 总体目标：

知识与技能：

（1）认识三种常见的饮品，能够说出其名称。

（2）能够具体认识到三种常见饮品的特征；如：颜色、气味和味道。

过程与方法：通过眼看、鼻闻、嘴尝等方式认识三种常见饮品的主要特点。

情感、态度、价值观：通过对常见饮品的认识，初步养成良好的饮食习惯。

2. 个别化目标：

学生	涵涵	小曹	轩轩	杨杨	乐乐	土豆	锐锐
目标1	●	●	●	○	●	●	●
目标2	●	●	●	●	●	◎	◎
目标3	●	●	●	●	◎	●	○
目标4	●	●	◎	●	◎	○	○

注：●独立完成任务 ◎少量辅助下完成任务 ○较多辅助完成任务

四、教学重难点与准备

教学重点：通过眼看、鼻闻、嘴尝等多感官方式认识三种常见饮品的主要特点。

教学难点：通过情境体验选择合适的饮品。

教学准备：多媒体、磁力图卡、字卡、颜色卡、水、牛奶、橙汁、一次性透明杯、纸杯、可乐等其他饮品、课后题单

五、教学过程

环节	教师活动	学生活动		设计意图
		集体活动	个别支持	
（一） 课堂常规	静息、坐直、起立、问好。	起立问好。	涵喊起立，口语提示C组起立。	通过课堂常规训练让学生调整好身心，做好上课准备。

续表

环节	教师活动	学生活动		设计意图
		集体活动	个别支持	
（二）导入	超市选购饮品情景导入： 展示教师超市选购饮品的视频。 问题1："看一看视频里面老师在哪里？" 问题2："老师买的是什么？" 定格情景，引出主题： 定格超市饮品架的照片，引导学生看一看，提问："在照片里面你看到了哪些饮品？" "这些都是我们常见的饮品，今天老师要带领大家用眼睛看、鼻子闻和嘴巴尝的方式带领大家一起来认识其中的三种常见的饮品。"出示"常见的饮品"主题。	关注视频，回答问题。 关注图片，回答看到的饮品名称。	提示轩、豆、锐、关注屏幕。 点名提问乐、轩、豆、杨看到了什么饮品。	通过视频用生活情景入手，结合学生已有生活经验，激发学生学习兴趣，帮助学生初步感知各种饮品，为后续教学做准备。
（三）新授	环节一：认识水 "这是刘老师带来的第一种饮品，请大家看一看是什么？" 出示水的实物：用透明杯子呈现。 说出名称：请同学们说出其名称。 看颜色：大家用眼睛仔细看一看，水有没有颜色？ 得出结论：水没有颜色（点击PPT上眼睛图片触发出示水的色卡）。 闻气味：用鼻子闻一闻水有没有气味（教师示范闻的时候用手扇过来闻）。 得出结论：没有气味（点击鼻子图片触发出示词卡）。 尝味道：用嘴巴尝一尝水是什么味道？ 得出结论：没有味道（出示词卡）。 PPT呈现不同包装形式的水的	观察。 说出：水。 观察后回答。 闻水的气味。 尝水的味道后回答。 观察图片，回答各种水的包装形式。	提示轩、豆、锐、观察。 询问豆、锐。 引导轩、乐、杨组回答，豆、锐复述。 辅助豆、锐闻气味。 引导锐锐复述答案。 提示轩轩和豆、锐组学生关注。	让学生通过多感官感知水的三种特征。 结合生活实际，感知不同包装状态的水。 及时反馈学生对水的掌握情况。

续表

环节	教师活动	学生活动		设计意图
		集体活动	个别支持	
（三） 新授	图片：呈现不同包装形式的水，桶装的水、瓶装的水、杯装的水等。 及时反馈：从多种实物饮品中选出水。 环节二：认识牛奶 "第二种饮品，请大家用刚刚认识水的方式来认识它。" 出示牛奶实物：用透明杯子呈现并说出名称：提问：这是什么饮品？ 看颜色：牛奶是什么颜色？ 得出结论：白色（请学生贴色卡）。 闻气味：牛奶有什么气味？ 得出结论：奶香味（请学生贴词卡）。 尝味道：牛奶是什么味道的？ 得出结论：一点点甜（请学生贴词卡）。 PPT 呈现不同包装形式的牛奶的图片：呈现不同包装形式的牛奶，保鲜盒装的、瓶装的、杯装的等。 及时反馈：两两 PK，选出牛奶；在下列图片中点击出牛奶。 环节三：认识橙汁 接下来我们一起来认识今天要学习的第三种饮品——"请同学自己选择用看、闻或是尝来判断这是什么饮品？"（出示不透明杯子装的橙汁的实物） "你是怎么判断出它是橙汁的？" 请学生将判断依据贴在黑板上。 总结橙汁的特征：橙色、橙子味、甜甜的。 PPT 呈现不同包装形式的橙汁的图片：认识不同包装形式的橙汁，罐装的、瓶装的、杯装的等。 及时反馈：在下列实物中选出橙汁。	选出水。 学生关注多物品，引导学生说出自己看到的颜色、闻到的气味和尝到的味道。 说出图片上牛奶的包装形态。 进行游戏 自行选择判断方式，并说出判断出的饮品名称。 回答判断方式，如：闻到了橙子的气味，贴出色卡或词卡。 认识和说出包装形式。	依次请乐、杨、豆选出水。 轩、乐引导说出；锐、豆重复答案。 豆贴词卡。 轩贴词卡。 乐贴词卡。 提示豆、锐关注。 辅助豆和锐完成。 请涵、曹、杨、轩判断并将判断依据（颜色、气味和味道）贴在黑板上。 提示豆、锐关注。 请豆、锐来选择。	让学生在老师的引导下根据多感官体验的方式来探究牛奶的特征，提升学生的探究性和对学习方法的掌握。 以多媒体游戏的形式检验学生的习得情况，激发学生的兴趣 让学生自主探究，提升学生的探究能力和学习方法应用的能力。

环节	教师活动	学生活动		设计意图
		集体活动	个别支持	
（四）巩固练习	活动一 配对游戏：将不同包装形态的饮品放入对应的饮品中。 引导："请大家将下列饮品放入对应的饮品中。" 活动二 蒙眼识饮品：将眼睛蒙住，通过闻气味和尝味道说出饮品名称。	进行游戏。 进行练习活动。	难易分层：涵、曹、轩每类饮品三个；乐杨每类饮品两个；豆、锐每类饮品一个。 难度分层：涵、曹增加干扰物。	通过判断、区分、辨认、巩固对不同饮品的认识。 通过气味和味道判断、区分、辨认、巩固对不同饮品的认识。
（五）总结	这节课我们认识了三种常见的饮品，知道了它们的颜色、气味和味道。今天作业就是回家以后大家和自己的爸爸妈妈一起去超市买一种饮品，用看、闻、尝的方式来总结这个饮品的特征，下一次上课来给大家介绍这个饮品。 静息、坐直、起立，同学们再见，下课休息。	关注老师、领取课后题单。	口语提示豆上台领题单。	总结本节课内容，布置作业。
（六）板书设计	常见的饮品 没有气味 无味 奶香味 一点点甜 橙子 甜甜的			

297

续表

（七）作业设计	和自己的爸爸妈妈一起去超市买一种饮品，用看、闻、尝的方式来总结这个饮品的特征，下一次上课来给大家介绍这个饮品。

<table>
<tr><td rowspan="6">（八）
教学效果
及反思</td><td colspan="8" align="center">预期目标达成情况</td></tr>
<tr><td></td><td>小曹</td><td>涵涵</td><td>轩轩</td><td>乐乐</td><td>杨杨</td><td>土豆</td><td>锐锐</td></tr>
<tr><td>目标1</td><td>★</td><td>★</td><td>★</td><td>★</td><td>★</td><td>★</td><td>★</td></tr>
<tr><td>目标2</td><td>★</td><td>★</td><td>★</td><td>★</td><td>★</td><td>★</td><td>★</td></tr>
<tr><td>目标3</td><td>★</td><td>★</td><td>★</td><td>★</td><td>★</td><td>★</td><td>☆</td></tr>
<tr><td>目标4</td><td>★</td><td>★</td><td>★</td><td>☆</td><td>★</td><td>☆</td><td>☆</td></tr>
</table>

注：★达成目标；☆未达成目标。

（九）课堂反思	目标的达成上：本课中预设教学目标符合本班学生认知思维发展规律，兼顾生活适应课程的学科性和生活性，尊重学生的主体性，将学生的生活经验紧密结合起来，让学生不断地通过看、闻和尝的方式习得经验，保证了学生在学习的过程中获得充分的体验，整个教学过程始终围绕教学目标展开，基本达到本课设计的教学目标。 　　在教学活动的实施中，通过精准分析学生的学情，根据学生的实际情况对教学实施策略进行调整，为不同能力层次的学生提供适当的提示和辅助，让每一名学生有效地参与到课堂活动中来。教学语言简洁，教学流程清晰流畅。同时，在教学过程中教师通过使用软件，对学生进行视觉提示、声音刺激等策略让学生多感官、全方位认识常见的饮品。如：通过课件图片的触发顺序和触发源，让学生了解到水的不同特征有不同的习得方式，如：点击眼睛，获得颜色图卡；点击鼻子，获得气味字卡等；在认识水的反馈练习中，选择出下列图片中的水，为不同图片设置不同的触发符号和触发音效，让学生更加清楚地意识到选择的正误，同时也增加对学生视觉和听觉的刺激。利用软件将练习环节设置成游戏形式的课堂活动，不仅能够激发学生的兴趣，还能提高课堂教学的有效性，认识牛奶环节的反馈练习，以竞赛的形式选择牛奶，两两同学PK，增加学生的互动性、激发学生的积极性，使课堂生动活泼。 　　在评价方式上：教学中教师既重视对学生的过程性评价也兼顾到结果性评价，通过运用击掌、口语表扬、多媒体及时反馈等评价方式对学生给予正向评价，维持学生学习动机、提高学生学习兴趣。 　　在教学过程中还存在细节需要完善，比如在配对练习的环节中，因学生不知道需要通过拖动图片来完成配对，导致学生未能在第一时间触发游戏效果，后经过提示才完成练习任务。因此在今后的教学中还需要根据学生能力增加示范频次。

升国旗

姓　名	余佳慧	学　科	生活语文
单　位	苏州工业园区仁爱学校	年　级	三年级

一、 教学内容 分析	本课选自培智学校义务教育实验教科书《生活语文》三年级下册第1课，是"学校生活"主题下的课文。课文呈现了在学校升国旗、少先队员敬队礼的场景。本课以"升国旗"为切入点，引导低年段学生认识国旗，知道升国旗时的礼仪要求，培养他们的国家意识，进行爱国主义教育。教师根据本班学生的学习能力和特点，结合学校的升旗仪式，联系生活经验，引导学生在仪式中提高听、说、读、写的能力，培养适应生活的语文素养。
二、 学情分析	A组　葛某某　孤独症 　　发展现状：识字量较大，识字较快，机械记忆为主。能用普通话朗读课文，吐字清晰；发言时音量比较小，需要老师提示。能在情景中理解词、句的意思。能阅读背景简单的图画，在提示下说出大意。书写能力尚可，以描写为主，能抄写笔画四笔内的简单汉字。课堂常规较好，但注意力比较分散，学习主动性一般，需要老师较多地给予口头提示。 　　（本节课）个人目标： 　　（1）能正确认读和理解词语"五星红旗、立正、敬礼、国旗"；能独立认读汉字"升、立、正"，书写汉字"立"；能正确流利地朗读课文。 　　（2）能正确朗读和理解句子（第三、四句），在"升国旗"情景中会敬队礼。 　　（3）懂得爱护国旗，初步树立爱国意识。 A组　冯某某　智力障碍 　　发展现状：能关注汉字，识字能力尚可。能用普通话朗读课文，发音准确度一般。能在情景中理解词、句的意思。能阅读背景简单的图画，在提示下说出大意。书写能力较好，能抄写笔画五笔内的简单汉字，字迹比较清晰。课堂参与度高，能积极主动参与课堂教学活动，调动班级学习氛围；课堂常规一般，需要老师的提醒。 　　（本节课）个人目标： 　　（1）能正确认读和理解词语"五星红旗、立正、敬礼"；能独立认读汉字"升、立、正"，抄写汉字"立"；能正确流利地朗读课文。 　　（2）能正确朗读和理解句子（第三、四句），在"升国旗"情景中会敬队礼。 　　（3）懂得爱护国旗，树立爱国意识。 A组　刘某某　精神障碍 　　发展现状：能关注汉字，有识字的兴趣，识字能力尚可。能用普通话朗读课文，吐字清晰。能在情景中比较快地理解词、句的意思，语用能力较好。能阅读背景简单的图画，说出大意。书写能力一般，能描写笔画五笔内的简单汉字，写字兴趣不高。课堂常规一般，需要教师创设有趣的情境激发学习兴趣；学习受挫或不被关注时会哭闹，要注意给予鼓励和引导。 　　（本节课）个人目标： 　　（1）能正确认读和理解词语"五星红旗、立正、敬礼、国旗"；能独立认读汉字"升、立、正"，描写汉字"立"；能正确流利地朗读课文。 　　（2）能正确朗读和理解句子（第三、四句），在"升国旗"情景中会敬队礼。 　　（3）懂得爱护国旗，树立爱国意识。

续表

二、 学情分析	**B组　陈某某　智力障碍** 　　发展现状：能主动识字，识字能力尚可。能用普通话朗读课文，吐字较慢，音量较低，清晰度一般。能在情景中理解词、句的意思。能在提示下阅读背景简单的图画，说出大意。书写能力尚可，以描写为主，能描写笔画五笔内的简单汉字。课堂上比较内向，需要教师创设活泼的学习氛围，调动学习积极性和主动性，需要教师多鼓励。 　　（本节课）个人目标： 　　（1）能在少量提示下认读和理解词语"五星红旗、立正、敬礼"；能独立认读汉字"五、立、正"，描写汉字"立"；能正确地朗读课文。 　　（2）能正确朗读和理解句子（第三、四句），在"升国旗"情景中会敬队礼。 　　（3）懂得爱护国旗，树立爱国意识。 **B组　陶某某　智力障碍** 　　发展现状：能关注汉字，识字能力尚可。能用普通话朗读课文，吐字较慢，能读出5～7字的单句，清晰度较低。在提示下能结合情景，理解词、句的意思。能在提示下阅读背景简单的图画，了解大意。书写能力较好，以描写为主，能抄写笔画四笔内的简单汉字，字迹比较清晰。能积极主动参与课堂教学活动，学习积极性高。 　　（本节课）个人目标： 　　（1）能在少量提示下认读和理解词语"五星红旗、立正、敬礼"；能独立认读汉字"五、立、正"，描写汉字"立"；在提示下能朗读课文。 　　（2）能朗读和理解句子（第三、四句），在"升国旗"情景中会敬队礼。 　　（3）懂得爱护国旗，树立爱国意识。 **C组　沈某某　智力障碍** 　　发展现状：能区别一般图形和汉字。能用普通话朗读和背诵课文。能理解常见名词，指认相应的图片。能在情景中感知语言、有效参与。能在引导下阅读背景简单的图画，了解大意。书写能力一般，能描写笔画五笔内的简单汉字，字迹比较清晰。课堂上的学习积极性较高，但注意力比较分散，课堂常规较差，需要老师较多的提醒。 　　（本节课）个人目标： 　　（1）能结合图片朗读词语"五星红旗、立正、敬礼"，听见词语时，能找出相应的图片；能结合符号、图片认读汉字"立"，描写汉字"立"；能流利地朗读课文。 　　（2）在少量提示下朗读句子（第三、四句），在"升国旗"情景中会敬队礼。 　　（3）初步树立爱护国旗、热爱祖国的意识。 **C组　李某某　孤独症** 　　发展现状：能区别一般图形和汉字。能在提示下用普通话朗读和背诵课文，说话音量较小。能理解常见名词，指认相应的图片。能在情景中感知语言、有效参与。能在引导下阅读背景简单的图画，了解大意。书写能力较弱，以使用书空字卡为主。课堂上的注意力比较分散；情绪不太稳定，存在扔东西、摔东西、躺地等行为（设置"安静角"）；课堂参与度一般，需要辅教陪同辅助学习。 　　（本节课）个人目标： 　　（1）能结合图片朗读词语"五星红旗、立正、敬礼"，听见词语时，能找出相应的图片；能结合符号、图片认读汉字"立"，描写汉字"立"；能在少量提示下流利地朗读课文。 　　（2）在少量提示下朗读句子（第三、四句），在辅助下能在"升国旗"情景中敬队礼。 　　（3）初步树立爱护国旗、热爱祖国的意识。

三、教学目标	A组 　　1. 知识与技能：能正确认读和理解词语"五星红旗、立正、敬礼、国旗"；能独立认读汉字"升、立、正"，书写汉字"立"；能正确流利地朗读课文。 　　2. 过程与方法：能正确朗读和理解句子（第三、四句），在"升国旗"情景中会敬队礼。 　　3. 情感、态度与价值观：懂得爱护国旗，培养爱国的意识。 B组 　　1. 知识与技能：能在少量提示下认读和理解词语"五星红旗、立正、敬礼"；能独立认读汉字"五、立、正"，描写汉字"立"；在少量提示下能朗读课文。 　　2. 过程与方法：能朗读和理解句子（第三、四句），在"升国旗"情景中会敬队礼。 　　3. 情感、态度与价值观：懂得爱护国旗，树立爱国意识。 C组 　　1. 知识与技能：能结合图片朗读词语"五星红旗、立正、敬礼"，听见词语时，能找出相应的图片；能结合符号、图片认读汉字"立"，描写空心汉字"立"；能在少量提示下流利地朗读课文。 　　2. 过程与方法：在少量提示下朗读句子（第三、四句），在辅助下能在"升国旗"情景中敬队礼。 　　3. 情感、态度与价值观：初步树立爱护国旗、热爱祖国的意识。
四、教学重难点	1. 教学重点 （1）能理解词语"立正、敬礼"，能朗读和理解句子（第三、四句）。 （2）能认读和书写汉字"立"。 2. 教学难点 （1）能正确流利地朗读课文。 （2）懂得爱护国旗，树立爱国意识。
五、教学资源	（1）环境布置：国旗、国旗台和站位标记，安静角。 （2）教学资源、教具：课件（音频＋视频）、字词卡片、流程提示卡、国旗（大尺寸1面、小尺寸2面）、学生照片、奖励板及代币（"大拇指"贴纸等）、作业单、田字格贴。 （3）服装：校服（提前一天提醒学生准备）。

六、教学过程

活动流程	教学关注点
（一）课前准备 1. 课前常规提醒： 【朗读课文《坐正站直》】 师：上课之前，我们一起来读一读这首儿歌吧！ 2. 师生问好。 师：上课起立！ 生：老师好！ 师：请坐！要坐正哦。	师生朗读儿歌。教师进行课前常规提醒。

续表

	活动流程	教学关注点
（二） 导入环节	1. 创设情境，导入课题。 【播放校园升旗仪式的视频】 师：请大家看视频，看看"同学们在操场上做什么？" 师生交流：我们学校有没有升旗仪式？什么时候举行升旗仪式？ 师生总结：在星期一的早上，我们学校要举行升旗仪式。 师：升国旗时，作为少先队员的你们要怎么做呢？今天我们继续学习课文《升国旗》，一起来学一学。 【电子白板和黑板呈现课题"升国旗"】 师：来，一起读课题。 2. 介绍本课任务。 师：升国旗是很重要、很光荣的仪式。今天，我们班有机会举行班级升旗仪式。同学们，你们行不行？找国旗、领国旗，要完成这两项任务才能举行升旗仪式哦。最终，表现好、得到很多"大拇指"的同学能成为升旗手、护旗手，站在国旗台上升国旗哦！同学们，加油！ 【电子白板呈现情境图和活动流程】 活动流程：（1）认一认，找国旗；（2）学一学，领国旗；（3）做一做，升国旗。	创设情境。通过播放升旗仪式的视频，导入课题，联系校园生活的真实情景，激发学生参与的兴趣。 设计与升国旗相关的活动，将学习任务和游戏环节串起来，创设丰富有趣的学习情境，促进学生全程有效参与学习。
（三） 学习环节	1. 认一认（找国旗）。 （1）复习字词。 词语：五星红旗、立正、敬礼 汉字：五、立、正、升 师：第一个任务：认一认，找国旗。完成这一关，同学们就能找到国旗哦。 【板书："一、认一认"】 （2）字词闪现，学生竞读。 【教具：大词卡】[教师相机评价] 师：小眼睛看这里，看谁读得又快又对！ （3）分组朗读，差异练习。 【教具：小词卡】[教师巡视评价] 师：接下来分组练习，同桌之间用小词卡，互相考一考。 A组：练习朗读字词"五星红旗、国旗、立正、敬礼、立、正、升"；在没有图片提示下，小组长冯某某和葛某某练习，老师和刘某某在白板上练习。 师：冯某某，你们组的小伙伴都会了吗？给他们贴上"大拇指"吧！	字词复习的形式多样，如竞读、分组朗读、单人朗读等，帮助学生巩固字词。每个学生的字词学习目标不同，教师给予学生的支持也不同，力求促进每位学生达成学习目标。

活动流程	教学关注点
B组：练习朗读字词"五星红旗、立正、敬礼、五、立、正"，在少量图片提示下，互相考考对方。 师：你们都读对了吗？了不起！给你们点赞。 C组：练习朗读字词"五星红旗、立正、敬礼、五、立"，在图文提示下，辅教带C组学生认读。 师：沈某某、李某某读得好不好？［辅教评价］ 教师总结评价：恭喜你们闯关成功，找到了国旗。 师：最后，我们再来齐读一遍！ 2.学一学（领国旗）。 （1）复习课文（第一句、第二句）。 师：同学们，班里有没有国旗呢？ 师：国旗也叫五星红旗。 师：来，谁来读一读我们上节课学习的这两句话？ （教师指定学生朗读。） 生（葛某某）：五星红旗，我们的国旗。国歌声中，高高升起。 （2）精读课文（第三句、第四句）。 师：接下来，我们继续"学一学"。	以旧带新，促进学生更扎实、更有效地学习。
【板书："二、学一学"】 ①跟读课文。 师：同学们，跟老师齐读课文。 ②细读句子。 师：升国旗时，我们少先队员要怎么做呢？请同学们看图说一说。 （预设：立正、敬礼……） 师：同学们的小眼睛真亮！跟老师一起一读这两句话。 A.理解词语"立正"【动作演示】 师：那你们会立正？会敬礼吗？谁想做小演员试一试？ 师：听老师口令，全体立正！敬礼！（教师动作演示。） ［相机评价］ 师：老师发现某某同学的立正做得非常好！（学生模仿：小脚并拢，站直，抬头挺胸。） 师：做得好，拍下来，上电视。 B.学习"立"字【书写教学】 师：接下来，请看这是什么字？ （预设：立。） 师：那我们可以怎么记住这个字呢？看！给它变个形，像不像一个人站在地上呢？	问题导读，激发学生的学习兴趣，引导学生自主观察和表达。 通过直观教学引导学生认清字形，了解字义，学会书写。

（三）学习环节

303

续表

活动流程		教学关注点
（三）学习环节	师：老师也来演一演。（视频播放：一点小小像脑袋，一横直直像手臂，一点一撇像双脚，稳稳站在平地上。） 师："立"就是站的意思。"立正"就是站得很正、很直。 师：我们再来试一试。立正！同学们站得很正、很直！有进步！ C.理解词语"敬礼"【看图模仿】 师：这位女同学在做什么？（教师展示"女同学敬礼"图片。） 师：我们向她学一学。（教师举手过头，手指并拢。） 师：谁想当小演员？上来试一试？ 师：我们再来试一试，敬礼！ 练一练 师：这位男同学怎么敬礼才对呢？谁来帮帮他？ 师：小朋友们，你们做得好不好呀？我们来看一看。 ③精读句子。 师："立正""敬礼"，同学们都会了。升国旗时，有没有其他礼仪要求呢？请某同学再来读一读这两句话。 A.学习句子（第三句） 师：升国旗时，我们的脸向着什么？（教师演示手势动作。） （预设：国旗。） 师：来跟老师一起读"向着国旗，我们立正"。 师：同学们，你们来试一试。立正！ 师：再来读一遍。（教师一边读，一边做动作。） B.学习句子（第四句） 师：发现了吗？小朋友们的眼睛望着什么？【看图观察】 （预设：小朋友们的眼睛望着国旗，看着国旗呢！） 师："望"的动作谁会做呢？某同学，请你望着老师。请你望着窗户。 师：某同学做得对不对？非常好！"望"就是用小眼睛看。 师：来，我们齐读一遍。 师：谁想再来试一试，一边读，一边加上动作？ 练一练 师：接下来，我们男生女生比赛朗读，看你们谁能领到国旗。 师：男生／女生起立，预备，读！（第三、四句） 师：恭喜同学们，领到了国旗！ 3.做一做（升国旗）。 师：最后一个任务"做一做"，同学们加油！	在动作演示、看图模仿、朗读练习中理解词语、句子的意思，能适当地拓展练习，巩固知识。 根据学生的能力和特点，个别化设计书写练习。

活动流程		教学关注点
（三） 学习环节	（1）练习书写汉字"立"。 师：下面请两位同学上来写一写。其他同学在练习纸上练一练。[巡视课堂，相机评价] A 组：冯某某描写、抄写，葛某某描写，刘某某在白板上描写。 B 组：陶某某描写、抄写，陈某某描写。 C 组：沈某某上台用粉笔描写，李某某在辅教的帮助下使用书空字卡。 师生共评：我们来看一看沈某某和刘某某写得好不好。 [最后可以加入投屏展示、评价] （2）读一读、演一演。 师：先请同学们一起朗读课文，要读得又整齐又响亮哦！ 师：接下来，演一演，边读边加上动作，看谁演得最好！ 师评价：恭喜同学们闯关成功。 （3）班级升旗仪式。 师：我们能举行班级升旗仪式啦！谁得到的"大拇指"多？某同学和某同学成为了我们班级的升旗手、护旗手。请你们站在国旗台（"星星"贴纸处）上。其他同学站在圆点上。 师：我们马上要开始升旗仪式了。少先队员准备唱国歌，敬队礼。（升旗手点击"白板放映"。）	重视评价，采取多种评价方式，营造课堂上生生互动、师生共学的学习氛围。 通过信息技术手段，创设"升国旗"的情境，学生们在参与中感知语言，丰富情感体验，发展适应生活的能力。
（四） 总结环节	1. 交流总结。 师：升国旗是一项非常重要、光荣的任务。我们班的同学们做得很好，都是优秀的少先队员！今后我们要继续努力，爱护国旗，好好敬队礼，热爱我们的祖国！ 2. 师生再见。 师：今天的课就上到这里。同学们再见！	总结本课，升华情感。

学生达成情况描述：

	课后评量							说明	
学生 姓名	刘某 某	葛某 某	冯某 某	陶某 某	陈某 某	沈某 某	李某 某	评量标准	完成方式
达成 情况	4/G	3/G	4/G	3/G	3/M	3/M	2/P	0 完全未达到 1 完成 25% 2 完成 50% 3 完成 75% 4 完成 100%	P1 需要协助 M 示范协助 G 口头提示

（五）学生评价方式

续表

活动流程		教学关注点
（六） 教学反思	本班级学生为培智学校低年段学生。作为少先队员的他们，在升旗仪式上，大部分学生不能独立、正确地敬礼，只有小部分学生具备初步的爱国意识和情感。因此，本课教学的初衷是结合《生活语文》三年级下册《升国旗》，引导学生认识国旗，知道升国旗时的礼仪要求，培养、增强爱国意识。在教学过程中，通过创设与升国旗相关的活动，将学习任务和游戏环节串起来，创设了有趣、有效的学习情境，在活动中提高学生听、说、读、写的能力，增强爱国意识。通过本节课的教学，学生基本达成了学习目标。当然也有值得反思的地方：教师的声音一直比较高亢，语言比较多，学生可能容易产生听觉疲惫；教师还需要加强课堂教学语言表达能力，做到精练、有感染力；C 组的一个学生在课堂中的情绪不太稳定，由辅教陪同其参与活动，我对他的关注不够，对他的期望有所降低，没有耐心进行安抚，没有引导他参加更多活动，希望之后能在教学中真正做到"不放弃每一个学生"。	

升国旗

姓　名	王倩	学　科	生活语文
单　位	大连市沙河口区启智学校	年　级	三年级

一、 教材分析	本课内容为人民教育出版社培智学校义务教育实验教科书《生活语文》三年级下《升国旗》第一课时。本课课文呈现了学校升国旗的场景。课文呈现了1幅场景图、1篇课文、3个词语、3个汉字。场景图呈现了升国旗的情形，两位少先队员站在升旗台上，将国旗升到了旗杆的顶端。戴着红领巾的少先队员们面向国旗，立正并举起右手敬礼。表现了同学们尊敬国旗、热爱国旗的情景。课文内容与插图紧密配合，便于学生理解课文含义。
二、 学情分析	本班共有8名学生，其中3名轻度智障学生，3名中度智障学生，2名轻度孤独症学生。大部分学生能够遵守课堂常规，知道听从教师的指令，能够在一定的支持下有效参与学习。根据学生的认知能力、语言能力水平，本课的教学活动将学生分成AB两组。A组学生4名，认知能力较强，语言表达较完整，有较强的互动性，具有初步的书写能力，注意力持续时间较长，学习较积极主动，自我约束力较强。B组学生4名，认知能力一般，能理解一些简单情景或词语，会出现注意力不集中的情况，发音不清楚，需要矫正发音。
三、 教学目标	（一）知识与技能 A组学生 　　1.认真看图，看懂图意，进一步认识五星红旗，了解升旗仪式。 　　2.认读汉字"五""立""正"，描红和抄写汉字"五"，知道笔画规则。 　　3.认读词语"五星红旗""立正""敬礼"，理解词语的意思。 　　4.能正确、流利、有感情地朗读课文，并能理解课文内容。 B组学生 　　1.认真看图，看懂图意，了解升旗仪式。 　　2.认读汉字"五"，跟读汉字"立""正"。在教师辅助下描红汉字"五"。 　　3.跟读词语"五星红旗""立正""敬礼"。 　　4.能正确朗读课文。知道我国的国旗是五星红旗。 （二）过程与方法 A组学生 　　1.通过观察图片，培养学生的观察能力和语言表达能力。 　　2.在感知、体验、参与的过程中理解重点词语含义。 B组学生 　　通过观察图片，培养学生的观察能力和语言表达能力。 （三）情感态度与价值观 A组学生 　　知道升国旗时的礼仪要求，逐步形成热爱国旗、热爱祖国的意识。 B组学生 　　知道升国旗时要立正、敬礼。 （四）康复目标 　　矫正学生发音，培养学生完整的语言表达能力。

续表

四、教学重难点	教学重点： 1. 认读生字、词语，理解词语的意思。 2. 正确、流利、有感情地朗读课文，理解课文内容。 教学难点：理解课文内容。 关键：创设情境、直观演示。		
五、教学准备	多媒体 PPT、视频、国旗实物、词语卡片		
六、教学过程			
教学阶段	教师活动	学生活动	设计意图
（一） 创设情境，视频导入	1. 师：同学们，先看一段视频，看完之后，请你告诉老师，你看到了什么？（PPT 出示天安门升国旗的视频） 2. 师：今天就来学习《升国旗》。 3. 板书题目《升国旗》。 4. 师：注意"升"是后鼻音。	学生认真观看视频，并回答问题。 齐读课题。	从学生熟悉的视频导入，抓住学生的注意力，激发学生兴趣。
（二） 指导看图，初读课文	（PPT 出示课本插图） 1. 师：同学们请看，图上画的是谁？他们在干什么？ 2. 师：说得真好，那课文中是怎样描写升国旗的呢？打开书，翻到第一课，请同学们自读课文，注意读准字音，读通句子。 3. 指名读课文。 发音不清楚的字词，教师个别指导、正音。 4. 把书立起来，齐读。	学生看图说话。 A 组：看图自己说。B 组：跟着说。 找学生读 齐读课文	利用与课文内容紧密配合的插图，做到了图文并茂，直观形象、便于操作。
（三） 随文学词，理解课文	1. 学习第一句，理解"五星红旗" 师：数一数，课文中有几句话？ 师：齐读第一句："五星红旗，我们的国旗。" 师：我们的国旗叫什么名字？ 看，这是什么？（出示国旗实物） 师：仔细观察国旗，谁能说说它长什么样？ （PPT 出示五星红旗图片）。 师：同学们，这就是五星红旗，五星红旗是我们的国旗，代表我们的国家。	学生回答问题。 齐读第一句。 五星红旗。 学生回答。 A 组回答问题。 B 组跟说。 学生认真倾听。	从五星红旗的实物入手，到图片，再到词语卡片"五星红旗"的呈现，循序渐进，把认识事物与语言文字结合起来，让学生学习词语。充分利用了学生的生活环境和已有的生活经验，运用形象直观的教学手段，培养学生学词的兴趣和主动性。

教学阶段	教师活动	学生活动	设计意图
（三） 随文学词， 理解课文	一颗大星代表中国共产党，四颗小星代表全国各族人民。四颗小星围绕在大星的右侧，代表全国人民团结在中国共产党的周围，团结一心。 （PPT出示五星红旗词语）。 黑板上粘贴词语：五星红旗。教师示范读，组织学生跟读，组织学生开火车读。 师：你能在教室里找到五星红旗吗？ 再读一遍"五星红旗"。 指导朗读： 师：五星红旗鲜艳夺目，一眼就能看出，多么自豪啊。看来国旗已经深深地印在你们的心里。 （PPT出示"五星红旗，我们的国旗。"） 师：谁把这句话读一下？谁再读一下？ 师：谁来说一说，读得怎么样？ 师：应该怎么读？把"我们"重读，你能读出来吗？ 用自豪的语气齐读一遍。 2.学习第二句，理解"徐徐" 师：再看一段视频，升国旗的时候，你听到了什么？看到了什么？ (PPT出示课文：国歌声中，徐徐升起) 师：读得真好，提问：伴随着国歌，国旗是怎样升起来的？ 理解"徐徐"。 师：徐徐升起是怎样升起？接下来，我们就来一个模拟升国旗仪式，一起感受国旗是怎样升起来的？ 师：升国旗要肃立，要安静。同学们敬礼。 指导朗读： 师：我们模拟了升国旗仪式，像这样节奏缓慢，一点一点地向上升起，我们就可以说"徐徐升起"。 师：读一读这句话？节奏缓慢地读。	朗读词语。 开火车读。 学生找一找。 指名读。 学生评价。 用自豪的语气齐读。 学生观看视频，回答问题。 齐读第二句。 学生回答。 模拟升旗仪式。 同桌之间互相读。 分组读、齐读。	通过观看视频以及模拟升国旗仪式，为学生创造了一个情境，让学生在感知、体验、参与的过程中理解"徐徐"的含义。

续表

教学阶段	教师活动	学生活动	设计意图
（三） 随文学词， 理解课文	3.学习第三句、第四句，理解词语"立正""敬礼" 师：刚才升国旗时，同学们都做得很不错，我们再来看看书上的少先队员是怎么做的？ （PPT出示课本插图，） 师：课文中是怎样描写的，能找到这句话吗？ （PPT出示：向着国旗，我们立正。望着国旗，我们敬礼。） 师：向着国旗我们要怎样？望着国旗我们要怎样？ （黑板粘贴立正、敬礼） 组织学生多种形式朗读词语"立正""敬礼"。 理解"立正"和"敬礼"的意思。组织学生做一做动作。 进一步体会句子感情：为什么要向国旗立正、敬礼呢？ 指导朗读： 师：请同学们读一读这句话，看看谁充满了热爱祖国的感情。 师：让我们带着对国旗的尊敬，一起来读这两句话。	学生看图说一说。 A组回答问题。 B组跟说。 学生回答。 指名朗读。 齐读。 朗读词语。 学生做动作。 学生回答。 指名读，学生评价。 齐读。	让学生演示动作，调动了学生的学习兴趣，进一步理解了词语含义。
（四） 整体回归， 指导背诵	1.师：国旗是我们国家的象征，让我们怀着对国旗的尊敬、热爱完整朗读全文。 2.PPT出示课文情景图，找同学背诵。 3.全班一起背诵。	齐读。 个别背。 集体背。	以读促教，在读中反复巩固、体会、感受、理解课文内容。
（五） 指导写字， 规范书写	1.指导书写"五"。 2.引导学生观察生字在田字格中的位置。 3.教师示范，讲解书写要点： 第二笔的"竖"略微向左倾斜，第三笔"横折"写在横中线上。 4.找学生到黑板上书写，集体点评。	 学生描红。 学生书写。	教学中把握了起点，循序渐进，一步一步指导学生写字，掌握生字书写。
（六） 课堂总结	师：学习了今天的课文，我们知道，五星红旗是（我们的国旗），在国歌声中,(徐徐升起)。升国旗时，我们要（立正，敬礼）。	学生回答。	

四季

姓　名	杨丽娟	学　科	生活语文
单　位	上海市闵行区启智学校	年　级	三年级

一、 基本情况 分析	（一）教材分析 　　《四季》是2019国家教材委员会审定的培智学校义务教育实验教科书《生活语文》三年级下册第四单元自然与社会中第10课内容。为了让学生更好地感受四季，理解一年有春夏秋冬四季轮转，人和大自然都会随着不同季节发生变化，本课在教学进度上做了调整放在第3课《寻找春天》后面继续学习。在之前的教材中，学生已经学习过一些关于季节的课文，如《花草树木》《秋天的校园》《堆雪人》《寻找春天》。在这些课文中，学生学习了词语"春天""秋天""雪人""小花""小草""树木"，了解了一些有关季节的知识，如春天小草发芽，小花开放；秋天来了树叶黄了；下雪了，小朋友堆雪人。本课文呈现了春、夏、秋、冬的不同景色和自然现象，结合已有的学习经验能够让学生更好地了解四季的特征，感受四季的变化，激发学生热爱大自然的思想感情。 　　本课主要教学内容：①学习一首儿歌，一年分四季，春夏和秋冬，天气多变化，阴晴雨雪风；②掌握词语，四季、天气、春、夏、秋、冬；③学会书写生字，冬；④认识生字，季、夏、秋，并学会组词。《生活语文》三年级下册《教师教学用书》中建议本课为3课时，第一课时：①了解四季特征，认读词语"四季、春、夏、秋、冬"；②学习第一句儿歌。第二课时：①学习生字：季、夏、秋、冬，并学会组词；②学写生字"冬"。第三课时：①了解天气变化，认读词语"天气"；②学习第二句儿歌。本节课为第一课时，在已有知识经验基础上理解四季特征，认读词语"四季、春、夏、秋、冬"，学习儿歌"一年分四季，春夏和秋冬"。在教学过程中教师可以采用直观教学法、情境教学法与观察引导、提问启发结合，通过教师的讲解和学生的观察，在创设的情境中完成教学目标，既可以锻炼学生在真实情境中的语言理解能力和表达能力，又能够活跃课堂学习氛围，提高学生学习的兴趣。 （二）学情分析 　　本班共有8名学生，六名孤独症（谢、石、孙、王、林、王），一名唐氏综合征（周）和一名18号染色体异常的学生（李）。分层如下：A组（李、王），B组（谢、周、王、林、孙），C组（石）。 　　根据《特殊儿童认知能力评估指导手册》中具体概念学习项目的评估结果。本班学生能够初步掌握常见的具体概念，如能认识常见的动物、能列举常见的水果、能列举常见的食品等。A层学生能够知道天气，知道季节，知道基本的自然现象如闪电、雷鸣、日出、日落等。BC层学生尚未掌握与本课相关的具体概念。根据《特殊儿童语言与沟通能力评估指导手册》中"理解表示时间的词语"项目评估的结果A组在语境中或提示下能理解11个及以上表示时间的词语如白天、晚上、上午、下午、中午、四季、星期等，BC组在语境中或提示下能理解5个及以下表示时间的词语，如白天、晚上。本课中主要训练的发音为声母j、q、x、s，单韵母i，后鼻韵母ong。根据《特殊儿童语言与沟通能力评估指导手册》中"发音"项目评估的结果，4名学生在这6个发音中得到满分，1名学生明显的构音障碍本课涉及的6个发音得分均为0，其他3名学生个别发音有问题。针对发音评估结果，在教学过程中对4名发音较好的学生要求读准确每个词，注意音调和节奏；对发音存在问题的学生，注重每个发音的练习，纠正发音问题。

续表

一、 基本情况 分析	在三年级上册《生活语文》课中已经学习了 11 篇课文，1 首古诗。通过学习 A 层学生能够正确地认读课文中的词语和句子，会仿写 11 个生字，会观察图片并用"谁在什么地方干什么。"句型进行描述。B 层学生能够仿说学过的词语和部分句子，其中 3 名学生会描写汉字，能看简单的图回答图上有什么。C 组能够倾听老师读词语时愿意伸手指点图片，愿意在老师辅助下在书写板上描写生字。
二、 教学目标	本课总目标 A 组： 　　1. 认识四季的图片，初步了解四季的特征。 　　2. 认读汉字和词语"四季、天气、夏、秋、冬、季"，能给汉字"夏、秋、冬、季"组词。 　　3. 能正确流利地朗读儿歌。 　　4. 能结合图片呈现的场景说句子如"春天，小草发芽了。" 　　5. 积累生活经验，体验观察和想象带来的乐趣。 　　6. 初步感知四季变化与人的关系，激发热爱大自然的思想感情。 B 组： 　　1. 认识四季的图片，能听指令指出目标图片。 　　2. 跟读汉字和词语"四季、天气、夏、秋、冬、季"，跟读汉字"夏、秋、冬、季"的组词。 　　3. 能跟读儿歌。 　　4. 初步感知四季变化与人的关系，激发热爱大自然的思想感情。 C 组： 　　1. 倾听老师和同学读词语。 　　2. 在老师辅助下，愿意指一指、点一点实物和图片。 课时目标 A 组： 　　1. 认识四季的图片，初步了解四季的特征。 　　2. 认读汉字和词语"四季、夏、秋、冬"。 　　3. 能正确流利地朗读儿歌第一句。 　　4. 积累生活经验，体验观察和想象带来的乐趣。 　　5. 初步感知四季变化与人的关系，激发热爱大自然的思想感情。 B 组： 　　1. 认识四季的图片，能听指令指出目标图片。 　　2. 跟读汉字和词语"四季、夏、秋、冬"。 　　3. 能跟读儿歌第一句。 　　4. 初步感知四季变化与人的关系，激发热爱大自然的思想感情。 C 组： 　　1. 倾听老师和同学读词语。 　　2. 在老师的辅助下，愿意指一指、点一点实物和图片。
三、 教学 重难点	重点： 　　1. 能正确朗读儿歌第一句"一年分四季，春夏和秋冬"。 　　2. 跟读词语和句子。 　　3. 愿意倾听老师读词语。

三、教学重难点	难点： 1. 初步了解四季的特征。 2. 能听指令指出目标图片。 3. 愿意指一指点一点图片。		
四、教学准备	多媒体课件、图片、词卡		

五、教学过程

教学环节	教师活动预设	学生活动预设	设计意图
（一） 课前准备	师生问好。 做唇舌操。	问好。 做唇舌操。	养成常规，帮助学生调整好学习状态。通过坚持课前做唇舌操，帮助学生提高唇舌部肌肉力量和灵活性，为学习发音做准备，有助于学生更好地学习词语和句子。
（二） 复习	师：同学们上周我们学习了第3课《寻找春天》。让我们一起读词语：春天、春风、小苗、风筝、心情。再跟老师齐读课文。 师：现在正是春天，小草发芽，花儿开放，鸟儿飞翔，到处生机勃勃。随着气温一天天升高，春天会悄悄过去。紧随着春天而来的是哪个季节呢？ 师：今天我们一起来学习第10课《四季》。出示并齐读课题。	齐声跟读。 A. 独立指读。 B. 辅助指读。 C. 倾听同学朗读。	复习上一节课的内容，为新知识的学习做铺垫。 提问引入新课。
（三） 新授	1. 初步感受四季特征，认读词语"春天、夏天、秋天、冬天"。 师："一年分四季，春夏和秋冬"。杨老师请你们看一段视频，一边观看一边想一想：视频里有谁说了什么？ 播放视频《四季》 （1）引导学生思考回答问题，并书写板书。 景物：草芽　荷花 　　　谷穗　雪人 季节：春天　夏天 　　　秋天　冬天	观看视频。 A. 认真思考，自由回答。 B. 倾听并重复答案。 C. 关注课件和板书内容并认真倾听。	利用视频，吸引学生的注意力，激发学习兴趣。 培养学生的观察能力，了解四季的典型特征。通过观察，加强对季节的感知和认知。

续表

教学环节	教师活动预设	学生活动预设	设计意图
（三） 新授	其间可以再次观看视频 （2）指导学生认读\跟读词语：春天、夏天、秋天、冬天。 个别读、开火车读、集体读。 2.深入感受四季特征，学习儿歌"一年分四季，春夏和秋冬。" （1）指导学生了解四季的特征：由近至远观察图片。 春季 提问： ①图片上近处有什么？ ②图片上远处有什么？ ③这是什么季节？ 夏季 提问： ①图片上近处有什么？ ②图片上远处有什么？ ③这是什么季节？ 秋季 提问： ①图片上近处有什么？	A.能够独立正确认读。 B.能够跟着老师或同学读。 C.能够关注和倾听他人读。 A.认真观察图片，尝试用整句回答。 B.认真观察图片，用词语回答。 C.安静听课并关注他人活动。	纠正读音，加深记忆。 指导学生有序观察，引导学生说出四季的特征，培养学生的观察力和想象力，提高学生看图说话的能力。

教学环节	教师活动预设	学生活动预设	设计意图
（三） 新授	②图片上远处有什么？ ③这是什么季节？ 冬季 提问： ①图片上近处有什么？ ②图片上远处有什么？ ③这是什么季节？ （2）指导学生词语：四季、夏、秋、冬。 齐读 开火车读 师：我们一起学习一句儿歌：一年分四季，春夏和秋冬。 （3）指导学生读儿歌：一年分四季，春夏和秋冬。 个别读 集体读	A.独立认读。 B.跟读。 C.倾听他人读，并愿意用手指汉字。 A.正确流利地朗读，尝试背诵。 B.能够正确跟读。 C.倾听他人读，并愿意指点汉字。	重点词汇反复朗读，加深对词语的记忆。有助于学生对儿歌句子的理解和朗读。 儿歌内容源于生活，文字简单，生动易懂，读来朗朗上口。让学生以各种形式朗读，感受儿歌的韵律美，掌握儿歌的内容。
（四） 巩固练习	1.配对练习。 图文配对 文图配对 在《随堂练习单》上连线完成。 2.结合场景说句子。 个别回答 集体回答	A.独立完成。 B.辅助完成。 C.听词语指出图片。 A.能独立用句子回答。 B.在提示下能说出对应的季节。 C.倾听他人回答，并愿意指点图片。	随堂练习，巩固所学内容。
（五） 总结	师：今天我们认识了四季，春夏秋冬每个季节都有独有的特征。以后我们要多走进大自然了解四季变化，感受大自然的美丽。	ABC 安静地听课。	总结所学，布置作业，加以巩固。

续表

（六）课后作业	A组：正确认读词语，背诵儿歌。跟爸爸妈妈说一说每个季节的特征。 B组：跟读词语和句子。听爸爸妈妈说季节的特征，在书上指出对应的图片。 C组：愿意和爸爸妈妈一起翻书复习。							

（七）课后即时评估	分层	学生姓名	评估内容与标准							
			认读词语			理解词义			仿说句子	
			独立读	跟读	帮助下指点	图文匹配	听词指图	帮助下指点	独立说	跟说
	A组	李								
		孙								
	B组	周								
		谢								
	C组	石								

四季

姓　名	李国梅	学　科		生活语文
单　位	昌吉回族自治州特殊教育学校	年　级		三年级

一、教材分析	《四季》是人民教育出版社出版的培智生活语文教材三年级上册第四主题单元自然与社会的内容，生活语文课程基本理念明确提出生活语文课程应着眼于学生的生活需要，按照学生的生活经验和生存需要，以生活为核心组织课程内容。本课紧贴学生生活呈现了春、夏、秋、冬的不同景色和自然现象，学生通过观察教材中形象生动的插图了解生活中四季的变换及身边美丽的自然风光。教学中将教材间接经验转化为生活直接经验潜移默化地提高学生对四季的认识，积累丰富的生活经验。同时在观察的过程中，提高学生想象、认知能力，了解人与自然的关系，激发学生热爱大自然的思想感情。
二、学情分析	本班共 11 名学生，其障碍类型主要有智力发育迟缓、唐氏综合征、孤独症三类，学生间认知及学习能力差异较大。参照培智课程"四好"评估量表，学生可分为 A 好公民组（2 人）、B 好帮手组（5 人）、C 好家人组（3 人）、D 好照顾组（1 人）。 　　A 好公民组学生具有良好的语文学习素养，倾听及说话能力具有优势，在课堂中表现活跃且已养成良好的阅读、书写习惯。 　　B 好帮手组学生具有扎实的认知基础，能听懂日常生活中常用语言而且能模仿运用，并能使用简短的语言表达个人基本需求；在书写方面能用铅笔抄写（描写）常用汉字；但阅读理解及综合实践活动处于发展中，其能力相对薄弱。 　　C 好家人组学生认知基础薄弱，在教学过程中只能听懂简单指令及语句，语言发展缓慢且部分学生存在构音困难，阅读及书写处于基础发展阶段。 　　D 好照顾组学生无语言，注意力短暂且认知能力薄弱，难以融入集体教学需要教师提供个别化支持。
三、教学目标	知识与技能： A 好公民组：蔡×云、冯×萍 　　1. 流利朗读课文，初步理解课文内容，在教师提示下说出四季特征。 　　2. 认读并理解词语"四季、天气、春、夏、秋、冬"，根据句意选择恰当词语完成填空。 　　3. 观察图片组织语言使用词语说句子。 B 好帮手组：孙×皓、阿×热、杨×峥、刘×然、王×李 　　1. 跟读课文，看图正确区别春天、夏天、秋天、冬天。 　　2. 结合图片认读词语"四季、天气、春、夏、秋、冬"，将词语"春夏秋冬"与图片配对。 C 好家人组：李×明、杨×晶、阿祖× 　　1. 认真倾听，理解课堂简单指令。 　　2. 跟读词语"四季、天气、春、夏、秋、冬"，听指令指认春天、夏天、秋天、冬天图片。 D 好照顾组：林×泽（个别支持对象） 　　1. 支持内容：理解听指令、指认、写前准备（描画曲线）； 　　2. 理解并执行简单指令，初步具有描画协调能力。

续表

三、教学目标	过程与方法：在授课中借助多媒体课件及直观形象的图片向学生展示四季独特景色，通过观察图片将文字表象与个人生活经验结合，以便学生理解词语、课文内容。 　　情感态度：培养学生观察和看图说话能力，通过阅读理解激发学生保护身边环境、热爱大自然的思想情感。
四、教学重点	A 好公民组：认读词语、初步理解课文内容，在教师提示下说出四季特征。 　　B 好帮手组：跟读课文，结合图片认读词语。 　　C 好家人组：跟读词语，听指令指认图片。
五、教学难点	认读并理解词语，初步理解课文内容，了解四季特征。
六、教学、学习方法	情境教学法、协同教学、讲授法、练习法
七、教学准备	教材、课件、点读笔、个别化支持任务单、平板电脑、社交故事

八、教学过程

教学环节	教师活动	学生活动	支持策略	设计意图
（一）创设情境，揭示课题	1.组织教学、点名答到 教师点名，并请学生保持良好的坐姿。 2.板书课题、激趣导入 （1）教师播放歌曲《春天在哪里》，请学生认真聆听并说一说还知道什么季节？ （2）板书并齐读课题：《四季》。	规范课堂常规； 学生认真倾听并思考问题：除了春天还有什么季节呢？ 齐读题目。	ABC组学生教师提供动作提示及语言支持。 B组杨×峥对于季节交替适应较慢，表现敏感，夏季天气炎热容易出现频繁走出教室、前后晃动桌子的问题行为，同时在和同学相处过程中喜欢掐捏其他学生，为了让他更好适应季节交替，维持良好社交关系，在课前向他讲述社交故事——《愉快玩耍》。 D组学生助教教师全程支持。	保持良好的课堂常规是开展教学的基础，低段学生通过教师不断强化常规，为其今后养成良好学习习惯打好基础。 孤独症儿童在面对陌生或者变化了的情境时会因为对环境缺少控制感而产生焦虑情绪，社交故事运用孤独症儿童能理解的方式提前告知环境及其行为要求，对其即将到来的变化有所准备，进而减少问题行为。

教学环节	教师活动	学生活动	支持策略	设计意图
（二）初读课文，理解词意	范读课文 （1）教师示范读课文，学生认真倾听。 （2）学生自读课文。 （3）看图说一说四季景色特征。 认读词语 1.春、夏、秋、冬 （1）教师出示图片，请学生观察图片说出图片所示季节。 （2）教师示范读词语，学生跟读。 （3）齐读、开火车轮流读词语。 （4）指名学生认读，并鼓励学生看图使用词语说句子。 （5）听词语指认图片。 2.四季 （1）结合图片理解词语含义。 （2）教师范读，学生跟读。 （3）想一想四季包括哪些季节？结合生活实际说一说现在的季节。 3.天气 （1）引导学生观察图片，说一说图片中的天气分别有什么？ （2）教师范读，并结合图片讲解词语含义。 4.认读词卡 教师出示词卡，分辨并齐读词语。	师范读课文 1.学生倾听并模仿教师自读课文。 2.结合教材插图，说一说四季景色特征。 认读词语 学生观察图片，结合图片理解词语含义。 引导学生正确发音，注意构音困难学生强调反复认读。 学生观察图片使用词语说句子。 结合所学知识，说出"四季"具体季节及判断当前的季节。 结合所学知识，说出"四季"具体季节及判断当前的季节。 学生根据生活经验说出图中的天气。 在无图片提示下，认读词语。	A组学生由于学习及思考能力尚可，在教学中鼓励学生自主思考，减少支持次数；B组学生通过教师语言提示、同伴协作、视觉提示等进行单一支持；C组学生教师提供有声教材，弥补其构音和发音困难问题；D组学生助教教师全程个别化支持。 （内容提纲）任务1：理解并听指令； 任务2：教师提示指认四季图片； 任务3：听指令指认四季图片； 任务4：描曲线。	培智学生具有较强模仿能力，教师在示范读课文时调动学生倾听意识及听觉记忆为其独立认读课文做好铺垫。 由于培智学生思维发展长期停留在直观思维阶段，抽象词语对于学生而言较难理解，依照学生认知学习特点，教师出示图片提示，协助学生从图片表象认知逐步向抽象概念过渡。 为照顾学生个体差异，充分利用支持策略及辅助技术为学生学习搭好脚手架，此处借助辅具用具：有声教材等。

续表

教学环节	教师活动	学生活动	支持策略	设计意图
（三）使用词语、巩固新知	1. 擦一擦 教师在课件中随机出示图片和词语，使用蒙层特效在擦的过程中请学生仔细观察，根据内容猜想出是什么词语。 2. 连一连 教师课件出示"春、夏、秋、冬"四个季节，根据各个季节特征选择适合该季节的衣物。 3. 分一分 教师课件出示表示"四季"与"天气"的图片，请学生认真辨别并进行正确分类。 4. 填一填 教师读句，请学生根据句意选择恰当的词语完成选词填空。	1. 擦一擦 学生擦一擦并根据图片和部分词语提示说出是什么词语。 2. 连一连 学生思考季节特征，根据生活经验将各季节与相应衣物相连。 3. 分一分 学生根据图片所示内容，做出区别并进行归类练习。 4. 填一填 学生理解句意，完成选词填空。	A组学生单独完成；B组学生教师语言提示；C组学生教师辅助或同伴支持；D组学生助教教师全程支持。	生活化情景可以提高学生学习兴趣，不同的活动可以促进学生学习类化和应用。 抓住学生视觉直观学习的优势，以图为主，通过图片直观展示教学内容。在活动擦一擦、连一连、分一分的练习中强化对词语概念的掌握，为学生能正确使用词语搭好阶梯，最终完成填一填，达成理解与运用的要求。
（四）掌握新知、课堂小结	1. 动一动：手指操《四季歌》 春天草出头， 夏天树盖头， 秋天麦浪随风摆， 冬天大雪盖地头。 教师带领学生完成手指操，在手指操的教学中再次强调四季季节特征。 2. 知识小结 点评学生表现，引导学生保护环境。	（1）学生模仿教师动作共同完成手指操。 （2）说一说在日常生活中如何保护环境。	AB组学生完全模仿教师动作；C组学生随机模仿部分动作；D组学生助教教师全程辅助。	教师利用歌谣的方式帮助学生将片段、零散的知识综合起来，再次带领学生巩固四季特征。
（五）作业布置、家校共育	（1）认读词语"四季、天气、春、夏、秋、冬"。 （2）火眼金睛区别"四季"与"天气"图片。 （3）选词填空。 （4）家长和学生完成手指操《四季歌》。			

附件：好照顾组－林 × 泽个别化支持任务清单

生活语文《四季》课堂教学个别化支持任务清单

学生姓名：　　　　　　　日期：　　　　　　　记录人：

教学任务		课堂记录						目标达成标准	是否发生问题行为
一、创设情境，揭示课题 1. 理解并听指令（集体教学中） 如：坐好、手放好、举手……	指令	主							□有 □没有 行为： 原因：
		被							
二、初读课文，理解词意 2. 教师提示指认四季图片 工具：平板电脑	提示指认							3分：能独立完成该项目； 2分：在单一辅助下完成该项目； 1分：在两个或两个以上辅助下完成该项目； 0分：即使有示范或协助，儿童也不能完成该项目；	
三、使用词语，巩固新知 3. 听指令指认四季图片 工具：任务单	听指令	春							□有 □没有 行为： 原因：
		夏							
		秋							
		冬							
四、掌握新知、课堂小结 4. 写前游乐园（描画曲线练习）	描画曲线	1组	2组	3组	4组				□有 □没有 行为： 原因：
5. 娱乐：火眼金睛 工具：平板电脑	火眼金睛								□有 □没有 行为： 原因：
教师总评：									

小兔子乖乖

姓　名	钱慧茹		学　科	生活语文
单　位	天津市西青区启智学校		年级	三年级

| 一、
教材分析 | 　　《小兔子乖乖》是培智学校义务教育实验教科书《生活语文》三年级（下册）第三单元家庭生活的第九课。培智学校义务教育生活语文课程标准（2016 年版）中指出要"充分利用学生熟悉的情景，运用多种教学方法和形象直观的教学手段，培养学生的语文学习兴趣和主动性"。故本课以学生表演"情景剧"为伊始，揭示要学会自我保护，警惕陌生人，不轻易给陌生人开门的道理，在认读、理解生字"开"和词语"开门"的基础上，启发学生结合场景仿说简单的句子。
　　本课共分为四课时，本节为第一课时。教学中，教师将教学内容与学生的生活认知相结合，尊重学生已有的生活经验，重点学习生字"开"，讲解"k"和"ɑi"正确发音，舌位和唇位的练习。 |

二、
学情分析

　　本班共有 6 名学生，其中男生 4 人，女生 2 人。学生中多重障碍学生 1 人，语言障碍学生 1 人，智力障碍学生 4 人（其中 2 人都为语言发育迟缓）。本班学生语文知识和技能参差不齐，根据语文认知水平，现将学生分为 A、B、C 三层，具体情况如下：

姓名	年龄（岁）	残疾类型	组别	语文认知水平
李某某	12	多重障碍四级	A 层	语言基础较好，发音较清晰，无构音问题。能独立认读词语，有较强理解能力和语言表达能力，表现欲极强。但对舌尖前音和舌尖后音分辨不清。能独立书写简单的独体字，但是经常倒插笔，书写习惯不好。学习自主性很高，能在提示下认读词语，可以较好地参与语文教学活动。
张某某	11	智力障碍四级	A 层	已能认读一定量的常用字。有一定的识字能力，对记忆字形的各种方法尤其熟悉。发音较清晰，无构音问题；能独立书写生活中的常用字；指读、视读基础较好。语文学习能力、学习习惯和学习品格方面相比一年级都有较大的提高。
王某某	9	智力障碍二级	B 层	课上注意力不集中，倾听能力较差；不会指读和视读；发音较清晰，但是部分音节错误，如经常混淆送气音和不送气音、圆唇音和展唇音、平舌音和卷舌音。由于手部肌张力过高，书写时不会控制手部力量，目前只能用铅笔独立书写笔画"横"和"竖"，书写生字时需要家长辅助完成。能图文结合理解字词的意思，需在教师的提示下认读字词。

姓名	年龄（岁）	残疾类型	组别	语文认知水平
徐某某	8	语言障碍二级	B层	注意力不集中，易受周围环境影响，课上小动作较多。语言发育迟缓，主要表现为表达性语言障碍（能理解，不会表达），会发简单的单音节，该生具备一定的言语模仿能力，对一些基础音可以靠视觉与老师同步模仿，但清晰度欠佳。语文学习积极性很高，能在指导下独立书写汉字，但是需要课后勤加练习方可书写规范工整。可以结合图片的意思理解字词的意义。
乔某某	9	智力障碍二级	C层	注意力稳定性不足。语言发育迟缓，主要表现为发音性发音障碍和感受性语言障碍（不理解，也不会表达），只能发简单的单音节，如 a、o、e 等，稍难一点的音对于该生很困难，如爆破音 p、唇齿音 f、舌根音 g、k、鼻音 m、或复韵母 ao、ai 等。在图片的提示下，能理解简单的字词的意思。书写能力较弱，必须由家长辅助完成书写内容。
史某某	9	智力障碍二级	C层	情绪问题较严重，缺少目光接触，刻板行为很多，如：回答问题必须走到黑板前；无法进行正常的沟通与交流；存在明显的构音问题，由于呼吸支持不足导致说话经常断句，响度降低，声音很小等问题。该生课上依赖性较强，书写汉字时必须由家长或教师辅助方可完成。在教师的语言提示下能图文结合，理解字词的含义。

二、学情分析（左侧栏目标题，对应上表）

三、教学目标

1. 知识与技能目标：

A层学生：准确认读词语"开门"；学习生字"开"的发音方法，能够独立书写生字"开"；简单了解生活中的"开"，逐步培养学生观察生活的能力。

B层学生：能注意倾听，并能听指令指出图片及词语"开门"。在家长和教师的辅助下较正确　发舌根音"k"和复韵母"ai"的音；史某某能独立描写生字"开"，王某某能独立书写笔画"横""竖""撇"，能在家长的辅助下描写生字"开"；结合视觉、听觉和触觉简单了解生活中的"开"。

C层学生：能模仿教师的口型变化，在家长和老师的辅助下练习口部发音；使用视觉图片提示，乔某某在家长的辅助下能用手指在自制教具上书写生字"开"，感知"开"字的笔顺变化，徐某某能独立描写生字"开"；图文结合理解生活中的"开"。

2. 过程与方法目标：

整合教材内容与学生已有的生活经验，运用直观的图片、多元化的教具、趣味生动的多媒体游戏等激发学生的学习兴趣，循序渐进地引导学生在互动参与中进行语言康复训练，通过分层教学和练习，关注低年级学生的学习体验。

3. 情感态度与价值观目标：

引导学生学习小兔子的机智勇敢，教育学生学会自我保护，警惕陌生人，不轻易给陌生人开门的道理。

续表

三、教学目标	4.康复目标： 通过小游戏和视频演示等进行言语康复训练，矫正学生的发音并讲解舌根音"k"和复韵母"ɑi"的发音方法；通过"看、听、说、读、写、摸、摆"等活动训练学生的多感官协调发展。
四、教学重难点	重点：生字"开"的认读以及正确发音，舌位和唇位的练习；生字"开"的笔顺。 难点：生字"开"的书写。
五、教学方法	情境教学法、医康结合法、视觉提示法、分层教学法
六、教学准备	教学课件、小动物头饰、词语卡片和自制教具

七、教学过程

教学环节	教师活动	学生活动	设计意图
（一） 激趣导入，引出课题	1.利用"常规口诀"规范学生上课习惯。 2.角色扮演，再现课文一、二段场景。引导学生简单了解不能给陌生人开门的道理，导入新课《小兔子乖乖》。	能和教师一起复述课堂常规的口诀并按照口诀要求规范地坐在座位上。 能根据情境复述课文，认真观看表演，主动参与表演，进而明确学习内容。	规范学生的课堂常规 运用角色扮演，让学生快速感知课文内容，唤起学生学习语文的积极性。
（二） 感知词语，发音学习	1.儿歌再现课文三、四段。 揭示课题后，教师播放儿歌《小兔子乖乖》引导学生说出，妈妈敲门时我们可以开门。 2.图文结合学习词语"开门"。 （1）教师领读词语"开门"，学生跟读。 （2）出示图文结合的卡片，运用"点读""视读"等多种形式朗读词语"开门"。 3.小妙招做铺垫，自然导入发音训练。 （1）发音训练—"k"。 ①出示小妙招—纸巾，教师示范发"k"音时纸巾的变化。 ②点名练习，教师巡回指导。 （2）发音训练—"ɑi"（分别练习"ɑ音"和"i音"）。 ①Flash动画演示"ɑ音"方法，运用小游戏"打地鼠"的方式练习发音。 ②Flash动画演示"i音"方法，运用信息化软件随机点名练习发音。	能安静地观看儿歌。 能说出妈妈敲门时，老师要"开门"。 分层试读词语：A层学生读词卡，B、C层学生图文结合辅助读。 能仔细观察教师示范，说出纸巾的变化。 能按要求正确、清晰发音（A层学生独立发音，B、C层学生教师辅助发音） 认真观察Flash动画，明确"ɑ音"和"i音"的正确发音方法，根据学生层次的不同分别进行练习。	通过试读词语，找出学生遇到的共性问题，就是"开"字的发音障碍。运用学生感兴趣的小妙招将知识迁移到课堂上来，有益于激发学生参与学习的主动性。 通过"纸巾"的变化让学生感知发舌根音"k"时气流的变化。 观看Flash小动画和玩游戏的方式来缓解学生注意力的疲劳、放松紧张情绪的同时，通过观看、倾听、模仿等活动，自然过渡到生字"开"的韵母"ɑi"如何正

教学环节	教师活动	学生活动	设计意图
（二） 感知词语， 发音学习	（3）白板出示"ɑ音"到"i音"的口型变化，以开火车的形式练习"ɑi音"。 4.小结"开"字发音，鼓励评价学生。		确发音的讲解，反复强化和训练学生的基础发音。
（三） 游戏巩固， 笔顺讲解	1.找字游戏： （1）火眼金睛。 （2）采摘胡萝卜。 （3）我是小勇士。 2.利用白板展示生字"开"的笔顺，讲解生字"开"的结构。	根据游戏要求找出生字"开"。 学生认真观看，注重笔顺。	通过小游戏不仅能检查学生识字现状，还有助于保持学生学习语文的兴趣。 借助多媒体进行"开"字笔顺的展示，与教师一起数笔画后了解字的结构。
（四） 教具练习， 分层书写	1.教具辅助练习，加深笔顺顺序。 2.书写练习。 （1）教师黑板示范写。 （2）学生分层练习，白板展示。 （3）生生互评、教师点评。	A层学生独立（B、C层学生在教师或家长的辅助下）用手指在"有趣的字板"镂空部位描红； A层学生独立（B、C层学生在沟通板的提示下）在"汉字拼拼乐"上拼出生字"开"。 能认真观看教师书写过程。 A层学生独立书写；B层学生描红和辅助书写；C层学生独立书写笔画以及辅助描红。	根据不同层次学生的需求，借助自制教具和沟通板来促进对生字"开"的识记，在训练手部小肌肉的同时，寓教于乐。 在分层书写和点评环节中充分利用了电子白板的交互作用，实时播放和展示学生的书写情况，有效地反馈学生对新生字掌握的状态。采用多种形式的评价方式，激励学生的自信心。
（五） 拓展延伸， 小结评价	1.教室中的"开"，回归生活。 2.Flash动画演示《开门歌》。 3.总结评价。 （1）评价学习情况和课堂表现。 （2）布置分层作业，结束本课。	简单了解字义。 根据教师的提示找出生活里和教室中的"开"。 观看动画，引导学生学会自我保护。 梳理本节课所学知识。 完成书写作业。	通过找一找教室中的"开"，以此为切入点展开拓展，请学生思考生活中的"开"有哪些。教学之初，通过小兔子乖乖情景剧将学生引入语文课课堂，教学结束，将语文课堂回归生活，遵循了课标中用于生活的理念，促进智力障碍学生语文素养的初步形成。

坐正站直

姓 名	张晓园	学 科	生活语文
单 位	湖南省湘潭市特殊教育学校	年 级	三年级

一、学情分析	本班共有 10 名学生，5 名女生，5 名男生，都是中重度智力障碍儿童，其中 2 名孤独症，2 名唐氏综合征，4 名智力落后儿童，2 名脑瘫伴有癫痫。学生详情如下：3 名学生（羽、涛、熙）发音较清晰，3 名学生（凝、戎、敏）发音不清晰，1 名学生（怡）只能发最简单的音节，3 名学生（宇、雅、伊）基本无语言。其中 2 名学生（凝、羽）有基本的书写能力，其他学生书写能力较弱。大部分学生活泼好动，容易兴奋，缺乏自控力，理解记忆能力较弱。他们能听懂教师指令，和教师有较好的互动，但是对教师、对集体指令服从性较差，在设计教学活动时教师注意训练学生的集体指令服从。大部分学生注意力不集中，稳定性差，孤独症学生偶尔会有情绪问题，影响课堂教学。由于学生这些特点，导致他们对语文知识的理解存在困难，语言表达能力的培养较有难度。因此，在教学中根据学生的具体情况，将进行分组教学，设计形式多样的游戏活动和桌面操作环节，对每组学生有具体的要求。

二、IEP 短期目标与本课时教学目标的整合

短期目标		检测	凝	涛	羽	戎	宇	伊	怡	敏	熙	雅
认读词语"坐正、站直"		前测	1	1	2	1	0	0	1	1	0	0
		后测	2	2	2	2	1	1	2	2	2	1
理解图片内容	看图说句子，如"上课时，___。"等	前测	0	1	1					1	1	
		后测	1	2	2	2				2	2	
	能做出相应动作	前测					0	1	1			0
		后测					1	2	2			1
知道区别正确和错误的站姿、坐姿，展示正确的站姿、坐姿		前测	1	0	0	0	0	1	1	1	0	0
		后测	2	1	1	1	1	2	2	2	2	1

0 分：不能完成　1 分：支持下完成　2 分：独立完成

三、教学目标

A 层

　1. 认读词语"坐正、站直"。

　2. 结合视频、照片理解图片内容，看图说句子，如"上课时，___。"

　3. 知道区别正确和错误的站姿、坐姿，展示正确的站姿、坐姿。

B 层：

　1. 看懂图片并说（指）出词语"坐正、站直"。

　2. 结合视频、照片基本理解图片内容，看图说句子，如"上课时，___。"

三、 教学目标	3.知道区别正确和错误的站姿、坐姿。 C层： 　1.看懂图片并说（指）出词语"坐正、站直"。 　2.能跟随老师的指令或者图片，做出相应动作。 　3.在提示下，能够基本保持正确的坐姿和站姿。		
四、 过程与 方法	1.通过课堂游戏、图片等熟练认读词语。 2.通过观察图片理解词语的意思。 3.通过观看视频、观察照片，理解课文内容。		
五、 情感态度 与价值观	保持良好的行为习惯，在生活中保持良好的体态。		
六、 学习 重难点	重点： 　1.理解词语"坐正、站直"的意思。 　2.结合视频、照片学习生字词。 　3.认读词语，跟读句子。 难点： 　1.认读词语，跟读句子。 　2.在生活中自觉保持坐正站直的体态。		
七、 学习策略	强化物奖励、小步子多循环、多感官呈现教学内容、游戏教学等策略		
八、 资源准备	学生坐姿站姿的视频和图片、PPT、字卡、本课图卡、多媒体软件、小红花等		

九、教学活动过程

教学环节	师生活动	协同教学	媒体运用与支持策略
（一） 组织教学	1.组织学生坐好。 （教师要求学生坐好，并示范"坐好"的动作） 2.师生问好。（上课、起立、老师好、坐下） 3.点名。(听到自己的名字举手答"到") 4.及时奖励。	老师：提醒学生起立、听到名字后应答。	小红花，奖励即时应答的同学。
（二） 图片复习 导入	1.出示同学们上课的图片，指出站姿和坐姿。 2.上节课我们学习了生词"坐正"我们一起来复习一下这个词语。 （1）老师带读，学生齐读。 （2）学生个别读。		电子白板蒙层

续表

教学环节	师生活动	协同教学	媒体运用与支持策略
（二） 图片复习 导入	3.我们还学习了一个生字，它是——"正"。 （1）老师带领学生读，一起书空。 （2）学生个别展示书写生字"正"。 A 层学生：在希沃的田字格中书写，要求自行找到"笔"的工具选项，切换字体颜色进行书写。 B 层学生：在黑板上的田字格中用粉笔书写，老师给予适当辅助。 4.教师过渡：今天我们继续学习第5课《坐正站直》。 5.教师板书课题，带领学生齐读课题。	老师辅助其他学生在桌面上完成任务。	"田字格"工具
（三） 新授教学	1.理解并认读词语 （1）认读词语 ①教师播放真人朗读词语的视频，进一步规范学生的读音及口型。教师辅导有困难的学生。 学生：齐读词语"站直"。 教师：抽学生个别读词语【适当给予辅助】。 游戏活动： A 层：认读词卡（在平板中完成认读）。 B 层：认读图文卡（在平板中完成认读）。 C 层：指认图片（桌面操作板完成）。 （2）教师在屏幕上依次出示教材 P34 的图片，引导学生观察，提问：图片上有谁？他们在干什么？他们的姿势如何？ （3）学生自由发言。 （4）教师：上节课我们学习了"坐正"这个词语，今天我们一起来读一读"坐正""站直"，带领学生读词语。 （5）听懂词语"坐正""站直"，并能做出相应的动作，或者正确指认对应图片。 游戏活动：AB层：教师带领学生玩"我说你做"的游戏。 C 层：在操作板上指认正确的图片。	老师辅助 C 层学生指认图卡。 完成任务的奖励小红花。	电子白板中出示词卡、视频。 教学系统分层发布任务，学生自主学习。 用电子白板出示图片。

教学环节	师生活动	协同教学	媒体运用与支持策略
（三） 新授教学	教师：我们一起来看一看同学们跟老师做游戏的视频，看谁做得最好。（适当奖励小红花） 2.看图说句子 （1）学习句子"上课时，我要站直" ①教师播放学生上课时的视频，提问：视频里有谁？他们在干什么？他们的姿势如何？ 学生：思考后回答。（也可引导学生举手回答） 教师：他们在上课，上课时我们要保持正确的站姿，像江老师一样的。 "上课时，我要站直"（教师带领学生齐读、学生个别读等） ②出示学生平时的坐姿和站姿，纠正不良坐姿和站姿。 老师拍了一些照片，请同学们看一看，帮一帮他们。 ③拓展：想一想，还有在什么情况下需要站直？ "升旗时，我要站直。"（教师带领学生齐读、学生个别读等）	老师拍摄学生操作的视频，记录学生完成的情况。 助教示范正确站姿。 助教给予适当的辅助。	采用授课助手同屏，实时分享学生完成情况。 电子白板中出示图片和视频。 学生平时的坐姿和站姿的图片、视频。 出示升旗时的图片、视频。
（四） 巩固练习	游戏活动：电子白板中分组对抗认识生词活动，抽AB层上台来进行游戏，赢的同学进行小红花奖励，C层学生在助教的带领下进行图片认知。 游戏活动：选一选 同学们在电子白板游戏中选出正确的坐姿、站姿，并向同学们展示正确的坐姿。做得正确的同学进行小红花奖励。 教师：在生活中，我们时刻要保证坐正站直的姿势，保持良好的体态，展现最美丽的一面。	老师分发操作板。 老师帮助C层学生完成操作板。	自制电子白板游戏 PPT、操作板
（五） 课堂小结	教师小结：今天我们复习了词语"坐正"，学习了词语"站直"，还学习了句子。在生活中也要保持良好的坐姿，养成好的生活习惯，下节课我们一起来学习这一课，保持正确的站姿和坐姿，保持良好的体态。		出示词语和句子正确的站姿和坐姿的图片。

续表

教学环节	师生活动	协同教学	媒体运用与支持策略
（六） 课外作业	（1）指读汉字、词语和课文各5遍。 （2）家长观察学生在日常生活中的坐姿，在好习惯记录表上记录学生的表现情况。	家长辅助完成	
（七） 兑现代币	兑换奖励（3朵小红花换一个零食）		

（八）
教学反思
	在这堂生活语文课《坐正站直》中，教师综合了生活语文和生活适应的课程目标，结合本班学生的IEP目标，选择适合的内容进行教学，本课将信息技术与生活语文课程的教与学融为一体，信息技术作为一种工具，极大地提高了教与学的效率，改善了教与学的效果。学生作为学习的主体，主张引导学生作为学习的主体参与到课堂教学中来。教师创设情景、创造条件，将课堂与学生生活实际有机结合起来，使学生如身临其境，紧紧地把学生的注意力吸引到课堂教学中。教师通过加强感知，激发思维，利用图片、视频和游戏等多感官刺激的方式让学生多角度理解教学内容，运用学生生活中的图片，让学生更加理解"坐正、站直"的体态，更加强调学生在生活中运用语文知识能力，让学生在课堂上学到的东西能够与生活经验结合。
	    结合学生的IEP，适当利用信息技术手段，对不同层次的学生有不同的要求，制作不同难度的操作教具，让每一位学生快乐学习，有所收获。利用教学系统分层发布任务，AB层学生在平板电脑上自主学习，学生通过点击平板电脑上的图片，既满足了不同层次学生的学习需求，又能快速增强对图片认知、识词、读句的能力，并通过反复点读，将知识深深刻印在学生的记忆中，有效促进了学生能力的发展。每个教学环节，注重差异性，根据学生的能力设计不同的练习题：C层学生听词语，在操作板中圈出词语对应的图片；AB层学生在电子白板中完成老师设计的游戏活动，学生在完成习题或者游戏活动的过程中体验到了成功的喜悦，增强了自信心，从而提高学生的学习兴趣，使他们的个性得到张扬，能力得到展示，使每位学生得到适当的教育。
	    由于学生的能力水平参差不齐，教学过程中充分运用多媒体辅助学生的学习，在复习导入书写生字时，教师要求A层学生独立在电子白板中的田字格进行书写，自行切换"笔"的工具和"橡皮擦"的工具，对学生的信息技术基本的能力进行训练；在引导学生说词说句时，教师的提问与课件图片、视频紧密结合，一段视频引出一个问题，环环相扣、层层推进，引导学生思维有序发展，语言表达逐渐流畅；在学生进行桌面操作时，助教采用"授课助手"来实时记录反馈学生的完成情况，进行及时奖励，激发学生学习兴趣。		

日月明

姓　名	孟英娟	学　科	生活语文
单　位	北京市健翔学校	年　级	三年级

一、 指导思想 与理论 依据	《培智学校生活语文义务教育课程标准》（2016 版）指出，生活语文课程要指导学生初步掌握学习语文的基本方法，养成良好的学习习惯，正确理解和运用祖国语言文字，具有基本的倾听与说话能力、识字与写字能力，初步的阅读、写话能力；同时又要重视学生的功能改善，充分利用支持策略和辅助技术满足其特殊的学习需求，为学生健康发展、融入社会打下基础。 　　建构主义认为教学者要利用学习者已有的知识经验，将学习者原有的知识经验作为新知识的起点，引导学习者在原有的知识经验的基础上，发展新的知识经验。特殊儿童的生活经验相对缺乏，他们是直观思维学习群体。特殊儿童的学，只有从直接的感官刺激入手，才能在潜移默化中学习我国的语言文字，感受语言文字的美。所以在教学中常常是小步子，多循环，借助学生已有的知识经验，通过丰富的多媒体课件、大量的图片辅助、动画、游戏等多种形式呈现形象直观的教学，使课堂形式丰富有趣意在吸引学生注意力，激发学习兴趣，达到学习目的。
二、 教学内容 分析	《日月明》选自培智学校义务教育教科书生活语文四年级下册。这是一篇根据会意字规律编排的识字课文，三字一顿，通过朗朗上口的断句，揭示了会意字"合二字三字之义，以成一字之义，使人观之而自悟"的构字特点。 　　识字教学是本篇课文的教学重点，本节课是第一课时。
三、 学情分析	本班共有学生 8 人，年龄在 9 ~ 11 岁，其中孤独症学生 4 人，智力障碍学生 4 人。根据本节课的教学内容和教学目标，结合学生的认知水平，将班级学生分为三组。 　　一组学生 4 人，具有一定的认知基础，能认读 100 个以上的汉字，课堂上的注意力和情绪状态都较好，语言理解能力、表达能力较好，对新知识的接受较快。 　　二组同学 2 人，能认读 50 个左右简单汉字，能听懂上课指令，课堂上注意力较分散，需要老师及时的语言提示。 　　三组学生 2 人，认知水平较低，汉字意识较为薄弱，课堂上需要辅助参与活动。其中 1 名孤独症学生无语言，需要在支持下用点读笔点读汉字，或者用字卡指出正确的汉字。

四、教学目标			
	一组	二组	三组
（一） 知识与技能	1. 认读"明、男、尖、尘"4 个生字，理解生字构成。 2. 理解字义。 3. 能给生字组词。	1. 认读"明、男、尖、尘"4 个生字。 2. 了解字义。 3. 能看图给生字组词。	认识"明、男、尖、尘"4 个生字。
（二） 过程与方法	尝试通过动画、游戏、实物、实际操作、联系生活经验等多种形式，理解会意字的生字构成和意义合成。（重难点）	通过图片、游戏、识字卡片、联系生活经验等多种形式识记生字，了解字义，给生字组词。（重难点）	通过游戏、点读笔、识字卡片等多种形式识记生字。（重难点）

续表

	一组	二组	三组
（三）情感态度与价值观	对汉字的构成及意义感兴趣，愿意积极学习汉字。	积极学习汉字，积极参与课堂活动。	能在辅助下情绪良好地参与课堂活动。
五、教学资源	多媒体课件、识字卡片、自制学具（字卡、粘贴板、磁力板）、点读笔、实物（铅笔）、多媒体移动设备（可触屏电脑2台）		
六、教学活动流程图			

流程图节点：《日月明》；游戏激趣，导入新课；析字解义，识字组词；小组对抗，巩固练习；课堂小结，评价表现。

析字解义分支：（一）解读课题，引入"会意"；（二）日月明，田力男；（三）小大尖，小土尘。

绿队：闯关1：桃花朵朵开；闯关2：欢乐打地鼠；闯关3：趣味拼拼乐；闯关4：汉字找朋友；闯关5：词语宝宝送回家。

蓝队：闯关1：桃花朵朵开；闯关2：欢乐打地鼠；闯关3：趣味找相同；闯关4：看图来组词；闯关5：汉字宝宝送回家。

七、教学过程			
教学环节	教师活动	学生活动	技术应用
（一） 游戏激趣， 导入新课	1.师播放多媒体课件（PPT），出示9个气球，每个气球上有1个学过的汉字：田、小、大、力、人、土、木、日、月，动画随机放飞气球，引导学生认读汉字，复习旧知。 2.话语过渡：这些都是独体结构的字，聪明的古人在造字时还会把两个独体字放到一起，造出更多的汉字。相机动画揭示课题，指导学生齐读课题，导入新课。	认读气球上的汉字。 认真倾听，齐读课题。	利用PPT中的动画效果，设计放飞气球的动画，从学生已有的知识经验出发，认读学过的与新课有关的汉字，为会意字的学习打下基础；调动学生的学习兴趣，增加趣味性。
（二） 析字解义， 识字组词	1.解读课题，引入"会意" （1）PPT动画揭示新的汉字宝宝"明"，指导学生认读生字。 （2）PPT依次动画飞入"日"和"月"的图文，提问："明"和"日、月"有什么关系？ （3）根据学生的回答，动画轨迹演示"日"和"月"组成"明"的过程，揭示"日月明"的含义。 （4）师指导一组一名同学上台用字卡演示"日、月"组合成为"明"；二组、三组同学在学具字卡中找出"明"粘贴并认读。 （5）PPT动图播放太阳升起带来光明、月亮照亮黑夜，理解字义：太阳和月亮给我们带来了光明，"明"就是光明、明亮的意思。 （6）相机指导学生组词，PPT动画出示词语"光明""明天"。 （7）话语过渡，引入会意字：像"明"这样，由两个或两个以上汉字组合在一起，表示一个新意思的字，我们叫它"会意字"（板书），本节课我们要学的都是这样的字。 （8）PPT出示课文内容，播放课文动画朗读视频，学生观看。师相继揭示本课学习内容。 2.日月明，田力男 （1）PPT动画出示第一句，指导学生齐读、点名读句子。	观看动画，认读生字"明"。 观看图文，思考问题。 观看"日、月"组合成为"明"的动画，理解"日月明"的含义。 各组同学按要求完成认读，无语言学生用点读笔。 观看动图，理解"明"字的含义。 看图组词，认读词语：光明、明天。 倾听。 初步知道会意字。 观看动画课文朗读。 齐读、点名读第一句。	1.利用PPT中的动画效果，展示"日""月"组成"明"字的过程，展示"日""月"带来光明之义，从视觉上感受"明"的形和义。 2.利用点读笔的点读功能，辅助无语言同学进行个别化支持学习。

续表

教学环节	教师活动	学生活动	技术应用
（二） 析字解义， 识字组词	（2）由"日月明"引入"田力男"。 ①话语过渡："日月明"是"日""月"组合成为"明"，提出问题："田力男"你们有什么发现呢? ②根据学生回答，相继出示"男"，动画出示"田""力"上下合成"男"的过程，指导学生认读。 ③指名一组学生上台用字卡演示"田、力"组合成为"男"的过程，指导二组学生在学具字卡中找出"男"粘贴在自己的学具粘贴板上。 ④PPT动画出示古代男子在田间种地的图片，师解读：上面的部分像耕种的田地，下面的部分是耕种用的工具，慢慢地就演变成了今天的"男"。 ⑤出示图画，联系生活经验，看图组词：男人、男生。指导学生跟读词语。 （3）本句小结。 3. 小大尖，小土尘 （1）朗读课文。 PPT动画出示课文第二句，指导学生齐读、指名读。 （2）小大尖： ①PPT动画出示"小大尖"和"尖"字，启发、引导一组学生说一说"尖"字的构成。动画相继出示"小""大"上下组合构成"尖"的过程，指导学生认读。 ②指名一组学生上台用字卡演示"小、大"组合成为"尖"的过程，指导二组学生在学具字卡中找出"尖"粘贴在自己的学具粘贴板上，助教辅助三组学生用点读笔点读"尖"字。 ③PPT动画出示"小"，引导学生观察"尖"字上半部分和"小"的区别。借此PPT动画显示两个字："尖"和错字"尖"（第一笔是竖钩），指名同学上台指出正确的"尖"字，点对了会显示"√"，点错了会出现"×"。 ④再次巩固认读"尖"，指导学生认清字形。 ⑤看图组词，理解字义：	观看。 思考"田力男"。 认读"男"。 观看"田、力"上下组合成"男"。 各组同学按要求完成任务，无语言学生用点读笔。 看图理解"男"字的字形演变和意义。 看图组词：男人、男生。 认读"明、男"。 齐读、指名读第二句。 一组学生思考"尖"字的构成。 观看动画演示。 认读"尖"。 各组学生按要求完成认读，无语言学生用点读笔点读生字。 观察"尖"的上部分和"小"的区别。 选择正确的"尖"字。 认读"尖"。 实物观察，理解"尖"。	1. 利用PPT中的动画效果，展示"田""力"组成"男"字的过程，从视觉上感受"男"的字形构成。 2. 利用点读笔的点读功能，辅助无语言同学进行个别化支持学习。 1. 利用PPT中的动画效果，展示"小""大"组成"尖"字，"小""土"组成"尘"字的过程，让学生知道、理解会意字的字形构成。 2. 利用点读笔的点读功能，辅助无语言同学进行个别化支持学习。 3. 利用PPT中的动画和声音效果，设计汉字辨别活动，巩固学生对汉字字形的认知。 4. 利用互动教学展台中的"圈画"功能，对"小"与"尖""尘"上半部分的不同之处进行圈画，以此提醒学生记准字形。

教学环节	教师活动	学生活动	技术应用
（二） 析字解义， 识字组词	师出示实物铅笔（一头是尖的），理解"尖"的含义。 PPT动画出示铅笔，放大"笔尖"位置，组词：笔尖。 师指导学生回顾旧知，出示学过的课文"草芽尖尖"图文，领读。 师指导学生联系生活经验，PPT出示"舌尖"的图片，指导学生组词"舌尖"。 （3）同理学习"尘"字。 （4）本句小结。 4.小结 （1）"明、男、尖、尘"都是由两个汉字构成，表示了新的含义，这样的字都是会意字。 （2）PPT动画出示课文，指导学生朗读。	看图组词：笔尖。 回顾旧知，跟读：草芽尖尖。 看图理解，组词：舌尖。 学习"尘"字。 识记"尖、尘"。 倾听。 识记生字。 朗读课文。	 利用PPT及时总结，再次认读，加深对字形的认知。
（三） 小组对抗， 巩固练习	（1）师话语过渡，引入游戏环节。 （2）将学生分为绿队和蓝队，绿队是一组4名学生，蓝队是二组、三组的4名学生。每个队伍有一名指导教师，共有5个闯关题目，当完成一个闯关题目时，一名学生可以上台点击本队该项目的星星，星星会移动到对应的项目后面。 绿队闯关题目 闯关1：桃花朵朵开 主要考查学生的汉字认读能力。 闯关2：欢乐打地鼠 主要考查学生的汉字辨别能力。共有4道测试题，每张PPT上有3个或4个汉字。 闯关3：趣味拼拼乐 主要考查学生对汉字构成的理解能力。PPT动画出示一个幸运大转盘，老师转动指针。	认真倾听游戏规则，准备参与游戏活动。 闯关1：桃花朵朵开 桃树上有"明、男、尖、尘"4个生字，教师指，学生轮流认读，认读后点击该字，会播放该字的读音，同时该字下方会出现一朵桃花。 闯关2：欢乐打地鼠 点击小喇叭，听汉字读音。然后选择正确的汉字，如正确目标字会放大并有读音，干扰项会消失。 闯关3：趣味拼拼乐 每位学生有"日、月、田、力、小、土、大"的字卡。当指针停下指到某个字时，学生用字卡拼出目标汉字。	（1）利用PPT中的动画、声音、触发器等多种效果设计练习题目，调动学生的学习兴趣，检测学生的学习效果。 （2）同时利用多媒体大屏和PPT展示绿队、蓝队闯关题目，设计星星徽章，营造两组闯关比赛氛围，激发学生的学习兴趣。 （3）利用可触屏电脑设置让学生亲身体验游戏，在玩中学，强化学习效果。 （4）利用点读笔的点读功能，辅助无语言同学进行个别化支持学习。

续表

教学环节	教师活动	学生活动	技术应用
（三） 小组对抗， 巩固练习	闯关4：汉字找朋友 主要考查学生的组词能力。 PPT上显示本节课所学汉字以及可以和这些汉字组成词语的字，师朗读"明""男""尖""尘"任一汉字。 闯关5：词语宝宝送回家 主要考查学生的词语认读和应用能力。 师朗读句子。 师用PPT动画出示句子和正确答案，带领学生检查反馈。 蓝队闯关题目 闯关1：桃花朵朵开 该题目同绿队。 闯关2：欢乐打地鼠 每张PPT上有2个汉字。 该题目与绿队题型相同，目的相同，难易程度有不同。 闯关3：趣味找相同 该题目与绿队不同。主要考查学生的汉字辨识能力。共有4道测试题。 闯关4：看图来组词 该题目与绿队闯关4都是考查学生的组词能力，但是题目内容不同，相比较容易些。PPT依次动画出示"明、男、尖、尘"和能表达该字含义的图片。 闯关5：汉字宝宝送回家 该题目与绿队不同。主要考查学生的汉字认读能力和对课文的熟悉度。 学生完成后，师用PPT动画出示正确答案，带领学生检查，并朗读课文。	闯关4：汉字找朋友 请学生找到可以和该字组成词的汉字，比如点击"光"字会跳到"明"的旁边，发出读音"光明"。 闯关5：词语宝宝送回家 每位学生有一份学具，上面打印着带填空的四个句子，学生将正确的词语贴到横线处。 学生完成后，观看PPT检查是否正确。 闯关1：桃花朵朵开 无语言同学用点读笔点读字卡。 闯关2：欢乐打地鼠 听小喇叭读音，选择正确的汉字。 闯关3：趣味找相同 请学生找出相同的汉字，学生点击正确时会自动发出目标字读音，且该字会进入盘子中。如果点击错误，干扰项则会退出。 闯关4：看图来组词 请学生看图说词语。当学生说出词语后动画出示该字组成的词语并有读音提示。 闯关5：汉字宝宝送回家 每位学生有一份学具，上面打印着课堂所学四个会意字的组成部分，以及田字格，学生将正确的汉字放入田字格内。	

教学环节	教师活动	学生活动	技术应用
（四） 课堂总结， 评价表现	（1）当两队学生都完成闯关题目后，师用PPT动画出示烟花的图片和放烟花的音效，祝贺同学们顺利大通关，并对同学们的表现予以鼓励和肯定。 （2）总结本节课学习的4个会意字：明、男、尖、尘。根据黑板字卡指导学生背诵课文。 （3）布置作业。	倾听、观看动画。 认读生字。 背诵课文。 倾听作业。	利用PPT中的声音、动画效果，展示闯关成功，让学生有成功的体验和学习的愉悦之情。
八、 教学设计 特点	注重分层分组教学。根据学生的认知能力和课堂状态，将学生分为三层两组，其中二组三组学生安排了一位课堂助教，帮助这些学生更好地参与课堂。同时教师关注到了智力障碍儿童和孤独症儿童学习方式的差异，设计有松有弛、张弛有度的学习内容。 　　注重多媒体技术在课堂上的使用。在本节课的授课环节，教师利用多媒体技术设计了大量的动画、声音效果，调动了学生的视、听等感官系统，激发学生对课堂的积极关注。在本节课的练习环节，教师设计了丰富多彩的练习活动，让学生动手操作使用多媒体设备，激发了学生的学习欲望。同时对无语言学生提供点读笔辅助支持，帮助该生进行学习。 　　注重集体教学与个别化教学的有机整合。在本节课中，有集体认读，有小组练习，有个别化任务，兼顾到了不同学生的学习需求，设置不同梯度、不同难度水平的学习任务，把集体教学与个别化教学有机整合在一起。		
九、 教学反思	本节课设计了很多环节，节奏也很快，尤其是一组学生，学习内容很多，但是学生的课堂参与、课堂回答却非常出色，这也说明了孤独症儿童的学习方式是紧凑、密集的。当教师的教学设计能够切合学生的特点时，老师不仅能够调动起学生，学生也能更好地学。相比较智力障碍儿童，他们对新知识的接受较为缓慢，需要大量的反复练习，在各个环节不同形式的认读、辨认练习都是在帮助智力障碍儿童学习。从第四环节学生的总体反馈来看，孤独症儿童、智力障碍儿童都达到了预期的教学目标。 　　本节课教师注重学生学习方法的获得，从多媒体技术的示范，教师的示范，到教师逐步放手，把学习的主导权交给学生，让学生自主去发现会意字的字形构成；同时结合学生生活经验和已有知识经验的获得，构建学生新的知识体系。		

认识图形（三）

姓　名	杨仙云	学　科	生活数学
单　位	广州市越秀区启智学校	年　级	三年级

<table>
<tr>
<td rowspan="2">一、
教材分析</td>
<td colspan="5">　　本校实行主题教学，统整生活适应、生活语文、生活数学的学习内容，本月的功能性教学主题是"校园安全我知道"，让学生能够更好地适应校园，认识常见安全标志，在校园内安全地活动。在校园里或者社会上都存在着很多安全标志，通过观察发现，一些禁止的标志通常是圆形的，如禁止吸烟；一些提示的标志通常是方形的，如安全出口；还有一些警告性的标志一般是三角形，如当心触电。通过区别辨认安全标志的形状，帮助学生理解标志的含义，培养学生在社会中查看安全标志的习惯，建立安全意识，适应社会生活。</td>
</tr>
<tr>
<td colspan="5">　　本课选自新编人教版培智学校义务教育实验教科书《生活数学》三年级上册第一单元第2课，主要是认识长方形、正方形、三角形，通过一二年级的学习，学生已认识球体和圆形，逐渐从立体的具体物的学习过渡到平面的知觉学习。本课对应新课标低年段的目标是：能通过实物和模型，初步认识长方形、正方形、三角形、圆形等简单的平面图形；能直观辨认平面图形，并按照平面图形的形状、大小或其他特征进行分类。本课属于第3课时，通过第1、第2课时的学习，学生已大致了解认识长方形、正方形、三角形，这节课主要根据学生的不同能力主要进行图形的配对、分类以及组合练习，通过创设闯关游戏的故事情境，运用信息技术和教辅具让学生直观理解学习内容，突破教学重难点。通过本课的学习，能更好地为中年级不规则图形的学习做准备，增加认识图形的数量，提高认知能力。</td>
</tr>
</table>

<table>
<tr>
<td rowspan="9">二、
学生情况
分析</td>
<td colspan="5">　　本课共有9个学生，学生的特征及能力分析如下，根据其特征及能力分为以下三个组别：</td>
</tr>
<tr>
<td>组别</td>
<td>姓名</td>
<td>障碍
类型</td>
<td>学习能力分析</td>
<td>特殊教学需求</td>
</tr>
<tr>
<td rowspan="4">太阳组</td>
<td>皓</td>
<td>智力
障碍</td>
<td rowspan="4">处于概念学习的命名阶段，具备数量概念，能进行符号和听觉学习，手部操作灵活，能理解常用的口语，会用简单句进行表达，参与社会生活的机会较多，会关注到一些常见的校园标志，能说出平面所见的长方形、正方形、三角形、圆形，难以从生活物品中抽象出某个面的形状</td>
<td rowspan="4">鸿：注意力分散，经常关注课堂无关的事物，进行长时间活动时使用视觉提示，让他知道完成的时间</td>
</tr>
<tr>
<td>熙</td>
<td>脑瘫</td>
</tr>
<tr>
<td>俊</td>
<td>智力
障碍</td>
</tr>
<tr>
<td>鸿</td>
<td>孤独
症</td>
</tr>
<tr>
<td rowspan="3">月亮组</td>
<td>康</td>
<td>智力
障碍</td>
<td rowspan="3">处于分类和指认阶段，数量概念不稳定，能进行平面及听觉输入学习，能理解常用的简单句，主要用词汇进行表达，具备长短的概念，能分辨指认差异明显的图形，对相似的长方形的正方形辨别不准确，对图形的命名不稳定，需通过更多的分类活动建立概念</td>
<td rowspan="3">哲：重复偏瘫右侧，惯用左手，在进行熟悉活动时使用劣势手右手，进行新活动时使用优势左手
乐：词语表达不清晰，需使用沟通板辅助表达</td>
</tr>
<tr>
<td>煜</td>
<td>智力
障碍</td>
</tr>
<tr>
<td>乐</td>
<td>智力
障碍</td>
</tr>
</table>

	组别	姓名	障碍类型	学习能力分析	特殊教学需求
二、学生情况分析	星星组	宇	孤独症	处于配对阶段，能进行颜色的配对，主要进行具体物和视觉学习，能理解一些生活中的简单指令，口语能力弱，能进行词语的仿说，缺少主动表达意识，对外界不关注，社会经验欠缺，喜欢触觉寻求，会利用触觉去探索物品，需要进行多感官的输入	宇：受挫能力弱，遇到学习困难会逃避哭泣，难以调整情绪，需把握好练习的难度

		太阳组	月亮组	星星组
三、教学目标	知识与技能	1. 说出生活中常见物品的形状 2. 运用图形拼出生活中的常见物品	1. 分辨长方形和正方形 2. 能不受图形的大小、颜色、方向的改变识别图形	能做一个条件的形状配对
	过程与方法	通过示范、观察与操作巩固认识图形，发现图形在生活中的运用	通过观察与具体操作，了解长方形和正方形的特征	通过观察与操作掌握配对的方法
	情感、态度与价值观	感受数学与生活的密切联系，激发学习兴趣		

		太阳组	月亮组	星星组
四、教学重难点	重点	运用图形拼出生活中的常见物品	分辨长方形和正方形	能做一个条件的形状配对
	难点	运用图形拼出生活中的常见物品	辨别长方形和正方形的特征	能做一个条件的形状配对

五、教学过程

流程	内容	设计意图
（一）问好点名	师生问好，老师通过多媒体课件随机点名，学生举手答到，进入学习。	上课例行活动，利用电子白板的擦除功能随机点名，能够有效吸引学生注意力，建立课堂常规。
（二）复习旧知，引入新课	1. 出示课题"认识图形（三）"，点击课件视频《消防演练》了解逃生路线，提醒学生注意看"安全出口"标志。	结合本校的主题教学模式，通过预告统整活动激发学生的学习动机，播放视频可以解决在实际生活中难以实现多次的演习的难题。 运用多媒体课件解决难点，实现空间的跨越，通过视频与动画吸引学生的注意力，借由长方形的安全出口标志引入图形的学习，复习已经学过的内容，了解学生在本课的学习基础。

续表

流程	内容	设计意图
（二） 复习旧知， 引入新课	2.通过认识安全标志是长方形的，复习上节课已经学过的图形，找出教室内物品所含有的形状。	通过多媒体课件的演示与操作，让学生更直观地认识安全标志的形状，由具体的安全标志过渡到抽象的图形，为新授内容做准备。
（三） 创设情境， 讲授新课	1.创设到图形城堡的闯关游戏情境，闯关成功才能打开礼物，进入学习。 2.通过课件和模具的直观演示，比较长方形和正方形的边长特征，引导学生总结出长方形和正方形的共同点是：都有四条边，都有四个直角；不同的地方是：长方形的对边相等，正方形四条边一样长。 3.进行图形的组合学习，用长方形、正方形、三角形、圆形分别组合出雪糕、小鱼、房子。	运用情境教学法，就相关的教学内容，创设到图形城堡闯关的游戏情境，建立一个机器人形象，在每个教学环节起到承上启下的作用，调动学生的学习积极性，在后面的教学中发挥着导向作用。 利用"城堡礼物"激发学生的学习兴趣与动机，在新授内容的讲解，主要通过多媒体课件的演示和实物模具的操作，让学生从具体过渡到抽象，便于学生直观形象地理解教学内容，突破教学重难点。 利用电子白板上的拖动功能，拖动图形组合出生活中的常见物品，可以多次重复练习，也有很多修改的机会，也可以一键重置让学生重新练习，增加学习的经验，为后面的分组练习做准备。
（四） 分组闯关， 寻找钥匙	学习任务结束，各组领取闯关任务，进行分组练习。 太阳组： 第一关：如教师演示的，学生在平板电脑上自己拼合一个雪糕、小鱼和房子； 第二关：照样子拼出一样的图形，如照样子拼一个公交车、太阳； 第三关：自由拼图形，给一些图形，学生自由去拼出自己所想的物品，并说出是什么。 月亮组： 第一关：在平板电脑上分类放好图形； 第二关：在平板电脑上玩动态游戏点击指认图形； 第三关：在平板电脑上分别拼出一个正方形和长方形。 星星组： 由于学生精细动作较差，难以独立操作拖动平板电脑上的图形，因此使用图卡进行粘贴练习。 第一关：让学生在同种颜色图卡中，配对圆形；	根据创设的情境开启闯关之旅，依据学生的能力进行分层分组教学，实现个别化教育。利用信息技术和操作辅具、图卡等教学媒材，给不同组别学生精心设计不同的且合适的分组练习，进行教学难度的区分与能力的提升，突破教学的重点与难点。 每一关的练习难度逐渐提升，在练习的过程中实现即时交互反馈效果，增加学生练习的趣味性，同时也能提高学生的信息素养，便于实现教育资源的共享与改进。 在分组活动中，能力较好的太阳组和月亮组利用平板电脑进行练习，能够有及时反馈的效果，提高参与度，加强学生之间的交流沟通，培养学生的合作意识。在学习的过程中，通过投屏技术看到学生的练习过程，了解学生的学习进度，进行及时的反馈与调整。 星星组学生在班级中能力较弱，加强师生互动，融入知觉动作康复理念支持其进行班级学习，多感官学习，激发学生探索与学习的欲望，体验成功的乐趣。

流程	内容	设计意图
（四） 分组闯关， 寻找钥匙	第二关：让学生在同种颜色图卡中，配对长方形； 第三关：一一对应放圆形和长方形图卡组成一个印章。	
（五） 展示作业， 领取礼物	通过同屏技术进行作业的展示，了解学生的学习效果，完成学习打开礼物盲盒，领取礼物。	利用同屏技术进行作业展示，能够有效检验学生的学习效果，并将现在流行的开盲盒游戏引入课堂，增加学习的生活性与趣味性，寓教于乐。
（六） 总结延伸	老师总结课堂，点评学生，将所学延伸到生活中，布置课后作业：寻找生活中各种形状的安全标志。	课堂例行活动进行总结点评，引导学生将所学与实际生活相联系，走进社区，注意观察身边的事物，适应生活，提高升品质。
（七） 教学流程图		

续表

流程	内容			设计意图		
（八）学习目标检核	目标检核查	内容		太阳组	月亮组	星星组
	知识与技能	说出生活中常见物品的形状				
		运用图形拼出生活的中常见物品				
		分辨长方形和正方形				
		能不受图形的大小、颜色、方向的改变识别图形				
		能做一个条件的形状配对				
	过程与方法	通过示范、观察与操作巩固认识图形，发现图形在生活中的运用				
		通过观察与具体操作，了解长方形和正方形的特征				
		通过观察与操作掌握配对的方法				
	情感、态度与价值观	感受数学与生活的密切联系，激发学习兴趣				
（九）教学反思	1. 教学特色及亮点 本课充分利用信息技术，设计适合学生的多媒体课件，通过创设情境、直观演示，突破教学难点，增加了学习的趣味性。在教学的过程中，始终坚持个别化教育原则，关注学生之间的差异，制定合适的教学目标，设计不同的平板练习和操作练习。为有需要的学生提供教辅具的支持，利用点读笔、沟通板、凹嵌板，让学生最大限度参与课堂。注重教学的功能性，与生活相连接，设计闯关游戏、开盲盒游戏、寓教于乐。 本课信息技术的应用主要体现在以下几个方面： （1）利用电子白板设计多媒体课件，创设到图形城堡闯关的游戏情境，建立一个机器人形象，引起学生注意，激发学生的兴趣与动机。 （2）在新授环节，通过多媒体课件的演示，直接拖动图形进行组合，呈现图形与实物的转换过程，达到"魔法表演"的效果，让学生直观形象地理解教学内容，突破教学重难点。 （3）在分组练习的过程中，太阳组利用平板电脑进入"1号房"进行图形组合的闯关游戏，在游戏的过程中实现即时交互反馈效果，增加学习的趣味性。 （4）月亮组在平板电脑的"2号房"进行闯关游戏，拖动图形进行分类，通过动态游戏找出对应的图形，并自动进行计分，及时反馈。 （5）在练习过程中以及作业分享的环节，通过投屏技术清晰了解学生的练习结果，进行作业的反馈与改进。 2. 不足及改进方法 本课也存在着一些不足，针对不足之处也思考了许多改进的方法，主要有以下方面：					

（九） 教学反思	（1）开头复习，课件屏幕太多内容，容易分散学生注意力，可以设计一些课件小游戏，要把问的东西做成闪动放大效果，突出显示。 （2）在新授环节，学生的主动性差，活动性不强，只有老师问学生答，需提高师生互动性。可在新授环节让学生多点上前动手操作，进行一些简单的有仪式感的互动，星星组学生在此环节后半段难以集中注意力，可提前分组出去进行单独教授，增加其学习的趣味性。 （3）学生之间的互动性与合作性有待加强。各组的分工可做成简单的流水线的任务，每个组的任务可以组成一个成品，增加功能性。除了平板练习，可以加上图片操作，如两人合作组合成房子，抽任务卡拼东西等。

8 减几

姓　名	康晓燕	学　科	生活数学
单　位	浦东新区致立学校	年　级	三年级

<table>
<tr><td rowspan="2">一、
教学背景</td><td colspan="3">

（一）学情分析

　　1. 基本情况

　　本班为三年级，共有 7 名学生（3 男 4 女），他们均属于中重度智力障碍学生。其中孤独症学生 1 名，脑瘫 2 名，唐氏学生 2 名，纯智力障碍 2 名。

　　2. 认知能力评估分析

　　在本学期制订教学计划前根据《特殊儿童认知能力》评估指导手册，对班上的 7 名同学进行了认知能力评估。

三 (3) 班学生认知能力评估总体发展情况
(2021.2.26)

学生姓名 评估模块	注意	记忆	模仿	恒常性	概念学习	推理	问题解决	总分
明	87.5%	90.0%	92.9%	62.5%	90.0%	50.0%	35.0%	76.9%
绮	81.3%	90.0%	71.4%	43.8%	68.3%	42.9%	30.0%	63.1%
盼	87.5%	75.0%	92.9%	37.5%	60.0%	14.3%	20.0%	56.3%
晴	68.8%	70.0%	35.7%	43.8%	45.0%	7.1%	20.0%	43.1%
宇	37.5%	55.0%	64.3%	18.8%	35.0%	0.0%	15.0%	33.8%
俊	62.5%	35.0%	28.6%	25.0%	13.3%	14.3%	15.0%	25.0%
佩	43.8%	20.0%	57.1%	6.3%	16.7%	0.0%	10.0%	20.0%
班级平均	67.0%	62.1%	63.3%	33.9%	46.9%	18.4%	20.7%	45.5%

　　注：▨ : 模块得分率 >=75　　□ : 模块得分率 <75,>25　　▱ : 模块得分率 <=25

　　三（3）班学生的平均认知能力总体发展水平一般，在 7 个领域中，相比较而言，三（3）班学生的注意、模仿、记忆能力发展较好，属于认知发展的优势领域，其恒常性、概念学习尚有较大的发展空间，而推理能力、问题解决能力较薄弱，这两方面存在问题。三（3）班学生的认知能力的发展水平差异很大。明、绮的总得分率均超过 60%，两位学生的认知能力总体发展相较其他 5 位学生要好很多。俊和佩的总得分率均小于 25%，两位学生的认知能力较差。宇的注意力能力相对较差。

　　3. 相关能力评估分析

　　教学前，根据《8 减几》第 2 课时的教学内容和目标对 7 名学生的相关能力进行了课前评估。

</td></tr>
</table>

续表

	明	绮	盼	晴	宇	俊	佩
《8减几》第二课时 三（3）班课前评估							2021.3.31
数数	☆☆☆	☆☆☆	☆☆	☆☆	☆☆	☆	☆
数感	☆☆☆	☆☆☆	☆☆	☆☆	☆	☆	☆
语言表达	☆☆☆	☆☆☆	☆☆	☆☆	☆	☆	☆
操作规范	☆☆	☆☆	☆☆	☆	☆	☆	☆

完全具备的为3星；需借助教学具或提示的为2星；需老师一对一辅助引导为1星；不具备为0星

一、教学背景	三（3）班学生各方面的能力差异度大，明、绮两位学生的数数、数感、语言表达、操作规范能力都较其他5位学生好。宇、俊、佩三位同学各方面能力都相对较弱。 4.分层分组 　　根据认知能力评估、相关能力评估及学生的自身特点，将三（3）班的学生分为了3层（A、B、C），并对他们进行异质分组。每组有1名A层学生、1名B层学生、1名C层学生。A组学生在每个环节中当好B、C的小助教，起到带头示范作用。小宇是孤独症学生，注意力相对较差，目前刚进入集体融合阶段，所以把他安排在两组中间。3名C层学生都安排在离老师较近的范围，便于老师关注到他们，对其进行一对一的指导，提升他们的注意力及课堂参与度。 （二）教材分析 　　《8减几》选自教育部推荐教材《生活数学》三年级下册第二单元个人生活。该单元分为独特的我（8减几），我们一起玩（9减几），活动与练习及我学会了。结合教参及本校三年级生活数学课时安排，我将本单元分为了3个模块10个课时。 　　单元目标： 　　1.通过个人生活情境，逐步建立数感，理解生活中数的含义和数量关系。 　　2.通过分一分进一步学习数8、9的组成，知道8减几、9减几的含义，建立减法运算符号意识。 　　3.经历数的减法运算过程，能用正确的方法计算8减、9减几，提升运算能力。 　　4.会用8减几、9减几的减法算式解决生活中的简单问题，初步感受数学与日常生活的密切联系，体验学数学、用数学的乐趣。 　　5.有意识地利用数学知识和方法解释现实生活中的现象，尝试解决现实生活中的简单问题。 　　课时划分： 　　《8减几》教学时数共计4课时。
二、教学目标与重难点	（一）教学目标 　　根据上述的教材和学情的分析，为了使不同层次的学生都能学到知识、掌握知识，对不同层次的学生预设了不同的教学目标。 A组：1.能看图说意，列出8减几的算式。 　　2.通过观察和独立操作学具，理解减法的含义。 　　3.在体验、活动中会用8减几的减法算式解决生活中的简单问题。

续表

二、教学目标	B组：1.能尝试看图说意，列出8减几的算式。 　　　2.通过在指导下操作学具，体验8减几的含义。 　　　3.在体验、活动中学会思考、建立减法算式符号意识。 C组：1.根据图片，感受图片中数的含义，建立数感。 　　　2.通过在辅助下操作学具，感受减法。
三、教学重难点	教学重点：正确列出减法算式。 教学难点：理解8减几的算式表示的含义。
四、教学资源	媒体课件、板贴、教学具（白板、磁铁、虚线卡片等）
五、教学流程	复习导入 → 探究新知 → 巩固练习 → 课堂小结 复习8的组成式（p23） 8-3=5（p24） 8-1=7（p25想一想1） 8-4=4（p25想一想2） 看点子图列式 8-5=3 8-2=6（p25想一想3、4） 原来有几个，走掉了几个，还剩下几个？用减法计算。 作业布置

六、教学过程

教学环节	教师活动	学生活动	设计意图
（一）复习导入	1.复习数8的组成 出示"8根小棒""小棒分一分"的图片，带领学生复习数8的组成，让学生说一说8可以分成几和几。 2.引出新课 兰兰昨天穿着同学们上节课为她挑选的衣服和她的同学去公园玩了，他们拍了很多视频和照片和我们分享，这节课我们一起来看一看他们玩了什么，看到了什么。	复习数8的组成 A组：看图说一说8可以分成几和几。 B组：数一数，说一说，8可以分成几和几。 C组：跟说8可以分成几和几。 全体：齐读8的组成。	通过复习巩固8的组成，有利于学生利用8的组成更好地掌握8减几的计算方法。

教学环节	教师活动	学生活动	设计意图
（二） 探究新知	1.学习算式 8-3=5 （1）出示"踢足球"（8-3=5）动画，以及教材24页第一幅图片。 ①引导学生带着问题观察。 图上有几个人？他们在草地上做什么？ ②点击一个小朋友出现一个小圆点。 ③小结：草坪上原来有8位小朋友踢足球。 （2）出示教材24页第二幅图片。 ①引导学生带着问题观察。 走了几位同学？ ②点击走了的3位小朋友，在图片上圈出走了的3位同学，在图上同步出现用虚线圈出的3个小圆点（动画演示）。 ③小结：走了3位。 （3）引导学生提出问题。 小结：草坪上原来有8位小朋友踢足球，走了3位，还剩下几位小朋友？ （4）引导学生说出8可以分成3和5。 ①8个小朋友走了3位小朋友，也就是8里面分走了3位，我们想8可以分成3和几，几就是还剩下几个的意思。 ②引导学生说出8可以分成3和几。 ③小结：8可以分成3和5。 （5）引导学生根据图意列式。 ①把8，3，5数字卡片放到下面的算式中。	1.学习算式 8-3=5 （1）观察图片1。 数一数，摆一摆学具、说一说（草坪上原来有8位小朋友踢足球）。 A组：检查纠正、说一说。 B组：数一数、跟说。 C组：摆一摆、跟说。 （2）观察图片2。 圈一圈、拿一拿学具，说一说（走了3位）。 A组：检查纠正、说一说。 B组：圈一圈、跟说。 C组：拿一拿、跟说。 （3）提出问题。 A组提出问题：还剩下几位小朋友？ （4）说出8可以分成3和5，8可以分成3和5。 （5）根据图意列式，齐读题目和问题。 A组答：8表示什么？3又表示什么？拿走了应该用加还是减？8-3与5之间，要用什么符号来连接成一个数学的算式呢？	通过学生踢足球的动画和两幅相关联的图片，让学生在情境中发现数学信息，提出数学问题，解决问题。 通过语言训练，动手操作教学具、点子图、组成式、列式计算知道解决问题的方法。同时学生在解决问题的过程中进一步理解减法的含义，体验8减几的含义，建立减法运算符号意识。

续表

教学环节	教师活动	学生活动	设计意图
（二） 探究新知	②问：8表示什么？3又表示什么？拿走了应该用加还是减？8-3与5之间，要用什么符号来连接成一个数学的算式呢？ （6）引导学生读一读，说含义 ①示范读：8减3等于5。 ②问：这个算式在图中表示什么？ ③小结：原来有8位小朋友踢足球，走掉了3位，还剩下几位小朋友？我们可以列减法算式来解决这个数学问题。 2. 学习算式8-1=7、8-4=4 （1）引导学生根据点子图和文字说一说。 电子白板出示教材25页想一想第一题的点子图（无虚线框）。 原来草坪上有8位小朋友踢足球。 （2）引导学生根据变化后的点子图，说一说。 说一说：走了1（4）位。 （3）引导学生提出问题。 小结：草坪上原来有8位小朋友踢足球，走了1（4）位，还剩下几位小朋友？ （4）引导学生根据图文列式并说出含义。 ①列算式：8-1=7 8-4=4。 ②问：这个算式表示什么？ ③小结：原来有8位小朋友踢足球，走掉了几位，还剩下几位小朋友？我们可以列减法算式来解决这个数学问题。	B组、C组：跟说。 （6）读一读，说含义。 翻到书本24页，找一找算式。 全体、小组、个人读 A组：8表示草地上原来有8位小朋友踢足球，"-3"表示走了3位，"=5"表示还剩下5位小朋友。 B组、C组：跟说。 2. 学习算式8-1=7，8-4=4。 （1）根据点子图和文字说一说。 原来草坪上有8位小朋友踢足球。 （2）根据变化后的点子图说一说。 圈一圈，说一说：走了1（4）位。 A组：说一说。 B组：圈一圈。 C组：跟说。 （3）提出问题。 A组问：还剩下几位？ （4）根据图文列式、说含义。 A组：列式说含义。	通过观察点子图，学生在老师引导下自己编一编，圈一圈，说一说，学生在一步步经历解决问题的过程中学会思考，学会分析，渐渐掌握解决问题的方法。
（三） 巩固练习	1. 看点子图列式（8-5=3、8-6=2） （1）说任务单要求 发放任务单。 （教材25页想一想3，4的点子图） （2）指导纠正。 （3）任务单集体评价反馈。	1. 看点子图列式 （8-5=3 8-6=2） A组：根据点子图写出减法算式，说一说算式的含义，读给C组听一听。	通过巩固练习，进一步加深学生对减法含义的理解，巩固解决求剩下问题的方法。A组学生能将解决问题的方法内化于心，外化于写和说，

教学环节	教师活动	学生活动	设计意图
（三） 巩固练习	2.看图说意列式（8-3=5） （1）出示教材26页，看图完成算式第一题青蛙的两幅图片，让学生看图提出一个数学问题？ （2）评价小结。	B组：根据点子图补全（贴）减法算式，读给C组听一听。 C组：贴一贴减号，按有声教具（减号），跟读减法算式。 2.看图说意列式（8-3=5） A组：看第一幅图说一句话，看第二幅图说一句话，提出一个问题，列出算式。	看点子图和图片直接列式计算并能说出算式表示的含义。通过课堂练习检验各组学生教学目标的达成度。
（四） 课堂小结	1.总结 （1）问：这堂课你学到了什么？ （2）出示课题：8减几。 小结：通过今天学习，同学们要知道原来有8位小朋友踢足球，走掉了几位，还剩下几位小朋友？我们可以用减法来计算。 （3）这堂课，同学们又学习了5个新的减法算式。我们一起来读一读。剩下的2个8减几的算式是什么呢，你们会计算吗？ 2.作业布置 A组：计算8减几的减法算式(写、说)，书本26页，做一做：看图完成算式。 B组：计算8减几的减法算式(贴、读)。 C组：读一读8减几的减法算式。	1.总结 A组：说一说学到了什么。 全体：齐读算式。 2.作业布置 全体：课后完成作业。	通过学生自己回顾本堂课的知识，老师小结，齐读算式加深学生对减法意义和5个新的减法算式的理解。 通过作业布置，帮助学生在课后练习巩固本堂课的知识，为下节课的学习打好扎实的基础。

9 减几

姓　名	董鸣利	学　科	生活数学
单　位	常德市特殊教育学校	年　级	三年级

一、内容分析

　　学习减法的先备技能包括认识数字、点数、数量配对和加法（减法是加法的逆运算），在多年的培智数学教学当中，个人发现学生在面临具体情境，判断使用加法还是减法时，常常产生混乱，即便在提示后列对算式，也很难将算式与问题联系起来。这与教学中长期关注形式训练（计算）有关，而较少注重对加减法概念（或意义）理解和问题解决技能的培养。

　　在减法的学习当中，认读符号和算式、计算为基本技能，看图列式、问题解决（图片型应用题）为进阶技能。其中，均涉及整体与部分的关系、"一共""减少"和"剩下"等概念。当前，三年级已经学习到8以内的减法，积累了大量形式运算技能，可以进一步深入理解减法的意义，掌握一定的问题解决能力。因此，当前的减法学习重难点在于觉知数量变化（减少）、理解情境与问题（求剩下用减法）、解决问题（列式计算），完成这一系列过程即是对减法概念（意义）的具体演绎。在减法学习的不同阶段，考虑到本班学生对减法理解程度逐渐深入，当前将重点放在对减法意义的理解（而非列式和计算）上是适当的，而这需要结合丰富的情境来泛化，从而抽象为一种思维图式，在面临相似问题时都能表现出正确反应。在教学中，需要较多的操作行为（动作）和表达行为（语言）来突破"理解"减法意义的难点。

二、教材分析

　　教材中《9减几》位于第二单元"个人生活"的"我们一起玩"主题下，与生活语文、生活适应产生背景和元素上有关联。在内容的分布上，以数字9的分解操作、9减几初步感知列式、9减几运算练习、9减几意义感知与表达、9减几综合练习为基本顺序，体现了学科学习逻辑，符合学生认知心理过程。在活动的设计上，从初学阶段的动手操作到练习阶段的图形符号设计，再到应用阶段的图文结合设计，体现了培智学生减法学习的三个阶段：操作中感知理解、练习中计算巩固、应用中问题解决。

　　其中，感知理解重点提供操作经验，引导学生理解数量减少求剩余用减法；计算练习要教授学习方法与策略，运用点数或9的分解辅助运算；问题解决重在激活思维，泛化情境，引导学生利用减法解决"求剩余"的同类问题，并在意义表达中强化理解。本节课以教材"活动与练习"部分为蓝本，在教材情境基础上进行创编，重点引导学生理解和表达减法的意义。

三、学情分析

　　本班共有14名学生，依据学科能力和本节课所需的具体能力进行学情分析，具体如下：

　　A层（王、陈、周、冯、梅）：该组学生认知较好，其中孤独症学生1人，发育迟缓2人，脑瘫1人，唐氏1人，该组语言理解和表达能力佳，经过前面的学习，熟悉9以内数字的分解，可独立完成9以内的减法运算，部分可口算，对减法的意义有较好感知，初步形成"求剩余，用减法"的思维；该组基本具备模仿、参照学习策略，勇于回答问题、积极参与同伴合作。

　　B层（刘、郑、谭、程、欧）：该组学生认知欠佳、语言理解和表达能力一般，其中孤独症学生2人，唐氏2人，发育迟缓1人；该组学生了解9以内的数字分解，可在提示下运用工具辅助运算，对减法意义有一定感知，可在示范下说出或判断；本组学生记忆和理解仍需提升，在减法运算和意义理解的表现上不稳定，部分语言能力弱，仅可说出词语，其中两名学生有家长陪读。

三、学情分析	C 层（覃、盛、万、袁）：本组孤独症学生 2 人，多重障碍 1 人，发育迟缓 1 人；该组学生认知相对较弱，可在提示下完成数字 1 ~ 9 的指认和点数，在家长辅助下可尝试进行 9 的减法运算，可机械完成列式，对减法的意义理解不足；该组以被动学习为主，注意力欠佳，需提供操作类学具支持，该组学生均有家长陪读。

四、课时目标	（一）班级总体目标 知识与技能 （1）知道数量减少，求剩下的数量用减法。 （2）在具体情境中根据数量变化和问题分步列出算式，并说出算式的意义。 过程与方法 （1）通过"求剩余、用减法"的方法技巧判断情境，引出减法算式。 （2）通过对减法算式意义的描述，提升数学解决实际问题的思维。 （3）通过 9 减几的运算和意义表达提升情境观察能力和参照学习能力。 情感态度价值观 在减法意义学习中提升思维水平，对情境中的具体问题感兴趣。 （二）对应国家课标或拓展目标 《生活数学》低学段 知识技能板块：体会"加"和"减"的意义，能计算 10 以内的加法和减法。 数学思考模块：尝试表达自己的想法。 问题解决模块：在教师的指导下，通过观察、比较、操作等方法发现简单问题，并尝试解决。感受数学与日常生活的紧密联系。 《生活语文》低学段 倾听与说话模块：能听懂简单的句子，并作出适当回应；能模仿运用生活中的常用语言。（加入此目标，是因为课堂中有语言理解和表达的目标，也是基于学习者完成学习经验获得的必然的跨学科实践。） （三）分层目标

	分层目标描述	学生姓名	学生个别化目标
A 层	（1）能在情境中判断并用完整句子说出数量如何变化（减少）以及用何种方法计算（减法）。 （2）独立列出算式，并自主说出算式的意义。 （3）在列式前的情境判断中，说出"求剩余、用减法"的方法技巧。 （4）可基本描述具体情境中减法算式的意义，展现出数量与问题关联的思维。 （5）通过 9 减几的运算和意义表达提升情境观察能力和参照学习能力。 （6）学习过程中全程关注情境，对全部活动感兴趣，踊跃回答问题、动手实践。	王	可用完整的三句话表达算式意义。
		陈	用因果关联词表达数量变化与减法关系。
		周	口算时保持专注，正确解答。
		冯	参与活动时注意课堂行为常规。
		梅	可书写文字或操作沟通板表达数量变化与计算方法（脑瘫学生）。

续表

	分层目标描述	学生姓名	学生个别化目标
四、课时目标	B层 （1）能在情境中判断并用关键词说出数量如何变化（减少）以及用何种方法计算（减法）。 （2）语言提示或示范下列出算式，并在提示下说出算式的意义。 （3）在列式前的情境判断中，说出"求剩余、用减法"的方法技巧。 （4）可在语言引导下描述具体情境中减法算式的意义，将数量与问题对应起来。 （5）通过9减几的运算和意义表达提升情境观察能力和参照学习能力（模仿）。 （6）学习过程中保持较好专注力，对操作活动感兴趣，踊跃参与、愿意展示。	刘	可用计算器进行快速计算。
		郑	能在教师语言提示下用关键词回答减法中数量变化与计算问题。
		谭	在回答问题和操作前有思考时间，不盲目回答和操作。
		程	能用点数的方法进行计算。
		欧	能用9的分解辅助计算。
	C层 （1）能在辅助下运用卡片表达数量如何变化（减少）以及用何种方法计算（减法）。 （2）在家长动作辅助下列出算式，并自主说出算式的意义。 （3）在列式前的情境判断中，辅助下运用卡片表达"求剩余、用减法"的方法技巧。 （4）可在操作板上对情境中减法算式的意义进行选择粘贴，将数与量对应起来。 （5）通过9减几的运算和意义表达提升执行能力和模仿能力。 （6）学习过程中保持一定注意力，配合参与，愿意动手实践和展示。	覃	可用操作板展示数量对应和减法列式。
		盛	配合家长辅助，愿意动手操作。
		万	能在家长示范下运用操作板进行一次自主列式并用计算器计算。
		袁	辅助下正确进行点数，并取出对应数字卡片，贴出算式。
五、教学重难点	学习重点：判断数量变化和运用减法计算、表达算式意义。 教学重点：引导学生运用"求剩余、用减法"的方法解决问题、表达算式意义。 学习难点：建立数量减少——求剩余——运用减法的关联思维；表达算式意义。 教学难点：引导学生运用"求剩余、用减法"的方法解决问题。		
六、资源	学习资源：交互式课件、可粘贴操作板2类共14张(含数字卡片)、情境排序卡片3类共28套、信封式任务袋2类共14个、数学日记2类共14张、A4大小游乐场地图14张、水彩笔。 教学资源：交互式课件、A4大小排序图片4套12张、A3大小情境排序卡片2套6张、A3大小游乐场地图1张、水彩笔。		

七、教学过程设计		
活动设计		技术应用与设计意图
学生学习活动	教师导学活动	
学前准备：在家长引导下完成老师在线布置的习题、拍摄居家情境下8以内减法运用的片段。	课前准备：安排居家学习活动和评估，通过社交软件收集学生真实情境下的表现，为课上教学做准备。	社交软件收集真实学情，家长共育关注全程学习。
（一）进入情境 观看屏幕画面，在老师描述下了解情境，知晓活动任务。 1.伙伴见面 与课本中"熟悉的"小伙伴天天、兰兰等视频通话，知道他们进行的活动以及求助。 2.知晓任务 全班同学得到为天天、兰兰获取门票的任务要求，并在老师引导下观看地图，知道任务目标。	（一）情境导入 教师通过白板动画营造视频通话情境，并进行描述： 1.情境铺垫 天天、兰兰等同伴在公园野餐，收到游乐场的宣传单，参加游戏活动获得8个笑脸可换取游乐场马戏团门票。但这些游戏要运用到数学知识，便向同学们求助。 2.导入任务 呈现地图和任务单，任务驱动学习。	白板动画拓展课本情境，熟悉动画人物激发兴趣。 电子地图视觉任务提示，两条路线对应课堂活动。
（二）建立新知 通过观看动态演示，觉知数量变化，在老师引导下描述情境中的数量变化方式，引出"求剩余、用减法"的新知。 1.初步感知减法意义 跟随教师引导参加第一个游戏项目，帮助天天、兰兰获得第一个笑脸。 （1）观看分步动画，感知数量变化。 观看教师动画演示（滚轮胎过程），说出数量变化。 A层：自主完整说出。 B、C层：辅助下说出。 （2）理解情境展示的问题，分步列式计算。 在教师引导下了解问题，求到达沙坑的轮胎数量（求剩余），分步列出算式并计算。 （计算非重点，A层自主计算，BC层工具辅助下计算） （3）数量关联情境，感知算式意义。 在老师引导下复述算式意义（刚开始有什么，发生了什么，算出了什么），初步感知算式意义。	（二）概念新授 通过天天和兰兰等参加的两个集体项目——滚轮胎、射气球，在具体情境中感受减法的"生成"，建立"求剩余—用减法"的概念。 1.引导减法意义感知 引导学生参与第一个游戏项目——滚轮胎，形成对减法意义的初步感知。 （1）演示动画，演绎减法生成。 分步演示，描述滚轮胎的过程发生了什么，引导学生觉知数量变化。 （2）解说情境，引导列式解答。 示范解说滚轮胎过程中的数量变化，并粘贴大图至黑板。提出求剩余的问题，引导学生分步列出算式并用不同方式计算。 （3）描述过程，引导意义感知。 从算式回归情境，完整描述滚轮胎过程，引导学生感知和复述算式在具体情境中的意义。	分步动画演绎问题情境，助力学生觉知数量变化。 引导减法意义感知表达，突破形式运算建构概念。

续表

活动设计		技术应用与设计意图
学生学习活动	教师导学活动	
（4）复述思维方法，获得奖励贴纸。 跟随老师复述解题方法"求剩余，用减法"，获得第一个笑脸，准备进入下一游戏。	（4）小结奖励，驱动情节过渡。 小结解题方法"求剩余，用减法"，并在宣传单打卡上贴上笑脸，过渡到下一任务。	实时活动奖励调动学习积极性，适当舒缓节奏调试身心。
2.尝试描述减法意义 通过第二个游戏项目——射气球，进一步感知减法意义，并学会用语言表达。 （1）交互操作体验，思考解答方式。 在老师引导下参与射气球的交互游戏，思考"气球炸掉一些，还剩几个"如何解答，在教师提示下说出"求剩余、用减法"。 （C层射气球、A、B层表达）	2.引导减法意义表达 引导学生参与第二个游戏项目——射气球，引导学生表达具体意义。 （1）引导交互，引导思考解答。 呈现射气球的交互画面，引导学生参与射气球交互，创造"求剩余，用减法"的情境。 （具体射掉几个气球根据学生速度而定，不预设目标，教师手机拍摄活动过程）	交互游戏创设现场体验，学生任务分层差异教学。
（2）理解问题情境，快速列式计算。 A层学生在活动画面重现基础上描述情境，全部学生在基于理解的基础上列式算出未爆炸的气球。 （3）关注具体问题，表达算式意义。 在老师提示下说出或用操作板表达射气球问题中的减法意义。 （A、B层说，C层操作） （4）复述解题方法，获得奖励笑脸。 在老师提示下，再次复述两个游戏活动中的解题方法（学生分组、个别说出或操作），并获得贴纸，进入下一任务。	（2）描述情境，引导列式计算。 引导A层学生完整描述情境，教师播放手机捕获画面，辅助学生理解，引导学生完整列出算式。 （3）联系问题，引导意义表达。 从算式反观情境，引导学生说出数量对应的问题，即减法意义描述。 （4）奖励笑脸，驱动任务发展。 引导学生回顾两个游戏活动，总结"求剩余、用减法"的思考方法；粘贴笑脸奖励，过渡到下一情节。	减法意义表达分层参与，提炼方法巩固意义理解。 活动小结提炼思维方法，奖励贴纸驱动情境认知发展。
（三）分组探究巩固 在老师引导下分成两组，跟随天天和兰兰从不同线路完成其余游戏的探索，为课本中的小伙伴获得游戏贴纸，在此过程中强化减法意义的理解和表达。	（三）组织分组练习 游戏地图分出两条线路，分别由不同项目，将学生分成两组分别跟随天天和兰兰完成剩下两个项目的闯关。由集体学习转换为分组探索，由教师引导转变为教辅、家长深度介入。	
1.理解情境转换，领取任务材料 在地图展示和教师引导下认领不同任务（信封）及相应材料（游戏情境排序卡片、游戏地图等），组成小组。	1.描述情境，任务转换 描述地图中的路线分叉，以情节发展需要推动学生分组分层，主要任务也由看、听、说转变为做、说、写。	分组探究学习变化形式，主教辅教家长个别支持。

活动设计		技术应用与设计意图
学生学习活动	教师导学活动	
2. 操作情境卡片，巩固减法意义 通过对剩余 4 种游戏（每组两个）分阶段卡片的排序粘贴，理解游戏情境，列式解答，语言表达算式意义或操作板表达。 3. 分组展示交流，表达强化理解 学生小组分别选派 2 ~ 3 人汇报各组游戏情境，对所列算式意义进行表达；同时获得该阶段贴纸，帮助课本中小朋友完成游戏打卡。 4. 获得入场门票，完成打卡任务 待完成全部项目，获得全部打卡笑脸时，得到游乐场马戏团门票，并收到天天、兰兰的语音感谢。	2. 组织操作，分组指导 主教和辅教组织两组学生根据任务袋上的提示完成剩余两个项目的操作和表达，家长辅助，教师主导。 3. 组织展示，集体强化 当学生完成一个项目后，组织学生展示（描述过程，说出算式意义），教师引导其他学生进行点评，并奖励对应贴纸。 4. 分发门票，任务结束 完成所有项目，满足打卡要求，技术创设游乐场管理员现身动画，分发门票；天天、兰兰感谢小朋友们的帮助（语音）。	分组打卡集体展示汇报，生生互动互评能力提升。
（四）学后拓展 （1）聆听教师课后小结，获得课堂学习徽章（班级优化大师，分类奖励，储存学分）。 （2）领取课后任务（今日数学日记，语文、数学整合，增强记忆、整合目标，数学日记有两种难度，填写式和粘贴式）。	（四）任务布置 教师小结本节课活动，反馈学生表现，奖励课后学习徽章；并布置课后任务，分发课后练习纸（根据今日所学填写数学日记），指导家长辅助学生完成，巩固所学，拓展目标。	在线积分系统分类奖励，延迟满足获得长效动机。 数学日记巩固当日所学语数整合体现生活应用。

认识图形（三）

姓　名	姜娟	学　科	生活数学
单　位	大石桥市特殊教育学校	年　级	三年级

一、教材分析	认识图形（三）是培智学校义务教育实验教科书《生活数学》三年级上册第一单元第2课校园标识的第一项内容。"认识三角形"是本课的第2课时，它是在学生已经认识圆形、长方形、正方形的基础上进行教学的。三角形的认识，重点在于图形形象的认识，在认识过程中发现三角形的特征，让学生通过特征找出生活中常见的含有三角形的物品，能直观辨认平面图形，进一步体会到生活中处处有数学。
二、学情分析	本班有6名智力障碍学生，他们有很强的好奇心和强烈的表现欲，对于直观的能够动手操作的活动比较感兴趣，且有一定的模仿能力。按照学生接受新知识能力水平的高低，将他们分成A、B、C三组。因为大部分学生都具有一定的电子白板操作能力，能够独立地进行操作，所以教学中通过多媒体课件的辅助，引导学生动手操作，动脑思考，让他们产生浓厚的学习兴趣，使学生自主、有效、创新地学习，从而培养学生数学学习兴趣。
三、教学效果预设	从智力障碍学生的情况和教材实际出发，借助希沃白板5、易课堂、平板、班优等现代化教学工具，把"康教结合"的思想融入教学。课堂中大量穿插、运用来自现实生活的图片，让学生通过描、认、找、说、猜、摆、画等操作活动认识三角形、寻找三角形、辨别三角形；通过创设情境，闯关游戏等环节，吸引学生的注意力，丰富学生的感性认识，培养及发展学生的认知能力、语言能力，补偿缺陷，提高学生观察周围事物的能力，达到预期的教学效果。
四、教学目标	知识目标 　　A组认识三角形，能够独立找到生活中含有三角形的物品。 　　B组感知不同类型的三角形，会照样子找出三角形。 　　C组通过教师的辅助从图形中辨认出三角形。 能力目标 　　通过观察、比较、操作等活动，初步形成平面图形观念，培养数学抽象能力。培养学生观察能力、动手操作能力和逻辑思维能力。 情感目标 　　感受三角形的图形美。通过快乐学习三角形增加学生对学习平面图形的兴趣，体验数学与生活的联系。 康复目标 　　培养学生的动手操作能力和空间想象力，发展学生的语言表达能力，促进学生的缺陷补偿。
五、教学重难点	认识三角形，根据三角形特征找到生活中含有三角形的物品。 　　辨别各种三角形。
六、教学准备	（1）电子白板、课件、平板电脑。 　　（2）学具小棒、正方形彩纸一盒 　　（3）学生拼图用的粘贴纸板及不同大小、颜色的三角形、圆形、长方形、正方形卡片若干

七、教学方法	直观演示法、情境创设法、观察发现法、合作探究法、游戏法、操作体验法		
八、教学过程			
教学环节	教师活动	学生活动	技术应用
创设情境 复习旧知	1.复习旧知 同学们，最近图形乐园来了好多新朋友，你们想去看看吗？今天就由智慧爷爷带我们去图形乐园走一走，看一看。 瞧！机器人图图来迎接我们了，赶快打个招呼吧。你们看图图的身体很特别吧，都是由图形组成的。你们认识这些图形吗？大声喊出它们的名字，并说说图形的特征。 2.引入课题 教师手指三角形，问：你们知道它的名字吗？ 今天我们就一起走进图形乐园，去认识图形，认识新朋友。 板书课题:认识图形(三)。（领读课题，师生共读）	认真观察图形 大声喊出图形名称 自由汇报图形特征 自由回答 认真倾听 齐读课题	利用电子白板打造新颖的图形乐园、机器人，通过视觉元素传递丰富的信息，激发学生参与兴趣。同时抓住新旧知识的生长点，唤醒学生的已有知识记忆，为学习新知识做好铺垫。
操作交流 探索新知	1.描一描 （1）通过刮蒙层刮出表面为三角形的三角尺、交通标志牌和饼干。引导学生观察，说一说这些是什么？ （2）通过易课堂推送课件给学生，引导学生用手描画这些图形的边框，你发现了什么？在小组内互相交流感受，初步感知三角形。 （班级优化大师点评学生） 2.认一认 （1）教师从物品中抽象出三角形，认读名称。 教师演示课件，从三角形的标识牌中抽象出三角形，并讲明这样的图形就是三角形。让学生跟三角形宝宝打招呼，并把三角形卡片粘贴到黑板上，教师板书"三角形"，领读"三角形"。 让学生拿出三角形卡片，一边描画边缘，一边跟老师重复说名称"三角形"。	观察图片 主动汇报 动手描画 组内交流 全班交流 集体评议 仔细观看 白板动画 认读名称 用手描画 边说边描	（1）利用电子白板的蒙层和易课堂推送课件，引导学生观察、描画图形。再通过班级优化大师对学生进行评价，大大激发了学生学习的兴趣。 （2）教师通过白板的克隆、放大镜功能随机演示课件，让学生在观察描画中认识三角形，在合作探究中掌握三角形特征。在整个教学活动中积极训练学生的语言表达能力，注重学生语言缺陷的补偿。

续表

教学环节	教师活动	学生活动	技术应用
操作交流 探索新知	（2）合作探究认识三角形特征。 出示思考题：三角形有几条边，有几个角？学生分组学习，合作探究。 组织学生交流汇报，教师通过白板的克隆、放大镜功能随机演示课件，学生观察认识，掌握特征。 ★三角形的边。学生指一指，数一数，齐读"三角形有3条边"。 ★三角形的角。学生指一指，数一数，齐读"三角形有3个角"。 小结：三角形有3条边，有3个角。引导学生多种方式读一读。 （班级优化大师点评学生） （3）认识多样的三角形。 请学生大声喊出三角形的名称，屏幕上依次出现不同颜色、不同类型的三角形，接着请学生点数三角形数量，告诉学生这些也是三角形。它们都有三条直直的边，3个尖尖的角。 选两名学生在学具卡片中找出不同形状的三角形卡片粘贴到黑板上。 3.找一找 在我们身边还有很多物品里含有三角形，就像衣架、流动红旗、风筝等。让我们一起来把藏在里面的三角形找出来好吗？ 第一排物品依次出现，分别找学生到白板上描画出三角形。第二排物品待学生观察后汇报评议。 4.说一说 校园里有哪些你认识的图形标识？引导学生观察、汇报，进一步区分圆形、长方形、正方形和三角形。教师随机进行校园安全教育。	认真思考 小组合作 交流汇报 掌握特征 看一看 指一指 数一数 读一读 齐读——分组读——个别读 看屏幕喊名称 数三角形数量 观察认识多样的三角形 指名操作 听清要求 找一找 描一描 议一议 观察比较 区分标识	（3）大量穿插、运用来自现实生活的图片，把数学知识和生活实际紧密联系起来，让学生体验"生活数学"。 （4）模拟校园场景，让学生在熟悉的场所中发现不同的图形，并随机对学生加强校园安全教育。 播放视频，利用欢快的律动调节学生的身心，实现寓教于乐，使学生有更好的状态投入下面的学习。
课间律动 放松心情	放松完毕。智慧爷爷想要考考大家，你们敢不敢接受挑战。让我们进入闯关游戏环节，和新老朋友熟悉一下吧。 第一关：火眼金睛 课堂活动——分组竞争，通过观察、判断快速找出三角形。（注意不封闭三角形干扰）	分组比赛 查看答案 集体评议	采用电子白板的课堂活动——分组竞争以及利用易课堂互动环节推送课件，设置闯关游戏，使学生在找、猜、摆、折、画、拼等活动中，养成动手、动脑、动口

续表

教学环节	教师活动	学生活动	技术应用
课间律动 放松心情	第二关：趣味猜图 猜一猜，哪一个云朵下面藏着三角形，并在三角形图片下面打"√"。 第三关：心灵手巧 1. 摆一摆 用小棒摆出一个三角形。摆完后说说用了几根小棒？ 2. 折一折 用一张正方形彩纸折出两个三角形。展示环节可利用投影仪，指定 A 组一名学生到前面操作。 3. 画一画 用圆形、长方形、三角形和正方形画出自己喜欢的图案。 利用易课堂互动环节推送本页课件，最后展示评价。	观察猜想 验证比较 （正确区分圆形、长方形、正方形和三角形） 动手操作 摆摆折折 （A 组学生独立操作，B 组和 C 组学生在教师辅助下操作） 展示汇报 画一画 拼摆图案 （A 组学生在平板上操作并拍照上传，B 组和 C 组学生在教师辅助下用图形卡在粘贴纸板上操作）	的好习惯，在探索中激发学习兴趣，在发现中寻求快乐，从而加深对三角形特征的认识。
回顾总结 拓展延伸	1. 全课小结 通过这节课的学习，谁愿意和大家一起来分享你的收获？你认为这节课最有趣的是什么？ （班级优化大师点评） 2. 拓展延伸 今天我们认识了三角形，知道了三角形的特征。在今后的生活中，希望同学们用心观察，多发现生活中的三角形，发现生活中的数学之美。 课后请同学们和爸爸、妈妈一起找一找家中含有三角形、圆形、正方形、长方形的物品，找到后拍照上传到平台。感兴趣的同学继续运用你们的巧手，拼摆出更多美丽的图形和图案。	畅所欲言 交流收获 认真听讲	（1）利用班级优化大师点评进一步帮助学生梳理知识，反思自己的学习过程，体验学习数学的乐趣。 （2）利用所学知识与课外生活相结合，通过网络平台进行展示，可以锻炼学生的表达能力和探索能力，提高学生学习数学的兴趣。

备注：律动儿歌《形状变变变》引用自好看视频熊孩子儿歌。

校园标识——分类

姓　名	杨艳萍	学　科	生活数学
单　位	大石桥市特殊教育学校	年　级	三年级

一、 教材分析	《校园标识——分类》一课选自人教版培智学校义务教育实验教科书生活数学第五册的第一单元第2课的第三课时，本节内容是学生在已经认识掌握了长方形、正方形、三角形、圆形的基础上，通过学习使学生能按照图形的形状、颜色、有无角进行分类，让学生初步形成分类的意识后，增加分类的难度，尝试用多种分类方法为物品进行分类，锻炼学生的逻辑思维能力，引导学生把分类的意识应用到实际生活中去，培养学生养成有条理地整理事物的良好习惯。
二、 学情分析	本班有8名智障学生，女生2名，男生6名。根据前期测评的结果将本班学生分为三组，其中能力较强的为A组：能正确区分图形形状和颜色；能力一般的为B组：基本认识平面图形形状和颜色；能力稍弱的为C组：在教师指导下能指认图形形状和颜色。
三、 教学目标	知识目标： 　　A组：能自己选定一个标准，对物品进行分类。 　　B组：能按照给定的一个标准，对物品进行分类。 　　C组：在教师指导下，按照给定的一个标准，对物品进行分类。 能力目标： 　　通过观察、讨论、操作的探究过程，使学生能根据给定的标准，对物品进行初步分类。 情感目标： 　　通过分类活动，锻炼学生的逻辑思维能力，培养学生养成有条理地整理事物的良好习惯。 康复目标： 　　通过动手操作，提高学生手指精细动作水平，通过讨论、合作探究、汇报交流，提高学生语言表达能力和沟通能力。
四、 教学 重难点	重点：根据给定的一个标准，对物品进行分类。 难点：根据不同的标准，对物品进行不同的分类。
五、 教学准备	电子白板、课件、平板电脑、教学软件
六、 教学方法	情境教学法、动手操作法、观察发现法、直观演示法、游戏法
七、 教学效果 预设	运用电子白板、教学软件和平板电脑等教学资源开展教学，通过情境导入激发学生学习兴趣；课堂上通过动手操作，自主、合作探究的方式发现分类方法，突出教学重点，提高课堂教学效果；通过律动，游戏闯关等课堂活动，丰富课堂教学内容，强化理解教学重难点；通过课后作业整理玩具巩固分类方法，同时培养学生联系生活实际解决问题的能力，从小养成整理物品的好习惯。

八、教学过程

教学环节	教师活动	学生活动	技术应用
（一） 创设情境 复习导入	同学们，欢迎大家来到图形王国做客。你们还记得这些图形宝宝的名字吗？让我们擦亮双眼，快来猜一猜魔法师后边藏着的是哪个图形宝宝吧！（播放课件） 1. 猜一猜 师：同学们你们猜对了吗？ 看来大家可真是火眼金睛，那你能试着说出下面的物品属于哪一类平面图形吗？ 2. 说一说 师：你的判断正确吗？ （教师演示课件出示答案） 看来同学们的记忆力和判断力可真不一般，老师为你们的表现点赞！ （奖励） 过渡：现在让我们快乐出发，找图形宝宝们一起做游戏吧！（播放课件） 咦！王国里怎么这么吵呀？让我们快来找个图形宝宝来问一问发生什么事情了？ 长方形，你们怎么哭了呀？ （点击图片播放声音文件） 师：同学们，你们愿意帮助他们吗？现在让我们一起开动脑筋，快来帮图形宝宝们想办法分类吧！ （板书课题、领读课题）	睁大双眼准备猜图。 根据自己的观察和判断，选择任意图片点击并揭晓答案。 根据抽象思维判断，找出物品属于哪类平面图形，进行判断。 认真观看，听问题。 积极踊跃。 帮图形宝宝想办法。 齐读课题。	利用电子白板制作动画，创设情境。 利用教学软件设计制作课件的蒙层效果，激发学生的探索欲望。课件直观演示抽象出平面图形，不仅能复习旧知，同时为学习物品分类奠定良好的基础。利用班级优化大师对学生进行表扬、鼓励。 通过情境对话引出主题，不仅调动学生学习积极性，还能培养学生乐于助人的品质。
（二） 合作探究 发现方法	1. 平面图形按形状分类 同学们仔细观察这些图形有什么特点？ （教师推送课件） 师：通过观察我们发现图形的颜色相同，但是形状不同，那我们应该怎样分类呢？ 请同学们认真思考后把分得的结果传屏并说一说你是怎样分的。（教师指名汇报） 师：根据同学们的汇报，我们发现了第一种分类方法：按形状分类（演示分类方法并板书）。	操作平板电脑。 接收课件观察汇报。 动手操作、自主探究，发现分类方法。 传屏汇报。 齐读方法一。 学生分组观察。 汇报发现。	通过教学软件推送课件，学生通过观察、自主探究后，发现第一种分类方法：按形状分类。不仅能提高学生的动脑、动手操作能力，还能提高学生手指精细动作的水平。教师再演示课件总结方法更能突出教学重点。

续表

教学环节	教师活动	学生活动	技术应用
（二） 合作探究 发现方法	2. 平面图形按颜色分类 师：看来同学们都是善于观察的孩子，下面请同学们再来看一看这些图形有什么特点？（出示课件并推送给每组学生） 师：通过观察我们发现图形的形状不同，颜色也不同，那应该怎样分类呢？请同学们两人一组讨论后把分得的结果传屏展示给大家，并说一说你们组是怎样分类的。 师：同学们的办法可真多，我们发现除了用刚才学到的按形状分类的方法，还可以按颜色分类。 （演示讲解并板书） 师：看来同学们都是善于思考的孩子，老师也被你们的探究精神所感染，我也想到了一种分类方法，你们想知道吗？ 看，老师的第三种分类方法是按有、无角分类。 （演示讲解并板书） 师：现在我们通过共同的努力，帮图形宝宝们想到了几种分类方法，谁来说一说？ （出示课件，指名说） 师：让我们快把这个好消息再一起大声地告诉图形宝宝们吧！ 3. 试一试 对立体图形进行不同的分类。 师：同学们这三种分类方法你们都记住了吗？现在老师也想请大家帮个忙，把桌子上的积木分类摆到柜子里，你们愿意吗？ 师：仔细观察下面这些物品有什么特点？（指名说） 按要求看谁分的方法又多又快（推送课件，计时）。 A组：自主选择分类方法并完成分类，拍照上传。	合作探究，发现分类方法，把结果传屏，展示给大家，小组代表汇报。 观看课件 齐读方法 积极思考看演示。 学习第三种分类方法并齐读。 看板书，个别说。 大声齐读三种分类方法。 跃跃欲试。 个别回答。 接收课件动手操作。 拍照上传，展示所选分类方法。 按要求分类，合作完成上传结果。	学生通过观察、小组合作探究的方式操作平板电脑，发现第二种分类方法：按颜色分类。不仅培养学生团队合作意识，还提高学生的语言表达能力。 通过教学软件推送课件，每组学生按不同的标准完成分类并上传结果。试一试的内容是在学生初步形成平面图形分类后，增加难度，为立体图形分类，培养学生的抽象思维能力，学会把生活中的物品按某个标准进行分类，不仅有效强化本节重、难点，同时还能初步培养学生养成对物品整理分类的意识。

教学环节	教师活动	学生活动	技术应用
（二） 合作探究 发现方法	B组：按要求合作完成分类后提交结果。 C组：教师指导下完成分类后提交结果。 小结评价，渗透养成教育。	在师指导下完成。 理解养成教育。	
（三） 课间律动 活跃身心	看来同学们对图形的分类方法已经掌握了，现在让我们和图形宝宝们一起活动一下吧！ （播放视频歌曲《形状》，师生一起做律动）	一起做律动，唱唱跳跳。	低年级学生的集中注意力时间短，易疲劳，因此，通过课间律动不仅活跃课堂气氛，还能调整学习状态。律动内容包含认说各种形状，还能加深图形认知。
（四） 闯关游戏 强化理解	同学们，大家帮图形宝宝们想到了三种分类方法，他们非常感谢你们，现在想请你们一起参加闯关游戏，你们敢接受挑战吗？ 出示课件"智勇大冲关" 第一关：数一数、涂一涂 第二关：找一找、辨一辨 第三关：想一想、分一分	心情愉悦，摩拳擦掌，接受挑战。 数出不同形状图形的个数，写出数字，再按要求涂颜色。 找出每组图中的不同图形，并说出哪里不同。 按物品形状不同分类，看谁分得又对又快。	针对低年级学生爱玩的特点，利用电子白板中的课堂活动，设计由易到难的闯关游戏，不仅能使学生在愉快的氛围中巩固所学，还能检验学生对本节重、难点知识的掌握情况。学生通过数、涂、找、辨、想、分的形式，不仅提高动手、动脑、动口的能力，还能提高判断力和逻辑思维能力，联系实际解决问题的能力。
（五） 分享收获 总结评价	通过今天的学习，相信同学们一定收获满满，快来和大家分享一下吧！ （总结评价）	分享自己的收获，自评、互评。	通过分享收获再次强化突出重、难点知识。学生自评、互评以及教师点评的过程，使学生对自己和他人有个正确的评价，培养学生善于发现、总结的能力。

续表

教学环节	教师活动	学生活动	技术应用
（六） 课后作业 拓展延伸	布置作业： 把你家中的玩具按不同的分类方法整理一下，把分得的结果拍照片或视频上传到班级作业中，说说你用的是哪种分类方法。 你还能发现其他的分类方法吗? （鼓励学生积极探索）	完成作业。 实践探索。	课后通过整理玩具的活动，把课堂学到的分类方法应用到实际生活中去。个别能力强的学生拓展分类方法，启发学生的逻辑思维能力，提高学生的动手、动脑能力，培养学生养成整理物品的好习惯，让学生体会到探索的快乐和成功的喜悦。

端午节习俗之划龙舟

姓　名	高燕玲	学　科	生活适应
单　位	深圳市宝安区星光学校	年　级	三年级

一、 教学理论	1.通用学习设计理论 　　通用学习设计是一套课程开发以及教学的原则，为每一名学生制订有用的教学目标、教学方法、教学材料以及教学评估，弹性灵活，给予每一名学生平等的学习机会。它包括了三大原则、九项方针和三十一项检核标准。 　　在本课题的设计中，主要应用如下：①提供多样化的表现方式；②提供多种提高兴趣的学习方式；③促进合作和团队能力；④提供因人而异的信息展示方法；⑤解释词汇和符号。 　　2.班杜拉社会学习理论 　　班杜拉的社会学习理论强调观察学习或模仿学习，包含注意过程、保持过程、动作再现过程以及动机过程，具体为：榜样表现出来的行为→学习者注意榜样→学习者将行为编码并保留→习得符号编码→观察者表现此行为→学习者从事此行为→行为表现。 　　在本课题的设计中，主要应用如下：示范者表现出"敲鼓、划龙舟等"行为→学习者注意示范者→学习者将此行为编码并保留→习得符号编码→观察者表现此行为→学习者从事此行为→行为表现。 　　3.桑代克三大定律 　　桑代克在实验基础上提出了准备律、练习律和效果律。其中，准备律指学习者在学习开始时的预备定势，当某一刺激与某一反应准备联结时，给予联结就引起学习者的满意，反之就会引起烦恼；练习律指一个学会了的刺激——反应之间的联结，练习和使用越多，就越来越得到加强，反之会变弱。刺激——反应联结的应用会增强这个联结的力量，联结的失用（不练习）会导致联结的减与弱或遗忘；效果律指如果一个动作跟随着情境中一个满意的变化，在类似的情境中这个动作重复的可能性将增加，但如果跟随的是一个不满意的变化，这个动作重复的可能性将减少，导致满意后果的行为被加强，带来烦恼的行为则被削弱或淘汰。 　　在本课题的设计中，主要应用练习律：①请学生通过模仿练习敲鼓、划龙舟的动作；②请学生在鼓声下模拟划龙舟。
二、 教材分析	本课选自人民教育出版社出版的培智学校义务教育实验教科书《生活适应》三年级下册第五单元自然与社会中的第12课《端午节》，共包含4个课时。《端午节习俗之划龙舟》是第2课时。它是在学习了端午节的日期的基础上进行的教学。端午节是我国重要的传统节日，其习俗和活动非常丰富。教材呈现的两幅图即展示了常见的两项：划龙舟、吃粽子。本课时首先通过观看视频，让学生了解端午节为什么要划龙舟；接着通过示范、演练等方法，让学生掌握怎么样划龙舟；最后通过展示活动，帮助学生体验划龙舟的乐趣，表达对中国传统文化的热爱。
三、 学情分析	本班学生共10人，5男5女。其中，孤独症学生8人，智障学生2人。1人请假未参与课堂。教学常规总体较好，认知、语言沟通、社会交往等方面能力的差异性比较明显，个别学生偶尔还会出现离座、吐口水、推桌子以及打头等严重的情绪行为问题。

续表

项目	A组	B组	C组
学生名单	月、婷、睿	吟、馨、琪、轩	恒、为
兴趣爱好	学生比较关注代币，喜欢物质奖励，也喜欢社会性增强（你真棒、优秀、不错、击掌、大拇指点赞）。	学生比较关注代币，相对于社会性增强（你真棒、优秀、不错、击掌、大拇指点赞），更喜欢物质奖励。	学生关注代币，喜欢物质奖励。
认知语言	学生认识具体物、部分半具体物和抽象文字，均有口语，且能说出6字以上的短句，理解简单的故事情节。	学生认识具体物、部分半具体物，均有口语，且能说出4字以上的短句，图文结合下能理解简单的故事情节。	学生认识具体物和个别半具体物，均有口语，且能说出3字以上的短句，理解简单的图片信息。
情绪行为	月和睿情绪稳定，课堂行为表现很好，主动性强，能积极举手参与课堂活动；婷怕热，容易急躁，主动性弱，一旦急躁就会出现哭闹行为，上课也会经常趴桌子、撩衣服、挠痒。	吟和馨情绪稳定，课堂行为表现较好，主动性较强，能积极举手参与课堂活动；轩情绪一般，偶尔会突然哭泣，主动性较弱，需要老师直接提问，听到大的音响会抗拒、害怕、捂耳朵；琪有时会离座、吐口水、推桌子，喜欢嗅气味。	学生情绪不太稳定，偶尔会出现尖叫、打头和离开座位的行为。
前期测评	通过前一课时的学习，学生对端午节的由来、文化、人物等方面有较多的了解，能独立说出端午节的时间——农历五月初五，吃过端午节的食物——粽子，但对端午节的习俗活动不太了解，很少接触得到。	通过前一课时的学习，学生对端午节的由来、文化、人物等方面有一定了解，能独立指认或在视觉提示下说出端午节的时间——农历五月初五，吃过端午节的食物——粽子，但对端午节的习俗活动不了解，很少接触得到。	通过前一课时的学习，学生知道有端午节这个节日，能在手势提示下指认端午节的时间——农历五月初五，吃过端午节的食物——粽子，但对端午节的习俗活动不了解。

三、学情分析 *(项目行左侧合并单元格)*

四、教学目标

1. 知识与技能目标

　　A组：月、婷、睿→独立、快速地掌握划龙舟的方法，并积极参与划龙舟的展示活动。

　　B组：吟、馨、轩、琪→动作示范下掌握划龙舟的方法，口语提示下参与划龙舟的展示活动。

　　C组：恒、为→少量肢体协助下掌握划龙舟的方法和参与划龙舟的展示活动。

2. 过程与方法目标

　　通过观察、示范、演练等方法，掌握划龙舟的要点，参与划龙舟的展示活动。

3. 情感态度与价值观目标

　　激发参与活动的热情，体验团结协作的乐趣，表达对中国传统文化的热爱。

4. 潜能开发目标

　　（1）利用学生指、划、敲等动作发展优势，培养学生的动作技能。

　　（2）利用学生的节奏优势，培养学生的韵律感。

续表

学生姓名	目标编号	目标测评		学生姓名	目标编号	目标测评	
		前测	后测			前测	后测
月	1/2/3	2/2/3	0/0/1	琪	1/2/3/4	3/3/3/3	2/2/2/2
婷	1/2/3	2/2/3	1/1/2	轩	1/2/3/4	3/3/3/3	2/2/2/2
睿	1/2/3/4	2/2/3/2	1/1/2/1	恒	1/2/3/4	4/4/4/3	3/3/3/2
吟	1/2/3/4	3/3/3/3	2/2/2/2	为	1/2/3/4	4/4/4/3	3/3/3/2
馨	1/2/3/4	3/3/3/3	2/2/2/2				

四、教学目标

说明：

（1）提示系统

☑I 独立完成　☑G 手势提示　☑S 口语提示　☑V 视觉提示　☑M 动作示范　☑P2 少量肢体协助　☑P1 大量肢体协助　☑E 环境或方位协助

（2）评量标准

0：完全独立下完成；1：口头提示下完成；2：示范说明下完成；3：部分协助下完成；4：完全协助下完成。

五、教学重难点

教学重点：

（1）知道划龙舟是端午节的习俗。

（2）掌握划龙舟的方法。

教学难点：

（1）掌握划龙舟的方法。

（2）参与划龙舟的展示活动。

六、教法学法

赏识教育法：教师运用"罗森塔尔效应"表达对本节课的目标行为的期待，以赏识的眼光看待学生，帮助学生树立"我能做到"的自信心。

示范教学法：教师逐一示范划龙舟的要领，引导学生按节奏动作和用欢快的表情表现出来。

实践操作法：学生通过模仿、练习，巩固划龙舟的动作和节奏等。

情境演练法：学生通过在模拟的情境中反复演练划龙舟，掌握划龙舟的要点，激发参与活动的热情，体验团结协作的乐趣，表达对中国传统文化的热爱。

七、教学准备

教学资源

电子类：课件、音频、视频、图片

实物类：道具（船桨、鼓、槌）、椅子、奖励等

环境分析

撤掉桌子，留下椅子摆成四列，正前面再放置一把椅子；靠近黑板处摆放一张桌子放置小教具，讲台放置大教具。

安全隐患排查

（1）教学环境在教室内，有助教老师一直跟随，无安全隐患。

（2）在教学过程中，教学者均会先示范说明，再三强调安全要点，无安全隐患。

续表

八、教学过程		
教学环节	教师活动	学生活动
我能做到	（1）教师下指令："上课起立！"等学生起立后说："同学们好。" （2）教师向学生表明对课堂的期待：很高兴我们又见面啦！在高老师的生活适应课上，同学们能做到"起立问好讲礼貌"，尤其是××，声音特别洪亮，非常棒。高老师相信你们还能做到"安坐倾听勤思考""发言如厕要举手"。 （3）教师说明："能做到"的同学，粽子代币向上爬一格，看看谁能爬得最高，课后可以兑换奖励或神秘礼物！	A：能主动起立，主动向老师问好，保持良好的安坐习惯，了解课堂规则。 B：能主动起立，提示下向老师问好，保持较好的安坐习惯，初步了解课堂规则。 C：能在提示下起立并向老师问好，能安坐。
我在思考	（1）教师呈现一张打鼓的动图，鼠标滑过动图，结合发出的声音提问学生：他在干什么？ （2）教师呈现一张划龙舟的动图，鼠标滑过动图，结合发出的声音提问学生：他们又在干什么呢？ （3）教师继续追问：那什么节日会出现打鼓、划船／划龙舟／赛龙舟的景象呀？ （4）教师随后说：对了，在端午节，我们能看到划龙舟的景象。今天这节课，就让我们一起走进端午节的习俗——划龙舟，并粘贴课题。 板书：端午节习俗之划龙舟。	A：非常认真倾听、观看，能主动对周围环境事物表示关注；能主动积极回应老师；能在指字下独立开口大声读问题。 预设： （1）打鼓。 （2）划船／划龙舟／赛龙舟。 （3）端午节。 B：比较认真倾听、观看，能对周围环境熟悉的事物表示关注；能比较积极回应老师；能在指字、口语提示下开口读问题。 预设： （1）打鼓／敲鼓／鼓。 （2）划船。 （3）不太清楚。 C：能安坐倾听、观看；能在指字、口语提示下回应问题。
我在学习 我在练习	1. 了解划龙舟 教师播放《赛龙舟》视频，让学生了解划龙舟的意义及其发展。 划龙舟是端午节的传统习俗。相传起源于古时楚国人因舍不得贤臣屈原投江死去，许多人划船追赶拯救。他们争先恐后，追至洞庭湖时，却看不到他的踪影。之后每年五月五日，人们借划龙舟驱散江中之鱼，以划龙舟来表达对屈原的纪念。后来，划龙舟慢慢演变成赛龙舟，不仅是一种体育娱乐活动，更体现出人们心中的爱国主义和集体主义精神。 板书：了解划龙舟。	A：认真倾听，主动积极回应老师，能独立大声地回答大部分问题，个别问题需要在部分口语提示下回答。 预设： （1）了解划龙舟与屈原有关，现已慢慢演变为赛龙舟。 （2）了解划龙舟的分工，独立模仿划龙舟，并能跟随鼓声的变化表现划龙舟的表情和速度。 （3）积极参与划龙舟的展示活动。

教学环节	教师活动	学生活动
我在学习 我在练习	2. 学习划龙舟 （1）教师教导学生认识划龙舟的工具。 鼓、船桨。 （2）教师教导学生认识划龙舟的分工。 一人打鼓，多人划龙舟。 （3）教师分别在有鼓声和无鼓声背景下示范教导划龙舟要领，引导学生按节奏动作和用欢快的表情表现出来。 √一手拿船桨上面，一手拿船桨下面，然后双手抓紧船桨，使劲由前往后滑动。 √船桨向前时，身体前倾、手臂伸直、脸朝前。 √船桨向后时，身体后仰、船桨靠胸、脸朝前。 板书：学习划龙舟。 3. 展示划龙舟 按照学生座次，将其分成两队，展示划龙舟。 （1）一队分发红色船桨，简称"红队"。 （2）一队分发黄色船桨，简称"黄队"。 √教师当鼓手，学生分组展示。 √学生当鼓手，学生分组展示。 √教师当鼓手和评委，学生合作展示。教师根据队员的参与度、配合度、整齐度进行评判，分发奖励。 板书：展示划龙舟。	B：认真倾听，比较积极回应老师；能独立大声地回答部分问题，一些问题需要在较多口语提示下回答，以及通过动作示范来理解。 预设： （1）了解划龙舟与屈原有关。 （2）了解打鼓，动作示范模仿划龙舟，并能跟随鼓声的变化表现一些划龙舟的表情和速度。 （3）动作示范和口语提示下参与划龙舟的展示活动。 C：安坐，认真倾听；能在口语提示下回答简单问题；能在部分肢体协助下参与划龙舟活动，体验快乐。
我能小结	教师通过思维导图的方式小结本节课的主要内容：同学们，这节课学习的主要内容就到这里，现在我们一起来回顾一下→首先，我们通过视频了解了划龙舟是端午节的传统习俗，表达对屈原的纪念之情；慢慢地，划龙舟发展成为赛龙舟。其次，我们学习了划龙舟的工具、分工以及方法，同学们练习得都非常到位。最后，我们还通过分组、合作的方式展示了划龙舟。在这个过程中，同学们能做到安坐倾听勤思考、发言如厕举手，真不错！高老师给大家点赞！下课后把神秘礼物放在教室让大家玩一天哦。	A：认真倾听，主动积极回应老师。 B：认真倾听，比较积极回应老师。 C：安坐，认真倾听。
我在欣赏	（1）教师播放《端午节》儿歌视频，呼应主题，在轻松愉悦的氛围下准备下课。 （2）下课礼节。	A：非常认真倾听，主动快速起立，大声说"老师再见"。 B：比较认真倾听，主动起立，小声说"再见"。 C：安静倾听，能在少量肢体辅助下起立。
我会评价	教师评价 ☺ ☺ ☺	学生评价 ☺ ☺ ☺

续表

教学环节	教师活动	学生活动
九、 板书设计		
十、 教学反思	1. 课堂常规环节 学生课堂常规整体比较好。琪在刚开始上课时，由于助教老师阻止其扯裤脚的线头（曾因扯线头扯掉了一只袖子），有情绪，就扯了前面和旁边同学的头发。将其座位往后拉、让其休息之后有好转，后续慢慢参与课堂。轩在起立问好之前突然有点小哭闹，但在起立问好坐下之后就好了。睿本节课的常规较以往弱，不适性，语言较多，偶尔会离座，经提醒后能表现好。 2. 课堂导入环节 亮点：教学者呈现动图与声音结合的素材，采取视听结合的方式，成功引起了学生的注意力，自然过渡，导入本节课学习的主要内容。 不足：课后看视频得知，教学者呈现"打鼓"动图时，不小心触碰到屏幕，导致打鼓声音出现时呈现的是划龙舟的画面，教学者当下背对屏幕，并无反应过来，以后避免手指太靠近屏幕。 3. 新授练习环节 亮点：①态自然，语言精简，教具丰富；②内容适中，重难点突出；③示范到位，要点细致；④反馈与强化及时，能够及时关注、处理学生的突发情况，能够就学生演示的不当行为及时进行个别和集体反馈、强调。 不足与改进方向：①教具分发给学生后，学生各类动作比较多，场面有点乱，应及时给予支持让其表现正确的行为；②个别学生害怕鼓声，安排座位时应该考虑让其坐后面；③教学者曾有一次举起船桨摇一下，以吸引学生注意力，让其看过来，学生可能通过模仿习得了不恰当的行为，应使用正确的动作或物品来进行。 4. 课堂小结环节 亮点：图文结合，善用思维导图，清晰明了地呈现本节课学习的主要内容。 5. 课外延伸环节 亮点：劳逸结合，轻松愉悦。 不足与改进方向：刚好下课，缺少这个环节，应注意把控好时间。	

这里是我家

姓　名	王文燕	学　科	生活适应
单　位	佛山市启聪学校	年　级	三年级

一、 学习内容	本课的学习要求学生知道自己的家在哪里，能说出并牢牢记住家庭住址，了解自己家附近的环境，能说出家周围的标志物。 　　本节课的学习可以提高学生的适应家庭生活的能力，并对未来适应社会生活打下基础。学习本节课需要学生具备一定的生活经验和观察能力、识字能力和语言表达能力。按照学生的实际情况和学习内容，对教学内容进行了分解，并安排到了不同的课时中： 　　第一课时，家庭住址的构成；第二课时，家附近的公共设施；第三课时，不同的家；第四课时，这里是我家。本课是第四课时。
二、 学情分析	本班共 12 名学生，包括脑瘫 3 人，孤独症 4 人，智力发育迟缓 5 人。根据学生的学习能力和先备知识情况将学生分成三组： 　　A组学生：航、新、琼、淼、彬、昕 　　学习能力较好，能记忆并独立说出完整的地址，能说出常见的公共设施的名称，能看懂地图上的标志，认识常用字。 　　B层学生：湘、莹、杰 　　学习能力一般，只能记忆并独立说出部分的地址，能说出部分公共设施的名称，不能使用地图。 　　C层学生：健、政、伍 　　学习能力较差，只能记忆并说出一些简单信息，只会说 5 个字以内的句子，能说出少量公共设施的名称。
三、 学习目标	共性目标 　　（1）会认读自己家的家庭住址和电话。 　　（2）说出自己家的家庭住址和电话等。 　　（3）说出自己家周围的标志物。 　　（4）必要时能提供自己家的家庭住址和电话。 个性目标 　　航、新、琼、淼、彬、昕：独立完成 1、2、3、4。 　　湘、莹、杰：独立完成 1、2、4；语言提示下完成 3。 　　健、政、伍：独立完成 1；语言提示下完成 3、4；替代完成 2。
四、 教学 重难点	说出自己家的家庭住址和电话等。 解决措施：直观教学、互助学习、情境练习。 教学难点：必要时能提供自己家的家庭住址和电话。 解决措施：情境任务演练。
五、 教学方法	情境教学法、直观教学法、任务驱动法 学法：图片观察学习法、自主学习法、小组互助法

续表

六、教学资源	PPT、家庭联系卡、平板电脑、纸质版学习材料		
七、教学过程			
环节	教师活动	学生活动	设计意图
（一） 课前自学	【布置任务】 在班级微信群布置亲子学习任务： 任务一、和爸爸妈妈一起游览自己的家及附近的标志物，并拍照上传微信群。 任务二、介绍自己的家，并发录音上传微信群。 任务三、和爸爸妈妈一起做一张联系卡，写清家庭住址和电话。 【二次备课 以学定教】 根据课前测试、家长上传的材料微调教学内容。 【第二课堂】 发布学校德育处的第二课堂比赛方案：级组将举办"介绍自己的家"比赛活动。	【接收任务】 对照任务单，跟爸爸妈妈一起完成课前学习。 【第二课堂】 报名参加比赛，做好参赛准备。	1. 利用家长力量和微信平台助力学生自主学习。 2. 收集学生的课前资料，评估学生自主学习情况，利于调整教学内容，以学定教，精准教学。 3. 充分利用学校德育活动资源，以赛促学。
（二） 课堂准备 活动	【上课仪式】1分钟 起立，问好！ 【歌曲导入】4分钟 播放歌曲：《迷路的小花鸭》，展示小花鸭木偶，小花鸭木偶表现出很伤心的样子。 提问：小花鸭怎么了？ 为什么很伤心？ 怎样才能不迷路？ 迷路了该怎么办？	【上课仪式】 起立，问好！ 【聆听歌曲】 理解歌曲内容，根据老师的引导，思考迷路了怎么办，感受学习本课的重要性。	1. 歌曲导入，激发学生学习兴趣，促进学生进入学习状态。 2. 提出问题，激发学生的学习动机，感受学习本课的重要性。
（三） 课堂发展 活动	【新知学习】 1.出示同学A家的照片——高楼林立，车水马龙。 提问：这是谁的家？他家住在哪里？他家附近有什么？ 2.出示同学B家的照片——房屋错落，田园风光。 提问：这是谁的家？他家住在哪里？他家附近有什么？	【学习新知】 1.在老师的指导下，根据老师出示的图片、文字和引导语学习。	1. 老师引导学生学习，让学生掌握观察学习的方法。 2. 为不同能力的学生提供不同形式的学习资料，充分利用信息化手段，满足不同能力学生的个别化学习需要。

环节	教师活动	学生活动	设计意图
（三） 课堂发展 活动	3.总结：他们一个住在城市，一个住在农村，但大家都很快乐！ 4.发放学习资料，引导学生小组互助学习。 A组学生的学习材料为平板电脑中的百度地图、家庭联系卡。 BC组学生的学习资料是每位学生的家庭住址以及附近标志物的图片、文字材料、家庭联系卡。 （1）引导学生自己观察学习。 （2）小组成员之间相互说一说，自己家的家庭住址，以及标志物。 【巩固练习】 1.找一找，我的家在哪里？ （1）出示所有同学的家庭住址，随机挑选二名C组学生找出自己家的家庭住址。 2.跟随镜头跟他们介绍我的家在哪里，我家附近有什么？ （1）出示学生事先拍摄的照片，随机挑选两名B、C组学生根据照片介绍自己的家。 3.情境练习：邀请同学到你家做客。 （1）布置情境任务：邀请同学到你家做客，你告诉同学你家的家庭住址和标志物。 （2）教师示范：家庭住址要完整说出*市*区*路*小区或*村，最好说出家附近的标志物，方便同学寻找。 如果记不住自己家住址，可以提供家庭联系卡。 （3）指导点拨学生演练，纠正问题。 （4）点评学生表演，总结示范。 【迁移泛化】 1.布置情境任务：你不小心迷路了，找到警察叔叔，警察叔叔问你家住在哪里？ 2.老师扮演警察，学生演练。 3.组织学生自评、互评，点评学生表演、总结并示范。	2.根据老师的学习材料，进行自主学习，学习自己家的家庭住址和周围标志物。 3.通过向同伴介绍自己的家来进行小组互助学习。 【巩固练习】 1.在所有同学的家庭住址中，找出自己家的家庭住址；C组学生上台展示。 2.BC组学生上台介绍自己的家，其他同学聆听，观察。 3.聆听情境任务，理解任务要求。 4.观看并熟记老师的示范。 5.与同学相互演练，聆听老师的点评，并修正问题。 【迁移泛化】 1.聆听情境任务，理解任务要求。 2.与老师相互演练，并自评、互评，聆听他人评价，修正问题。	3.小组互助学习，整合组内资源，让学生相互介绍自己的家，在互助学习中突破教学重点。 1.通过设计不同难度的练习，保证不同能力的学生都有充分练习的机会。 2.角色扮演创设情境，教师指导，规范学生练习，突破教学难点。 3.变换情境演练，促进学生将所学的知识在真实的情境中迁移泛化。

续表

环节	教师活动	学生活动	设计意图
（四） 课堂综合 活动	【总结点评】 1.总结本课内容。 2.点评同学的表现	【总结点评】 1.听取本课内容总结。 2.聆听老师评价。	教师评价专注学生在情境任务中的表达，并鼓励学生。
（五） 课后作品 展示	【作品展示】 1.要求学生完善介绍自己的家，家长帮助重新录制音频或视频，上传到班群分享。 2.要求学生到班群相互欣赏同学作品。	【作品展示】 1.完善并在家长的指导下完成视频录制。 2.到班群相互欣赏同学作品，学习反思。	家校协同育人，使家长感知孩子进步，树立对孩子学习进步的信心，使家长自觉参与到教育孩子的工作中。

比尾巴

姓 名	许亚楠	学 科	生活语文
单 位	东阳市特殊教育学校	年 级	四年级

一、 学情分析	本班共有学生5人，根据学生语文认知能力不同，在生活语文教学过程中，将学生分成2组。 　　A组4人，他们的认知能力和语言表达能力发展得均较好，能听懂指令，课堂参与度高。胡同学和同学有一定的语文理解能力，书写清楚，口齿清晰，表达欲望强烈，但胡同学纪律性不强。倪同学有一定的语文理解能力，纪律性不强，发音较不清晰。张同学：有一定的语文认知能力和书写能力，但阅读理解较弱，经常出现注意力不集中等情况，需要教师提醒。 　　B组1人，叶同学能在指导下跟读词语和跟读课文句子，课堂参与度较高，但理解能力较弱，识字量少。
二、 教材分析	《比尾巴》是培智学校义务教育实验教科书生活语文四年级下册中的一首充满了童趣的儿歌。以儿歌问答对话的形式介绍六种动物尾巴的特点。句子富有节奏和韵律，读起来朗朗上口。
三、 教学目标	A组： 　　1.认读生字词"伞""尾巴""松鼠""兔子"。 　　2.正确、流利地朗读课文一二小节，并能够正确读出问句的语气。 　　3.能根据"谁的尾巴……？……尾巴……"仿说句子。 　　4.了解常见动物尾巴的特点，激发爱护动物的情感。 B组： 　　1.跟读生字词"伞""尾巴""松鼠""兔子"。 　　2.在提示下，能根据"谁的尾巴……？……尾巴……"说句子。 　　3.了解松鼠、兔子、猴子尾巴的特点，激发爱护动物的情感。
四、 教学 重难点	重点： 　　1.认读生字词"伞""尾巴""松鼠""兔子"。 　　2.正确、流利地朗读课文一二小节。 　　3.了解常见动物尾巴的特点。 难点： 　　1.能够正确读出问句的语气。 　　2.能根据"谁的尾巴……？……尾巴……"仿说句子。
五、 教学准备	课件、头饰、玩偶、词语卡片、词图匹配板、作业纸

六、教学过程

教学环节	教师活动	学生活动	技术应用
（一） 情境导入	1.课件展示学生参加运动会图片，引导学生回答：你们参加过运动会吗？ 2.课件展示动物比赛视频。引导学生猜一猜举办了什么比赛。 老师：听（播放视频）森林里也好热闹，动物们也举行了一场比赛。猜一猜他们举办了什么比赛？	全体学生观看图片和视频，并回答问题。 B组在提示下回答问题。	制作动物比赛视频，并收集学生生活的图片，贴近学生的生活。创设情境，激发学生学习的兴趣。提出问题，让学生思考为下文做铺垫。

续表

教学环节	教师活动	学生活动	技术应用
（二） 引出课题	老师：你们都猜对了。他们举行了比尾巴比赛。 师示范读。	学生跟读，齐读课题。	
（三） 认识词语 "尾巴"	1.认识图片"尾巴" 老师：看，这就是尾巴。(展示尾巴图片) 2.引导学生认读尾巴的词语。 教师范读。 老师：许多动物的尾巴有毛，"尾"字也有毛。（出示图片 ） 老师："巴"是轻声。除了尾巴，"下巴、嘴巴"这些词语的"巴"字也读轻声。 （出示"下巴、嘴巴"词） 引导学生再读词语"尾巴"。	全体学生观察尾巴图片。 全体学生跟读、齐读。 A组小老师领读。 B组跟读、指读。 学生复习"巴" 学生分别读，开火车读。	利用教育软件中的3D动画展示尾巴图片。让学生全方位观察尾巴，并吸引注意力。 展示图片，利用学生学习过的内容迁移知识点，让学生能更好地记住生字词。 利用录频软件，制作一二小节课文视频。让学生有初步的印象，为下文朗读课文做准备。
（四） 精读课文	引导学生跟读课文一二小节。 1.出示第一小节。 （1）引导学生找出三句话相同的地方。 老师：这三句话末尾都有问号，所以这都是问句，句尾的语调上扬（出示上扬符号 ）。 （2）引导学生问问题。 你们平时有问过问题吗？谁来问一问？ （3）引导学生读一读。 2.学习第二小节 （1）出示第二小节。 猴子的尾巴长。 兔子的尾巴短。 松鼠的尾巴好像一把伞。 老师示范读。 引导学生思考它们的尾巴有什么特点。 展示：长、短、像伞。 （2）学习第二小节一二两句。 ①展示兔子图片和词语，引导学生认读图词。 ②复习反义词"长-短"，（出示猴子、兔子图片）仔细观察，比比看他们的尾巴是怎么样。	全体学生跟读。 A组同学独立找一找。 分组回答问题。 全体学生读句子。 全体学生聆听。 A组独立回答问题。 B组在图片提示下回答。 A组学生认读。 B组学生跟读。 全体学生观察，并比一比尾巴。	出示尾巴图片。 利用课件进行长短物品的对比，让学生了解长短是通过比较才能知道的。 展示松鼠尾巴的样子和作用。

376

教学环节	教师活动	学生活动	技术应用
（四） 精读课文	老师："长—短"是一对反义词。长和短不是一定的，是通过比较知道的。 ③复习多音字"长" 长 { cháng（长江） zhǎng（长大） （3）学习第二小节第三句。 ①播放视频，认识"松鼠"。 a.引导学生认读词语"松鼠"。 b.引导学生回答松鼠的尾巴是什么样子的，又有什么作用。 c.小结： 天气炎热时，松鼠尾巴高高翘起成为一把大遮阳伞。松鼠尾巴像一把伞。跳跃时它的尾巴在空中可以保持身体平衡。晚上睡觉时尾巴盖在身上当被子。 ②认识"伞"。 （展示实物，并展示伞） a.引导学生观察伞。 b.教师讲解"伞"字。 "人"就像伞面，可以遮阳，挡雨。 "坐"就像伞的支架，可以撑起伞面。松鼠尾巴就像一把伞，可以遮阳。 ③引导学生读句子"松鼠的尾巴好像一把伞。"	A组进行多音字组词。 B组跟说。 全体学生观看松鼠生活的视频，并认读词语。 学生分组讨论。 全体学生聆听。 全体学生观察。 B组指一指"伞"的图字。 A组学生读句子。 B组跟读句子。	利用教育软件展示字的演变过程。加深学生对字的认识。
（五） 拓展	（1）引导学生说出其他动物的尾巴特点。 （2）引导学生观看各种动物图片。 （3）引导学生练习句式"谁的尾巴……？……尾巴……"	学生自由发言。 全体学生观看。 A组独立说句式 B组在图片提示下说句式。	

续表

教学环节	教师活动	学生活动	技术应用
（六） 复习巩固	1. 回顾生字词 今天我们主要认识了四个字词，我们也来比比看，谁读得又响亮又正确。 2. 配对 引导学生完成配对练习纸。 3. 找尾巴游戏 师：让我们来玩一玩找尾巴的游戏吧！教室里有好多动物尾巴，请同学找到尾巴，并读出尾巴上的字词。	A组进行字词认读比拼。 B组图片提示认读。 A组：图文配对练习。 B组：动物尾巴图片配对。 全体学生参加。 B组在提示下认读。	随机点名，利用学生头像和名字促进竞赛积极性，提高认读的兴趣。
（七） 小结	今天我们了解很多小动物尾巴的特点。小动物是我们的好朋友，我们要爱护他们。	全体学生聆听。	总结课堂教学内容。

认识整时

姓　名	王维	学　科	生活数学
单　位	北京市东城区特殊教育学校	年　级	四年级

<table>
<tr><td rowspan="1">一、
指导思想
与理论
依据</td><td>

1. 指导思想——《培智学校义务教育生活数学课程标准》

《培智学校义务教育生活数学课程标准》中明确指出："课程内容的选择应贴近学生的实际，有利于学生体验、理解、思考。""课程内容的组织要重视直观，处理好直观与抽象的关系。"本节课选择学生日常生活中经常用到的"整时"作为教学内容，重点解决"学习看整时的方法"。这节课借助学生在校生活要遵守作息时间的情境，通过大量的看、说、做等方式以及观察整时钟面指针的位置，抽象出看整时的方法，再将方法应用到实际生活中。教学过程中注意培养学生遵守作息时间的好习惯。

2. 理论依据——最近发展区理论

"最近发展区理论"认为学生的发展有两种水平：一种是学生的现有水平；另一种是学生可能达到的发展水平。两者之间的差异就是最近发展区。教学应着眼于学生的最近发展区，为学生提供带有难度的内容，发挥学生潜能，超越其最近发展区而达到下一发展阶段的水平。本课课前充分评估、了解学生在认识时间方面的现有水平，制定符合学生最近发展区的目标，课上设计多种活动，根据学生课堂中的实际情况，适时引导，从而帮助学生达成认识整时的教学目标。

</td></tr>
<tr><td rowspan="1">二、
教学背景
分析</td><td>

1. 教学内容分析

在课程本位评估的基础上，依据《培智学校义务教育生活数学课程标准》第二学段"认识钟（表）面，会读、写几时、几时半"的目标，结合《智通生活》校本课程体系，联系学生生活实际，在守纪律爱学习子单元主题中，植入《认识时间》这一教学内容，共设计三课时。第一课时是认识钟面。本节课为第二课时，认识整时。课上，通过学生要遵守在校作息时间为线索，引导学生根据自己的已有经验，通过看、说、做，学习认识整时的方法。第三课时为继续巩固认识整时，通过看钟面说时间、看时间画钟面等活动，进一步帮助学生加深对整时的理解。

2. 学生情况分析

A组（李某、范某、郭某）：

本组学生有一定的时间观念，有看钟表的意识。知道大致什么时间做什么。认识钟面上的12个数字，能分辨时针和分针，知道时针指着的数字表示几时，但不看分针。看时间时，只看时针指的数字，不论分针指着几，都认为是几时。有一定的抽象逻辑思维能力。

B组（陈某、宋某）：

本组学生能分辨上午、下午，时间观念较淡。在提示下，会看钟表，但是不会看具体的时间。认识钟面上的12个数字，能分辨时针和分针。不知道分针和时针指着相应数字表示的意思。有一定学习需求，但抽象思维能力有待提高。

C组（曹某）：

该生知道上午、下午，日常生活比较规律，每天按照结构化时间表活动。能正确认读数字1～60，不能分辨长短，不能分辨分针和时针，不理解分针和时针指着相应数字的意思。学习速度较慢，需反复多次练习，方可掌握。

</td></tr>
</table>

续表

二、 教学背景 分析	教学方法：讲授法、练习法 教学方式：集体教学、小组教学与个别教学相结合 教学手段：多媒体、多种资源支持 相关资源： 　　协同教师在课上提供的协同教学课件、视频、动画钟面、自制数字式钟表、分层设计的任务单等资源。 　　动画钟面：快速播放指针走动的情况，帮助学生直观地感受时间是动态的。 　　任务单1：听整时时间选钟面。 　　任务单2：看钟面，读/写时间。 　　任务单3：看图用"什么时间，谁做什么"说小朋友的作息时间安排。 教学设计的来源与IEP目标的关系：

生活数学学科目标	短期目标	A组			B组		C组
		李某	范某	郭某	陈某	宋某	曹某
认识钟（表）面，会读、写几时、几时半。	认识钟面和整时，会读、写几时。	√	√	√			
	认识钟面和整时，提示下会读、写几时。				√	√	
认识数字式钟（表），会读出上面的时刻。	认识数字式钟表，读出整时时刻。						√

三、 教学目标	1.总目标 　　通过体验、观察、动手操作等方式，学习读、写整时的方法，能正确读、写整时。能用"什么时间，谁在做什么"介绍学校一日学习生活，养成遵守作息时间的好习惯。 　　2.分层目标 　　A组：学习读、写整时的方法，能正确读、写整时，看图用"什么时间，谁做什么"介绍学校一日学习生活。 　　B组：学习读、写整时的方法，能在提示下正确读、写整时。在提示下看图用"什么时间，谁做什么"介绍学校一日学习生活。 　　C组：认识数字式钟表，能读出整时时刻，能根据教师提示进行整时时刻与学校活动配对。
四、 教学 重难点	A、B组：读出整时的方法。 C组：读出数字式钟表整时时刻。

五、教学流程图	导入 → 复习 → 新授 → 练习 → 总结

复习：读钟面上的 12 个数字；分辨分针和时针

新授：
- 初步感知整时
- 学习读、写整时
- 看钟面，说活动时间

练习：
- A组看钟面写时间；看图说作息安排
- B组听时间指出正确的钟面；看钟面写时间
- C组读数字式时钟整时时刻；时刻与活动配对

六、教学设计过程

教学环节	教师活动	学生活动	技术应用
（一）导入	1. 情境导入 （1）课件出示视频：7:00 曹某按时起床。 （2）引导学生观看视频，说一说谁做什么。 2. 引出课题 钟表是我们的好朋友，曹某每天按照钟表上的时间起床去上学。	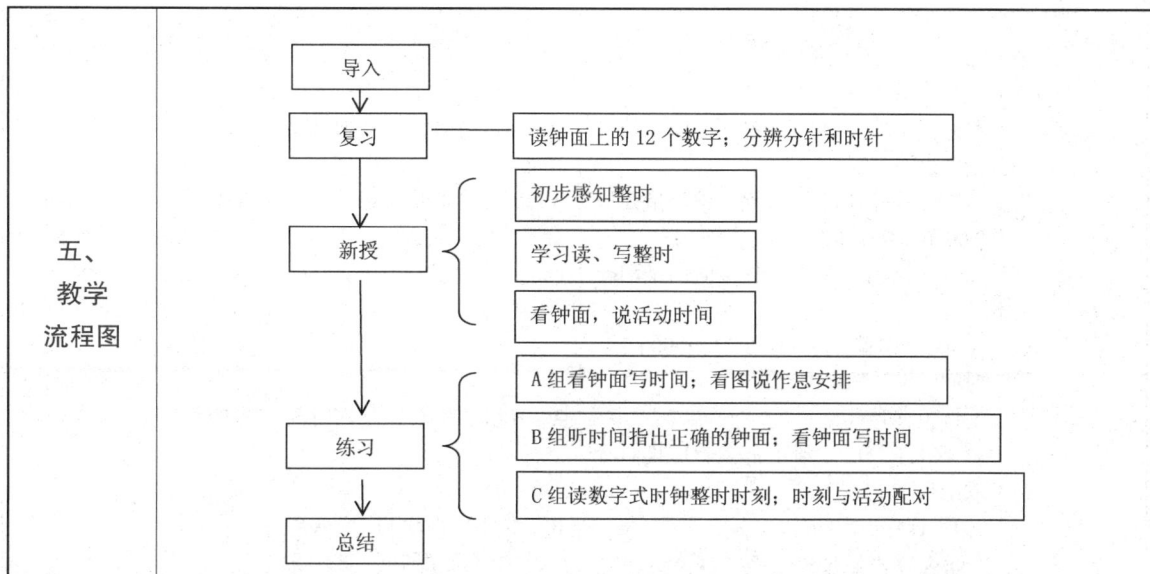 B组学生说出"某某起床"。	用录屏软件，录制钟面指针走动的视频，与教材中的图片，合成引入视频。创设起床的情景，贴近学生实际，激发学生兴趣。
（二）复习	1. 复习 我们一起看看钟面上有什么！ （1）课件出示钟面 ①播放课件，12个数字。请学生读一读。 ②课件演示，分针、时针依次闪烁，引导学生观察分针和时针。 （2）引导学生观察，提问：钟面上有什么？ 2. 小结 长的是分针，短的是时针，钟面上还有 12 个数字。我们用钟表看时间。	B组学生看课件，读数字。 A组学生观察分针和时针，分别说一说。 A、B组学生回答问题。 学生体会钟表的作用。	利用 H5 的强调功能，设置分针、时针闪烁的动画，在复习过程中，起到强调和对比的作用，帮助学生分辨指针，为本节课新知做铺垫。

续表

教学环节	教师活动	学生活动	技术应用
（三） 新授	1.初步感知整时 时间像小马车,滴答滴答不停歇。快看,指针也滴答滴答转不停! （1）课件出示动画钟面,演示指针从7:00到8:00,再到9:00走动。 （2）引导学生观察,体会时间是动态的。 （3）分别截屏7:00、8:00、9:00三个时间,引导学生观察。 2.认识整时 曹某在学校的生活丰富多彩! 我们看看吧! （1）课件出示图片。 （2）提问: ①曹某在做什么? ②你能读出钟面上的时间吗? （3）讲解:我们把7:00、8:00、10:00都叫整时。请观察钟面,它们有什么相同的地方? （4）课件播放动画:三个整时时刻钟面重合,突出分针指着12,且三个钟面分针重合。 （5）引导学生观察:长长的是分针,分针指着12,短短的是时针,时针指着7,就是7时。分针指着12,时针指着9,就是9时。分针指着12,时针指着10,就是10时。 （6）归纳:分针指着12,时针指着几,就是几时。 3.整时的写法 2个点前面的数字,表示小时,后面的数字表示分钟。10:00,写作10:00。 4.曹某一天的生活 看图用"什么时间,谁做什么"说曹某在校的活动安排。 我们也要向曹某学习,遵守学校的作息时间,按时到校,参加各种活动。	全体学生观看课件钟面指针走动的情况,体会时间是动态的。 A、B组学生观察钟面,体会三个整时,指针位置的异同。 A、B组学生观察不同时间和活动图片。 B组学生看图说句子,A组学生尝试读出时间。B组学生重复。 预设1:学生能发现整时时刻,分针都指着数字12。 预设2:学生不能发现规律。 A、B组学生观察钟面,发现相同的地方。 A组学生说一说自己观察的结果。 B组学生边听边观察钟面。 A、B组学生学习整时的写法。C组学生读数字式钟表10：00时刻。 A、B组学生看图说曹某在校活动安排。C组学生在协同教师引导下,进行时刻与活动配对,并说一说"什么时间,做什么。"	在H5课件中,添加网络下载的动态钟面动画,通过直观的演示,引导学生体会抽象的时间。落实课标中"重视直观,处理好直观与抽象的关系"的要求。 使用H5课件中动画路径的功能,制作钟面重合的动画,引导学生发挥潜能,归纳看整时的方法。符合最近发展区理论要求及课标中"重视直观,处理好直观与抽象的关系"的要求。 结合学生生活实际,练习读整时,引导学生遵守学校作息时间安排,进行德育渗透。

教学环节	教师活动	学生活动	技术应用
（四） 练习	（1）听整时时间，选择正确的钟面。 （2）看钟面，读/写时间。 （3）看图用"什么时间，谁做什么"说说小朋友的作息时间安排。 引导学生观察图片上的太阳和月亮，向学生渗透一天中有2个9:00。	A组学生完成练习2、3，说一说上午9:00和晚上9:00活动的不同。 B组学生完成练习1、2、3。	根据学生能力，分层设计符合学生最近发展区的任务。
（五） 总结	1.总结 我们要遵守学校作息时间，按照学校的时间安排活动。 2.作业 看钟表，说自己在学校什么时间做什么。		德育渗透。

（六）学习效果评价设计

目标	A组			B组		C组
	李某	范某	郭某	陈某	宋某	曹某
1. 根据钟面指示读、写整时。	√	√	√	√	√	
2. 看图用"什么时间，谁做什么"介绍学校一日的学习生活。	√	√	√	√	√	
3. 认识数字式钟表，读出整时时刻。						√
4. 根据教师提示进行整时时刻与学校活动配对。						√

评分标准：每个短期目标下设四道题，做对一题得1分，全对4分。提示一次扣0.5分。

（七）教学设计的特点

1.学科教学与单元主题结合，渗透德育

本课教学内容紧紧围绕遵守学校作息时间展开，与智通生活课程体系中"守纪律爱学习"的单元主题紧密结合。学习贴合学生生活实际的"认识整时"这一内容，同时，向学生渗透要遵守作息时间，培养学生良好的生活习惯。学科教学与德育培养紧密联系，落实"立德树人"教育的根本任务。

2.适时适度使用信息技术，利于理解

课标中明确要求要重视直观，处理好直观与抽象之间的关系。本课利用录屏软件、H5的强调、动画路径等功能，帮助学生发现整时，钟面上的分针都指着12，这时时针指着几，就是

续表

（七） 教学设计的 特点	几时的规律；最后将发现的规律进行应用，从而突破重、难点，使学生学会看整时的方法。整个教学过程中，适时适度使用信息技术手段，从直观到抽象，再运用抽象的概念解决问题，利于学生理解和掌握数学知识。 　　3.设计最近发展区目标，有效落实 　　把握学生的最近发展区至关重要。课前充分评估，精准把握学生前期认识时间方面的水平，制定符合学生学习速度和学习方式的目标。对重、难点环节课堂生成进行预设，根据学生情况采取适度引导和提示，让学生充分地看、说、做，从而发现看整时的方法。再根据学生情况，设计不同难易程度且符合学生认知能力的练习，从而有效落实教学目标。

认识 5

姓　名	慕雨桐	学　科	生活数学
单　位	天津市武清区特殊教育学校	年　级	一年级

一、教学理念	（一）以生活为核心，提高学生解决问题的能力 　　结合教材主题，创设"去乐乐家做客"的居家情境，将抽象的数学问题呈现于生活情景之中，学生通过经历"跳一跳、数一数、摆一摆、找一找、贴一贴"等学习活动，体验、经历获得数学知识的过程，从而解决生活中的数学问题。 （二）巧用多感官教学，激发学生学习的兴趣 　　充分考虑低年级智力障碍学生的特点，融入"视频、动画、实物、贴纸"多形式教学活动，从而调动学生"看、听、触、贴"等多感官参与数学活动，激发其学习数学的兴趣，提高学习参与度。 （三）关注个体差异，提供适合的支持性教学 　　充分分析学生个体学习特点，通过为不同层次学生提供个别化辅导和分层学具来达成分层目标，使每个学生都能在学习活动中获得知识、发展潜能。
二、教材分析	（一）内容分析 　　本课选自人民教育出版社出版的《生活数学》一年级下册第三单元家庭生活第9课《我的家真干净——认识5》，是在学生已经掌握4以内的基础上教学。低年级数字教学在实际的生活中起着非常重要的作用，本节课借助学生已有生活经验和数的认知，整合生活语文、生活数学相同主题的课程资源，借主题图片《我的家真干净》，围绕"到乐乐家做客"的主题，通过"跳一跳、数一数、摆一摆、找一找、贴一贴"等一系列教学互动中，使学生经过观察、思考、操作、交流，启发学生获得数学知识。教学中突出培智学校主题教学资源的融合性和互补性，充分运用多媒体信息技术，让学生们在轻松的学习活动中感受到数学与现实的紧密联系，从而提高社会适应能力。 （二）课时安排 　　《认识5》共计3课时，本课为第1课时。 　　第1课时：能认读数字5，正确点数数量是5的物体个数，逐步形成数量与数字对应的思维模式，能描写或书写数字5。 　　第2课时：了解5以内数的顺序，会点数5以内数；理解数字序数概念；初步培养学生排序意识。 　　第3课时：复习5以内数字的含义和点数；通过找相同的数字理解对应的关系；培养有序的数学思维。

续表

二、 教材分析	（三）学科联系（学科、领域等联系）

我的家真干净
- 生活适应
  - 摆整齐，不乱扔
  - 爱干净，不弄脏
- 生活语文 — 打电话
  - 认识生字、词语——电、客厅、打电话
  - 结合场景说词语、句子：爷爷在客厅打电话
- 生活数学 — 认识5
  - 读数5、指认5、点数5、拿数5、写数5

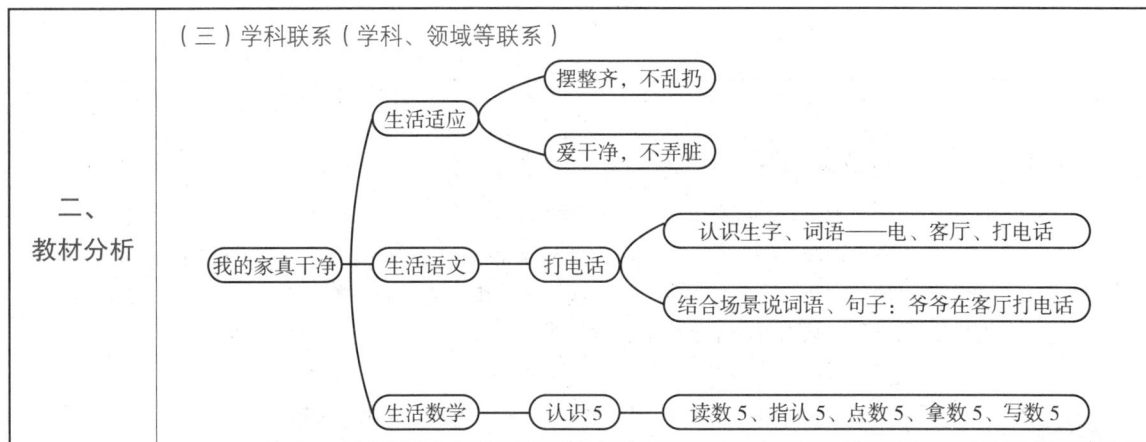

三、 学情分析	学生 分层	姓名	障碍类型等级	常态能力习惯	目标起点分析	特殊教育需要及支持
	A类	刘×麒	肢体二级	观察能力较强，语言表达能力较好，注意力较集中，规则意识较好。	认识10以内的数字，点数10以内的数，掌握10以内数的概念，独立书写10以内的数。	上课有时会趴在桌子上，需及时提醒关注课堂。
	A类	殷×翔	智力二级	主动性语言较少，学习态度良好，课堂表现积极，参与度高，也会有固执行为，拿着老师的教学教具不放手。	唱数、点数、认识4以内的数。	唱数时需部分提示发音，说话首音需提示。
	B类	王×	肢体二级	语言表达能力较强，容易受环境干扰，注意力较分散，课堂常规习惯差，配合度低。	唱数4以内的数，提示下点数4以内的数。	有视力障碍，课堂互动时需缩短师生距离，对电脑、汽车和大字比较感兴趣。
	B类	张×泽	智力二级	容易受环境干扰，注意力较分散，课堂常规习惯差，在引导下愿意参与课堂。	提示下唱数4以内的数。	坐姿习惯需时刻提醒给予纠正，需要辅助举手，上台参与活动需反复提醒。
	B类	郑×	精神二级	主动性语言较少，注意力较分散，课堂常规习惯较差。	会用手指表示4以内的数字（手指不是很灵活），辅助下能点数4以内的物品（用数卡表示或写数字）。	有情绪行为时会尖叫、拍打桌子，需及时安抚。需多督促课堂常规，及时给予安抚、奖励机制。

学生分层	姓名	障碍类型等级	常态能力习惯	目标起点分析	特殊教育需要及支持
C类	崔×洋	智力二级	很少关注集体课堂，认知较差，静坐关注时间短，易受环境干扰。	可在提示下跟数4以内的数。	无语言，会用"啊"、拍手、指一指回答问题，需要教师将问题多重复几遍才理解。
C类	朱×梦	智力二级	无语言，认知较差，注意力不集中，学习意识弱，常规习惯较差。	在引导下能用手在数卡上描一描。	需要近距离提醒起立与请坐，近距离给予手势提示起立回答问题（无语言，只会指一指和画圈）。

三、学情分析（对应上表左侧栏目）

四、教学目标

（一）知识技能

1. 会点数数量为5的物品。

2. 经历从日常生活中抽象出数数字5的过程，知道"5"表示或描述现实生活中物品的数量。

3. 能正确认读、描写或书写5。

（二）数学思考

引导学生参与观察、实践等教学活动，发展学生的数学思维能力，初步掌握5的概念。

（三）问题解决

教学中，关注低年级学生的学习体验，围绕学生的认知水平运用多媒体、教具、实物、卡片等创设贴近学生生活的学习情境，启发、引导学生在经历"跳一跳、数一数、摆一摆、找一找、贴一贴"等数学活动，引导其主动观察、主动倾听、主动操作、主动表达，提高学生解决问题的能力。

（四）情感态度

学生在感受数学与生活紧密联系的同时，激发学生兴趣，体会到学习数学的快乐。

五、IEP目标及教学支持

长期目标	短期目标	课时目标	刘×麒	殷×翔	王×	张×泽	郑×	崔×洋	朱×梦
在现实情境中，理解5以内数的含义，能数、认、读、写5以内的数。	唱数5以内的数。	唱数5以内的数，正确认读数字5。	AS1	AW2	BQ2	BQ2	CP2	DP3	DO4
	点数5以内的数。	点数数量5的物品。	AS1	AW2	BQ2	CQ2	CP2	DP3	DO5

续表

		长期目标	短期目标	课时目标	刘×麒	殷×翔	王×	张×泽	郑×	崔×洋	朱×梦
五、IEP目标及教学支持		在现实情境中，理解5以内数的含义，能数、认、读、写5以内的数。	掌握5以内数的概念。	知道"5"表示或描述现实生活中的简单现象。	AS1	BQ2	BQ2	CP2	CP3	DP4	DO5
			能任意书写5以内的数字。	能描写或书写数字5。	AS1	BQ2	BP2	BP3	BP3	DO4	DO5

标准/结果：A：80%~100% B：60%~80% C：40%~60% D：20%~40% E：0%~20%（独立完成程度代号）

学习活动过程所需的支持形态：O：完全协助 P：部分肢体协助(示范) Q：口语/姿势提示 R：监督 S：完全独立

支持程度：1.完全独立 2.间歇支持 3.有限支持 4.广泛支持 5.全面支持

六、教学重难点	1. 教学重点：会点数数量为5的物品；能认读、描写或书写数字5。 2. 教学难点：理解5的含义，知道数到5就表示有5个，并正确描写或书写数字5。
七、教法学法	情景创设法、分层教学法、操作演示法、反馈练习法
八、教学准备	多媒体课件、投影仪、电子平板7个、大积木5个、小积木7份(虚框底板3个、分隔篮2个)、数字5模型1个、数字5作业纸5个、数字5镂空板2个、算珠7个

九、教学活动设计

教学环节	教师活动	学生活动	设计意图
（一）课堂常规	1.师生问好、课前准备 运用儿童小口诀规范学生的课堂行为习惯。 2.教师点名、集中注意 教师以儿歌开火车的形式点名字。	在教师的指导下起立与老师问好，齐说常规小口诀。 学生听到自己的名字，并答"到"。	加强课堂常规教育，建立上课意识，提高学生们的参与度。 培养学生会倾听的好习惯，将孩子们的注意力吸引到课堂上来。

教学环节	教师活动	学生活动	设计意图
（二）复习旧知激趣导入	1.旧知铺垫 教师运用多媒体创设"到乐乐家做客"的情境，引导学生在乐乐家门口参与跳房子的游戏，游戏中检查数字1-4的掌握情况。 2.揭示课题 板书课题《认识5》，带领学生齐读课题。	学生在游戏情境中，一边跳一边数，复习数字1-4，初步感知数字5。 在教师的引领下明确学习任务。	结合新教材，运用多媒体通过视觉、听觉、触觉的有机结合，通过创设学生感兴趣的游戏情景，提高学生积极性，引导学生对旧知巩固的同时，顺势引出新知。
（三）循序渐进探究新知	1.点数数量是5的实物，体会数字"5"的数学意义 （1）拿一拿：教师出示乐乐家的积木盒子教具，带领学生一边拿一边数。 （2）数一数：教师请一名学生上来，数一数刚才拿出来堆放好积木的数量，注意引导学生点数的顺序。 （3）看一看：①教师借助多媒体播放动画，引导学生观察乐乐如何搭放积木。②课件展示积木一块一块逐一往上叠，每叠一块紧跟着点数，同时出示数字，直到完成叠放好5块积木。 （4）搭一搭：教师分发实物积木，引导学生与乐乐一起搭积木。 （5）收一收：指导学生独立将积木收到盒子里，一边收拾，一边数一数，一共有几块积木。渗透学生整理物品的好习惯。	认真观察，跟着教师一起点数到5，在直观刺激下，初步感知点数数量5的物品。由一名学生到前面点数，要求手口一致的点数，其他学生认真观察。 通过观察，学生逐步形成数量与数字对应的思维模式，初步体会数字5的意义。 A类学生搭一搭，拿出5块积木，用它们搭一个自己喜欢的样子，再数一数积木的数量。 B类学生摆一摆，在教师指导下拿出5块积木，把它们一一对应摆在虚框里面，再数一数积木的数量。 C类学生拿一拿，在教师协助下，尝试把5块积木分别放在5个分隔篮中。 学生手口一致数出5块积木，一边收一边数。	遵循低年级智力障碍学生的认知规律，借助乐乐家的积木这一素材，让同学们一物多用多玩，重复感知、点数数量5，教师由"扶"到"放"的教学方式，将动手、动口、动脑相结合，利用多种方式认读、识记5，初步体会数字"5"的意义。 通过分层教学，让不同层次的学生以自己所有的能力充分参与课堂活动，进一步感知数量5。

续表

教学环节	教师活动	学生活动	设计意图
（三） 循序渐进 探究新知	（6）练一练：①教师分发小棒教具引导学生按数取物，点数5根小棒。②教师请一名同学将5根小棒贴在黑板上，全班齐数。 （7）教师小结：数量为5的物品，都可以用数字5表示。 2. 认读数字5，进一步学写数字"5" （1）读一读：教师出示数字5模型，带领学生齐读，纠正发音。 （2）摸一摸：教师将数字5模型依次放到学生面前，引导学生读一读，摸一摸。 （3）比一比： ①视频展示5像衣钩墙上挂。 ②教师出示实物数字5和衣钩，将他们互相对比，让学生感知它们的相似之处。 3. 描写（书写）数字5，突破重难点 （1）示范书写： ①教师示范数字5，强调笔顺和占格。 ②指导学生书写数字5。 ③请一名学生到黑板示范书写，评价书写。 （2）独立练习： 教师分发作业纸，自行练习，关注分层目标落实，强调书写姿势。 （3）评价展示： 教师通过投影仪展示学生作业纸，评价学生学习情况。	A类学生独立摆出5根小棒。 B类学生在教师指导下摆出5根小棒。 C类学生观察5根小棒，感知数量5。 全班齐读数字5。 学生摸一摸数字5模型，正确认读数字5。 学生认真观看视频，感知数字5的数形。 学生认真观看，学习书写方法。 学生伸出手指，正确书写数字5。 由一名学生到黑板独立书写，其他同学认真观看，评价书写。 A类学生独立书写数字5。 B类学生在教师指导下描写数字5。 C类学生用手摸一摸数字5镂空板，体会数字5的数形。	从"数"实物到"练"小棒的学习过程，体现由直观到抽象的转变。 通过读一读、摸一摸、比一比多种形式的教学活动，利用学生多感官，帮助学生正确认读数字5。并抓住学生的兴趣点，由儿歌辅助识记"5"的数形。 示范与指导相结合，结合低年级学生的书写实际能力设计分层练习，实现多层次的教学评价。
（四） 律动放松 课堂小憩	1. 数一数 引导学生拿出自己的一只手并伸出指，数一数一只手有几根手指头。 2. 动一动 播放律动视频，一起做手指操。	点数自己一只手上有5根手指，学会用一只手表示5。 观看律动视频一起做手指操。	通过手指律动身心放松，缓解学生情绪，让学生在快乐中学习，引导学生用一只手的5根手指表示5。

教学环节	教师活动	学生活动	设计意图
（五） 游戏巩固 运用新知	1.照样子拨一拨 利用计数架教具，让学生照样子拨出 5 个珠子。 2.火眼金睛 分发平板，引导学生找出乐乐家的数字 5。 3.送玩具回家 点数玩具数量并找到对应数字的盒子。	A类学生独立拨出 5 个珠子。 B类学生在教师指导下拨出 5 个珠子。 C类学生摸一摸 5 个珠子，感知数量 5。 A类学生用画笔功能圈出平板上的数字 5。 B类学生在教师指导下圈出数字 5。 C类学生看一看、指一指数字 5。 A类学生独立点数，并知道用相应数字表示。 B类学生在教师指导下点数并认读。 C类学生在教师引导下，积极参与教学活动。	通过设计有趣的游戏活动，结合多媒体信息技术，将学生的注意力再次集中到课堂，充分调动学生学习的积极性，教师关注不同层次学生的认知需求，借助多种玩具元素，让学生对数量 5 有一个整体的认知和泛化，进一步落实数字 5 的意义，让学生在"玩中学"巩固本节课所学知识，有效地反馈出学生对新知的掌握情况，促进教学目标达成，同时也有助于保持学生学习的乐趣。
（六） 拓展延伸 内化新知	1.教室里的小发现 观察教室中数量为 5 的物品，找一找、数一数。 2.生活中的数字 5 （1）引导学生说一说生活中的数字 5。 （2）教师播放视频，引导学生欣赏生活中的数字 5。	A类学生独立找到教室里数量为 5 的物品，生活中的数字 5。 B类学生点数数量为 5 的物品，认读数字 5。 C类学生在教师指导下点数数量为 5 的物品，跟读数字 5。	将所学知识应用于生活之中，体会数学源于生活，生活中处处有数学，提高学生的观察能力，激起学生对学习数学知识的喜爱。
（七） 课堂小结 布置作业	1.课堂小结 总结本节课的教学内容，评价学生学习表现。 2.作业布置 认读数字 5，找一找家中的数字 5。	跟着教师一起回顾所学知识。 回家找一找家中的数字 5。	帮助学生完整地梳理本节课的学习所得，并将所学延伸至家庭，使数学回归生活，巩固所学，强化新知。

与同辈友好相处

姓　名	刘海霞	学　科	生活适应
单　位	北京市健翔学校	年　级	四年级

一、 指导思想 与理论 依据	新的培智学校义务教育课程标准要求，生活适应课要帮助学生学会生活、融入社会，特殊学校的学生要学会生活、学会发展，尤其要学会热爱生活、学会与人交往、努力融入社会。 　　1. 以特殊学生的学习及生活实践活动为基础 　　学生良好的社会适应能力形成于学生的学习和生活之中。适应能力的提升是以大龄特殊学生现实的学习生活和将来要面对的居家生活必须技能为基础的，以密切联系大龄特殊学生生活的主题活动为载体，提倡在学生的生活中学习。 　　2. 以尊重特殊学生的身心特点，培养健康的人格为核心 　　高年级的特殊学生多处于青春期及心理叛逆期，专家认为，适应能力的强弱与生活经验多少相互影响。对高年级学生的能力培养必须遵循大龄学生的身心特点，以培养生活技能为核心，坚持进行实践为主的生活能力培养。同时，要努力创设适合不同程度学生的适应活动，使学生产生积极的适应体验。 　　3. 以塑造热爱生活、学会生活、善于交往，融入社会的快乐人为追求 　　通过学生的学习活动，教师要善于发现学生的特长，善于创设各种实践活动，并引导学生积极地与人友好交往，积极地做事，养成适应社会的能力，养成健康的生活方式，积极适应环境，做一个快乐生活的人。
二、 教材（教 学内容） 分析	与他人交往是人的一种心理需要，掌握必要的相处方法，善待与自己交往的同伴对培智学校的学生有着特殊的意义。学生由于没有掌握正确与人交往的技巧，影响了他们与同学、朋友以及周围人的友好相处，正是由于这种心理需要与实际情况产生的矛盾，使得他们在生活中不仅给自己也给周围的人造成了困扰。 　　本课教学内容选自培智学校生活适应教材四年级下册综合活动之家庭聚会一课内容中"与同辈友好相处"。 　　在本节适应课的环节设计中，首先将同学到亲戚朋友家做客的真实表现以短片的形式播放，引出此次课程的话题：到朋友家做客，不会与同辈相处，不被接纳，没有礼貌……使班里的每一位同学都能自然地进入话题，主动寻求老师的帮助，为主题顺利进行奠定基础。 　　在"说一说"环节中，通过看学生的生活表现，以讨论的形式，让学生了解不恰当的做客行为给同辈造成什么样的伤害、尴尬；换位思考，假如是你，应该怎么做。引导学生反思，从中领悟出礼貌之道，与人相处的正确方式。 　　在"议一议"环节中，通过讨论的方式让学生学会规划，了解与同辈相处可以做哪些事，让大家相处得快乐、融洽，让学生在互动比较中领悟与人友好相处的方式。 　　在"想一想"的环节中，通过老师引导，结合同学的讨论，自己设计一套到同学家做客的计划，做到心中有数，能为稍后的实践活动提供参考和指导。 　　在"做一做"环节中，以模拟情景的形式，让学生们在"现实生活"中实践自己的做客规划，感受做客的礼仪和行为，加深学生对主题的理解。 　　通过教师的总结，深化课题，指导学生的实际行动。

三、 学情分析	本班有学生 8 名，其中智力障碍学生 4 名，孤独症学生 4 名。 　　本班学生目前存在的主要问题是：①许多同学在平时的学习和生活中非常情绪化，其行为多表现为以自我为中心；②在日常生活中不懂得如何与同学交流，不能主动和同伴一起游戏、聊天；③同学间缺少互动；④与他人沟通、交往、相处的方式不正确。 　　究其原因，主要有：智力障碍学生由于家庭的宠溺及社会的过度关注，大多已经习惯了接受他人的关心和照顾；他们不善交流，不知道关心，不能和周围人形成良好的互动。更多原因是学生的生理及心理特点使得他们没有掌握与他人正确、友好相处的方式，不会表达自己需要与同伴交流。因此，教师急需引导和帮助学生走出目前的困境，为今后回归社会、融入社会奠定基础，同时也进一步提高特殊学生的生活质量。
四、 教学目标	教师根据本班学生当前面临的实际情况及学生目前存在的心理与行为上的问题，以"和同辈友好相处"为主题，设计本节适应课程，期望能达到以下目标： 学生一组： 　　1. 通过适应课，学生能够认识到善待他人、与人友好相处在生活、学习以及工作中都有着非常重要的意义； 　　2. 能通过看、说、做的方法，初步学会与同辈相处，体验他人的心情，与同学及周围的人友好相处； 　　3. 能在活动中积极参与、体验，踊跃发言，融洽氛围。 学生二组： 　　1. 通过适应课，学生能知道与同学友好相处自己也能得到快乐； 　　2. 能通过体验实践加深对同学的了解，能在实际相处中运用互相帮助、互相关心的方式与同学友好相处； 　　3. 能在适应课活动中积极参与、体验。 学生三组（孤独症学生）： 　　能在体验游戏中模仿同学的做法，与同学有较好的互动行为。
五、 教学 重难点	重点： 　　1. 理解课题含义。 　　2. 掌握同辈相处的方法，学会交往方式。 难点： 　　规划自己的相处行动，区分主客身份
六、 教学资源	1. 根据家长反映的学生在家庭中的表现及问题，分析原因，确定主题。 　　2. 摄制短片：学生在家里哄人、发脾气，令人尴尬的场景。 　　3. 准备体验活动的用具。 　　4. 自制视频课件：①视频示范《老师到我家》；②学生现实表现情景纪录片；③用于学生体验实践环节支持策略的教学课件。 　　5. 歌曲：《我们都一样》。 　　6. 进行环境布置。

续表

		七、教学过程	
教学环节	教师活动	学生活动	技术应用
（一） 导入环节： "说一说"	1. 和学生谈话：上一节课我们学习了到别人家做客，应该怎样做，谁能说一说？ 2. 观看视频。 观看视频思考问题：他这样对待来家里的客人，合适不合适？ 老师引导：我猜，你们看到视频里的同学会笑，老师希望你们可以思考：如果是我，我会怎么做！ 3. 揭示本课主题：和同辈友好相处。	思考老师的问题，回忆上节课的知识要点，回答问题，说一说到别人家做客的正确做法：有礼貌，不乱动物品，不随意进房间…… 观看老师录制的视频并思考问题。	使用视频剪辑软件将录制好的视频剪辑，突出要学生观察和思考的问题，达到用学生行为引发学生思考的目的，引出本节课的授课主题。
（二） 新授环节 "议一议"	请同学和老师一起讨论：和同辈在一起，我们应该怎么做？ 带领学生参与课题讨论：我们应该怎么做？ 在礼仪方面：要有礼貌，友好。 1. 演示：正确做法。 给学生展示场景：和同辈待在一起，不理不管。请学生判断是否合适。 2. 引导学生思考：做客时，见到同辈，我们可以怎样做？如果是同辈到我们的家里做客，我们又可以怎么做呢？ 3. 思考并回答：同学来做客，我们接待同学可以怎么做？ 4. 引导学生思考，和同辈伙伴在一起我们可以玩些什么？ 5. 边实践边讨论：和同辈因为喜欢同一个玩具、喜欢同一种水果的时候，我们应该怎么做呢？	思考并回答问题，自己应该怎么做。 观看老师演示的正确做法 请同学表演礼貌友好的做法。 回答问题： A：喝茶 B：吃水果 C：吃零食 回答问题： A：玩扑克 B：看平板电脑 C：看书 D：聊天 E：玩玩具 演示正确的做法： 说：请吃水果 做：把水果递给同伴	使用动画制作软件，以教材中主人公为原型，演示正确的做法，在学生不能正确回答问题时，通过观看和模仿的方式找到答案。

教学环节	教师活动	学生活动	技术应用
（三） 巩固环节 "想一想"	1. 指导学生设计一份家庭聚餐中，和同辈相处的计划，制订一份友好相处计划。 2. 引导学生分享自己的相处计划，和同学交流自己的计划书内容。	一组：自己制订。 二组：使用老师制作的模板，制作自己的电子版友好相处计划书。 把自己的计划书和同学一起分享、讨论。	设计带有交互功能的学习课件，通过触摸拖动功能，实现学生自主制作待客计划书的目标。
（四） 实践环节 "做一做"	指导学生按照自己制订的计划在模拟的"家"的情境中练习和同辈友好相处时的正确做法。	一组：对照自己的纸质版计划进行实践演练。 二组：对照自己的电子版图片计划书尝试体验。	视频查看提示，当学生在实践和体验环节中忘记说什么、做什么时，可借助平板电脑上老师设计的课件，点击相应的求助按钮调取示范，通过模仿掌握相处技能。
（五） 总结	总结友好相处的注意事项及正确的做法，鼓励同学在日常生活中使用，做一个有礼貌、会相处、善于交往的人。	说一说自己今天的学习收获；表述本节课的知识要点。	通过教室的录播系统，回看同学们的实践场景，圈出同学需要注意的点，鼓励在家多尝试。

（六） 学生评价方式	内容	方法	生 1	生 2	生 3	生 4	生 5	生 6	生 7	生 8
	讨论	观察	★	★	☆	★	★	♀	♀	♀
	计划	制订	★	★	♀	♀	☆	♀	☆	☆
	分享	述说	★	★	♀	☆	☆	♀	★	☆
	实践	操作	★	★	☆	☆	★	♀	☆	☆
	注：积极★　　提示 ☆　　辅助 ♀									

| （七）
教学反思 | 　　这节适应课基本达到了教师的预期目标，学生基本掌握了与同辈友好相处的简单方式，对此有了初步的认识，以下几点做得比较成功：
　　1. 主题明确、具体，内容符合学生需要：出于为学生将来走出校园，进入社区生活做准备及满足他们对朋友的渴望而确定了本主题；适应课活动中所举事例都是学生生活、学习、交往中的真实事例；学生有切身体验。
　　2. 抓住学生的认知特点，注重学生差异，目标、环节体现层次性，使每个学生都有收获：活动中教师安排了"看、说、议、想、做"等环节，围绕主题层层深入，促使学生掌握了相处的基本方式、方法；通过观看视频、讨论、制订计划、情景表演，使学生保持积极性，充分体现了学生是学习的主人。 |

续表

教学环节	教师活动	学生活动	技术应用
（七） 教学反思	3.注重学生的体验和参与：如在准备阶段，视频的拍摄、场景的布置都是教师精心设计的，贴近生活实际；在活动过程中让学生讨论、分享、体验等。 4.提供多少支持策略，鼓励促进学生交往：如在体验实践环节，学生是在自己预先制订计划的基础上进行实践及体验，但也难免会在此环节中因为紧张等原因忘记相处的方法或交流的语言如何表达，教师给予学生多种解决方法让学生自己选择应用，如求助老师、求助同伴、查看课件中的示范进而通过模仿完成体验等 但是，适应课中还有许多不足： 1.对现场状态预期效果判断不足：在"看"环节，教师预期是引发课题的思考，让学生看到不正确的行为表现。学生在观看的时候对同学的错误表现先是嘲笑，教师只想到要稳定学生的行为，保证后面的活动正常进行，却失去了一个对学生进行"换位思考"教育的绝好机会。当时教师要是能抓住这个契机引导学生正确看待问题，对照自己的行为进行反思，挖掘学生的心理活动，会使学生对主题有更深的认识。 2.教师在备课和上课中预期目标想的多，对现场学生的形成性目标想的少：如在"情景实践"环节中教师注重学生行为的表现，所以对学生的内心活动关注不够。如果当时能给不知下一步怎么做的学生多一些思考、自我修正的时间，对学生建立正确行为的能力提升更有帮助。 3.对孤独症学生的指导有欠缺：孤独症学生的问题就是不会交往，在活动中互动少。整节适应课教师让孤独症学生跟随得较多，模仿的行为多于交往的互动，要是能让他们在做的同时关注同学间的互动，会更符合他们的需要。 4.教师未能充分激发学生情感：在情境实践环节，教师过多关注行为模式的引导而忽视了情感态度的指导，如果当时能提示学生注意表情、态度，让学生能体验着思考、观察着思考，将看到的、体验到的、思考的帮助学生进行情景加工，及时对学生遇到的表达困难给予帮助，会更好地达到点题的目的。		

资源教师组

我想……

姓　名	佟会敏	学　科	生活语文
单　位	北京市海淀区万泉小学	年　级	一年级
一、 指导思想 与理论 依据	培智学校义务教育生活适应课程标准（2016 年版）在个人生活领域心理卫生部分指出低年级学生应学习表达自己的需求。 　　课程标准在实施建议中强调教学形式要服从内容，符合学生的生活经验、个性特征、学习方式等，注重实践与操作，避免脱离实际和形式主义。教师可根据目标、内容、条件、资源、学生需要等，因地制宜地选择教学形式。本课采取了自然情境教学 (Natural Environment Teaching, NET) 的方法，注重自然情境创设，通过教师前期的有意设置，在课堂评价环节、教学环节、整理环节都有学生需要做出选择的场景出现，引导学生从不会表达到学着用语言表达，最后到自然主动地进行表达，使学生用固定句式表达需求的技能在自然环境中得到强化。		
二、 教学内容 分析	张俊芝所著《孤独症儿童的语言训练》一书中指出，孤独症儿童表达性语言的建立是指由最初听见词语能做出相应的反应到能主动表达这一过程。这一过程的长短因儿童所具备的条件和教育训练的方法、策略不同有很大的差距。不管这一过程长还是短，都要经过以下几个阶段：理解反应阶段、模仿阶段、提示阶段、主动表达阶段。 　　本课内容用固定句式"我想……"表达自己的需求，属于主动表达阶段。经过前几个阶段的反复练习，学生已积累了发音说话的经验，开始进入主动表达阶段：看见熟悉的物品能说出名称，在有要求时，能说出一个词或一个短语来，在相当多的时间里仍然是默默无语，或者只是一个被动的应答者。本节课试着从以下几个方面去帮助孤独症儿童学会主动表达。 　　1.引发主动沟通意向 　　通过日常生活培养学生对教师与活动的兴趣，并给予学生尽量多的关注（情感方面的），使学生产生利用他人（老师、父母）达到目标（得到帮助，进行什么活动）的动机，主动沟通的行为才有可能发生。 　　2.设置情境提表达要求 　　创设情境是为了给学生提供表达的机会。比如：①不去主动满足他的各种要求，等学生主动提出要求；②做学生希望做的事（吃东西、玩游戏），引导学生提要求；③创设选择情境，让学生主动表达。利用种种的机会，给学生提表达的要求并及时鼓励学生。		
三、 学情分析	黄某，6 岁，男，一年级普通班级就读。该生在 3 岁时经北医六院诊断为疑似孤独症，仅在相关机构进行了 1 个月的干预训练，之后就读于普通幼儿园普通班级。该生说话声音较低，在集体中无对话应答，一对一情况下可以进行简单回答，不能持续和他人对话，不会主动与人进行语言沟通，不会使用人称代词，满足自己需求较多用动作，而不是言语表达。本节课的教学目标是增进学生的语言表达。		
四、 学习目标	1.具备用语言表达自己需求的意识。 　　2.能用固定的句式"我想……"表达需求。 　　3.体会到自己用语言表达需求后的满足感。		
五、 学习重 难点	能用固定的句式"我想……"表达需求。		

六、教学资源	动物乐高积木、感觉统合训练组合、彩笔、任务单、提示卡、绘本图片、小黑板、情境图卡				

七、学生评价设计	在选择情境中能够用固定句式表达自己的需求，相应完成情况画√。				

完成情况选择情境	未完成	句式提示完成	动作提示完成	词句提示完成	独立完成
1					
2					
3					
……					

八、教学过程

教学环节	教师活动	学生活动	技术应用
（一）师生问好	1.师生问好 上课，起立。 同学们好！ 请坐！ 2.教师讲故事 《小狗汪汪》 小狗汪汪生病了，我想去看它，你想跟我一起去吗？ 选什么礼物去看他呢？ 你想选哪条路去看望汪汪呢？ 教师在"我想……" 这个句子中进行动作链接： 我——手指向自己。 教师贴出句式提示。 设计意图：在看图说话这个环节，学习句式"我想……"。教师在教授环节将句式动作化，为后面的提示做好准备。	起立 老师好！ 坐下。 学生看图片，并说出"我想……" 学生看图片，并说出"我想……"	一套学生桌椅 图片
（二）去逛动物园	1.故事导入 教师创设去逛动物园的活动情境 路上有一条小河，你想怎么过河呢？ 利用器材进行搭建 （教师准备句式纸条；在学生表述不出来时可做视觉提示或是动作提示） 2.路上有沙坑，你想怎么过去？ 设计意图：本环节中教师创设路上的障碍，着重对学生语句的表达进行巩固。	学生根据自己的喜好进行选择，并且用句式进行表达： 我想…… 学生根据自己的喜好进行选择，并且用句式： 佟老师，我想……。 得到相应的活动体验	运动器材

续表

教学环节	教师活动	学生活动	技术应用
（三） 喂小动物	1.认识小动物 它是谁? 2.喂小动物 教师创设情境,小动物们都饿了,想让你去喂喂它们,你想选什么食物去喂谁呢? 提供选择机会 3.实际投喂 学生表达清楚,得到参与配对活动的机会。 提示：要有顺序地分配食物 教师创设选择,横着分? 还是竖着分? 4.结合学生情绪状态,可多做几组 设计意图：在教师有意设置的故事情境中练习用固定句式表达需求。	1.学生回答"它是……" 如果学生不知道教师口头提示 2.用固定句式"老师,我想选……去喂……。" 3.在任务单上贴图片,用"×老师,我想……"的句式表达需求。	乐高积木小动物 任务单 图片
（四） 奖励活动	教师总结学生今天的表现,提供奖励选择：你想参加什么奖励活动呢? 设计意图：给学生自主选择的机会,继续巩固用语言表达需求。引导学生在轻松愉快的氛围中结束这节课。	学生根据实际情况决定选择活动或是食物。	资源教室器材 食物
（五） 教学设计 特点	故事情境串联整节课, 学生年龄较小, 整节课的设计是以逛动物园为主要创设情境,让学生在故事情境中进行活动,整节课轻松、自然,让学生非常乐于参与。		
（六）教学 反思	本课的教学目标是提前设定好的,对于活动,教师做好了充足的准备,有一些环节就是引领,学生在活动中有自己的想法,老师尽量给予肯定的引导,灵活性的互动,为达到本课的既定目标服务。学生在课堂中有一些环节,自己想站起来或是拿取物品,教师及时进行了动作阻挡,并且利用孩子的兴趣驱动,恰当地引导学生进行口语表达。		

体育游戏——蚂蚱运粮

姓　名	李崇惠		学　科	资源室课程——运动康复
单　位	成都市锦江区特殊教育中心(锦江区特殊教育资源中心)		年　级	三年级

<table>
<tr><td rowspan="5">一、
学情分析</td><td colspan="5">随班就读学生 4 人，轻度智力障碍 3 名，徐动型脑瘫 1 名，具体情况如下。</td></tr>
<tr><td></td><td>运动参与</td><td>运动技能</td><td>身体健康</td><td>心理健康</td></tr>
<tr><td>骏（智力障碍）</td><td>对体育活动有兴趣，能在指导下参加体育活动，并且能够感受到运动的乐趣，获得成功的体验。</td><td>能模仿简单的动作，如转头、踢腿；能说出所学身体动作名称：蹲起、踏步、跳跃；能在简单的体育游戏中完成多种形式的走、跑、抛、爬、钻、投、滚等基本动作。</td><td>初步掌握与运动相关的饮食、用眼卫生常识；了解简单的运动安全知识：如不带尖锐的物品参加运动；着装适合运动等。</td><td>在体育活动中，不够自信，需要老师不停地鼓励，增强自信心，达到上课进行自主练习、锻炼的目的。</td></tr>
<tr><td>飞（智力障碍）</td><td>对体育活动有兴趣，能在指导下参加体育活动，并且能够感受到运动的乐趣，获得成功的体验；能在独立的状态下实施简单的体育运动锻炼计划。</td><td>能模仿简单的动作，如转头、踢腿；能说出所学身体动作名称：蹲起、踏步、跳跃；能在简单的体育游戏中完成多种形式的走、跑、抛、爬、钻、投、滚等基本动作。</td><td>初步掌握与运动相关的饮食、用眼卫生常识；了解简单的运动安全知识：如不带尖锐的物品参加运动；着装适合运动等。</td><td>在体育活动中经常保持愉快的情绪，愿意主动帮助在运动中遇到困难的同学，能很好地在学习中与同学互帮互助。</td></tr>
<tr><td>姚（智力障碍）</td><td>课堂参与程度高，但需要在指导下参加体育活动，需要言语的鼓励和肢体的鼓励维持课堂参与程度。</td><td>能模仿简单的动作，如转头、踢腿；能说出所学身体动作名称：蹲起、踏步、跳跃；能在简单的体育游戏中完成多种形式的走、跑、抛、爬、钻、投、滚等基本动作。</td><td>知道身体部位名称，如头、颈、躯干、四肢等；知道正确的身体姿态，在指导下尽量保持正确的站、坐和行走姿势，身体保持正直，两眼目视前方；知道体育活动着装要求；了解简单的运动安全知识：如不带尖锐的物品参加运动。</td><td>在体育活动中经常保持愉快的情绪，愿意主动帮助在运动中遇到困难的同学，能很好地在学习中与同学互帮互助。</td></tr>
<tr><td>琳（脑瘫）</td><td>课堂参与程度高，但需要在指导下参加体育活动，需要言语的鼓励和肢体的鼓励维持课堂参与程度。</td><td>能够模仿老师的动作，并能在老师的语言指导下很好地执行课堂任务。</td><td>知道身体部位名称，如头、颈、躯干、四肢等；知道正确的身体姿态，在指导下尽量保持正确的站、坐和行走姿势，身体保持正直，两眼目视前方；知道体育活动着装要求；了解简单的运动安全知识：如不带尖锐的物品参加运动。</td><td>在体育活动中经常保持愉快的情绪，愿意主动帮助在运动中遇到困难的同学，能很好地在学习中与同学互帮互助。</td></tr>
</table>

续表

二、 教学内容 及与信息 技术策略 设计	教学内容：体育游戏——《蚂蚱运粮》。 信息技术策略设计：资源室小组运动康复课堂中，用信息技术组织体育游戏活动，激发学生学习兴趣，对于学生来说兴趣即为学习的动力；强化学生知识掌握及游戏规则。
三、 教学目标	1. 总体目标目标 运动技能：通过体育游戏掌握不同形式爬基本动作。 运动参与：通过体育游戏，学生积极参与课堂内容学习，自主进行课堂练习。 身体健康：提高学生四肢协调能力及腰腹力量。 心理健康与社会适应：让学生亲自参与到实践活动中，感受体育游戏带来的乐趣。 2. 个别化目标目标

	骏骏	琳琳	飞飞	姚姚
目标 1	◎	○	●	○
目标 2	●	●	●	●
目标 3	◎	●	●	●
目标 4	○	◎	●	◎

注：◎在教师语音动作提示下完成 ●学生独立完成

四、 教学重难 点	教学重点：学会蚂蚱爬的动作技术。 教学难点：四肢协调，腰腹用力。 教学准备：图片步骤提示板、路线标记、沙袋、视频、障碍物。

五、教学过程

教学 流程图	热身活动 → 教学新授 → 技能展示 → 放松结束 蚂蚱学习爬 分组（2人同步）

环节	教学内容	教师活动	学生活动 集体活动	学生活动 个别支持	设计意图
（一） 课前准备	课堂常规 1. 集合整队，清点人数。 2. 师生相互问好，宣布上课。 3. 宣布上课内容，提出要求。 4. 安排见习生随堂听课。	1. 检查学生着装，清点人数。 2. 向学生问好。 3. 宣布课的内容及要求。 4. 安排见习生。	Δ：教师 ×：学生 队列队形： × × × × Δ 要求：快、静、齐，精神饱满。	语言动作提示学生横排排列；提供视觉提示（打点）协助学生完成队列。	整理着装，清点人数，帮助学生养成良好的课前准备习惯。
（二） 热身活动	1. 准备活动 第一节：头部运动； 第二节：扩胸运动； 第三节：振臂运动； 第四节：体转运动； 第五节：腹背运动； 第六节：弓步压腿； 第七节：侧压腿； 第八节：膝关节； 第九节：手腕踝关节。 2. 专项准备活动 坐地上，手脚撑地挺髋保持十秒，起来活动关节。（共3组）	1. 教师带领学生做准备活动。 2. 教师强调动作要领并提醒指导学生动作。 3. 作安全提示。	1. 认真听讲，积极参与热身。 2. 听口令进行准备活动。	1. 热身活动提醒飞进行带领。 2. 语言提示及动作示范提醒姚完成准备活动练习。	用常规热身活动一来巩固练习二来活动各个关节避免受伤；专项准备活动着重活动接下来要用的身体关节部位。
（三） 教学新授	1. 引入 今天我们要扮演一种昆虫，你们猜猜是什么呢？（出示图片）播放视频，观看蚂蚱的成长历程。 幼虫（滑板车代替）动作方法：坐在滑板车上，左右手交替进行。	1. 播放视频。 2. 诵读儿歌，引出并宣布动作名称。	1. 认真听教师讲解，积极回答问题。 2. 教师示范，学生站在自己的点位上。 3. 跟随教师做练习。 4. 主动进行集体练习。	1. 琳琳在运粮环节老师的肢体辅助下完成练习，其余同学在老师的语言提示下完成。 2. 运用路线标记、动作图片等视觉提示帮助学生学习动作、了解活动路线。	用图片、儿歌的形式来引入，直观且充满童趣；障碍物模拟蚂蚱在生活环境中遇到的困难。

续表

环节	教学内容	教师活动	学生活动		设计意图
			集体活动	个别支持	
（三）教学新授	儿歌：小蚂蚱，爬呀爬，爬呀爬呀，长大啦，长大要帮运粮啦！ 2.新授 （1）教师示范蚂蚱爬：仰卧，两臂撑地，两手五指张开，两腿屈膝，两脚分开撑地，用异侧手和脚交替进行；腰腹保持紧张状态。 （2）学生练习（分两组，两两进行。）小蚂蚱长大啦，现在蚂蚱要运粮回家了，我们一起帮帮他吧！（干活） （3）教师示范运粮：在地上找到粮食（沙袋）来到运粮起点，把粮食放在肚子上，腰腹保持紧张，从起点运到终点粮仓。 （4）运粮比赛：两两一组，在相同时间内，从起点通过障碍物运粮到终点粮仓后跑步回到起点，与下一位同学击掌后，下一位同学出发。比一比看谁的粮食多。	3.教师讲解动作方法并示范。 4.带领学生进行动作练习。 5.选取学生动作示范练习，组织学生集体练习，教师巡查纠错。 6.作安全提示。 7.肢体帮助所有学生完成小蚂蚱练习爬；并纠错。 8.运粮比赛环节利用流程视频配合语言讲解游戏规则及动作重点。 9.分组：姚、飞、一组，琳、骏一组	5.认真听讲，理解动作要领。 6.积极参与练习。 7.比赛，其余同学加油打气。		

环节	教学内容	教师活动	学生活动		设计意图
			集体活动	个别支持	
（四） 结束	放松活动 1. 学生相互按摩手臂、肩膀放松。 2. 小结。 3. 师生再见，下课 4. 安排学生回收器材。 5. 安排学生洗手。	1. 教师整队。 2. 讲解活动方式，带领学生进行放松练习。 3. 小结本课。	1. 参与放松活动，认真练习。 2. 收还器材。	口令提醒学生参与集体放松活动（听教师口令做动作）	放松身体肌肉
（五） 场地	操场				
（六） 预计运动 负荷	练习密度	35% ~ 40%			
	运动强度	中等			

（七）
教学效果及反思

1. 预期目标达成情况

	姚	琳	骏	飞
目标 1	☆	★	★	★
目标 2	★	☆	★	★
目标 3	★	★	★	★
目标 4	☆	☆	☆	★

注：★达成；☆部分达成

2. 课堂反思

在这次资源中心小组课堂运动康复体育游戏的课中，坚持育人为本格局，遵循学生的身心发展特点和实际需求，促进学生身心健康。体魄强健，体育游戏注重激发学生运动兴趣，引导学生掌握基本的运动知识及基本技能与方法，发展学生体能，为终身体育学习奠定良好的基础。本节课中，设计的准备活动为常规的准备活动，一是巩固练习；二是活动各个关节避免受伤，接着后面设计专项准备活动，再次活动接下来要用到的关节部位。基本教学部分为了学生的个体差异，确定学习目标，制作了图片提示，用视频教学蚂蚱的一生，直观了解蚂蚱的一生。通过动作完整示范、讲解，指导学生积极学习，通过语言辅助，部分同学使用肢体辅助完成蚂蚱走路练习及蚂蚱障碍运粮的比赛。在过程中多鼓励学生，耐心讲解帮助其完成任务。在游戏环节，运用信息设备录制比赛路线视频让学生能够在游戏中学习游戏规则、体验成功及乐趣。

我有一双巧手——环保小制作

姓　名	曹梓华	学　科	劳动
单　位	广州市番禺区市桥沙墟二小学	年　级	三年级

<table>
<tr><td rowspan="1">一、
学生情况
分析</td><td>

1.普通学生（可分为优秀、中等、基础三类）

本班学生对环保已经有了一定的认识，在第一课时，学生已经学习了相关的垃圾分类的知识，并知道哪些属于可回收的物品；在第二课时，学生以小组为单位，初步构思了如何利用教师提供的废旧物制作出新的物品。此外，学生粗大动作发展完好，但存在个别学生的精细运动发展缓慢，如握笔无力、使用剪刀不流畅的现象。虽然学生对环保小制作有了初步的想法，但对制作的步骤不太熟练，口头表达能力不足，因此教学中教师会注意激发学生学习的兴趣，根据学生的实际操作水平和动手能力采用灵活多样的方式，指导学生动手实践，引导学生大胆表达。

2.随班就读学生（或特殊教育需要学生）

小源，孤独症谱系障碍，具有言语能力，发音清晰，能进行简单的问答式聊天，主动用语言表达自我需求。在语言理解方面，能够理解大部分的生活化语言。在团体中，有一定的参与意识，有与他人互动的意愿，但不能用正确的方式表达，缺乏主动性，能够遵守相应的常规，但需提醒。有一定的观察参照能力与互动意识，但对老师的持续关注能力方面仍有所欠佳。行为刻板，对于环境、课程的改变以及突发事件情绪变化较大。

在之前的学习中小源对环保的概念有一定的认识，懂得垃圾需要分类处理，并且知道生活中常见的一些可回收垃圾。小源所在小组利用废旧物品制作新的物品，在分工合作上考虑到小源在精细动作上有所欠缺，前三指力量较弱，希望在小组制作过程中能够达到锻炼的目的，从而进行一些简单的掰花生、撕纸、贴纸、装饰等活动。

小琪、小明：智力发育迟缓，轻度智力障碍，能够掌握学业技能，水平基本能够达到三年级学生水平，具有良好的社会交往能力，能够独立完成老师布置的任务，注意力集中时间不长，容易被无关的事物吸引而离开学习中注意观察的事物。识记速度较慢，记忆不牢固，掌握知识的过程较正常学生慢，需要多次重复。课堂常规较好，能够通过自我管理卡片进行有效的自我管理，大部分时间能够跟随课堂，能够正常地开展学校生活。

</td></tr>
<tr><td>二、
设置助教意
图及职责</td><td>

本课时为实操练习课，在学生操作的环节中，教师对学生进行了分组设置，共分成9组，为更好地指导学生，故设置助教1名，主要负责贴代币，分组操作时管理纪律并指导学生。

</td></tr>
<tr><td>三、
教学内容
分析</td><td>

环保小制作是一件富有创造性的活动，并有着无穷的乐趣。安排这一主题的目的是结合我校的校本课程《我有一双巧手》，引导学生通过制作各种生动有趣的环保小作品，走进环保的世界，激发探究的兴趣，掌握基本的手工技能，逐步养成做事认真、仔细的良好习惯，并培养学生的创新精神，进而感受到劳动的快乐，逐步形成积极的生活态度，提高自我服务能力。同时，通过成果展示的形式，锻炼学生口头表达能力，以及小组合作能力。

</td></tr>
</table>

四、对特殊学生的支持策略	物理环境调整：按 6 人一小组将课桌拼在一起，座位安排如下： 　　　　　乐儿　　　锦堂 　　　颖莎 　　淑铭 　　　　　小源　　　可儿 视觉提示卡：将带有课堂常规的提示卡片贴在小源桌面（如坐端正、保持安静等）时刻提醒小源注意课堂常规。 事前程序：在课前提前为小源预告本节课将到阶梯室这一陌生环境上课，改变平时固有的座位安排，按照小组进行分组就座，以及有陌生教师前来听课等物理环境因素改变，并于课前一天带小源到阶梯室熟悉环境，使小源处于主动。 事前练习：在其参与小组活动前，预测小源在活动中会遇到的困难，提前使其预览小组活动的相关信息，必要时提前演练活动。 同伴教师：小组同学共同完成任务，普通学生为小源、小明、小琪提供辅助、指导和反馈。增加三位同学与任务相关的行为，也能增加他们的社会互动行为。 工序分析：将小源参与制作的步骤做成图片分解步骤，采用视觉提示使得制作过程变得简单易懂。 填写自我管理卡片：小源、小明、小琪的行为规范较好，能够进行自我管理，不需要采用代币来强化他的正向行为。将任务以清单的形式清晰地展现，要求三位同学在完成每项任务后进行勾选。完成对自己的自我管理。课后与老师核对卡片换取相应的奖励。 助理教师：密切观察小源、小明、小琪情况，如小源不听从同伴指令或出现其他突发情况时，助理教师需介入引导，直至个案能跟随同伴撤出。
五、教学目标	1. 整体目标 知识与技能目标：通过学习环保小制作，掌握制作的基本技巧，进一步提高动手能力。 过程与方法目标：学习使用剪刀和粘贴装饰的方法，养成讲究卫生和分工合作的习惯，形成废品利用的意识。 情感态度与价值观目标：在活动过程中体验到劳动的快乐，初步形成审美情趣。 2. 随班就读学生教学目标 小源 知识与技能：通过学习环保小制作，发展精细动作，锻炼前三指以及动手能力。 情感态度：在活动过程中体验到劳动的快乐。 社会交往：在合作过程中学会正确表达自身需求。 小明、小琪 知识与技能目标：通过学习环保小制作，掌握制作的基本技巧，进一步提高动手能力。 过程与方法目标：学习使用剪刀和粘贴装饰的方法，养成讲究卫生和分工合作的习惯，形成废品利用的意识。 情感态度与价值观目标：在活动过程中体验到劳动的快乐，初步形成审美情趣。

续表

六、教学重难点	1. 整体课程教学重、难点 重点：了解可回收垃圾、创意制作、正确使用简单工具 难点：按小组本来设想的制作环保作品 2. 随班就读学生教学重、难点 重点： 　　小源：提高折纸与装饰能力，锻炼精细动作，参与团队合作。 　　小明、小琪：了解可回收垃圾、创意制作、正确使用简单工具。 难点： 　　小源：在小组完成自己的任务中与同学进行良好的社交沟通。 　　小明、小琪：按小组本来设想的制作环保作品。
七、教学资源	塑料瓶、报纸、纸皮、剪刀、双面胶、透明胶、多媒体设备、课件、胶水、学生根据构思自备的环保材料

八、教学过程

教学环节	教师活动	学生活动	技术应用
（一）创设情境，导入新课	教师：同学们，请看以下图片，知道这是什么吗？没错，这些都是社区的垃圾分类投放站，还有废品回收工厂。这里面堆放着很多废旧物品，最终都会再造成有用的物品。其实只要我们有一双善于发现美的眼睛和一双灵巧的手，这里的废旧物品也能变成美丽的宝贝。在上一节课上，我们以小组为单位设计了环保小制作的方案，（PPT上出示9组的方案图），老师来抽取一组来看，我们来看看第4组的方案，他们要制作的是飞机，里面都有详尽地写明制作的步骤和各自的分工，做得真不错！老师想给每个小组都奖励"小太阳"。		
（二）学习与探究	1. 材料介绍 教师：看到同学们这么详尽的方案，老师都迫不及待地想看到你们制作出来的作品呢！同学们可以看到，桌面上有老师提供的废旧物品，老师想请一个同学来说说都有些什么。 2. 明确步骤 同学们，今天可以利用老师提供的废旧物品，也可以加上自己需要的材料来完成你们组的环保小制作。为了让同学们更有效地完成你们的作品，老师给你们提供四个秘籍： （1）选取材料：选择自己组作品需要的材料，把不需要的材料整齐摆放到一边。 （2）分工合作：每个同学按照组内的分工去操作，操作时还可以互相帮助。 （3）完善作品：在完成制作之后，小组可仔细检查，看是否有需要完善的地方。	请小源来说一说废旧物品中都有什么。 （小源可能不能够进行完整的描述或者有在认知范围外的物品，教师可适当地引导）	教师引导小源回答问题并对小源不认识的物品做出说明。

教学环节	教师活动	学生活动	技术应用
（二） 学习与探究	（4）准备展示：制作完成后，组长可以组织组员进行成果展示准备，成果展示可以说一说你们组成功之处在哪里？未成功的组别应如何调整会更好？在制作过程中是否遇到困难？面对困难是怎么解决的？ 3. 温馨提示 在动手操作之前，老师想问一问在制作过程我们要注意什么呢？ 教师引导学生说出以下几点： （1）使用剪刀时要注意安全，使用后应将剪刀自然垂直后放好在桌面上。 （2）制作时请保持卫生，制作完成后，组长组织小组收拾桌面。 （3）制作时要抓紧时间，在规定的20分钟内完成自己的作品。 4. 小组制作 同学们是不是迫不及待地想去制作你们的作品呢？老师也很期待呢！那事不宜迟，我们开始吧。 以小组为单位进行制作，教师巡视指导。 在学生制作过程中，教师可适当地进行指导。 当学生制作出作品出来时，教师适当的加以表扬，对还没有制作成功的进行鼓励。 * 课前，学生在第二课时中已经根据教师的指引写好制作步骤和组内分工，确保每位学生都参与其中，体验合作和劳动带来的欢乐。	请小源回答动手操作时的注意事项。（小源无法说出注意事项或说出的注意事项与本节课不相符或注意事项没说到重点）	教师对小源进行提示或者引导其说出注意事项并且叮嘱小源在制作工程中要牢记以防受伤。 在小组制作开始前提问小源，让他看着自己的任务清单说出自己所要完成的各项任务，老师在一旁进行引导，同时叮嘱同伴在制作过程中协助小源。 在小组制作的过程教师时刻关注三位同学，在注意力分散的时候及时将他们注意力拉回到小组制作上。
（三） 成果展示	教师：20分钟的制作过程，老师看到同学们都很认真地完成，现在老师想请两个组来跟我们分享他们的成果。 （1）教师抽取第1个小组上台进行作品展示。 展示小组向全班同学展示自己的优秀作品。并简单说说自己组的设计思路。		

续表

教学环节	教师活动	学生活动	技术应用
（三）成果展示	学生展示结束后，教师引导全班同学鼓掌以示表扬，随后询问学生在制作过程中是否遇到困难，引导学生说出解决办法。 （2）教师抽取小源所在小组上台展示作品。 展示小组向全班同学展示自己的优秀作品。并简单说说自己组的设计思路，并由组长分别点评几位队员的表现。 学生展示结束后，教师引导全班同学鼓掌以示表扬，并邀请其他小组对展示小组进行评价，说出其出色的地方和提出建议。 教师表扬作出评价的同学，鼓励全班同学学会欣赏他人，并大胆对他人作出合适的建议。	请小源小组上台进行展示并由小源第一个进行简单的介绍。 如：制作的物品名称，制作小组的成员，自己感到很开心等简单内容。（小源不能够进行简单的介绍以及表达自己的感受）	教师引导式提问引导小源进行简单的介绍以及试着表达自己的内心感受。 下课前教师提醒三位同学完成自己的自我管理卡片并且在课后与老师核对完成情况。
（四）简要总结	同学们，在这节课中通过我们动手操作把一些废旧物品制作成新的物品，赋予了废旧物品新的价值，也为环保贡献一份力量。其实我们身边也有很多废旧物品等待着我们给它们"变身"呢！希望在平常生活中，同学们能多动手，发挥自己的创意，制作出更多的环保小制作。		

附 录

小源所在小组分组情况以及具体步骤		
组长：乐儿		
组员：小源 淑铭 可儿 颖莎 锦棠		
作品名称：笔筒		
材料：花生壳 废纸 纸杯 废卡纸 泡沫 布 喝完的矿泉水瓶		

| 制作步骤 | （1）将花生壳掰成两瓣　　　　　　　锦棠　可儿
（2）把喝完的水瓶下半部分剪下　　　颖莎
（3）用废纸折出两只手　　　　　　　小源
（4）剪下纸杯做两只脚　　　　　　　淑铭
（5）把花生粘到剪好的水瓶上，套上泡沫袋　乐儿
（6）拿些贴纸进行装饰　　　　　　　小源 | | |

具体步骤	学习过程中的困难	解决策略
实际操作开始 各自分工自己完成自己的第一个任务。 可、棠：掰花生 乐：等待装饰水瓶的时候协助掰花生 莎：剪水瓶 铭：剪纸杯做腿 源：折纸做手	1. 小源不能够独立开始自己的任务。 2. 小源能够根据任务流程独立开始自己的任务，但是不能正确地折出长条形。	1. 铭在剪纸杯做腿前提示一旁的小源按照任务流程的步骤图完成第一步：将废纸折成长条形。随后开始铭自己的工作。 2. 教师观察小源折纸情况，必要时给予一定的帮助，将小源的纸折两下后示意小源按照这样的方式折纸，铭在制作的过程中观察小源的制作情况，协助老师及时让小源做出调整。
因掰花生所需时间较长，完成自己部分的同学参与到掰花生的过程中，互相帮助，共同完成小组作品。	3. 小源任务较为简单，完成后没有任务可做。 4. 小源前三指力量较小，有些花生不能够自己掰开。	3. 小源完成好自己的任务后因为掰花生需要时间较长，教师可以让陈可儿带着小源掰花生，同时锻炼前三指力量 4. 同学或者老师帮忙掰开一条缝隙，引导小源将花生掰下并且将花生壳与花生仁分开放在不同位置。
第一个步骤完成后，开始装饰水瓶。 乐、莎、棠：剪贴纸 铭：给贴纸粘上双面胶 小源、可：一起将花生壳粘在水瓶上	5. 小源粘贴的花生壳不牢固容易脱落。 6. 可儿在加固时小源不能够帮上忙。	5. 可儿协助小源将花生壳粘在水瓶上，同时进行一些加固工作。 6. 铭将贴纸给到小源，引导小源将贴纸粘到水瓶上，缩短制作时间。
花生壳与贴纸粘贴好，乐、铭、莎做最后装饰，小源、棠、可清理桌面，		

续表

小源任务清单

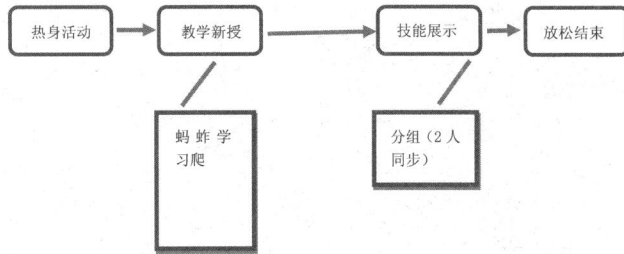

小源自我管理卡片

小明、小琪自我管理卡片

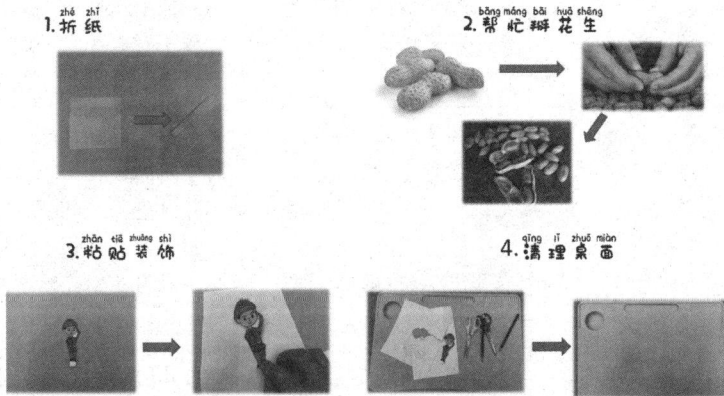

我会包饺子

姓　名	梁伟婷	学　科	家政课（校本课程）
单　位	广州市花都区新华街第一小学	年　级	三年级

一、 学生 IEP 相关目标	1. 能静候等待安排。（全班） 2. 能使用电磁炉。（阿元、阿彬、阿诚、阿泳） 3. 能使用刀具切食物。（阿彬、阿元） 4. 能对准目标撕剥物品。（阿其、阿宇、阿豪） 5. 能对准目标放、压物品。（阿其、阿宇、阿豪） 6. 能保持周围环境的卫生。（阿彬、阿元、阿宇、阿豪） 7. 能用常用简短语言表达自己。（阿朱、阿诚） 8. 能接受他人的建议不急躁。（阿元、阿宇、阿其、阿光） 9. 能抄写并总结制作材料单。（阿元、阿彬）
二、 教学目标	1. 知道包饺子需要准备的工具及材料。 2. 知道包饺子的步骤并能按照步骤进行实操。 3. 能认读涉及包饺子的准备材料的名称。 4. 能知道饺子的三种烹饪方法：蒸、煮、煎。
三、 教学 重难点	1. 重点：各组分别按照自己的任务单完成各自任务。 2. 难点： （1）按照包饺子的步骤进行实操。 （2）掌握防切伤和防触电的方法。 （3）学会同伴中的相互提示、辅助、示范、合作、分享，在新知识的学习中有类推能力等。
四、 学生行为 目标	1. 学生能够掌握切、剥和摆放的技能。 2. 学生能够掌握捏和压东西的技能。
五、 教材分析	根据学生 IEP 的目标，居家生活中应掌握简单的烹饪技巧，本课结合我校开展劳动主题教育的活动，设计了本节课的内容"我会包饺子"。本节课是在学生学习了用电饭煲制作腊肠饭的基础上开展的，因此部分学生能掌握切、剥、使用电磁炉的技能；在此基础上，通过本节课包饺子的学习，使学生进一步学会根据流程图处理原材料，在相互的提示，老师的辅助、示范下，合作去完成包饺子，体验"自己动手，丰衣足食"的快乐。
六、 学情分析	特教 A 班为混龄班级，共有 9 名学生。有 3 名孤独症男生，5 名智力障碍学生，1 名语言障碍学生。其中二年级的有 3 名（阿彬、阿豪和阿其）；三年级的有 4 名（阿元、阿泳、阿光和阿宇）；五年级 1 名（阿朱）；六年级 1 名（阿诚）。特教 A 班的学生在此之前的烹饪课中掌握了用电饭锅蒸饭的技能，并且部分学生能用刀切韭菜，会剥玉米。本节课要求学生用刀切细食材。 　　特教 A 班的学生大部分能够认读简单文字，阿元和阿彬能够认读较多的字，能够独立读任务单；其中阿彬、阿朱、阿泳的动作能力发展较好，能够独立完成一定的家务劳动，如洗碗、煮饭等；阿豪和阿其的精细能力较弱，故本节课他们的目标是合作使用饺子"神器"包饺子。高年级的阿诚和阿朱，他们的认知能力相对较弱，但是常规极好。本班的学生都能够进行班级的清扫，拖地，擦拭工作。

续表

七、教学情境	课室分区为教学区、实操区、防烫伤、小心用刀和小心触电的视觉提示
八、教学资源	1. 材料：饺子皮1袋、猪肉1斤、玉米1根、香菇6朵、韭菜、油、生抽、盐，水适量 2. 桌椅、切板、刀、电磁炉 3. 任务单、步骤卡和笔 5. 餐具：碗、盘子、勺子 6. 清洁用品：抹布、洗洁精 7. 教具：动画、视频、图卡、任务单、评分表
九、注意事项	注意用刀、用电安全、食物的冷热安全，用餐安全。

十、教学活动

活动安排	教师活动（主助教）	学生活动	设计意图	个别需求及特殊应对策略
（一）导入	（1）FLASH播放佩奇的求助信。 老师：出示佩奇致特教A班的信。 （原来是佩奇来广州找梁老师玩，吃了很多广州美食，其中最喜欢吃虾饺，听说同学们也包了饺子，问同学们饺子有什么馅。） （2）引导学生思考包饺子要准备的材料，玩课件游戏找出包饺子用的材料。	（1）看FLASH，读佩奇的求助信，回顾我们包过的饺子有哪些。 （2）分组竞争玩游戏，找出包饺子用的材料。	通过学生喜爱的卡通人物小猪佩奇导入，不仅能调动学生的学习兴趣及注意力，还能引导他们学以致用去解决问题。	阿光需要提醒注意课堂常规； 玩游戏时注意课堂纪律。
（二）整体活动	（1）播放视频，引导学生说出包饺子用到的工具。 （2）提示烹饪前常规准备。	（1）观看视频，总结归纳出包饺子用到的工具。 （2）洗手，穿围裙，按坐领取任务单。	利用视频直观性的特点，便于理解归纳。	提供学生相应图义结合卡片，给予视觉提示。
（三）个人/分组活动	1. 原料处理 分组：分为大刀组，拌拌组，剥剥组，洗洗组。派发任务单，指导学生根据流程图完成任务。主助教分别提醒各组注意事项：	1. 原料处理 领取任务单，根据流程图完成任务。	让每位学生都有事可做，减少空白时间。	主教和助教互相补位配合辅助和引导学生。

活动安排	教师活动（主助教）	学生活动	设计意图	个别需求及特殊应对策略
（三） 个人/ 分组 活动	（1）大刀组做好注意卫生、防切伤等的提示工作。（梁老师） （2）拌拌组做好注意卫生、收拾整理等提示工作。（梁老师） （3）剥剥组做好注意卫生、收拾整理、剥好的放碗里不乱丢、清洗时不玩水、收拾垃圾提示等工作。（李老师） （4）洗洗组做好不玩水、防触电等提示工作。（莫老师） 2.包饺子 （1）分组：分为"神器"组和"巧手"组。引导"神器"组观看流程图，给予视觉、语言和动作支持。 （2）评一评：看谁包得又快又好。 3.制作美味 引导个别学生煮饺子和蒸饺子。主助教提醒用电用煤气安全。	（1）大刀组：（阿彬、阿元）切韭菜和切香菇。 （2）拌拌组：（阿泳、阿光）搅拌肉馅材料和加配料。 （3）剥剥组：（阿其、阿宇）剥玉米粒。 （4）洗洗组：（阿朱、阿诚、阿豪）阿朱准备并清洗包饺子的工具；阿诚、阿豪洗锅，煮水。 2.包饺子 "神器"组（阿豪、阿其、阿宇、阿炎、阿泳、阿朱）：根据流程图包饺子，两位相互合作，放肉馅，压"神器"；其他同学相互合作监督。 "巧手"组（阿元，阿彬，阿诚）：比一比，谁包得又快又好，花样多。 3.制作美味 阿元和阿彬使用电磁炉煮饺子；阿泳、阿豪、阿其协助李老师蒸饺子；其他同学收拾整理。	流程图给予学生充分视觉提示。 提高自我动手及管理能力。	制作过程中注意食材的卫生。 使用辅具进行时提醒学生注意卫生。 教师根据学生能力对分组进行适当调整。
（四） 统整活动	（1）根据检核表结合实际评价完成情况。引导学生先自评、再他评。教师总结、给予建议。 （2）小小服务员：文明享用自己参与制作的美食，并评价。	回顾课堂内容 自评、倾听他人评价。 享受劳动成果 自荐为同学服务，分饺子。	学会反思、倾听他人建议、自我改进。	学生的饮食卫生。

续表

活动安排	教师活动（主助教）	学生活动	设计意图	个别需求及特殊应对策略
（五）教学反思	在教学中遵循了学生的个体差异性和自主性，所选取的主题是契合学生的生态环境的，能够符合不同学生类型和不同层次的学生水平，使得他们每个人都有事可做，每位学生都能在课堂中得到应有的进步和发展。此次课堂中要注意把握课堂时间及安全事项。			

附录：评分表

评分准则	5分	3分	0分
每位组员动手参与活动的程度	全程参与	偶尔参加	没有参加
准备包饺子过程的熟练程度（切、剥、洗）	非常熟悉	一般熟悉	不熟悉
维护桌面、材料、用具、餐具的干净程度	非常干净	一般干净	不干净
做好准备工作，洗手，洗碗等	非常干净	一般干净	不干净

注：根据实际情况，在表格里打"√"。

绘画日记——小鹅戏水乐陶陶

姓　名	王研	学　科	美术
单　位	北京市海淀区玉泉小学	年　级	六年级

一、 指导思想 与理论 依据	（一）核心素养 　　核心素养是学生在教育过程中，逐步形成的适应个人终生发展和社会发展需要的必备品格与关键能力。它是关于学生知识、技能、情感、态度、价值观等多方面要求的结合体。它指向过程，关注学生在其培养过程中的体悟。 （二）教育即生活 　　教育要以儿童的生活经验为内容，最好的教育就是从生活中学习，从做中学。 （三）《义务教育美术课程标准》 　　美术课程具有视觉性、实践性、人文性、愉悦性特征。课程强调内容与学生的情意和认知特征相适应，以灵活多样的教学方法，激发学生的学习兴趣，引导学生在具体情境中探究与发现，找到不同知识之间的关联，发展综合实践能力，创造性地解决问题。
二、 教学内容 分析	（一）单元教材分析 　　在义务教育小学美术课本新老两套教材中，均出现了《绘画日记》这一课，艺术实践的要求为："用绘画的形式表现有意义的事，并配上适量文字，记录下美好的一天"。作为本单元两名六年级随班就读学习者，均已经具备了较好的阅读识字量，但目前均因为逻辑思维能力的局限，不能灵活地将基础知识转化为实践能力运用，直接影响着学生班级融合以及即将升入中学的学习和社会交往。美术课"绘画日记"主题学习形式，非常适合两名随读学生的认知发展特点和思维力的培养。但课本中的具体创作要求对于随读生难度较大，在遵循替代性原则的基础上，参考课本教材，重新设计了"从春到夏"大单元之下三个更适于随读学生认知能力的"绘画日记"既定学习主题，在支架资源包教学策略的支持下，引导随读学生有质量深入参与到活动中，使学生的感知力、思维力及逻辑表达得到更好地挖掘培养。同时，两名学生的综合实践能力、特长培养、自信及积极的学习情感均得到有效提升。 　　创设自主思维学程环境。"从春到夏"以动态式的真实时间场景为背景，学习内容贴近学生生活和兴趣。通过生动具象化的学习情境和丰富的美术媒材，在调动多感官的情感体验中，使两名学习者自然而然地进入到感知体验、观察对比、理解分析、联想创造的思维活动中，开启从形象思维到逻辑思维的过渡之门。很好地补充了学生在毕业班快节奏和高难度的班级学习中碎片式、形式化的浅层思维参与。思维力的不足是制约两名高年级随读学生学业发展、班级社会融合最主要的原因。本单元中的自主思维学程环境创设，帮助学生高阶思维即认知能力得到更好地挖掘培养。 　　同伴创作提升学习效率。本单元两名学习者均在认知理解、思维力上较不足，在班级课堂中表现出一定的不自信和被动退缩的学习情绪影响着学习的质量。资源教室同伴学习美术课程为两名认知接近的学生建构起一个更适合他们的学习方式（学习风格），能够激发学生积极学习情感的学习场域。每一幅作品都由两人合作完成，两个学生在相互鼓励、支持、分享的积极氛围中，感知力、实践能力、自信心得到提升，对班级课堂学习是非常好的补充和促进。

续表

二、教学内容分析	美育育人培养积极情感。《绘画日记——从春到夏》引导学生发现身边的美，感受美、创造美，表达对美好生活的积极情感，使学生真正理解珍惜美好生活的意义，引导学生做积极乐观、勇于挑战的人。为两位即将走向崭新集体的随读学生做好心理建设工作。希望学生在小学度过的最后一个"从春到夏"充满温暖的回忆。带着温暖的力量，以阳光向上的心态面对新环境新挑战。体现立德树人，美育育人的课程设计初衷。 （二）本节课程教材分析 本节课是《绘画日记——从春到夏》主题3《小鹅戏水乐陶陶》的第二课时。创作任务为：两名学生继续以合作的形式，在第一课时背景环境完成的基础上，通过剪、摆、贴、精细地描绘等环节，完成鹅卵石和小鹅的造型表现任务，并对主题画面进行完整有条理的描述，在老师的引导下完成学习评价。活动环节继续以层层递进的自主感知、自主思维学程模式为核心，引导两位学生通过百度搜索概括造型特点，美术媒材的灵活运用调动多感官深度感知，情感体验触发积极的思维想象和表达，任务驱动式的学习过程使学生真正成为学习的主人，不仅学生的身体参与到课堂上，更是内在思维在学习活动中的全程运转。 学习者小贝唐氏的身体结构特点，精细动作、手指手腕协调控制力、空间感均较弱，影响着日常生活质量及学习。相比机械有些枯燥的重复性动作训练，任务驱动式的美术活动让小贝更为积极长久地参与到学习体验中，通过控制剪刀的位置角度，左右手协调配合表现平滑造型，粘贴按压对齐，精细点画等灵活有趣的活动环节，空间感、精细动作，控制力等综合实践能力得到真正实质性的提升。 学习者小熙作为孤独症谱系障碍学生，存在社交不足及刻板性，日常表现出胆小不自信。本课中，通过剪贴小鹅复杂造型任务，小老师角色担当，鼓励大胆创作等环节的设计，在提高小熙美术特长技能的同时，通过学生优势项使自我价值感和自信乐观的品质得到培养。美术课程生动丰富的视觉情境，多感官感知体验，生动的想象、表达，使孤独症谱系障碍学生对丰富情感的感知力有很好的提升。 在同伴学习中，教师充分利用两名学生"认知能力接近"和"能力互补"的特点，利用彼此的优势项促进对方的不足项，在相互促进相互鼓励、积极的学习氛围中，优势得到更好的提升，不足得到逐步弥补。比如：小贝有着很好的想象力和亲和力，让课堂气氛轻松和谐，大大降低小熙的紧张感，思维也更活跃。而小熙的动手能力、空间思维非常好，可以很好地带动小贝协调能力、弥补空间感的不足。同伴合作完成的作品在丰富性、视觉性上要远高出一个人完成的效果，精彩的作品呈现，会让学生的学习情感体验更加深化，推动思维理解、思维表达的有效生成。 绘画日记中的言语表达和课后书写整理，是学生思维培养成果量化的反馈，思维最终将转化成语言，证明学生能力的逐步提升。这是本节课、本单元中长期重要的课程培养目标，帮助学生逐步提高言语表达的丰富性、逻辑性，实现更好的融合。本课作为本单元大主题学习的最后一课时，教师分别对互评的意义和学习的意义进行了总结升华。让学生理解学会评价的过程就是学会学习的过程。引导学生做乐观积极、勇于挑战、主动交流的人，在能力培养的同时更注重特殊需求学生健康人格的培养。体现核心素养、立德树人的教育总方针。

三、 学情分析	两名个案安置形式为班级学习为主＋1天资源教室小组课的学习形式。 （一）主要能力表现 小贝：男，13岁，轻度唐氏综合征。 　　1.机械记忆为主，掌握一定的基础知识，逻辑思维较弱。 　　2.发音明显不清，较好的生活认知水平，语言表达内容丰富。 　　3.精细动作、操作能力欠缺，身体大小肌肉协调性，空间感较弱。 　　4.温和友善，情感丰富。特殊的面容，伴随焦虑、不安全感、自卑感。 　　5.优势能力：生活认知水平较高，情感表达丰富，有亲和力，喜欢主动与人交往。 小熙：女，12岁，轻度孤独症谱系障碍。 　　1.机械记忆能力强，基础知识掌握较好，逻辑思维较弱。 　　2.语言表达清晰流畅，但思维和言语明显刻板性。 　　3.身体协调性好，动手能力强。 　　4.触觉敏感，社交表现出较明显的紧张焦虑、担心害怕。表情单一，较少眼神对视。 　　5.优势能力：机械记忆、模仿能力、动手能力、空间感均较强，语言表达清晰流畅，擅长美术。 （二）分析结论 　　通过对比分析，可以清晰地看到两名学生年龄、认知水平接近，能力互补，这让两位学生成为不可多得的黄金学伴。 　　两位学生的美术水平虽然差距较大，但在活动的每个环节都体现出了难易分层分配原则。 如：小贝能够基本独立完成平滑曲线的剪贴任务，小熙能够熟练完成复杂造型的剪贴表现出创造性。每个学生都能找到自己能力展示的舞台和提升的空间。同时，两名学习者的优势在同伴学习中感染促进着对方。各自的不足，又在同伴相互鼓励相互学习中，得到最大限度的提升。
四、 教学目标	（一）技能技巧 小贝 　　1.能够独立使用媒材工具，左右手协调配合转动剪刀，表现平滑边缘线造型。基本独立完成鹅卵石、小鹅脚摆粘的任务。 　　2.能够通过课件提示，在老师的引导下，用完整的句子按照正确顺序描述画面，表达感受。 小熙 　　1.能够较熟练使用媒材工具，精细地完成不同动态小鹅造型的剪贴任务。有创造性地粘贴表现小鹅的画面构图。 　　2.能够通过课件提示，在老师的引导下，用完整的句子按照正确顺序描述画面，表达感受。 （二）过程方法 小贝 　　1.通过活动过程，深度锻炼手指手腕协调控制力、精细动作、空间感等实践操作能力。 　　2.通过活动过程，丰富学生多感官感知觉体验，激发和培养学生观察对比、分析想象、概括表达等从形象思维到逻辑思维过渡的能力。逐步提高学生言语表达的丰富性、逻辑性，学会简单评价。 小熙 　　1.通过活动过程，进一步提高学生精细表现的专业技能和自主创作的意识。

续表

四、 教学目标	2.通过活动过程，丰富学生多感官感知觉体验，激发和培养学生观察对比、分析想象、概括表达等从形象思维到逻辑思维过渡的能力。逐步提高学生言语表达的丰富性、逻辑性，学会简单评价。 （三）情感态度价值观 小贝 1.通过小组合作学习，培养学生更为长久的学习专注力，战胜学习困难的意志品质。 2.通过合作学习，培养审美素养，提升自我价值感及积极的学习和生活态度。 小熙 1.通过小组合作学习，提高学生主动社交的自信和眼神接触，逐步提高对日常丰富情感的感知力。 2.通过合作学习，培养审美素养，提升自我价值感及积极的学习和生活态度。
五、 教学 重难点	（一）教学重点 小贝 1.能够独立用剪刀表现鹅卵石平滑边缘线造型，基本独立完成小鹅脚摆、粘任务。与同伴合作完成作品。 2.能够通过课件提示，用完整正确的句子按照正确的顺序描述画面内容。 小熙 1.能够熟练精细用剪刀胶棒表现小鹅造型，创造性表现画面。与同伴合作完成作品。 2.能够通过课件提示，用完整正确的句子按照正确的顺序描述画面内容。 （二）教学难点 1.画面描述逻辑性强。 2.带着理解思考完成同伴互评。
六、 教学资源	多媒体教学课件、同伴评价单、绘画日记任务单、课程设计美术教材参考

七、教学过程

教学阶段	教师活动	学生活动	设计意图	个别需求及应对策略
（一） 课程导入： 回顾旧知 引出新课	师生问好。 出示PPT。导入语：今天我们将继续学习绘画日记的第三个主题。小贝，请你注意口型发音读出第三个主题的题目。 师评：读得非常认真。师生点赞。	边看PPT边听 小贝按照要求认真读出："小鹅戏水乐陶陶"。 小熙为小贝点赞。	培养正确的发音意识； 同伴支持策略。	小贝可能需要老师动作示范提示。

教学阶段	教师活动	学生活动	设计意图	个别需求及应对策略
（一） 课程导入： 回顾旧知 引出新课	出示PPT。课下我们通过网络搜索了解鹅卵石和小鹅的造型特点。 出示PPT。下面让我们一起来说一说。	观察PPT文字和图片。 两个学生交替按照课件顺序分别说说鹅卵石和小鹅各部分结构的造型特征。	引导学生善用网络资源，多媒体辅助教学提高图像识读、观察分析、理解表达能力。	两个学生需要老师协助言语概括。
（二） 讲授新课： 主题活动 过程	1. 剪鹅卵石、小鹅造型 出示PPT。 分工：小贝负责剪鹅卵石的造型，小熙负责剪小鹅造型。 出示PPT。请仔细观察视频中的要求和动作示范。 下发任务单，师生合作完成剪造型任务。 鼓励评价：小贝能够左右手配合灵活，边缘线剪的质量非常高，小熙在这么短的时间表现这么复杂的造型，真棒！ 2. 摆、贴鹅卵石和小鹅造型 出示PPT。小贝参考范画独立完成摆鹅卵石的任务。小熙和老师计。 教师评价：在小熙的鼓励下，小贝高效完成任务。 教师现场演示：粘贴方法。 小贝粘贴鹅卵石， 小熙给小鹅涂抹胶水，做粘贴前的准备。 教师评价：剪、摆、贴小贝都做到了认真、细致。 请小熙参考范画，自主创作粘贴四只小鹅的位置。 小贝和老师合作完成脚的粘贴，老师抹胶，小贝粘贴。注意找准位置再粘。 出示PPT强调位置。	观察范画和任务单，明确自己的任务分工。 观察教师示范视频，明确本环节动作要领。 两个学生分别完成剪的任务。 明确自己完成任务的质量。建立自信。 小贝观察范画摆放鹅卵石，感受造型表现的快乐。 小熙数秒鼓励同伴。 两个学生观察粘贴要领，小贝粘贴鹅卵石。 小熙在旁边做准备，给小鹅涂抹胶水。 明确自己完成任务的质量。建立自信。 小熙创造性粘贴小鹅。 师生合作完小鹅脚的粘贴：小贝参考范画，在正确的位置粘贴小鹅的脚。小熙指导。	分层教学； 视频教学讲解提高教学效率。 小贝精细协调、空间感培养；小熙技能培养；提高课堂效率，激发自信；感知体验，分层点评，自我价值及积极情感培养。 观察对比； 空间思维； 精细动作； 同伴鼓励； 积极情感。 直观示范解决技能重点； 空间思维； 精细动作； 专业技能； 积极学习情感； 创造性思维培养，专业能力提升； 支架帮助； 精细动作； 空间思维； 合作学习；	两名学生需要老师赞美性评价语言鼓励。 小贝可能需要老师言语或动作的适时引导。鼓励创造性表现。

续表

教学阶段	教师活动	学生活动	设计意图	个别需求及应对策略
（二） 讲授新课： 主题活动 过程	小熙指导。 教师评价：小熙能够创造性地表现画面，特别棒，并发挥小老师的作用！小贝能够在这么丰富的画面中，进行细节表现，空间感越来越好了。 3. 精细的描绘 画面表现的最后一个环节：填画额头、嘴的颜色和眼睛。 教师展示学生作品并评价：一幅美丽的作品终于完成，感谢自己，感谢伙伴。 4. 画面描述 出示PPT。 分配任务。 教师评价：同学们按照正确的顺序，对画面进行了完整的描述，表达感受，给同学们点赞！	明确本环节学习重点，自己完成任务的质量。建立自信价值感。体验造型表现的愉悦。 观察课件。小熙添画额头、嘴，小贝添画眼睛。 按照课件提示，小贝描述时间、背景，小熙描述主体、总结语。感受美术创作的愉悦和言语表达提高的成就感。	课件和同伴协助完成难点任务； 提升成就感； 同伴合作学习的重要性。 培养积极的学习情感成就感和合作意识。 课件支架提示；感知体验，提升言语表达的丰富性、逻辑性；积极自主学习情感的培养。	小贝在粘脚的环节需要与老师合作，两位同学需要老师适时的鼓励肯定性语言激励。 两个学生需要老师的言语引导完成描述。
（三） 评价小结	1. 学习成果互评 出示PPT。 下发评价单，教师组织引导学生互评。师生互动概括精彩点。 总结：评价的重要性。 2. 单元学习总结 出示PPT。 总结：我们用绘画日记的方式记录从春到夏美好的生活。最终是为了懂得珍惜美好的生活。 3. 学科融合延伸学习评价 下发绘画日记课后任务单，完成后请语文老师点评。	在教师的引导下，为同伴进行评价，回忆表现精彩之处。 观察、回忆、感受。师生共读课件关键词。 课下资源教师协助完成任务单文字整理。请语文老师点评。	培养评价能力，合作能力，责任意识。 培养积极的学习和生活态度；美育育人，立德树人。 提高言语思维写作能力和积极的学习情感、班级融合。	老师言语引导完成。 教师协助完成。
（四） 评价	评价1　过程性学习评价 　　在教学活动中的每一个环节，教师注意及时给予两名学生的表现进行有针对性的分层评价。并通过同伴互评，学生与老师一起为同伴评价，创设生生互动、师生互动生动和谐的课堂气氛。 　　激励两名学生在相互鼓励相互学习分享中，开展有质量的学习活动，体验学习的愉悦。体现了评价的及时性、分层性和开放性原则。			

教学阶段	教师活动	学生活动	设计意图	个别需求及应对策略
（四） 评价	评价2　终结性学习评价 　　学会自我评价、评价他人的过程就是逐步提升自主学习意识的过程，就是逐步提高理解分析能力的过程。在互评中，学生感受到自主平等的学习小主人的角色感，培养对他人、对自己、对学习负责的责任意识以及自我价值积极情感的提升。 评价3　学科融合延伸学习评价 　　学科融合延伸学习及评价，遵循了个别化教育指导模式多学科联合共育原则，推动特需学生生态学习环境的创设。学生在资源教室美术课绘画日记主题学习中，有机会更加深度地参与到活动中，在感知体验、自主思维的学程中，学生的言语思维、言语表达的丰富性、逻辑性得到了最大限度的发掘和展现，将学习成果及评价，延伸移交到班级学科教师手中，达到了很好的学习泛化作用，并激励学生学习的积极性和班级融合学习的自信心。 　　（以下记录内容为主题1和主题2延伸学习评价）			

小贝	小熙
教师部分点评记录： 1. 老师看到小贝的学习单，表示出惊讶："这是小贝写的吗"！听到老师这么说，学生满满的价值感成就感。 2. 小贝能够在《春天里的白桦树》中用"春天真美"四个字作为总结，非常有意义！说明小贝有感受了，有了自己的思考和理解，有感受才会有对应的思维表达。 3.《十里春风放纸鸢》中，小贝能用到"对比"说明"风筝飞得和飞机一样高"让老师出乎意料，这些描写都超出了学生日常阅读和写作认知理解和思维表达的水平线。	教师部分点评记录： 1.《十里春风放纸鸢》中，小熙写出了"大家一起来到小花园，快乐地一起放风筝、做游戏"，说明小熙感受到了大家在一起非常开心！那么小熙以后可以更多地和同学们一起参与集体活动。就像画中你画的和你写的那样，相信自己。 2. 小熙写出了"蓝天，白云，风筝上丰富的花纹变得更漂亮了"，还用"斑马条纹"形容白桦树树皮花纹。这些都说明感受到了事物间的相互联系、对比。能够用想象、联想进行分析概括并表达出来，非常好。

教学阶段	教师活动	学生活动	设计意图	个别需求及应对策略
（五） 教学反思	1. 通过美术课程资源，进行学程模式的研究 　　将特殊需求学生的能力目标培养通过美术课程活动实施，是非常好的尝试方向。特需学生在学业和社会交往中的不足，主要原因之一是其认知能力即高阶思维发展不足。因此，指向核心素养、指向教学过程的研究对于特殊需求学生全面健康发展具有深远的意义。在高年级班级快节奏的学习中，随班就读学生融入课堂，更多是形式上的碎片式参与，比较难生成一个连续性的思维发展过程，绘画日记系列美术主题活动，非常适合特需学生的认知发展规律，通过感知体验、观察对比、理解分析、联想创造、思维表达学程模式的实践研究，思考提升特需学生教育教学适宜性实效性的方法路径。使特需学生的感知力、思维力、逻辑表达得到更好的挖掘培养，认知能力的提升助力学生更好的融合。 　　2. 同伴学习同伴评价，培养积极的学习情感 　　本单元两名高年级随读生在班级课堂中都表现出一定的不自信和被动退缩的学习情绪影响			

续表

（五） 教学反思	着学习的质量。资源教室同伴学习为两名认知接近且"能力互补"的学生建构起一个更适合他们的学习方式，能够激发积极学习情感的学习场域。教师利用分层教学原则，分层安排任务，分层评价，让两个学生都有展示的舞台和能力提升的空间，同时，通过相互鼓励、相互学习、小老师指导、生生互评，两个学生各自的优势得到更好地提升，不足得到逐步弥补。学生的自我价值感、成就感、积极向上的学习品质均得到很好的提升。可以说，有质量的同伴学习，在特需学生健康人格和能力培养的过程中有着不可替代的重要作用。 3. 丰富生动的视觉感知，体现美育课堂育人优势 特需学生因为其自身能力不足，均存在着一定的自卑焦虑等不良心理特征。美术课程引导学生在感受美发现美创造美中，形成积极的生活态度和良好品质具有其他学科不可替代的重要作用。"绘画日记——从春到夏"每一个主题画面都充满了大自然和生命的生机勃勃，学生在感受创作一幅幅生动温暖的画面中，通过感知体验，思维表达，最终理解"珍惜美好生活"的意义。达到了大单元和本节课情感态度价值观目标的培养。体现本单元本节课的设计初衷。 4. 善用多媒体课件资源，提升实效助力学科融合 多媒体课件的直观生动，符合特需学生的认知规律，可以很好地调动特需学生的多感官感知，解决教学环节中很多重难点问题，提高课堂教学的容量和效率。如本课中剪造型演示视频、小鹅造型特征的框架文字提示，描述画面的思维框架提示、教师范图、任务单、评价单等，都非常好地达到了辅助教学提高课堂容量的效果。丰富的教学资源还可以很好地帮助教师更合理巧妙地设计学科融合学科知识联动，通过学科联动提高融合教育的实效性。多媒体辅助教学，充分体现出信息技术应用于随班就读学生课堂学习的重要支持作用。

微信扫码支付

姓　名	吴奕佳	学　科	生活适应
单　位	深圳市南山外国语学校（集团）高新中学	年　级	中学段

一、教学内容分析	随着科技的发展，人们的购物支付方式更加方便快捷。为了让学生更好地适应网络购物和电子货币时代，也为了锻炼学生的生活能力，更好地融入社会，在学生个别化教育计划的指导下，结合学生的计算和数理基础，自编了《购物》主题模块的校本教材，而《微信扫码支付》是其中的一个教学内容。
二、学情分析	小杨，八年级学生，医学诊断为阿斯伯格综合征，2020年10月接受资源教室服务至今，在社交能力、主动性言语方面能力较弱，认知方面在小学五年级水平，已掌握千以内数的认识、能区分元、角、分之间的关系，习得使用纸币进行简单的货币交换。生活适应方面，家庭代劳情况较为突出，因此个案的生活自理能力整体偏弱，做事犹豫迟疑，较少参与到购物的真实体验当中，但个案想要参与购物的欲望较强。
三、教学目标设计	知识与技能： 1. 掌握微信扫码支付的步骤； 2. 了解收银的方式。 过程与方法：通过情景模拟方式，熟悉微信扫码支付的操作，提升实操购物水平。 情感态度价值观：感受购物的乐趣。
四、教学重难点	教学重点：掌握微信扫码支付的步骤，了解收银的方式。 教学难点：能够区分不同收银形式的支付方式。
五、教学方法	情景模拟法、实操演练法
六、课前准备材料	代币、纸币、妈妈的购物清单、清单对应食品、教学课件、微信二维码

七、教学过程

教学环节	教师活动	预设学生行为	设计意图
（一） 教学环节1	1. 教师呈现常规活动"购物超市"，让学生了解本节课的代币兑换机制。 2. 告知今天的教学内容关于购物，呈现学生熟悉的纸币进行复习，进行简单的纸币和商品价格的对应游戏。	1. 学生会期待今天的兑换奖品，并为了能够兑换喜欢的奖品而表现出高度的注意力集中。 2. 学生明确今天的学习任务，表现出轻松的学习状态。	1. 提高学生的学习兴趣和动机，促进知识生成。也让个案知道代币也是货币交换的一种形式，但仅局限于资源教室使用。 2. 个案对未知的事情会表现出焦虑，提前告知学习任务会让学生在舒适的状态中更加投入地学习。

续表

教学环节	教师活动	预设学生行为	设计意图
（一） 教学环节 1	3.幻灯片呈现小杨和阿姨在超市购物的照片以及小杨常去的商场，询问小杨的购物感受，有什么是自己特别想买的。 提出疑问："喜欢的东西拿走就可以吗？""喜欢的东西可以拿什么换？"导入今天的课题：微信扫码支付。	3.学生对自己的照片和自己熟悉的环境表现出惊讶，表达欲望提升。 4.学生会说出"不可以直接带走""用钱来换""用代币换""可以扫二维码"等。	3.通过学生日常生活中的场景，吸引学生注意力的同时，也让学生知晓知识源于生活，促进其进行感受和体验生活的主动性。购物场所也为个案传导今天所学知识的应用范围。 4.通过生活情境的铺垫和导向性较强的发问，让学生自己说出今天的课题，提高学习的主观能动性。
（二） 教学环节 2	1.通过发问"小杨，你知道怎么通过微信支付，来换取自己喜欢的东西吗？"开始传授本节课的新知。 2.采用任务分析的方式，呈现出微信支付的七大步骤：打开微信—右上角"+"号—"扫一扫"—对准商家二维码—输入金额—点击支付—输入密码或指纹。并要求个案做笔记。 3.通过 SEEWO 游戏，对七大步骤进行排列操作。	1.学生会答出"用手机""用微信"等涉及到微信支付但却不成逻辑的内容。 2.学生会认真听，在老师的指导下做笔记。 3.学生会到电子触摸屏上，在游戏的提示下进行操作。	1.考查学生的先知水平，可以在之后的环节以及重难点突破中有针对性地进行强调。 2.让学生动笔记录，养成良好的听课学习习惯，并在记录的过程中强化记忆微信扫码支付的步骤。 3.通过游戏互动的方式，增加学生学习的趣味性，同时以实际触摸的方式加深学生的学习印象。
（三） 教学环节 3	1.老师呈现"收银员"扫码模式的视频、让学生了解在"被扫码"模式下应该如何正确操作，介绍操作步骤：打开微信—右上角"+"号—收付款—展示给收银员看。 2.老师呈现"自助收银机"扫码模式的视频，让学生了解在自助收银模式中应该如何正确操作，介绍操作步骤：打开微信—右上角"+"号—收付款—展示给机器指定位置。 3.教会学生在不知道如何操作的时候，可以寻求收银员或者工作人员的帮助，不需要着急。	1.学生对视频内容较为感兴趣，对操作步骤进行记录，在老师的引导下进行复述。 2.学生根据老师给出的"收银困难"情境，提出自己的解决办法，在老师的引导下明白遇到"收银困难"时可以寻求工作人员的帮助，不需要惊慌失措，要调控好自己的情绪。	使用微信支付方式的过程中，根据不同的收银方式，会有操作上适度的调整，因此将常见的另外两种进行简单介绍，在能够了解的基础上，也告诉学生可以适度变通，操作不一定是绝对刻板的。

续表

教学环节	教师活动	预设学生行为	设计意图
（四） 教学环节4	1.老师提前和小杨家长沟通好家里所缺的日常生活用品，并列清单让小杨在资源教室里购买。 2.让学生根据清单上的内容对资源教室中成列的生活用品进行挑选。 3.在"收银台"旁进行扫码支付的操作。	学生非常感兴趣实操的环节，对此过程表现出高度的注意力集中和兴趣，能够在老师的辅助下进行扫码支付的操作。	让学生将所学的知识应用到生活当中，锻炼学生的生活自理能力，提高学生的实践操作能力，在操作的过程中获得满足感和自豪感，产生峰值体验，提高对自我价值的认识，从而促进了本节课知识的融会贯通和应用。
（五） 作业布置	1.熟悉微信扫码支付的步骤。 2.和妈妈一起去一趟小卖部买零食，下周一和吴老师分享购物的快乐。		
（六） 板书设计	微信扫码支付流程 打开微信→右上角"+"→"扫一扫"→对准商家二维码→输入金额点支付→密码指纹		
（七） 教学反思	1.本节课学生表现出高度的注意力集中，在教学环节设计中增加的游戏和视频极大地提高了学生的学习兴趣，最后的实操环节从学生的表情和行动中，实现了学生对自我的肯定和对生活、对购物的兴趣。 2.在重难点突破环节，学生会存在较大的障碍，在教师的引导下能够克服，但设计上可能还需要较多的时间，才能帮助学生更好地消化。		

会痛的泥娃娃

姓　名	刘翠红	学　科	绘本
单　位	北京市海淀区永泰小学	年　级	一、三年级

一、 指导思想 与理论 依据	1. 指导思想 　　"义务教育语文课程标准"和"培智学校义务教育生活语文课程标准"指出："坚持以人为本，针对学生的差异性需求设计目标和内容。注重读书、积累、感悟和运用，具有适应实际生活需要的识字、阅读、口语交际能力。不断学会倾听、表达与交流从而提高学生适应生活、适应社会的能力。具有初步的阅读兴趣，能阅读简单的绘本。" 　　2. 多元智能理论 　　加德纳提出的多元智能理论强调每个人都拥有多种智能，且有程度上的差异，即具有优秀智能和弱势智能。而多种智能之间并非独立运作，而是相辅相成的，因此可以善用自己的优势智能来唤醒弱势智能，达到多元智能的均衡发展。
二、 教材（教 学内容） 分析	1. 课时安排 　　《会痛的泥娃娃》是一本儿童心灵成长绘本，依据两个案提升综合学习能力，分4课时完成。课时安排为： 　　第1课时：初步了解故事大意（引入、听故事、阅读故事、处理生字词）。 　　第2课时：通过活动深层理解故事（图片赏析、图文配对、分角色片段朗读、问答）以及通过观看榜样采访视频，使学生懂得生活目标适切性的判断和生活中先苦后甜。 　　第3课时：实践活动拓展（观看陶瓷制品制作过程、边听歌曲边捏娃娃）。 　　第4课时：朗读故事、仿写（书空）生字词。 　　本课是第2课时。 　　2. 教材内容 　　故事中，有两个一样的泥娃娃，先后被送进了火炉中。面对同样的困难，两个泥娃娃却做出了不同的选择，也造就了他们不同的命运。通过学习故事让学生们了解漂亮的瓷娃娃是需要经历火烤的考验才能形成。而逃避困难，则会影响自身健康成长，变得胆怯、懦弱、消极、缺乏自信。在成长的路上，一定会有欢笑，更会有泪水。而所有的泪水都会在战胜困难后变成开心的调节器。 　　个案：然然常会因一点挑战而闹情绪，甚至哭闹和发脾气，畏难心理很严重。琦琦因身体状况，有时故意逃避写的学习任务。在家时也不愿动手参与自身生活管理和家务劳动，依赖妈妈思想很严重。针对两学生的问题行为，希望通过阅读和学习加以改善。 　　3. 作画者介绍及教材说明 　　作者：从事文化出版多年，长期从事文字创作，对儿童文学热衷，并致力于培养孩子文学造诣，增强成长过程中的思维能力，希望能给小朋友带来快乐的学习空间。 　　画者：从小喜爱绘画，立志成为一名专业的插画者，让图书的世界带给小朋友更多的欢乐时光，作品还有《吃黑夜的大象》《鼹鼠的地下王国》等。

二、 教材（教学内容）分析	4.本课运用了多元智能的延伸教学，涉及以下方面： （1）逻辑智能：比较两个娃娃结局的好坏；分析逃避挑战的危害；案例联系实际。 （2）空间智能：整体观察图片；观察图片细节；分析图片；图文匹配理解故事。 （3）语言智能：描述图片；理解文本；分角色朗读；回答问题。 （4）人际智能：主动表达自己的意愿；能延迟满足自己喜欢的物品。 （5）运动智能：跟随视频表演动作；表演不同的情绪体验。 （6）内省智能：表达自己观点；认识自身不足；挑战困难的积极心态。
三、 学情分析	1.案例 （1）琦琦，男，8岁，一年级，儿童交替性偏瘫，韦氏智力评估边缘。由于神经生理发育水平严重不足，限制了个体参与身体外部活动的表现能力。又由于家庭教养中过于包办代替，使其表现出了严重的依赖思想。比如，生活不愿自理、学习中不愿动笔等怕吃苦的外显问题行为。 （2）然然，男，8岁，三年级，智力障碍轻度，感觉统合障碍，舌尖音构音困难。由于单亲家庭，隔代育养，包办替代太多，生活自理能力严重不足且依赖心强。遇到一点困难或挫折便会发脾气和哭，甚至拒绝参与，且发生的次数频率每天在3～4次。 2.综合分析 　　两个都是男孩，同龄，但不同级。言语理解和表达能力均是其优势潜能，在知识运用、运动技能、逻辑思维、专注力和内省能力等方面都是弱项。两人在面对困难挑战时，都以消极的退缩行为显现。本课便是通过故事阅读，让他俩认识到敢于接受挑战、战胜困难是成就自己的最佳途径。
四、 教学目标	（1）学生能通过观察图画、故事情境和主动参与课堂互动，更深入地理解故事。 （2）学生能根据角色特点正确朗读（然然：正确朗读；琦琦：有感情朗读）。 （3）学生能听懂老师的提问，愿意表达自己的想法。 （4）学生能利用榜样故事自我激励，懂得学习是先苦后甜的道理。
五、 教学 重难点	1.教学重点 （1）学生能结合图文深层次理解故事。 （2）学生结合图文和老师提问，能积极思考并敢于表达意愿。 2.教学难点 （1）通过阅读故事，明白敢于迎接挑战、战胜困难对自身成长是有益的。 （2）通过阅读故事，在老师的引导下能查找自身不足。 通过阅读故事，懂得自己该做一个勇敢有意志力的人。
六、 教学资源	绘本图片、歌曲视频、采访视频、个性绘本手册、彩笔、绘画纸。
七、 教学过程	学习先苦后甜 1.教学活动1：歌曲导入 在本环节涉及的多元智能：

语言	逻辑思维	视觉空间	音乐	运动	内省	人际	自然
		☆	☆	☆			

续表

| | 设计意图：通过听、唱和律动，激发学生学习热情，从而调动学习动机。
活动目标：老师邀请两位同学站立，鼓励其边听、边唱、边自由律动，直接导入故事。
活动过程：
（1）老师准备：下载并播放歌曲"泥娃娃"。
（2）唱一唱、跳一跳：
师："请两位同学站起来，让我们跟着音乐一起唱一唱、跳一跳吧！"
生……
跟随歌曲边唱边跳（然然学过，奇奇第一次听到）。
（3）想一想：
师：你们谁知道这首歌的名字?
生1：回答
师：对着生2："你同意吗？"
生2：同意
师：粘贴板书"泥娃娃"后说，"泥娃娃"会痛吗？
生1：生2：（表达意愿，老师不做评价）
师：补全板书（打印彩色的，粘贴在一张彩纸上），泥娃娃真的会痛吗？还是让我们快快打开书，寻找答案吧！
2.教学活动2：走进精彩的故事王国
在本环节涉及的多元智能： |
|七、
教学过程| |

语言	逻辑思维	视觉空间	音乐	运动	内省	人际	自然
☆	☆	☆		☆	☆	☆	

设计意图：通过多感官活动，帮助学生更深层次理解故事。

活动目标：老师根据陶瓷匠制作陶瓷制品和两个泥娃娃因不同选择导致的不同命运结局的三个线索，请学生自己或在老师口语提示下阅读图画和文字，从而深入理解故事。

活动过程：

（1）准备：将书中图片去掉文字，做好截图整理。

（2）比一比：人物出场：

师：呈现图片，"这是我们故事的第一个主人公，他叫'赛利亚'，他可是一位手艺极强的陶瓷匠。你瞧，这两个娃娃便是他亲手用同一块陶土捏出来的。请你仔细观察，它俩有哪些异同？"

生：自愿表达

相同：黑黑的、像双胞胎、表情都很高兴、都是捏出来的。

不同：鼻子的颜色、眼睛和舌头形态。（提醒学生观察细节）

师：你们观察得非常仔细，真棒！他俩是被"捏出来的。（粘贴图片）"捏字是什么结构？左边是……旁，右边分上下，上边是一个扁日，下边是一个土字。请你伸出手的食指，咱们一起写一遍吧！

生：一起（书空）

七、教学过程	（3）选择—素烧 故事线索2：第一个娃娃 ①模仿和猜表情。 师：要想变成一个漂亮的瓷娃娃，得需要经过一个严格的流程。这不，赛利亚给两个泥娃娃涂好釉，接下来就该是接受8个小时的高温素烧。这两个泥娃娃能经受得住烈火的考验吗？他们的选择是什么样的呢？我们来看第一个泥娃娃的选择（呈现PPT-4）： 生：看图片 师：口语提示，并邀请学生模仿表演—（P3）人物的表情： 琦琦，你要模仿谁？让我们猜猜？ 琦：模仿表情 师：口语赞美，很像哦！然然你来猜猜他模仿的是谁？ 然：猜 师：琦琦你猜然然模仿的是谁？ 琦琦：猜 师：然然他猜得对吗？还剩最后一个，我来模仿吧，你们评价一下像不像？ 琦和然：评价老师的模仿 ②理解表达。 Q：被端进火炉的娃娃表情与赛利亚的表情一样吗？为什么？ 两个娃娃的表情有什么特点？为什么？ ③入睡后。 Q：他的睡姿说明了什么？赛利亚梦到了什么？（大哭、不踏实、担心）（生活中你会因担心某件事而做梦吗？—发散思维） ④起床。 赛利亚做了什么——劝（呈现图片—师范读：有感情朗读） ⑤哀求—放弃 师：赛利亚劝的效果如何？ 生：不好，大哭 师：看它的嘴，张得这么大！说明什么？ 生：（痛苦难耐） 师：是呀，那么大的火，还要经受8个小时的考验，换做是你会怎样选择？ 生：（放弃）——不给予评价 师：泥娃娃做了什么选择？ 生：（哀求放弃） 师：请你观察一下，它在什么环境下表示哀求的？ 生：熊熊大火、火很大、火苗很猛烈、温度一定很高…… 师：在这样的环境下提出要求，我们可以用怎样情感和语言体现出来呢？（引导学生读出泥娃娃哀求的话语。）你现在就是它，试着朗读一下吧！ 生：尝试朗读 师：（师生读）现在我读旁白，你就是它。 生：体验朗读

续表

七、教学过程	⑥主人惊讶 赛利亚听了他的决定后的表情什么样？（惊讶）为什么会有这种表情（预知后果或结局）？ 从火炉中被取出来的娃娃与未烤过的娃娃，他俩的表情都彼此表示惊讶，他们都是怎么想的？
	<div align="center">第二个娃娃的选择</div>师：第一个娃娃，放弃了烈火的考验，第二个娃娃的选择是什么？ ①呈现图片 师：把第二个娃娃放入火炉后，赛利亚也梦见她也很痛苦，并且汗珠还不停滴落。听他们在说什么？ 师：老师示范朗读。赛利亚说了什么？他怀着怎样的心情说的？ 生：观察图、找出关键词后进行朗读："火烤的滋味……必须忍耐" 师：这个娃娃的感受怎么样（痛苦）？表现呢（颤抖、忍耐）？说了什么？前后眼神的变化怎样（由痛苦到坚定）？ 师：坚定的语气应该是声音铿锵有力、强、底气足、声音大。请你带着这种感情朗读一下这段句话。 生：练习 生生：分角色朗读 师：你俩读得很认真。赛利亚看着泥娃娃坚定的表情，踏实地睡了一整晚。 ②呈现图片 师：第二天，赛利亚赶快将泥娃娃取出来，嚯！此时的泥娃娃白皙闪亮。而角落里的泥娃娃感觉怎么样？为什么？ 生：表达自己的想法 师：赛利亚睡衣都没脱，马不停蹄地为这个白皙的瓷娃娃做了什么？ 生：观察后表达（画美丽的衣服、勾勒眉毛和眼睛、贴花、放在柜橱显眼的位置） ③小叮咛： 师：在这里画者省略了一个环节，陶土被捏成娃娃形状后，经过第一次素烧冷却后，起到定型的作用。定型后涂上不同颜色的釉料再次烧烤，才能呈现现在这个娃娃的颜色。显然这个娃娃，是经历了两次烧烤后，才会变成现在既白皙又漂亮的模样。 （4）过程决定—结局 按故事发展顺序分别呈现两个泥娃娃的不同结局，以形成鲜明的命运对比，从而深刻感悟到：能经历住考验有可能好良好的结局。 师：而那个放弃火烤煎熬的泥娃娃境况如何了呢？他此时的心情又该是什么样子的呢？ ①看图描述。 师：提示学生环境的作用（阴暗、脏乱、嘈杂）。 倒是我们的陶瓷匠不忍心放弃它，（你还记得他怎么做的吗？）于是把他带到工作室，做小学徒练习捏泥娃娃的样本。 生：（如果学生说不出来，老师描述）。 ②请学生对比欣赏图片，让学生说说感受。 师：引导学生从不同角度比较两个主线人物的命运结局。 色彩对比：明亮—灰尘

七、教学过程	人物表情：快乐—可怜 人物感受：有价值—无希望 师：两个泥娃娃的结局是什么？ 生回答。 ③分别展示。 师：尽管主人赛利亚心地善良，给了泥娃娃生存的机会。但却因为他自身不够坚硬，最终还是被摔碎了！于是他感悟到了什么？请你在这段话找一找！ 生读泥娃娃后悔的话。 师：当我们后悔自己曾经做错了决定时的心情一定会很低沉吧！请你怀着这样的心情再朗读一下这句话！ ④联系实际。 师：如果你是他，会后悔当初的选择吗？ 生…… 师：这件事给你的启示是什么？ 生…… 3.教学活动3：身边的榜样 在本环节涉及的多元智能：

语言	逻辑思维	视觉空间	音乐	运动	内省	人际	自然
☆	☆	☆			☆		

设计意图：通过倾听然然班级同学刻苦学练乐器的故事，激励学生在遇到生活困难时，以积极心态面对且坚持刻苦练习。最终进步的喜悦一定属于自己。

活动目标：培养学生将学习与生活相联系的思维意识。

活动过程：

准备：采访视频，然然班一个学生刻苦学习大号的故事。

（1）看一看：学生观看采访视频。

（2）说一说：这位同学身上的珍贵品质？对你有哪些影响或帮助？

（3）师：在生活中，我们每个人的状况都不相同。我们不要和任何人比，如果你遇到以下生活问题，你会去选择坚持吗？

师：呈现PPT，一张芭蕾舞、系鞋带、洗碗、跑2000米的图片和任务单，请学生根据自己的情况判断哪些项目要坚持，哪些项目不能坚持。

学生：分别判断（请学生直接在PPT上使用不同颜色进行判断—多媒体的运用）这样可以直观找出两人的不同之处进行讨论。

讨论：学生分别说出自己的理由

师：找出一项两人判断不一致的图讨论。

得出结论：每个人的能力不同，基础不同，选择的行为坚持目标也不一样。没必要进行比较。

4.课堂小结

师：《会痛的泥娃娃》这个故事中，两个不同的泥娃娃在面对生活挑战时，因当初做了不同的选择而得到了不同的命运结局。它告诉我们，学习和生活都会充满挑战，但只要我们坚持

续表

<table>
<tr><td rowspan="6">七、
教学过程</td><td colspan="2">对的，一定会先苦后甜！</td></tr>
<tr><td colspan="2">5. 教学活动4</td></tr>
<tr><td colspan="2">家庭作业：巧手做绘本《我的绘本集》</td></tr>
<tr><td colspan="2">在本环节涉及的多元智能：</td></tr>
</table>

语言	逻辑思维	视觉空间	音乐	运动	内省	人际	自然
☆	☆	☆		☆			

设计意图：按自己的理解给图片排序、粘贴，制作自己的绘本故事集。

活动目标：培养学生观察图片、整理图片逻辑顺序和动手粘贴的精细动作能力。

活动过程：

（1）将绘本图片打印成小图发给学生；

（2）给学生准备一个绘图本当作自制绘本集；

（3）学生按故事发展逻辑关系，将图片粘贴在绘图本上；

（4）给这个绘本故事命名，编写故事文本（可以请家长代笔）。

八、教学评价

内容和结果	很好	比较好	一般	再努力	结果	
	A	B	C	D	然	琦
1. 活动1：跟随音乐唱和律动	主动、全部能边唱边律动	能参与一半以上的唱和律动	只唱；只律动；能基本参与唱和律动	完全不参与	C	B
2. 能辨认故事中三个不同人物	完全能辨认	能辨认出两个	能辨认出一个	完全不能辨认	A	A
3. 课堂上积极发言	非常积极主动	有时主动	被动回答	不回答	A	A
4. 能听懂老师的提问	完全可以	多数可以	基本可以	少数可以	B	B
5. 愿意并积极主动参与课堂朗读活动	主动、有感情且正确	主动、正确但缺乏感情	主动参与，大部分正确	主动参与，基本正确	B	A
6. 能区分故事人物的不同表情	完全可以	大部分可以	少部分可以	完全不可以	B	B
7. 能认真观看视频并参与互动	完全可以	大部分可以	基本可以	偶尔可以	A	A

九、教学反思	1. 满足个性化需求 　　基于两位同学的学习和能力特点，展开教学活动设计。在课程内容的选择和教学情境创设上，尽量联系学生生活实际以帮助学生内化学习目标。 　　2. 照顾个体差异 　　无论从个体间和个体内，都始终需要考虑差异性。两个学生的精细动作发展都严重不足，需要通过触摸、书空、勾画来锻炼精细能力。但学生琦的相对能力较然又存在明显不足。"书空"的设计就是充分考虑到了这一点。另外，两个学生的言语表达能力和低年级学生具有的形象思维特点，他们更适合在活动中学习。为此，本课一直以视觉、听觉和动觉活动贯穿始终。满足了低年级学生学习的特点。 　　3. 多元智能促发展 　　本着持续发展的理念，采用加德纳的多元智能发展理论，渗透到每个教学环节，随时关注学生课堂学习的获得感。 　　本课的教学设计也存在着以下不足之处： 　　本课的教学内容线索不唯一，这在顺序的处理科学选择上有待客观评价。 　　另外，受低年级学生思维特点限制，本课故事背后的深层次抽象概括能力可能会限制学生最后课堂目标的生成。

附 录

续表

姓名	学校	名称
巩军晓	兰州市特殊教育学校	中考复习——函数及其应用
韩艳	海口特殊教育学校	长方形、正方形面积的计算
郝亚会	邯郸市特殊教育中心学校	小雨沙沙沙
贺燕	赤峰特殊教育学校	平行四边形的面积
洪晨诗琴	桂林市聋哑学校	胖乎乎的小手
胡查英	保定市特殊教育中心	燕子
胡平	青岛市盲校	What are they doing？
胡晓春	上海市盲童学校	克与千克的认识
胡玉荣	滨州市特殊教育学校	日月潭
胡知	北流市特殊教育学校	爬山虎的脚
黄春梅	柳州市特殊教育学校	荷叶圆圆
黄春梅	柳州市特殊教育学校	小猴子下山
黄春谊	泉州特殊教育学校	乃哟乃
黄莹	郴州市特殊教育中心学校	白鹅
季桂梅	潍坊盲童学校	范进中举
蒋莉	北京市盲人学校	图形的运动（一）——轴对称图形
井代泉	泰安市特殊教育中心	慈母情深
赖燕萍	广州市启明学校	数学广角——推理教学设计
兰小芳	柳州市特殊教育学校	变量与函数
雷秋霞	滨州市特殊教育学校	管理自己的文件
黎琳	通辽市特殊教育学校	口算除法
黎珍	成都市特殊教育学校	用坐标表示平移
李华	济南特殊教育中心	游山西村
李建军	天津市视力障碍学校	输血与血型
李京	泰安市特殊教育中心	蒹葭教学设计
李娟	宿州市特殊教育中心	渔歌子
李克伟	长治市特殊教育学校	克与千克
李丽娟	石家庄市特殊教育学校	二次函数与一元二次方程
李明玉	菏泽市特殊教育中心	太阳出来了
李强	兰州市特殊教育学校	鸽巢问题
李松霖	赤峰特殊教育学校	信息技术基本键位
李文娟	浏阳市特殊教育学校	数学广角搭配（二）

教学设计

视障教育组

姓名	学校	名称
边焕涛	乌鲁木齐市盲人学校	变量与常量
曹俊青	上海市盲童学校	猫
曹帅	四平盲童学校	ian、iang、in、ing
曹文	石家庄市特殊教育学校	三角形的分类
曹志红	石家庄市特殊教育学校	蟋蟀的住宅
曾惠婷	广州市启明学校	24时计时法
陈宝凉	泉州市特殊教育学校	天净沙·秋思
陈琼	太原市盲童学校	Which season do you like best?
陈喜彪	四平盲童学校	静夜思
陈小惠	菏泽市特殊教育中心	伤仲永
陈新	上海市盲童学校	采山
陈彦洁	重庆市特殊教育中心	海的女儿
陈迎宾	淄博市特殊教育中心	孟德尔的豌豆杂交实验（一）
程士满	石家庄市特殊教育学校	树之歌
崔建丽	长治市特殊教育学校	一元二次方程
单小芳	徐州市特殊教育学校	压强
邸杰	哈尔滨市特殊教育学校	吃水不忘挖井人
董太花	重庆市特殊教育中心	少年当自强
董彦斌	天津市视力障碍学校	声频操作技巧
杜娟	徐州市特殊教育学校	青春舞曲
樊明娟	盐城市特殊教育学校	雷雨
方晓如	佛山市启聪学校	平面直角坐标系
房超	东营市特殊教育学校	小松鼠找花生
房悦	邯郸市特殊教育中心学校	一支铅笔的梦想
冯丽	武汉市盲童学校	My Day
冯丽雯	长治市特殊教育学校	解决问题之估算（二）
高静	保定市特殊教育中心	假如生活欺骗了你
高利勇	通辽市特殊教育学校	安全记心上
高若云	沈阳市盲校	富饶的西沙群岛
高莹莹	保定市特殊教育中心	买油翁
葛琼	安顺市西秀区特殊教育学校	荷花
龚莹	桂林市聋哑学校	我是一只小虫子

续表

姓名	学校	名称
李晓欢	石家庄市特殊教育学校	三峡
李岩	赤峰特殊教育学校	小虾
梁静	晋中市特殊教育学校	怎么都快乐
梁玉洁	聊城市特殊教育学校	认识小数
廖作佳	玉林市特殊教育学校	竖笛教学
林杰	保定市特殊教育中心	文件与文件夹
刘飞	武汉市盲童学校	认识面积
刘浩	鞍山市特殊教育学校	有余数除法
刘健	玉林市特殊教育学校	24 时计时法
刘丽	通辽市特殊教育学校	用 7、8、9 的乘法口诀求商
刘艳梅	德州市特殊教育学校	紫藤萝瀑布
刘莺	重庆市特殊教育中心	长方形、正方形面积的计算
刘志彬	贵阳市盲聋哑学校	分子和原子
罗红英	烟台市特殊教育学校	I love my family.
罗小红	贵阳市盲聋哑学校	分数的意义
吕小兰	湛江市特殊教育学校	空气
马盛秋雁	桂林市聋哑学校	乘法的初步认识
毛艳琳	郴州市特殊教育中心学校	位置与方向
牛永红	北京市盲人学校	发挥联想与想象——听音乐写美文
牛玉娟	聊城市特殊教育学校	有余数的除法
潘莉	成都市特殊教育学校	两位数减一位数
乔琳	哈尔滨市特殊教育学校	荷花
屈玉峰	唐山市特殊教育学校	质量
宋光梅	泸州市特殊教育学校	5 的乘法口诀
宋海霞	德州市特殊教育学校	分数的初步认识
孙爱喜	德州市特殊教育学校	雷雨
孙玲玲	邯郸市特殊教育中心学校	有趣的声音
孙启进	淄博市特殊教育中心	任意角的三角函数
孙欣	北京市盲人学校	10 以内数的加减混合计算
孙莹	淄博市特殊教育中心	计数原理
谭家兴	柳州市特殊教育学校	请你帮个忙
唐甜	巴中市巴州区特殊教育学校	坐井观天
唐燕	玉林市特殊教育学校	鹿角和鹿腿
田丽红	鞍山市特殊教育学校	人之初

续表

姓名	学校	名称
屠芸芸	聊城市特殊教育学校	Which season do you like best?
王春玲	潍坊盲童学校	圆的认识
王建霞	晋中市特殊教育学校	观察物体（一）
王健	通辽市特殊教育学校	芙蓉楼送辛渐
王瑾	泸州市特殊教育学校	雷雨
王可	长沙市特殊教育学校	愉快的梦
王磊	大连盲聋学校	诗词五首·赤壁
王龙英	滨州市特殊教育学校	Look at that monkey!
王梅芳	东营市特殊教育学校	胖乎乎的小手
王文帅	潍坊盲童学校	为中华之崛起而读书
王育茹	广州市启明学校	北冥有鱼
王媛	菏泽市特殊教育中心	数学广角——推理
王正荣	盐城市特殊教育学校	古诗绝句
王中妹	天津市视力障碍学校	100 以内数的读数和写数
温世全	德州市特殊教育学校	盲人足球：脚内侧踢球
文永进	宝鸡市特殊教育学校	查找与替换
文媛	哈尔滨市特殊教育学校	繁星（七一）
吴静	南京市盲人学校	有序数对
吴睿	成都市特殊教育学校	What time is it?
吴天剑	四平盲童学校	欣赏课玩具兵进行曲
吴晓霞	湛江市特殊教育学校	认识小数
邢文静	海口特殊教育学校	手拉手，地球村
许莉莉	南京市盲人学校	How much is this skirt
许玉明	北流市特殊教育学校	雷雨
阳利	郴州市特殊教育中心学校	音乐小屋
姚勖前	成都市特殊教育学校	手眼协调训练
于晴	聊城市特殊教育学校	题西林壁
余珊珊	哈尔滨市特殊教育学校	两只小象
张海凤	日照市特殊教育学校	大青树下的小学
张海月	扬州市特殊教育学校	Look at me!
张洁	泉州市特殊教育学校	北冥有鱼
张金红	德州市特殊教育学校	太阳
张晶	乌鲁木齐市盲人学校	陶罐和铁罐
张娟	济南特殊教育中心	长方形的周长
张利叶	邯郸市特殊教育中心学校	不一样的你我他
张明磊	赤峰特殊教育学校	5、4、3、2 加几
张青文	烟台市特殊教育学校	祖国啊，我亲爱的祖国

续表

姓名	学校	名称
张琼文	乌鲁木齐市盲人学校	坐井观天
张秋艳	赤峰特殊教育学校	怎么都快乐
张显	北京市盲人学校	水的净化
张晓霞	广州市启明学校	音频魔法师——设置音频伸展
张又方	烟台市特殊教育学校	可爱的家
张之宜	北京市盲人学校	常见的水果——香蕉
赵杰	济宁市特殊教育学校	蜜蜂
赵娜	菏泽市特殊教育中心	诗词三首——水调歌头
赵宁	通辽市特殊教育学校	我和我的家
赵硕	天津市视力障碍学校	乘法的初步认识
郑蔚	上海市盲童学校	法律为我们护航
郑小琨	武汉市盲童学校	解一元一次方程——合并同类项
植渝清	北流市特殊教育学校	分数的初步认识——几分之一
钟小桂	广州市启明学校	实验：探究平抛运动的特点
周莉	玉林市特殊教育学校	不等式的性质
周治红	重庆市特殊教育中心	小壁虎借尾巴
朱东梅	济南特殊教育中心	商山早行
朱凤云	济南特殊教育中心	除数是一位数的笔算除法
朱金凤	菏泽市特殊教育中心	情绪的管理
听障教育组		
白雪	长春市特殊教育学校	数据的收集整理（一）
柏绍英	通辽市特殊教育学校	角的初步认识
蔡娇珍	南安市特殊教育学校	解决归一问题（线段图）
曹宏	锦州市特殊教育学校	珍爱生命
岑兰红	黔西南州盲聋哑学校	小灰鸽送信
岑永兰	黔西南州盲聋哑学校	总也倒不下的老屋
曾佳	宜昌市特殊教育学校	数据的收集整理（二）
常纶	兰州市特殊教育学校	乌鸦喝水
陈呈	重庆市聋哑学校	认识有余数的除法
陈凤	济宁市特殊教育学校	ia 的拼音教学
陈海林	安溪县明德特殊教育学校	夏夜多美
陈荷莲	新余市特殊教育学校	雪地里的小画家
陈江红	邢台市特殊教育学校	加减混合
陈娟	扬州市特殊教育学校	四个太阳

续表

姓名	学校	名称
陈兰巧	黔西南州盲聋哑学校	认识周长
陈梅梅	黔西南州盲聋哑学校	荷叶圆圆
陈梦欣	抚州市临川区特殊教育学校	小壁虎借尾巴
陈妙娟	丽水市特殊教育学校	青蛙写诗
陈蓉	扬州市特殊教育学校	认识角
陈仕银	东莞启智学校	火烧云
陈晓明	云浮市特殊教育学校	除法的初步认识
陈杨	保定市特殊教育中心	故事中的数学——加法的初步认识
陈长金	长沙市特殊教育学校	一个小村庄的故事
程亚男	淄博市特殊教育中心	花钟
初春	赤峰特殊教育学校	认识钟表
储世伟	淮北市特殊教育学校	几和第几
丛晓雨	烟台市特殊教育学校	1~5 的加法计算
崔芳	黔西南州聋哑学校	大人国小人国
崔军芳	石家庄市鹿泉区特殊教育学校	单价、数量和总价之间的数量关系
崔琳	天津市聋人学校	荷花
崔伟大	长治市特殊教育学校	认识图形
崔亚琴	保定市特殊教育中心	一次比一次有进步
崔延松	长治市特殊教育学校	认识人民币
邓凤娇	乌鲁木齐市聋人学校	胖乎乎的小手
邓海妹	海口特殊教育学校	在家里
邓名明	平塘县特殊教育学校	平均分
邸胜强	晋江市特殊教育学校	角的初步认识
丁海燕	蚌埠市特殊教育中心	我要的是葫芦
杜琴	武汉市第一聋哑学校	开满鲜花的小路
杜庆敏	莘县特殊教育学校	曹冲称象
段阳阳	长春市双阳区特殊教育学校	春雨"沙沙"
段永梅	晋城市特殊教育中心学校	月亮姑娘做衣裳
鄂小佳	佳木斯市特殊教育中心学校	求一个数比另一个数多几的应用题
范凤平	冠县特殊教育学校	小蝌蚪找妈妈
范锐	哈尔滨市特殊教育学校	皮球浮上来了
方丽	晋江市特殊教育学校	长方形面积的计算
方美荣	榆树市特殊教育学校	分类与整理
房琳琳	湛江市特殊教育学校	小蝌蚪找妈妈
冯会芬	大石桥市特殊教育学校	爱护动物朋友

续表

姓名	学校	名称
冯晓娟	绵阳市涪城区特殊教育学校	大小多少
付心知	泉州市特殊教育学校	我爱我家
付榆	南充市特殊教育学校	数据的收集整理（二）
高成敏	邢台市特殊教育学校	去爷爷家
高俊	济宁市特殊教育学校	分数的初步认识——几分之一
高淑影	长春市农安县特殊教育学校	春夏秋冬
高微微	中山市特殊教育学校	口算除法
高永芳	宁晋县特殊教育中心	荷花
耿建生	石家庄市特殊教育学校	单价、数量和总价之间的关系
勾文冬	哈尔滨市特殊教育学校	行进间低手上篮
顾海琴	湖州市教育康复学校	古诗《咏鹅》
郭敏燕	晋中市特殊教育学校	蔬果造型
郭俏俏	临猗县特殊教育学校	一次比一次有进步
郭蓉蓉	大连盲聋学校	咕咚
郭小洁	钟祥市特殊教育学校	桃花心木
郭宜平	于都县特殊教育学校	我要的是葫芦
韩玲	枣庄市特殊教育学校	长方形面积的计算
韩小红	榆树市特殊教育学校	数数数的组成
韩晓兵	中卫市特殊教育学校	空气
韩雪	农安师范附属小学	小兔请客
韩艳霞	永吉县特殊教育学校	四个太阳
郝姝嫄	白城市特殊教育学校	秒的认识
何礼	长沙市特殊教育学校	公共安全很重要
何韵	玉林市特殊教育学校	认识钟表
洪娜珊	南安市特殊教育学校	角的初步认识
洪巧评	南安市特殊教育学校	要下雨了
洪婷	湛江市特殊教育学校	皇帝的新装
侯惠萌	沛县特殊教育中心	三个小伙伴
侯爽爽	菏泽市特殊教育中心	平均分
胡玉子	德惠市特殊教育学校	比尾巴
郇艳	临沭县特殊教育学校	口耳目教学设计
黄丹霞	南安市特殊教育学校	小壁虎借尾巴
黄辉贞	抚州市临川区特殊教育学校	雪地里的小画家
黄俭	云浮市特殊教育学校	美化圆盘
黄米	湘潭市特殊教育学校	李时珍
黄倩倩	淮北市特殊教育学校	群鸟学艺

续表

姓名	学校	名称
黄烜	长春市特殊教育学校	一个小村庄的故事
黄政颖	东莞启智学校	多样的面具——造型表现
姬生朝	莘县特殊教育学校	小书包
贾翠棉	石家庄市特殊教育学校	前后
贾秋影	长春市九台区特殊教育学校	认识位置——左、右
江婧	烟台市特殊教育学校	亿以上数的认识
姜立超	辽源市特殊教育学校	10 的认识
姜丽君	凤城市特殊教育学校	第一次真好
姜雪丽	长春市九台区特殊教育学校	它们都会跳
蒋天华	绍兴市聋哑学校	认识钟表
金淑秋	阜新市特殊教育学校	分类与整理
靳芳	太原市聋人学校	春夏秋冬
荆翠瑶	哈尔滨市特殊教育学校	亿以上数的读法
康俊萍	晋中市特殊教育学校	毫米的认识
孔巧英	绍兴市聋哑学校	认识公顷
赖春燕	抚州市金溪县博爱学校	要下雨了
赖莲英	韶关市特殊教育学校	认识图形——拼一拼
雷晓宁	长春市特殊教育学校	鱼儿游泳
黎莉莉	通辽市特殊教育学校	小马过河
黎小伯	湘潭市特殊教育学校	How much is it？
李宝焕	柳州市特殊教育学校	雪地里的小画家
李彩琴	西吉县特殊教育九年一贯制学校	拼音 a 的教学
李春玲	高唐县特殊教育学校	角的初步认识
李丹丹	高州市特殊教育学校	解决问题——9 加几
李东爱	邯郸市特殊教育中心学校	6、7 的组成
李冬丽	兰州市特殊教育学校	打开的小花伞
李菲菲	本溪市特殊教育学校	乌鸦喝水
李福云	北海市特殊教育学校	掌声
李海燕	扬州市特殊教育学校	我的一天
李会芬	石家庄市藁城区特殊教育学校	太空生活趣事多
李慧	武汉市第一聋哑学校	它们都会跳
李娟	宿州市特殊教育中心	小公鸡和小鸭子
李漫玉	宜昌市特殊教育学校	要下雨了
李敏	屏山县特殊教育学校	长方形面积的计算
李明华	济南特殊教育中心	乌鸦喝水
李娜	兴安盟特殊教育学校	认识图形二

续表

姓名	学校	名称
李宁	广州市启聪学校	第几
李青华	北海市特殊教育学校	比尾巴
李晴霞	广州市启聪学校	万以内数的大小比较
李生萍	重庆市聋哑学校	认识几分之一
李万成	乌鲁木齐市聋人学校	可爱的家乡
李祥蓉	成都市特殊教育学校	棉鞋里的阳光
李小春	浏阳市特殊教育学校	10的认识
李晓飞	鞍山市特殊教育学校	今天我值日
李晓庆	广州市启聪学校	由图象判断a、b、c符号关系
李晓钰	北海市特殊教育学校	有余数的除法
李艳文	海口市特殊教育学校	认识时间
李颖光	白城特殊教育学校	分数的初步认识
李政	榆树市特殊教育学校	认识画图（二）
李宗新	玉林市特殊教育学校	圆柱的认识
历阳	长春市九台区特殊教育学校	角的初步认识
梁海燕	高州市特殊教育学校	总也倒不了的老屋
梁旭	长春市特殊教育学校	找规律
廖林梅	云浮市特殊教育学校	三个小伙伴
廖洲	湛江市特殊教育学校	有礼貌地说话
刘东	淄博市特殊教育中心	遮罩动画的制作
刘芳	太原市聋人学校	知原理敬逆行
刘芳	晋中市特殊教育学校	我不是最弱小的
刘改仙	包头市聋人学校	小灰鸽送信
刘海霞	邯郸市特殊教育中心学校	画杨桃
刘建华	日照市特殊教育学校	两位数加一位数、整十数
刘姣	中山市特殊教育学校	有趣的图形拼组
刘克璇	天津市聋人学校	我喜欢的小动物
刘孟德	屏山县特殊教育学校	文具的家
刘秋月	菏泽市特殊教育中心	寓言二则——亡羊补牢
刘思霞	济宁市特殊教育学校	解决比多（少）的问题
刘统民	枣庄市特殊教育学校	比例的应用
刘伟	湛江市特殊教育学校	两位数加一位数、整十数
刘晓娜	济南特殊教育中心	桃花源记
刘旭玲	晋城市特殊教育中心学校	一个小村庄的故事

续表

姓名	学校	名称
刘雅琼	株洲市特殊教育学校	How do you make a banana milk shake？
刘艳霞	邯郸市特殊教育中心学校	小蝌蚪找妈妈
刘贻卉	新余市特殊教育学校	9的乘法口诀
刘仔琴	独山县沁元学校	认识七巧板
刘志超	益阳市特殊教育学校	富饶的西沙群岛课文解读
龙堂香	独山县沁元学校	认识钟表
卢丰竹	信丰县特殊教育学校	倍的认识
路翔	金华市特殊教育学校	比尾巴
罗维昌	独山县沁元学校	高大的皂荚树
罗文燕	于都县特殊教育学校	小马过河
罗昕昱	南充市特殊教育学校	认识人民币（一）
吕欢欢	重庆市聋哑学校	弹力
马丽娜	宁晋县特殊教育中心	要下雨了
马维伟	松原市特殊教育学校	按不同标准进行分类
马向前	晋城市特殊教育中心学校	两位数加两位数不进位加法
马亚群	滨州市特殊教育学校	1000以内数的认识
麦伟娟	玉林市特殊教育学校	9加几
麦志良	佛山市启聪学校	探究影响摩擦力的因素
孟爱武	滨海县特殊教育学校	小壁虎借尾巴
孟艳	济宁市特殊教育学校	一匹出色的马
米立蕊	宁晋县特殊教育中心	我爱祖国
穆惠云	三亚市特殊教育学校	面积和面积单位
宁丹丹	灵山县特殊教育学校	色彩的和谐
宁艳丽	长治市特殊教育学校	面积的认识
潘玲玲	中山市特殊教育学校	长方形和正方形的特征
庞才斯	北海市特殊教育学校	比尾巴
彭影	长春市农安县特殊教育学校	黄山奇石
蒲秋玲	长春市特殊教育学校	黄山奇石
乔芙蓉	吴忠特殊教育学校	角的初步认识
冉晓丹	阜新市特殊教育学校	小括号
饶媛萍	晋江市特殊教育学校	猜猜他是谁
邵丽娟	呼伦贝尔岭东特殊教育学校	狐假虎威
余金荣	榆树市特殊教育学校	ang、iang、uang
沈娟	扬州市特殊教育学校	画家乡

续表

姓名	学校	名称
沈丽	邢台市特殊教育学校	乌鸦喝水
沈艳梅	兰州市特殊教育学校	水的净化
史存美	太原市聋人学校	求一个数是另一个数的几倍
舒莹	南昌市启音学校	小蝌蚪找妈妈
帅华	日照市特殊教育学校	好习惯
宋明秋	鞍山市特殊教育学校	g、k、h
宋森	南充市特殊教育学校	克和千克
宋晓丹	鞍山市特殊教育学校	找春天
宋晓冉	滨州市特殊教育学校	牵牛花
孙丰美	泰安市特殊教育中心	小壁虎借尾巴
孙敞越	鸡西市特殊教育学校	邓小平爷爷植树
孙婷	云浮市特殊教育学校	认识克
孙彤	淮安市特殊教育学校	传统节日
孙晓萌	天津市聋人学校	数据的收集整理（一）
孙雪峰	长春市农安县特殊教育学校	聪明的华佗
孙烨明	通辽市特殊教育学校	压强教学设计
覃巧	北海市特殊教育学校	酸的和甜的
谭建星	西吉县特殊教育九年一贯制学校	一个因数中间有0的乘法
谭晓博	太原市聋人学校	生活用电
唐芳芳	杭州文汇学校	蜘蛛开店
滕雷	哈尔滨市特殊教育学校	稍复杂的排列问题
田丽娜	哈尔滨市阿城区康慧学校	让座
万鹏	衡阳市特殊教育学校	植树问题
王超	梅河口市特殊教育学校	找春天
王晨	宝鸡市特殊教育学校	9加几
王春静	长春市九台区特殊教育学校	比多少
王芳	保定市特殊教育中心	认识立体图形
王桂玲	青岛市中心聋校	角的度量
王佳宁	新绛县特殊教育学校	借东西
王金金	阳泉市特殊教育学校	表内除法（二）
王静	赤峰市元宝山区特殊教育学校	升国旗
王蕾	广州市启聪学校	商量去哪里
王立强	晋中市特殊教育学校	狐假虎威
王丽娟	七台河市特殊教育学校	太空生活趣事多
王丽娟	阳泉市特殊教育学校	一个小村庄的故事
王敏	德惠市特殊教育学校	春夏秋冬

续表

姓名	学校	名称
王萍	钟祥市特殊教育学校	勾股定理
王生艳	建始县特殊学校	好习惯
王文莹	通辽市特殊教育学校	总也倒不了的老屋
王雪霏	海口特殊教育学校	荷叶圆圆
王雪亮	邢台市特殊教育学校	组合图形的面积
王艳杰	莘县特殊教育学校	认识钟表
韦林利	柳州市特殊教育学校	要下雨了
魏爱珍	济宁市特殊教育学校	家长的电话号码
魏红叶	淄博市特殊教育中心	飞向蓝天的恐龙
魏雪	徐州市特殊教育学校	荷花
魏彦晓	宁晋县特殊教育中心	比尾巴
吴冰冰	沛县特殊教育中心	要下雨了
吴海洋	淮安市特殊教育学校	角的初步认识
吴菊	海口特殊教育学校	难忘的泼水节
吴珺	丽水市特殊教育学校	东南西北
吴薇	无锡市特殊教育学校	复式统计表
吴颖	保定市特殊教育中心	力
吴仲举	牡丹江市特殊教育学校	雷雨
武荣伟	新绛县特殊教育学校	同分母分数的大小比较
武秀	保定市特殊教育中心	指数函数图象与性质
夏敏	南昌市启音学校	流动的颜色
向蒙	湘西土家族苗族自治州民族特殊教育学校	小山羊
熊艳	南昌市启音学校	年月日
胥加翠	盐城市特殊教育学校	荷叶圆圆
徐冬梅	松原市特殊教育学校	面积和面积单位
许苗	淮北市特殊教育学校	两只小狮子
薛娜	青岛市中心聋校	识字4水果
薛萍	盐城市特殊教育学校	浅水洼里的小鱼教学设计
薛瑞	乌鲁木齐市聋人学校	20以内的进位加法——9加几
闫竞丹	三亚市特殊教育学校	手捧哈达献亲人
杨爱华	聊城市特殊教育学校	十几减7、6
杨栋梁	石家庄市藁城区特殊教育学校	骆驼和羊
杨光	长春市双阳区特殊教育学校	小蝌蚪找妈妈
杨晖	冠县特殊教育学校	倍的认识
杨惠	株洲市特殊教育学校	植物妈妈有办法

姓名	学校	名称
杨静	天津市聋人学校	比尾巴
杨珂珺	鞍山市特殊教育学校	认识东南西北
杨丽	固原市特殊教育学校	夏夜多美
杨美琪	青岛市中心聋校	小兔和小鸟
杨萍	宜昌市特殊教育学校	小蝌蚪找妈妈
杨庆	丹东市特殊教育学校	认识钟表
杨晓春	湘潭市特殊教育学校	平均数
杨晓华	长治市特殊教育学校	秋天
杨晓提	南充市特殊教育学校	日月潭
杨艳	湘潭市特殊教育学校	亿以上数的改写及求近似数
杨洋	丽水市特殊教育学校	比尾巴
杨铮	石家庄市鹿泉区特殊教育学校	画杨桃
姚晶	永吉县特殊教育学校	主动学做家务活
殷宁	松原市特殊教育学校	大数的认识（一）
于丽君	德州市特殊教育学校	两位数加一位数（进位加法）
余玲秀	抚州市临川区特殊教育学校	桂林山水
余秀玉	三明市特殊教育学校	比尾巴
袁平辉	郴州市特殊教育中心学校	春夏秋冬
袁永兰	于都县特殊教育学校	秒的认识
袁玉梅	泸州市特殊教育学校	牵牛花
臧莉莉	烟台市特殊教育学校	内能
张爱珍	滨州市特殊教育学校	小蝌蚪找妈妈
张翠	凌海市特殊教育学校	江河湖海
张芳芳	杭州文汇学校	角的初步认识
张红	沛县特殊教育中心	水果
张洪福	呼伦贝尔市特殊教育中心	吃水不忘挖井人
张进芬	邯郸市特殊教育中心学校	坐井观天
张丽娜	榆树市特殊教育学校	过生日
张丽媛	通辽市特殊教育学校	难忘的泼水节
张璐	太原市聋人学校	我的小书包
张美佳	临沭县特殊教育学校	叶子上的"小血管"
张琴	广州市启聪学校	美味的三明治
张瑞静	莘县特殊教育学校	小壁虎借尾巴
张瑞君	东营市特殊教育学校	大小多少
张少林	杭州文汇学校	空气
张所玲	七台河市特殊教育学校	进位加
张婷	晋中市特殊教育学校	传统节日

姓名	学校	名称
张小辉	中山市特殊教育学校	比尾巴
张小龙	长春市农安县特殊教育学校	桂林山水
张学芳	泸州市特殊教育学校	借学习用品
张影	徐州市特殊教育学校	识字4 水果
张钰静	桂林市聋哑学校	比大小
张月枝	石嘴山市特殊教育学校	8的乘法口诀
章毅	哈尔滨市特殊教育学校	小兔和小鸟
赵静	天津市聋人学校	溶液的酸碱性
赵萍	泸州市特殊教育学校	它们都会跳
赵秀丽	松原市特殊教育学校	小马过河
赵雪婷	辽源市特殊教育学校	小壁虎借尾巴
钟春华	德惠市特殊教育学校	认识钟表
周凤荣	亳州市特殊教育学校	数据的收集整理（二）
周玲云	聊城市特殊教育学校	春雨"沙沙"
周蓉	阳泉市特殊教育学校	失物招领
周蓉祯	成都市新都区特殊教育学校	葡萄沟
周松青	湘潭市特殊教育学校	日本
朱舸	阜新市特殊教育学校	定风波
朱广兰	于都县特殊教育学校	荷花
朱海清	丽水市特殊教育学校	快乐读书吧：有趣的图画书
朱佳茜	宁波市特殊教育中心学校	比大小
朱金凤	菏泽市特殊教育中心	有余数的除法
朱君斐	丽水市特殊教育学校	认识人民币
朱美丹	德惠市特殊教育学校	时秒分
朱苏娜	无锡市特殊教育学校	我是什么？
朱晓红	泰安市特殊教育中心	爬天都峰
庄在杰	石家庄市特殊教育学校	多位数乘一位数——乘数中间有0的乘法
培智教育组		
安彩	洪洞县特殊教育学校	小小演唱家——胡萝卜的变装旅行
安欢欢	英德市智通学校	小小值日生
安辉辉	抚松县特殊教育学校	3减几
安慧蕾	石家庄市特殊教育学校	小小的船
安玉倩	成都市锦江区特殊教育中心	我的学习用具——我的书
白兰	武汉市江岸区辅读学校	认识人民币（一）

续表

姓名	学校	名称
白艳琴	商丘市梁园区特殊教育中心	山村咏怀
蔡佳楠	吉林市丰满区特殊教育学校	我的一家
蔡蒙娜	湖州市德清县培康学校	认识4
蔡朴琴	寻甸回族彝族自治县特殊教育学校	认识水果
蔡新	上海市浦东新区致立学校	认识三角形
曹利盈	商丘市梁园区特殊教育中心	四季
曹小宁	天津市北辰区特殊教育学校	讲卫生
曹欣华	绥化地区兰西县特殊教育学校	认识图形（二）圆形
曹新颖	扬州市邗江区启智学校	认识人民币
曹正飞	兴义市特殊教育学校	四季
曾萍	佛山市三水区启智学校	购物——总价10元以内的商品
曾秋丽	广州市黄埔区知明学校	比高矮
曾益家	晋江市特殊教育学校	元宵节
陈柏燃	天津市滨海新区塘沽兴华里学校	常见的饮品
陈边	河源市和平县和爱学校	认识2
陈晨	郎溪县特殊教育学校	我是值日生
陈凤	新干县特殊教育学校	乌鸦喝水
陈皓然	南京市玄武区特殊教育学校	保护社区环境——学习投放厨余垃圾
陈荷莲	新余市特殊教育学校	小书包
陈辉	宁晋县特殊教育中心	认识钟（表）面
陈嘉娣	湛江市特殊教育学校	端午节
陈靓	贵阳市儿童福利院	认识6
陈莉	长沙市特殊教育学校	快乐的节日——儿童节
陈梁	廉江市特殊教育学校	学系鞋带
陈美奇	海宁市培智学校	打电话
陈敏	杭州市临平区汀洲学校	分类
陈明艳	长春市宽城区培智学校	认识人民币
陈秋红	佛山市南海区大沥镇城区小学	爱护校园公用设施
陈婉君	漳州市芗城开智学校	认识图形（二）
陈文	上海市浦东新区辅读学校	认识圆形
陈夕娥	蚌埠市特殊教育中心	土木火

续表

姓名	学校	名称
陈祥妹	儋州市特殊教育学校	马牛羊
陈萧青	莘县特殊教育学校	镜子里的我
陈晓	玉环市特殊教育学校	整理自己的餐具
陈晓	玉林市特殊教育学校	我家真干净
陈晓璇	广州市海珠区聚德西路小学	常见的饮品
陈肖倩	深圳市宝安区星光学校	大扫除
陈兴	大同市特殊教育学校	端午节
陈雪华	大石桥市特殊教育学校	课程表
陈雅	宜昌市特殊教育学校	认识图形——三角形
陈亚华	泉州市泉港区特殊教育学校	常见的餐具
陈一涵	丽水市特殊教育学校	毛巾
陈益卉	无锡市梁溪区特殊教育学校	太阳月亮
陈逸飞	宜昌市特殊教育学校	家用电器
陈永权	罗定市特殊教育学校	认识长方形
陈瑜聪	广州康复实验学校	得数是10的加法
陈玉美	北海市特殊教育学校	过生日
陈媛媛	拜泉县特殊教育学校	整理餐具
陈珍珍	吉安市特殊教育学校	眼耳口鼻
程宏宏	鸡西市特殊教育学校	升旗仪式——6减几
程宏伟	济南市黎明学校	我有一双手
程俊明	武汉市新洲区特殊教育学校	认识人民币
程燕飞	晋城市特殊教育中心学校	20以内的进位加法——9加几
程一鸣	南京市秦淮特殊教育学校	我有一双手
程志芳	天津市武清区特殊教育学校	用人民币付款
丛英华	大连市金州区特殊教育学校	回家
崔会博	北京市平谷区特教中心	元旦
崔晓露	南京市玄武区特殊教育学校	存钱罐
崔雪娇	邯郸市特殊教育中心学校	常见的蔬菜
崔雪燕	云浮市特殊教育学校	刷牙
崔媛媛	新沂市特殊教育中心学校	认识人民币
邓宝莲	重庆市渝中区培智学校	3减几
邓娜	佛山市南海区星辉学校	操场上
邓世慧	郎溪县特殊教育学校	认识人民币
邓祥凤	长宁县特殊教育学校	我有一双手

续表

姓名	学校	名称
邓亚男	扬州市邗江区启智学校	好朋友一起玩
邓缘缘	佛山市顺德区启智学校	认识图形（三）
翟克颖	吉林市船营区特殊教育实验学校	向日葵
丁婷	新干县特殊教育学校	学打电话和眼耳口鼻
丁一凡	辽源市特殊教育学校	我的一家
丁艺芬	于都县特殊教育学校	不挑食
董耕硕	齐齐哈尔市培智学校	比大小（一）
董继利	邹城市特殊教育学校	比高矮
董杰	鹤岗市特殊教育中心	语文小天地三——拨打电话号码
董丽娜	石家庄市藁城区特殊教育学校	认识图形
董鸣利	常德市特殊教育学校	9减几
董盼	南京市秦淮特殊教育学校	我的书桌
董晴	高青县特殊教育学校	我有一双手
董雪鸥	阜新市特殊教育学校	认识整时
董莹	牡丹江市特殊教育学校	三原色、三间色
窦晓艳	连云港市赣榆特殊教育学校	认识图形
杜健	天津市河东区启智学校	比尾巴
杜黎黎	佳木斯市特殊教育中心学校	有、没有
杜丽平	北京市健翔学校	好吃的水果
杜梦雨	南京市秦淮特殊教育学校	学洗碗
杜倩	寻甸县特殊教育学校	镜子里的我
杜文洁	常州市光华学校	比高矮
杜文梅	防城港市特殊教育学校	得数是3的加法
杜晓燕	高青县特殊教育学校	过生日
杜玉婷	新余市特殊教育学校	比轻重
杜宗玉	海林市特殊教育学校	日月明
段弘艳	上海市静安区启慧学校	比大小
段小燕	邯郸市特殊教育中心学校	眼耳口鼻
范洪岩	宁乡市虎山特殊教育学校	好吃的水果
范开惠	日照市特殊教育学校	眼耳口鼻
范利平	宁晋县特殊教育中心	我的家人比高矮（二）
范素丽	行唐县特殊教育学校	认识时间（一）整点的认识
范英秀	烟台市芝罘区辅读学校	11～20各数的写法
方虹	长沙市特殊教育学校	2减几

续表

姓名	学校	名称
方玉文	华东师范大学附属卢湾辅读实验学校	小画笔
房春红	永吉县特殊教育学校	好吃的水果
房红	长春市九台区特殊教育学校	认识人民币
费颖	临沂市兰山区特殊教育学校	问好再见
冯吉荣	北京市通州区培智学校	3减几
冯娟	天津市宝坻区博爱学校	升国旗
冯奇薇	长春市九台区特殊教育学校	有、没有
冯秋燕	上海市松江区辅读学校	认识4
冯晓艳	舒兰市特殊教育学校	比较数的大小
冯宇迪	北京市通州区培智学校	认识时钟
冯志国	天津市蓟州区育才学校	比高矮（二）
扶悦	天津市河北区启智学校	认识图形——球
付凤娟	天津市滨海新区大港特殊教育学校	不挑食
付其群	屏山县特殊教育学校	认识5
付胜冬	牡丹江市特殊教育学校	乌鸦喝水
付玉	天津市滨海新区大港特殊教育学校	电冰箱
傅君	广州市黄埔区启智学校	我是社区一分子——进入社区出示健康码
高川	天津市和平区培育学校	乌鸦喝水
高菲	牡丹江市特殊教育学校	讲卫生
高红艳	石家庄市鹿泉区特殊教育学校	校园标识——认识图形三
高蕾	青岛三江学校	认识0
高鹏凌	扬州市培智学校	得数是7的加法
高平平	盐城市特殊教育学校	有、没有（二）
高倩茹	哈尔滨市启迪学校	认识4
高瑞争	和平县和爱学校	20以内不退位减法——十几减几
高雪敏	赞皇县特殊教育学校	升国旗
高雅秀芝	象山县培智学校	眼耳口鼻
高艳	中宁县特殊教育学校	爸爸妈妈
高燕玲	深圳市宝安区星光学校	端午节习俗之刘龙舟
高阳	高青县特殊教育学校	好吃的水果
葛伟燕	合肥市蚌埠路第四小学	打电话

续表

姓名	学校	名称
耿迪	北京市东城区特殊教育学校	餐桌上的美食——蛋和奶
耿红平	北京市通州区培智学校	升旗仪式
宫淑莉	莘县特殊教育学校	整洁的校园
巩云南	天津市蓟州区育才学校	得数是5的加法
顾新荣	北京市东城区特殊教育学校	校园安全标识
顾玉花	上海市松江区辅读学校	得数是5的加法
郭晨蕾	上海市宝山区培智学校	常见的衣物
郭丹	白山市逸夫特殊教育学校	认识人民币
郭家勤	长宁县特殊教育学校	小画笔
郭静英	库车市特殊教育学校	电冰箱
郭茂婧	白山市逸夫特殊教育学校	刷牙
郭青青	绵阳市特殊教育学校	小画笔
郭珊	天津市河西区启智学校	中国人
郭爽	庄河市特殊教育学校	认识圆形
郭文姗	晋江市特殊教育学校	1～10的数序——第几
郭艳春	天津市蓟州区育才学校	花草树木
郭艳丽	儋州市特殊教育学校	认识5
郭玉莹	西吉县特殊教育九年一贯制学校	端午节
郭占玲	拜泉县特殊教育学校	认识时间
韩洪彪	通辽市科尔沁左翼后旗特殊教育学校	剥鸡蛋、剥蒜、拧瓶盖
韩小红	榆树市特殊教育学校	前后
韩艳辉	蛟河市特殊教育学校	党的诞生纪念日
韩玉华	周村区特殊教育中心	我会吃饭
韩政	青州市特殊教育学校	好朋友一起玩
韩忠义	通辽市科尔沁左翼后旗特殊教育学校	学刷牙
郝俊娜	包头市青山区特殊教育学校	认识0
郝雁怡	湛江市特殊教育学校	常见的蔬菜
何慧兰	恩施州建始县特殊教育学校	四季
何磊	天津市河北区启智学校	比尾巴
何琳丹	海口特殊教育学校	爸爸妈妈
何琴	长宁县特殊教育学校	6减几
何香玲	银川市特殊教育中心	存钱罐
何昕妮	宝鸡市特殊教育学校	认识左右
何永林	资兴市特殊教育学校	得数是7的加法

续表

姓名	学校	名称
贺艳梅	长治市特殊教育学校	大扫除
衡莹莹	兴安盟特殊教育学校	乌鸦喝水
洪绵绵	南安市特殊教育学校	认识图形（认识长方形和正方形）
洪燕燕	南安市特殊教育学校	寻找春天
侯波	成都市温江区特殊教育学校	认识几时
侯利红	长沙县特殊教育学校	毛巾
侯琳	石河子特殊教育学校	比高矮
侯艺	张家界市特殊教育学校	悯农
呼妍君	太原市迎泽区特殊教育中心学校	花草树木
胡冰心	济宁市任城区特殊教育学校	四季
胡波	大连市金州区特殊教育学校	比尾巴
胡迪	宣城市郎溪县特殊教育学校	刷牙
胡萍	诸城市特殊教育学校	鞋
胡庆芳	聊城市茌平区特殊教育学校	常见的饮品
胡润江	成都市青白江区特殊教育学校	小书包
胡唐艳	湘潭市特殊教育学校	水果超市——认识3
胡玥婷	黑河市特殊教育学校	前后
花玲	常州市武进区特殊教育学校	乌鸦喝水
郇艳	临沭县特殊教育学校	找春天
黄傲	武汉市新洲区特殊教育学校	对韵歌
黄凤琴	安吉县育星培智学校	男生女生
黄凤英	凤城市特殊教育学校	眼耳口鼻
黄欢	湘乡市特殊教育学校	常见的餐具
黄佳欣	广州市花都区智能学校	认识上下
黄晶	宜昌市特殊教育学校	小小的船
黄靖雅	南安市特殊教育学校	1～10的数序
黄兰兰	四平市铁西区特殊教育学校	认识3
黄丽妃	防城港市特殊教育学校	认识图形——球
黄显丽	长春市农安县特殊教育学校	好吃的水果
黄笑一	上海市宝山区培智学校	我的一家

续表

姓名	学校	名称
黄鑫	丹东市春英学校	比大小（一）
黄秀芳	田东县特殊教育学校	比尾巴
黄秀娟	固原市特殊教育学校	认识1
黄雪君	柳州市特殊教育学校	比大小
黄雪梅	田东县特殊教育学校	认识几时
黄正南	南雄市特殊教育学校	上下
黄智韦	兰溪市曙光学校	元宵节
黄著伶	佛山市南海区星辉学校	学洗碗
黄子桓	高州市特殊教育学校	老师同学——我的同学
黄梓茹	佛山市禅城区启智学校	常见的餐具——认识图形（二）
黄钻华	佛山市启聪学校	学习词语：再见
霍俊名	东阳市特殊教育学校	儿童节
霍蔚	长治市特殊教育学校	家
纪会敏	榆树市特殊教育学校	1到10的数序
纪晓悦	北京市平谷区特教中心	我家真干净
贾彩琴	大同市特殊教育学校	四季
贾翠雅	邯郸市特殊教育中心学校	镜子里的我
贾慧婷	河源市和平县和爱学校	小书包
贾占鑫	平定县特殊教育学校	认识图形
江伟娜	广州康复实验学校	电冰箱
江晓珍	九江市特殊教育学校	好吃的水果
江新联	乐昌市启智学校	存钱罐
江银燕	广州市番禺区培智学校	我的小书包
姜娟	大石桥市特殊教育学校	认识图形（三）
姜丽秋	梅河口市特殊教育学校	我会穿衣服
姜瑞玥	中山市特殊教育学校	圆的认识
姜雪	库车市特殊教育学校	我上学了——认识1
姜振平	抚松县特殊教育学校	春晓
蒋国云	井陉县特殊教育学校	山村咏怀
蒋梦依	桂林市培智学校	交通安全很重要
金涵	深圳市罗湖区星园学校	美味的食物
金洁茗	德清县培康学校	小草爱做梦
金蕾	海宁市培智学校	乌鸦喝水
金黎明	上海市宝山区培智学校	镜子里的我
金莉	扬州市培智学校	我是社区一分子
金梅蓉	枝江市特殊教育学校	学穿衣服
靳红冉	邢台市特殊教育学校	多彩的活动
荆晶	阳信县特殊教育学校	比大小
康晓燕	上海市浦东新区致立学校	8减几

续表

姓名	学校	名称
孔春燕	湖州市特殊教育实验学校	我的一家
赖晨晨	东阳市特殊教育学校	儿子、女儿
赖金兰	灵山县特殊教育学校	认识4
兰静	三亚市特殊教育学校	小兔子乖乖
郎睿	杭州市临平区汀洲学校	蓝天白云
郎挺	平塘县特殊教育学校	常见的衣物
郎秀妍	珲春市特殊教育学校	我生活的小区
冷潇潇	中山市特殊教育学校	课间安全
李彩芳	新绛县特殊教育学校	我的奶奶
李璨	兴义市特殊教育学校	20以内的进位加法
李昶	七台河市特殊教育学校	电冰箱
李春丽	深圳市宝安区星光学校	耳朵
李春霞	海林市特殊教育学校	中国人
李春艳	天津市河北区启智学校	学会穿衣服
李翠杰	成都市新都区特殊教育学校	1~10的数序
李丹	桓台县特殊教育学校	中国人
李丹	北京市通州区培智学校	电冰箱
李丹	西安市启智学校	过生日
李方方	天津市武清区特殊教育学校	我会吃饭
李枫	白山市逸夫特殊教育学校	2减几
李国梅	昌吉回族自治州特殊教育学校	四季
李海星	澄迈县特殊教育学校	我的房间
李红霞	聊城市茌平区特殊教育学校	讲卫生
李嘉欣	阳泉市特殊教育学校	画
李锦平	临沭县特殊教育学校	乌鸦喝水
李晶	天津市河北区启智学校	多样的天气
李晶	北京市昌平区特殊儿童教育学校	我的五官本领大
李晶宏	哈尔滨市燎原学校	人民币认识（一）、数字大小比较
李晶晶	天津市津南区培智学校	常见的蔬菜
李净芝	湛江市特殊教育学校	我是好学生
李娟	中卫市特殊教育学校	我的三餐
李娟	吴忠特殊教育学校	寻找春天
李康	石嘴山市特殊教育学校	端午节
李丽娟	珲春市特殊教育学校	8减几
李丽香	晋江市特殊教育学校	太阳月亮

续表

姓名	学校	名称
李利娟	泸州市特殊教育学校	整理自己的餐具
李莉娜	通化市东昌区育智辅读学校	5减几
李林	邯郸市特殊教育中心学校	认识时间（一）
李敏	高平市特殊教育中心校	安全使用直梯
李敏	晋城市特殊教育中心学校	我有一双手
李敏	石河子特殊教育学校	寻找春天
李敏	屏山县特殊教育学校	认识圆形
李平彦	苏州市吴中区特殊教育学校	第几
李庆	岳池县特殊教育学校	最厚和最薄
李诗若	辉南县特殊教育学校	小兔子乖乖
李淑军	沂源县特殊教育学校	我的一家
李甜甜	新绛县特殊教育学校	人民币的换算
李婉宁	广州市黄埔区启智学校	大小多少
李巍巍	黑河市特殊教育学校	对韵歌
李伟	石家庄市鹿泉区特殊教育学校	我生活的地方
李晓玲	东阳市特殊教育学校	认识钟面
李欣	天津市南开区育智学校	认识衣服
李秀云	广州市海珠区启能学校	小画笔
李雪	天津市津南区培智学校	4减几
李雪	通化市特殊教育学校	认识0
李亚琴	平定县特殊教育学校	我的梦
李艳彬	广州市康纳学校	认识钟面
李艳红	珲春市特殊教育学校	我的三餐
李杨	通辽市特殊教育学校	圆的变化
李洋	磐石市特殊教育学校	我会穿衣服
李影	白山市逸夫特殊教育学校	小画笔
李勇	长春市双阳区特殊教育学校	好吃的水果
李媛媛	昌图县特殊教育学校	圆的认识
李云娜	宁晋县特殊教育中心	画
李喆	冠县特殊教育学校	比高矮
李子涵	天津市津南区培智学校	量词歌
厉婧	上海市宝山区罗南中心校	我有一双手
梁凯悦	井陉县特殊教育学校	小书包
梁丽飞	凌海市特殊教育学校	比宽窄
梁舒婷	佛山市禅城区启智学校	我的家真干净——认识5
梁湘湘	广州市南沙区启慧学校	认识其他常见的衣物

续表

姓名	学校	名称
梁璇	西安市启智学校	小书包
梁雪冰	天津市西青区启智学校	校园安全
梁依桥	佛山市南海区星辉学校	认识人民币
梁语岩	同江市特殊教育学校	认识圆形
梁玉梅	天津市宁河区特殊教育学校	认识时间
林昌	中山市特殊教育学校	数字1~5的字形与读音配对
林登露	赣州市赣县区特殊教育学校	11~13的认识
林冬华	桂林市培智学校	乌鸦喝水
林海丽	玉林市特殊教育学校	9减几
林洁玲	普宁市特殊教育学校	使用公共厕所——认识公共厕所的标识
林思敏	高州市特殊教育学校	做些家务活——10减几
林婷婷	广州市黄埔区启智学校	男生女生
林晓燕	武平县特殊教育学校	认识4
林星星	郴州市特殊教育中心学校	认识8
林雪芳	鲤城区开智学校	毛巾
林莹莹	诸城市特殊教育学校	大小多少
蔺耐藏	商丘市梁园区特殊教育中心	我的学校
刘白利	资兴市特殊教育学校	鞋
刘彬连	昭平县特殊教育学校	四季
刘畅	长春市双阳区特殊教育学校	课外活动真丰富
刘程荣	成都市锦江区特殊教育中心	常见的饮品
刘春旭	松原市特殊教育学校	四季
刘翠	日照市特殊教育学校	我的身体——认识四肢
刘芳	邢台市特殊教育学校	择青菜
刘桂莲	武汉市江岸区辅读学校	升国旗
刘海霞	北京市健翔学校	与同辈友好相处
刘含珠	凌海市特殊教育学校	我的奶奶
刘红	天津市和平区培育学校	比尾巴
刘洪泉	高唐县特殊教育学校	毛巾
刘籍文	东港市特殊教育学校	我的奶奶
刘胶	广州市白云区云翔学校	面粉·变变变
刘静霞	石家庄市鹿泉区特殊教育学校	春风吹

续表

姓名	学校	名称
刘立伟	绥化市兰西县特殊教育学校	乌鸦喝水
刘琳丽	龙岩市武平县特殊教育学校	我会付钱
刘琳琳	阜宁县特殊教育学校	毛巾
刘美芳	晋城市特殊教育中心学校	乌鸦喝水
刘美艺	辽源市特殊教育学校	刷牙
刘梦羽	赣州市赣县区特殊教育学校	认识图形——球
刘敏	扬中市特殊教育中心学校	4 的合成
刘敏燕	广州市黄埔区知明学校	小书包
刘楠	青岛三江学校	多样的天气
刘盼盼	天津市静海区建华学校	我会穿衣服
刘萍	大连市金州区特殊教育学校	认识图形——梯形
刘琦	北京市昌平区特殊儿童教育学校	讲卫生
刘芹	大同市特殊教育学校	寻找春天
刘庆波	丹东市春英学校	党的诞生纪念日
刘全全	广州市黄埔区知明学校	学洗碗——自己的事情自己做
刘舒娴	昆明市五华区新萌学校	十几减 7
刘伟	天津市东丽区明强特殊教育学校	综合活动
刘晓丽	莘县特殊教育学校	四季
刘晓雪	长治市特殊教育学校	认识 3
刘岩	七台河市特殊教育学校	好吃的水果
刘艳	泸州市特殊教育学校	日月明
刘艳杰	梅河口市特殊教育学校	我的学校
刘阳	东莞启智学校	教室
刘怡	天津市南开区育智学校	十加几
刘英杰	沅江市特殊教育学校	电冰箱
刘莹涛	呼伦贝尔岭东特殊教育学校	我的学校
刘颖	呼伦贝尔市特殊教育中心	多样的天气
刘颖颖	高青县特殊教育学校	升国旗
刘永莉	泸州市特殊教育学校	用数学解决问题
刘悠扬	浏阳市特殊教育学校	多样的天气
刘宇	长沙市第一社会福利院	升国旗
刘玉龙	北京市昌平区特殊儿童教育学校	认识数字 2

续表

姓名	学校	名称
刘玉文	高唐县特殊教育学校	我的一家
刘月红	聊城市茌平区特殊教育学校	认识水果
龙洁	深圳市南山区龙苑学校	美丽的大自然
龙尚华	平远县特殊教育学校	得数是 3 的加法
娄丹特	安吉县育星培智学校	眼耳口鼻
卢佩贤	佛山市禅城区启智学校	四季
芦桂霞	抚松县特殊教育学校	我的好朋友
芦艳	吉林特殊教育实验学校	比大小
鲁惠慧	张家界市特殊教育学校	小画笔
鲁万地	长春市双阳区特殊教育学校	认识人民币（一）
陆大妃	普定县特殊教育学校	比高矮（二）
路伟霞	石家庄市藁城区特殊教育学校	我学会了关心妈妈
栾慧梅	诸城市特殊教育学校	认识人民币（一）
罗凤莲	北流市特殊教育学校	比尾巴
罗丽	成都市温江区特殊教育学校	比粗细
罗玲	成都市青白江区特殊教育学校	男厕所女厕所
罗斯娜	北流市特殊教育学校	我的三餐——得数是 5 的加法
罗小玲	成都市简阳特殊教育学校	整理自己的餐具
罗玉姣	长沙市特殊教育学校	安全标志我知道
骆凤波	松原市特殊教育学校	我的学校
骆明	蛟河市特殊教育学校	小书包
骆祚发	武汉市新洲区特殊教育学校	乌鸦喝水
吕华萍	无锡市惠山区特殊教育学校	我的书桌
吕晶	新绛县特殊教育学校	我的梦
吕蕾蕾	烟台市芝罘区辅读学校	我的书桌
吕书娟	都江堰市特殊教育学校	认识左右
吕淑贤	莘县特殊教育学校	山村咏怀
吕晓玲	杭州市萧山区特殊教育学校	花被单
马浩雪	泸州市特殊教育学校	量词歌
马红梅	昌吉州特殊教育学校	5 减几
马冀	敦化市特殊教育学校	小书包
马丽新	抚顺市特殊教育学校	人民币的认识
马莲	北京市通州区培智学校	我家真干净

续表

姓名	学校	名称
马玲	天津市北辰区特殊教育学校	儿童节
马妮娜	天津市河东区启智学校	常见的餐具——认识图形（二）
马晓晨	深圳市南山区龙苑学校	学习汉字"月"
马晓林	洪洞县特殊教育学校	洗手帕
马义平	莱西市特殊教育中心	对韵歌
马翼	淮北市特殊教育学校	认识数字5
满花	阿鲁科尔沁旗特殊教育学校	学洗碗
毛星星	绵阳市特殊教育学校	好吃的水果
毛兴翠	简阳市特殊教育学校	水果的吃法
梅桂	上海市闵行区启智学校	打电话
梅健	通辽市特殊教育学校	打电话
梅婷	昆明市五华区新萌学校	男生女生
孟蝶	哈尔滨市启迪学校	眼耳口鼻
孟凡恩	包头市青山区特殊教育学校	认识20元
孟祥麟	天津市武清区特殊教育学校	认识1角和5角
孟英娟	北京市健翔学校	日月明
糜嘉	松江区辅读学校	比尾巴
苗凤丹	井陉县特殊教育学校	良好的用餐习惯
闵敏	屏山县特殊教育学校	儿童节
莫艳	常德市石门县特殊教育学校	认识图形
莫瑶	湖州市特殊教育实验学校	认识圆形
慕晓慧	广州市番禺区培智学校	乌鸦喝水
慕雨桐	天津市武清区特殊教育学校	认识5
倪佐萍	湖州市特殊教育实验学校	得数是7的加法
宁秋燕	东港市特殊教育学校	上下
牛聪聪	天津市河西区启智学校	认识声母"d"
牛红丹	成都市温江区特殊教育学校	好吃的水果
牛雪芳	晋城市特殊教育中心学校	认识圆形
牛振青	苏州工业园区仁爱学校	首都北京
欧阳锦霞	张家界市特殊教育学校	小小的船
欧阳婷	吉安市特殊教育学校	课间安全
潘常怡	上海市浦东新区书院小学	5的组成
潘凤鸣	天津市津南区培智学校	比长短

续表

姓名	学校	名称
潘鸿雁	丹东市春英学校	认识整时
潘美颖	巴中市巴州区特殊教育学校	认识5
潘艳杰	松原市特殊教育学校	9加几
潘钰	绵阳市特殊教育学校	认识8
裴永雪	凤城市特殊教学校	比长短
彭登贤	成都市青白江区特殊教育学校	认识左右
彭媛	湘乡市特殊教育学校	我的书桌
彭祖红	成都市特殊教育学校	镜子里的我
蒲尔美	巴中市巴州区特殊教育学校	爱护牙齿
戚盈娜	杭州市萧山区特殊教育学校	2的分成
齐成恩	淮北市特殊教育学校	我的一家
齐洪英	天津市滨海新区塘沽兴华里学校	认识时间（一）——认识几时
齐沙沙	鞍山市特殊教育学校	江南
齐圣杰	天津市河西区启智学校	我爱我家
齐玉玲	当阳市特殊教育学校	认识4
钱慧茹	天津市西青区启智学校	小兔子乖乖
钱希奉	贵阳市云岩区惠智学校	乌鸦喝水
乔彧豪	上海市浦东新区致立学校	认识5
秦婉	深圳市罗湖区星园学校	我的三餐——得数是5的加法（2）
邱贵蓉	宁化县特殊教育学校	分类
邱叶平	郴州市特殊教育中心学校	我有一双手
曲冬梅	通化市柳河县育智学校	爷爷奶奶
曲海霞	阜平县特殊教育学校	分类
曲学媛	丹东市春英学校	我喜欢的水果
冉梦婷	成都市青白江区特殊教育学校	认识左右
任丽丽	高平市特殊教育中心校	认识5
任明珠	无锡市惠山区特殊教育学校	回家
任媛	深圳市南山区龙苑学校	识字"米"
沙婷婷	襄汾县特殊教育学校	存钱罐
邵俊	江山市培智学校	认识6
邵炼溶	岳阳市特殊教育学校	10减几
申杰	舒兰市特殊教育学校	电冰箱
申琳	大连市甘井子区特殊教育中心	社区安全标识——应聘安全员

续表

姓名	学校	名称
申妍	无锡市梁溪区特殊教育学校	有、没有（一）
沈春苗	扬州市培智学校	比高矮
沈凌	无锡市惠山区特殊教育学校	认识梯形
沈燕	海宁市培智学校	中秋节
盛丹颖	海宁市培智学校	人民币的用途
盛一凡	兰溪市曙光学校	我们的老师
施臻	洪洞县特殊教育学校	我会吃饭
石海霞	平顺县特殊教育学校	认字表
石美燕	丹东市特殊教育学校	前后
石廷韬	旺苍县特殊教育学校	眼耳口鼻
石艳芬	定西市临洮县特殊教育学校	得数为0的减法
时月娇	赞皇县特殊教育学校	毛巾
时增格	石家庄市元氏县特殊教育学校	认识0
史冬梅	哈尔滨市道里区育新学校	我的学习用具——整理书包
舒秀蓉	成都市温江区特殊教育学校	我的一家
帅丽红	叙永县特殊教育学校	电冰箱
宋凡	扬中市特殊教育中心学校	爸爸妈妈
宋海波	长春市榆树市特殊教育学校	认识数字0
宋娟	绵阳市涪城区特殊教育学校	小兔子乖乖
宋丽姝	安吉县育星培智学校	打电话
宋瑞丽	诸城市特殊教育学校	20以内的不退位减法
宋晓娟	绵阳市涪城区特殊教育学校	操场上
宋艳红	晋城市特殊教育中心学校	儿子女儿
苏杭	哈尔滨市燎原学校	秋天的校园
苏艳萍	桂林市培智学校	四季
苏莹	磐石市特殊教育学校	我家真干净——手
孙百合	大连市普兰店区特殊教育中心	课外活动真丰富
孙凤莲	宁晋县特殊教育中心	日月明
孙静雯	天津市河北区启智学校	眼耳口鼻
孙俊瑛	蛟河市特殊教育学校	爸爸妈妈我
孙琴	扬州市邗江区启智学校	得数是6的加法
孙亚萍	垣曲县特殊教育学校	认识0

续表

姓名	学校	名称
孙悦	滨海县特殊教育学校	比多少（四）
索芳蓉	广州市番禺区培智学校	我会吃饭
覃广清	北流市特殊教育学校	自己去吧
谭建莉	西吉县特殊教育九年一贯制学校	春晓
谭敏华	广州市番禺区番禺培智学校	常见的水果
谭小红	通江县特殊教育学校	得数是4的加法
谭艳	湘乡市特殊教育学校	好吃的水果
唐彩红	黔南州独山县沁元学校	认识人民币（一）——认识1元、5元
唐春艳	长春市双阳区特殊教育学校	秋天的校园
唐化强	克山县特殊教育学校	比宽窄
唐吉焱	吉林市丰满区特殊教育学校	比大小
唐林	雅安市第一特殊教育学校	认识人民币
唐林	雅安市第一特殊教育学校	9加几
唐林	雅安市第一特殊教育学校	认识整时
唐晓燕	东莞启智学校	比大小
唐新琳	青岛三江学校	比高矮（二）
唐玉苇	佛山市禅城区启智学校	花园果园
陶希雅	南京市秦淮特殊教育学校	认识4
田继颖	东宁市特殊教育学校	认识4
田佳馨	丹东市东港市特殊教育学校	口语交际：表达需求
田芹	淄博市临淄区特殊教育中心学校	多样的天气
童晋岚	崇州市特殊教育学校	比高矮
万湘桂	桂林市培智学校	马牛羊
汪晗	西安市启智学校	春晓
汪珍珍	合肥市蚌埠路第四小学	比较大小
王爱玲	德清县培康学校	——对应比多少
王碧涵	九江市特殊教育学校	我有一双手
王婵	三亚市特殊教育学校	镜子里的我
王春辉	长春市双阳区特殊教育学校	认识5
王春利	舒兰市特殊教育学校	春晓
王翠霞	绵阳市特殊教育学校	好吃的水果
王冬秀	湘乡市特殊教育学校	常见的主食
王芳	呼伦贝尔市特殊教育中心	毛巾

续表

姓名	学校	名称
王芳	吉林特殊教育实验学校	20以内的进位加法——7加几
王芳	太原市迎泽区特殊教育中心学校	好吃的水果
王飞	兰溪市曙光学校	得数是7的加法
王凤先	赤峰市元宝山区特殊教育学校	太阳月亮
王海燕	丽水市特殊教育学校	认识5
王红	中卫市特殊教育学校	常见的饮品
王慧	洪洞县特殊教育学校	小画笔
王慧霞	石嘴山市特殊教育学校	上下
王佳	深圳元平特殊教育学校	比尾巴
王金红	井陉县特殊教育学校	得数是4的加法
王进磊	长春市九台区特殊教育学校	中秋节
王凯伟	商丘市梁园区特殊教育中心	静夜思
王坤	七台河市特殊教育学校	认识时间
王兰波	抚顺市特殊教育学校	对称美
王立峰	佳木斯市特殊教育中心学校	比大小
王丽婷	天津市南开区育智学校	使用公共厕所——认识男女厕所标识
王连莲	天津市东丽区明强特殊教育学校	民间艺术小天地
王亮鸥	天津市和平区培智学校	认识时间
王玲玲	永吉县特殊教育学校	比大小（二）
王柳智	缙云县培智学校	认识4
王柳智	缙云县培智学校	认识4
王露	深圳市福田区竹香学校	乌鸦喝水
王梦蝶	枝江市特殊教育学校	我有一双手
王明花	南安市特殊教育学校	好吃的水果
王明月	烟台市芝罘区辅读学校	比多少（三）
王娜	临猗县特殊教育学校	认识3
王娜娜	垣曲县特殊教育学校	我们一起玩
王佩珊	淄博市临淄区特殊教育中心学校	爬山
王萍	深圳市罗湖区星园学校	识字——土、水
王琦	灯塔市特殊教育学校	红领巾
王茜	上海市宝山区培智学校	好吃的水果
王倩	大连市沙河口区启智学校	升国旗

续表

姓名	学校	名称
王青燕	浏阳市特殊教育学校	认识圆形
王晴	天津市宁河区特殊教育学校	我的奶奶
王瑞芳	大同市特殊教育学校	鞋
王帅	吉林特殊教育实验学校	认识人民币
王思梦	天津市和平区培育学校	校园活动——7减几
王婷婷	云浮市特殊教育学校	第几
王婷媛	杭州市余杭区汀洲学校	比尾巴
王威	丹东市春英学校	人有两个宝
王维	北京市东城区特殊教育学校	认识整时
王伟	巴中市巴州区特殊教育学校	比大小（一）
王伟桢	广州市白云区云翔学校	我会刷牙
王卫芳	垣曲县特殊教育学校	认识梯形
王文燕	佛山市启聪学校	这里是我家
王雯琦	广州市黄埔区启智学校	升旗仪式礼仪规范
王希贤	深圳元平特殊教育学校	镜子里的我
王曦艳	兰溪市曙光学校	电冰箱
王小珍	瑞安市特殊教育学校	常见的果蔬——认识4
王晓慧	蒙阴县特殊教育学校	认识长方形
王晓璐	临西县特殊教育学校	甜甜的苹果
王晓霞	随州市随县特殊教育学校	花草树木
王欣	鸡西市特殊教育学校	不挑食
王鑫	凌海市特殊教育学校	良好的用餐习惯
王雪	库车市特殊教育学校	课程表
王雪改	赵县特殊教育学校	小书包（一）
王雪梅	石嘴山市特殊教育学校	马牛羊
王燕云	漳州市芗城开智学校	小书包
王洋	哈尔滨市启迪学校	上下
王音弦	鹤岗市特殊教育中心	我是值日生
王迎春	丹江口市特殊教育学校	我生活的地方
王颖	临猗县特殊教育学校	比较粗细
王影	德惠市特殊教育学校	小兔子乖乖
王永刚	天津市宝坻区博爱学校	8减几
王鱼琼	昆明市五华区新萌学校	小书包
王玉红	灯塔市特殊教育学校	刷牙
王玉平	营口市特殊教育学校	有、没有
王钰津	东莞启智学校	认识三角形

姓名	学校	名称
王元秀	太原市迎泽区特殊教育中心学校	短时记忆力训练
王月	邹城市特殊教育学校	认识5
王子荣	淮北市特殊教育学校	青蛙跳
韦昌铭	北海市特殊教育学校	比高矮
韦娜	平罗县特殊教育学校	比大小
魏莉力	天津市南开区育智学校	大人小孩
魏露露	郴州市特殊教育中心学校	中秋节
魏亚惠	天津市东丽区明强特殊教育学校	升国旗
温彩霞	广州市康纳学校	坐正站直
温蕙华	辽源市特殊教育学校	坐正站直
文春容	泸州市特殊教育学校	马牛羊
翁小雁	澄迈县特殊教育学校	认识3
吴国婷	青岛三江学校	1～10的数序
吴回国	从江县民族特殊教育学校	爸爸妈妈我
吴惠珊	广州市南沙区启慧学校	2的合成
吴慧芳	平定县特殊教育学校	2减几
吴娟	济宁市任城区特殊教育学校	比尾巴
吴娟	成都市青白江区特殊教育学校	我会穿衣服
吴克敏	保定市特殊教育中心	认识我的身体
吴丽娟	衢州市衢江区启智学校	电冰箱
吴丽萍	井陉县特殊教育学校	认识左右
吴丽雅	河源市和平县和爱学校	电冰箱
吴丽珍	丽水市特殊教育学校	比尾巴
吴萍	廉江市特殊教育学校	花草树木
吴清	深圳市宝安区星光学校	我会用勺子
吴文军	湖州市特殊教育实验学校	不挑食
吴小慧	赣县区特殊教育学校	注意饮食安全
吴秀儒	成都市新都区特殊教育学校	我会穿衣服——套头衫
吴艳艳	湛江市特殊教育学校	图形分类
吴彰敏	金华市特殊教育学校	认识长方形
吴照凤	天津市武清区特殊教育学校	二年级的水果店（原题目好吃的水果）
仵彤	南京市秦淮特殊教育学校	认识人民币
武勇	松原市特殊教育学校	秋天的校园
席潇	天津市西青区启智学校	认识直梯
夏玲	海宁市培智学校	认识球体

姓名	学校	名称
夏凌凌	海口特殊教育学校	小小的船
夏维	重庆市渝中区培智学校	认识整时
向萍	枝江市特殊教育学校	活动与练习图形王国旅行记
项海林	苏州工业园区仁爱学校	我会穿衣服
肖晗	湘潭县特殊教育学校	第几
肖虹	长兴县培智学校	回家、打电话
肖莉	鹿泉区特殊教育学校	我学会了——8以内的点数
谢冰玲	云浮市特殊教育学校	我上学了
谢红	上海市浦东新区辅读学校	好吃的水果
谢慧敏	东莞启智学校	它们都会跳
谢赛云	高州市特殊教育学校	校园标识——认识三角形
谢小凡	北海市特殊教育学校	我的房间
辛馨	北京市东城区特殊教育学校	鼻子、嘴
信贝贝	阳信县特殊教育学校	找春天
邢丽丽	天津市红桥区培智学校	比尾巴
熊贝玲	宁远县特殊教育学校	3的分成
徐凤莲	莘县特殊教育学校	升国旗
徐刚	凌海市特殊教育学校	信息技术在生活中的应用——手机购物
徐广民	吉林市龙潭区特殊教育实验学校	社区安全标识
徐虹	苏州市姑苏区特殊教育学校	好吃的水果
徐虹	德清县培康学校	换零钱——人民币的换算
徐瑾	滨海县特殊教育学校	我会穿衣服
徐婧	南京市玄武区特殊教育学校	课程表
徐军平	桂林市培智学校	爬山
徐启帆	苏州工业园区仁爱学校	校园安全标识
徐淑君	合肥市蚌埠路第四小学	认识时间
徐娴	曲靖市麒麟区特殊教育学校	皮球浮上来了
徐晓丹	鞍山市铁西区启智学校	小台灯
许佳欣	晋江市特殊教育学校	我最喜欢的水果
许交	鸡西市特殊教育学校	认识图形（二）
许可乔	佛山市三水区启智学校	得数是6的加法
许岭	赵县特殊教育学校	衣物的组成（一）

续表

姓名	学校	名称
许秋丹	澄迈县特殊教育学校	我有一双手
许亚楠	东阳市特殊教育学校	比尾巴
许洋	鞍山市立山区育智学校	爸爸妈妈
许越	四平市铁西区特殊教育学校	常见的主食
薛萌	天津市静海区建华学校	注意饮食安全
薛艳芳	湛江市特殊教育学校	刷牙
闫爱华	邢台市信都区特殊教育学校	图形分类
闫梦圆	保定市特殊教育中心	认识梯形
彦彭	富裕县特殊教育学校	我的一家
阳小芳	通江县特殊教育学校	认识钟面
杨翠玲	成都市新都区特殊教育学校	认识时间
杨国芳	太原市迎泽区特殊教育中心学校	太阳月亮
杨国芹	天津市北辰区特殊教育学校	男生女生
杨慧	广州市黄埔区知明学校	学校信息
杨杰	德惠市特殊教育学校	小画笔
杨柯	常州市光华学校	打电话
杨科娴	深圳市罗湖区星园学校	餐桌上的肉类食物
杨丽华	深圳市福田区竹香学校	认识电饭煲
杨丽娟	上海市闵行区启智学校	四季
杨莉军	东营市特殊教育学校	我会自己做
杨茜薇	成都市特殊教育学校	远离社区安全隐患——安全伴我行
杨锐	天津市河西区启智学校	民间艺术小天地
杨爽	黑河市特殊教育学校	刷牙
杨仙云	广州市越秀区启智学校	认识图形（三）
杨霄	绵阳市涪城区特殊教育学校	我的书桌
杨晓君	上海市松江区辅读学校	花草树木
杨旭	德惠市特殊教育学校	认识梯形
杨艳萍	大石桥市特殊教育学校	校园标识——分类
杨玉玲	天津市滨海新区大港特殊教育学校	比长短
杨贞燕	上海市松江区辅读学校	我的家
杨智为	深圳市宝安区星光学校	常见的饮品——茶
姚佳怡	苏州市吴中区特殊教育学校	花园果园
姚黎黎	滨海县特殊教育学校	9加几

续表

姓名	学校	名称
姚秋凤	佛山市启聪学校	寻找春天
姚润光	无锡市梁溪区特殊教育学校	比长短
姚姗	郴州市特殊教育中心学校	红领巾
姚燕飞	湖州市特殊教育实验学校	得数是10的加法
姚媛	上海市浦东新区辅读学校	得数是4的加法
叶建	淄博市特殊教育中心	镜子里的我
叶萍	郎溪县特殊教育学校	小书包
叶叶秀	广州市天河区启慧学校	认识5
叶永楠	黑河市特殊教育学校	我的一家
殷霜洁	无锡市惠山区特殊教育学校	认识9
尹博爽	广州市花都区智能学校	我爱吃蔬菜
尹慧中	成都市锦江区特殊教育中心	5减几
尹丽娟	长春市九台区特殊教育学校	我生活的小区
尹情	攸县特殊教育学校	学穿鞋——我会穿搭扣鞋
尹秀丽	通榆县培智学校	堆雪人
尹艳春	齐齐哈尔市培智学校	乌鸦喝水
尹战梅	营口市特殊教育学校	问好再见
尤佳	曲靖市麒麟区特殊教育学校	认识钟面
于嘉芳	齐齐哈尔市培智学校	打电话
于淼	阜新市特殊教育学校	平面图形的认识
于爽	长春市农安县特殊教育学校	常见的主食
于晓辉	赞皇县特殊教育学校	马牛羊
于晓倩	金州区特殊教育学校	我的一家
于学华	北京市平谷区特教中心	爸爸妈妈
余佳慧	苏州工业园区仁爱学校	升国旗
余娟娟	兴义市特殊教育学校	交通安全很重要
俞娱	丽水市特殊教育学校	马牛羊
俞雨	象山县培智学校	花园果园
郁若萱	上海市宝山区培智学校	认识3
喻鹏鹏	枝江市特殊教育学校	认识左右
袁鸿飞	常州市光华学校	10减几
袁雪芳	苏州市吴中区特殊教育学校	我爱做家务
袁园	深圳市福田区竹香学校	中国人
詹华杏	高州市特殊教育学校	首都北京

姓名	学校	名称
张爱红	吉林市船营区特殊教育实验学校	古诗"悯农"
张爱华	滨海县特殊教育学校	乌鸦喝水
张爱英	聊城市茌平区特殊教育学校	中秋节
张冰洁	沛县特殊教育中心	好吃的水果
张春香	南安市特殊教育学校	认识图形（一）——球
张聪	宁乡市虎山特殊教育学校	元旦
张桂香	广州市从化区启智学校	认识书包和笔袋
张国防	平顺县特殊教育学校	整时
张国梅	河源市源城区阳光学校	认识3
张海潮	天津市河东区启智学校	我会吃饭
张海龙	西吉县特殊教育九年一贯制学校	认识人民币（一）
张海洋	石狮市仁爱学校	认识钟面
张海英	大英县特殊教育学校	乌鸦喝水
张会欣	宁晋县特殊教育中心	交通安全很重要
张俊芳	丽水市特殊教育学校	爬山
张可	齐齐哈尔市培智学校	我生活的小区
张丽	佛山市禅城区启智学校	我家真干净
张丽	凤城市特殊教育学校	认识时间（一）
张丽娜	榆树市特殊教育学校	不挑食
张丽婷	东阳市特殊教育学校	认识图形四——认识梯形
张丽艳	鞍山市立山区育智学校	乌鸦喝水
张琳	东莞启智学校	我会穿短裤
张梦凡	苏州工业园区仁爱学校	乌鸦喝水
张梦娟	上海市浦东新区辅读学校	认识几时
张敏	鹤岗市特教中心	量词歌
张朋芹	呼伦贝尔岭东特殊教育学校	整洁的校园
张倩	河源市和平县和爱学校	认识整时
张勤勤	石河子特殊教育学校	小兔子乖乖
张秋敏	天津市滨海新区塘沽兴华里学校	太阳月亮
张姗	广州市番禺区培智学校	我会用勺子
张四秀	宿州市特殊教育中心	我家真干净
张素平	浏阳市特殊教育学校	常见的水果
张伟新	哈尔滨市道里区育新学校	交通安全很重要
张玮	高青县特殊教育学校	常见的衣物
张卫秀	蚌埠市特殊教育中心	秋天的校园

姓名	学校	名称
张文遐	北京市昌平区特殊儿童教育学校	寻找春天
张霞	赵县特殊教育学校	好吃的水果
张祥吉	长春市九台区特殊教育学校	分类
张晓敏	哈尔滨市启迪学校	教室
张晓园	湘潭市特殊教育学校	坐正站直
张兴娥	阳谷县特殊教育培训学校	我会吃饭
张兴珍	济南市长清区特殊教育学校	认识5
张旭	天津市河西区启智学校	得数是4的加法
张雪姣	北京市平谷区特教中心	苹果香蕉
张雅琴	大同市特殊教育学校	方位——前、后
张妍	通化市东昌区育智辅读学校	我生活的小区
张艳红	蛟河市特殊教育学校	10以内数点数的训练
张焱虹	河源市源城区阳光学校	眼耳口鼻
张燕	广州市天河区启慧学校	毛巾
张义波	鹤岗市特殊教育中心	比高矮
张银静	本溪市特殊教育学校	小书包
张莹莹	延边第一特殊教育学校	认识5
张雨佳	天津市津南区培智学校	回家——认识生字"门"
张育媚	北流市特殊教育学校	比轻重
张元	灵山县特殊教育学校	电冰箱
张媛	天津市南开区育智学校	刷牙
张悦	德清县培康学校	什么美
张韵婕	上海世外教育附属宝山大华实验学校	认识图形（二）
张泽苹	天津市宁河区特殊教育学校	土木火
张哲萤	辽源市特殊教育学校	秋天的校园
张哲萤	辽源市特殊教育学校	鞋
张芝花	上海市宝山区新民实验学校	我的梦
章琪	诸暨市特殊教育学校	爱护牙齿
章秋怡	上海世外教育附属宝山大华实验学校	我会吃饭
赵洪平	四平市育文学校	学洗头
赵慧媛	北京市平谷区特教中心	课程表
赵立萍	七台河市特殊教育学校	爱护牙齿
赵丽	岳池县特殊教育学校	花园果园

续表

姓名	学校	名称
赵丽君	西安市启智学校	比较数的大小
赵玲玲	长治市特殊教育学校	课间安全
赵倩怡	南京市玄武区特殊教育学校	8 减几（一）
赵姗姗	贵定县特殊教育学校	四季
赵淑颖	天津市宁河区特殊教育学校	乌鸦喝水
赵素芳	邢台市特殊教育学校	小画笔
赵文莹	哈尔滨市燎原学校	江南
赵校瑛	贵阳市云岩区惠智学校	镜子里的我
赵亚溶	新绛县特殊教育学校	春晓
赵杨华	富裕县特殊教育学校	10 的组成
赵洋	长春市农安县特殊教育学校	眼耳口鼻
赵勇	洪洞县特殊教育学校	1～10 的数序
赵玉荣	无锡市梁溪区特殊教育学校	认识 3
赵阅	凤城市特殊教育学校	前后
赵云娟	邯郸市特殊教育中心学校	常见的水果、水果的吃法
赵张丽	垣曲县特殊教育学校	眼耳口鼻
赵紫悦	深圳元平特殊教育学校	小画笔
郑安蓉	佛山市顺德区启智学校	儿童节
郑芳成	舟山市特殊教育学校	太阳月亮
郑海燕	库车市特殊教育学校	上厕所
郑琳琳	鲤城区开智学校	常见的水果
郑琳琳	鲤城区开智学校	常见的餐具
郑莎莎	崇州市特殊教育学校	多样的天气
郑小燕	齐齐哈尔市培智学校	社区安全标识
郑秀丽	漳州市芗城开智学校	眼耳口鼻
郑茵茵	廉江市特殊教育学校	学系鞋带
钟芬红	武平县特殊教育学校	比高矮（一）
钟佩颖	广州市黄埔区知明学校	过年了
仲宇诗	绵阳市特殊教育学校	我
周洪娟	桦甸市特殊教育学校	得数是 7 的加法
周焕杰	滕州市特殊教育中心	社区设施——5 减几
周娟	郎溪县特殊教育学校	比高矮
周强湘	湘潭市特殊教育学校	我会吃饭
周亚楠	商丘市梁园区特殊教育中心	好吃的水果
周洋	通辽市特殊教育学校	认识四肢

续表

姓名	学校	名称
朱冠馨	上海市闵行区启智学校	爸爸妈妈
朱建云	北京市昌平区特殊儿童教育学校	得数是 2 的加法——2 的组成
朱静	扬中市特殊教育中心学校	得数是 8 的加法
朱丽博	大连市金州区特殊教育学校	认识 3
朱连智	佳木斯市特殊教育中心学校	儿童节
朱琳玲	盐城市特殊教育学校	认识人民币
朱瑞英	无锡市梁溪区特殊教育学校	寻找春天
朱盛祥	扬州市邗江区启智学校	认识几时
朱玉环	韶关市特殊教育学校	鞋
朱玉清	扬州市邗江区启智学校	家用电器
朱玉艳	临平区汀洲学校	花草树木
朱章宇	北海市特殊教育学校	升国旗
祝晓丹	杭州市萧山区特殊教育学校	过生日
祝瑶	赣县区特殊教育学校	过生日
卓萌萌	沅江市特殊教育学校	认识图形（圆形）
宗晶	辉南县特殊教育学校	升国旗
邹酬云	深圳市福田区竹香学校	爸爸妈妈的名片
邹宛静	舒兰市特殊教育学校	课间活动真有趣
邹湘	湘潭市特殊教育学校	刷牙
邹艳	新余市分宜县特殊教育学校	得数是 0 的减法
左世杰	株洲市特殊教育学校	认识圆形
左双	吉林市昌邑区特殊教育学校	认识前后
资源教师组		
班允辉	梅河口市特殊教育学校	美丽的鱼
曹陈怡	上海市杨泰实验学校	猫
曹梓华	广州市番禺区市桥沙墟二小学	我有一双巧手——环保小制作
曾靖怡	广州市番禺区市桥沙墟二小学	我的生日会我来办
常英丽	石家庄市鹿泉区特殊教育学校	认识 3
车振玲	晋城市特殊教育中心学校	眼耳口鼻
陈翠	成都市青白江区玉虹小学校	我的职业梦想

姓名	学校	名称
陈德才	广州市番禺区市桥沙墟二小学	我会拖地
陈海龙	本溪市溪湖区三和小学	认识2
陈淮伟	榆林市第二十八小学	听音游戏
陈嘉盈	深圳市阳光小学	认识情绪绘本教学活动
陈金英	嵊州市三界镇中学	认识数字5、6
陈秋秀	江山市贺村第一小学	食物链和食物网
陈甦	天津市滨海新区大港花园里小学	迈入青春期——第二性征发育特点
崔丽梅	长春市特殊教育学校	和快乐做朋友
邓晨曦	深圳市南山区桃源中学	黄河颂
董丹阳	晋城市特殊教育中心学校	叠被子
杜俊华	广州市海珠区怡乐路小学	亲子居家体能锻炼
段圣波	临沭县第五实验小学	My favourite season
冯旋宇	深圳市南山区第二外国语学校学府中学	这样的我
付余	鸡西市特殊教育学校	小兰喜欢吃萝卜
傅莉莉	北京市海淀区台头小学	看图写话练习——日常生活场景篇
高爽	通辽市特殊教育学校	10以内的连加
戈冬月	长春高新兴华学校	认识5
葛静	德州市德城区陈庄中心小学	总也倒不了的老屋
关鑫	本溪市溪湖区三和小学	团圆过中秋
郭佰红	榆树市特殊教育学校	认识人民币
郭金菊	江山市贺村第一小学	前后
郭立娜	天津市武清区杨村光明道小学	染色游戏
郭丽娟	临沭县第四实验小学	趣味树叶拓印纸盘画
郭丽娟	临沭县第四实验小学	吃法有讲究
韩二妮	晋城市特殊教育中心学校	20以内的连加
韩丽薇	本溪市溪湖区三和小学	刷鞋边
韩美荣	井陉县特殊教育学校	苹果和香蕉
郝平	长春市特殊教育学校	一只贝
何雪莲	成都市工程职业技术学校	幼儿洗手
黄璐澜	江山市贺村第一小学	The sounds of "cl" and "p".
黄伟青	佛山市南海区里水镇麻奢小学	常见的水果
黄伟青	佛山市南海区里水镇麻奢小学	小画笔

姓名	学校	名称
姜茹	丹东市凤城特殊教育学校	转述
姜燕	江山市贺村第一小学	认识人民币（一）
金冰瑜	德清县阜溪实验幼儿园	大班健康活动：搬运粮食初体验
雷碧莲	肇庆市第九小学	垃圾分类
李变华	井陉县特殊教育学校	六一儿童节
李崇惠	成都市锦江区特殊教育中心特殊教育资源中心	蚂蚱运粮
李聪	农安县红旗小学	What are you doing?
李娟	杭州市余杭区南苑中心小学	救救大鲸鲨
李倩	北京师范大学南山附属学校	遵从指令
李倩	北京师范大学南山附属学校	妹妹买喇叭
李瑞麟	广州市花都区新华街第一小学	认识人民币
李伟	石家庄市鹿泉区特殊教育学校	珍爱生命，遵守交通规则
李晓川	农安县前岗乡鲍家中心小学	春晓
李晓艳	佛山市禅城区特殊教育支援服务中心	我想和你们一起玩
李迎	天津市武清区杨村街第二小学	角的度量
李政	榆树市特殊教育学校	一共有多少
梁美珍	从江县城关第四小学	植物妈妈有办法
梁伟婷	广州市花都区新华街第一小学	我会包饺子
梁裕玲	广州市花都区新华街第一小学	融合体育——立定跳远
林鸿明	中山市东区远洋学校	我们的校园
林淑婷	杭州市余杭区中泰中心幼儿园	小羊历险记
刘春平	天津市武清区杨村光明道小学	火车开啦
刘翠红	北京市海淀区永泰小学	会痛的泥娃娃——学习先苦后甜
刘桔	天津市武清区杨村光明道小学	手指
刘恋	长春市特殊教育学校	桥

续表

姓名	学校	名称
柳婉婷	深圳市福田区实验教育集团侨香学校	让我们同在一起
罗红莲	佛山市南海区九江镇儒林第二小学	独自在家
罗紫云	广州市番禺区市桥沙墟二小学	有趣的剪纸娃娃
马诚诚	深圳市南山区月亮湾小学	如何寻求帮助
马秀娥	延吉市进学小学校	我是独特的
马秀菊	农安县实验小学	四个太阳
马雪香	广州市第二幼儿园	藏宝袋
马雪香	广州市第二幼儿园	毛毛虫火车
马雪香	广州市第二幼儿园	中班绘本阅读活动——纪念碑下的小花
么会红	榆树市特殊教育学校	大家一起来
苗云	徐州市特殊教育学校	只有一个地球
莫莉莎	深圳市南山区南山小学	我的喷火龙朋友
莫颖	广州市花都区新华街第一小学	端午粽
穆丹	通辽市特殊教育学校	小公鸡和小鸭子
倪媁	凤城市特殊教育学校	多彩之秋
皮金梅	扬州市邗江区蒋王镇中心小学	荷叶圆圆
钱潇敏	广州市海珠区聚德西路小学	足球脚内侧传球
邵鑫雅	北京学校	借书
邵云霞	本溪市溪湖区三和小学	小小鸡蛋把门开
佘金荣	榆树市特殊教育学校	前后
沈妍霞	德清县阜溪实验幼儿园	大班健康活动：翻山越岭的小动物
司丙瑞	哈尔滨市特殊教育学校	8+几
宋阔	北京市东城区府学胡同小学	昼夜交替
宋颜玉	佛山市建设小学	巨人的花园
苏金秀	广州市番禺区市桥沙墟二小学	创意手掌画
孙海婷	凤城市特殊教育学校	认识时间（一）
孙雪妮	舒兰市特殊教育学校	两只小狮子
孙政	深圳市福田区实验教育集团侨香学校	我的未来我做主
唐滢颖	江山市碗窑小学	小蝌蚪找妈妈
佟会敏	北京市海淀区万泉小学	我想

续表

姓名	学校	名称
汪佳慧	杭州市临平区南苑中心小学	神奇的七巧板
汪晓灿	深圳市南山区前海小学	社交心理团辅游戏——开始交谈悦纳自己友善的谈话
王浩宇	无锡市梁溪区特殊教育学校	春联
王慧彤	长春市特殊教育学校	动物王国开大会
王丽	中山市石岐中心小学	寻找例外——拆掉思维的墙
王鹏	北京市海淀区翠微小学	运动使我更自信
王研	北京市海淀区玉泉小学	绘画日记——小鹅戏水乐陶陶
王晔飞	保定市特殊教育中心	四个太阳
魏春丽	鸡西市特殊教育学校	爱护牙齿
吴春青	深圳市福田区实验教育集团侨香学校	新学期第一课
吴奕佳	高新中学	认识特殊需要
吴奕佳	深圳市南山外国语学校集团高新中学	微信扫码支付
吴银环	南安市水头中心小学	比大小
向娅	深圳市南山区荔湾小学	听我说谢谢您
向娅	深圳市南山区荔湾小学	认识8
谢厚均	丹江口市肖家沟小学	解决问题
谢静	秭归县郭家坝镇初级中学	I used to be afraid of the dark.
邢飞	晋城市特殊教育中心学校	面积的认识
邢琳	长春市特殊教育学校	请让我来帮助你
徐利敏	杭州市余杭区中泰中心幼儿园	小青蛙捉害虫
徐迅	北京市海淀区图强第二小学	和我一起玩
薛路芳	广州市番禺区东怡小学	星语星愿——来自星星的约翰绘本创作课
杨丽艳	通辽市特殊教育学校	MY FACE
杨霞	天津市河东区街坊小学	祖父的园子
于芳霞	天津市北辰区安光小学	雨点儿
于妍	长春高新兴华学校	比较数的大小
余超男	成都市锦江区特殊教育中心特殊教育资源中心	体适能训练——旋转大陀螺
虞继红	上海市虹口区凉城第四小学	通用课风能小车

续表

姓名	学校	名称
虞继红	上海市虹口区凉城第四小学	习作七巧板
袁琳娜	深圳市南山区太子湾学校	我在课堂上
袁琳娜	深圳市南山区太子湾学校	自闭症关注日主题班会
袁淑芳	天津市静海区子牙新城第一小学	我是一只小虫子
詹海洲	中山市东区雍景园小学	图形的旋转
张春玲	富裕县特殊教育学校	海底世界
张国涛	中山市特殊教育指导中心	拥抱"蒂比"
张家茹	天津市静海区实验小学	认识图形
张俊	武汉市新洲区邾城街第六小学	用字母表示数
张宽	天津市滨海新区塘沽盐场中学	走进计算机世界
张丽娜	榆树市特殊教育学校	横
张巧	鄂尔多斯市伊金霍洛旗第三小学	挑战注意力
张晓华	丹东市凤城特殊教育学校	快乐禅绕画——纸风车
张兴坤	保定市特殊教育中心	an、en、in、un、ün
张雪	舒兰市特殊教育学校	小青蛙学本领
张雪敏	德州市德城区陈庄中心小学	年月日
张亚奇	中国人民大学附属中学实验小学	注意力训练——合作来闯关
张云	广州市康纳学校广州儿童孤独症康复研究中心	随班就读学生社会情绪课程
赵海霖	舒兰市特殊教育学校	20 ~ 25 米往返接力跑
赵娜	梅河口市特殊教育学校	情绪万花筒
赵文美	长春高新兴华学校	20 以内加法运算
郑素云	潍坊市奎文区早春园小学	麻雀
郑夏军	象山县贤庠学校	观察一种动物
郑玉华	江山市贺村第一小学	为人民服务之歌
周凌	杭州市萧山区新塘小学	给妈妈做一杯果汁
朱小露	广州市番禺区化龙镇中心小学	玛德琳和图书馆里的狗
邹冬梅	徐州市特殊教育学校	雷雨
课件		
视障教育组		
安方斌	菏泽市特殊教育中心	角的初步认识

续表

姓名	学校	名称
白素娇	玉林市特殊教育学校	认识人民币
边焕涛	乌鲁木齐市盲人学校	变量与常量
曹文	石家庄市特殊教育学校	三角形的分类
陈玲玲	重庆市特殊教育中心	天净沙秋思
陈迎宾	淄博市特殊教育中心	孟德尔的豌豆杂交实验（一）
程士满	石家庄市特殊教育学校	树之歌
党琦	乌鲁木齐市盲人学校	数学广角——搭配（一）
邸杰	哈尔滨市特殊教育学校	江南
丁微	四平盲童学校	认识人民币
范秋琳	通辽市特殊教育学校	白鹅
范玉	鞍山市特殊教育学校	观察我们的身体
冯丽雯	长治市特殊教育学校	圆明园的毁灭
高利勇	通辽市特殊教育学校	安全记心上
高若云	沈阳市盲校	富饶的西沙群岛
高莹莹	保定市特殊教育中心	卖油翁
葛琼	安顺市西秀区特殊教育学校	荷花
龚莹	桂林市聋哑学校	我是一只小虫子
管艺	济南特殊教育中心	我与班级共成长
韩旭	天津市视力障碍学校	盲文自学课件
何辉	邯郸市特殊教育中心学校	海底世界
洪续	广州市启明学校	When do you usually get up?
胡查英	保定市特殊教育中心	燕子
胡晓春	上海市盲童学校	克与千克的认识
胡玉荣	滨州市特殊教育学校	乡下人家
胡知	北流市特殊教育学校	爬山虎的脚
黄春梅	柳州市特殊教育学校	小小的船
黄春梅	柳州市特殊教育学校	荷叶圆圆
黄婧	桂林市聋哑学校	Have a nice month!
黄莹	郴州市特殊教育中心学校	白鹅
蒋可钦	桂林市聋哑学校	悯农（其二）
雷丽	扬州市特殊教育学校	速算小达人
李华	济南特殊教育中心	游山西村
李惠玲	晋城市特殊教育中心学校	揠苗助长
李建军	天津市视力障碍学校	输血与血型
李立彦	烟台市特殊教育学校	容积和容积单位
李丽娟	石家庄市特殊教育学校	平方差公式
李强	兰州市特殊教育学校	鸽巢问题

续表

姓名	学校	名称
李文霞	聊城市特殊教育学校	第一单元B部分
李晓飞	鞍山市特殊教育学校	认识钟表
李晓欢	石家庄市特殊教育学校	三峡
李延飞	郴州市特殊教育中心学校	歌曲咏鹅
李艳霞	菏泽市特殊教育中心	How much is this skirt？
梁静	晋中市特殊教育学校	小壁虎借尾巴
梁钰	天津市视力障碍学校	搭石
林杰	保定市特殊教育中心	文件与文件夹
刘晋杰	通辽市特殊教育学校	长方形、正方形面积的计算
刘蕾蕾	德州市特殊教育学校	认识时间
刘梦林	临沂市特殊教育学校	It's cold outside. Section B
刘苏	长沙市特殊教育学校	散步
刘小杰	滨州市特殊教育学校	人体的运动系统
刘怡冰	广州市启明学校	穿井得一人
罗红英	烟台市特殊教育学校	I love my family.
罗小红	贵阳市盲聋哑学校	分数的意义
马磊	邯郸市特殊教育中心学校	同级运算
马盛秋雁	桂林市聋哑学校	乘法的初步认识
马旭静	赤峰特殊教育学校	轻松学竖笛
乔琳	哈尔滨市特殊教育学校	荷花
任晓妮	烟台市特殊教育学校	木兰诗
石倩	晋中市特殊教育学校	元素周期表
宋海霞	德州市特殊教育学校	分数的初步认识
孙爱喜	德州市特殊教育学校	雷雨
孙启进	淄博市特殊教育中心	任意角的三角函数
孙倩	菏泽市特殊教育中心	Welcome to our school?
孙莹	淄博市特殊教育中心	计数原理
谭家兴	柳州市特殊教育学校	四季
檀晶红	哈尔滨市特殊教育学校	分类与整理
唐燕	玉林市特殊教育学校	鹿角和鹿腿
田丽红	鞍山市特殊教育学校	雷雨
王传飞	济宁市特殊教育学校	大道之行也
王春玲	潍坊盲童学校	圆的认识
王海艳	通辽市特殊教育学校	荷叶圆圆
王娟	鞍山市特殊教育学校	小鸡过河
王开斌	兰州市特殊教育学校	数的顺序
王可	长沙市特殊教育学校	愉快的梦

续表

姓名	学校	名称
王磊	大连盲聋学校	诗词五首·赤壁
王龙英	滨州市特殊教育学校	肥皂泡
王阳	邯郸市特殊教育中心学校	综合性学习——轻叩诗歌大门
王阳	通辽市特殊教育学校	习作：我的动物朋友
王玉娟	固原市特殊教育学校	梅花魂
王育茹	广州市启明学校	北冥有鱼
王媛	菏泽市特殊教育中心	数学广角——推理
王中妹	天津市视力障碍学校	100以内数的读数、写数
文媛	哈尔滨市特殊教育学校	鹿角和鹿腿
吴静	南京市盲人学校	有序数对
吴莉	宿州市特殊教育中心	只有一个地球
吴睿	成都市特殊教育学校	Look at me!
肖鹏瑶	深圳元平特殊教育学校	马上到家
邢杰	聊城市特殊教育学校	家人的爱
阳利	郴州市特殊教育中心学校	盖房子
杨垣焜	重庆市特殊教育中心	认识计算机
杨华	聊城市特殊教育学校	声音的产生与传播
杨立照	滨州市特殊教育学校	杨氏之子
于秀华	潍坊盲童学校	圆柱的表面积
张娟	济南特殊教育中心	长方形的周长
张青文	烟台市特殊教育学校	送东阳马生序
张秋艳	赤峰特殊教育学校	神奇的耳朵
张显	北京市盲人学校	粗盐提纯
张显	北京市盲人学校	水的净化
张晓梅	扬州市特殊教育学校	认识d、t、n、l
张又方	烟台市特殊教育学校	七耳兔唱名歌
赵静珊	无锡市特殊教育学校	小壁虎借尾巴
赵可馨	重庆市特殊教育中心	完全平方公式
赵硕	天津市视力障碍学校	乘法的初步认识
赵瑜	北京市盲人学校	我的一天学校生活
郑蔚	上海市盲童学校	法律为我们护航
郑小琨	武汉市盲童学校	解一元一次方程——合并同类项
植渝清	北流市特殊教育学校	数学广角——搭配（二）
钟琳	广州市启明学校	年月日
钟小桂	广州市启明学校	平抛运动
周莉	玉林市特殊教育学校	除法
朱凤云	济南特殊教育中心	除法的初步认识

姓名	学校	名称
朱媛	扬州市特殊教育学校	桥
听障教育组		
保一凡	西吉县特殊教育九年一贯制学校	拼音 i、u、ü
鲍静	通辽市特殊教育学校	年月日的认识
宾计	株洲市特殊教育学校	家
蔡茂凤	盐城市特殊教育学校	厘米的认识
蔡梦丽	株洲市特殊教育学校	小青蛙
岑兰红	黔西南州盲聋哑学校	小灰鸽送信
岑永兰	黔西南州盲聋哑学校	棉花姑娘
常纶	兰州市特殊教育学校	乌鸦喝水
陈呈	重庆市聋哑学校	认识有余数的除法
陈凤	济宁市特殊教育学校	超市里
陈荷莲	新余市特殊教育学校	比尾巴
陈葵	海口特殊教育学校	称赞
陈兰巧	黔西南州盲聋哑学校	时钟的认识
陈梅梅	黔西南州盲聋哑学校	荷叶圆圆
陈梦欣	抚州市临川区特殊教育学校	小蝌蚪找妈妈
陈妙娟	丽水市特殊教育学校	青蛙写诗
陈敏	鄂州市特殊教育学校	三只白鹤
陈蓉	扬州市特殊教育学校	认识角
陈仕银	东莞启智学校	伏尔加河上的纤夫
陈素芳	晋中市特殊教育学校	小蝌蚪找妈妈
陈霞玲	临沭县特殊教育学校	时分的认识
陈亚超	聊城市特殊教育学校	神奇的旅行
陈杨	保定市特殊教育中心	故事中的数学——加法的初步认识
陈玉娟	郴州市特殊教育中心学校	笔算除法
陈云龙	丽水市特殊教育学校	认识钟表
陈长金	长沙市特殊教育学校	一个小村庄的故事
程月红	贵定县特殊教育学校	20 以内的进位加法——8 加几
初春	长春市特殊教育学校	雷锋叔叔，你在哪里
初春	赤峰特殊教育学校	认识钟表
崔芳	黔西南州聋哑学校	大人国小人国
崔丽萍	松原市特殊教育学校	分数的初步认识——几分之一
代莹莹	惠水县特殊教育学校	认识梯形
邓凤娇	乌鲁木齐市聋人学校	胖乎乎的小手
邓海妹	海口特殊教育学校	棉花姑娘

姓名	学校	名称
邓莉萍	长沙市特殊教育学校	吨的认识
邓良利	东莞启智学校	圆的周长
邓秋莹	广州市启聪学校	厘米的认识
邸胜强	晋江市特殊教育学校	认识钟表
董铁椒	绍兴市聋哑学校	认识图形（二）
董志群	鄂州市特殊教育学校	地道战
杜庆敏	莘县特殊教育学校	曹冲称象
段永梅	晋城市特殊教育中心学校	月亮姑娘做衣裳
范锐	哈尔滨市特殊教育学校	皮球浮上来了
方美荣	榆树市特殊教育学校	分类与整理
方赛红	柳州市特殊教育学校	小括号
冯奇薇	长春市九台区特殊教育学校	咏柳
冯晓娟	绵阳市涪城区特殊教育学校	大小多少
付茹玉	聊城市茌平区特殊教育学校	角的初步认识
付心知	泉州市特殊教育学校	爱的表达
付媛	湘潭市特殊教育学校	十几减 9
高丹	阜宁县特殊教育学校	认识人民币（一）
高微微	中山市特殊教育学校	口算除法
高永芳	宁晋县特殊教育中心	荷花
耿建生	石家庄市特殊教育学校	5 的乘法口诀
管惠芳	湖州市教育康复学校	海陆变迁课件
郭佰红	榆树市特殊教育学校	认识人民币
郭宏侠	唐山市特殊教育学校	6、7 的加法
郭丽欣	邢台市宁晋县特殊教育中心	认识时间
郭敏燕	晋中市特殊教育学校	蔬果造型
郭沛娟	高州市特殊教育学校	一匹出色的马
郭俏俏	临猗县特殊教育学校	一次比一次有进步
郭晓晨	菏泽市特殊教育中心	我会买东西
韩玲	枣庄市特殊教育学校	认识钟表
韩小红	榆树市特殊教育学校	数的组成
郝姝媖	白城市特殊教育学校	认识角
何韵	玉林市特殊教育学校	认识钟表
洪娜珊	南安市特殊教育学校	角的初步认识
洪巧评	南安市特殊教育学校	要下雨了
侯惠萌	沛县特殊教育中心	三个小伙伴
侯爽爽	菏泽市特殊教育中心	平均分
胡华	叙州区特殊教育学校	四个太阳

特殊教育优秀教学案例

续表

姓名	学校	名称
胡亚明	赤峰市元宝山区特殊教育学校	借东西
胡媛	平罗县特殊教育学校	ia、ua、uo
郇艳	临沭县特殊教育学校	口耳目
黄聪	鞍山市特殊教育学校	四个太阳
黄丹霞	南安市特殊教育学校	小壁虎借尾巴
黄方	韶关市特殊教育学校	美丽的孔雀
黄辉贞	抚州市临川区特殊教育学校	看图学词学句——白菜苹果
黄烜	长春市特殊教育学校	一个小村庄的故事
黄玉秀	临沂市特殊教育学校	手形的联想
黄媛媛	鸡西市特殊教育学校	两位数乘两位数（不进位）
黄宗耀	玉林市特殊教育学校	一次比一次有进步
姬媛媛	邯郸市特殊教育中心学校	有性格的脸谱
贾翠棉	石家庄市特殊教育学校	角的认识
江婧	烟台市特殊教育学校	大数的认识
江清闲	陆川县特殊教育学校	认识人民币（二）简单的计算
姜琳琳	哈尔滨市阿城区康慧学校	鲁班造锯
姜姗	邯郸市特殊教育中心学校	我的老师
蒋文馨	桂林市聋哑学校	秒的认识
荆翠瑶	哈尔滨市特殊教育学校	亿以上数的读法
居延军	济宁市特殊教育学校	颐和园
康俊萍	晋中市特殊教育学校	时分秒
赖春燕	抚州市金溪县博爱学校	要下雨了
黎江山	南充市特殊教育学校	认识人民币（一）
李彩琴	西吉县特殊教育九年一贯制学校	拼音 a 的教学
李春玲	高唐县特殊教育学校	角的初步认识
李冬丽	兰州市特殊教育学校	打开的小花伞
李昊林	聊城市特殊教育学校	多彩的面具——京剧脸谱
李贺	磐石市特殊教育学校	我要的是葫芦
李会芬	石家庄市藁城区特殊教育学校	太空生活趣事多
李金平	中宁县特殊教育学校	找春天
李静	巴中市通江县特殊教育学校	5的乘法口诀
李娟	宿州市特殊教育中心	要下雨了
李立伟	长春市特殊教育学校	乌鸦喝水
李丽	大石桥市特殊教育学校	角的初步认识

续表

姓名	学校	名称
李万成	乌鲁木齐市聋人学校	可爱的家乡
李万忠	柳州市特殊教育学校	质量守恒定律
李祥蓉	成都市特殊教育学校	学写贺卡
李小春	浏阳市特殊教育学校	10的认识
李晓瑞	固原市特殊教育学校	表内除法——平均分
李晓钰	北海市特殊教育学校	比长短
李昕	贵阳市盲聋哑学校	认识图形（二）
李艳文	海口市特殊教育学校	认识时间
李颖光	白城特殊教育学校	分数的初步认识
李媛媛	昌吉州特殊教育学校	7的乘法口诀
李政	榆树市特殊教育学校	认识画图（二）
李志勤	云浮市特殊教育学校	认识几时几分
李子娴	长治市特殊教育学校	一次比一次有进步
梁玉英	莘县特殊教育学校	角的初步认识
廖林梅	云浮市特殊教育学校	三个小伙伴
林合惜	汕头市聋哑学校	荷花
刘春瀛	松原市特殊教育学校	比尾巴
刘东	淄博市特殊教育中心	遮罩动画的制作
刘芳	太原市聋人学校	知原理敬逆行
刘建华	日照市特殊教育学校	两位数加一位数、整十数
刘姣	中山市特殊教育学校	有趣的图形拼组
刘蕾蕾	德州市特殊教育学校	认识方向
刘孟德	屏山县特殊教育学校	雾在哪里
刘秋莲	桂林市聋哑学校	三个小伙伴
刘冉	松原市特殊教育学校	小蝌蚪找妈妈
刘思霞	济宁市特殊教育学校	解决比多（少）的问题
刘伟	湛江市特殊教育学校	两位数加一位数、整十数
刘文贲	郴州市特殊教育中心学校	美味蔬菜
刘霞	长宁县特殊教育学校	葡萄沟
刘晓娜	济南特殊教育中心	桃花源记
刘旭玲	晋城市特殊教育中心学校	一个小村庄的故事课件
刘雅琼	株洲市特殊教育学校	How do you make a banana milk shake？
刘艳清	深圳元平特殊教育学校	认识时间
刘阳	敦化市特殊教育学校	多位数乘一位数——笔算乘法（不进位）
刘贻卉	新余市特殊教育学校	9的乘法口诀

462

续表

姓名	学校	名称
刘莹	通辽市特殊教育学校	角的初步认识
刘志超	益阳市特殊教育学校	富饶的西沙群岛课文解读
龙江	柳州市特殊教育学校	爱清洁，讲卫生
龙堂香	独山县沁元学校	认识钟表
卢丰竹	信丰县特殊教育学校	长方形、正方形面积的计算
卢袁芳	无锡市特殊教育学校	牵牛花
陆妙杨	云浮市特殊教育学校	小马过河
路彦丽	平顺县特殊教育学校	面积单位间的进率
路月	淄博市特殊教育中心	常见的数量关系——单价、数量与总价
罗娟	岳阳市特殊教育学校	拼拼摆摆乐趣多
罗舒玲	北海市特殊教育学校	秋天
罗维昌	独山县沁元学校	高大的皂荚树
罗艳	高州市特殊教育学校	大小多少
吕欢欢	重庆市聋哑学校	弹力
吕美萍	南安市特殊教育学校	20以内的进位加法——9加几
马静	固原市特殊教育学校	三位数乘两位数
马静	湘潭市特殊教育学校	它们都会跳
马玲琍	株洲市特殊教育学校	角的初步认识
马向前	晋城市特殊教育中心学校	两位数加两位数不进位加法
马新	乌鲁木齐市聋人学校	牛顿第一定律
马亚群	滨州市特殊教育学校	除法的初步认识
蒙燕苗	玉林市特殊教育学校	7的乘法口诀
蒙玉明	玉林市特殊教育学校	秋天
孟春燕	中宁县特殊教育学校	端午粽
孟凡平	榆树特殊教育学校	100以内数的读写（数的组成）
孟海燕	长春市农安县特殊教育学校	保护眼睛
孟艳	济宁市特殊教育学校	美味蔬菜
米立蕊	宁晋县特殊教育中心	我爱祖国
明丽霞	东营市特殊教育学校	坐车
潘滨	温州市特殊教育学校	摩擦力
潘彩虹	南安市特殊教育学校	小蝌蚪找妈妈
潘玲玲	中山市特殊教育学校	长方形和正方形的特征
潘晓丽	滨海县特殊教育学校	认识钟表

续表

姓名	学校	名称
潘艳杰	松原市特殊教育学校	认识计算器及使用方法
庞若妮	玉林市特殊教育学校	5的乘法口诀
彭静	南充市特殊教育学校	操场上
彭影	长春市农安县特殊教育学校	黄山奇石
乔芙蓉	吴忠特殊教育学校	角的初步认识
乔子超	邯郸市特殊教育中心学校	夏夜
秦海珍	资兴市特殊教育学校	添括号
卿红	乌鲁木齐市聋人学校	春雨的色彩
邱玉环	冠县特殊教育学校	认识时间
冉晓丹	阜新市特殊教育学校	9的乘法口诀
任建平	西吉县特殊教育九年一贯制学校	7的乘法口诀
任亚男	聊城市特殊教育学校	筷子舞
尚晓丽	长春市特殊教育学校	小马过河
邵丽娟	呼伦贝尔岭东特殊教育学校	狐假虎威
沈美思	湖州市教育康复学校	我是什么
沈毅英	湖州市教育康复学校	先做后说再写
盛晶晶	金华市特殊教育学校	认识周长
石惠子	惠水县特殊教育学校	小猴子下山
石珊珊	保定市特殊教育中心	一匹出色的马
史存美	太原市聋人学校	求一个数是另一个数的几倍
史红娟	新绛县特殊教育学校	认识人民币（二）
舒莹	南昌市启音学校	小蝌蚪找妈妈
帅华	日照市特殊教育学校	所见
宋明秋	鞍山市特殊教育学校	拼音ui
宋晓丹	鞍山市特殊教育学校	小壁虎借尾巴
宋晓冉	滨州市特殊教育学校	牵牛花
宋雨键	天津市聋人学校	咕咚
孙丰美	泰安市特殊教育中心	小壁虎借尾巴
孙啟越	鸡西市特殊教育学校	邓小平爷爷植树
孙琼瑶	丽水市特殊教育学校	四季
孙婷	云浮市特殊教育学校	认识克
孙彤	淮安市特殊教育学校	传统节日
孙英峰	聊城市特殊教育学校	认识时间
覃娟	张家界市特殊教育学校	用2~6的乘法口诀求商（例1）
谭琳	长沙市特殊教育学校	动物儿歌

续表

姓名	学校	名称
谭晓博	太原市聋人学校	生活用电
谭怡	郴州市特殊教育中心学校	古诗二首咏柳
汤夏莲	大连盲聋学校	前后关系
唐芳芳	杭州文汇学校	蜘蛛开店
陶宗林	淄博市特殊教育中心	春
滕雷	哈尔滨市特殊教育学校	稍复杂的排列问题
童迎春	广元市特殊教育学校	操场上
万鹏	衡阳市特殊教育学校	长方体的认识
王贝	临沂市特殊教育学校	弹力
王超	梅河口市特殊教育学校	找春天
王川	泸州市特殊教育学校	几时几分的认识
王方许	临沂市特殊教育学校	小蝌蚪找妈妈
王华玉	凌海市特殊教育学校	平均分
王辉力	赵县特殊教育学校	小青蛙
王金花	钟祥市特殊教育学校	猫
王金金	阳泉市特殊教育学校	表内除法（二）
王进磊	长春市九台区特殊教育学校	升国旗
王静	青岛市中心聋校	水的净化——过滤
王开翠	临沂市特殊教育学校	找春天
王丽娟	阳泉市特殊教育学校	一个小村庄的故事
王龙生	滨海县特殊教育学校	7的乘法口诀
王生艳	建始县特殊学校	好习惯
王秀娟	赤峰特殊教育学校	坐井观天，小猴子下山
王艳杰	莘县特殊教育学校	认识钟表
王耀中	罗田县特殊教育学校	倍的认识
王玉青	邢台市特殊教育学校	棉花姑娘
王珍	溆浦县特殊教育学校	1～6的乘法口诀综合拓展课——快乐超市
魏红叶	淄博市特殊教育中心	飞向蓝天的恐龙
魏雪	徐州市特殊教育学校	荷花
魏彦晓	宁晋县特殊教育中心	j、q、x
温莉	南充市特殊教育学校	春雨的色彩
翁启萍	宜宾市叙州区特殊教育学校	雪地里的小画家
吴冰冰	沛县特殊教育中心	小蝌蚪找妈妈
吴琨	扬州市特殊教育学校	勾股定理
吴沙沙	重庆市聋哑学校	扩写
吴薇	无锡市特殊教育学校	复式统计表

续表

姓名	学校	名称
吴雪飞	长春市九台区特殊教育学校	咏柳
吴智姗	泸县中宏特殊教育学校	水果
吴仲举	牡丹江市特殊教育学校	雷雨
武莉莉	日照市特殊教育学校	认识时间
武荣伟	新绛县特殊教育学校	同分母分数的大小比较
奚建芳	太原市聋人学校	8和9的认识
夏敏	南昌市启音学校	风筝飞起来
夏娜	安顺市普定县特殊教育学校	小青蛙
夏少娜	德州市特殊教育学校	长方形、正方形面积的计算
冼曼玲	海口特殊教育学校	画家乡
晓林	通辽市特殊教育学校	花
肖烨	盐城市特殊教育学校	公园里
辛颖	天津市聋人学校	古诗二首
徐冬梅	松原市特殊教育学校	位置与方向（一）
徐凤瑶	通江县特殊教育学校	汉语拼音p
许云娜	锦州市义县爱心学校	组合图形面积计算
薛娜	青岛市中心聋校	水果
薛瑞	乌鲁木齐市聋人学校	20以内的进位加法——9加几
鄢晓玲	天津市聋人学校	荷花
闫旭	邯郸市特殊教育中心学校	长方形与正方形的特征
杨晖	冠县特殊教育学校	5的乘法口诀
杨惠	株洲市特殊教育学校	植物妈妈有办法
杨惠英	石家庄市特殊教育学校	阅读指导课
杨菊	四平市聋哑学校	认识几分之一
杨珂珺	鞍山市特殊教育学校	一分钟
杨庆	丹东市特殊教育学校	认识钟表
杨瑞华	保定市特殊教育中心	形声字
杨晓华	长治市特殊教育学校	秋天
杨艳	湘潭市特殊教育学校	亿以上数的改写及求近似数
杨艳玲	巴中市巴州区特殊教育学校	识字山
杨洋	丽水市特殊教育学校	比尾巴
杨铮	石家庄市鹿泉区特殊教育学校	画杨桃
姚小倩	灵山县特殊教育学校	它们都会跳

姓名	学校	名称
易春燕	北海市特殊教育学校	上、下
尹健	盐城市特殊教育学校	小壁虎借尾巴
于丽君	德州市特殊教育学校	两位数加一位数（进位加法）
于莉	永吉县特殊教育学校	邓小平爷爷植树
余秀玉	三明市特殊教育学校	比尾巴
袁永兰	于都县特殊教育学校	秒的认识
张爱珍	滨州市特殊教育学校	小蝌蚪找妈妈
张翠	凌海市特殊教育学校	江河湖海
张海祥	邯郸市特殊教育中心学校	高楼宿舍火灾预防
张红	沛县特殊教育中心	动物儿歌
张红	宁晋县特殊教育中心	认识面积单位
张洪福	呼伦贝尔市特殊教育中心	吃水不忘挖井人
张磊	通辽市特殊教育学校	全家一起来过年
张璐	太原市聋人学校	我的小书包
张美佳	临沭县特殊教育学校	叶子上的"小血管"
张萌	菏泽市特殊教育中心	有性格的脸谱
张溟	长春市特殊教育学校	会动的小纸人
张琴	广州市启聪学校	愚公移山
张瑞君	东营市特殊教育学校	大小多少
张伟	莘县特殊教育学校	厘米的认识
张卫国	冠县特殊教育学校	用2～6的乘法口诀求商
张兴坤	保定市特殊教育中心	an、en、in、un、ün
张雪	齐齐哈尔市特殊教育学校	超市里
张颖	晋中市特殊教育学校	水墨游戏
张影	徐州市特殊教育学校	识字4——水果
张瑜枫	柳州市特殊教育学校	小蝌蚪找妈妈
张钰静	桂林市聋哑学校	认识人民币
张月枝	石嘴山市特殊教育学校	8的乘法口诀
章毅	哈尔滨市特殊教育学校	超市里
赵军慧	晋中市特殊教育学校	一个小村庄的故事
赵萍	泸州市特殊教育学校	它们都会跳
赵新燕	济南特殊教育中心	天然的纹理
赵雪	长治市特殊教育学校	春雨的色彩
甄德智	邢台市特殊教育学校	加法各部分间的关系
郑俊伶	叙永县特殊教育学校	位置与方向（一）
袁庭	南昌市启音学校	认识小数
种晓涛	保定市特殊教育中心	认识钟表（一）
周丹	吉安市特殊教育学校	珍爱生命安全出行
周利华	南充市特殊教育学校	借光读书

姓名	学校	名称
周琴	北海市特殊教育学校	两位数减一位数（退位）
周蓉	阳泉市特殊教育学校	失物招领
周松青	湘潭市特殊教育学校	日本
周玉	齐齐哈尔市特殊教育学校	日月潭
周志方	滨州市特殊教育学校	8和9
朱金凤	菏泽市特殊教育中心	有余数的除法
朱君斐	丽水市特殊教育学校	认识人民币
朱敏	临沂市特殊教育学校	几分之一
朱苏娜	无锡市特殊教育学校	我是什么
庄在杰	石家庄市特殊教育学校	多位数乘一位数——乘数中间有0的乘法
培智教育组		
艾雪	成都市青白江区特殊教育学校	升国旗
安辉辉	抚松县特殊教育学校	3减几
安慧蕾	石家庄市特殊教育学校	小小的船
安品融	西安市启智学校	第几（大头儿子观影记）
安瑞聪	白山市逸夫特殊教育学校	认识圆形
安玉倩	成都市锦江区特殊教育中心	我的学习用具——我的书
巴洋洋	鞍山市特殊教育学校	保护视力
白金龙	通辽市科尔沁左翼后旗特殊教育学校	认识数字4
白兰	武汉市江岸区辅读学校	认识人民币（一）
白玮	成都市青羊区特殊教育学校	存钱罐
白艳琴	商丘市梁园区特殊教育中心	山村咏怀
白银婷	上海市静安区启慧学校	爱护牙齿得数是6
班东杰	哈尔滨市双城区特殊教育学校	春晓
包双龙	通辽市科尔沁左翼后旗特殊教育学校	得数是8的加法
鲍春彦	冠县特殊教育学校	常见的蔬菜
蔡蒙娜	湖州市德清县培康学校	认识4
蔡暖华	广州市番禺区培智学校	学洗碗
蔡朴琴	寻甸回族彝族自治县特殊教育学校	认识蔬菜
蔡乾华	张家口市宣化区特殊教育学校	悯农

续表

姓名	学校	名称
蔡倩	成都市双流区特殊教育学校	它们都会跳
蔡雯雯	石河子特殊教育学校	认识9
曹才丽	海口特殊教育学校	小书包
曹恒周	舞钢市特殊教育学校	存钱罐
曹可兰	九江市特殊教育学校	得数是5的加法
曹利盈	商丘市梁园区特殊教育中心	四季
曹锡钰	常州市武进区特殊教育学校	比尾巴
曹新颖	扬州市邗江区启智学校	认识人民币
曹正飞	兴义市特殊教育学校	四季
曾萍	佛山市三水区启智学校	购物——总价10元以内的商品
常思远	永吉县特殊教育学校	常见的蔬菜
陈柏燃	天津市滨海新区塘沽兴华里学校	常见的饮品
陈超	宁乡市虎山特殊教育学校	认识7
陈晨	郎溪县特殊教育学校	我是值日生
陈春静	廉江市特殊教育学校	认识图形
陈丹丹	济南市济阳区特殊教育学校	电冰箱
陈恩圆	北海市特殊教育学校	比大小（一）
陈凤	新干县特殊教育学校	乌鸦喝水
陈凤	蓬安县特殊教育学校	植树
陈果意	广州市越秀区启智学校	学洗澡
陈荷莲	新余市特殊教育学校	电冰箱
陈厚喜	牡丹江市特殊教育学校	洗脸
陈辉	宁晋县特殊教育中心	得数是5的加法
陈嘉梁	广州市越秀区启智学校	有趣的6
陈锦程	玉林市特殊教育学校	江南
陈磊	抚松县特殊教育学校	小小的船
陈琳	无锡市梁溪区特殊教育学校	爸爸妈妈
陈梅浩	深圳市南山区龙苑学校	常见的蔬菜
陈明杏	高州市特殊教育学校	花草树木
陈明艳	长春市宽城区培智学校	我不乱花钱
陈茜	青岛三江学校	操场上
陈巧玲	巴中市巴州区特殊教育学校	我的学校
陈榕娥	佛山市禅城区启智学校	我会吃水果
陈盛	珲春市特殊教育学校	得数是8的加法

续表

姓名	学校	名称
陈伟	广州市南沙区启慧学校	认识三角形——三角形与方向
陈伟英	濮阳县特殊教育学校	爸爸妈妈
陈文	上海市浦东新区辅读学校	认识圆形
陈翕源	东莞启智学校	认识圆形
陈熹	吉林特殊教育实验学校	眼耳口鼻
陈萧青	莘县特殊教育学校	镜子里的我
陈晓	玉环市特殊教育学校	认识4
陈晓丽	深圳市福田区竹香学校	第几
陈晓敏	临沂市兰山区特殊教育学校	认识4
陈晓璇	广州市海珠区聚德西路小学	常见的饮品
陈晓月	深圳市宝安区星光学校	我不乱花钱
陈燕贞	晋江市特殊教育学校	认识圆形
陈瑶	宝安区星光学校	认识人民币
陈益卉	无锡市梁溪区特殊教育学校	太阳、月亮
陈英	德清县培康学校	指印画
陈莹莹	南安市特殊教育学校	比大小
陈瑜聪	广州康复实验学校	得数是10的加法
陈云珍	寻甸回族彝族自治县特殊教育学校	小兔子乖乖
陈允忠	滨海县特殊教育学校	认识4
陈珍	吴川市特殊教育学校	认识3
程海屏	长春市双阳区特殊教育学校	端午节
程宏宏	鸡西市特殊教育学校	常见的副食——认识9
程俊明	武汉市新洲区特殊教育学校	认识人民币
程敏	兴义市特殊教育学校	雪地里的小画家
程荃妹	岳阳市平江县特殊教育学校	认识钟（表）面
程燕飞	晋城市特殊教育中心学校	20以内的进位加法——9加几
程一鸣	南京市秦淮特殊教育学校	爬山
仇冠钦	衡阳市特殊教育学校	比厚薄
丛会敏	赤峰市元宝山区特殊教育学校	谁会这样
崔会博	北京市平谷区特教中心	元旦
崔景松	珲春市特殊教育学校	我生活的小区

续表

姓名	学校	名称
崔媛媛	新沂市特殊教育中心学校	认识人民币
代偏偏	南京市玄武区特殊教育学校	我多想去看看
戴海香	安吉县育星培智学校	包馄饨
戴羚雪	南京市秦淮特殊教育学校	我会吃饭
戴秋琳	滨海县特殊教育学校	3 的认识
单宝慧	齐齐哈尔市培智学校	家
党旗	广元市特殊教育学校	鞋
邓宝莲	重庆市渝中区培智学校	3 减几
邓凤娟	罗定市特殊教育学校	灯笼
邓佳敏	成都市锦江区特殊教育学校	重阳节
邓嘉丽	广州市黄埔区知明学校	使用直梯
邓双厚	灵山县特殊教育学校	我的书桌
邓亚男	扬州市邗江区启智学校	四季
邓缘缘	佛山市顺德区启智学校	认识图形（三）
狄兴丽	临沭县特殊教育学校	红领巾
翟培江	沂源县特殊教育学校	升国旗
丁丽娟	罗田县特殊教育学校	两只老虎
丁巧	通化市东昌区育智辅读学校	谁画的鱼大
丁一凡	辽源市特殊教育学校	国庆节
董楚清	佛山市南海区星辉学校	课外活动真丰富
董耕硕	齐齐哈尔市培智学校	比多少（二）
董桂	扬州市邗江区启智学校	得数是 3 的加法
董华鹏	深圳元平特殊教育学校	初步掌握网络信息获取与选择
董继利	邹城市特殊教育学校	比高矮
董杰	鹤岗市特殊教育中心	生活中的字——蔬菜
董淼	阜新市特殊教育学校	江南
董鸣利	常德市特殊教育学校	10 以内数字大小比较应用
董盼	南京市秦淮特殊教育学校	我的书桌
董晴	高青县特殊教育学校	我有一双手
董雪鸥	阜新市特殊教育学校	认识整时
董雅婷	银川市特殊教育中心	比大小
窦晓艳	连云港市赣榆特殊教育学校	认识图形
杜健	天津市河东区启智学校	比尾巴
杜斯慧	北京市东城区特殊教育学校	花草树木

续表

姓名	学校	名称
杜文梅	防城港市特殊教育学校	得数是 3 的加法
杜晓燕	高青县特殊教育学校	过生日
杜玉婷	新余市特殊教育学校	分类（图形的分类）
段柯静	柳州市特殊教育学校	洗手
范春楼	金华市特殊教育学校	大扫除
范杰	长沙市特殊教育学校	去春游
范利平	宁晋县特殊教育中心	我的家人比高矮（二）
范素丽	行唐县特殊教育学校	认识时间（一）——整点的认识
方卉	成都市温江区特殊教育学校	认识 3
方萍	柳州市特殊教育学校	电冰箱
方忠浩	西安市启智学校	过生日
房春红	永吉县特殊教育学校	好吃的水果
房美佳	通辽市特殊教育学校	认识人民币
冯娥	扬中市特殊教育中心学校	2 减几
冯吉荣	北京市通州区培智学校	3 减几
冯家静	广州市南沙区启慧学校	认识常见的水果
冯靖婷	深圳元平特殊教育学校	认识梯形（一）
冯戚妹	高州市特殊教育学校	常见的衣物
冯小艳	平罗县特殊教育学校	认识 4
冯晓敏	阳泉市平定县特殊教育学校	升国旗
冯晓云	清苑区特殊教育中心	我是中国人
冯迎雪	白山市逸夫特殊教育学校	多样的天气
冯云	西安市启智学校	认识 5
符丽军	海口特殊教育学校	长方形的认识
付莞茹	哈尔滨市道里区育新学校	认识 9
付辉敏	赵县特殊教育学校	蝴蝶飞飞
付娟	柳州市特殊教育学校	大小多少
付丽丽	临沭县特殊教育学校	保护社区环境
付胜冬	牡丹江市特殊教育学校	乌鸦喝水
付艳萍	中卫市特殊教育学校	自己去吧
付毅	凤城市特殊教育学校	浪花里的小船
付玉	天津市滨海新区大港特殊教育学校	电冰箱
高川	天津市和平区培智学校	乌鸦喝水
高菲	牡丹江市特殊教育学校	讲卫生
高涵	天津市滨海新区大港特殊教育学校	我会穿衣服

续表

姓名	学校	名称
高红艳	石家庄市鹿泉区特殊教育学校	爸妈真辛苦、3减几
高洁	舒兰市特殊教育学校	我有一双手
高蕾	青岛三江学校	认识0
高明洋	天津市滨海新区塘沽兴华里学校	语文小天地二
高鹏凌	扬州市培智学校	得数是7的加法
高群	靖江市特殊教育学校	存钱罐
高天晴	佳木斯市桦川县特教中心	毛巾
高学思	广州市黄埔区知明学校	20以内进位加法
高艳	中宁县特殊教育学校	爸爸妈妈
高艳华	松原市特殊教育学校	第几
高燕玲	深圳市宝安区星光学校	端午节习俗之划龙舟
高阳	高青县特殊教育学校	好吃的水果
高玉璐	青岛市崂山区特殊教育学校	打电话
葛惠玲	玉林市特殊教育学校	我的梦
葛立志	杭州市萧山区特殊教育学校	认识圆形
葛丽莎	大连市金州区特殊教育学校	认识钟表
葛莉莎	临沭县特殊教育学校	洗手
葛伟燕	合肥市蚌埠路第四小学	打电话
葛玉飞	钟祥市特殊教育学校	认识学校场所
耿迪	北京市东城区特殊教育学校	小画笔
耿迎迎	淮北市特殊教育学校	认识人民币（一）
弓玉娇	靖江市特殊教育学校	静夜思
龚明旭	源城区阳光学校	认识人民币
龚书香	远安县特殊教育学校	得数是4加法
龚思	成都市温江区特殊教育学校	太阳月亮
巩立君	淄博市特殊教育中心	黄瓜变变变
顾玉花	上海市松江区辅读学校	得数是5的加法
关东旭	兴城市特殊教育学校	认识图形（三）——图形分类
郭静英	库车市特殊教育学校	电冰箱
郭茂婧	白山市逸夫特殊教育学校	刷牙
郭青青	绵阳市特殊教育学校	小画笔
郭爽	庄河市特殊教育学校	认识9
郭文姗	晋江市特殊教育学校	1~10的数序——第几

续表

姓名	学校	名称
郭岩	营口市特殊教育学校	乌鸦喝水
郭艳春	天津市蓟州区育才学校	讲卫生
郭玉清	信丰县特殊教育学校	好吃的水果
郭玉莹	西吉县特殊教育九年一贯制学校	端午节
国莹	四平市铁西区特殊教育学校	认识3
海娟	赤峰市元宝山区特殊教育学校	洗手
韩鹏丽	平顺县特殊教育学校	洗手
韩棋民	高青县特殊教育学校	元旦
韩琴	新绛县特殊教育学校	多彩的活动
韩荣梅	聊城市茌平区特殊教育学校	得数是4的加法
韩淑婷	三亚市特殊教育学校	使用扶梯
韩星	长春市九台区特殊教育学校	认识图形
韩政	青州市特殊教育学校	好朋友一起玩
郝俊娜	自治区包头市青山区特殊教育学校	得数是7的加法
何爱恋	株洲市特殊教育学校	四季
何欢	旺苍县特殊教育学校	认识人民币（一）
何慧兰	恩施州建始县特殊教育学校	四季
何磊	天津市河北区启智学校	比尾巴
何鹏	杭州市余杭区汀洲学校	乌鸦喝水
何珊珊	广州市南沙区启慧学校	一起去参加生日派对
何世烨	广州市白云区云翔学校	认识人民币（二）
何彦霞	石家庄市藁城区特殊教育学校	小兔子乖乖
何艺	东莞启智学校	常见的蔬菜
何永林	资兴市特殊教育学校	我会收拾餐桌
贺玲妹	长沙市第一社会福利院	我是好学生
贺璐	七台河市特殊教育学校	家用电器
衡莹莹	兴安盟特殊教育学校	毛巾
洪家惠	屏山县特殊教育学校	认识时间
洪丽平	武平县特殊教育学校	鞋
洪秋凤	石狮市仁爱学校	常见的水果
侯华	梅河口市特殊教育学校	教师节
侯利红	长沙县特殊教育学校	爬山
侯雯晴	英德市智通学校	马牛羊

姓名	学校	名称
侯彦霖	北京市昌平区特殊儿童教育学校	四季
侯艺	张家界市特殊教育学校	悯农
胡宝婷	吴忠特殊教育学校	小书包
胡冰心	济宁市任城区特殊教育学校	四季
胡丹丹	七台河市特殊教育学校	使用直梯
胡红霞	宜昌市远安县特殊教育学校	认识钟表
胡萍	东安县特殊教育学校	节约粮食
胡萍	诸城市特殊教育学校	鞋
胡珊珊	萧山区特殊教育学校	我是分类小能手
胡瑶	兰溪市曙光学校	10以内的连减
胡玥婷	黑河市特殊教育学校	前后
胡长雄	宁德市霞浦县特殊教育学校	我的奶奶我家真干净
胡志维	曲靖市麒麟区特殊教育学校	刷牙
黄傲	武汉市新洲区特殊教育学校	对韵歌
黄岑	江山市培智学校	24时计时法
黄朝瑶	泸州市特殊教育学校	红领巾
黄承纪	百色市田东县特殊教育学校	乌鸦喝水
黄春宇	湛江市特殊教育学校	马牛羊
黄翠香	北海市特殊教育学校	马牛羊
黄凤琴	安吉市育星培智学校	男生女生
黄欢	湘乡市特殊教育学校	用手机打电话
黄嘉敏	佛山市顺德区启智学校	多彩的一天
黄靖雅	南安市特殊教育学校	1～10的数序
黄久媛	天津市武清区特殊教育学校	得数是6的加法
黄丽华	广州市南沙区启慧学校	毛巾
黄丽梅	玉林市特殊教育学校	比尾巴
黄玲	阜宁县特殊教育学校	毛巾
黄璐娜	玉环市特殊教育学校	鞋
黄美娟	和平县和爱学校	社区安全标识
黄敏	常州市光华学校	人
黄伟超	深圳市罗湖区星园学校	我的学校
黄小玲	湛江市特殊教育学校	小书包
黄晓靖	罗定市特殊教育学校	6减几
黄新华	南安市特殊教育学校	小小的船

姓名	学校	名称
黄秀娟	固原市特殊教育学校	认识1
黄叙	叙州区特殊教育学校	认识钟表
黄叶芳	资兴市特殊教育学校	认识4
黄永佳	东营市特殊教育学校	图形变变变
黄玉婷	都江堰市特殊教育学校	认识圆形
黄玉燕	中山市特殊教育学校	认识0
黄月红	南安市特殊教育学校	马牛羊
黄正南	南雄市特殊教育学校	上、下
黄智韦	兰溪市曙光学校	元宵节
黄准	海宁市培智学校	小小的船
黄子菡	营口市特殊教育学校	小书包
黄子桓	高州市特殊教育学校	认识5
霍俊名	东阳市特殊教育学校	升国旗
霍蔚	长治市特殊教育学校	家
计福前	成都市新都区特殊教育学校	好吃的水果
纪冬梅	巴中市巴州区特殊教育学校	升国旗
冀永刚	莘县特殊教育学校	得数是10的加法
贾翠雅	邯郸市特殊教育中心学校	镜子里的我
贾飞	四平市育文学校	我的家人
贾绍芳	长宁县特殊教育学校	立定跳远
贾占鑫	平定县特殊教育学校	认识图形
江晓珍	九江市特殊教育学校	8的认识
姜丽秋	梅河口市特殊教育学校	眼耳口鼻
姜雪	库车市特殊教育学校	我上学了——认识1
姜雪丽	长春市九台区特殊教育学校	好朋友一起玩
蒋国云	井陉县特殊教育学校	山村咏怀
蒋景朋	宁晋县特殊教育中心	日月明
蒋世莲	郴州市特殊教育中心学校	比较数的大小
蒋思霞	佛山市南海区星辉学校	认识7
焦祖洪	成都市青白江区特殊教育学校	4的数量配对
解志刚	东宁市特殊教育学校	认识数字5
金嘉怡	华东师范大学附属卢湾辅读实验学校	学穿鞋
金俊仙	寻甸回族彝族自治县特殊教育学校	升国旗
金黎明	上海市宝山区培智学校	镜子里的我
金莉	扬州市培智学校	我是社区一分子

续表

姓名	学校	名称
晋芳	广元市特殊教育学校	比大小
靳贤权	齐河县特教中心	古诗一首
靳玉霞	宁晋县特殊教育中心	交通安全很重要
康晓燕	上海市浦东新区致立学校	认识图形（三）
柯楚玲	广州市天河区启慧学校	好玩的绘画与手工
孔德维	湘乡市特殊教育学校	认识整时
赖晨晨	东阳市特殊教育学校	男生女生
雷少华	武汉市江岸区辅读学校	3减几
李彩霞	武汉市第一聋哑学校	画妈妈
李璨	兴义市特殊教育学校	比长短
李春霞	海林市特殊教育学校	中国人
李翠杰	成都市新都区特殊教育学校	10的组成是加法
李代军	随州市随县特殊教育学校	天安门广场
李丹	桓台县特殊教育学校	中国人
李枫	白山市逸夫特殊教育学校	认识时间
李富佳	舒兰市特殊教育学校	端午节
李谷秀	黑河市特殊教育学校	小小的船
李韩晰	田东县特殊教育学校	常见的蔬菜
李航	长春市双阳区特殊教育学校	常见的水果
李红霞	张家界市特殊教育学校	回家
李红霞	聊城市茌平区特殊教育学校	讲卫生
李慧	深圳市宝安区星光学校	认识7
李慧敏	曲靖市麒麟区特殊教育学校	良好的用餐习惯
李季喻	玉林市特殊教育学校	眼耳口鼻
李佳佳	长治市特殊教育学校	眼耳口鼻
李嘉欣	阳泉市特殊教育学校	花园果园
李嘉颖	佛山市禅城区启智学校	操场上
李建辉	佛山市南海区星辉学校	快乐购物——人民币的使用
李健平	柳州市特殊教育学校	寻找春天
李婕	天津市河北区启智学校	认识时间
李锦平	临沭县特殊教育学校	认识人民币（一）
李晶	天津市河北区启智学校	多样的天气
李晶宏	哈尔滨市燎原学校	数字大小比较
李晶晶	天津市津南区培智学校	常见的蔬菜
李净芝	湛江市特殊教育学校	我是好学生
李静	北京市通州区培智学校	我的一家
李娟	中卫市特殊教育学校	好吃的水果

姓名	学校	名称
李娟	吴忠特殊教育学校	寻找春天
李康	石嘴山市特殊教育学校	端午节
李立华	四平市育文学校	餐桌上的肉蛋奶
李丽金	晋江市特殊教育学校	常见餐具
李丽娟	珲春市特殊教育学校	6减几
李丽香	晋江市特殊教育学校	月亮
李莉	吉林市昌邑区特殊教育学校	快递宝宝要回家
李林	邯郸市特殊教育中心学校	认识时间（一）
李林蔚	高平市特殊教育中心校	0的加减
李璐瑶	哈尔滨市启迪学校	7的组成
李梅	莱西市特殊教育中心	好吃的水果
李美杰	白山市逸夫特殊教育学校	7减几
李妙芸	广州市白云区云翔学校	认识几时
李敏	高平市特殊教育中心校	安全使用直梯
李敏	梅河口市特殊教育学校	打电话
李明	包头市青山区特殊教育学校	迷人的蝴蝶谷
李平彦	苏州市吴中区特殊教育学校	第几
李庆	岳池县特殊教育学校	最厚和最薄
李淑娟	淮北市特殊教育学校	画彩蛋
李巍巍	黑河市特殊教育学校	对韵歌
李维峰	凤城市特殊教育学校	危险预防与应变
李伟	广州市天河区启慧学校	我的生活小助手
李文权	佛山市康复实验学校	男生女生
李武	长兴县培智学校	回家
李戊东	深圳市罗湖区星园学校	国庆节
李喜进	济南市长清区特殊教育学校	找朋友
李霞姣	云浮市特殊教育学校	认识整时
李小红	台州市椒江区培智学校	元宵节
李晓芳	南安市特殊教育学校	对韵歌
李晓玲	东阳市特殊教育学校	认识钟面
李晓婷	临汾市洪洞县特殊教育学校	悯农
李晓妍	桓台县特殊教育学校	大象
李兴凯	深圳市福田区竹香学校	趣味识字"瓜"
李秀云	广州市海珠区启能学校	小画笔
李雪	通化市特殊教育学校	认识0
李雪连	乳源瑶族自治县特殊教育学校	安全教育

姓名	学校	名称
李亚琴	平定县特殊教育学校	我的梦
李岩	梅河口市特殊教育学校	常见的蔬菜
李永贤	玉林市特殊教育学校	四季
李云娜	宁晋县特殊教育中心	画
李泽兰	贵定县特殊教育学校	我的奶奶
李泽洋	青岛市晨星实验学校	爷爷奶奶
李哲	邹城市特殊教育学校	好朋友一起玩
李志娟	舒兰市特殊教育学校	认识0
李智	株洲市特殊教育学校	爱惜笔
李子涵	天津市津南区培智学校	量词歌
李宗新	玉林市特殊教育学校	圆柱的认识
厉婧	上海市宝山区罗南中心校	我有一双手
连馨雅	长治市特殊教育学校	上课
梁艾文	贵阳市云岩区惠智学校	金木水火土
梁翠琼	廉江市特殊教育学校	我的家（白天、黑夜）
梁国兰	广州市黄埔区知明学校	升国旗
梁凯悦	井陉县特殊教育学校	小书包
梁丽飞	凌海市特殊教育学校	7减几
梁雪冰	天津市西青区启智学校	我会穿衣服
梁雪华	中山市特殊教育学校	快乐的身体游
梁媛	株洲市特殊教育学校	好朋友一起玩
廖敏	防城港市特殊教育学校	认识几时
廖杏瑛	灵山县特殊教育学校	8加几
廖兆慧	枝江市特殊教育学校	男生女生
林登露	赣州市赣县区特殊教育学校	11～13的认识
林冬晖	武平县特殊教育学校	比长短
林思敏	高州市特殊教育学校	眼耳口鼻
林晓菁	海口特殊教育学校	打电话
林晓燕	武平县特殊教育学校	认识4
林晓芸	广州市越秀区启智学校	我的五官
林星星	郴州市特殊教育中心学校	认识8
林雪芳	鲤城区开智学校	毛巾
林莹莹	诸城市特殊教育学校	江南
林玉英	北流市特殊教育学校	整理衣物比长短
蔺耐藏	商丘市梁园区特殊教育中心	我的学校
刘白利	资兴市特殊教育学校	鞋
刘兵	和平县和爱学校	认识数字8
刘程荣	成都市锦江区特殊教育中心	常见的饮品

姓名	学校	名称
刘东爽	长春市九台区特殊教育学校	花园果园
刘芳	龙岩市永定区特殊教育学校	得数是4的加法
刘桂莲	武汉市江岸区辅读学校	升国旗
刘含珠	凌海市特殊教育学校	我的奶奶
刘红	海林市特殊教育学校	青春有格
刘洪泉	高唐县特殊教育学校	毛巾
刘慧	烟台市芝罘区辅读学校	小画笔3
刘健	长沙市第一社会福利院	认知水果
刘晶	天津市北辰区特殊教育学校	认识钟面
刘静霞	石家庄市鹿泉区特殊教育学校	春风吹
刘蕾	东营市特殊教育学校	灭火英雄
刘立伟	绥化市兰西县特殊教育学校	乌鸦喝水
刘连秀	贵定县特殊教育学校	升国旗
刘琳	大连市金州区特殊教育学校	认识时间（一）、7加几
刘琳丽	龙岩市武平县特殊教育学校	我会付钱
刘曼	西安市启智学校	100以内的加减法（三）——进位加
刘美芳	晋城市特殊教育中心学校	乌鸦喝水
刘美艺	辽源市特殊教育学校	刷牙
刘美艺	辽源市特殊教育学校	常见的水果
刘芹	大同市特殊教育学校	鞋
刘瑞珍	广州市番禺区培智学校	认识4
刘婷	库车市特殊教育学校	多样的天气
刘伟	天津市东丽区明强特殊教育学校	社区安全标识
刘玮	简阳市特殊教育学校	眼耳口鼻
刘小爽	通化市柳河县育智学校	电冰箱
刘晓娟	丽水市特殊教育学校	圆的认识
刘晓丽	莘县特殊教育学校	四季
刘秀花	广州市番禺区培智学校	我会穿套头衫
刘秀清	莘县特殊教育学校	好吃的水果
刘选选	正定县特殊教育学校	我的家真干净
刘雪莲	松原市特殊教育学校	认识时间
刘珣	行唐县特殊教育学校	人民币的认识
刘艳杰	梅河口市特殊教育学校	我的学校

续表

姓名	学校	名称
刘艳丽	林州市特殊教育学校	常见的蔬菜
刘艳珊	柳州市特殊教育学校	多样的天气
刘阳	云浮市特殊教育学校	得数是 3 的加法
刘阳	东莞启智学校	我的房间
刘洋	哈尔滨市启迪学校	毛巾
刘怡	天津市南开区育智学校	认识人民币
刘宜	成都市双流区特殊教育学校	爬山
刘艺	烟台市芝罘区辅读学校	认识图形（二）——认识圆形
刘懿	北京市昌平区特殊儿童教育学校	多样的天气
刘颖	呼伦贝尔市特殊教育中心	多样的天气
刘悠扬	浏阳市特殊教育学校	多样的天气
刘月红	聊城市荏平区特殊教育学校	5 的组成
刘云	济南市黎明学校	解锁十字图形
刘舟	长春市宽城区培智学校	认识人民币 100 元
刘竹青	高平市特殊教育中心校	洗手
柳珊珊	天津市宁河区特殊教育学校	小画笔
龙美怡	广州市越秀区启智学校	常见的水果
龙尚华	平远县特殊教育学校	身体不舒服
娄丹特	安吉县育星培智学校	眼耳口鼻
卢春凤	北流市特殊教育学校	认识钟面
卢娟	安顺市普定县特殊教育学校	我会吃饭
卢萍	南雄市特殊教育学校	认识 4
芦桂霞	抚松县特殊教育学校	我的好朋友
芦艳	吉林特殊教育实验学校	比大小
陆丹	兴城市特殊教育学校	鞋
陆丽阳	海宁市培智学校	小书包
陆璐	上海市静安区启慧学校	小兔子乖乖
陆叶	无锡市惠山区特殊教育学校	好吃的水果
路菁	天津市河西区启智学校	认识梯形
罗嫦娥	昭平县特殊教育学校	金木水火土
罗嫦娥	昭平县特殊教育学校	金木水火土
罗凤莲	北流市特殊教育学校	比尾巴
罗家茂	宜宾市叙州区特殊教育学校	认识圆形
罗满丽	深圳市福田区竹香学校	电冰箱

续表

姓名	学校	名称
罗世芳	北海市海城区高德小学	小兔子乖乖
罗舒航	深圳市南山区龙苑学校	我的三餐
罗斯娜	北流市特殊教育学校	认识时间（一）——认识钟面
罗文文	郴州市特殊教育中心学校	不挑食
罗小玲	成都市简阳特殊教育学校	整理自己的餐具
骆凤波	松原市特殊教育学校	上厕所
骆晓娟	成都市新都区特殊教育学校	常见的餐具
吕娜	鸡西市特殊教育学校	小书包
吕书娟	都江堰市特殊教育学校	认识三角形
吕小翠	广州市黄埔区启智学校	我是社区一分子——愿意参与社区防疫活动
吕紫函	缙云县培智学校	眼耳口鼻
马冀	敦化市特殊教育学校	打电话
马丽新	抚顺市特殊教育学校	比大小（一）
马琳	澄迈县特殊教育学校	家用电器
马琳	鞍山市特殊教育学校	四季
马妮娜	天津市河东区启智学校	认识 0
马爽	凤城市特殊教育学校	男生女生
马晓林	洪洞县特殊教育学校	端午节
马义平	莱西市特殊教育中心	对韵歌
马钟荟	湘乡市特殊教育学校	小画笔
毛星星	绵阳市特殊教育学校	好吃的水果
么会红	榆树市特殊教育学校	我不乱花钱
梅杰	武汉市新洲区特殊教育学校	认识 4
蒙泽红	独山县沁元学校	5 减几
孟艳红	东阿县特殊教育学校	祖国山河美如画
孟英娟	北京市健翔学校	日月明
糜嘉	松江区辅读学校	比尾巴
苗莎	广元市特殊教育学校	爸爸妈妈
闵敏	屏山县特殊教育学校	儿童节
莫金英	德庆县启智示范学校	制作西红柿炒鸡蛋
莫秀娟	田东县特殊教育学校	茄子（泥工）
莫艳	常德市石门县特殊教育学校	认识图形
慕雨桐	天津市武清区特殊教育学校	认识时间（一）
倪慧	杭州市临平区汀洲学校	认识 4

续表

姓名	学校	名称
聂宁	北京市通州区培智学校	电冰箱
牛雪芳	晋城市特殊教育中心学校	认识圆形
钮瑞琴	河源市和平县和爱学校	认识人民币（一）
欧金英	吉林市龙潭区特殊教育实验学校	社区安全标识
欧阳锦霞	张家界市特殊教育学校	小小的船
欧阳燕婷	韶关市特殊教育学校	好朋友一起玩
欧玉英	郴州市特殊教育中心学校	回家
潘常怡	上海市浦东新区书院小学	3减几
潘凤鸣	天津市津南区培智学校	比长短
潘乐兵	杭州市临平区汀洲学校	认识左右
潘丽平	江山市培智学校	加减混合运算
潘钰	绵阳市特殊教育学校	认识8
彭丽敏	广州市海珠区启能学校	学洗头
彭燕	深圳市南山区龙苑学校	我是小小天气预报员
彭媛	新绛县特殊教育学校	我会吃饭
蒲尔美	巴中市巴州区特殊教育学校	爱护牙齿
蒲媛	中卫市特殊教育学校	认识五官
戚梦博	鞍山市特殊教育学校	小松树
戚晓东	廉江市特殊教育学校	好吃的水果
齐沙沙	鞍山市特殊教育学校	江南
齐珊珊	道里育新学校	认识图形（四）
齐圣杰	天津市河西区启智学校	我爱我家
齐亚菲	天津市河西区启智学校	20以内不进位加法——十几加几
钱彩凤	长沙市宁乡市虎山特殊教育学校	中国人
钱慧茹	天津市西青区启智学校	小兔子乖乖
乔彧豪	上海市浦东新区致立学校	认识9
邱贵蓉	宁化县特殊教育学校	分类
邱华	克山县特殊教育学校	乌鸦喝水
邱沙沙	海宁市培智学校	我会洗手
曲海霞	阜平县特殊教育学校	分类
阙柳均	韶关市特殊教育学校	我的书桌
任丽丽	高平市特殊教育中心校	认识5
任明珠	无锡市惠山区特殊教育学校	家
任媛	深圳市南山区龙苑学校	拼音p
阮兰锦	北海市特殊教育学校	四季

续表

姓名	学校	名称
沙婷婷	襄汾县特殊教育学校	存钱罐
尚巾楣	淄博市特殊教育中心	拼音f的奇妙之旅
邵冰艳	长兴县培智学校	认识数字3
邵俊	江山市培智学校	认识6
邵秀筠	青岛市晨星实验学校	太阳月亮
佘金荣	榆树市特殊教育学校	课程表
佘文洁	自贡市贡井区辅读学校	土木火
申屠航丽	东阳市特殊教育学校	学校
沈宠满	罗定市特殊教育学校	校园安全教育
沈凌	无锡市惠山区特殊教育学校	认识梯形
沈思思	长沙市特殊教育学校	7减几分——分
盛一凡	兰溪市曙光学校	我们的老师
施臻	洪洞县特殊教育学校	我会吃饭
石杰	天津市滨海新区塘沽兴华里学校	比尾巴
石梦娇	高青县特殊教育学校	常见的主食
石艳芬	定西市临洮县特殊教育学校	得数是4的加法
时红帅	东阿县特殊教育学校	爱护牙齿
时月娇	赞皇县特殊教育学校	毛巾
史立军	长春市双阳区特殊教育学校	分担家务活
帅丽红	叙永县特殊教育学校	电冰箱
司宝青	济南市长清区特殊教育学校	元的认识
宋凡	扬中市特殊教育中心学校	爸爸妈妈
宋歌	石河子特殊教育学校	10以内的连减
宋海波	长春市榆树市特殊教育学校	有、没有
宋红梅	长春市二道区育行特殊教育学校	小兔子乖乖
宋建军	齐齐哈尔市培智学校	中秋节
宋建鑫	邢台市特殊教育学校	静夜思
宋娟	绵阳市涪城区特殊教育学校	小兔子乖乖
宋丽	天津市西青区启智学校	我升班了
宋晓娟	绵阳市涪城区特殊教育学校	操场上
宋艳红	晋城市特殊教育中心学校	儿子女儿

续表

姓名	学校	名称
苏芳静	石家庄市藁城区特殊教育学校	小小的船
苏杭	哈尔滨市燎原学校	秋天的校园
苏莹	磐石市特殊教育学校	我坚持！我能行！
隋永梅	长春市农安县特殊教育学校	加法的计算方法
孙皓雅	长春市九台区特殊教育学校	家
孙化维	通辽市特殊教育学校	我的五官
孙佳婧	杭州市临平区汀洲学校	分类
孙静雯	天津市河北区启智学校	眼耳口鼻
孙娟	宣城市郎溪县特殊教育学校	我有一双手
孙俊英	保定市特殊教育中心	长方体的认识
孙萍	邯郸市特殊教育中心学校	四季
孙倩	青岛三江学校	三八妇女节
孙瑞青	保定市特殊教育中心	教师节
孙湘	普定县特殊教育学校	土、木、火——火
孙亚萍	垣曲县特殊教育学校	认识0
孙莹莹	哈尔滨市道里区育新学校	3减几
孙玉川	天津市宝坻区博爱学校	餐桌上的肉蛋奶——肉类食物
孙卓	通化市柳河育智学校	小小的船
覃广清	北流市特殊教育学校	社区安全标识
谭建莉	西吉县特殊教育九年一贯制学校	春晓
谭丽言	兴城市特殊教育学校	儿子女儿
谭秋梅	广州市南沙区启慧学校	用手机打电话
谭小红	通江县特殊教育学校	得数是4的加法
谭艳	湘乡市特殊教育学校	好吃的水果
唐林	雅安市第一特殊教育学校	认识整时
唐玲	屏山县特殊教育学校	比尾巴
唐梦妮	长沙市第一社会福利院	常见的水果
唐敏	桂林市培智学校	比尾巴
唐娜娜	襄汾县特殊教育学校	比尾巴
唐莹	通辽市特殊教育学校	注意饮食安全
田继颖	东宁市特殊教育学校	比高矮
田景霞	湘西土家族苗族自治州民族特殊教育学校	益虫
田林	东莞启智学校	常见的蔬菜
田芹	淄博市临淄区特殊教育中心学校	多样的天气

续表

姓名	学校	名称
田仁菊	安龙县特殊教育学校	超市
佟浩男	自治区包头市青山区特殊教育学校	乘法的初步认识
涂穗	岳阳市特殊教育学校	毛巾
万湘桂	桂林市培智学校	马牛羊
汪红	四平市育文学校	9加几
汪一婧	海宁市培智学校	得数是7的加法
汪珍珍	合肥市蚌埠路第四小学	表达需求
王碧涵	九江市特殊教育学校	4减几
王春园	桂林市培智学校	不挑食
王崔平	襄汾县特殊教育学校	认识图形（三）
王翠霞	绵阳市特殊教育学校	好吃的水果
王丹	宜昌市特殊教育学校	我会吃饭——中国美食
王冬秀	湘乡市特殊教育学校	比高矮（一）
王杜娟	巴中市巴州区特殊教育学校	得数是3的加法
王芳	呼伦贝尔市特殊教育中心	我的一家
王芳	吉林特殊教育实验学校	20以内的进位加法——7加几
王芳芳	邹城市特殊教育学校	歌声与微笑
王飞	兰溪市曙光学校	第几
王海燕	成都市青羊区特殊教育学校	小台灯
王海燕	丽水市特殊教育学校	认识人民币二
王贺佳	聊城市茌平区特殊教育学校	认识7
王华杰	宁乡市虎山特殊教育学校	认识7
王慧	济南市黎明学校	长方体的认识
王慧	兴城市特殊教育学校	认识人民币（一）
王慧颖	深圳元平特殊教育学校	有、没有（一）
王佳妮	海宁市培智学校	小画笔
王嘉林	凤城市特殊教育学校	分类
王建华	阳信县特殊教育学校	我是中国人
王金红	井陉县特殊教育学校	得数是4的加法
王金陵	拜泉县特殊教育学校	中秋节
王晶	五台县特殊教育学校	好吃的水果
王静	蛟河市特殊教育学校	认识时间
王凯莉	合肥市蚌埠路第四小学	声母p
王凯伟	商丘市梁园区特殊教育中心	静夜思

姓名	学校	名称
王琨	济南市黎明学校	四季
王兰波	抚顺市特殊教育学校	认数
王雷	宁乡市虎山特殊教育学校	20以内的进位加法——7加几
王蕾	东宁市特殊教育学校	鞋
王蕾	天津市宝坻区博爱学校	乌鸦喝水
王丽	惠水县特殊教育学校	小小的船
王丽娟	天津市东丽区明强特殊教育学校	身体不舒服
王丽萍	杜尔伯特蒙古族自治县特殊教育学校	我有一双手
王丽婷	天津市南开区育智学校	使用公共厕所——认识男女厕所标识
王丽婷	佛山市顺德区启智学校	五一劳动节
王莉丽	远安县特殊教育学校	打电话
王连连	天津市东丽区明强特殊教育学校	民间艺术小天地
王亮鸥	天津市和平区培育学校	认识时间
王玲玲	永吉县特殊教育学校	眼耳口鼻
王柳智	缙云县培智学校	认识4
王柳智	缙云县培智学校	认识4
王露	深圳市福田区竹香学校	乌鸦喝水
王明亮	长春市九台区特殊教育学校	认识时间（一）
王明月	烟台市芝罘区辅读学校	认识4
王娜	银川市特殊教育中心	3减几
王娜娜	垣曲县特殊教育学校	分类
王佩珊	淄博市临淄特殊教育中心学校	爬山
王萍	曲靖市麒麟区特殊教育学校	生气了，怎么办
王茜	新绛县特殊教育学校	存钱罐
王青燕	浏阳市特殊教育学校	认识圆形
王秋菊	湖州市德清县培康学校	存钱罐
王瑞芳	大同市特殊教育学校	鞋
王时锦	平塘县特殊教育学校	洗手
王守健	庆云县特殊教育学校	刷牙
王帅	吉林特殊教育实验学校	得数是7的加法
王思梦	天津市和平区培育学校	校园活动——7减几
王松惠	哈尔滨市双城区特殊教育学校	洗手
王婷	石河子特殊教育学校	认识时间
王婷婷	云浮市特殊教育学校	第几
王婷媛	杭州市余杭区汀洲学校	比尾巴
王琬舒	赤峰特殊教育学校	文明餐桌你和我
王唯颖	深圳市福田区竹香学校	勇敢的鄂伦春
王维	北京市东城区特殊教育学校	认识4
王硒	北京市健翔学校	日月明
王小燕	浠水县特殊教育学校	我爱小花和小草
王晓慧	蒙阴县特殊教育学校	认识长方形
王孝坤	通化市柳河县育智学校	家用电器
王心佳	辉南县特殊教育学校	刷牙
王心蕊	北京市昌平区特殊儿童教育学校	小书包
王欣	鸡西市特殊教育学校	春夏秋冬
王欣	北京市平谷区特教中心	整理学习用具——长和短
王新妍	天津市滨海新区大港特殊教育学校	家
王鑫	辉南县特殊教育学校	我的邻居
王鑫	凌海市特殊教育学校	良好的用餐习惯
王雪	库车市特殊教育学校	课程表
王雪改	赵县特殊教育学校	首都北京（1）
王雪梅	石嘴山市特殊教育学校	升国旗
王雪莹	和平县和爱学校	得数是3的加法
王彦腾	河源市和平县和爱学校	比轻重
王雁羽	常州市光华学校	四季
王耀能	海口特殊教育学校	认识5
王一淳	四平市育文学校	帽子和手套
王一水	庄河市特殊教育学校	爸爸妈妈
王怡琳	临沂市兰山区特殊教育学校	小老鼠和泡泡糖
王音弦	鹤岗市特殊教育中心	我家真干净
王英肖	洛川县特殊教育学校	存钱罐
王颖	临猗县特殊教育学校	9的分解与组成
王鱼琼	昆明市五华区新萌学校	小书包
王玉红	灯塔市特殊教育学校	刷牙
王月	邹城市特殊教育学校	认识5
王再准	沅江市特殊教育学校	爸妈真辛苦
王子英	临沂市兰山区特殊教育学校	花草树木
韦志亮	佛山市南海区星辉学校	剥香蕉

特殊教育优秀教学案例

续表

姓名	学校	名称
魏华平	阳谷县特殊教育培训学校	眼耳口鼻
魏艳	长治市特殊教育学校	0 的认识
温蕙华	辽源市特殊教育学校	过年了
吴春霞	廉江市特殊教育学校	坐正站直
吴国婷	青岛三江学校	1～10 的数序
吴海梅	北海市特殊教育学校	使用公共厕所
吴慧芳	平定县特殊教育学校	2 减几
吴慧芬	景宁畲族自治县培智学校	6 减几
吴佳美	石河子特殊教育学校	认识图形——球
吴克敏	保定市特殊教育中心	认识我的身体
吴利红	长宁县特殊教育学校	课程表
吴娜	高唐县特殊教育学校	认识钟表
吴琴	巴中市巴州区特殊教育学校	认识圆形
吴霞	普定县特殊教育学校	比大小
吴潇萍	九江市特殊教育学校	眼耳口鼻
吴小慧	赣县区特殊教育学校	注意饮食安全
吴雅楠	东港市特殊教育学校	我生活的地方
吴艳	长春市南关区育智学校	图形的认识
吴照凤	天津市武清区特殊教育学校	二年级的水果店（原题目好吃的水果）
伍雨菲	佛山市禅城区启智学校	认识数字 4
仵彤	南京市秦淮特殊教育学校	认识人民币
武丽婧	天津市津南区培智学校	良好的用餐习惯
席潇	天津市西青区启智学校	认识直梯
夏凌凌	海口特殊教育学校	小小的船
夏维	重庆市渝中区培智学校	认识半圆形
夏亚军	舒兰市特殊教育学校	四季
向亚芬	成都市青白江区特殊教育学校	认识 10 元以内人民币
肖晗	湘潭县特殊教育学校	第几
肖莉	鹿泉区特殊教育学校	我学会了——8 以内的点数
肖苗	泸州市特殊教育学校	认识钟面
肖晓萌	北京市东城区培智中心学校	有趣的数字
谢冰玲	云浮市特殊教育学校	一日三餐
谢赛云	高州市特殊教育学校	认识三角形
谢小凡	北海市特殊教育学校	我的房间
谢辛新	湛江市特殊教育学校	课间安全
邢丽丽	天津市红桥区培智学校	比尾巴

续表

姓名	学校	名称
邢娜	广州市番禺区培智学校	比长短
熊贝玲	宁远县特殊教育学校	五一劳动节
熊金飞	吉安市特殊教育学校	生活数学认识人民币（一）
熊伟强	佛山市禅城区启智学校	拿出相应数额人民币（1～10 元）
徐春媛	天津市东丽区明强特殊教育学校	电冰箱——"电"的认识
徐凤莲	莘县特殊教育学校	升国旗
徐虹	苏州市姑苏区特殊教育学校	好吃的水果
徐虹	德清县培康学校	换零钱——人民币的换算
徐军平	桂林市培智学校	爬山
徐丽杰	成都市青白江区特殊教育学校	认识圆形
徐连	盐城市特殊教育学校	我的情绪我做主
徐锐	独山县沁元学校	中国人
徐珊珊	济南市长清区特殊教育学校	七巧板变变变
徐书华	东宁市特殊教育学校	教室
徐淑君	合肥市蚌埠路第四小学	认识时间
徐淑丽	兰溪市曙光学校	认识钟表
徐顺瑜	南雄市特殊教育学校	比长短
徐伟	鞍山市特殊教育学校	雪地里的小画家
徐晓丹	鞍山市铁西区启智学校	小台灯
徐昕明	北京市东城区特殊教育学校	认识帽子、围巾、手套
徐秀娴	佛山市南海区星辉学校	使用直梯
徐燕	高唐县特殊教育学校	认识人民币
徐优	扬州市江都区特殊教育学校	家用电器
徐玉梅	吉林市船营区特殊教育实验学校	小小的船
许大雁	四平市育文学校	悯农
许交	鸡西市特殊教育学校	认识 5
许可乔	佛山市三水区启智学校	得数是 6 的加法
许岭	赵县特殊教育学校	衣物的组成（1）
许婷	银川市特殊教育中心	我家真干净
许晓冰	深圳元平特殊教育学校	趣味篮球赛——下肢平衡与协调训练
许洋	鞍山市立山区育智学校	爸爸妈妈

续表

姓名	学校	名称
薛婷	苏州工业园区仁爱学校	男生女生
薛文超	邹城市特殊教育学校	花草树木
闫文军	银川市特殊教育中心	认知土豆和清洗土豆
阎文爽	哈尔滨市启迪学校	小台灯
颜多花	丽水市特殊教育学校	认识3
晏春霞	九江市特殊市特殊教育学校	6加几的进位加法
阳小芳	通江县特殊教育学校	认识几时
杨爱珍	溆浦县特殊教育学校	多样的天气
杨安丽	寻甸回族彝族自治县特殊教育学校	鞋
杨畅	珲春市特殊教育学校	蜜蜂
杨晨雨	英德市智通学校	讲卫生
杨存朋	石家庄市藁城区特殊教育学校	好吃的水果
杨丹玲	重庆市渝中区培智学校	五星红旗
杨国芳	太原市迎泽区特殊教育中心学校	小书包
杨慧	邢台市南和区特殊教育学校	植树
杨洁	保定市特殊教育中心	重阳节
杨柯	常州市光华学校	过生日
杨科娴	深圳市罗湖区星园学校	常见饮品的原料
杨立彬	长春市南关区育智学校	识字教学——好
杨丽丽	长治市特殊教育学校	图形的旋转与角度
杨培培	聊城市茌平区特殊教育学校	手套
杨茜薇	成都市特殊教育学校	远离社区安全隐患——安全伴我行
杨青平	太原市迎泽区特殊教育中心学校	认识人民币（二）
杨双	长春市南关区育智学校	比多少（三）
杨爽	黑河市特殊教育学校	刷牙
杨文东	贵定县特殊教育学校	快慢、远近——比快慢
杨霄	绵阳市涪城区特殊教育学校	我的书桌
杨晓君	上海市松江区辅读学校	花草树木
杨旭	德惠市特殊教育学校	认识长方形
杨扬	宿州市特殊教育中心	毛巾
杨勇	长春市双阳区特殊教育学校	好吃的水果

续表

姓名	学校	名称
杨玉桃	曲靖市麒麟区特殊教育学校	用电安全标志
杨贞燕	上海市松江区辅读学校	我的家
姚佳怡	苏州市吴中区特殊教育学校	花园果园
姚丽荣	杜尔伯特蒙古族自治县特殊教育学校	认识3
姚秋祉	南京市玄武区特殊教育学校	中秋节
姚润光	无锡市梁溪区特殊教育学校	比长短
姚姗	郴州市特殊教育中心学校	小画笔
姚燕飞	湖州市特殊教育实验学校	得数是10的加法
叶海华	三门县特殊教育学校	山村咏怀
叶建	淄博市特殊教育中心	镜子里的我
叶木玲	廉江市特殊教育学校	认识数字4
叶爽	天津市南开区育智学校	校园安全标识
阴艳	阜宁县特殊教育学校	穿套头衫
殷霜洁	无锡市惠山区特殊教育学校	认识9
尹博	舒兰市特殊教育学校	悯农
尹文明	长春市双阳区特殊教育学校	多样的天气
尹玉莲	昆明市盘龙区培智学校	无字绘本阅读——路边花
雍瑶	平罗县特殊教育学校	我会吃饭
于欢	天津市北辰区特殊教育学校	操场上
于佳	珲春市特殊教育学校	认识图形
于嘉芳	齐齐哈尔市培智学校	比尾巴
于蕾	阜宁县特殊教育学校	马牛羊
于森	阜新市特殊教育学校	平面图形的认识
于亚杰	蛟河市特殊教育学校	四季
余灏源	南充市特殊教育学校	好学生
余灏源	南充市特殊教育学校	花草树木
余卉	丽水市特殊教育学校	我的房间
余娟娟	兴义市特殊教育学校	日月明
余诗情	成都市温江区特殊教育学校	上下
俞雨	象山县培智学校	花园果园
俞知君	三门县特殊教育学校	认识时间
袁海娟	上海市宝山区培智学校	7减几

续表

姓名	学校	名称
袁海蓉	新余市特殊教育学校	认识五官
袁莉	宜宾市叙州区特殊教育学校	得数是 5 的加法
袁雪芳	苏州市吴中区特殊教育学校	我爱做家务
院甜甜	邯郸市特殊教育中心学校	多样的天气
詹玲	张家界市特殊教育学校	认识上下
詹仙妹	龙岩市永定区特殊教育学校	认识时间
张爱红	吉林市船营区特殊教育实验学校	古诗"悯农"
张爱英	聊城市茌平区特殊教育学校	中秋节
张北	北京市昌平区特殊儿童教育学校	中华民族一家亲
张冰洁	沛县特殊教育中心	讲卫生
张彩珍	洛川县特殊教育学校	独特的我——8 减几
张丹	天津市南开区育智学校	乌鸦喝水
张凤兰	濮阳市特殊教育学校	打电话
张芙蓉	泸州市特殊教育学校	好吃的水果
张国防	平顺县特殊教育学校	整时
张海潮	天津市河东区启智学校	我会吃饭
张海龙	西吉县特殊教育九年一贯制学校	认识人民币（一）
张海洋	石狮市仁爱学校	认识钟面
张海英	大英县特殊教育学校	乌鸦喝水
张宏	牡丹江市特殊教育学校	禽类
张宏伟	通辽市特殊教育学校	认识键盘
张慧敏	自治区包头市青山区特殊教育学校	小房子
张建伟	淮南市特殊教育学校	寻找春天
张晶	舞钢市特殊教育学校	刷牙
张晶	太原市杏花岭区特殊教育中心学校	我多想去看看
张珂	长沙市特殊教育学校	花草树木
张丽	大同市特殊教育学校	我运动我快乐
张丽	济南市济阳区特殊教育学校	眼耳口鼻
张丽梦	南京市玄武区特殊教育学校	社区中的安全标识
张丽婷	东阳市特殊教育学校	认识左右
张丽艳	鞍山市立山区育智学校	乌鸦喝水

续表

姓名	学校	名称
张莉	成都市青白江区特殊教育学校	美丽的大自然
张琳	东莞启智学校	静夜思
张玲	天津市宝坻区博爱学校	静夜思
张茂艳	通化市柳河县育智学校	身体好
张萌	岳阳市特殊教育学校	讲卫生
张朦	广州市黄埔区知明学校	眼耳口鼻
张淼	上海市宝山区培智学校	得数是 5 的加法
张敏	鹤岗市特教中心	我的书桌
张芃玥	北京市东城区特殊教育学校	我的一日生活
张品品	三亚市特殊教育学校	得数是 0 的减法
张倩	北京市东城区培智中心学校	我爱我家——我的家真干净
张琴	长宁县特殊教育学校	常见的饮品
张爽爽	松原市特殊教育学校	神奇的电冰箱
张思雅	天津市武清区特殊教育学校	认识图形（二）
张四秀	宿州市特殊教育中心	我家真干净
张素梅	滨海县特殊教育学校	认识梯形
张素平	浏阳市特殊教育学校	常见的水果
张坦	济宁市任城区特殊教育学校	认识几时
张甜甜	天津市河西区启智学校	7 加几的进位加法
张炜	龙岩市永定区特殊教育学校	江南
张文	东阿县特殊教育学校	手
张希玲	天津市滨海新区塘沽兴华里学校	鞋
张霞	赵县特殊教育学校	秋天的校园
张娴	晋江市特殊教育学校	"口"的认识
张新荣	北京市通州区培智学校	回家
张鑫	北京市东城区培智中心学校	认识可回收物，学会垃圾分类
张兴娥	阳谷县特殊教育培训学校	我会吃饭
张秀玲	通辽市特殊教育学校	好朋友一起玩
张旭	天津市河西区启智学校	得数是 5 的加法
张雪飞	商河县特殊教育学校	马牛羊
张焱虹	河源市源城区阳光学校	眼耳口鼻
张一强	中山市特殊教育学校	注意饮食安全
张义波	鹤岗市特殊教育中心	比高矮

续表

姓名	学校	名称
张雨岑	北京市昌平区特殊儿童教育学校	社区安全标识
张雨佳	天津市津南区培智学校	回家——认识生字"门"
张圆	屏山县特殊教育学校	1+2=3
张媛	天津市南开区育智学校	刷牙
张媛	商河县特殊教育学校	乌鸦喝水
张媛媛	阜新市特殊教育学校	比尾巴
张芸芸	烟台市芝罘区辅读学校	认识图形（四）
张韵婕	上海世外教育附属宝山大华实验学校	比长短（一）
张芝花	上海市宝山区新民实验学校	我的梦
章秋怡	上海世外教育附属宝山大华实验学校	讲卫生
赵海秀	大同市特殊教育学校	比高矮
赵浩贤	广州市黄埔区知明学校	认识圆形
赵丽	岳池县特殊教育学校	花园果园
赵璐	宜宾市叙州区特殊教育学校	电冰箱
赵敏	成都市青羊区特殊教育学校	8 的减法
赵朴玲	曲靖市麒麟区特殊教育学校	10 的认识
赵倩	北京市东城区培智中心学校	常见的衣物
赵姗姗	贵定县特殊教育学校	四季
赵淑颖	天津市宁河区特殊教育学校	乌鸦喝水
赵素芳	邢台市特殊教育学校	堆雪人
赵婷	英德市智通学校	认识 8
赵蔚	德清县培康学校	3 的组成
赵文莹	哈尔滨市燎原学校	我的梦
赵校瑛	贵阳市云岩区惠智学校	镜子里的我
赵亚溶	新绛县特殊教育学校	好吃的水果
赵勇	洪洞县特殊教育学校	1～10 的数序
赵云娟	邯郸市特殊教育中心学校	常见的果蔬——认识 4
赵子谦	石河子特殊教育学校	认识图形（四）
赵族	扬州市培智学校	我会穿衣服
甄蕙泽	北京市健翔学校	党的诞生纪念日
郑安蓉	佛山市顺德区启智学校	儿童节
郑贝莉	广州市海珠区启能学校	比较 20 以内数的大小

续表

姓名	学校	名称
郑博	邢台市南和区特殊教育学校	神奇的颜色
郑芳成	舟山市特殊教育学校	太阳月亮
郑海燕	库车市特殊教育学校	春晓
郑丽娜	吉林市龙潭区特殊教育实验学校	党的诞生纪念日
郑凌云	建始县特殊教育学校	夏日荷花
郑艺	溆浦县特殊教育学校	11～20 以内数的认识
郑莹	象山县培智学校	四季
钟春华	德惠市特殊教育学校	认识图形
钟会芳	新余市分宜县特殊教育学校	马牛羊
钟艳敏	凤城市特殊教育学校	安全用药小常识
钟雨笑	杭州市临平区汀洲学校	小小的船
钟裕丰	长沙市特殊教育学校	认识数字 16
仲影	长春市农安县特殊教育学校	认识人民币
仲宇诗	绵阳市特殊教育学校	我
周朝莲	成都市青白江区特殊教育学校	小小的船
周海燕	沅江市特殊教育学校	凿壁偷光
周洪娟	桦甸市特殊教育学校	认识时间
周焕杰	滕州市特殊教育中心	社区设施——5 减几
周静	广州市天河区启慧学校	比一比
周娟	郎溪县特殊教育学校	3 减几
周玲	通江县特殊教育学校	花草树木
周楠	鸡西市特殊教育学校	升国旗
周攀宇	长春市农安县特殊教育学校	我会吃饭
周思婵	深圳市南山区龙苑学校	得数是 3 的加法
周萧肃	田东县特殊教育学校	9 加几
周亚楠	商丘市梁园区特殊教育中心	好吃的水果（培智生活语文二年级上册）
周艳	天津市北辰区特殊教育学校	比尾巴
周扬	蛟河市特殊教育学校	20 以内不退位减
周宇	扬州市邗江区启智学校	认识 1
周云	大同市特殊教育学校	眼耳口鼻
朱凤玲	淄博市临淄区特殊教育中心学校	小兔子乖乖
朱桂华	德阳市特殊教育学校	认识 6

续表

姓名	学校	名称
朱华松	长宁县特殊教育学校	这里是我家——8 的加法
朱莉莉	扬州市邗江区启智学校	我的一家
朱琳	淄博市特殊教育中心	生活中的冷色
朱琳玲	盐城市特殊教育学校	认识人民币
朱茂婷	乳源瑶族自治县特殊教育学校	眼耳口鼻
朱文波	杜尔伯特蒙古族自治县特殊教育学校	敕勒歌
朱旭	凌海市特殊教育学校	十二生肖歌
朱妍	杭州市萧山区特殊教育学校	我的家真干净
祝彤	抚顺市特殊教育学校	图形分类
祝瑶	赣县区特殊教育学校	过生日
庄碧云	安吉县育星培智学校	电冰箱
卓萌萌	沅江市特殊教育学校	认识图形（圆形）
邹艳	新余市分宜县特殊教育学校	比长短
左平平	井陉县特殊教育学校	我的学校
左双	吉林市昌邑区特殊教育学校	认识前后
资源教师组		
阿如娜	杜尔伯特蒙古族自治县特殊教育学校	漫画
白乌兰	通辽市特殊教育学校	听力语言康复个别训练
班允辉	梅河口市特殊教育学校	走进大自然
曹陈怡	上海市宝山区杨泰实验小学	猫
曹欢欢	通辽市特殊教育学校	大自然的声音
常英丽	石家庄市鹿泉区特殊教育学校	认识3
车振玲	晋城市特殊教育中心学校	讲卫生
陈翠	成都市青白江区玉虹小学校	我的职业梦想
陈淮伟	榆林市第二十八小学	听音游戏
陈甄	天津市滨海新区大港花园里小学	前滚翻
程方慧	天津市第九十八中学	色彩的魅力
崔丽梅	长春市特殊教育学校	我多想去看看
邓晨曦	深圳市南山区桃源中学	黄河颂
董丹阳	晋城市特殊教育中心学校	书是知识的海洋

续表

姓名	学校	名称
杜娟	七台河市特殊教育学校	画
杜昕怡	富裕县特殊教育学校	三只小鸭
段圣波	临沭县第五实验小学	My favourite season.
冯旋宇	深圳市南山区第二外国语学校学府中学	这样的我课件
付余	鸡西市特殊教育学校	认识水果
傅莉莉	北京市海淀区台头小学	看图写话练习——日常生活场景篇
戈冬月	长春高新兴华学校	水果拼盘
龚旭波	常德市特殊教育学校	听力言语康复训练语言活动借你一把伞
关鑫	本溪市溪湖区三和小学	团圆过中秋
郭金菊	江山市贺村第一小学	前后
郭磊	鸡西市特殊教育学校	左右
郭丽娟	临沭县第四实验小学	趣味树叶拓印纸盘画
郭丽娟	临沂市临沭县第四实验小学	吃法有讲究
韩二妮	晋城市特殊教育中心学校	20 以内的连加
韩美荣	井陉县特殊教育学校	苹果和香蕉
黄璐澜	江山市贺村第一小学	The sounds of "cl" and "pl".
黄伟青	佛山市南海区里水镇麻奢小学	常见的水果
黄伟青	佛山市南海区里水镇麻奢小学	小画笔
姜燕	江山市贺村第一小学	认识人民币（一）
焦红	莱西市特殊教育中心	认识20 元以内的人民币
雷碧莲	肇庆市第九小学	垃圾分类
李丹丹	东莞启智学校	过马路
李佳静	晋城市特殊教育中心学校	比多少
李杰	济南市黎明学校	小翻板大智慧
李嫚	武汉市中山特殊教育学校	垃圾分类
李万成	乌鲁木齐市聋人学校	情绪的管理
李伟	石家庄市鹿泉区特殊教育学校	我生活的地方
李晓川	农安县前岗乡鲍家中心小学	春晓
李学婷	天津市武清区杨村光明道小学	春晓
李雪梅	鸡西市特殊教育学校	小白兔请客

续表

姓名	学校	名称
李艳	武汉市新洲区特殊教育学校	树叶粘贴画——向日葵
李迎	天津市武清区杨村街第二小学	角的度量
李政	榆树市特殊教育学校	一共有多少
李梓瑜	广州市番禺区大石富丽小学	认识自己：独特的指纹
梁慧	襄汾县特殊教育学校	负数的认识
梁美珍	从江县城关第四小学	长大以后做什么
梁楠	通辽市特殊教育学校	圆柱的表面积
林鸿明	中山市东区远洋学校	我们的校园
刘欢欢	广州市番禺区钟村奥园学校	垃圾分类齐参与
刘恋	长春市特殊教育学校	观沧海
刘亚南	郴州市特殊教育中心学校	荷叶托盘
罗红莲	佛山市南海区九江镇儒林第二小学	不玩火，不玩电
吕文卿	上海市宝山区第二中心小学	面积
毛婀丹	资兴市特殊教育学校	高个子的聚会
穆丹	通辽市特殊教育学校	小公鸡和小鸭子
潘莉	徐州市特殊教育学校	看图说话"一边……一边……"
盘禧熹	资兴市特殊教育学校	龟兔赛跑
皮金梅	扬州市邗江区蒋王镇中心小学	小小的船
商菊花	武汉市新洲区阳逻街第四小学	我的奇思妙想——习作修改
邵云霞	本溪市溪湖区三和小学	小小鸡蛋把门开
邵震	天津市河东区第二实验小学	认识公共厕所标识
佘金荣	榆树市特殊教育学校	乌鸦喝水
司丙瑞	哈尔滨市特殊教育学校	8+几
宋海波	长春市榆树市特殊教育学校	难忘的八个字
孙鹏	富裕县特殊教育学校	小轿车
孙政	深圳市福田区实验教育集团侨香学校	我的未来我做主
唐滢颖	江山市碗窑小学	大小多少
田林	东莞启智学校	ATM机的自述

续表

姓名	学校	名称
汪晓灿	深圳市南山区前海小学	开始交谈——悦纳自己友善交谈与你同行，唐氏日班会手拉手助残日班会
王慧彤	长春市特殊教育学校	动物王国开大会
王景志	舒兰市特殊教育学校	轴对称图形的认识
王俊丽	长春市特殊教育学校	童年的水墨画
王黎黎	凤城市特殊教育学校	路灯下
王鹏	北京市海淀区翠微小学	运动使我更自信
王晔飞	保定市特殊教育中心	吃水不忘挖井人
韦家玉	黔西南州盲聋哑学校	认识计算机——计算的发展历史
邬颖慧	资兴市特殊教育学校	9减几
吴文钟	佛山市南海区大沥镇城区小学	注意饮食安全
吴奕佳	高新中学	认识特殊需要
吴奕佳	深圳市南山外国语学校集团高新中学	同理心与同情心
向娅	深圳市南山区荔湾小学	认识8
邢琳	长春市特殊教育学校	咕咚
邢启静	天津市武清区杨村光明道小学	植树问题
徐迅	北京市海淀区图强第二小学	和我一起玩
薛路芳	广州市番禺区东怡小学	星语星愿——来自星星的约翰绘本创作课
颜小专	廉江市特殊教育学校	认识时间（一）
尹红勖	营口市特殊教育学校	多样的天气
于芳霞	天津市北辰区安光小学	雨点儿
于妍	长春高新兴华学校	我的小手真干净
余超男	成都市锦江区特殊教育中心特殊教育资源中心	模仿动物走
袁琳娜	深圳市南山区太子湾学校	一闪一闪亮晶晶
詹海洲	中山市东区雍景园小学	图形的旋转
张纯	湘潭市岳塘区火炬学校	美丽文字民族瑰宝
张军侠	农安县红旗小学	我和蔬菜交朋友
张俊	武汉市新洲区郏城街第六小学	用字母表示数
张宽	天津市滨海新区塘沽盐场中学	走进计算机世界
张丽娜	榆树市特殊教育学校	一起来分类

特殊教育优秀教学案例

续表

姓名	学校	名称
张佺	上海市虹口区凉城第三小学	度量
张煦筠	广州市荔湾区鸿图苑小学	我的家人：爷爷奶奶
张雪敏	德州市德城区陈庄中心小学	观察物体
张亚奇	中国人民大学附属中学实验小学	绘本阅读——我的情绪小怪兽
张也弛	通辽市特殊教育学校	保护眼睛
赵娜	梅河口市特殊教育学校	情绪万花筒
赵楠楠	农安县新农乡中心小学	认识角
郑素云	潍坊市奎文区早春园小学	多媒体教学课件
郑夏军	象山县贤庠学校	观察一种动物
郑玉华	江山市贺村第一小学	为人民服务之歌
周欢	长春高新兴华学校	爬山
周慧	廉江市特殊教育学校	家用电器
朱丽芳	河源区源城区阳光学校	我长大啦
朱倩霞	杭州市余杭区中泰中心幼儿园	森林音乐会
朱小露	广州市番禺区化龙镇中心小学	我的心情我做主
邹冬梅	徐州市特殊教育学校	雷雨

微课		
视障教育组		
安方斌	菏泽市特殊教育中心	角的初步认识
安桂丽	赤峰特殊教育学校	背影
白素娇	玉林市特殊教育学校	认识人民币
陈秋楠	四平盲童学校	三角形的分类
陈伟华	唐山市特殊教育学校	总复习诗词鉴赏——声声慢
陈训劼	上海市盲童学校	学做非接触式眼保健操
陈烨	上海市盲童学校	双三角形双正方形
陈迎宾	淄博市特殊教育中心	孟德尔的豌豆杂交实验（一）
陈毓璐	上海市盲童学校	平行四边形的认识
陈泽群	南京市盲人学校	杨柳青的附点八分音符和顿音
程士满	石家庄市特殊教育学校	树和喜鹊
崔斌	太原市盲童学校	整式乘法——单项式与单项式相乘
崔雪娇	邯郸市特殊教育中心学校	夏天里的向日葵
党琦	乌鲁木齐市盲人学校	长方形的面积计算

续表

姓名	学校	名称
杜兰英	海口特殊教育学校	借景抒情的表达方法
范天乐	济南特殊教育中心	scratch 角色的移动
范玉	鞍山市特殊教育学校	共抗疫情爱国力行
房悦	邯郸市特殊教育中心学校	巧用魔法口诀变反问句为陈述句
冯丽	武汉市盲童学校	简单的英语时间表达法
高静	保定市特殊教育中心	概括新闻标题
高秀龙	唐山市特殊教育学校	同类项
高雪松	通辽市特殊教育学校	计算机发展史
龚莹	桂林市聋哑学校	《我是一只小虫子》朗读指导
桂敏	晋中市特殊教育学校	健身操——你笑起来真好看
郭璐露	成都市特殊教育学校	我是记忆小达人
郭敏燕	晋中市特殊教育学校	送你一朵小红花——花瓣的制作
郭晓晨	菏泽市特殊教育中心	小动物唱歌——强弱力度的表现
郭阳	宝鸡市特殊教育学校	把盐放到水里
胡玉荣	滨州市特殊教育学校	认识比喻句
黄春梅	柳州市特殊教育学校	荷叶圆圆（二）
黄春梅	柳州市特殊教育学校	荷叶圆圆（一）
黄莹	郴州市特殊教育中心学校	反语的运用
蒋可钦	桂林市聋哑学校	日常生活技能——擦桌子
鞠晓芳	潍坊盲童学校	Therebe 句型
娟娟	赤峰特殊教育学校	加法的初步认识
孔铭	广州市启明学校	装纸和移板
雷丽	扬州市特殊教育学校	速算小达人
李建军	天津市视力障碍学校	输血与血型
李静	广州市启明学校	三角函数的诱导公式二
李丽娟	石家庄市特殊教育学校	韦达定理
李明玉	菏泽市特殊教育中心	太阳出来了
李娜	武汉市盲童学校	复杂的膝关节
李润发	潍坊盲童学校	搜索引擎
李施瑜	保定市特殊教育中心	2秒系鞋带法
李文娟	浏阳市特殊教育学校	数学广角——搭配（二）
李想	四平盲童学校	散文综述——定义
李晓欢	石家庄市特殊教育学校	词的基本常识

姓名	学校	名称
李颖	四平盲童学校	做情绪的主人
梁钰	天津市视力障碍学校	自主叠衣
廖文祥	成都市特殊教育学校	适合视障者的温和灸操作
林美娜	烟台市特殊教育学校	用标题自动生成目录
刘春艳	唐山市特殊教育学校	打击乐游戏
刘冬	北京市盲人学校	盲人足球——脚背内侧带球
刘浩	鞍山市特殊教育学校	守株待兔
刘健	玉林市特殊教育学校	24时计时法
刘蕾蕾	德州市特殊教育学校	混合运算
刘茜	天津市视力障碍学校	认识轴对称图形
刘小杰	滨州市特殊教育学校	人体的运动系统
刘馨	武汉市盲童学校	退热三穴
刘雄涛	邢台市特殊教育学校	大洲和大洋
刘颖慧	济南特殊教育中心	古筝下滑音的演奏技巧
刘永丽	青岛市盲校	亿以内数的读法
卢桥桥	邯郸市特殊教育中心学校	多彩的情绪
陆晓莉	长沙市特殊教育学校	磁铁吸吸吸
马旭静	赤峰特殊教育学校	轻松学竖笛
毛新菲	聊城市特殊教育学校	儿科推拿手法作用原理
毛艳琳	郴州市特殊教育中心学校	长方形、正方形面积的计算
孟晓平	太原市盲童学校	认识人民币
乔琳	哈尔滨市特殊教育学校	一幅名扬中外的画
秦盼盼	太原市盲童学校	搜索音乐
冉得月	聊城市特殊教育学校	食物的营养
任冬贺	通辽市特殊教育学校	小英雄雨来（节选）
任晓妮	烟台市特殊教育学校	秋天的雨
茹甜子	北京市盲人学校	葫芦丝技巧——指颤音
邵惠君	聊城市特殊教育学校	编花篮
沈玉文	广州市启明学校	手持式电子助视器的阅读与书写训练
施政烨	上海市盲童学校	早睡早起
史云贺	通辽市特殊教育学校	认识图形
宋光梅	泸州市特殊教育学校	5的乘法口诀编写
宋海霞	德州市特殊教育学校	分数的初步认识
宋美烨	乌鲁木齐市盲人学校	通用盲文标调省写规则

姓名	学校	名称
孙墨吟	北京市盲人学校	折叠跳蚤的制作
孙倩	菏泽市特殊教育中心	Welcome to our school！
孙晓红	青岛市盲校	音频变调
孙莹	淄博市特殊教育中心	用十字相乘法解一元二次方程
汤璇	长沙市特殊教育学校	多样的输入法
田丽红	鞍山市特殊教育学校	居家防疫知识宝典
万益宁	青岛市盲校	标点符号
王彩霞	济南特殊教育中心	学会积极心理暗示
王丹	唐山市特殊教育学校	平行四边形的性质
王国玺	固原市特殊教育学校	盲文点位认读
王海艳	通辽市特殊教育学校	荷叶圆圆
王龙英	滨州市特殊教育学校	be动词的用法
王宁	济南特殊教育中心	黄河大合唱
王谦	长沙市特殊教育学校	快乐的卡农
王文帅	潍坊盲童学校	放错地方的宝藏
王业清	烟台市特殊教育学校	上肢部五穴位置和操作
王玥	通辽市特殊教育学校	我的环保小搭档
王中妹	天津市视力障碍学校	100以内数的读数和写数
文媛	哈尔滨市特殊教育学校	鹿角和鹿腿
吴敏	海口特殊教育学校	注意说话的语气
吴晓霞	湛江市特殊教育学校	口算除法
肖鹏瑶	深圳元平特殊教育学校	马上到家
徐亮	淄博市特殊教育中心	足部基本反射区
薛楠楠	亳州市特殊教育学校	小蝌蚪找妈妈
颜涛	南京市盲人学校	纸风车
阳利	郴州市特殊教育中心学校	民族乐器——葫芦丝
杨静	重庆市特殊教育中心	物体的浮沉条件
叶宇鹏	广州市启明学校	校园室内环境认识
于丽丽	滨州市特殊教育学校	圆的周长
余珊珊	哈尔滨市特殊教育学校	音乐知识
袁雪	潍坊盲童学校	液体压强
张建忠	亳州市特殊教育学校	圆锥的体积
张洁	泉州市特殊教育学校	国家通用盲文简写规则
张静	扬州市特殊教育学校	幽兰花书签制作
张娟	济南特殊教育中心	长方形的周长
张可欣	重庆市特殊教育中心	奇妙的版画

续表

姓名	学校	名称
张玲	成都市特殊教育学校	通用盲文小妙招之声母省调规则
张明磊	赤峰特殊教育学校	5、4、3、2加几
张琦	潍坊盲童学校	分数的基本性质
张巧颖	广州市启明学校	韵母自成音节的标调规则
张琼文	乌鲁木齐市盲人学校	口语交际：请你帮个忙中礼貌用语"谢谢"篇
张薇	乌鲁木齐市盲人学校	计算机里的大口袋——文件夹的认识与使用
张晓梅	扬州市特殊教育学校	盲文声母点位教学
张雁雁	邯郸市特殊教育中心学校	用图形修饰文本框
张又方	烟台市特殊教育学校	少先队植树造林歌课前预习
张政	鞍山市特殊教育学校	江南春
赵文君	哈尔滨市特殊教育学校	映射的定义
赵瑜	北京市盲人学校	滑板在视障学生康复训练中的应用方法和活动设计
郑琪琪	烟台市特殊教育学校	直线和圆的位置关系
郑荣权	南京市盲人学校	我国的社会保障
植渝清	北流市特殊教育学校	数学广角——搭配（二）
周莉	玉林市特殊教育学校	长方体和正方体的表面积
周眉眉	重庆市特殊教育中心	两位数减一位数的退位减法
朱爱玲	青岛市盲校	内八卦
朱晨宇	南京市盲人学校	两种不同的五角折剪折法
朱晓凌	重庆市特殊教育中心	画平行四边形的高
朱媛	扬州市特殊教育学校	盲文点位认知初步
庄岩	沈阳市盲校	我的朋友小章鱼
祖鹏	四平盲童学校	音乐的旋律线
听障教育组		
安誉姣	鄂州市特殊教育学校	荷叶圆圆
白筠	哈尔滨市特殊教育学校	人称代词主格和宾格
班洋	唐山市特殊教育学校	呼吸训练
曹大伟	长春市九台区特殊教育学校	认识厘米

续表

姓名	学校	名称
曹珊	天津市聋人学校	布娃娃
曹文瑜	天水市特殊教育学校	正、余函数的单调性
车婧雯	德州市特殊教育学校	仿浮雕粘土画太阳花
陈海林	安溪县明德特殊教育学校	夏夜多美
陈鹤	天津市聋人学校	双手头上前掷实心球
陈晖娥	南安市特殊教育学校	倍的认识
陈慧明	佛山市启聪学校	融入新集体适应新生活
陈江红	邢台市特殊教育学校	万以内的加法和减法（二）——解决问题
陈娟	扬州市特殊教育学校	运用"抓住特点，突破重点段落"法背诵蚕姑娘
陈丽媛	重庆市聋哑学校	走近"的""地""得"家族
陈利蓉	钟祥市特殊教育学校	丝网瓜叶菊的制作
陈梦欣	抚州市临川区特殊教育学校	传统节日名称手势语
陈妙娟	丽水市特殊教育学校	蛇与庄稼的复杂关系
陈素芳	晋中市特殊教育学校	那个星期天
陈霞玲	临沭县特殊教育学校	时分的认识
陈欣	晋中市特殊教育学校	做香包忆屈原
陈永宏	广州市启聪学校	平衡操——未来可期
陈玉娟	郴州市特殊教育中心学校	除法的竖式计算
陈志松	巴中市巴州区特殊教育学校	网球基础（反手击球）
程培栋	七台河市特殊教育学校	Photoshop抗疫海报设计
崔芳	黔西南州聋哑学校	我做的"文具"
崔莉莉	南安市特殊教育学校	秋天的树
崔亚琴	保定市特殊教育中心	并列关系的关联词
邓慧	菏泽市特殊教育中心	巧用公式做运算
邓良利	东莞启智学校	勾股定理
邓媛媛	南昌市启音学校	探究象征手法破译心灵密码
刁颖婷	韶关市特殊教育学校	中国山水画——山石的步骤画法
丁峰	包头市特殊教育学校	双色字
丁海燕	蚌埠市特殊教育中心	美味蔬菜
丁敏	邯郸市特殊教育中心学校	部首查字法
董聪灵	浠水县特殊教育学校	美丽的公鸡（手工制作）

续表

姓名	学校	名称
董会	辽源市特殊教育学校	手口并用，巧学颜色的发音
董铁椒	绍兴市聋哑学校	认识图形（二）——圆的认识
樊凯	长春市特殊教育学校	Python 积木式编程——使用海龟编辑器中的海龟库积木画五角星
樊小清	资兴市特殊教育学校	手提式干粉灭火器的认识和使用
范凤平	冠县特殊教育学校	"把"字句改为"被"字句
范利平	宁晋县特殊教育中心	十几减 9
范喜梅	桂林市聋哑学校	给提示语加标点
范学艳	中卫市特殊教育学校	蒙古族舞蹈的基本特点及手位
范英娇	乌鲁木齐市聋人学校	区分"的""地""得"
方美荣	榆树市特殊教育学校	分类与整理
房述鹏	大连盲聋学校	明暗与立体的表现——正方体写生
房月	永吉县特殊教育学校	趣味运动——锻炼肺活量
费立新	长春市特殊教育学校	听障儿童听觉训练——听觉记忆训练
付心知	泉州市特殊教育学校	习作指导读写结合小标题结构法
付媛	湘潭市特殊教育学校	十几减 9
高宇翔	乌鲁木齐市聋人学校	议论文基础知识：常见论证方法
耿建生	石家庄市特殊教育学校	分数的初步认识
宫淑莉	莘县特殊教育学校	漂亮的纸花
龚文欣	中宁县特殊教育学校	圆锥的体积
勾文冬	哈尔滨市特殊教育学校	旱地冰壶
顾丽丽	昌吉州特殊教育学校	减减肥（胯的练习）
郭宏侠	唐山市特殊教育学校	勾股定理
郭欢	惠水县特殊教育学校	会飞的蒲公英
郭佳莹	东莞启智学校	水果真好吃
郭静	湘潭市特殊教育学校	排球正面双手垫球
郭丽欣	邢台市宁晋县特殊教育中心	找规律
韩玲	枣庄市特殊教育学校	认识钟表
韩璐	松原市特殊教育学校	有序数对

续表

姓名	学校	名称
韩赛峰	平山县特殊教育学校	圆面积公式的推导
韩素芹	阳信县特殊教育学校	"的""地""得"的用法
韩宇	大同市特殊教育学校	荷塘月色中的修辞方法——通感
何莲	南充市特殊教育学校	how many 与 how much 的用法
何美珍	北海市特殊教育学校	多少
何敏	岳池县特殊教育学校	纸工——孔雀
何昕妮	宝鸡市特殊教育学校	观察鸡蛋的结构
侯惠萌	沛县特殊教育中心	三个小伙伴
侯惠萌	沛县特殊教育中心	句型转换"把"字句和"被"字句
胡文革	邯郸市特殊教育中心学校	我承担我无悔
胡幸	永州市特殊教育学校	24 时计时法
黄超凡	安溪县明德特殊教育学校	Excel 公式计算
黄春梅	柳州市特殊教育学校	留言条
黄辉贞	抚州市临川区特殊教育学校	传统节日手势语
黄杰婷	韶关市特殊教育学校	水果
黄蕾	聊城市特殊教育学校	习得性无助
黄明	成都市特殊教育学校	区分单音节形容词和多音节形容词
黄味	南昌市启音学校	听我说声谢谢你
黄晓凤	三明市特殊教育学校	敢担当，勇前行
黄秀娟	固原市特殊教育学校	两种分法的对比
黄燕	长沙市特殊教育学校	用 Word 记录美好生活
黄宗耀	玉林市特殊教育学校	一次比一次有进步
季甫月	丽水市特殊教育学校	桂林的山
贾琳	吉林特殊教育实验学校	人口老龄化
贾云蓉	成都市特殊教育学校	英文单词"have"的主要用法
江冀玲	泸州市特殊教育学校	律动组合"茉莉花"——"小五花"教学
江清闲	陆川县特殊教育学校	认识三角形、圆
解孟叶	杭州文汇学校	初始工作表
巨翠娟	中山市特殊教育学校	初中鲁迅作品回顾
康俊萍	晋中市特殊教育学校	周长
旷小莉	吉安市特殊教育学校	解二元一次方程组
兰坤	青岛市中心聋校	指数函数的定义和图象
黎琳	通辽市特殊教育学校	万以内数的大小比较

续表

姓名	学校	名称
黎姗姗	巴中市巴州区特殊教育学校	坐井观天
黎婷婷	柳州市特殊教育学校	IF 函数
黎婷婷	长沙市特殊教育学校	彩笔装饰画的方法步骤
李碧玉	北海市特殊教育学校	高矮
李春玲	高唐县特殊教育学校	认识图形
李丹丹	高州市特殊教育学校	解决问题——9 加几
李冬丽	兰州市特殊教育学校	打开的小花伞
李芳	大同市特殊教育学校	赵州桥
李福梅	扬州市特殊教育学校	喇叭袖的结构制图
李吉玉	南充市特殊教育学校	数据的收集整理（二）
李静	通辽市特殊教育学校	像字的用法辨析
李丽燕	长治市特殊教育学校	工笔牡丹花头画法
李娜	聊城市特殊教育学校	东南西北
李黔怀	黔东南州民族特殊教育高级中学	双根式法求二次函数解析式
李思慧	汕头市聋哑学校	5 的认识和组成
李祥蓉	成都市特殊教育学校	学写贺卡
李想	松原市特殊教育学校	认识简单的标点符号
李小红	大同市特殊教育学校	开天辟地的大事
李晓飞	鞍山市特殊教育学校	勿忘国耻振兴中华
李晓瑞	固原市特殊教育学校	列方程解应用题
李晓艳	柳州市特殊教育学校	一元二次方程的一般形式
李晓钰	北海市特殊教育学校	比长短
李艳梅	长春市九台区特殊教育学校	大还是小
李莹莹	天津市聋人学校	巨人的花园
李月	聊城市特殊教育学校	20 以内退位减法——十几减 9
李志勤	云浮市特殊教育学校	长方体
梁新芬	长治市特殊教育学校	比尾巴
梁玉英	莘县特殊教育学校	认识时间
廖东妮	云浮市特殊教育学校	夏日特饮——柠檬百香果蜂蜜水
廖妍	衡阳市特殊教育学校	认识场所
林嘉琪	东莞启智学校	哆啦 A 梦的铜锣烧
林婧	漳州市阳光学校	故宫博物院
林秀金	汕头市聋哑学校	比喻句和拟人句的区别

续表

姓名	学校	名称
蔺耐藏	商丘市梁园区特殊教育中心	声母 b 和 p 的区分
刘海娇	吉林特殊教育实验学校	为中华之崛起而读书
刘红江	固原市特殊教育学校	小蝌蚪找妈妈
刘欢	南昌市启音学校	汉译英习题讲解
刘会敏	七台河市特殊教育学校	美丽的小树林
刘潋	成都市特殊教育学校	角的度量
刘淑芬	郴州市特殊教育中心学校	名词单复数变化规则
刘艳清	深圳元平特殊教育学校	确定位置（一）
刘莹	枣庄市特殊教育学校	利用 WPS 制作电子小报
柳茜	海口特殊教育学校	小猫打乒乓
卢丰竹	信丰县特殊教育学校	认识人民币
卢荟	鄂州市特殊教育学校	认识时间
卢瑜	柳州市特殊教育学校	记承天寺夜游微课
卢子怡	儋州市特殊教育学校	语文课上——学会提醒别人
陆妙杨	云浮市特殊教育学校	巧学缩句
罗娟	岳阳市特殊教育学校	切圆法
罗昕昱	南充市特殊教育学校	认识人民币（一）课前预习微课
罗鑫	松原市特殊教育学校	排球正面上手传球
吕果	南充市特殊教育学校	万以内加法和减法
吕欢欢	重庆市聋哑学校	弹性塑性
吕佳音	长春市农安县特殊教育学校	十几减 9
吕美萍	南安市特殊教育学校	20 以内的进位加法——9 加几
马静	固原市特殊教育学校	笔算乘法
马万全	鸡西市特殊教育学校	如何在网络上看天安门
马维伟	松原市特殊教育学校	正数和负数
马向前	晋城市特殊教育中心学校	两位数加两位数不进位加法
马亚群	滨州市特殊教育学校	乘法的初步认识
麦伟娟	玉林市特殊教育学校	圆的周长
么曼丽	唐山市特殊教育学校	声母 t 构音训练
孟春燕	中宁县特殊教育学校	音序查字法
孟凡平	榆树特殊教育学校	100 以内数的读写（数的组成）
牟莹	白山市逸夫特殊教育学校	比喻句和拟人句的区别

续表

姓名	学校	名称
缪彤	哈尔滨市特殊教育学校	生活妆
牛婧	永吉县特殊教育学校	窗
欧阳晗	信丰县特殊教育学校	陶罐和铁罐
欧阳鑫	桂林市聋哑学校	巧用肌理
潘丽	广州市启聪学校	平抛运动
潘晓丽	滨海县特殊教育学校	三角形面积的计算
潘燕	聊城市特殊教育学校	小猫爱踢球
庞若妮	玉林市特殊教育学校	分数的大小比较
彭芳	贵定县特殊教育学校	平行四边形的面积公式推导
彭婷	重庆市特殊教育中心	酸和碱之间会发生什么反应
皮慧姝	蛟河市特殊教育学校	滁州西涧
卿红	乌鲁木齐市聋人学校	泉水
邱麟	惠州市特殊学校	妙趣楹联
邱玉环	冠县特殊教育学校	7的乘法口诀
曲文红	辽源市特殊教育学校	任意角的三角函数值的符号
曲晓颖	东营市特殊教育学校	请给我熊猫先生
冉晓丹	阜新市特殊教育学校	小括号
饶媛萍	晋江市特殊教育学校	趣写家人
邵培	聊城市特殊教育学校	中国手语VS美国手语
佘慧敏	广州市启聪学校	祥林嫂的抗争
沈娟	扬州市特殊教育学校	学用"六要素"法概括文章主要内容
沈鹏英	滨海县特殊教育学校	年月日
石惠子	惠水县特殊教育学校	红军长征过惠水
石俊华	敦化市特殊教育学校	蒹葭中重章叠句、一唱三叹的艺术魅力
舒莹	南昌市启音学校	借偏旁巧识形声字
宋金伟	七台河市特殊教育学校	格式工厂的基本应用
宋明秋	鞍山市特殊教育学校	拼音ao
宋水琴	绍兴市聋哑学校	ang
宋晓冉	滨州市特殊教育学校	如何写请假条
隋杰	天津市武清区特殊教育学校	少年闰土
孙丽梅	呼伦贝尔市特殊教育中心	课间休息正当游戏
孙啟越	鸡西市特殊教育学校	一匹出色的马
孙琼瑶	丽水市特殊教育学校	X的构音和语音训练
孙珊珊	德惠市特殊教育学校	香煎鸟巢土豆丝鸡蛋饼

续表

姓名	学校	名称
孙婷	云浮市特殊教育学校	十几减9
孙映雪	秦皇岛市特殊教育学校	奇妙的对印
孙正香	敦化市特殊教育学校	意象寄乡愁——解读乡愁的意象
覃桂清	北流市特殊教育学校	多彩美食节
覃娟	张家界市特殊教育学校	二次函数图象和性质
覃巧	北海市特殊教育学校	认识生字"四"
谭琳	长沙市特殊教育学校	两小儿辩日中谁对谁错？
汤夏莲	大连盲聋学校	前后关系——猫和鱼
唐晨晨	重庆市聋哑学校	用Scratch绘制花朵
陶宗林	淄博市特殊教育中心	拟人句改写小妙招
滕雷	哈尔滨市特殊教育学校	稍复杂的排列问题
田晓霜	凉山州会东县特殊教育中心	创客3D设计——水杯
万鹏	衡阳市特殊教育学校	有理数的乘方
王碧莹	德惠市特殊教育学校	小小整理师
王超	梅河口市特殊教育学校	找春天
王静	青岛市中心聋校	溶液
王静	湖州市教育康复学校	用数数的方法解决问题
王蕾	长沙市特殊教育学校	手工基础针法——藏针缝
王立强	晋中市特殊教育学校	狐假虎威
王龙生	滨海县特殊教育学校	长方形和正方形面积的计算
王绿蓝	湖州市教育康复学校	赠汪伦
王明亮	长春市九台区特殊教育学校	解一元一次方程
王萍	济南特殊教育中心	美丽中国的内涵
王圣永	泰安市特殊教育中心	发音
王文华	浏阳市特殊教育学校	有趣的表情画
王相又	北京市东城区特殊教育学校	我爱阅读有方法
王雪亮	邢台市特殊教育学校	有趣的偏旁——左耳刀与右耳刀
王亚丽	宝鸡市特殊教育学校	倒数
王艳杰	莘县特殊教育学校	认识钟表
王艺潼	敦化市特殊教育学校	小猪佩奇的周末
王云娟	赵县特殊教育学校	开火车
王章杰	铜仁市特殊教育学校	桌面收纳盒
王志来	滨海县特殊教育学校	梯形面积的计算

续表

姓名	学校	名称
王卓	长春市特殊教育学校	有趣的节奏
韦盼盼	湖州市教育康复学校	决策方格
魏书英	临沂市特殊教育学校	修改符号
温莉	南充市特殊教育学校	春雨的色彩
温世全	德州市特殊教育学校	篮球行进间运球
吴冰冰	沛县特殊教育中心	小蝌蚪找妈妈
吴慧青	东莞启智学校	启智职业体验营之我是小小理货员
吴军琴	鄂州市特殊教育学校	学党史，赓续精神血脉
吴可峰	湖州市教育康复学校	连续进位加法
吴猛	太原市聋人学校	路径动画
吴沙沙	重庆市聋哑学校	扩写
吴熠玮	上海市聋哑青年技术学校	餐盘茉莉花
吴忠鑫	天津市聋人学校	巧用重复执行与旋转积木
武荣伟	新绛县特殊教育学校	怎样通过分析图中的数学信息，列出整十数加一位数算式？
武钊	邯郸市特殊教育中心学校	泡泡飞呀飞
项李芳	丽水市特殊教育学校	捞铁牛
谢应陶	澄迈县特殊教育学校	组合图形的认识
谢映楠	石嘴山市特殊教育学校	It's time to... 和 It's time for... 的用法
徐丹蕾	乌鲁木齐市聋人学校	用列举法求概率（树状图）
许怡平	汕头市聋哑学校	10 的认识
薛婷婷	盐城市特殊教育学校	荷花
闫旭	邯郸市特殊教育中心学校	奇偶性——偶函数
严娜琴	杭州文汇学校	橡皮泥球游戏
杨惠	株洲市特殊教育学校	g、k、h
杨珂珺	鞍山市特殊教育学校	粮食连丰仍要居安思危
杨茜	吉林特殊教育实验学校	there be 和 have 的区别
杨书丛	吉安市特殊教育学校	小青蛙
杨洋	北京市东城区特殊教育学校	小键盘的使用
杨宇	长春市特殊教育学校	上档键"Shift"在画图中的作用
杨中怡	上海市聋哑青年技术学校	建立幻灯片中的超级链接

续表

姓名	学校	名称
姚晶	永吉县特殊教育学校	告别"小马虎"
姚烨	桂林市聋哑学校	声母 b、d、p、q 的区分
殷秋杰	大同市特殊教育学校	Do you like bananas？可数名词复数形式变化规则
尹芳	湘潭市特殊教育学校	声母 t 的教学
尹乔云	滨海县特殊教育学校	要下雨了
于静	昌吉州特殊教育学校	会动的小纸人
于兰	赤峰特殊教育学校	认知领域：在四个物品中找不同
于丽君	德州市特殊教育学校	两位数加一位数（进位加法）
余玲秀	抚州市临川区特殊教育学校	丑小鸭——动物们的心里话
袁静	张家界市特殊教育学校	荷叶圆圆
袁平辉	郴州市特殊教育中心学校	神奇的拟人句
张爱珍	滨州市特殊教育学校	春雨的色彩——比喻句的学习
张春梅	高唐县特殊教育学校	一个接一个
张功	吉林特殊教育实验学校	鼠标迷宫
张海燕	济南特殊教育中心	从灵感到服装设计
张红	沛县特殊教育中心	动物儿歌
张欢欢	赤峰特殊教育学校	四张卡片事件排序
张会欣	宁晋县特殊教育中心	写贺卡
张慧	青岛市中心聋校	我比我的姐姐更外向
张蕾	广州市启聪学校	我们是朋友吗
张丽华	长春市特殊教育学校	琵琶扣的制作
张丽丽	唐山市特殊教育学校	孔乙己
张丽丽	赤峰特殊教育学校	分析比喻修辞手法及其表达效果
张美佳	临沭县特殊教育学校	蜗牛的奖杯
张萌	菏泽市特殊教育中心	水果
张森	钟祥市特殊教育学校	爸爸妈妈对我的爱
张茹	宁晋县特殊教育中心	组合图形面积的计算
张少林	杭州文汇学校	制取氧气
张双勤	浏阳市特殊教育学校	网络安全小卫士
张素平	菏泽市特殊教育中心	体积和体积单位
张卫国	冠县特殊教育学校	用 2～6 的乘法口诀求商
张妍晨	邢台市特殊教育学校	中国姓氏

续表

姓名	学校	名称
张月枝	石嘴山市特殊教育学校	比的认识
章点之	绍兴市聋哑学校	荷花酥的制作
赵娜	黔东南州民族特殊教育高级中学	蝴蝶结发夹的制作
赵倩	东营市特殊教育学校	音位 /C/ 的构音语音训练
赵巍巍	哈尔滨市特殊教育学校	制作黑森林蛋糕
赵一斐	天水市特殊教育学校	"把"字句和"被"字句的转换方法
郑暖暖	汕头市聋哑学校	走进端午节
郑芃	衡阳市特殊教育学校	判断同类项
郑一	济南特殊教育中心	部首查字法
周楚琴	佛山市启聪学校	百分数的认识
周柳贵	柳州市特殊教育学校	认识色彩、正确排列调色盒中的颜料
周松青	湘潭市特殊教育学校	如何找文章的中心句
周仙凤	湘潭市特殊教育学校	五星红旗巧制作——有趣的自选图形
朱海清	丽水市特殊教育学校	辉煌灿烂的灯火
朱佳茜	宁波市特殊教育中心学校	0 的认识
朱琳	天津市聋人学校	凸轮机构的运动规律
朱玺莹	三亚市特殊教育学校	组合图形的面积计算
祝娜	齐齐哈尔市特殊教育学校	比大小
宗光	淄博市特殊教育中心	交流从"新"开始——H5 动画制作与分享
培智教育组		
阿莉娜	辉南县特殊教育学校	认识人民币（一）
安红妍	东莞市康复实验学校	蘑菇
安慧蕾	石家庄市特殊教育学校	生字"风"的教学
安丽新	丹东市春英学校	运果子
安玉倩	成都市锦江区特殊教育中心	执笔练习指尖"足球"
巴洋洋	鞍山市特殊教育学校	永远跟党走
白冰玉	赤峰市元宝山区特殊教育学校	制作水果沙拉
白兰	武汉市江岸区辅读学校	认识时间
白琳姝	大同市特殊教育学校	粗大动作训练——平衡能力
白爽	云浮市特殊教育学校	美味的牛轧糖
白天舒	哈尔滨市道里区育新学校	认识逗号和句号
鲍浩楠	南京市玄武区特殊教育学校	认识长方形（二）

续表

姓名	学校	名称
蔡明帮	深圳市罗湖区星园学校	感知音乐的快慢
蔡朴琴	寻甸回族彝族自治县特殊教育学校	我会叠衣服
蔡文丽	临沂市兰山区特殊教育学校	学系鞋带
蔡艺华	漳州市芗城开智学校	梯形的认识
蔡艺山	莆田市荔城区特殊教育学校	金山画王神奇的图库
曹久银	兴义市特殊教育学校	比大小
曹可兰	九江市特殊教育学校	5 以内人民币的换算
曹丽霞	和平县仁爱学校	使用卫生巾的方法
曹艳	天津市河北区启智学校	角的认识
曹正飞	兴义市特殊教育学校	讲卫生——洗手
岑磊	余姚市特殊教育中心	留空竞赛类纸飞机——空中之王
曾诗娱	苏州工业园区仁爱学校	茶道六君子的学习
曾子豪	深圳市福田区竹香学校	计数的方法
常永利	大同市特殊教育学校	小兔子（手工）猫头鹰（绘画）
常悦	英德市智通学校	特殊儿童亲子沟通
车小静	广州市康纳学校	认识颜色
陈炳更	永康市特殊教育学校	3 减几
陈彩霞	韶关市特殊教育学校	美丽的热带鱼
陈楚	德庆县启智示范学校	教室大扫除之拖地
陈德江	湛江市特殊教育学校	跳跳纸
陈恩圆	北海市特殊教育学校	比大小（一）
陈海韵	广州市南沙区启慧学校	小南的奇妙发现
陈横	英德市智通学校	遇到性侵害怎么办
陈俊杰	信丰县特殊教育学校	过年了
陈丽妹	德惠市特殊教育学校	2 的分解和组成
陈凌霄	成都市温江区特殊教育学校	我长大了
陈明杏	高州市特殊教育学校	认识汉字"电"
陈明珠	五指山市特殊教育学校	奇妙的圆
陈铭熙	东莞市康复实验学校	西瓜
陈琪琪	韶关市特殊教育学校	我会洗抹布
陈琴	湛江市特殊教育学校	插座和排插
陈秋红	佛山市南海区大沥镇城区小学	电子秤的奥秘
陈舒琦	华东师范大学附属卢湾辅读实验学校	小口罩，大本领
陈烁瑶	北京市健翔学校	袜子大作战

续表

姓名	学校	名称
陈思佳	长宁县特殊教育学校	20 以内的连加
陈婷	广州市黄埔区启智学校	应用 AR 技术为广州加油——制作心灯
陈万煜	北海市特殊教育学校	认识 8
陈伟	蛟河市特殊教育学校	良好的用餐习惯
陈曦	齐河县特教中心	红灯绿灯
陈先知	长沙市第一社会福利院	叠衣服
陈晓	玉环市特殊教育学校	ATM 机上取钱
陈艳丹	广州市天河区启慧学校	悯农
陈一涵	丽水市特殊教育学校	认识 4
陈影	丽水市特殊教育学校	我会买衣服
陈宇	青岛三江学校	移栽吊兰
陈云珍	寻甸回族彝族自治县特殊教育学校	对韵歌
陈振维	济南市济阳区特殊教育学校	使用直梯
陈宗海	佛山市禅城区启智学校	运用"三要素"看图说话——谁在哪里做什么
程宏宏	鸡西市特殊教育学校	按物点数
程宏伟	济南市黎明学校	消防在心中，安全伴我行
程彦苹	石嘴山市特殊教育学校	灵巧的手——精细动作训练
程燕飞	晋城市特殊教育中心学校	20 以内的进位加法——9 加几
程一鸣	南京市秦淮特殊教育学校	升国旗
池丹	长春市双阳区特殊教育学校	有趣的图形
迟静	黑河市特殊教育学校	制作三明治
达芳	西安市启智学校	认识直线与曲线工具
戴海香	安吉县育星培智学校	清洁餐桌
戴羚雪	南京市秦淮特殊教育学校	常见的水果
戴秋琳	滨海县特殊教育学校	认识钟表
党旗	广元市特殊教育学校	运动中的节俭
邓闯	北海市特殊教育学校	快乐的兔子——跳跃
邓凤娟	罗定市特殊教育学校	我会自己洗手
邓佳敏	成都市锦江区特殊教育学校	消防车
邓世慧	郎溪县特殊教育学校	认识钟（表）面
丁峰	包头市特殊教育学校	6 减几
丁红敏	新乐市特殊教育学校	比长短（一）

续表

姓名	学校	名称
丁红敏	新乐市特殊教育学校	第几
丁洪娟	敦化市特殊教育学校	数的游戏
丁家茹	深圳市宝安区星光学校	手脚着地屈膝爬行
丁丽娟	罗田县特殊教育学校	梅花
丁诗瑶	长沙市特殊教育学校	割伤的处理方法
董耕硕	齐齐哈尔市培智学校	用电水壶烧开水
董辉	丹东市春英学校	小红象
董继利	邹城市特殊教育学校	钟面的认识
董金月	怀来县特教学校	水果跳跳——认识双响筒
董丽娜	石家庄市藁城区特殊教育学校	认识 5
董淼	阜新市特殊教育学校	有趣的量词
董鸣利	常德市特殊教育学校	差为 0 的减法
董盼	南京市秦淮特殊教育学校	曲线工具的使用
董朋	吉林市船营区特殊教育实验学校	认识牙齿
窦晓艳	连云港市赣榆特殊教育学校	认识图形
杜碧云	杭州市萧山区特殊教育学校	播撒"希望"的种子
杜冰	天津市和平区培育学校	康复训练——下肢力量练习
杜从容	天津市河西区启智学校	比尾巴
杜琳梅	仁寿县特殊教育学校	比尾巴
杜慕棠	北京市通州区培智学校	理解和关心他人
杜倩云	宜昌市特殊教育学校	认识情绪
杜禹	天津市北辰区特殊教育学校	石头剪刀布
段小燕	邯郸市特殊教育中心学校	眼耳口鼻
范家玲	广州市天河区启慧学校	构音类似运动训练之小嘴巴操
范娟娟	大连市沙河口区启智学校	认识 3——点数数量是 3 的物品
范立花	永康市特殊教育学校	金木水火土
范玲	旺苍县特殊教育学校	整理学习用具比长短（一）
范年忠	秭归县特殊教育学校	5 的分与合
范艳婷	桂林市培智学校	果园里
范英秀	烟台市芝罘区辅读学校	人民币的认识
方玉文	华东师范大学附属卢湾辅读实验学校	讲卫生

续表

姓名	学校	名称
方云	珠海市特殊教育学校	洗手"六步"曲
房阔	辽源市特殊教育学校	比大小
房月	永吉县特殊教育学校	保护社区环境——垃圾分类
费怡韵	无锡市梁溪区特殊教育学校	认识5
冯杰	哈尔滨市道里区育新学校	小马过河
冯娟	天津市宝坻区博爱学校	升国旗
冯娜娜	石河子特殊教育学校	认识人民币
冯戚妹	高州市特殊教育学校	学洗手
冯戚妹	高州市特殊教育学校	比大小
冯秋燕	上海市松江区辅读学校	认识4
冯弋洋	成都市青白江区特殊教育学校	点数4
冯迎雪	白山市逸夫特殊教育学校	纸蝴蝶
冯志国	天津市蓟州区育才学校	洗手
符东梅	成都市青白江区特殊教育学校	包饺子
付会妍	松原市特殊教育学校	学会握笔姿势
付玉	天津市滨海新区大港特殊教育学校	电冰箱认识水果
傅金花	龙岩市永定区特殊教育学校	学系鞋带
傅昆	北京市健翔学校	快乐识字——我
盖梦迪	东营市特殊教育学校	认识4
高菲	牡丹江市特殊教育学校	太阳和月亮
高海姣	北京市通州区培智学校	小小的船
高涵	天津市滨海新区大港特殊教育学校	讲卫生
高菊	天津市河东区启智学校	制作弹力扣手链
高丽丽	北京市东城区特殊教育学校	免疫提升花草茶
高明洋	天津市滨海新区塘沽兴华里学校	男生女生
高万祥	成都市青白江区特殊教育学校	双脚向前跳
高秀英	七台河市特殊教育学校	画图中曲线的实例运用
高艳	中宁县特殊教育学校	学习词语——爸爸、妈妈、我
高艳华	松原市特殊教育学校	上、下

续表

姓名	学校	名称
高伊宁	寻甸回族彝族自治县特殊教育学校	10以内减法计算
高玉璐	青岛市崂山区特殊教育学校	介绍水拓画
高玉亭	北京市平谷区特教中心	家庭音乐会——宝宝起床
高贞博	灯塔市特殊教育学校	认识整时
高卓	深圳市福田区竹香学校	江南
葛伟燕	合肥市蚌埠路第四小学	天气预报
葛晓娇	佛山市南海区星辉学校	安全使用热水壶烧开水
耿红平	北京市通州区培智学校	粘贴画——仙人球
耿迎迎	淮北市特殊教育学校	认识半点
耿宇	黑河市特殊教育学校	布谷鸟
弓玉娇	靖江市特殊教育学校	认识图形（二）
龚欢	上海市宝山区培智学校	表达需求：我要上厕所
龚丽莹	东宁市特殊教育学校	毛毛虫
龚利阳	仁寿县特殊教育学校	认识长方形
龚书香	远安县特殊教育学校	得数是4加法
巩立君	淄博市特殊教育中心	怎样切黄瓜丁
辜丹琳	东莞启智学校	青春期性教育——认识身体及护理之男生篇
顾婷婷	宁波市特殊教育中心学校	5减几
管梦琳	柳州市特殊教育学校	"风"字的认识和辨别
郭佰红	榆树市特殊教育学校	比高矮
郭富婷	巴中市巴州区特殊教育学校	得数是2的加法
郭佳玲	湘潭市特殊教育学校	学系鞋带
郭凯文	吴忠特殊教育学校	好朋友一起玩
郭丽欣	邢台市宁晋县特殊教育中心	小社区大家庭比粗细
郭茂婧	白山市逸夫特殊教育学校	直梯的使用
郭琴	庄河市特殊教育学校	健康教育——止血与包扎
郭爽	抚顺市特殊教育学校	小鸭子和小公鸡
郭文姗	晋江市特殊教育学校	1~10的数序——第几
郭晓敏	泉州市泉港区特殊教育学校	语训：声母m
郭艳春	天津市蓟州区育才学校	弯弯的月亮

续表

姓名	学校	名称
过颖英	无锡市梁溪区特殊教育学校	花草树木
韩胜勇	东港市特殊教育学校	制作节日贺卡
韩帅	井陉县特殊教育学校	大小多少
韩晓宇	长春市双阳区特殊教育学校	杯子舞你笑起来真好看
韩玉华	周村区特殊教育中心	蚕宝宝
郝婧涵	深圳市宝安区星光学校	认识人民币（一）
郝俊娜	自治区包头市青山区特殊教育学校	5+2=7
郝瑞芬	大同市云冈区特殊教育学校	小鸟飞来了
何爱恋	株洲市特殊教育学校	四季
何琳	石河子特殊教育学校	中国人民解放军进行曲
何琴	长宁县特殊教育学校	6减几
何绍仪	德庆县启智示范学校	教师大扫除之学扫地
何思锐	广州市天河区启慧学校	我会煮有爱车仔面
何香玲	银川市特殊教育中心	春晓
何晓	柳州市特殊教育学校	认识5
何雪莲	成都市工程职业技术学校	餐具摆台
衡莹莹	兴安盟特殊教育学校	找不同——观察力训练
洪林	蚌埠市特殊教育中心	上学歌
侯国庆	石河子特殊教育学校	小学生室内锻炼方法
侯华	梅河口市特殊教育学校	四季
侯利红	长沙县特殊教育学校	学习书写生字"山"
侯玉娟	抚顺市特殊教育学校	热气球
厚雅	天津市东丽区明强特殊教育学校	我会使用护手霜
胡彪彪	英德市智通学校	我会擦屁屁
胡冰心	济宁市任城区特殊教育学校	四季
胡承山	武汉市新洲区特殊教育学校	定点投篮
胡红霞	宜昌市远安县特殊教育学校	9加几
胡淑芳	天津市河北区启智学校	小鸟的家
胡腾飞	萧山区特殊教育学校	认识圆形
胡亚茹	广州市黄埔区知明学校	我的家真干净
胡玉子	德惠市特殊教育学校	手功能康复训练——白兔和灰兔

续表

姓名	学校	名称
胡运	长宁县特殊教育学校	4的分解
花绍浩	天津市河东区启智学校	图形的复制与粘贴
华宸	天津市北辰区特殊教育学校	微笑的力量
化敏	日照市岚山区特殊教育中心	认识旋转
黄傲	武汉市新洲区特殊教育学校	对韵歌
黄嘉敏	佛山市顺德区启智学校	认识4
黄嘉荣	东莞启智学校	预防校内性侵害
黄金茜	广州市番禺区培智学校	煎鸡蛋
黄静	长春市九台区特殊教育学校	我有一双手
黄凯旋	长沙市特殊教育学校	食物的消化过程
黄可斯	长沙市特殊教育学校	我会冲泡饮料
黄丽华	广州市南沙区启慧学校	毛巾
黄琳婷	广州市天河区启慧学校	整洁的我之吹头发/剃胡须
黄玲	阜宁县特殊教育学校	小画笔
黄薇佳	长沙市特殊教育学校	音阶
黄显丽	长春市农安县特殊教育学校	大人小孩
黄小玲	深圳元平特殊教育学校	盐画
黄小妹	田东县特殊教育学校	学洗手
黄一恒	佛山市南海区星辉学校	上肢支撑跳
霍俊名	东阳市特殊教育学校	课程表
吉芮瑶	成都市青白江区特殊教育学校	流体画拉花法
季静	长治市特殊教育学校	会变的影子
贾彩琴	大同市特殊教育学校	教师节
贾闻畅	赤峰市元宝山区特殊教育学校	瓶子吹气球
贾新欣	北京市东城区特殊教育学校	美式下午茶的奥秘
蹇廷蓉	成都市青白江区特殊教育学校	天竺葵扦插
江晓珍	九江市特殊教育学校	不能跟陌生人回家
江新联	乐昌市启智学校	存钱罐
姜聪慧	平山县特殊教育学校	章鱼大作战
姜丽秋	梅河口市特殊教育学校	家用电器
姜瑞玥	中山市特殊教育学校	一分钟有多长
蒋淳	上海市聋哑青年技术学校	麦片饼干面糊的制作

姓名	学校	名称
蒋景朋	宁晋县特殊教育中心	竖式计算
蒋梦依	桂林市培智学校	过马路
蒋思霞	佛山市南海区星辉学校	发音训练我会说"O"（1）
蒋苏萍	佛山市禅城区启智学校	智障儿童居家生活——煮面
蒋玉娇	常州市光华学校	微课：桃花朵朵开
解志刚	东宁市特殊教育学校	认识3
金迪	通辽市特殊教育学校	动物狂欢节
金涵	深圳市罗湖区星园学校	美味的食物
金俊仙	寻甸回族彝族自治县特殊教育学校	四季
金思	长沙市第一社会福利院	我是魔术师
金艳菊	桓台县特殊教育学校	比长短（一）
靳玉霞	宁晋县特殊教育中心	蝴蝶飞飞
荆晓莉	石河子特殊教育学校	中国龙
敬莎	成都市温江区特殊教育学校	找规律
柯良霞	泉州市泉港区特殊教育学校	学写请假条
孔岩	黑河市特殊教育学校	棒棒糖
赖晨晨	东阳市特殊教育学校	四季
赖明红	成都市温江区特殊教育学校	分类
郎秀妍	珲春市特殊教育学校	刷牙
雷少华	武汉市江岸区辅读学校	3减几
李超	白山市逸夫特殊教育学校	学穿衣服
李春艳	天津市河北区启智学校	比尾巴——学习用"好像"说话
李聪锐	云霄特殊教育学校	认识人民币——10元
李丹	北京市通州区培智学校	学习生字——大
李丹	桓台县特殊教育学校	重难点生字"浮"的教学
李丹	西安市启智学校	洗手
李凡	天津市南开区育智学校	认识厘米
李枫	白山市逸夫特殊教育学校	认识时间
李鹤	北京市东城区特殊教育学校	清炒五彩虾仁
李红	成都市温江区特殊教育学校	扫地拖地
李红	凤城市特殊教育学校	库企企
李卉	东莞市康复实验学校	毛毛虫

姓名	学校	名称
李慧	北京市昌平区特殊儿童教育学校	快乐的夏天
李慧	青岛西海岸新区特殊教育中心	刷牙
李慧琴	太原市迎泽区特殊教育中心学校	我们的眼睛
李蕙伶	广州市越秀区启智学校	我会剪同款
李建辉	佛山市南海区星辉学校	预防新型冠状病毒大作战
李洁	广州市天河区启慧学校	认识5
李锦平	临沭县特殊教育学校	认识"="">""<"
李晶宏	哈尔滨市燎原学校	电话号码、20以内不进位加法（一）、购买打折商品
李晶晶	天津市津南区培智学校	常见的蔬菜
李婧君	北京市朝阳区安华学校	家政服务
李娟	吴忠特殊教育学校	认识打击乐器——铃鼓
李娟	中卫市特殊教育学校	形容词教学
李俊鹏	海口特殊教育学校	20以内的加法应用题
李岚	南京市秦淮特殊教育学校	杯子舞
李立焕	天津市武清区特殊教育学校	羊角球的使用
李丽	天津市宁河区特殊教育学校	双脚跳
李丽香	晋江市特殊教育学校	月亮
李莉	玉林市特殊教育学校	操场上
李璐	云浮市特殊教育学校	疯狂的造型师
李美美	晋江市特殊教育学校	神奇的火
李萌萌	济南特殊教育中心	请假条的写法
李苗苗	太原市杏花岭区特殊教育中心学校	超市购物
李敏	梅河口市特殊教育学校	打电话
李敏霞	东莞启智学校	剪指甲
李绮红	广州市越秀区启智学校	6的组成
李淑军	沂源县特殊教育学校	爱护牙齿
李双双	成都市特殊教育学校	食品保质期的计算
李爽	营口市特殊教育学校	卫生巾使用七步曲
李思远	云浮市特殊教育学校	五步拳
李婉芳	南安市特殊教育学校	比轻重
李婉宁	广州市黄埔区启智学校	大小多少
李晓晴	七台河市特殊教育学校	几百几十的数

续表

姓名	学校	名称
李昕宇	天津市宝坻区博爱学校	认识前后
李修英	抚松县特殊教育学校	常见的饮品
李雪莉	阜平县特殊教育学校	玫瑰花的制作
李亚琴	平定县特殊教育学校	我的梦之"识字教学'空'和'江'"
李燕霞	天津市西青区启智学校	牙刷、牙膏
李阳	北流市特殊教育学校	教师节贺卡——感叹号的使用
李玉兰	桂林市培智学校	认识情绪
李玉莉	泸州市特殊教育学校	段段绣手工制作
李钰	德清县培康学校	过生日
李元	阳信县特殊教育学校	乌鸦喝水
李云娜	宁晋县特殊教育中心	画
李泽洋	青岛市晨星实验学校	雪地里的小画家
李展	长春市南关区育智学校	汉字教学——冬
李喆	冠县特殊教育学校	认识8
李贞宇	广州市荔湾区康迪学校	有趣的2/4拍
李政	榆树市特殊教育学校	比大小（二）
李宗新	玉林市特殊教育学校	圆柱的认识
连青青	邯郸市特殊教育中心学校	学写日记
梁凯悦	井陉县特殊教育学校	小书包
梁利	天津市滨海新区塘沽兴华里学校	用浏览器展示家乡美景
梁璐	深圳市南山区龙苑学校	我会说谢谢
梁倩倩	齐河县特教中心	眼耳口鼻
梁秋燕	佛山市南海区星辉学校	我会擦桌子
梁寿雯	深圳市宝安区星光学校	我的眼睛
梁淑韫	广州市越秀区启智学校	手指运动会
梁巍	蛟河市特殊教育学校	认识直尺
梁雪冰	天津市西青区启智学校	传染病的传播途径
梁雪华	中山市特殊教育学校	快乐的身体游戏
梁月清	廉江市特殊教育学校	手掌变魔术
廖浩进	深圳市宝安区星光学校	寻找夏天
廖满云	屏山县特殊教育学校	好吃的水果
廖美玲	资兴市特殊教育学校	100以内退位减法——笔算两位数减一位数退位减法
廖霞	自贡市贡井区辅读学校	海底世界
林慧萍	桂林市临桂区特殊教育学校	对韵歌

续表

姓名	学校	名称
林洁玲	普宁市特殊教育学校	使用公共厕所——认识公共厕所的标识
林美伶	东莞市康复实验学校	荔枝
林倩	德清县培康学校	我家真干净
林思敏	高州市特殊教育学校	超市分区以及物品
林提	广州市南沙区启慧学校	投沙包
林婷婷	广州市黄埔区启智学校	男生女生
林霄雯	海口特殊教育学校	悯农
林星星	郴州市特殊教育中心学校	认识8
林雪芳	鲤城区开智学校	我为妈妈煎鸡蛋饼（3）
林雪芳	鲤城区开智学校	我为妈妈煎鸡蛋饼（4）
林雪芳	鲤城区开智学校	大自然的语言
林燕婷	泉州市泉港区特殊教育学校	乌龟爬行
刘白利	资兴市特殊教育学校	鞋
刘宝梅	吉安市特殊教育学校	戴口罩
刘彬连	昭平县特殊教育学校	土木火——正确书写汉字"土"
刘伯仲	舒兰市特殊教育学校	四季
刘承敏	天津市滨海新区大港特殊教育学校	找规律
刘桂莲	武汉市江岸区辅读学校	可爱的四季
刘红	海林市特殊教育学校	要下雨了
刘洪芳	天津市滨海新区大港特殊教育学校	9加几
刘胶	广州市白云区云翔学校	竹竿舞·跳起来
刘杰	北京市健翔学校	石头剪刀布
刘静霞	石家庄市鹿泉区特殊教育学校	春风吹
刘娟	齐河县特教中心	认识人民币——1元、5元、10元
刘凯	哈尔滨市双城区特殊教育学校	小白船
刘立志	锦州市义县爱心学校	认识鼠标和鼠标的操作
刘丽娜	天津市滨海新区汉沽启智学校	乌鸦喝水
刘琳	华东师范大学附属卢湾辅读实验学校	小书包——认识词语"橡皮"
刘琳琳	阜宁县特殊教育学校	整理书包

姓名	学校	名称
刘美芳	晋城市特殊教育中心学校	乌鸦喝水
刘森	长春市二道区育行特殊教育学校	镜子里的我
刘倩	邯郸市特殊教育中心学校	山村咏怀
刘秋实	通辽市科尔沁左翼后旗特殊教育学校	折纸（钱包）
刘全全	广州市黄埔区知明学校	学洗碗——自己的事情自己做
刘桃园	柳州市特殊教育学校	我会拖地
刘婷	韶关市特殊教育学校	防溺水安全教育
刘伟	天津市东丽区明强特殊教育学校	如何申请健康码
刘新	淄博市特殊教育中心	山村咏怀
刘秀清	莘县特殊教育学校	电冰箱
刘雪莲	松原市特殊教育学校	如何制作老式大饼干
刘雅玲	德庆县启智示范学校	教室大扫除之擦桌子
刘雅琦	长沙市特殊教育学校	认识圆形
刘亚如	济宁市任城区特殊教育学校	大公鸡
刘艳辉	敦化市特殊教育学校	魔法亲亲送给家长和孩子的入学礼
刘艳杰	梅河口市特殊教育学校	我的学校
刘怡	天津市南开区育智学校	认识人民币
刘悠扬	浏阳市特殊教育学校	大熊抱抱
刘禹彤	东阳市特殊教育学校	奇妙的手势
刘志艳	抚松县特殊教育学校	影子
柳静雪	成都市新都区特殊教育学校	菜场
龙艳琼	成都市新都区特殊教育学校	毛巾
卢婉婷	天津市和平区培育学校	大巨人和小矮人
鲁浩南	广州市越秀区启智学校	在地铁站走失怎么办
陆冠宇	湖州市特殊教育实验学校	认识三角形
陆金海	闵行区启智学校	第几
陆振飞	海宁市培智学校	小星星洗澡
路鸽	桦甸市特殊教育学校	百以内进位加法
栾慧梅	诸城市特殊教育学校	1～10的数序
栾雪	天津市河北区启智学校	小小的船
罗嫦娥	昭平县特殊教育学校	乌鸦喝水
罗家琪	罗定市特殊教育学校	认识图形
罗润旺	东莞市康复实验学校	糖果袋

续表

姓名	学校	名称
罗斯娜	北流市特殊教育学校	我的房间真整洁——比较两个数的大小
骆兆祥	南京市玄武区特殊教育学校	认识3——3的含义
吕晶	青岛市晨星实验学校	复杂视角想法解读
吕娜	鸡西市特殊教育学校	眼耳口鼻
吕书娟	都江堰市特殊教育学校	20以内的退位减法
吕文静	商河县特殊教育学校	男生与女生
吕艳	怀来县特殊学校	勾绷脚练习
马骏	齐齐哈尔市培智学校	采山
马丽新	抚顺市特殊教育学校	5的组成
马乔	七台河市特殊教育学校	正面双手垫球
马晓晨	深圳市南山区龙苑学校	学习汉字"月"
马一力	岳池县特殊教育学校	比大小
马义平	莱西市特殊教育中心	折纸小兔子
马雨晨	平罗县特殊教育学校	原地侧向投掷轻物
毛星星	绵阳市特殊教育学校	好吃的水果
么会红	榆树市特殊教育学校	数字找邻居
梅桂	上海市闵行区启智学校	认识食品说明书
蒙泽红	独山县沁元学校	5减几
孟帆	辽源市特殊教育学校	影音魔术师——插入音频
孟凡强	邹城市特殊教育学校	后滚翻
孟祥麟	天津市武清区特殊教育学校	认识时间（一）
糜嘉	松江区辅读学校	比尾巴
苗茜	南京市玄武区特殊教育学校	亚克西巴郎
苗莎	广元市特殊教育学校	感党恩明信念
莫晓珍	田东县特殊教育学校	橙子（认识橙色）
母丹	屏山县特殊教育学校	认识人民币
倪波	玉环市特殊教育学校	城市街道数字多
倪溪溪	绵阳市特殊教育学校	认识4
聂鸿宇	丹东市春英学校	刮土豆皮
牛聪聪	天津市河西区启智学校	我喜欢自己
牛梦培	保定市特殊教育中心	问好再见
牛牛	长治市特殊教育学校	讲卫生
牛雪芳	晋城市特殊教育中心学校	认识圆形
欧阳春翠	田东县特殊教育学校	认识5
潘向南	德庆县启智示范学校	耳鼻口目

495

续表

姓名	学校	名称
潘志忠	广州市海珠区新港中路小学	发展下肢力量小游戏
彭波	吉林市船营区特殊教育实验学校	手工相框
彭素闪	佛山市顺德区启智学校	刷牙
彭宗兵	台儿庄区特殊教育中心	人民币的认识
彭祖红	成都市特殊教育学校	制作水果球
皮雪琴	分宜县特殊教育学校	Excel 界面的认识
蒲媛	中卫市特殊教育学校	认识五官
戚健儿	杭州市萧山区特殊教育学校	一起来制作原味奶茶
戚晓野	黑河市特殊教育学校	动物面具
齐登焕	济南市黎明学校	团结合作才最棒
齐沙沙	鞍山市特殊教育学校	乌鸦喝水
齐圣杰	天津市河西区启智学校	认识 3
齐亚菲	天津市河西区启智学校	9 的乘法口诀
乞航	天津市红桥区培智学校	认识梯形
钱慧茹	天津市西青区启智学校	中国人
钱璐	扬州市邗江区启智学校	一粒米的由来
秦洁	天津市和平区培育学校	认识表情——微笑
秦璐	贵阳市云岩区惠智学校	认识三角形
秦婉	深圳市罗湖区星园学校	我的三餐——得数是 5 的加法（2）
秦妍	佛山市禅城区启智学校	我会安全用药
邱贵蓉	宁化县特殊教育学校	要下雨了
邱贵蓉	宁化县特殊教育学校	小壁虎借尾巴
邱凤蕾	广州市白云区云翔学校	学习洗菜
邱晓婷	佛山市禅城区启智学校	我会表达感冒症状
邱永兰	武平县特殊教育学校	小乌龟
区绍祥	广州市番禺区培智学校	我会用勺子吃东西
曲冬梅	通化市柳河县育智学校	比较数的大小
曲歌	天津市河东区启智学校	洗手
曲悦	天津市北辰区特殊教育学校	"三明治"沟通法
任静	济南市济阳区特殊教育学校	生活语文
任文琴	青岛市晨星实验学校	亲子游戏——撒数块
任媛	深圳市南山区龙苑学校	视频通话
阮兰锦	北海市特殊教育学校	小乌龟
桑鹏	西安市启智学校	原地双手头上后抛实心球

续表

姓名	学校	名称
邵帼珺	上海市松江区辅读学校	读准 b 和 p 的小妙招
邵俊	江山市培智学校	认识 6
邵炼溶	岳阳市特殊教育学校	2 减儿
邵留红	阜宁县特殊教育学校	比高矮
邵倩	齐河县特教中心	认识整时
邵秀筠	青岛市晨星实验学校	帮忙
佘金荣	榆树市特殊教育学校	课程表
申屠航丽	东阳市特殊教育学校	存钱罐
沈慧芬	晋江市特殊教育学校	认识数字 4
沈静	和平县和爱学校	我有一双手
沈雪霞	长兴市培智学校	家用电器
沈燕	乌鲁木齐市儿童福利院	声音的强弱
沈奕汝	深圳市福田区竹香学校	手指操
石丹	吉林市丰满区特殊教育学校	制作水果色拉
石坚	中山市特殊教育学校	神奇的小口罩
石艳秀	佛山市禅城区启智学校	线条先生——波浪线
史立伟	大连市沙河口区启智学校	认识数字 4
侣丽颖	鹤岗市特教中心	小铃鼓
宋会彬	天津市静海区建华学校	9 加儿
宋建军	齐齐哈尔市培智学校	课程表
宋丽姝	安吉县育星培智学校	穿拉链衫
宋帅辰	昌吉州特殊教育学校	整理内务——叠被子
宋炎平	浏阳市特殊教育学校	常见的主食
苏芳静	石家庄市藁城区特殊教育学校	小小的船
苏杭	哈尔滨市燎原学校	十个印第安小朋友
苏红	宁波市特殊教育中心学校	认识 4
苏蕊	天津市东丽区明强特殊教育学校	拆快递
苏莹	磐石市特殊教育学校	上厕所——我会擦屁股
孙丛丛	淄博市特殊教育中心	使用订书机
孙佳婧	杭州市临平区汀洲学校	分类
孙晓玉	长春市双阳区特殊教育学校	看病的基本流程
孙欣	柳河县育智学校	认识 0
孙艳蓉	昆明市官渡区培智学校	小脏手
孙怡	闵行区启智学校	蝴蝶风筝

续表

姓名	学校	名称
孙玉川	天津市宝坻区博爱学校	餐桌上的肉类食物——鱼肉
孙岳广	周村区特殊教育中心	手机 QQ——文字提取
塔影	长春市九台区特殊教育学校	认识数字 5
覃海连	北流市特殊教育学校	20 以内的退位减法——破十法
谭妙坤	广州市番禺区培智学校	彼得与狼
谭秋梅	广州市南沙区启慧学校	用手机打电话
谭文悦	东阿县特殊教育学校	设计帽子纹样
谭新	天津市武清区特殊教育学校	认识逗号和句号
唐道竹	成都市双流区特殊教育学校	数一数有几个
唐欢	赤峰市元宝山区特殊教育学校	我家的"好帮手"
唐琪	蛟河市特殊教育学校	计算机小工具——计算器
唐微微	永吉县特殊教育学校	我的三餐——美味早餐
唐小红	成都市青羊区特殊教育学校	用画"O"的方法计算 20 以内的加法
唐秀玉	鞍山市特殊教育学校	画
滕畅	元宝山区特殊教育学校	五官的话
田继颖	东宁市特殊教育学校	校本课：几和第几
田堰慧	德庆县启智示范学校	洗碗、勺、筷
田裕兰	抚松县特殊教育学校	会跳舞的盐
万莉莉	广州市番禺区培智学校	我会保管卫生巾
万玲洁	萧山区特殊教育学校	圆的变化
万紫红	成都市温江区特殊教育学校	可乐鸡翅
汪珍珍	合肥市蚌埠路第四小学	垃圾分类
王爱玲	德清县培康学校	认识 4
王蓓蓓	滨海县特殊教育学校	中秋节
王碧涵	九江市特殊教育学校	我们不乱扔
王兵	敦化市特殊教育学校	感统游戏
王伯兰	广州市番禺区培智学校	如何处理小伤口
王晨洁	大同市云冈区特殊教育学校	中秋节
王春婉	德惠市特殊教育学校	发面糖饼
王翠霞	绵阳市特殊教育学校	我会洗苹果
王东伟	北京市平谷区特教中心	小鱼的一家

续表

姓名	学校	名称
王芳	太原市迎泽区特殊教育中心学校	水果的吃法
王芳芳	邹城市特殊教育学校	有趣的节奏
王飞	兰溪市曙光学校	10 以内的减法——杯者荣耀
王丰	安吉县育星培智学校	易腐垃圾变形计
王凤慧	深圳市福田区竹香学校	我的家——认识卫生间
王海燕	成都市青羊区特殊教育学校	量词歌
王佳琪	七台河市特殊教育学校	寻物启事
王嘉茵	晋江市特殊教育学校	认识 4
王建峰	大同市特殊教育学校	认识天气符号
王金红	井陉县特殊教育学校	得数是 4 的加法
王凯莉	合肥市蚌埠路第四小学	声母 p
王蕾	东营市特殊教育学校	酸甜苦辣咸
王蕾	天津市宝坻区博爱学校	交通安全很重要
王黎黎	凤城市特殊教育学校	月经
王丽娟	常州市光华学校	我是小孝星
王丽萍	杜尔伯特蒙古族自治县特殊教育学校	我有一双手
王丽婷	天津市南开区育智学校	使用公共厕所——认识男女厕所标识
王丽婷	佛山市顺德区启学学校	比大小
王莉莉	南安市特殊教育学校	量词歌
王砾	南京市秦淮特殊教育学校	认识 3
王琳雅	玉环市特殊教育学校	我学会了关心妈妈
王柳智	缙云县培智学校	做汤圆
王露	深圳市福田区竹香学校	乌鸦喝水
王美洁	资兴市特殊教育学校	精细动作手部张力能力康复
王敏	长治市特殊教育学校	猜谜语识字
王敏	德惠市特殊教育学校	小雨伞"t"
王明月	烟台市芝罘区辅读学校	比多少
王娜娜	垣曲县特殊教育学校	分类
王偶偶	广州市天河区启慧学校	前和后
王萍	深圳市罗湖区星园学校	良好的用餐习惯之用餐时
王琦	灯塔市特殊教育学校	生活中的标语
王琦	都江堰市特殊教育学校	小老鼠过新年
王倩	上海市闵行区启智学校	存钱罐

续表

姓名	学校	名称
王倩	大连市沙河口区启智学校	"一边……一边……"句式的使用
王清	青岛市崂山区特殊教育学校	乐高小颗粒搭建伸缩门
王蕊	舒兰市特殊教育学校	小青蛙找家
王瑞芳	大同市特殊教育学校	剪指甲
王睿	哈尔滨市道里区育新学校	菲力的17种情绪
王婷婷	云浮市特殊教育学校	第几
王婷媛	杭州市余杭区汀洲学校	比尾巴
王唯颖	深圳市福田区竹香学校	一起看京剧
王玮	石家庄市藁城区特殊教育学校	这样说不对
王雯琦	广州市黄埔区启智学校	升旗仪式礼仪规范
王骁	象山县培智学校	美丽的小相框
王小燕	浠水县特殊教育学校	春天集锦
王晓娟	松原市特殊教育学校	好朋友一起玩
王晓璐	临西县特殊教育学校	"月"字的书写
王晓晔	昌吉州特殊教育学校	衍纸贺卡
王欣	鸡西市特殊教育学校	四季
王雪改	赵县特殊教育学校	首都北京（1）、小书包（1）
王雪梅	石嘴山市特殊教育学校	语言训练——主谓句
王彦春	舒兰市特殊教育学校	做水果沙拉
王艳波	舒兰市特殊教育学校	制作口罩
王艳萍	济南市黎明学校	贺卡上的小秘密
王燕	石河子特殊教育学校	熊叔叔的生日派对
王燕云	漳州市芗城开智学校	春晓
王银宝	天津市河北区启智学校	肺活量训练吹一吹
王颖	济南市黎明学校	音乐节奏练习布谷鸟
王宇航	深圳元平特殊教育学校	防疫距离提醒帽的制作
王羽	凤城市特殊教育学校	认识药品说明书
王远卓	北京市平谷区特教中心	堆雪人
王悦	天津市滨海新区塘沽兴华里学校	音的强弱
王兆臣	蒙阴县特殊教育学校	落花流水
王哲恒	哈尔滨市启迪学校	键盘
韦英慧	田东县特殊教育学校	学穿衣服
韦颖	柳州市特殊教育学校	超市购物——打包
魏彬	鹤岗市特殊教育中心	元的认识
魏桂春	敦化市特殊教育学校	斑马线
魏莉力	天津市南开区育智学校	我会吃饭
魏露露	郴州市特殊教育中心学校	我有一双手
魏艳丽	荆州市沙市特殊教育学校	常见的家用电器
文芳	资兴市特殊教育学校	江南
文萍	泸州市特殊教育学校	男生女生
问梦梦	深圳市宝安区星光学校	感受声音的强与弱
翁雪琪	上海市浦东新区致立学校	彩色的水母
吴航	泸州市特殊教育学校	脑瘫儿童异常肌张力测评操作
吴丽娟	衢州市衢江区启智学校	电冰箱之凉的教学
吴丽珍	丽水市特殊教育学校	比尾巴
吴露露	宁波市特殊教育中心学校	汉字"头"
吴梦	杭州市临平区汀洲学校	玩转滑板车（1）
吴潇萍	九江市特殊教育学校	雨伞
吴晓虹	武汉市新洲区特殊教育学校	超市购物
吴晓瑶	天津市滨海新区塘沽兴华里学校	红领巾——识字"巾"
吴旋	太原市迎泽区特殊教育中心学校	如何搭配早餐
吴雪娇	昆明市官渡区培智学校	系鞋带
吴英肖	邢台市南和区特殊教育学校	春晓
吴彰敏	金华市特殊教育学校	小数的读法
吴照凤	天津市武清区特殊教育学校	山村咏怀
吴志萍	上海市静安区启慧学校	站立平衡训练
夏丽伟	邯郸市特殊教育中心学校	乌鸦喝水
夏瑞	昆明市盘龙区培智学校	乘风破浪的友谊之船
肖苗	泸州市特殊教育学校	苹果沙拉
肖睿	济南市黎明学校	牛年做牛
肖晓慧	东莞启智学校	手指画贺卡
谢冰玲	云浮市特殊教育学校	一日三餐
谢春静	邢台市特殊教育学校	认识时间
谢婷婷	深圳市南山区龙苑学校	读好句子的语气和重音
谢小凡	北海市特殊教育学校	我的房间
谢燕山	湛江市特殊教育学校	有趣的圆形添画
辛金阳	日照市岚山区特殊教育中心	长方形的认识
辛玮	上海市静安区启慧学校	常见的饮品

续表

姓名	学校	名称
熊春英	龙岩市武平县特殊教育学校	三角包的做法
熊政	桂林市培智学校	5 的认识
徐丹彤	津南区培智学校	自我介绍
徐欢	杭州市临平区汀洲学校	小刺猬
徐婕	上海市松江区辅读学校	美丽的海底世界
徐瑾	华东师范大学附属卢湾辅读实验学校	梵高的向日葵
徐京燕	江山市培智学校	过生日
徐克娃	通辽市特殊教育学校	红眼睛绿眼睛
徐涛	荆州市沙市特殊教育学校	端午节
徐夏	太原市杏花岭区特殊教育中心学校	左右对称图形
徐元元	鞍山市立山区育智学校	运动＋游戏＝快乐
许交	鸡西市特殊教育学校	神奇的数字
许可乔	佛山市三水区启智学校	10 以内的竖式计算
许岭	赵县特殊教育学校	衣物的组成（1）
许妮	晋城市特殊教育中心学校	余数与除数的关系
许岳霞	湘潭市特殊教育学校	用微信发送语音信息
薛昊	天津市滨海新区汉沽启智学校	含有 0 的加法运算
薛麒麟	上海市静安区启慧学校	我的情绪
薛婷	苏州工业园区仁爱学校	男生女生
薛艳芳	湛江市特殊教育学校	我会用筷子
严燕琴	海宁市培智学校	西红柿炒蛋
言珏	宁乡市虎山特殊教育学校	元宵节
晏春霞	九江市特殊市特殊教育学校	冰糖雪梨
燕娜	大石桥市特殊教育学校	常见的饮品
杨菲	蚌埠市特殊教育中心	认识 4
杨慧	广州市黄埔区知明学校	学校信息
杨晶	长春市二道区育行特殊教育学校	认识整时
杨靖	苏州工业园区仁爱学校	清明——用思维导图学古诗
杨丽娟	上海市闵行区启智学校	小画笔
杨茜薇	成都市特殊教育学校	制作福字花馍——成型
杨群芳	成都市特殊教育学校	d 音矫正二阶课程（上）
杨双	长春市南关区育智学校	加法文字应用题

续表

姓名	学校	名称
杨朔	青岛三江学校	热胀冷缩原理去除口香糖
杨思静	广州市黄埔区知明学校	我会整理教学用具——制作收纳盒
杨学文	昆明市盘龙区培智学校	口部运动能力训练
杨艳萍	大石桥市特殊教育学校	校园标识——分类
杨义成	无锡市梁溪区特殊教育学校	常见的餐具——认识图形（二）
杨玉玲	天津市滨海新区大港特殊教育学校	第几
杨赞炜	英德市智通学校	情绪调节，为"心"赋能
杨贞燕	上海市松江区辅读学校	我的家
杨梓佳	长沙市第一社会福利院	大鸟和小鸟
伊秀华	蒙阴县特殊教育学校	针对前庭失调用滑板训练的几种方法
易莉莉	成都市特殊教育学校	制作四川抄手——包制成型
阴艳	盐城市阜宁县特殊教育学校	我的文具小伙伴
尹曼	宿州市特殊教育中心	认识四三拍
尹情	攸县特殊教育学校	我会穿搭扣鞋
尹为为	滨海县特殊教育学校	学穿鞋
尹玉莲	昆明市盘龙区培智学校	用图片和文字记录生活
尤佳丽	扬州市培智学校	社区安全标识
于晶	佛山市顺德区启智学校	学会穿衣服
于文	东港市特殊教育学校	会飞的纸
于晓旭	四平市育文学校	赠汪伦
于笑茹	辽源市特殊教育学校	有趣的节拍——三拍子
于学华	北京市平谷区特教中心	我会做双色花朵馒头
余佳慧	苏州工业园区仁爱学校	江南
余娟瑜	广州市越秀区启智学校	叶菜挑选小帮手
庚冬梅	佛山市启聪学校	收银员的三唱服务
袁海娟	上海市宝山区培智学校	7 减几
袁兰兰	天津市北辰区特殊教育学校	与鼠标交朋友
袁罗群	成都市青羊区特殊教育学校	比较数的大小
袁晓琪	辽源市特殊教育学校	切菜的正确姿势

续表

姓名	学校	名称
袁亚敏	保定市特殊教育中心	乘数是一位整数的小数乘法
院甜甜	邯郸市特殊教育中心学校	洗手
臧传桦	临沂市兰山区特殊教育学校	家用电器
张宝秋	天津市宁河区特殊教育学校	认识左右
张宝文	七台河市特殊教育学校	滑板翱翔
张冰洁	沛县特殊教育中心	好吃的水果
张彩凤	湖州市特殊教育实验学校	得数是4的加法
张丛涵	济宁市任城区特殊教育学校	坐如钟、立如松
张德军	蒙阴县特殊教育学校	制作太阳花宝宝
张凤	青岛三江学校	叠汗衫
张海潮	天津市河东区启智学校	比尾巴
张宏	嘉祥县特殊教育学校	校园安全标识
张卉	长治市特殊教育学校	找规律
张建伟	淮南市特殊教育学校	春夏秋冬
张杰	灯塔市特殊教育学校	小书包
张靖	梅河口市特殊教育学校	春晓
张凯莉	深圳市南山区龙苑学校	收拾餐桌
张雷	通辽市特殊教育学校	乒乓球颠球
张丽	宁晋县特殊教育中心	太阳
张丽凤	大石桥市特殊教育学校	认识人民币
张丽明	北京市昌平区特殊儿童教育学校	微信支付（1）
张丽娜	榆树市特殊教育学校	种植小蒜苗
张丽艳	鞍山市立山区育智学校	乌鸦喝水——康复训练
张利	新余市分宜县特殊教育学校	Photoshop利用剪贴蒙板制作艺术字
张璐璐	深圳元平特殊教育学校	春天举行音乐会
张娜	大连市沙河口区启智学校	做红烧肉
张秋敏	天津市滨海新区塘沽兴华里学校	不挑食——识字"米"
张如雪	天津市宝坻区博爱学校	小小的船
张莎	扬州市邗江区启智学校	学穿鞋
张守兵	蛟河市特殊教育学校	手工皂
张素平	浏阳市特殊教育学校	洗脸
张坦	济宁市任城区特殊教育学校	认识几时
张婷	银川市特殊教育中心	京剧脸谱

续表

姓名	学校	名称
张伟	莘县特殊教育学校	认识整时
张卫秀	蚌埠市特殊教育中心	我和爸爸妈妈
张文娟	天津市武清区特殊教育学校	五角星（剪纸）
张小艳	四平市育文学校	肯德基
张晓童	日照市岚山区特殊教育中心	十二生肖
张晓霞	南安市特殊教育学校	我的学习用具
张昕	辽源市特殊教育学校	漂亮的小鱼
张新荣	北京市通州区培智学校	我的小书——自我介绍
张馨月	青岛三江学校	桃花
张旭	天津市河西区启智学校	4+1=5
张雪飞	商河县特殊教育学校	电冰箱
张雪姣	北京市平谷区特教中心	我家真干净
张雅赟	凤城市特殊教育学校	数一数
张艳红	蛟河市特殊教育学校	10以内数点数的训练
张耀方	宁乡市虎山特殊教育学校	认识钟面
张一强	中山市特殊教育学校	认识圆形
张易	北京市东城区特殊教育学校	宫廷美食之豌豆黄
张雨佳	天津市津南区培智学校	回家——认识生字"门"
张媛	天津市南开区育智学校	刷牙
张云艳	哈尔滨市道里区育新学校	钟面的认识
张芸绮	湛江市特殊教育学校	我爱劳动——洗筷子、勺子
张芸芸	烟台市芝罘区辅读学校	认识图形（4）
张子嫣	青岛三江学校	长方体的认识
张紫航	苏州工业园区仁爱学校	认识数字3
章晔清	天津市河东区启智学校	做灯笼
赵丹阳	绵阳市特殊教育学校	非洲鼓——认识低音
赵进	东莞启智学校	认识食谱
赵丽	岳池县特殊教育学校	花园果园
赵丽红	莘县特殊教育学校	寻找春天
赵丽君	西安市启智学校	0的加法
赵蔚	德清县培康学校	2的分解
赵秀娟	北京市朝阳区安华学校	路线查询小能手——手机百度地图查路线
赵雪松	丹东市春英学校	元宵节
赵旸旸	河源市和平县和爱学校	舞狮

续表

姓名	学校	名称
赵叶芳	大同市云冈区特殊教育学校	有趣的纸球
赵支梅	诸城市特殊教育学校	歌曲春天在哪里
赵忠娟	东宁市特殊教育学校	得数是3的加法
郑海燕	库车市特殊教育学校	大钟小钟一起响
郑来梅	敦化市特殊教育学校	布谷鸟音乐节奏
郑巧英	龙岩市永定区特殊教育学校	注意饮食安全
郑冉	阜新市特殊教育学校	社区安全标志
郑润芝	济南市长清区特殊教育学校	小小的船
郑燕华	南安市特殊教育学校	比尾巴
郑茵茵	廉江市特殊教育学校	学系鞋带
钟佩颖	广州市黄埔区知明学校	过年了
周洪娟	桦甸市特殊教育学校	认识圆形
周娟	郎溪县特殊教育学校	3-1=2
周敏	上海市静安区启慧学校	古法造纸
周楠	鸡西市特殊教育学校	端午节
周沛	广州市黄埔区启智学校	我是社区一分子——出示健康码
周巧丽	丽水市特殊教育学校	笔筒
周雪娟	东阿县特殊教育学校	比尾巴
周叶	海口特殊教育学校	百以内数的减法（计算器）
周宇	扬州市邗江区启智学校	认识几时
周子渝	扬中市特殊教育中心学校	百以内不进位加法——两位数加一位数
周子喆	深圳元平特殊教育学校	美丽大自然——水拓丹青
朱惠	深圳元平特殊教育学校	花样茄盒
朱洁	阳信县特殊教育学校	悯农
朱莉莉	扬州市邗江区启智学校	男生女生
朱维娜	无锡市梁溪区特殊教育学校	认识0
朱文波	杜尔伯特蒙古族自治县特殊教育学校	敕勒歌
朱玉清	扬州市邗江区启智学校	家用电器——电冰箱
祝彤	抚顺市特殊教育学校	图形分类
邹虹	无锡市梁溪区特殊教育学校	比高矮
邹凯东	宁波市特殊教育中心学校	袖珍椰子种植

姓名	学校	名称
邹佩奇	长春市二道区育行特殊教育学校	小书包
邹湘	湘潭市特殊教育学校	刷牙
左双	吉林市昌邑区特殊教育学校	七步洗手法
资源教师组		
阿如娜	杜尔伯特蒙古族自治县特殊教育学校	最美逆行者
班允辉	梅河口市特殊教育学校	不织布雏菊
边静波	通辽市特殊教育学校	跳绳
常英丽	石家庄市鹿泉区特殊教育学校	各种各样的鞋
陈慧敏	郴州市特殊教育中心学校	小池
陈露	佛山市顺德区梁开初级中学	冒险兴趣岛——职业兴趣初探
程方慧	天津市第九十八中学	色彩的魅力
程美宁	深圳大学附属后海小学	七步洗手法
崔丽梅	长春市特殊教育学校	和快乐做朋友
丁铃玉	淮南市特殊教育学校	风儿轻轻吹
丁艳丽	深圳市龙华区民治中学教育集团民顺小学	我们一起玩
董洋莹	天津市武清区杨村光明道小学	植树问题
杜俊华	广州市海珠区怡乐路小学	亲子居家体能锻炼
付余	鸡西市特殊教育学校	苹果
戈冬月	长春高新兴华学校	水果拼盘
葛静	德州市德城区陈庄中心小学	提示语中标点符号的运用
龚旭波	常德市特殊教育学校	听力言语康复训练语言活动——借给你一把伞
郭金菊	江山市贺村第一小学	分数与除法
郭磊	鸡西市特殊教育学校	小小眼睛看世界
何浩秋	成都市太平小学校	好山、好水、好风光
何子豪	佛山市禅城区特殊教育支援服务中心	分与合
洪雪琳	北京市第二十一中学	疫情防控中的大数据之大数据特征
候丽丽	通辽市特殊教育学校	我上学了
黄璐澜	江山市贺村第一小学	The sounds of "cl" and "pl".
兰永青	长春市特殊教育学校	口语交际一起做游戏

续表

姓名	学校	名称
李辉	通辽市特殊教育学校	鱼
李伟	石家庄市鹿泉区特殊教育学校	逗号、句号、省略号
李雪梅	鸡西市特殊教育学校	认识大小
梁园伟	保定市特殊教育中心	望庐山瀑布
林淑婷	杭州市余杭区中泰中心幼儿园	小羊历险记
刘畅	天津市河东区第二实验小学	借助关键语句概括一段话的大意
刘欢欢	广州市番禺区钟村奥园学校	我会开风扇
刘恋	长春市特殊教育学校	观沧海
刘娜	营口市特殊教育学校	上下
刘萍	武清区杨村光明道小学	故事教学法讲解现在进行时
柳薇	武汉市中山特殊教育学校	垃圾分类，我最行
路天舒	松原市特殊教育学校	学会等待
罗勤	武汉市中山特殊教育学校	我的家
毛惠	成都市太平小学校	辽阔的国土
倪妭	凤城市特殊教育学校	吹墨画——疯狂的男孩
钱潇敏	广州市海珠区聚德西路小学	足球脚内侧传球
苏伟铭	南安市康美中心小学	分橘子
唐志刚	天津市武清区杨村光明道小学	植树问题
汪晓灿	深圳市南山区前海小学	助残日班会低段、中段、唐氏日班会、杰瑞的冷静太空生气汤
王国振	凤城市特殊教育学校	8 的减法
王红梅	广元市特殊教育学校	植树节
王慧彤	长春市特殊教育学校	打电话
王杰	天津市宝坻区周良街周良小学	金色的草地

续表

姓名	学校	名称
王黎黎	凤城市特殊教育学校	绝句
王晔飞	保定市特殊教育中心	学写游记
王玥	通辽市特殊教育学校	沟通策略：等待、轮替
韦家玉	黔西南州盲聋哑学校	认识计算机——计算机的硬件系统
魏春丽	鸡西市特殊教育学校	眼耳口鼻
吴奕佳	高新中学	微信支付
向娅	深圳市南山区荔湾小学	快乐套圈
向娅	深圳市南山区荔湾小学	拼接雪花片
邢琳	长春市特殊教育学校	遵守公共秩序
杨瑞华	保定市特殊教育中心	形声字
于芳霞	天津市北辰区安光小学	雨点儿
于妍	长春高新兴华学校	我的小手真干净
于燕	郴州市特殊教育中心学校	我家的厨房
袁琳娜	深圳市南山区太子湾学校	翻牌游戏
张家茹	天津市静海区实验小学	认识图形
张丽娟	晋城市特殊教育中心学校	4 的乘法口诀
张纾妍	安吉县晓墅小学	关爱听障学生让爱融入角色
张雪敏	德州市德城区陈庄中心小学	平行与相交
张亚奇	中国人民大学附属中学实验小学	注意力训练
赵娜	梅河口市特殊教育学校	摆脱不良情绪的方法
赵琦	哈尔滨市阿城区康慧学校	黏土老鼠
郑桂秀	资兴市特殊教育学校	做花束
周欢	长春高新兴华学校	我有一双手
周凌	杭州市萧山区新塘小学	快乐的水声
朱江	广州市第九十七中学	自闭症学生居家融合体育亲子活动：注意力游戏和社会互动游戏
朱丽芳	河源市源城区阳光学校	感恩生命